COLLECTION
FOLIO CLASSIQUE

Charles Baudelaire

# Fusées

# Mon cœur mis à nu

# La Belgique déshabillée

*suivi de*

## Amœnitates Belgicæ

*Édition d'André Guyaux*

Gallimard

# PRÉFACE

*Les fragments de Baudelaire réunis ici sont les vestiges d'un projet autobiographique, tardif et à peine ébauché, immédiatement détourné de lui-même. L'immortalité y est l'ombre toujours présente à laquelle l'auteur donne parfois le nom de dandysme, cet autre lui-même qui lui dit : sois un grand homme et un saint pour toi-même et pour moi. Livres inachevés, ils ont une dimension de plus : ils sont posthumes. Leur publication en 1887 fut peut-être le premier signe assuré de la gloire immortelle du poète. Vingt ans après la mort de Baudelaire, trente ans après la publication des* Fleurs du mal, *Eugène Crépet révélait au public, dans un volume intitulé* Œuvres posthumes, *publié chez Quantin, la plupart des fragments de* Fusées *et de* Mon cœur mis à nu, *et quelques passages du livre sur la Belgique présentés sous l'intitulé :* « La Belgique vraie ». *Ils étaient, d'une malle emportée de Bruxelles, demeurés chez Mme Aupick, qui tenait beaucoup à la publication de* Mon cœur mis à nu, *« où il est parlé d'elle avec tendresse*[1] *», puis passés dans les mains d'Asselineau, enfin dans celles de Poulet-Malassis, qui classa tous ces papiers, numérotant chacun de ces feuillets, séparant* Fusées, Mon cœur mis à nu *et les notes belges. Mais de la première édition, Eugène Crépet ôte les*

1. D'après une lettre d'Asselineau à Malassis de septembre 1867, publiée par Jean Richer et Marcel Ruff.

*passages les plus violents : « Malgré tout notre respect pour le texte de Baudelaire, nous avons dû nous résigner à quelques retranchements indispensables, dans plusieurs endroits qui contiennent des attaques violentes jusqu'à l'outrage contre des journalistes ou des littérateurs contemporains. Nous avons conservé comme relativement modérée celle qui s'adresse à George Sand ; elle fera juger du ton des autres. Nous avons encore éliminé quelques phrases qui, pour la crudité du langage, ne le cèdent pas à certains passages fameux d'Aristophane*[2]. »

*Cette forme de censure, qui correspondait à de la prudence dans l'esprit du fidèle Eugène Crépet, n'a pas échappé aux foudres de Léon Bloy, qui, dans un texte écrit en 1888, reproche au « bibliophile tumulaire, (...) possesseur de ces reliques du plus hautain de tous les génies » de s'être permis « de les raturer à sa fantaisie*[3] ». *Quoi qu'il en soit, le livre reste provocateur. Dans les semaines qui suivent la publication, Brunetière, Lemaitre, Desjardins, Uzanne, Barrès, Kahn*[4], *Verhaeren en rendent compte. Desjardins admire un Baudelaire inconnu, preneur de notes (*La Revue bleue, *2 juillet 1887). La postérité se dessine au moment où l'on passe, dira Henri de Régnier, « du Baudelaire légendaire au Baudelaire réel*[5] ». *Pourtant le désaccord de principe porte sur la véracité des fragments publiés : n'est-ce pas, encore, un effet de légende ? Ferdinand Brunetière,*

2. P. 70 de l'introduction aux *Journaux intimes* (ce titre malheureux que la tradition va désormais porter comme un fardeau). Les passages supprimés furent rétablis en 1908, par Jacques Crépet, fils d'Eugène, dans la seconde édition des *Œuvres posthumes*, au Mercure de France.

3. « Cette poussière vénérable, poursuivait Bloy, était profanée, tamisée, *atténuée*, d'une pudibonde main, en représailles, à coup sûr, des lampes ardentes du Mépris dont le Visité terrible avait travaillé, pendant sa vie, la peau des bourgeois » (publié dans *Gil Blas* le 29 septembre 1892 pour défendre Baudelaire contre Brunetière et Drumont ; repris en 1905 dans la préface de *Belluaires et Porchers* ; *Œuvres* de Léon Bloy, tome II, p. 173-174).

4. Gustave Kahn préfacera une édition de *Mon cœur mis à nu* et de *Fusées* en 1909.

5. Dans un article du 28 décembre 1906 dans *Le Gaulois*.

*le 1^er^ juin 1887, dans la* Revue des Deux Mondes, *parle de mystification et de banalité, et lit dans la confession de Baudelaire, « le journal piteux de son impuissance ». Dans le* Journal des débats *du 4 juillet, Jules Lemaitre n'est pas plus tendre : « Les " pensées " de Baudelaire ne sont qu'une espèce de balbutiement prétentieux et pénible. » Au moment même, il n'y a guère de réaction à l'offensive de Brunetière et de Lemaitre* [6]. *Anatole France répondra plus tard et en faisant une surprenante concession : « Cet homme est détestable, j'en conviens. Mais c'est un poète, et par là il est divin » (*Le Temps, *14 avril 1889), et Maurice Spronck entreprendra dans son livre sur* Les Artistes littéraires *(Calmann Lévy, 1889) de réhabiliter Baudelaire, dont le « génie ressort des confidences qu'il a laissées » ; il cite Goethe : « L'homme en France qui ose penser ou agir d'une manière différente de tout le monde est un homme d'un grand courage. » Brunetière ne se tient pas quitte et, après avoir répliqué le 1^er^ décembre 1889 dans la* Revue des Deux Mondes, *il relance la querelle le 1^er^ septembre 1892, dans la même revue, partant en croisade contre le projet d'une statue à la mémoire de Baudelaire. Drumont l'appuie. Rodenbach dans le* Figaro *du 6 septembre et Lorrain dans* L'Écho de Paris *du 17, auront à cœur de défendre la statue mémoriale* [7].

*Les* Œuvres posthumes *de 1887 sont la première pierre de la statue de 1892. Au début de notre siècle encore, il s'agit de reconnaître ou non un Baudelaire penseur, moraliste, resté en réserve de l'œuvre publiée de son vivant, d'envisager un La Rochefoucauld hystérique comme l'auteur des* Fleurs du mal *était, selon le mot célèbre d'Alcide Dusolier, « un Boileau hystérique ». Gide, en 1920, dans son* Journal, *répondant à Souday qui voyait en Baudelaire un « faux*

6. Sauf à titre privé : « Mon Dieu que ce Brunetière est donc sot ! avez-vous lu son article sur Baudelaire », écrit Huysmans à Zola en juin 1887 (Huysmans. *Lettres inédites à Émile Zola*, Droz-Giard, 1953, p. 128).

7. Voir, sur toutes ces publications, le livre d'Alfred Edward Carter, *Baudelaire et la critique française, 1868-1917*, 1963.

*penseur », écrit encore que « Baudelaire n'est pas un " penseur " du tout » et que « vu sous cet angle », il n'y a « pas une ligne de ces " journaux "* [Fusées *et* Mon cœur mis à nu] *qui ne soit d'une lamentable niaiserie*[8] *». Grave débat que Benjamin ravivera plus tard en distinguant chez Baudelaire « un mauvais philosophe », « un bon théoricien » et un « méditatif (...) incomparable*[9] *». En attendant, il ne manque pas d'aigres annotateurs de ces aphorismes incendiaires. Il n'en est peut-être pas d'aussi parfait que Pierre Louÿs qui couvrira son exemplaire des* Œuvres posthumes *dans la réédition de 1908 d'impitoyables commentaires tels que « absurdissime, dément, gâteux » ou « imbécile », qui furent publiés, impitoyablement aussi, trente ans plus tard, par Jacques Crépet*[10]*. Les jugements de l'auteur d'*Astarté *débordaient du cadre des écrits posthumes — Louÿs biffait au crayon, comme nuls et non avenus, une soixantaine de poèmes des* Fleurs du mal, *traitait* L'Albatros *de poésie de potache et donnait cette éloquente réponse à une question qu'on ne lui avait pas posée : « Je ne crois pas que ni Flaubert ni Baudelaire aient été de grands stylistes » —, mais on voit bien quel rôle jouaient ces œuvres violentes et fragmentaires dans un rejet plus global dont il subsiste des traces, aujourd'hui encore.*

*Cependant, dès leur publication, Nietzsche découvre dans les* Œuvres posthumes *de Baudelaire des « remarques inestimables sur la psychologie de la décadence », conscient qu'on a sauvé de l'oubli des fragments « semblables à ceux qui dans le cas de Schopenhauer et de Byron ont été brûlés » (lettre à Peter Gast, 26 février 1888). Nietzsche connaît déjà ce « premier adepte* intelligent *de Wagner » que fut Baudelaire et sa sympathie va jusqu'à le considérer*

8. Gide, *Journal 1889-1939*, « Bibliothèque de la Pléiade » (1939), 1965, p. 682.

9. Walter Benjamin, *Charles Baudelaire*, 1982, p. 226.

10. « Les *Œuvres posthumes* de Baudelaire annotées par Pierre Louÿs », *Mercure de France*, 15 février 1936 ; repris dans *Propos sur Baudelaire*, 1957, p. 207-212.

*comme « tout à fait allemand », sauf par cette « morbidité hyper-érotique qui a l'odeur de Paris ». C'est au printemps 1888 probablement, alors qu'il n'a plus que quelques mois de lucidité devant lui, que Nietzsche lit et annote les* Œuvres posthumes, *consignant près de quatre-vingts citations sur l'Église, le péché originel, l'amour, notant son accord avec ce que dit Baudelaire de George Sand ou de la démocratie. Il s'intéresse au* cafard *baudelairien comme illustrant le pessimisme, l'esprit de la décadence : « Je me suis demandé s'il y a jamais eu quelqu'un d'assez moderne, morbide, multiple et tordu pour pouvoir se dire préparé au problème que pose Wagner? Peut-être tout au plus, en France, Charles Baudelaire, par exemple*[11]. »

*Désormais veille sur le poète la raison de l'avant-garde de la folie. Proust viendra bientôt, dans des pages sur « Sainte-Beuve et Baudelaire », dire la sympathie que lui inspire le grand incompris des romantiques. Dans une lettre de 1905 à Mme Fortoul, défendant « un poète chrétien » qui parle du remords et du péché, il a cette belle formule, « sadisme du blasphème », qui se rapporte idéalement à certains passages de* Fusées, *de* Mon cœur mis à nu *et de* La Belgique déshabillée. *Plus tard, vers le 15 octobre 1913 (d'après Philippe Kolb), écrivant à André Beaunier et lui parlant de Baudelaire et de « son agonie emblématique », il en fait, se souvenant peut-être de* Fusées *et du magnifique « hors-d'œuvre » du f°22, « le prophète le plus désolé depuis les prophètes d'Israël*[12] ». *Dans ce sillage de sympathie, Jouve et Suarès accorderont aux œuvres posthumes leur importance. Claudel, auparavant, avait lu, dès 1889, ce qu'il appelle pieusement les* Écritures posthumes *de*

11. Nietzsche. *Fragments posthumes (automne 1887-mars 1888)*, textes et variantes établis par G. Colli et M. Montinari. traduits de l'allemand par Pierre Klossowski. Gallimard. 1976. p. 266 *sqq.*; propos repris dans *Le Cas Wagner*. Sur Baudelaire et Nietzsche, voir l'étude de Stéphane Michaud et celle de Robert Kopp.

12. Proust. *Correspondance*, éd. Kolb. Plon, t. V, p. 127, et tome XII, p. 180.

*Baudelaire pour y retrouver les « angoisses » et les « remords » dans lesquels il s'était lui-même « débattu » avant sa conversion en 1886*[13]. *Il reprochera à Jacques Rivière, en 1910, de n'avoir pas tenu compte, pour écrire son « Baudelaire », de* Mon cœur mis à nu, *« qui est la véritable clef de Baudelaire*[14] *», et il félicitera André Suarès d'avoir « su faire emploi de ce document capital que sont les* Posthumes *de Crépet*[15] *». Ainsi, les* Œuvres posthumes *de Baudelaire partagent sévèrement les lecteurs. Tandis qu'elles renforcent, aux yeux de Brunetière ou Lemaitre, la thèse de la mystification et de la banalité, c'est la violence et l'accent de vérité de cette voix d'outre-tombe qui captivent Nietzsche, Bloy, Claudel et Proust.*

*Les premières* Fusées *auraient été lancées en 1855. Les premiers fragments de* Mon cœur mis à nu *dateraient de 1859*[16]. *Les premières notes du livre sur la Belgique suivent de peu l'arrivée de Baudelaire à Bruxelles en 1864. Mais un seul de ces trois projets a-t-il eu une autre fin que la mort de Baudelaire en 1867 ? Le support de tous ces fragments est à peu près uniformément le même : un feuillet de papier, détaché, volant, portant généralement une rubrique qui le rattache à l'un des trois projets. Quelques récurrences thématiques montrent que chacun des trois textes recoupe les deux autres. Ainsi tel mot de Robespierre cité dans* Mon cœur mis à nu *(f*[t] *57) revient dans le livre sur la Belgique*

13. « La troisième année, je lus les *Écritures posthumes* de Baudelaire, et je vis qu'un poète que je préférais à tous les Français avait trouvé la foi dans les dernières années de sa vie et s'était débattu dans les mêmes angoisses et dans les mêmes remords que moi » (« Ma conversion », première publication en 1913 ; *Œuvres en prose*, éd. Gaëtan Picon-Jacques Petit-Charles Galpérine, « Bibliothèque de la Pléiade », 1965, p. 1013).

14. Lettre du 10 décembre 1910 (*Correspondance Paul Claudel-Jacques Rivière*, texte établi par Auguste Anglès et Pierre de Gaulmyn, Gallimard, « Cahiers Paul Claudel », n° 12, 1984, p. 172).

15. Lettre du 25 juillet 1912 (André Suarès et Paul Claudel, *Correspondance, 1904-1938*, éd. Robert Mallet, Gallimard, 1951, p. 174).

16. Datations conjecturales, déduites par recoupements de quelques indices analysés par Jacques Crépet et Georges Blin dans leur édition des *Journaux intimes*.

*($f^t$ 197). Signe interne et externe de cette solidarité, une série de notes qu'il convient de distinguer de ces trois projets mais qui, d'une certaine manière, a sa place dans chacun d'eux. Ce sont, elles aussi, des notes prises sur des feuilles volantes ou détachées, et qui portent dans le coin gauche, des intitulés tels que* Hygiène. Conduite. Morale *ou* Hygiène. Conduite. Méthode *ou* Hygiène. Morale. Conduite, *avec variantes dans l'ordre des mots ; ou plus simplement* Hygiène. Morale, *une ou deux fois :* Hygiène. *C'est sous cette dernière appellation qu'on connaît aujourd'hui cette série de notes. Le premier éditeur les rattachait à* Mon cœur mis à nu. *Jacques Crépet les a rendues à* Fusées. *Claude Pichois les a ensuite détachées tout à fait de* Fusées *aussi bien que de* Mon cœur mis à nu, *prévoyant pour elles une place particulière. En fait, comme le montrent les rubriques qui comportent le plus souvent trois mots, on ne peut pas non plus envisager cette série sur le même plan que* Fusées *ou que* Mon cœur mis à nu. *Dans l'esprit de Baudelaire,* Fusées *et* Mon cœur mis à nu *sont des titres de livres qu'il voulait écrire et publier. Il en est de même du projet belge, qui a eu plusieurs titres successifs :* Lettres belges, *puis* Pauvre Belgique !, *enfin* La Belgique déshabillée. *La série* Hygiène. Morale. Conduite. Méthode *(reprenons tous les mots que Baudelaire utilise suivant diverses combinaisons) ne correspond pas à un projet littéraire et n'est pas destinée à la publication. Ce sont peut-être, dans tout cet ensemble, les seuls fragments qui méritent le titre de* « journal intime » *que l'on a malencontreusement donné à* Fusées *et à* Mon cœur mis à nu. *Ils sont principalement constitués de conseils que Baudelaire s'adresse à lui-même pour son usage intime. En même temps, distincte par son objectif, cette série reste à la lisière des trois autres et illustre l'interférence des trois projets. Le recoupement avec* Mon cœur mis à nu *apparaîtra si l'on observe que la phrase citée sous la rubrique* Hygiène *au $f^t$ 338 du livre sur la Belgique : « Être un* grand homme *pour soi-même* », *revient deux fois dans* Mon cœur mis à nu : « Avant tout, *Être* un

grand homme *et* un Saint *pour soi-même* » *(f[t] 42)* ; « *Être un grand homme et un saint* pour soi-même, *voilà l'unique chose importante* » *(f[t] 51), ainsi que dans une* « *prière* », *figurant sur un feuillet détaché, non numéroté, et que les éditeurs ont placé entre les f[ts] 45 et 46 de* Mon cœur mis à nu : « *Donnez-moi la force de faire immédiatement mon devoir tous les jours et de devenir ainsi un héros et un Saint.* » *Le recoupement avec* Fusées, *qui contient aussi des pensées sous forme de conseils réflexifs, prend une forme différente : deux feuillets, le 86 et le 88 selon le classement de Malassis, renvoient en même temps à* Fusées *et à cette série marginale, comme le montrent les rubriques :* Fusées. Hygiène. Projets *(f[t] 86)* ; Hygiène. Conduite. Morale, *puis* Fusées *(f[t] 88)*[17]. *On retrouve le même amalgame de projets au feuillet 338 du livre sur la Belgique, où sont associées deux rubriques :* Hygiène *et* Belgique. *Claude Pichois déduit raisonnablement de la présence de rubriques différentes sur le même feuillet que les séries sont distinctes. Il faut en conclure aussi qu'elles sont solidaires. Les rubriques les séparent le support les réunit. Cette quatrième série est le reflet latéral d'une dimension de l'œuvre que les trois projets ont contournée, évitée, écartée, ou n'ont pas été capables d'assumer ; elle implique le monologue, l'autocritique, ce premier moment de la confession qu'est la prière ; elle est paradoxalement désignée par trois ou quatre mots (*Hygiène, Morale, Conduite, Méthode*) convergeant vers une idée imprécise et semblant osciller entre l'âme et le corps, suivant le moins atopique des projets, parce que délibérément tourné vers soi, en un discours tenu à soi, pour soi, en soi.*

*Si j'ai d'emblée abordé cette question, c'est qu'elle touche à la conception et au destin de ces trois projets en déroute. Les quelques fragments de cette quatrième série où Baudelaire s'adresse intimement à lui-même, et les trois autres, ont la même forme matérielle : la note, plus ou moins*

17. Voir ci-dessous p. 85 et la note 87.1. p. 620.

*longue, jetée sur une feuille de papier, souvent aussi courte que le sujet est raccourci par quelqu'un qui veut le raccourcir, le circonscrire et l'emporter dans son verbe. Pourtant, entre les différents projets, la forme et le sens de cette forme ont fluctué et évolué. Avec* Fusées, *Baudelaire créait un genre, que deux mots plutôt qu'un désignent :* Fusées *et* Suggestions. *La seule allusion faite à ce projet dans la correspondance le désigne de cette manière. Et l'on retrouve parfois les deux mots à la rubrique des feuillets, même si* Fusées, *le plus imagé des deux, fait mieux mordre le lecteur à l'hameçon littéraire, à la promesse d'un style.* Fusées *est l'image.* Suggestions *est l'objet. Ils sont comme les deux faces d'une métaphore. Le premier terme est ambitieux, magique, prométhéen. Le second garde par-devers lui les inhibitions d'un écrivain tout en canevas, en idées, en fusées qui retombent en pluie de feu et couvrent le sol de cendres noires. Les deux termes viennent de Poe, qui avait intitulé deux suites de pensées :* Fifty Suggestions *et* A Chapter of Suggestions *et utilise dans les* Marginalia *un mot qu'on peut traduire par « lanceur de fusées*[18] *». Baudelaire désignait par là un genre qui rapproche ces fragments des* Pensées *de Pascal ou de celles de Joubert. La forme est lapidaire mais s'ouvre sur un domaine plus étendu, qui n'est pas réservé à la morale. Elle exprime la provocation dans le raccourci. Elle peut parfois se prolonger, son trajet n'est pas nécessairement très court, mais il ne saurait non plus*

18. Voici le passage des *Marginalia* : « The German " *Schwarmerei* " — not exactly " humbug ", but " sky-rocketing " — seems to be the only term by which we can conveniently designate that peculiar style of criticism which has lately come into fashion, through the influence of certain members of the *Fabian* family — people who live (upon beans) about Boston. » Et dans la traduction de Victor Orban (Sansot, 1913, p. 33) : « Le mot allemand " *Schwarmerei* ", qui ne signifie pas tout à fait " blagueur ", mais plutôt " lanceur de fusées ", semble le seul terme convenable par lequel nous puissions désigner le style particulier de la critique, tel qu'il a été mis tout dernièrement à la mode par l'influence de certains membres de la famille *Fabian*, — gens qui vivent (de *fèves*) aux environs de Boston. » La lettre du 18 août 1862 à Arsène Houssaye évoquant le projet de *Fusées*, propose deux titres : *Fusées et Suggestions* et *Soixante-six Suggestions*. Ne peut-on déduire du second une influence directe de Poe et de ses *Fifty Suggestions* ?

*atteindre d'étranges longueurs, et Baudelaire s'accuse lui-même d'avoir « dérivé dans ce que les gens du métier appellent un hors-d'œuvre » — hors de l'œuvre, de la forme et du genre —, lorsque, appelant l'avenir du monde sous sa plume, il se laisse entraîner très loin. C'est la plus longue pensée, celle du feuillet 22, la dernière, un météore chargé des derniers feux du monde, dont la courbe lente va mourir avec les restes de l'humanité : « Que m'importe où vont ces consciences ? »*

*Le sens de* Fusées *(et* Suggestions*) est proche, par moments, de ce que Rimbaud appellera* Illuminations. *Là aussi, la discontinuité mènera le jeu. Et Baudelaire, en réduisant la fusée à la phrase, à l'image, avec l'instinct qui le met en travers de l'ordre du monde, cet ordre qu'il révère et qu'il déchire, l'a poétiquement compris. Chacune aura sa couleur et à la* fusée *de Baudelaire : « Les ténèbres vertes dans les soirs humides de la belle saison » répondra l'*illumination *de Rimbaud : « Le haut étang fume continuellement. Quelle sorcière va se dresser sur le couchant blanc ? Quelles violettes frondaisons vont descendre ? », détachée elle aussi, isolant du reste du monde la magie du soir. Mais, d'une manière générale, les* Fusées *de Baudelaire sont des aphorismes. On songe à cette « propension aux formules simples, aux maximes brèves », que, dans* L'Œuvre et la vie d'Eugène Delacroix, *il attribuait au peintre et à Stendhal, et qui, destinées à « la bonne conduite de la vie, (...) servent de cuirasse et de bouclier à celui que la fatalité de son génie jette dans une bataille perpétuelle*[19] *». Les deux armes, défensive et offensive, vont rapidement se confondre et l'offensive, défense en perpétuel sursis, l'emporter largement*[20].

19. *Œuvres complètes*, éd. Pichois, tome II, p. 758.

20. Baudelaire s'était essayé, au début de sa carrière, au genre de la maxime en publiant en 1846, dans *Le Corsaire-Satan*, un *Choix de maximes consolantes sur l'amour*, qu'il est intéressant de mettre en regard des passages moins consolants, sur le même sujet, de *Fusées* et de *Mon cœur mis à nu*.

*Dans* Mon cœur mis à nu, *l'accent, cette « vibratilité » comme disait Gustave Kahn, est très semblable, mais la forme a désormais une certaine expérience, une connaissance d'elle-même, et n'a plus tout à fait le même dessein. Elle tend à séparer de mieux en mieux le poète et sa dérision de l'univers dérisoire, avec son peuple, ses utopies, sa bêtise et sa lâcheté. On a dit souvent que les notes de* Mon cœur mis à nu *ne mettaient pas à nu le cœur de Baudelaire. Tel serait son échec. Une promesse non tenue. Au lieu de se tourner vers lui-même, Baudelaire s'est retourné contre le monde pour mieux se détourner de lui. Il aurait débauché son âme dans le décor humain. Mais en distinguant ainsi le moi et le monde baudelairiens, on risque de ne pas comprendre le sens des aphorismes et des provocations, le sens vocatif, paradoxaliste, comme disait Valéry, et la violence de ces textes, qui est de vouloir séparer l'inséparable. Si Baudelaire échoue, ce n'est pas en séparant le moi et le monde, c'est en s'y évertuant sans y arriver. C'est son droit à l'échec, au prix de l'intransigeance. Sévère à sa façon, Valéry reprochait à ce Baudelaire-là, l'écartelé, d'avoir été assez faible pour ne pas vaincre son « paradoxalisme*[21] *». Plus sévère encore, Sartre dénonçait la recherche de l'échec, la mauvaise foi, la vie en porte à faux, les contradictions de Baudelaire, dans un essai qui était, primitivement, une introduction aux* Écrits intimes[22]. *Comment ne pas voir, pourtant, que l'échec est producteur et qu'à lui voué, Baudelaire s'en empare et met en pratique une stratégie de l'échec ? Les contradictions de Baudelaire sont, pour reprendre une belle formule de Rimbaud, « la nourriture de son impulsion créatrice ». Dans l'analyse que Sartre propose de la singularité de Baudelaire, de sa « différence », et sur laquelle je voudrais revenir ici, il introduit une manière de réprimande, faite à Baudelaire, de n'avoir pas pris rang dans le combat pour la libération*

21. Valéry, *Cahiers*, éd. Robinson, t. II, 1974, p. 1129.
22. Publié aux éditions du Point du Jour en 1946.

*de l'homme. Il voudrait pouvoir rectifier son destin, le corriger : Baudelaire* aurait dû *prendre fait et cause contre sa mère, pour le Progrès; contre l'Empereur, pour la démocratie; contre le compte-gouttes financier du notaire Ancelle, pour les théories de Proudhon; contre le général Aupick, pour l'esprit de 89 et de 48 ; contre le catholicisme, pour l'athéisme, etc. En un mot, faisant tort à Baudelaire de ne pas avoir partagé les optimismes humanitaires de Victor Hugo et les tropismes prolétariens de George Sand*[23], *Sartre lui reproche surtout de ne pas avoir partagé ses propres engagements. Le danger, quand on mêle la morale à la littérature*[24], *et quand on veut corriger une conscience, c'est, tout en ayant l'air d'ajouter quelque chose qui manquerait, en l'occurrence la conscience progressiste, de soustraire au lieu d'ajouter.*

*Sartre fait à Baudelaire un grief aussi gros que le monde : l'auteur des* Fleurs du mal *a le tort de rattacher obstinément le mal au bien, de le concevoir comme un insondable puits de fautes, qui tient son existence de Dieu et qui marque l'univers. Baudelaire reste cet enfant qui veut être dénoncé et puni pour que sa singularité soit consacrée. On trouve d'innombrables signes de ce « masochisme » : « il me manque peut-être », écrit-il à sa mère, le 21 juin 1861, alors qu'il vient d'avoir quarante ans, « les coups de fouet qu'on distribue aux enfants et aux esclaves ». Et Sartre, qui reconnaît dans ces lignes non pas un grand poète, mais un disciple du général Aupick, esquisse un rapprochement entre Gide, qui acquiert sa propre morale, et Baudelaire, qui s'englue dans celle des autres. Là encore,*

23. « Contre tous ceux qui ont souhaité de libérer les hommes, contre George Sand, contre Hugo, il a pris le parti de ses bourreaux, d'Ancelle, d'Aupick, des policiers d'Empire, des académiciens » (Sartre, *Baudelaire*, p. 58 : voir aussi p. 209-210). Suarès avait répondu d'avance, à sa manière : Baudelaire pose le problème de l'homme, Sand et Hugo le problème du citoyen (*Trois grands vivants*, p. 303).

24. Sartre utilise la notion de *mérite*, cachant la justice immanente sous le masque de la responsabilité, et, dès le début de son essai, pose cette question : « Et s'il avait mérité sa vie ? »

*c'est lui-même qu'il retrouve : le protestantisme perfectionné par le progressisme. Sa thèse ne s'embarrasse d'ailleurs pas, prenant appui sur les contradictions de Baudelaire, d'une inconséquence fondamentale, puisque après avoir reproché à Baudelaire de rester inféodé à la distinction surannée entre le bien et le mal, il ajoute, et tout le sens de son essai est de conclure : c'est mal ! Sans avoir le goût, si peu que ce soit, de la contradiction, sans en réclamer le droit, comme Baudelaire, Sartre l'ignore quand elle est sienne, et la moindre contradiction n'est pas que, tout en dénonçant le parti de Baudelaire, bourreau de lui-même, victime et complice du pouvoir, il s'intéresse de si près à cette âme égarée loin des chemins de la liberté et ne trouve digne de son attention, dans le* XIX^e^ *siècle fondateur de ses espérances, que les deux phares de la réaction, Baudelaire et Flaubert — attitude qui serait dissuasive pour un moindre penseur, qui n'eût pas manqué de nous donner un essai sur George Sand, Proudhon ou Victor Hugo, les véritables précurseurs.*

*Les développements sartriens sur le masochisme de Baudelaire rappellent l'essai du docteur Laforgue sur* L'Échec de Baudelaire, *publié quinze ans plus tôt*[25], *que Sartre semble poursuivre, à ceci près que, dans son essai, il ne fait aucune place à la mort du père*[26]. *D'où peut-être*

25. Le docteur René Laforgue a publié en 1931 un livre dédié à Freud, intitulé *L'Échec de Baudelaire, Étude psychanalytique sur la névrose de Charles Baudelaire*, dont il explique dans l'avant-propos que Gallimard, ne voulant pas blesser les nombreux « baudelairiens de la maison », n'a pas accepté de l'éditer. Il avait donné l'année précédente un article intitulé « Charles Baudelaire ou le génie devant la barrière névrotique », où l'on reconnaît déjà la thèse de Sartre, à la description des « mécanismes d'échecs, c'est-à-dire les moyens mis en œuvre pour être battu » que développe « l'inhibition » de Baudelaire. Laforgue, comme Sartre plus tard, cite abondamment les œuvres qui nous occupent, qui portent témoignage du « masochisme de Baudelaire » (c'est le titre du chapitre V de son livre).

26. « Je n'y découvre pas un accident », dit-il en parlant de la vie de Baudelaire, « aucun de ces malheurs dont on peut dire qu'ils sont immérités, inattendus » (*Baudelaire*, p. 107). Mais le premier de tous ces accidents, d'où découlent tous les autres, la mort de son père, Baudelaire l'a-t-il mérité aussi ?

*son rêve compensatoire : prendre par la main le jeune orphelin promis aux* Fleurs du mal, *le soustraire à la détestable influence de Joseph de Maistre, lui ôter ses mauvaises lectures d'Edgar Poe (Sartre s'emploie à minimiser l'influence des deux auteurs qui, selon Baudelaire lui-même, lui ont appris « à raisonner »), le reconduire en tête de la grande manifestation contre la tyrannie et lui faire écrire, sans doute, quelque chose comme des* Fleurs *du progrès. Sartre veut, assurément, comprendre Baudelaire, saisir sa singularité. Le meilleur moyen est-il de le placer là où il ne se place pas, entre le pouvoir de Napoléon III et les idéologies progressistes ? Avant d'avoir le tort de prendre tel parti, Baudelaire eut plutôt celui de ne pas se placer entre deux partis. Il se figurait pyramidal. Son esprit intégrait les uns aux autres les libérateurs et les tyrans, et à choisir, contre les utopies du bien, il préférait l'ordre installé du bien et du mal. Baudelaire croyait à l'existence du mal. Toute la provocation de son esprit cultivant la faute est dans quelques formules âpres sur son engagement révolutionnaire en 1848 — et sur la cause commune, dont il pressent le futur déferlement, de nouvelles croyances qui ne sont que les superstitions de l'athéisme. On chercherait en vain une plus belle réponse que celle de Baudelaire à l'idéologie du progrès qui nous vampirise encore et transforme le* XIX^e^ *siècle en un long couloir qui conduit à la morgue : « Théorie de la vraie civilisation. Elle n'est pas dans le gaz, ni dans la vapeur, ni dans les tables tournantes, elle est dans la diminution des traces du péché originel »* (Mon cœur mis à nu, *f^t^ 58*).

*Georges Bataille et Georges Blin ont répondu plus longuement et beaucoup mieux que je ne puis le faire à la thèse « masochiste » de Sartre*[27]. *Ce que Sartre nomme*

27. Bataille dans un compte rendu publié dans *Critique*, janvier-février 1947, et repris dans *La Littérature et le mal ;* Blin dans un chapitre du *Sadisme de Baudelaire* (1948) : « Jean-Paul Sartre et Baudelaire », p. 103-140.

*contradiction, dit Bataille, c'est l'impossible, et l'impossible est précisément ce que veut le poète : Sartre « parle du poète avec l'intention de le supprimer ». Répondant indirectement, Georges Blin montre de son côté comment Sartre, en le rendant « anecdotique*[28] *», subtilise le* mal *baudelairien. Il avait déjà, dans son ouvrage précédent, donné toute la mesure de cette question du mal dont Baudelaire a nourri son œuvre et sa vie : « Baudelaire n'est pas très désireux, dans le fond, d'apaisement, de santé, de cicatrisation. Il arrêterait volontiers la maladie sur le remords. Il chérit ce contre-être, cette dualité. Il reste volontairement en deçà du repentir qui restaure la paix en rendant la faute objective, en la rejetant du présent et du moi profond*[29]. *» J'ai repris ce débat parce que les œuvres publiées ici illustrent idéalement ce que le docteur Laforgue appelait « l'échec de Baudelaire », parce qu'elles sont inséminées par le problème du mal, que la vie et ses désastres ont eu raison de leur achèvement et que dans les violentes attaques de Baudelaire contre le progressisme, la démocratie, le protestantisme, « la canaille littéraire », les femmes, contre Victor Hugo ou George Sand, contre la jeune fille, cette « petite salope », ou le Français, cet « animal de basse-cour », et enfin au bout de la chaîne du destin grégaire de l'homme, contre le Belge, cet ambigu de « singe » et de « mollusque », Baudelaire aggrave terriblement son cas. Et Sartre le sait qui utilise abondamment, en le préfaçant, le texte de* Mon cœur mis à nu.

*Reprenons le fil des dix ou douze dernières années de la vie de Baudelaire. Des* Fusées *ou* Fusées et Suggestions, *il nous reste une vingtaine de feuillets. Si l'on en croit les observations de Jacques Crépet et Georges Blin, et si l'on admet que les premières* Fusées *remontent à 1855, Baudelaire en aurait gardé le projet durant quelques années.*

28. Georges Blin, *op. cit.*, p. 130.
29. Georges Blin, *Baudelaire*, 1939, p. 50-51.

L'écart apparaît d'ailleurs dans les deux seuls fragments datés, le $f^{t}$ 12, du 13 mai 1856, et le $f^{t}$ 86, du 23 janvier 1862[30]. C'est très tardivement en tout cas qu'on rencontre la seule mention de l'œuvre dans la correspondance : le 18 août 1862, dans une lettre à Arsène Houssaye, directeur de La Presse. C'est la période des Petits poèmes en prose. Or, à ce moment, l'autre projet, Mon cœur mis à nu, est déjà en chantier : la première lettre où Baudelaire en parle est de 1861 et le projet existe, dit-il, « depuis deux ans ». On observera la superposition des deux œuvres, comme on verra plus tard celle de Mon cœur mis à nu et du livre sur la Belgique. C'est dans un passage des Marginalia de Poe qu'à nouveau il va chercher son titre, non plus simplement en relevant un mot et un genre mentionnés allusivement, mais en répondant à un véritable appel[31]. Traduisant « My Heart Laid Bare », que Poe proposait à un auteur inespéré comme titre d'un livre de confessions qui dirait toute la vérité et rien qu'elle, il découvre alors les mots qui seront peut-être le seul titre pour lequel il n'aura jamais hésité : Mon cœur mis à nu. Il comptait y raconter sa vie. Cela suppose que la forme fragmentée, adéquate pour les Fusées, ne soit plus que l'ébauche d'un livre qui devait offrir nécessairement une certaine continuité. L'idée semble remonter à 1859 puisque le $1^{er}$ avril 1861 il parle à sa mère d'« un grand livre » auquel il « rêve depuis deux ans », et en dévoile le titre : « Mon cœur mis à nu » et le contenu : « où j'entasserai toutes mes colères ». Il en reparle à sa mère le 6 mai et le 25 juillet de la même année. Le 13 janvier 1863, Mon cœur mis à nu figure dans le contrat signé avec Hetzel. Le 3 et le 5 juin 1863, Baudelaire en reparle encore dans deux lettres à sa mère, sans en rappeler le titre, qui reparaît, le $1^{er}$ janvier 1865, à nouveau dans une lettre à Mme Aupick, alors qu'il est en Belgique et tout occupé du projet belge, et enfin, une dernière fois, dans une lettre à

30. Voir ci-dessous p. 72 et 85.
31. Voir, en annexe, le texte de Poe et sa traduction, p. 525.

*Julien Lemer du 3 février 1865. C'est donc principalement à sa mère que Baudelaire parle de ce projet dont les dernières mentions, en janvier-février 1865, peuvent paraître participer du même anachronisme que l'allusion à* Fusées *dans la lettre du 18 août 1862. Mais justement, aucun de ces projets fut-il jamais anachronique ? Au début de 1865, le projet d'un livre sur la Belgique, exutoire évident de l'ambition trop vaste présidant à* Mon cœur mis à nu, *a déjà six mois d'existence. Les lettres de janvier à sa mère sont souvent, du reste, des lettres de bilan, de remords et de récupération du retard en promesse. Il est vraisemblable qu'il n'a vraiment cru et travaillé à* Mon cœur mis à nu *qu'à la fin des années 1850 et au début des années 1860, entre 1859 et 1864, et que le voyage en Belgique et le projet d'un livre sur la Belgique ont réduit et englouti le vieux fantasme de faire pâlir* Les Confessions *de Rousseau, en tirant le projet vers d'autres formes littéraires, le récit de voyage, la satire.*

*Rousseau comme modèle, Poe comme inspirateur du titre et de la forme (les* Marginalia *pratiquent, aussi bien que* Mon cœur mis à nu *et* Fusées, *l'aphorisme et la fragmentation, avec leur mécanisme de récurrence), semblent bien être des trompe-l'œil qui auraient abusé le regard de Baudelaire lui-même. On a fait observer que tout ce qui subsistait du projet, les quelque quatre-vingts feuillets de* Mon cœur mis à nu, *ne témoignait pas d'une véritable intention introspective. Rien ne rappelle Rousseau. Il s'agit bien plutôt d'anti-confessions où, au lieu de s'étrangler dans l'aveu, Baudelaire aurait entassé des colères (lettre du 1er avril 1861) et tourné «* contre la France entière *» son «* talent d'impertinence *» (lettre du 5 juin 1863). «* Je ne suis pas sûr, écrit-il à sa mère le 12 avril 1856, que la colère donne du talent. *» C'est pourtant sur elle qu'il compte, lorsqu'il s'agit de faire pâlir* Les Confessions, *en allumant les brandons de la haine. La Belgique vérifiera cette source d'inspiration lorsque Baudelaire, écrivant à Michel Lévy le 15 février 1865, se qualifiera de «* bon haïsseur *» : «* La colère m'a fait faire un bon livre sur la Belgique. » La haine est inséparable du projet de Mon cœur mis à nu, comme elle le sera du projet belge : « J'ai, écrit-il à sa mère, le 11 octobre 1860, un orgueil qui me soutient, et une haine sauvage contre tous les hommes. J'espère toujours pouvoir dominer, me venger, pouvoir devenir impunément impertinent, — et autres enfantillages. » Cinq ans plus tard, le refrain est le même : « Si jamais je peux rattraper la verdeur et l'énergie dont j'ai joui quelquefois, je soulagerai ma colère par des livres épouvantables » (à sa mère encore, le 23 décembre 1865). S'il y eut jamais, de la part de Baudelaire, confession d'un cœur mis à nu, c'est lorsqu'il écrit à sa mère ; et en particulier quand il lui fait l'aveu de sentiments terribles qui le rongent, l'affament, et qu'il compose en lui-même, ce qu'il appelle, dans une lettre commencée en février ou en mars 1861 (et poursuivie le 1er avril), « le spleen et l'hypocondrie », terreau mélangé sur lequel croît et embellit l'arbre de la haine.

La haine, synthèse libératrice, muse polymorphe, a toujours inspiré l'auteur des Fleurs du mal. On comprend mieux qu'il écrive dans Mon cœur mis à nu que l'inspiration vient quand on le veut mais qu'elle ne s'en va pas nécessairement par la volonté, si elle est faite sur le modèle de la haine, si elle est une telle passion. La célèbre lettre, adressée le 18 février 1866 au notaire Ancelle, près de dix ans après la publication et le procès des Fleurs du mal, dit encore : « Dans ce livre atroce, j'ai mis tout mon cœur, toute ma tendresse, toute ma religion (travestie), toute ma haine. » Et lorsqu'il veut rassurer sa mère, inquiète de la nature avouée du projet, il lui écrit : « A coup sûr ma mère et même mon beau-père y seront respectés. Mais (...) » (5 juin 1863). « Mais, écrit-il dans une autre lettre à sa mère, je voudrais mettre la race humaine tout entière contre moi » (23 décembre 1865). Le monde entier, réduit à la « France entière », puis à la « pauvre Belgique » : c'est l'entonnoir de la haine, et le mot reviendra, à Bruxelles, où certains visages lui donneront des « frissons de haine » *(lettre à Hippolyte Lejosne, 13 novembre 1865), et lorsqu'il faudra tirer le sens du projet belge (par exemple, lettre à Ancelle, 21 décembre 1865). S'il est un sentiment qui domine tout cet ensemble fragmenté, c'est bien l'esprit de la vengeance et de la rancune, avec son goût de cendre, sa complicité avec l'ironie du sort et la justice immanente, son sens de l'invective, sa tendance à l'amalgame et au jugement global. Ce sentiment déborde, bien sûr, des textes réunis ici. Baudelaire l'applique, suivant sa loi du grief, à tout son devenir d'écrivain, à sa vie future corrigeant sa vie présente : « Quelle vie ! mais je me vengerai, je me vengerai en grand, comme un homme qui n'aime rien, mais qui exècre son pays » (lettre à sa mère, 6 juin 1862). La vengeance, cette arme qui se délègue, ce mode d'identification : de son projet sur le dandysme, devenu le projet d'* « *un petit travail sur* Chateaubriand », *Baudelaire voudra faire une œuvre où il « venger[a] ce grand homme des insultes de toute la jeune canaille moderne » (lettre à Lévy, 9 mars 1865). Mais c'est ici, dans ces* disjecta membra *de l'insoumission et de la vengeance, qu'on en trouve la plus belle expression. Notre époque a largement perdu le sens esthétique du blasphème, de l'allégation morbide, de l'anathème. Sur un plan littéraire, c'est très regrettable. Car c'est la beauté terrible, la magnifique incantation de ces textes décomposés, dont les phrases, perdues de contexte, ont toujours quelque chose d'immédiat et de longuement mûri et reviennent, en variantes ou en variations thématiques, comme si la formulation n'était jamais suffisante, jamais assez aiguisée, comme si la pensée obsédait inlassablement son expression, ne trouvait jamais sa forme définitive. Baudelaire fait feu de toutes ses allergies, dote son verbe de toute la clarté cruelle dont il est capable, ne résiste pas à l'euphorie du sarcasme lorsque, par exemple, voulant stigmatiser le complexe annexionniste des Belges, il a cet impitoyable calembour à l'odeur âcre : « La Belgique est un enfer. Qui voudrait l'adopter ? » (f^t 306).*

*Il s'agit d'entendre cette « voix déserte et désespérée*[32] », *voix de l'exil et voix du mal. Nul* corpus *n'est plus révélateur de l'âme baudelairienne. Et si la confession a le sens que Péguy lui donnait, dire surtout ce qu'il faudrait taire, c'est bien encore de confession qu'il s'agit, de la voix d'une conscience qui proclame comme un péché l'insalubrité morale de la race humaine. Ceux qui ne l'entendent pas, ou la jugent prosaïque, indigne du poète, sont ceux pour qui l'excès disqualifie lui-même son propre discours, l'excès, « oubli de soi et de tout*[33] », *dernière manière du romantisme, force diagonale,* qui *voudrait intimider un interlocuteur imaginaire, le persuader et le dissuader d'une seule et même rafale de mots. Baudelaire sera l'enfant d'un siècle qu'il renie. Au moment même où il veut empaler le monde sur sa plume vengeresse, il se sent lui-même le plus malheureux des hommes. La haine, autre nom du désespoir.*

*« Je suis seul, sans amis, sans maîtresse, sans chien et sans chat, à qui me plaindre. Je n'ai que le portrait de mon père, qui est toujours muet*[34]. » *La solitude, la maladie, la haine se concentrent dans ces années d'après 1860, années de sursis, de survie a-t-on dit, qui nourrissent le ténébreux dessein d'une étude sur le mal dans le siècle. Dans cette lettre du 6 mai 1861, viennent d'une même plume, le projet d'un tel livre et le retour d'une affection vénérienne, qui a déjà sa mémoire et que Baudelaire commence à craindre comme une incarnation du mal en lui, de ce mal-là, dont Chamfort disait qu'il aigrit le caractère. On peut penser que c'est au moment où le projet se réfère à l'esprit incarné du mal, que la conception baudelairienne du mal prend un tournant, que sa conscience du mal s'aiguise. Il s'en fait alors le théoricien : « On peut fonder des empires glorieux sur le crime, et de nobles religions sur l'imposture »* (Mon cœur mis à nu, *f*[t] *11*). *Comme le paganisme et le christia-*

32. C'est le mot d'Yves Bonnefoy dans sa préface aux *Fleurs du mal* (1955), reprise dans *L'Improbable et autres essais*
33. *Ibid.*
34. Lettre à sa mère [6 mai 1861].

*nisme (*ibid., *ft 6), le bien et le mal « se prouvent réciproquement ». C'est du moins l'idée implicite de Baudelaire. La solidarité du bien et du mal est même, avec l'interlocuteur de la prière, muet comme le portrait du père, et avec cet « Autre » qui pense à moi, un des modes de l'existence de Dieu, celui qui fait le plus de place au mystère. Les idées de Maistre sur la réversibilité ont une traduction baudelairienne absolument fidèle, sauf que le mal, avec Baudelaire, prend le dessus, supplée à tout, s'installe dans le corps des animaux et des femmes, se cache derrière les choses. Qu'est-ce que l'amour? Une opération chirurgicale, un supplice, avec une victime et un bourreau. L'inspiration? Une congestion. Dieu? L'être le plus prostitué. Le mal est insatiable et omniprésent.*

*Gustave Lanson avait appliqué à Baudelaire le joli mot de « caïnisme » qui renchérit sur le « satanisme » habituellement attribué à l'auteur des* Fleurs du mal. *L'incompatibilité d'humeur entre Hugo et Baudelaire dont on trouvera ici des traces multiples ressemble en effet à cet* autosacramental *où Prométhée et Caïn exposent à une courtisane vieillie leurs mérites respectifs. Baudelaire avait, écrira-t-il à Malassis le 1er octobre 1865, « assez de génie pour étudier le crime dans son propre cœur ». Hugo assez d'on ne sait quoi entre l'homme et le surhomme pour l'étudier dans le cœur des autres et croire qu'on peut l'en ôter. Mais qui se trompe? L'humaniste ou cet hermaphrodite du bien et du mal qui a perdu l'un des deux sexes, ce Caïn qui marche sur les traces du péché originel et veut les considérer comme indélébiles avant de songer, du fond d'une théorie du progrès qui n'est que l'antithèse du progressisme, à les « diminuer »?*

*Après son engagement, en 1848, contre la monarchie de Juillet, bourgeoise et libérale, Baudelaire traverse un désert politique. Il fut, en 1848, un révolutionnaire du dimanche, tirant la révolution vers lui. Utilisant les sentiments antimilitaristes de rigueur en pareille circonstance, il aurait appelé, dit-on, à fusiller le général Aupick, son parâtre.*

*Voilà bien son opposition. Une occasion œdipienne. Mais les Orléans n'auront jamais grâce à ses yeux. En 1848, il fallait être dans les rangs républicains pour les combattre. Quand un Bonaparte tire à lui le pouvoir, il ne s'en félicite pas immédiatement mais apporte dans la résignation qui suit une joie d'anticonformiste. Au début, il accueille mal le coup d'État, et se prête à lui-même, dans* Mon cœur mis à nu, *rétrospectivement, cette réflexion historique : « Encore un Bonaparte ! » (f^t^ 8). Mais d'anciennes idées le quittent au fur et à mesure qu'il les voit s'incruster dans son siècle et, par dissuasion, il accomplit intérieurement, sans crier gare, une sorte de ralliement. Il choisit le pouvoir par dégoût, les oreilles rebattues par les idées progressistes qui faisaient déjà la loi intellectuelle à Paris. Et il sera de plus en plus sensible à une faculté dont est doté l'Empereur comme malgré lui, au-delà de lui, et qu'il appelle providentialité. Maistre et les théologiens auraient dit Providence tout court. Baudelaire, en étirant le mot, le rapproche d'une notion voisine, la fatalité, où il y a quelque chose de la résignation. Son allergie à tout ce qui vient des lumières et de 1789 grandit au cours des années 1850. Naïf et très vaguement utopiste en 1848, « dépolitiqué » (c'est le mot d'une lettre à Ancelle) par le coup d'État, il a fait hiberner sa conscience politique jusqu'à l'insituable ralliement.*

*Il est impossible en effet de dater cette fausse conversion, ce moment où le rejet du conformisme républicain l'emporte sur le rejet de l'esprit victorien, sans que l'un efface l'autre. « Tu sais bien (...), écrit-il à sa mère le 26 mars 1853, que (...) la morale de la Bourgeoisie me fait horreur. » Mais lorsque Toussenel lui envoie son livre sur les animaux, il répond le 21 janvier 1856 : « votre livre réveille en moi bien des idées dormantes » et entreprend de réfuter Fourier*[35]. *Le 28 mars 1857, quelques semaines avant la sortie des* Fleurs du mal, *il adresse à Malassis une lettre qui fait le procès du Siècle des lumières. La conscience d'être à*

35. Voir ci-dessous, l'annexe II, p. 526.

*rebours s'affirme et le 29 avril 1859, indiquant au même correspondant qu'il vient de relire* Grandeur et décadence des Romains, *le* Discours sur l'histoire universelle *et* Les Natchez, *il ajoute : « Je deviens tellement l'ennemi de mon siècle que* tout, *sans en excepter une ligne, m'a paru sublime. »*

*Baudelaire découvre dans son siècle, et en particulier dans l'idéologie du progrès, l'antithèse de sa pensée profonde. S'il y a, en dehors des épigrammes contre Hugo et des attaques contre George Sand, qui ont finalement la même cible, un thème qui fait, d'un seul coup d'aile, virer* Fusées *et* Mon cœur mis à nu *de la fausse confession au véritable pamphlet, c'est le progrès, cette « doctrine de paresseux »* (Mon cœur mis à nu, *f° 15*), *ce « paganisme des imbéciles*[36] *», dont l'époque est affligée comme d'une épidémie. Et s'il existe un relais précis entre* Mon cœur mis à nu *et le livre sur la Belgique, c'est encore le progrès. Un seul homme, en France, est proche de Baudelaire sur ce plan, c'est Flaubert : « Ô lumières ! Ô Progrès ! Ô humanité ! (...) Quelle éternelle horloge de bêtises que le cours des âges ! (...) Ô socialistes, c'est là votre ulcère ; l'idéal vous manque. Et cette matière même, que vous poursuivez, vous échappe des mains comme une onde. L'adoration de l'humanité pour elle-même et par elle-même (ce qui conduit à la doctrine de l'utile dans l'art, aux théories de salut public et de raison d'État, à toutes les injustices et à tous les rétrécissements, à l'immolation du droit, au nivellement du Beau), ce culte du ventre dis-je, engendre du vent (passez-moi le calembour)*[37]. *»*

*Mais les charges de Baudelaire ne sont pas des boutades. Il ne cherche aucune complicité. La bêtise le provoque comme l'une des formes de la méchanceté, la pire et celle qui fabrique, au jour le jour, son malheur. Son anti-*

36. Lettre à Ancelle, 18 février 1866, où le progrès arrive à la fin d'une liste de tout ce qui lui fait « horreur ».
37. Lettre à Louise Colet, 26 mai 1853.

*progressisme sera sacré, en 1864, par le* Syllabus *de Pie IX. Mais dès le début du siècle, un autre pape s'était dressé. Les livres de Joseph de Maistre ont guidé plus que la pensée de Baudelaire, sa vie même, et il n'est pas jusqu'à cette loi du grief qui ne soit un reflet existentiel des théories maistriennes. Sauf les commentaires de l'édition de Jacques Crépet et Georges Blin et le livre de Daniel Vouga, l'influence de Maistre sur Baudelaire, sentie à chaque instant dans les fragments publiés ici, est l'objet d'une dénégation systématique. Notre siècle, qui a largement illustré les désastres humains incombant aux différents processus révolutionnaires, accepte malaisément que le poète qui nous a légué l'idée de la modernité ait reproduit, pensé, magnifié la vulgate de cette chouannerie intellectuelle. Les critiques ne peuvent s'empêcher de mettre cette allégeance en marge de l' « admirable intelligence » que Sartre concède à Baudelaire à la fin de son livre ou au compte de ses excès, de ses provocations, de ses délires. C'est Bourget, pourtant, et non Sartre — pour reprendre une confrontation éprouvée —, qui a raison de parler du « tranchant de son intelligence*[38] *», c'est-à-dire d'une intelligence qui coupe et qui n'épargne rien, et qui fait de Baudelaire, victime de la bêtise de son temps, le bourreau impitoyable des idéaux du XIX<sup>e</sup> siècle. En confiant sa postérité à Louis Veuillot, aux antidreyfusards et aux maurrassiens, il est facile de montrer l'errement et l'appauvrissement de la pensée maistrienne. Mais si ce courant passe par Baudelaire, qui est à sa manière un anti-Veuillot (voir le f*[t] *52 de* Mon cœur mis à nu*), on lui donne une autre perspective. L'enjeu idéologique est de taille qui fait l'économie d'un Baudelaire politique, réduit son importance, occulte la solidarité interne de son œuvre, soustrait le politique du poétique. Car si, avec l'alibi de l'apolitisme poétique, on décolle le Baudelaire maistrien de l'autre Baudelaire, comme le fait Sartre, non seulement on mécon-*

38. Bourget, *Essais de psychologie contemporaine*, 1883, p. 11.

*naît la pensée de Baudelaire, sa structure réactive et ses ramifications polémiques, sa violence même, mais on ôte à la pensée maistrienne le prolongement qui l'illustre d'un destin poétique, qu'elle mérite, étant elle-même poétique.*

*L'auteur de* Mon cœur mis à nu, *qui compare les révolutions à des déménagements et sauve Robespierre pour son dandysme et ses belles phrases, ou celui de* La Belgique déshabillée, *qui traite* La Marseillaise d' « *hymne de la Canaille* » *(f° 298) et dénonce l'anticléricalisme bruxellois, est le plus entier, le plus accompli des Baudelaire politiques, celui de l'aphorisme, consigné par Nadar, sur la révolution impliquant « le massacre des innocents*[39] ». *Adèle Hugo l'a considéré comme aigri — c'est du moins à peu près ce qu'elle écrit à son mari*[40] *—, parce qu'il ne dansait pas d'enthousiasme au programme d'éducation universelle dont elle exposait les grands principes dans son salon bruxellois. C'est l'autre manière réductrice de considérer Baudelaire politique : mettre sa réflexion, souvent ironique ou muette, au bénéfice du vent de folie qui souffle sur son œuvre. Or Baudelaire, comme tous les prophètes, qui s'opposent en cela aux utopistes, est un pragmatique. « Je me suis vingt fois persuadé que je ne m'intéressais plus à la politique, et à chaque question grave, je suis repris de curiosité et de passion », écrit-il à Nadar, le 16 mai 1859, dans une lettre donnant un aperçu de la plus juste prévision sur la question italienne, et rendant les mérites de la prophétie vérifiée à Joseph de Maistre, dont on vient, l'année qui précède, avec la bénédiction de Cavour, de publier* Mémoires politiques et correspondance diplomatique. *Baudelaire dénonce « l'hypocrisie inutile » qui tente de justifier l'expédition en Italie en lui donnant le but d' « étouffer l'hydre révolutionnaire » et rejoint à cette occasion le plus strict machiavélisme : « La politique (...), écrit-il à Nadar dans la même lettre, est une*

39. Voir p. 132.
40. Voir l'extrait de la lettre du 26 novembre 1865, cité dans la chronologie, p. 514.

*science sans cœur. » Et il ajoute : « Si tu étais Jésuite et Révolutionnaire, comme tout vrai politique doit l'être, ou l'est fatalement, tu n'aurais pas tant de regrets pour les amis jetés de côté. » On comprend mieux, dès lors, son attachement pour la figure de Robespierre, jésuite dans l'âme et révolutionnaire par l'esprit. Baudelaire, de plus en plus, choisira d'être jésuite. Son attention passionnelle, unique en son temps, pour le style jésuite, sera l'une des manifestations les plus radicales de son divorce avec le siècle.*

*Joseph de Maistre laisse le bien et le mal se disputer le monde ; Baudelaire étend l'empire du mal. Sa « victime » et son « bourreau » se le partagent. Ce n'est plus le bien qui équilibre le mal, mais un autre mal. La vengeance est une réponse au mal par le mal. C'est une thérapeutique : « J'ai un besoin de vengeance comme un homme fatigué a besoin d'un bain » (à sa mère, 5 juin 1863). La dernière inspiration de Baudelaire, contre les hommes et contre lui, portée par ces textes au flux saccadé, est telle qu'une médecine où le patient force la dose du vaccin et se donne la maladie au lieu de s'en guérir. Cette loi absurde, où le mal entretient le mal, où rien n'apaise la force intérieure du mal sans cesse renflouée par sa force extérieure, va devenir en Belgique plus logique encore, dévorant les deux dernières années de relative santé.*

*On se demandera en vain, en termes rationnels, pourquoi, lorsqu'il sera malheureux à Bruxelles, il y restera. Ses amis seront les premiers à se poser la question*[41]*. Il y reste en raison de sa stratégie du grief, parce que le tort qu'on lui fait le nourrit, nourrit en lui une idée d'orgueil et de réparation. Comme il va s'incruster inexplicablement à Bruxelles, il avait été tout aussi incapable, à d'autres moments, de réaliser son désir d'aller à Honfleur pour se reposer et pour oublier. Quelques mois après le procès des*

41. Mme Paul Meurice, en particulier (lettre du début janvier 1865 ; voir la chronologie, p. 509) et Asselineau (voir p. 541).

Fleurs du mal, *voulant fuir Paris, « cette maudite ville » où il a « tant souffert » et « tant perdu de temps », il ne songe qu'à cette retraite inaccessible. « Avoir le bonheur à deux pas, presque sous la main, et ne pas pouvoir s'en emparer ! » (à sa mère, 19 février 1858). On croirait, à lire les lettres à sa mère des années 1859, 1860, qu'il la berce sciemment de l'espoir qu'elle aura bientôt son fils auprès d'elle. Mais c'est lui-même qui se fourvoie dans le rêve du temps retrouvé. Il imagine sa vie au contraire de ce qu'elle est, échafaude une théorie de la vie à côté de sa vie de tous les jours, parle au futur intemporel et se paie de certitudes et de mots : « Infailliblement, j'irai à Honfleur (...)*[42]. » *Tout ce qu'il peut faire, au mieux, c'est l'inverse : aller quelques jours à Honfleur et revenir vivre à Paris sa sorte de vie, la vraie. Le 1^er^ janvier 1863, déclinant une invitation de son ami Lejosne, il a cette comparaison : « Je suis semblable à l'épouse chinoise qui brûle d'accepter les cadeaux d'un galant, mais qui veut rester fidèle à son vœu. » Demeurer à Bruxelles, demeurer à Paris, c'est toujours le règne de la contradiction et la loi du grief.*

> Fuyons vers les pays qui sont les analogies de la Mort.
>
> *(Anywhere out of the World.)*
>
> Si vous êtes un poète et un chrétien, fuyez la Belgique.
>
> (Léon Bloy[43].)

*Baudelaire arrive à Bruxelles le 24 avril 1864. Le projet d'un livre sur la Belgique était antérieur. C'était même l'un des buts du voyage, une excursion d'art aboutissant à un livre d'art, comme Fromentin en publiera un dix ans plus tard à la suite d'un voyage en Belgique et aux Pays-Bas. Le projet, tel qu'il se modifie au contact de la Belgique,*

42. Lettre à Mme Aupick [fin avril 1860].
43. Lettre à un poète belge, 5 octobre 1900 (*Journal*, t. II, p. 32).

tournant à la satire, entre en concurrence avec Mon cœur mis à nu et récupère une partie du programme peu philanthropique du livre où Baudelaire voulait « entass[er] [ses] colères ». Attestant le lien organique et ambigu entre les deux livres, deux passages de Mon cœur mis à nu (aux $f^{ts}$ 15 et 41) font allusion à la Belgique et un fragment de Mon cœur mis à nu ($f^{t}$ 3) figure sur du papier au timbre de l'hôtel du Grand Miroir, où s'est installé Baudelaire. On trouve dans Mon cœur mis à nu des fragments nécessairement antérieurs à l'installation à Bruxelles (« Je m'ennuie en France (...) », $f^{t}$ 29), d'autres nécessairement postérieurs (Baudelaire, même prévenu, ne peut qu'avoir connu le pittoresque esprit de comité des Belges, avant de parler avec une telle sagacité des « Sociétés belges », $f^{t}$ 15). Bientôt tout va s'engouffrer dans le projet belge. Bruxelles dévore Paris. Bruxelles existe en creusant le reste du monde. Tentaculaire, hybride, réduction bouffonne de l'univers, la « capitale des singes » justifie avec une surprenante pertinence le dandysme, la solitude et le refus du monde. Le livre maintiendra sa double vocation, satirique et artistique, et l'argument, établi en janvier 1866, le présentera comme un pamphlet avec, en appendice, des promenades artistiques. La logique qui déporte le projet de la France à la Belgique est telle que la disparité apparente du sujet y trouve sa justification dans une thèse sous-jacente : la Belgique étant exécrable et ravagée par un complexe d'annexion, il suffira d'en confisquer les œuvres d'art et d'en déporter les habitants !

Il faut se reporter aux lettres de Baudelaire pour saisir cet enchaînement des détestations faisant de la haine le contexte absolu et de la Belgique le texte idéal. « J'ai horreur de Paris », écrit-il à Antoine Jaquotot, le 20 février 1858. « Je ne me rassasierai jamais d'insulter la France », à sa mère, le 11 octobre 1860, à propos de la préface pour la deuxième édition des Fleurs du mal. « Je crois que je finirai par écrire quelque livre atroce qui me fera chasser de ce vilain pays », à sa mère encore, le 25 décembre 1861. « Je *me vengerai (...) comme un homme qui n'aime rien, mais qui exècre son pays », à sa mère, le 6 juin 1862. Et après avoir passé la frontière : « Quel tas de canailles ! — et moi qui croyais que la France était un pays absolument barbare », à Ancelle, le 13 octobre 1864. On pourrait remonter au début de la correspondance de Baudelaire et retrouver dans telle lettre à son demi-frère Alphonse du 3 juillet 1832 (Baudelaire vient d'avoir onze ans) et dans quelques aimables formules sur les Lyonnais, qu'il « déteste » et qui sont « avares, intéressés », ou sur ses camarades de collège, « méchants et malpropres comme tous les Lyonnais », une préfiguration de l'avalanche d'adjectifs qui s'abattent sur le peuple belge et envahissent ses dernières relations épistolaires.*

*Baudelaire avait mis son projet en perspective. Le livre sur la Belgique était une étape. Le 31 juillet 1864, parlant à sa mère de se venger « de ce grossier peuple » belge, il ajoute : « en attendant que j'aie assez d'autorité pour dire ce que je pense de la France elle-même ». Et lorsque, à l'automne, son projet prend corps, il médite « un petit livre fort singulier » qui lui permettra d' « aiguiser [ses] griffes » et dont il se servira « plus tard contre la France » (à Ancelle, le 13 octobre). Un mois plus tard, il reprend : « Ce livre sur la Belgique est, comme je vous l'ai dit, un essayage de mes griffes. Je m'en servirai plus tard contre la France. J'exprimerai patiemment toutes les raisons de mon dégoût du genre humain » (à Ancelle, le 13 novembre). L'argument de liaison est donc ce « dégoût » itinérant, qui en réalité réduit son objet et idéalement, en perspective, l'élargit, allant du particulier au général, d'un lieu concentré à un espace plus large, et retrouvant partout la société intellectuelle du XIX^e^ siècle, l'esprit voltairien, l' « horreur des libres penseurs, du progrès et de toute la sottise moderne » (lettre du 13 octobre). Toujours, et déjà, étranger en France, Baudelaire est venu découvrir en Belgique l'état civil de sa différence, comme pour voir, sa situation ayant objectivement changé, quel serait son ennui ailleurs. Mais l'ailleurs est le même, en pire. Il dénonce alors sciemment la* contrefaçon *belge*[44]. *« L'impiété belge est une contrefaçon de l'impiété française » (fts 187 et 357) ; la sottise belge, « une énorme contrefaçon de la sottise française » (ft 196) ; le sentiment républicain des Belges, une « contrefaçon du Jacobinisme » (fts 203 et 357) ; « l'obscénité belge », une « contrefaçon de la gaudriole française » (ft 354) ; les petites filles lavent un morceau de trottoir pour contrefaire leur mère (ft 24), tous les Belges brossent leur chapeau quand le Roi brosse le sien (ft 104) et la Senne, dont le nom trébuche déjà sur celui de la rivière qui coule à Paris, est un « Styx-contrefaçon » (ft* [7], *p. 316), puisque la Belgique est « un enfer ». À partir de là, ne pouvant s'étendre, faute de place, s'élève sur le territoire belge la pyramide des défauts français : l'impiété belge est une contrefaçon de l'impiété française, mais « élevée au cube » (fts 187 et 357) ;) de même, la sottise belge est « la sottise française élevée au cube » (ft 196) et tel romancier, dont le nom n'est hélas pas révélé, est, au quatrième degré, un « imitateur des copistes des Singes de Champfleury » (ft 356,* argument, *chap. 16).*

*Passant du sens métonymique du mot singe : « singes de Champfleury » ou « singes dégoûtants des polissonneries de Béranger », à la physiologie animale proprement dite, Baudelaire réifie la métaphore et joint à sa théorie de la contrefaçon quelques transpositions qui, comme des planches physiognomoniques, représentent le spécimen belge entre le singe et le mollusque*[45], *réconciliant les deux espèces animales dans l'absolu de la* conformité, *autre mot que l'on rencontre, autant que* contrefaçon, *chaque fois que Baudelaire tire la morale de la fable, relevant implicitement son éternelle singularité, que l'on reconnaît, en effet, dans*

44. Voir la note 73.3, p. 643.

45. Voir *La Belgique déshabillée*, ft 73 et note 73.2. John Bartier (« Bruxelles vue par les étrangers », 1979, p. 416) cite David d'Angers, « malheureux » à Bruxelles, en 1851, « parce que cette ville veut singer Paris ».

*le grief belge : «* N'être pas conforme, *c'est le grand crime » (f*[t] *112) et qui apparaissait dès le début de sa vie adulte*[46].

*Baudelaire se voit en contre-jour. Toute sa pensée, avec sa logique et sa raison, tourne autour d'un miroir imaginaire — entre les deux nations, entre lui et les autres —, où la comparaison relève plus de la logique que de la raison lorsqu'elle fait voir partout des miroirs, des « espions », des regards indiscrets, alors que, bien entendu, le premier espion, c'est lui, étranger, observateur impitoyable, traquant les travers nationaux, infatigable preneur de notes et collecteur de coupures de presse. Il est troublant de voir aujourd'hui que la plupart des feuillets où figurent les notes sur Bruxelles conservent des traces de pliures : c'est le document brut de l'espionnage, le bout de papier plié en quatre et glissé dans la poche, furtivement. On pourrait à l'infini faire bouger ces reflets. Le plus bel exemple, le seul peut-être renvoyant aussi directement de l'objet au sujet, est dans une lettre du 7 mai 1864 à Michel Lévy, où Baudelaire, qui est à Bruxelles depuis une quinzaine de jours, après avoir décrit les Flamands « lambins et inexacts », ajoute : « Ce que nous exécrons le plus dans les autres, ce sont nos propres vices*[47]. *» On l'a vu, dans* Mon cœur mis à nu, *appliquer le même adjectif, « paresseux », aux progressistes, aux abolisseurs de la peine de mort, et à lui-même. A leur tour, les Belges seront « paresseux ».*

*Depuis toujours, dans la vie de Baudelaire, tout s'explique par la différence. Le séjour belge a déplacé le seuil. La différence est surdéterminée par un effet de proximité. L'enfer est limitrophe, la barbarie aux portes de la civilisation. C'est tout le sens de la comparaison entre les Belges et les inaccessibles Hottentots (f*[t] *13), les Belges suggérant eux-mêmes la comparaison et la proximité en*

46. « Persuade-toi donc bien une chose, que tu sembles toujours ignorer : c'est que vraiment pour mon malheur, je ne suis pas fait comme les autres hommes », écrivait-il déjà à sa mère en 1844.

47. Lettre publiée partiellement dans le catalogue de la vente Jules Marsan (17 juin 1976), n° 25.

*usant de l'expression « outre-Quiévrain », dont le sens à double sens, si j'ose dire, se heurte à cette ligne de partage*[48]*. La France est « barbare »; la Belgique est « plus barbare que la France » (à Ancelle, le 13 octobre 1864) : c'est la leçon de cette étrangeté reconvertie. Baudelaire au milieu des hommes, dont il a toujours ressenti l'inimitié, est, pour le coup, au sein de l'ennemi. Il en redevient Français : « On dit (et je le crois aujourd'hui) que les autres nations sont encore plus bêtes que la nation française. Alors, il faut retourner vivre en France, malgré la bêtise de ce pays, ou s'en aller dans l'autre monde » (à sa mère le 21 février 1866).*

*Baudelaire, à Bruxelles, reconnaît la France, imitée dans ses défauts. Il la retrouve aussi déplacée, exilée, dans ce contingent de proscrits de l'Empire qu'il est bien obligé de croiser à Bruxelles et qui produit ainsi, sur le sol belge, la complémentarité et la superposition de deux répulsions violentes. Le « jeune royaume » est l' « Eldorado de la canaille française » (à Dentu, 18 février 1866). La concentration devient irrespirable de tout ce que Baudelaire déteste, d'autant que le sens réflexif agit là encore et qu'il s'y retrouve* a contrario, *lui qui est en exil sans être proscrit. Si un Belge lui demande : « Monsieur est expatrié sans doute? », il perçoit des sous-entendus. La statue vivante de Victor Hugo s'est posée sur un rocher d'Angleterre. Mais la petite et la grande famille, femme, fils et amis, sont à Bruxelles, formant la « coterie Hugo », et lorsque des calomnies des plus médiocres, à l'arrivée de Baudelaire, le font passer pour un agent de l'Empire, un policier — un espion encore — (la loi de la secte ne distinguant pas entre tout ce qui est extérieur à elle), il entend la même différence, se heurte toujours à la même frontière. Les*

48. Attestant, s'il est besoin, son usage, on trouvera cette expression (qui, dans le français contemporain, le nôtre, s'est en quelque sorte retournée contre la Belgique) dans un article du *Sancho* du 14 mai 1865, découpé par Baudelaire (ci-dessous, parmi les coupures de presse, f° 72, p. 333), et sous la plume de Baudelaire lui-même, au f° 17 (ci-dessous, p. 143).

*Belges et les proscrits français communient dans un anticléricalisme militant. Baudelaire, qui s'ennuyait en France « parce que tout le monde y ressemble à Voltaire » (*Mon cœur mis à nu, *f*t *29), suit passionnément la campagne belge pour les enterrements civils, traque les sociétés qui les organisent, relève leur esprit doctrinaire, leur aliénation au modèle qu'elles prétendent rejeter, ce cléricalisme inversé qui fait du matérialisme un substitut de la religion. Obstinément, il souligne, dans les articles qu'il découpe dans* Le Libre Examen *ou* La Tribune du peuple, *les attestations de ce culte sans dieu. Il voit dans l'amitié entre Proudhon et un professeur à l'université de Bruxelles, Altmeyer, un signe de connivence. Même à Malines, où il aimerait vivre et mourir si la ville n'était pas en Belgique*[49], *il retrouve la France républicaine parmi les étourdissants carillons, qui jouent, entre autres airs, l' « hymne de la Canaille »*, La Marseillaise *(f*t *298).*

*Sans doute Baudelaire n'avait-il jamais, en France, été pris très au sérieux. Mais le refus belge est sans appel et sans ménagement. Les contacts avec Lacroix et Verboeckhoven, les éditeurs des* Misérables, *et les conférences pour lesquelles Baudelaire s'était déplacé, sont un désastre. Maurice Kunel a rapporté le récit de Charles Tardieu décrivant un conférencier qui, « pris d'un horrible trac, lisait et bafouillait, frissonnant et claquant des dents, le nez sur son manuscrit*[50] *». Le témoignage de Camille Lemonnier va dans le même sens, avec une sorte de pudeur*[51]*. L'exorde de Baudelaire ressemble à une périphrase antiphrastique et prémonitoire de ce que sera son malheur belge : « Je sentais instinctivement que je serais bien reçu (...) », et rend grâce à la « santé intellectuelle » et « à cette espèce de béatitude, nourrie par une atmosphère de liberté et de bonhomie » qu'il découvre provisoirement*

49. Lettre à Ancelle. 2 septembre 1864.
50. Maurice Kunel. *Baudelaire en Belgique*, 1912. p. 126.
51. Voir en annexe. p. 550-551.

*sur le sol bruxellois et auxquelles il ne croit peut-être déjà plus*[52]*. Il va désormais, après quelques défenses matamoresques*[53]*, nourrir un grief supplémentaire et réservé à la Belgique, un grief de conférencier. Parmi les documents qu'il a réunis, deux sont révélateurs à cet égard : l'invitation à une soirée d'Alfred de Caston, un charlatan qui se produit avec succès dans le Cercle artistique et littéraire où lui-même a échoué (f*t *201, parmi les coupures de presse et autres documents) ; et une coupure de* L'Écho de Bruxelles *du 5 août 1864 (f*t *209) racontant l'histoire d'un tribun flamand, hué et sortant un jeu de cartes « en attendant que le tumulte eût cessé ».*

*Il est temps peut-être de poser la question qu'inévitablement se posent les commentateurs à propos du pamphlet inachevé de Baudelaire contre les Belges. La Belgique, pour Baudelaire, est devenue une miniature de l'horreur du monde, carrefour des sectes, des athéismes, de la bêtise qui veut sauver l'homme, lieu sans identité, voué à l'imitation et à la division. La question, posée gravement, résolue souvent avec une légèreté qui ferait mettre encore bien du monde en travers de l'intelligence de Baudelaire, est celle-ci : Baudelaire préparant son dernier livre est-il (« n'est-il pas », dit-on plus souvent) « dépoétisé*[54] *», sacrifié à l'horreur de la vie, transmué de « l'inconscient poétique », dont Jouve lui attribuait la découverte*[55]*, à une exorbitante, dévorante conscience prosaïque, définitivement extradé vers l'autre monde du passé et de la mort prochaine ?*

*Il n'a pas manqué de bons esprits pour taxer de parti pris*

52. On trouvera le texte de cet exorde de la conférence sur Delacroix dans l'éd. Pichois des *Œuvres complètes* (t. II, p. 773-775). Sur les conférences de Baudelaire à Bruxelles, voir la chronologie, p. 502-505.

53. Il parle de son « grand succès » à sa mère et à Ancelle et déclare le 7 mai 1864 à Michel Lévy : « Je ne parle pas de mon début, qui (...) a été très haut » (lettre citée ci-dessus p. 37).

54. Je reprends le mot très baudelairien d'une lettre du 16 juillet 1839.

55. Pierre Jean Jouve, *Défense et illustration* (Neuchâtel, Ides et Calendes, 1943) et *Apologie du poète* (GLM, 1947)

*l'attitude de Baudelaire*[56]*, et pour mettre son dernier projet littéraire au compte de cette « mauvaise foi » qui est le verdict de Sartre, ou du gaspillage concédé par l'œuvre à la vie. On découvre des préfaciers qui se disent soulagés que Baudelaire n'ait pas achevé son livre*[57]*. Songent-ils que c'est la maladie et la mort qui l'en ont empêché? On rencontre des annotateurs qui veillent avec une vocation d'attachés culturels sur les bonnes relations franco-belges et allèguent la maladie, l'exil, la folie dans des présentations embarrassées. La Belgique a-t-elle besoin d'être défendue? Est-elle menacée par autre chose que par des caractères inhérents, ceux-là mêmes que Baudelaire dénonce? Dans* Fusées, *le premier de ces projets de l'œuvre de la troisième ou de la quatrième voix, quelques exégètes ne voyaient déjà que l'antidote du spleen, les orgasmes d'un misanthrope, et les obsessions d'un écrivain vieilli, malade, trivial, prosaïque, plein d'idées fausses et de polémiques inutiles, à rebours du courant de l'histoire. L'épreuve rebondit : la plupart de ceux qui l'ont suivi jusqu'ici, au prix de quelques réserves, ne font pas le saut du livre belge. Ils dressent un paravent entre le dernier projet et l'œuvre antérieure, comme s'il restait un lambeau de gloire inconquise.*

*L'accent du mépris n'emporte pas la voix de l'angoisse. Baudelaire, parmi les Belges, est toujours l'albatros parmi les matelots. Le paysage intérieur ne change pas. La mort est toujours à ses côtés. Face au rejet scolaire où est plongé ce livre interrompu, auquel on refuse sa promesse, j'invoquerai pour sa défense l'autorité d'un poète belge, Emile*

56. Poulet-Malassis déjà : « Il aura perdu son temps en Belgique, comme vous l'imaginez aisément. Ses études consistent à faire tout rentrer dans son parti pris » (lettre à Charles Asselineau, 30 août 1865). La même lettre évoque plus loin les « défauts de lenteur, d'insistance et de radotage » de Baudelaire.

57. Prenons, entre cent, un exemple contemporain : Marcel Ruff, présentant le livre sur la Belgique dans l'édition des *Œuvres complètes* de Baudelaire de la collection « L'Intégrale » du Seuil, le qualifie (p. 20) d' « énorme sottisier dont la valeur documentaire est tellement partiale qu'elle en perd presque toute portée ».

*Verhaeren qui, découvrant les* Œuvres posthumes *de Baudelaire, où figure « La Belgique vraie », écrivait : « Malheureusement, bien de ces critiques sont cruellement vraies, et nous le savons plus que personne, nous qui travaillons comme en exil aussi, dans ce pays, sans jamais sentir le cri de notre labeur nous revenir en échos multipliés*[58]. *» Puisse la voix d'outre-tombe du merveilleux poète des* Aubes *et des* Campagnes hallucinées *ranimer la promesse du Salut par les Belges qu'il y a plus d'un siècle Baudelaire nourrissait fiévreusement dans le crépuscule de sa vie !*

*Démembré comme Osiris, le livre sur la Belgique fonde deux lignages importants de notre littérature moderne. Il est d'abord le père de tous les pamphlets qui prendront pour cible un objet collectif : on songe à Bloy*[59], *peut-être à Claudel ou à Péguy reprenant la flamme sacrée contre les positivismes ; Céline est sans doute plus loin des « foudres catholiques*[60] *» de Baudelaire, mais non de ses violences. Il préfigure aussi le grotesque et le burlesque modernes, qui donneront Jarry. Baudelaire avait défini lui-même le livre qu'il voulait écrire comme un livre bouffon et sérieux, c'est-à-dire dont la bouffonnerie conduit une idée grave*[61]. *Il est vingt fois revenu sur cette double clé où l'on reconnaît la tension de l'oxymoron qu'il a si souvent, et poétiquement, éprouvée. L'idée d'un livre bouffon n'est pas nouvelle alors. Il l'avait eue déjà à propos de ses visites de candidat à l'Académie française, à la fin de 1861, écrivant à sa mère, le 25 décembre : « Voyant combien je perdais de temps, je*

58. *L'Art moderne*, 3 juillet 1887. Repris dans *Impressions*, 3e série. Au XXe siècle, des écrivains nés en Belgique, Ghelderode, Michaux, reprendront eux-mêmes le thème belgophobe, ou quitteront le pays.

59. J'ai déjà cité Bloy à deux reprises (p. 8 et 33) et je viens de faire allusion à son *Salut par les Juifs*. On pourrait, s'agissant de Baudelaire et de son inflexion pamphlétaire, se reporter à lui bien des fois, parce qu'il reprend bon nombre de cibles baudelairiennes, en particulier la Belgique, cette « banlieue de Sodome » (lettre du 5 octobre 1900, citée p. 33).

60. C'est le mot de Verhaeren, art. cit.

61. Giovanna Angeli analyse cette relation cruciale du satanique et du grotesque, p. 157-158 de son article.

*voulus que mes visites me fussent payées comme celles des médecins, non pas par* mes malades, *mais par le public; c'est-à-dire que je conçus le projet d'en rédiger le compte rendu jour à jour, d'en faire ainsi* un livre bouffon *qui aurait été publié au beau milieu des discussions relatives à l'élection, ou après l'élection. » La situation présente des analogies avec le séjour en Belgique et le projet a le même principe : retourner le grief. Déjà, comme en Belgique, il est bancal, intrinsèquement lié à l'inconvénient qu'il porte : de même que publier un livre sur la Belgique en y demeurant est périlleux, Baudelaire, se moquant des académiciens, court le risque qu'on l'accuse de dépit. Il s'en rend compte : « Tu devines le résultat, ajoute-t-il, l'Académie barrée à jamais, d'abord, et puis accusation de déloyauté. On m'aurait accusé de m'être introduit chez les gens dans le but préconçu de les faire poser pour moi dans une attitude comique. »*

*Le manuscrit de la* Belgique *est nourri de scènes prises sur le vif où les mérites habituels de la fiction sont ceux de la sélection. Le sens du grotesque donne sa frénésie à un texte qui porte les signes extérieurs d'une écriture en saut de plume. La première bouffonnerie sérieuse est bien celle, implicite et présente derrière chaque fragment, d'un chasseur à l'affût, saisissant des propos, des intonations, des déformations, pour les consigner sur un bout de feuille quadrillée ou de papier à lettres d'hôtel. Baudelaire poursuit l'indigène dans ses grimaces les plus intimes, saisissant l'âme au geste, à la voix, au corps. Les parodies laïques le captivent comme un carnaval. La Belgique elle-même est un « arlequin diplomatique » ($f^{t}$ 224). L'entrée de Léopold II, qui portera plus tard une barbe fleurie, se fait sur l'air du « Roi barbu » de* La Belle Hélène *($f^{t}$ 258). On voit la plume, pour écrire le mot Belge, quelle que soit sa nature grammaticale, sauter de la majuscule à la minuscule, ou plus souvent de la minuscule à la majuscule qui coiffe et gonfle le sujet et lui donne l'hystérie requise. Les suffixes en* -cule *se multiplient, du roi « principicule » ($f^{ts}$ 249, 250, 258) à* *l'« homonculus » national (f° 226), en passant par le chapelet de tous les « ridicules » relevant les disgrâces de l'anti-héros.*

*On reconnaît l'art de la satire. A vingt ans, Baudelaire aimait Mathurin Régnier. Il a commenté les caricaturistes et admiré « le génie satirique de Daumier*[62] *». L'art graphique, comme le théâtre, est sous-entendu dans ces esquisses belges. La lettre à Mme Meurice du 3 février 1865 donne une idée de la manière dont Baudelaire aurait, dans son livre, lié tout ce corpus provisoire, doté déjà de la férocité, de la spiritualité et du style qui donnent consistance au néant*[63]*. Les clichés de la littérature sur la Belgique, il les emporte dans sa fureur et derrière le cliché, comme derrière la bouffonnerie, la vérité apparaît. Fondamentalement, l'idée politique que se fait Baudelaire de la Belgique est juste : cet « Arlequin diplomatique » (f° 224) est gardé par « un équilibre de rivalités » (f° 243) et a en lui « plusieurs éléments de dissolution » (f° 306)*[64]*. On découvrira plus tard, ou on ne fera qu'apercevoir, ce qui n'est d'ailleurs qu'une évidence, mais qu'il appartenait à un esprit libre de montrer comme il appartenait à un poète d'exercer son sentiment de la vérité dans des domaines que la connaissance ordinaire ne peut envisager : de quel département de l'histoire politique ou de la géographie relève l'âme des peuples et qui osera mettre dans l'analyse le venin d'un jugement de valeur ? Porté par l'éternel grief, le jugement de Baudelaire est impitoyable, mais il n'est pas faux. « Le Belge de Baudelaire est un mythe qu'il a construit », écrit Yves Bonnefoy, au plus près pourtant de l'entière sympathie pour l'errance baudelairienne. Hélas non. La fiction, comme la contrefaçon, précède en Belgique le séjour de Baudelaire.*

*Arrivé à Bruxelles le 24 avril 1864, Baudelaire, qui*

62. Lettre à Champfleury, 25 mai 1865.
63. Voir ci-dessous, l'annexe IV, p. 529.
64. Voir *La Belgique déshabillée*, f$^{os}$ 224, 225 et la note 224.1.

*promettait déjà, moins de deux mois plus tard, le 17 juin, à sa mère, une « étude sur la Belgique » où elle verrait « des choses fort drôles, que personne n'a osé dire », n'a rien fait d'autre, pendant deux ans, que réunir des notes. C'est en 1866 seulement qu'il semble les avoir réparties en chemises correspondant à des chapitres et portant des sommaires. Une circonstance de temps exprimée au sommaire du chapitre 21 (f*[t] *240) : « L'annexion est un thème de conversation belge. C'est le premier mot que j'aie entendu ici, il y a deux ans », permet de supposer qu'il n'a établi ces sommaires qu'au début de 1866 (on peut penser que l'expression « il y a deux ans » résulte d'une soustraction : 1866 moins 1864 ; elle semble donc exclure l'année 1865), avant de rédiger l' « argument du livre sur la Belgique », que la correspondance permet de dater assez précisément puisque Baudelaire en diffère à plusieurs reprises l'envoi à Paris et finit par l'adresser à Ancelle le 22 janvier 1866. Ce n'est pas tant la rédaction de l'*argument *qui fut difficile — elle reprend les sommaires en les amplifiant ici ou là —, que le classement des notes. L'*argument, *que Baudelaire appelle aussi « plan », « sommaire », « compendium » (lettres à Ancelle du 12 et du 18 janvier), puis « programme » (lettre au même, 30 janvier), puis encore «* plan fait pour être lu par un éditeur *», pour le distinguer d' « une table des matières » (lettre à Dentu, 18 février), constitue le dernier état de l'œuvre et démontre assez l'intention de la publier, Baudelaire n'ayant épargné aucune démarche, depuis quelques mois, en direction d'éditeurs, plus particulièrement les frères Garnier, en passant par Lemer et par Ancelle.*

*« Le livre sur la Belgique n'est pas imaginable achevé » ; Baudelaire a persévéré « dans l'informité », il s'est dérobé « à l'exécution », écrit Samuel de Sacy dans une préface où il donne le projet de livre sur la Belgique comme « l'échec d'un échec*[65] *». Je ne peux le suivre dans cette thèse de la*

65. *Œuvres complètes* de Baudelaire, 1955, tome II.

*fatalité de l'inachèvement.* L'argument *rédigé et envoyé, concentré de cet « amer savoir*[66] *» tiré de son voyage, il reste à Baudelaire quelques semaines de vie debout. Vers le 15 mars, il va revoir l'église Saint-Loup, à Namur, et s'écroule dans ce « terrible et délicieux catafalque » (f$^{t}$ 302-303). Commence alors « pour lui ce qu'il avait appelé* Châtiment de l'orgueil[67] ». *Au lieu de parier sur un livre interrompu par cette éloquente répétition d'une fin qui sera lente encore à venir, je préfère penser que Baudelaire faisait attendre le châtiment et réservait à ce « boudoir », exemple s'il en est de la « féminéité » de l'Église*[68]*, les premiers appels de la mort.*

ANDRÉ GUYAUX

66. *Le Voyage (Les Fleurs du mal).*
67. Proust, « Sainte-Beuve et Baudelaire », p. 260.
68. *Mon cœur mis à nu,* f$^{t}$ 2.

# NOTICE SUR LE TEXTE ET L'ÉDITION

Les deux éditions de référence des textes publiés ici sont l'édition Crépet-Blin de 1949 pour *Fusées* et *Mon cœur mis à nu*, l'édition Crépet-Pichois de 1952-1953 pour le livre sur la Belgique. Ces deux éditions et leur annotation abondante représentent un travail fondamental, dont je me suis largement inspiré, complété par l'édition Pichois de la « Bibliothèque de la Pléiade ».

Voici ce qui distingue la présente édition.

Elle réunit en un seul volume trois projets d'œuvres qui peuvent prendre place dans la même perspective (voir la préface). L'édition de la Pléiade sépare *Fusées — Mon cœur mis à nu* (tome I) de *Pauvre Belgique!* (tome II). La tradition consiste à compléter les deux « journaux intimes » par le *Carnet*, publié en 1949 dans l'édition Crépet-Blin, repris à la suite de *Mon cœur mis à nu* dans l'édition Pichois et qui constitue un mémoire à différents usages (dettes, envoi de livres...) tenu par Baudelaire entre 1861 et 1863, document précieux pour la connaissance de la vie du poète, mais qui est principalement un répertoire de noms et de chiffres difficile à publier dans une collection de large diffusion. J'ai donc préféré joindre le livre sur la Belgique aux deux autres textes, le tout dans une même suite, ou fuite, autobiographique.

J'ai renoncé au titre *Journaux intimes*, qui appartient à la tradition, mais qui n'appartient qu'à elle, c'est-à-dire pas à

Baudelaire, et ne se justifie guère. De nombreux éditeurs s'en sont avisés sans toujours y renoncer.

Les trois textes, dans leur état manuscrit, ne se présentent pas de la même manière : le volume du troisième est plus considérable et plus composite, des notes brutes ayant été réunies en chemises portant des sommaires, et ceux-ci ayant servi ensuite à la rédaction en 1866 d'un « argument du livre sur la Belgique ». Toutefois, il s'agit pour les trois textes de feuilles volantes que Poulet-Malassis a classées et numérotées. Il avait adopté, pour *Fusées* et *Mon cœur mis à nu*, une double numérotation. Il avait en effet collé les feuillets de Baudelaire sur des feuilles hautes et larges, parfois plusieurs feuillets sur une seule feuille. Et il a numéroté les deux espèces de supports. On se trouve ainsi devant deux sortes de chiffres, les uns portés sur les feuillets de Baudelaire, les autres sur les feuilles de Poulet-Malassis. J'ai renoncé à la tradition qui consiste à reprendre cette double numérotation, celle des grandes feuilles en chiffres romains, l'autre en chiffres arabes. Cette dernière, portée sur le document baudelairien proprement dit, me semble suffire largement. L'autre prétend à des groupements thématiques dont, de toute manière, l'effet subsiste grâce à l'ordre de classement. La numérotation de Malassis, dans le coin supérieur droit des feuillets, à l'encre rouge, a été reportée en marge des pages. Il m'a semblé que le coin droit d'une feuille volante et la marge de gauche d'une page de livre se correspondaient. L'habitude était de laisser le chiffre à droite. Je n'ai pas mis ce chiffre entre crochets, bien qu'il soit apocryphe. Il suffit de prévenir une fois pour toutes : les chiffres en marge correspondent à la numérotation, au classement de Poulet-Malassis ; ils n'engagent que lui, sauf s'il s'est conformé à l'ordre où il a trouvé les feuillets et dans la mesure où cet ordre signifie quelque chose. Lorsque la numérotation manque ou qu'il s'agit de feuillets qui ont échappé à Poulet-Malassis, j'ai placé le chiffre entre crochets.

Voulant rendre le mieux possible, dans l'édition, l'état

velléitaire de tous ces textes, que Baudelaire n'a jamais préparés pour la publication, et les corrections n'étant pas très nombreuses, j'ai placé dans le texte même, de la manière suivante, d'une part les lettres ou mots biffés, entre crochets droits [ ], d'autre part les lettres ou mots ajoutés, entre crochets aigus ⟨ ⟩. On comprendra facilement qu'un mot encadré de doubles crochets ⟨[ ]⟩, est ajouté puis biffé, que deux mots qui se suivent, le premier entre crochets droits, le second entre crochets aigus [ ] ⟨ ⟩, correspondent à une même correction où le second mot remplace le premier. J'ai, de même, respecté l'anarchie des majuscules, signes du sujet et signes du temps. Je ne saurais trop inviter le lecteur qui veut se faire une idée de ces manuscrits, à regarder les quelques fac-similés publiés pour *Fusées*, *Mon cœur mis à nu* et la série marginale *Hygiène. Conduite. Méthode. Morale* dans l'édition Eugène Crépet des *Œuvres posthumes* (Quantin, 1887), dans le *Baudelaire* de Philippe Soupault (Rieder, 1931) et au tome II des *Œuvres complètes* de l'édition dite du « Nombre d'or » (Le Club du meilleur livre, 1955) ; pour le livre sur la Belgique, dans l'édition Crépet-Pichois (Conard, 1952-1953) et dans l'*Album Baudelaire* de Claude Pichois.

Pour *Fusées* et *Mon cœur mis à nu*, après le travail de Jacques Crépet et de Georges Blin, et celui de Claude Pichois dans l'édition de la Pléiade, l'établissement du texte était achevé. En l'adaptant au système expliqué au paragraphe précédent qui tend à limiter la toilette du texte pour ne pas lui donner un aspect définitif, j'ai repris le texte de mes prédécesseurs.

En ce qui concerne le livre sur la Belgique, j'ai revu le « manuscrit » et décidé de publier le texte intégral des coupures de presse réunies par Baudelaire, que les éditeurs précédents avaient, dans le cas d'articles longs, pris le parti de résumer.

On comprendra donc que je revienne ici sur quelques points d'histoire ou de philologie, touchant au livre sur la

Belgique, dont le « manuscrit » est conservé à la bibliothèque Spoelberch de Lovenjoul à Chantilly. Passé successivement des mains de la mère de Baudelaire dans celles de Charles Asselineau, d'Auguste Poulet-Malassis, d'Eugène Crépet, de Félix Grélot (secrétaire général de la préfecture de la Seine, mort en 1894), il fut acheté à l'hôtel Drouot, le 25 mars 1896, pour la somme modeste de 237 fr. 60 par un collectionneur belge, le vicomte Charles de Spoelberch de Lovenjoul (1836-1907), et parvint, à la mort de ce dernier, dans la célèbre bibliothèque de Chantilly qui porte son nom et où l'on peut le consulter.

Le hasard et l'esprit de collection ont donc permis à ce « manuscrit », alors largement inédit, de revenir en Belgique. Le vicomte de Spoelberch de Lovenjoul, qui, en léguant sa fortune à l'Institut de France, a privé sa famille et son pays des inestimables documents qu'il avait amoureusement réunis entre 1870 et 1907, suit, dirait-on, l'exemple belgophobe de Baudelaire, son aîné de moins de quinze ans. Et l'ironie prit le relais lorsque l'Institut de France, voulant acheter une maison à Chantilly pour y conserver la collection, vendit la demeure bruxelloise du vicomte au Quai d'Orsay, qui en fit l'ambassade de France en Belgique. L'étonnant vicomte, qui s'est d'ailleurs illustré dans les études baudelairiennes, avait peut-être eu l'occasion de rencontrer Baudelaire. Une lettre de ce dernier à Rozez, Français exilé à Bruxelles, de juin ou de juillet 1864 probablement, fait allusion à « une personne qui exprime le désir de se procurer » les *Salons* de 1845, de 1846 et trois études, celle sur *Delacroix*, celle sur *Ingres* et *Méthode de critique*. Or, d'après Claude Pichois et Jean Ziegler, les annotateurs de la correspondance dans l'édition de la Pléiade, il s'agit du vicomte de Spoelberch de Lovenjoul, qui, après la mort du poète, se distingua encore en retrouvant un article du jeune Baudelaire publié dans *L'Écho des théâtres* le 23 août 1846 : « Comment on paie ses dettes quand on a du génie » et le joignit à son livre, *Un dernier chapitre de l'histoire des œuvres de H. de Balzac*

(Dentu, 1880). Il fut ensuite l'auteur d'une des premières bibliographies de Baudelaire, intitulée « Étude bibliographique sur les œuvres de Charles Baudelaire » et publiée dans l'édition augmentée de son ouvrage *Les Lundis du chercheur*, chez Calmann-Lévy, en 1894 [1].

Jusqu'à l'édition critique de Jacques Crépet et Claude Pichois, publiée chez Louis Conard en 1952 (rééditée en 1953), on ne connaissait que des parties de l'œuvre, principalement la seule partie qui ait une apparence finie et que Baudelaire intitule lui-même « argument du livre sur la Belgique ». Voici, rapidement résumée d'après l'édition Crépet-Pichois, à laquelle on se reportera pour plus de précisions [2], la chronologie de ces quelques publications. En 1869, dans *Charles Baudelaire, sa vie et son œuvre*, publié chez Lemerre, Charles Asselineau avait donné les titres des chapitres et la liste des titres prévus ou proposés pour le livre sur la Belgique (f[t] 3 du « manuscrit ») [3]. En 1887, dans les *Œuvres posthumes*, Eugène Crépet donnait quelques extraits des derniers chapitres, les moins violents, concernant l'art et les « promenades » à Malines, Anvers, Namur. En 1890, la *Revue d'aujourd'hui* publiait une partie de l'*argument*. La même année, paraît la première édition portant le mot *Belgique* en couverture : Charles Baudelaire, *Sur la Belgique*, qui est en fait une contrefaçon belge du texte de la *Revue d'aujourd'hui*. Mais l'impression tourne court et seuls voient le jour dix exemplaires, dont l'un aboutit à la bibliothèque Doucet. Le texte publié est celui de l'*argument*, au complet. Et c'est ce texte que l'on retrouve

1. On trouvera un portrait d'époque du vicomte de Spoelberch de Lovenjoul dans un article qui lui fut consacré par Jules Huret dans le *Figaro* du 4 mars 1900 et intitulé : « Un bibliophile et une bibliothèque », réédité récemment dans *Quarante-trois interviews de littérature et d'art* de Jules Huret (Vanves, Thot, 1984, p. 194-201). On y vante notamment « le génie de collectionneur » du vicomte qui, « bien moins connu en Belgique » qu'en France, « passe chez ses compatriotes (...) pour un simple maniaque collectionneur de vieilles gazettes ».

2. *Pauvre Belgique*, éd. Crépet-Pichois, p. 226-228.

3. Voir ci-dessous l'annexe IX, notes 1 et 2 de la p. 541.

dans les éditions suivantes, en 1903 (s.l. et s.d.), 1908 (Mercure de France), 1932 (éd. Le Dantec, « Bibliothèque de la Pléiade »), 1937 (éd. Gautier-Le Dantec des *Œuvres diverses*, Gallimard), 1941 (une édition bruxelloise, sous le titre *La Belgique toute nue*).

La première édition complète, et qui est en même temps une édition critique et commentée, est donc celle de Jacques Crépet et Claude Pichois, en 1952-1953. Les éditeurs prenaient le parti, devant les inconséquences du classement fixé par la numérotation de Malassis, de replacer dans un chapitre mieux approprié les feuillets, ou même les parties de feuillets qui leur paraissaient indûment classés[4]. Ils se fondaient pour cela sur une logique thématique, souvent autorisée par la présence d'une rubrique dans le coin gauche du feuillet. J'ai préféré, quant à moi, revenir au classement de Malassis, ou plutôt en rester à cet ordre imparfait, relatif, mais qui me semble convenir à l'état où l'œuvre fut laissée[5].

Parler d'un « manuscrit » du livre de Baudelaire sur la Belgique, c'est trop et trop peu dire, et c'est pourquoi, jusqu'ici, j'ai mis le mot entre guillemets. La bibliothèque de Chantilly conserve un ensemble très composite de notes autographes, mêlées de coupures de presse. C'est un véritable dossier, « un capharnaüm de notes », « un farrango de notes », disait Poulet-Malassis[6]. En 1912, Georges Vicaire, à qui l'on doit les premiers travaux de classement de la collection Spoelberch de Lovenjoul, fit coller chaque document sur un feuillet de papier cartonné et relier le

4. Quelques feuillets, détachés de la série qu'avait classée Malassis, ont été retrouvés ensuite. Jacques Crépet et Claude Pichois les distribuent selon le critère thématique qu'ils ont adopté. Ils devraient logiquement figurer avant l'*argument*, qui les intègre implicitement. Je les donne néanmoins après lui pour respecter la continuité de la numérotation de Malassis. On les trouvera ici. p. 313. Voir aussi p. 724, note [1].1.

5. J'ai d'ailleurs également respecté la numérotation de Malassis pour *Fusées* et *Mon cœur mis à nu*, sauf pour les f^ts 86 et 88, que Malassis classait dans *Mon cœur mis à nu*, qui appartiennent, de manière hydride, à *Fusées* et à la série *Hygiène. Conduite. Méthode. Morale* et que j'ai reclassés à la fin de *Fusées* (p. 85). Voir la préface, p. 14.

6. Lettres du 7 juin et du 7 juillet 1866 à Asselineau.

tout[7]. A la suite des 350 feuillets détachés classés par Poulet-Malassis, figure le manuscrit complet, sur papier bleu, de l'*argument.* Prenant le relais de Poulet-Malassis, Georges Vicaire a folioté, à l'encre rouge aussi, mais d'une manière plus discrète et plus régulière, dans le coin supérieur droit, la fin du volume. Le feuillet 351 est à nouveau, comme le feuillet 1, un support vierge, où Vicaire a inscrit un titre : *Autre manuscrit.* Il a ensuite folioté, de 352 à 361, cet « autre manuscrit », le document bleu, intitulé par Baudelaire : « Argument du livre sur la Belgique[8] ».

L'*argument*, seule partie présentant un aspect achevé, mais qui ne devait être, en fait, qu'une étape, couvre vingt pages de papier bleu. Il est composé de cinq feuillets doubles, couverts au recto et au verso d'un texte serré, feuillets que Baudelaire a lui-même numérotés de 1 à 5 dans le coin supérieur droit. L'*argument* a donc été folioté de deux manières : d'abord par Baudelaire, numérotant chaque feuillet double ; ensuite par Vicaire, numérotant chaque feuillet simple. On aurait pu aussi le paginer de 1 à 20.

Le livre sur la Belgique — soit, donc, tout le reste, *argument* exclu — est constitué principalement de deux sortes de documents : des notes autographes et des coupures de presse. On peut assimiler aux coupures de presse tel fascicule, programme, invitation, le tout constituant, à côté des notes de Baudelaire, un ensemble de « pièces à conviction », comme dit très justement Samuel de Sacy, dans sa préface de l'édition de 1955 du Club du meilleur livre. Le dilemme de l'éditeur est donc celui-ci : séparer les fragments de Baudelaire et les autres documents ou respec-

7. Georges Vicaire indique au revers de la première page que le volume relié comporte 366 feuillets, *argument* compris. On peut en écarter le premier feuillet portant le titre de la main de Vicaire, le dernier, qui est vierge, et les trois précédents, qui concernent les ventes du « manuscrit » en juin 1893 et mars 1896, ainsi qu'un f° 271 manquant et un 351 de page de titre ; on obtient alors 359 feuillets proprement baudelairiens, autographes ou documents joints, sans compter quatre feuillets *bis* et un petit fascicule de huit pages (coupure 179).

8. P. 293-312 dans notre édition.

ter l'unité des chapitres et présenter dans le même « capharnaüm » les notes de Baudelaire et les coupures de presse, qui, elles-mêmes annotées, sont évidemment solidaires. J'ai préféré séparer les deux textes, notes de Baudelaire et documents annotés, pour qu'il n'y ait pas de confusion possible entre texte accusateur et texte accusé, les caractères d'imprimerie ne pouvant pas les distinguer d'une manière assez nette. L'unité, celle de l'ensemble et celle de chaque chapitre, est néanmoins respectée puisque, suivant l'ordre de Poulet-Malassis, la coupure de presse est d'abord mentionnée dans le texte proprement dit et qu'on peut, de là, se reporter au document comme à une manière d'illustration du propos satirique. Les notes (p. 628-727) reprennent d'ailleurs l'unité de l'ensemble.

Baudelaire, lisant la presse belge en 1864 et 1865 (il n'y a pas de coupure pour 1866), procédait de la manière suivante : il soulignait ou encadrait au crayon rouge des articles ou passages d'articles ; il les découpait ensuite ; dans un troisième temps, il les collait sur des feuillets, en soulignant à nouveau certains passages, à la plume cette fois[9], et en inscrivant le plus souvent la référence : titre du journal, date, avec quelques lacunes et quelques erreurs[10]. J'ai essayé de corriger les références inexactes, de retrouver les références qu'il avait omis d'indiquer. Mais l'état des collections de journaux du XIX^e^ siècle dans les bibliothèques

9. Les passages soulignés par Baudelaire dans tel article qu'il a découpé peuvent-ils légitimement, comme d'autres éditeurs l'ont fait, figurer en italique dès lors qu'ils relèvent de deux discours opposés, d'un discours-objet et d'un discours-sujet ? et que les italiques conservent un usage normal, antérieur à l'intervention de Baudelaire ? Pour éviter ici encore des confusions entre des caractères d'imprimerie insuffisamment distincts, j'ai fait reproduire exactement les traits par lesquels Baudelaire souligne tels passages des articles découpés.

10. Les usages du crayon rouge, puis des ciseaux, puis de l'encre (et de la colle) sont rigoureusement distincts. Les éditeurs de 1952-1953 ont, semble-t-il, confondu ces différentes étapes. Ainsi ont-ils souvent interprété comme un trait soulignant un passage au crayon rouge ce qui n'est en fait qu'un encadrement précédant le coup de ciseau et que ce coup de ciseau a plus ou moins épargné, l'incluant ou non dans la coupure.

publiques belges est déficient et quelques vérifications font défaut. On trouvera p. 732-736 un répertoire, suivant trois classements successifs, de ces coupures[11].

On comprendra aisément pourquoi les éditeurs de 1952-1953 et ceux qui ont ensuite repris leur édition n'ont fait, pour les articles longs, que les résumer : le volume se fût gonflé de textes relativement abondants et qui ne sont pas de Baudelaire. Les résumés étaient d'ailleurs accompagnés de citations, en particulier de citations des passages soulignés. Une partie du dossier de presse publié ici est donc inédite, ou plus exactement, ce dossier est publié intégralement pour la première fois. En prenant ce parti, j'ai pensé que résumer les articles n'avait guère de sens si c'est la forme, le style, l'expression même du discours belge qui captive Baudelaire et alimente sa passion accusatrice. D'autre part, ce dossier de presse, en soi, constitue un inappréciable *corpus* ethnologique, et pas seulement du point de vue baudelairien. Enfin — et c'est peut-être la raison principale —, il me semble qu'on ne peut juger du projet de Baudelaire et, comme on le fait d'ordinaire, de son « parti pris », en diminuant le volume de ce qu'il a constitué pour attester son réquisitoire. Depuis la première édition, très partielle, du texte sur la Belgique en 1887, de savants processus de censure interviennent, munis de différents alibis : le premier était pour servir la cause de Baudelaire, de ne pas publier intégralement son texte ; le dernier, de ne pas tout publier de ce qui, dans cet ensemble, n'est pas de lui mais atteste son propos. Je ne peux m'empêcher de voir dans le fait qu'on n'ait pas, en dépit de l'impératif historique et philologique, jusqu'ici, trouvé nécessaire de publier intégralement ce dossier de presse, un effet, et une arme, du discrédit dans lequel est plongé le projet d'un

11. Dans plusieurs cas Baudelaire a transcrit l'extrait de presse au lieu de le découper. Comme elles sont de la main de Baudelaire, on trouvera ces copies non parmi les coupures de presse mais dans le texte proprement dit de *La Belgique déshabillée* (f$^{\text{ts}}$ 157, 159, 160-161, 191, 207, 213). Je les ai toutefois incluses dans les répertoires des p. 732-736.

pamphlet sur la Belgique. J'ajouterai une raison : ce dossier de presse, tel qu'il nous est parvenu, n'est lui-même qu'une partie de ce que Baudelaire avait collectionné. Asselineau, dans son *Baudelaire* de 1869[12], faisait état de « trois liasses » de « documents non classés : — Journaux, affiches, etc. », qui semblent perdus. On peut sans doute distinguer entre des pages de journaux ou des journaux conservés et des articles découpés et collés[13]. Baudelaire a pris soin de lire, de découper et de coller les coupures de presse qui nous sont parvenues, même s'il n'est pas toujours exact en notant la référence du journal. C'est l'appareil de son accusation. Les trois opérations énumérées ci-dessus et qu'il convient de bien distinguer sont les trois étapes d'une sélection. Les éditeurs, en résumant l'article et en citant ce que Baudelaire a souligné, sont fidèles à la progression et au dessein de cette sélection. Mais lorsque Baudelaire, dans le texte d'un discours prononcé par un militant de la laïcité devant une tombe, souligne : « Cette tombe ouverte est là pour affirmer mes paroles et pour nous prouver une fois de plus combien les idées marchent... » (f<sup>t</sup> 186), attiré par les formes paralittéraires de l'éloquence, il a aussi lu la suite : « ... et combien est salutaire l'exemple de ceux qui veulent que leur mort soit conséquente avec les principes qu'ils ont professés et défendus durant leur vie. Ceux qui ont combattu pour la vérité surgissent parfois du tombeau pour enseigner encore aux vivants la voie du bien. » La main de Baudelaire, soulignant le texte, se fatigue plus vite que le savoureux et macabre discours du militant bruxellois. Nous perdrions à séparer la tombe qui parle et le revenant qui enseigne, à mutiler de quelques-unes de ses apparences le paradigme d'un délire qui n'est pas baudelairien à l'origine mais le devient par réfraction.

12. Au bas de la note 2. p. 88. après l'énumération des trente-trois sommaires du livre.

13. Voir la parenthèse à usage interne, qui figure au bas du f<sup>t</sup> 157 : « (*Parcourir tous les numéros de journaux que j'ai entre les mains, et faire l'extrait des articles pour lesquels je les ai gardés.*) »

Baudelaire, partout où il peut se situer, est le différent. Georges Blin, dans son essai de 1939, a lumineusement analysé la « superstition » baudelairienne de la différence. En Belgique, la différence croît et multiplie. D'où l'intérêt d'y demeurer. Or cette séparation entre soi et le monde des autres, subdivisé en sectes, telles que la « coterie Hugo » ou les « innombrables sociétés » belges, cette enclave de singularité que forme et reforme inlassablement l'individu Baudelaire dans le monde des hommes, l'écrivain la reproduit dans la manière dont il sélectionne, découpe, cite le discours idéologique du journalisme belge [14]. La petite histoire de ses rapports avec la presse belge est, à ce propos, très éclairante. On voit apparaître le nom de *L'Indépendance belge*, suivi d'un point d'interrogation entre parenthèses, dès 1857, dans le service de presse des *Nouvelles Histoires extraordinaires*, envoyé le 7 mars à Michel Lévy, alors que *Les Fleurs du mal* sont en cours d'impression. A ce moment, en tout cas, la Belgique est un recours, un horizon : après le procès et la regrettable « opération chirurgicale » que Poulet-Malassis, contraint par le tribunal, a fait subir au recueil, Baudelaire envisage « une nouvelle édition *complète* en Belgique » des *Fleurs du mal* (lettre à sa mère, 19 février 1858). Lorsque, durant l'été 1863, il commence à penser sérieusement à se rendre à Bruxelles, le projet d' « écrire des articles dans *L'Indépendance belge* » (lettre à sa mère, 10 août) se greffe sur les autres buts du voyage. Mais entre deux lettres à sa mère, le 10 et le 31 août, la collaboration est compromise : il n'a « pu [s']entendre » avec Bérardi, le directeur. Sans doute, Baudelaire garde-t-il quelques illu-

14. On notera avec amusement le reflet fortuit d'un discours dans l'autre : l'expression *Pauvre Belgique* dans l'intervention du ministre Charles Rogier que reproduit un article découpé par Baudelaire dans *L'Indépendance belge* du 27 novembre 1864 (fᵒ 215). On se souviendra aussi que jadis, il était arrivé à Baudelaire de découper dans la presse des textes de lui : « Je joins à cette lettre quelques articles de moi que j'ai coupés avec des ciseaux dans un journal », écrit-il à sa mère, ambassadrice à Madrid, le 27 mars 1852, dans un café, « au milieu du bruit ».

sions. A Bruxelles, le fiasco des conférences entraîne le discrédit de la presse belge, coupable d'en faire des comptes rendus trop rares et insuffisants. La situation se retourne : il n'est plus question de collaborer à la presse belge mais d'envoyer au *Figaro* de Paris des *Lettres* qui ne sont *belges* que par une métonymie au bord de l'antiphrase. Baudelaire gardera de bons rapports avec deux journalistes belges : Gustave Frédérix, qu'il rencontre chez Mme Hugo, et Victor Joly, le pittoresque directeur du *Sancho.* Mais quand un poème en prose, *Les Bons Chiens*, est publié dans *L'Indépendance belge*, il écrit à Ancelle (28 juin 1865) que la publication s'est faite contre son gré : vérité ou dénégation ? Il ne veut pas, en tout cas, qu'on pense qu'il l'a voulu ou même qu'il y a consenti. La presse belge est devenue répulsive.

Il me reste à aborder la question du titre : *La Belgique déshabillée.* Ce qui nous est parvenu des notes prises par Baudelaire en vue d'un livre sur la Belgique, et l' « argument du livre sur la Belgique » qu'il a achevé en janvier 1866 pour proposer le projet à des éditeurs, est publié le plus souvent sous le titre *Pauvre Belgique !* Je renonce à cette tradition pour une raison très simple. Baudelaire a envisagé successivement trois titres à son ouvrage : *Lettres belges* (juin-septembre 1864), *Pauvre Belgique !* (septembre 1864-août 1865), et *La Belgique déshabillée* (fin 1865-début 1866). La correspondance le montre[15]. *La Belgique déshabillée* est donc le dernier titre que Baudelaire ait envisagé. Même si la correspondance offre plus d'occurrences de *Pauvre Belgique !*, même si les mots *Pauvre Belgique* apparaissent parfois au coin d'un feuillet de notes rattachant celles-ci au projet du livre, Baudelaire, dans la phase suivante, la dernière, y avait renoncé. On dira que le livre n'ayant jamais été achevé, ni même écrit, il n'a en fait pas plus de titre que de réalité. Certes, et le titre *La Belgique déshabillée*, dans une phase ultérieure, eût peut-être à son

15. Voir la chronologie, p. 503-518.

tour été écarté. Mais nous devons nous en tenir au dernier état des choses et, pour publier ce qui nous est parvenu du projet, adopter le dernier titre envisagé par l'auteur. Le feuillet 3 des notes manuscrites et les premières lignes de l'*argument* (p. 138 et 293) donnent un choix de titres, respectivement huit et cinq titres, parmi lesquels on trouve, dans les deux cas *La Belgique déshabillée*, et dans aucun cas *Pauvre Belgique !* Les cinq titres du début de l'*argument* sont d'ailleurs visiblement choisis parmi les huit titres (deux séries de quatre) du feuillet 3. Voici les huit titres du feuillet 3, parmi lesquels je distingue par un astérisque ceux qui sont repris dans l'*argument* : *La grotesque Belgique ; *La vraie Belgique ; *La Belgique toute nue ; *La Belgique déshabillée ; *Une Capitale pour rire ; Une grotesque capitale ; La Capitale des Singes ; *Une capitale de Singes*[16]. Il est clair que Baudelaire, qui n'a pas détesté autant que Bruxelles les villes de la province belge, a hésité entre deux séries de titres, entre deux objets qui ne sont pas nécessairement superposables : Bruxelles et la Belgique. D'après la seconde sélection, où il prend trois titres dans la première série de quatre, deux dans la seconde, il en restait au projet belge, faisant place ainsi aux excursions dans les villes de province, quitte à favoriser Bruxelles, sa population et ses « mœurs » dans les premiers chapitres.

Seul Maurice Kunel, dans son *Baudelaire en Belgique*, se réfère au texte de Baudelaire en utilisant le titre *La Belgique déshabillée* qu'aucun éditeur, à ma connaissance, n'a adopté. En 1887, Eugène Crépet donnait les premiers extraits publiés sous le titre « La Belgique vraie », reprenant, en modifiant la place de l'adjectif, l'un des titres prévus par Baudelaire, titre qui correspondait à une suggestion faite à Baudelaire par Julien Lemer[17]. En 1941, les

16. Voir le fac-similé, p. 136.
17. Lettre de Lemer à Baudelaire du 3 octobre 1865, citée dans l'éd. Crépet-Pichois (1953), p. 238 ; publiée dans *Lettres à Baudelaire*, p. 221-222 : « En ce qui concerne la *Belgique*, aucun de vos titres ne me plaît. Le

éditions de la « Nouvelle Revue Belgique » publiaient un volume composite et partiellement apocryphe sous le titre *La Belgique toute nue.* On sait, par ailleurs, quelles relations complexes, hésitantes, Baudelaire a toujours entretenues avec les titres de ses œuvres. Il avait envisagé *Les Lesbiennes,* puis *Les Limbes* avant d'adopter *Les Fleurs du mal.* Les *Petits poèmes en prose* furent, dans son projet, *Le Promeneur solitaire, Le Rôdeur parisien — Poèmes nocturnes, La Lueur et la fumée...* et l'hésitation entre *Petits poèmes en prose* et *Le Spleen de Paris* subsiste : le recueil est publié aujourd'hui sous l'un ou l'autre titre, sous l'un et l'autre parfois. Ce qui est devenu *Curiosités esthétiques* avait été projeté sous le titre *Miroir de l'art — Cabinet esthétique, Bric-à-brac esthétique.* Dans la lettre à Alphonse de Calonne du 16 décembre 1859 où il propose un véritable éventail de titres à ses futurs *Paradis artificiels,* une dizaine parmi lesquels *Un univers de Rêves* et *Le monde Intérieur,* Baudelaire résume sa philosophie du titre : « Plus un titre est singulier, meilleur il est, pourvu qu'il ne confine pas au titre que j'appelle calembourique ou pointu. » Il avait écrit le 7 mars 1857 à Malassis : « J'aime les titres mystérieux ou les titres pétards. » Pourtant malgré cette certitude du goût, l'hésitation est constante, elle semble inévitable, elle manifeste une boulimie du titre qui paraît inhérente au projet, au travail, à l'entretien du projet, au besoin de le relancer, de lui donner du sang neuf en passant d'un titre à un autre ou en faisant miroiter l'incertitude du choix. La lettre du 16 décembre 1859 à Calonne voudrait, dirait-on, déployer toutes les facettes de l'œuvre en énumérant ses titres possibles. Les deux qualités du titre : « mystérieux » (lettre de 1857), « singulier » (lettre de

---

volume sera trop gros pour comporter une enseigne ironique. J'aimerais mieux un titre simple et carré. *La vraie Belgique* ou *La Belgique telle qu'elle est* ou *La Belgique et les Belges* ou *La Belgique d'Aujourd'hui,* etc... Pensez-y. »

1859), ne semblent pas demander de paternités : si Hippolyte Babou assume la responsabilité qui le dépasse du titre définitif des *Fleurs du mal*, Edgar Poe, intercesseur considérablement plus digne, souffle *Mon cœur mis à nu* de sa voix d'outre-tombe, et lègue les mots mêmes de *Fusées* et de *Suggestions*[18]. C'est peut-être au nom de cette exigence de singularité, toutefois, que Baudelaire a écarté le titre *Pauvre Belgique !* J'ai essayé de montrer ailleurs que le titre du bruyant pamphlet anti-impérialiste d'Auguste Rogeard, *Pauvre France*, publié à Bruxelles en septembre 1865, avait pu dissuader Baudelaire, qui renonce au titre *Pauvre Belgique !* au moment même où la presse fait apparaître des publicités pour le livre de Rogeard : la coupure du 5 novembre 1865 de *La Rive gauche* (fᵗ 223) montre précisément, au verso de l'article découpé par Baudelaire, une publicité pour *Pauvre France*[19]. Dès lors, *Pauvre Belgique !* perdait en singularité, et gagnait en conformité, cette terrible conformité que Baudelaire place au cœur de la Belgique et dont il eût fait le *leitmotiv* de son livre. *La Belgique déshabillée*, formule qui renoue inopinément le fil métaphorique de *Mon cœur mis à nu*, sera, à défaut d'être un titre « singulier », l'un de ces titres « pétards » dont parlait Baudelaire à Malassis. A défaut d'être un titre « mystérieux », il promet un livre révélateur. C'est le sens même du projet satirique.

Les *Amœnitates Belgicæ*, recueil de vingt-trois poèmes épigrammatiques composés par Baudelaire durant son séjour en Belgique, sont inséparables de *La Belgique déshabillée*, procèdent de la même intention satirique et ne sont, bien souvent, que la traduction en vers d'anecdotes ébauchées dans les notes préparant le livre sur la Bel-

18. Voir la préface, p. 15 (et la note 18) et l'annexe I, p. 525.
19. Voir André Guyaux, « *Pauvre France* et *La Belgique déshabillée* ». Voir aussi, ci-dessous, *La Belgique déshabillée*, note 223.1, p. 684.

gique[20]. Il était donc indispensable de les publier ici. Le manuscrit fait partie de la collection de Mrs. Donhauser-Lambiotte, qui a bien voulu me le montrer après m'en avoir envoyé de New York une reproduction complète accompagnée d'indications précieuses. Il est composé de quatorze feuillets, numérotés au coin supérieur droit, écrits au recto seulement, sauf le feuillet 2, qui porte au verso une inscription le rattachant aux notes de *La Belgique déshabillée* ainsi qu'une « variante pour les six derniers vers » de *L'Amateur des beaux-arts en Belgique* figurant au recto du même feuillet. Les feuillets sont fixés sur des feuilles de vélin placées dans un cartonnage brun portant l'ex-libris de Poulet-Malassis. De la main de Poulet-Malassis, sur la page de gauche, une note relative à ce recueil d' « épigrammes contre la Belgique » et à ses publications partielles.

20. Il semble que Poulet-Malassis (d'après une lettre à Asselineau du 7 juin 1866) ait empêché Baudelaire de publier les *Amœnitates* à la suite des *Épaves*, « sous des prétextes de respect humain, mais en réalité comme indignes de son talent ».

# FUSÉES

## 1 FUSÉES

Quand même Dieu n'existerait pas, la Religion serait encore Sainte et *Divine*.

Dieu est le seul être qui, pour régner, n'ait même pas besoin d'exister[1].

Ce qui est créé par l'esprit est plus vivant que la matière[2].

L'amour, c'est le goût de la prostitution[3]. Il n'est même pas de plaisir noble qui ne puisse être ramené à la Prostitution.

Dans un spectacle, dans un bal, chacun jouit de tous.

Qu'est-ce que l'art ? Prostitution.

Le plaisir d'être dans les foules est une expression mystérieuse de la jouissance de la multiplication du nombre[4].

*Tout* est nombre. Le nombre est dans *tout*[5]. Le nombre est dans l'individu[6]. L'ivresse est un nombre[7].

Le goût de la concentration productive doit remplacer, chez un homme mûr, le goût de la déperdition[8].

L'amour peut dériver d'un sentiment généreux : le goût de la prostitution; mais il est bientôt corrompu par le goût de la propriété.

L'amour veut sortir de soi, se confondre avec sa victime, comme le vainqueur avec le vaincu, et cependant conserver des privilèges de conquérant[9].

Les voluptés de l'entreteneur tiennent à la fois de l'ange et du propriétaire. Charité et férocité. Elles sont même indépendantes du sexe, de la beauté et du genre animal.

Les ténèbres vertes dans les soirs humides de la belle saison[10].

Profondeur immense de pensée dans les locutions vulgaires, trous creusés par des générations de fourmis[11].

Anecdote du chasseur, relative à la liaison intime de la férocité et de l'amour[12].

## 2 FUSÉES

De la féminéité de l'Église, comme raison de son omnipuissance.

De la couleur violette (amour contenu, mystérieux, voilé, couleur de chanoinesse)[1].

---

Le prêtre est immense parce qu'il fait croire à une foule de choses étonnantes.

Que l'Église veuille tout faire et tout être, c'est une [nécessité] loi de l'esprit humain.

Les peuples adorent l'autorité[2].

Les prêtres sont les serviteurs et les sectaires de l'imagination.

Le trône et l'autel, maxime révolutionnaire.

---

E. G. ou la SÉDUISANTE AVENTURIÈRE[3]

---

Ivresse religieuse des grandes villes. — Panthéisme[4]. Moi, c'est tous ; Tous, c'est moi.

Tourbillon.

## 3 FUSÉES

Je crois que j'ai déjà écrit dans mes notes[1] que l'amour ressemblait fort à une torture ou à une opération chirurgicale[2]. Mais cette idée peut être développée de la manière la plus amère. Quand même les deux amants seraient très épris et très pleins de désirs réciproques, l'un des deux sera toujours plus calme ou moins possédé que l'autre. Celui-là, ou celle-là, c'est l'opérateur, ou le bourreau ; l'autre, c'est le sujet, la victime. Entendez-vous ces soupirs, préludes d'une tragédie de déshonneur, ces gémissements, ces cris, ces râles ? Qui ne les a proférés, qui ne les a irrésistiblement extorqués ? Et que trouvez-vous de pire dans la question appliquée par de soigneux tortionnaires ? Ces yeux de somnambule révulsés, ces membres dont les muscles jaillissent et se roidissent comme sous l'action d'une pile galvanique, l'ivresse, le délire, l'opium, dans leurs plus furieux résultats, ne vous en donneront certes pas d'aussi [beaux] affreux, [et] d'aussi curieux exemples. Et le visage humain, qu'Ovide croyait façonné pour refléter les astres[3], le voilà qui [reflète] ne parle plus qu'une expression de férocité folle, ou qui se détend dans une espèce de mort. Car, certes, je croirais faire un sacrilège en appliquant le mot : extase à cette sorte de décomposition.

— Épouvantable jeu où il faut que l'un des joueurs perde le gouvernement de soi-même !

Une fois il fut demandé devant moi en quoi consistait le plus grand plaisir de l'amour. Quelqu'un répondit naturellement : à recevoir, — et un autre : à se donner. — Celui-ci dit : plaisir d'orgueil ! — et celui-là : volupté d'humilité ! Tous ces orduriers parlaient comme l'*Imitation de Jésus-Christ*[4]. — Enfin il se trouva un impudent utopiste qui affirma que le plus grand plaisir de l'amour était de former des citoyens pour la patrie.

Moi, je dis : la volupté unique et suprême de l'amour [consiste] gît dans la certitude de faire le *mal*[5]. — Et l'homme et la femme savent [alors] de naissance que dans le mal [on trouve t] se trouve toute volupté.

4 PLANS. FUSÉES. PROJETS

— La Comédie à la Silvestre[1].
Barbara et le Mouton[2].
— Chenavard a créé un type surhumain[3].
— Mon vœu à Levaillant[4].
— Préface, mélange de mysticité et d'enjouement[5].
Rêves et théorie du Rêve à la Swedenborg[6].

La pensée de Campbell *(the Conduct of Life*[7]*.)*
Concentration.
Puissance de l'idée fixe.
— La franchise absolue, moyen d'originalité[8].
— Raconter pompeusement des choses comiques.

5 FUSÉES. SUGGESTIONS

Quand un homme se met au lit, presque tous ses amis ont un désir secret de le voir mourir ; les uns pour constater qu'il avait une santé inférieure à la leur ; les autres dans l'espoir désintéressé d'étudier une agonie[1].

Le dessin arabesque est le plus spiritualiste des dessins[2].

6 FUSÉES. SUGGESTIONS

L'homme de lettres remue des capitaux et donne le goût de la gymnastique intellectuelle.

Le dessin arabesque est le plus idéal de tous.

Nous aimons les femmes à proportion qu'elles nous sont [étrangères] plus étrangères. Aimer les femmes intelligentes est un plaisir de pédéraste. Ainsi la bestialité exclut la pédérastie[1]

L'esprit de bouffonnerie peut ne pas exclure la charité, mais c'est rare[2].

L'enthousiasme qui s'applique à autre chose que les abstractions est un signe de faiblesse et de maladie[3].

La maigreur est plus nue, plus indécente que la graisse[4].

7 — *Ciel tragique.* Épithète d'un ordre abstrait appliqué à un être matériel[1].

— L'homme boit la lumière avec l'atmosphère. Ainsi le peuple a raison de dire que l'air de la nuit est malsain pour le travail[2].

— Le peuple est adorateur-né du feu.
Feux d'artifice, incendies, incendiaires.

Si l'on suppose un adorateur-né [, un Parsis] du feu, un [Pars] *Parsis-né*, on peut créer une nouvelle[3].

8 Les méprises relatives aux [personnes] visages sont le résultat de l'éclipse de l'image réelle par l'hallucination qui en tire sa naissance.

Connais donc les jouissances d'une vie âpre; et prie, prie sans cesse. La prière est réservoir de force[1]. *(Autel de la volonté. Dynamique morale. La sorcellerie des sacrements. Hygiène de l'âme[2].)*

La Musique creuse le ciel[3].

Jean-Jacques disait qu'il n'entrait dans un café qu'avec une certaine émotion. Pour une nature timide, un contrôle de théâtre ressemble quelque peu au tribunal des Enfers[4].

La vie n'a qu'un charme vrai; c'est le charme du *Jeu*. Mais s'il nous est indifférent de gagner ou de perdre[5]?

9 SUGGESTIONS. FUSÉES

Les nations n'ont de grands hommes que malgré elles, — comme les familles. Elles font tous leurs efforts pour n'en pas avoir. Et ainsi, le grand homme a besoin, pour exister, de posséder une force d'attaque plus grande que la force de résistance développée par des millions d'individus[1].

À propos du sommeil, aventure sinistre de tous les soirs, on peut dire que les hommes s'endorment journellement avec une audace qui serait inintelligible, si nous ne savions qu'elle est le résultat de l'ignorance du danger[2].

10 Il y a des peaux carapaces avec lesquelles le mépris n'est plus une vengeance[1].

Beaucoup d'amis, beaucoup de gants. Ceux qui m'ont aimé étaient des gens méprisés, je dirais même méprisables, si je tenais à flatter les honnêtes gens.

Girardin parler latin ! *Pecudesque locutæ*[2].

Il appartenait à une Société incrédule d'envoyer Robert Houdin chez les Arabes pour les détourner des miracles[3].

11 Ces beaux et grands navires, imperceptiblement balancés (dandinés) sur les eaux tranquilles, ces robustes navires, à l'air désœuvré et nostalgique, ne nous disent-ils pas dans une langue muette : Quand partons-nous pour le bonheur[1] ?

Ne pas oublier dans le drame le côté merveilleux, la sorcellerie et le romanesque.

Les milieux, les atmosphères, dont tout un récit doit être trempé. (Voir *Usher*[2] et en référer aux sensations profondes du hachisch et de l'opium.)

12 Y a-t-il des folies mathématiques et des fous qui pensent que deux et deux fassent trois ? En d'autres termes, — l'hallucination peut-elle, si ces mots ne hurlent pas, envahir les choses de pur raisonnement ? Si[1], quand un homme prend l'habitude de la paresse, de la rêverie, de la fainéantise, au point de renvoyer sans cesse au lendemain la chose importante[2], un autre homme le réveillait un matin à grands coups de fouet et le fouettait sans pitié jusqu'à ce que, ne pouvant travailler par plaisir, celui-ci travaillât par peur[3], cet homme, — le fouetteur, — ne serait-il pas

vraiment son ami, son bienfaiteur ? D'ailleurs on peut affirmer que le plaisir viendrait après, à bien plus juste titre qu'on ne dit : l'amour vient après le mariage.

De même en politique, le vrai saint est celui qui fouette et tue le peuple pour le bien du peuple.

Mardi 13 mai 1856.

---

Prendre des exemplaires à Michel[4].
Écrire à Mann[5]
à Willis[6],
à *Maria Clemm*[7].
Envoyer chez Mad. Dumay
— savoir si Mirès[8]...

Ce qui n'est pas légèrement difforme a l'air insensible ; — d'où il suit que l'irrégularité, c'est-à-dire l'inattendu, la surprise, l'étonnement sont une partie essentielle et la caractéristique de la beauté[9].

13 NOTES. FUSÉES

Théodore de Banville n'est pas précisément matérialiste ; il est lumineux[1].

Sa poésie représente les heures heureuses[2].

À chaque lettre de créancier, écrivez cinquante lignes sur un sujet extra-terrestre et vous serez sauvé[s][3].

Grand sourire dans un beau visage de géant[4].

14 *Du suicide et de la folie-suicide considérés dans leurs rapports avec la statistique, la médecine et la philosophie.*

*Brierre de Boismont*[1]

Chercher le passage :
*Vivre avec un être qui n'a pour vous que de l'aversion*[2]...
Le portrait de *Sérène* par *Sénèque*, celui de *Stagyre* par *saint Jean Chrysostome*[3].
L'*acedia*, maladie des moines.
Le *Taedium vitae*[4].

15 FUSÉES

Traduction et paraphrase de : *La Passion rapporte tout à elle*[1].

Jouissances spirituelles et physiques causées par l'orage, l'électricité et la foudre, tocsin des souvenirs amoureux, ténébreux, des anciennes années.

16 FUSÉES

J'ai trouvé la définition du Beau, — de mon Beau[1]. C'est quelque chose d'ardent et de triste, quelque chose d'un peu vague, laissant carrière à la conjecture[2]. Je vais, si l'on veut, appliquer mes idées à un objet sensible, à l'objet, par exemple, le plus intéressant dans la société, à un visage de femme. Une tête séduisante et belle, une tête de femme, veux-je dire, c'est une tête qui fait rêver à la fois, — mais d'une manière confuse, — de volupté et de tristesse; qui comporte une idée de mélancolie, de lassitude, même de satiété, — soit une idée contraire, c'est-à-dire une ardeur, un désir de vivre, associé avec une [certaine tristesse] amertume refluante, comme venant de privation ou de désespérance. Le mystère, le regret sont aussi des caractères du Beau.

Une belle tête d'homme n'a pas besoin de comporter, excepté peut-être aux yeux d'une femme, — aux yeux d'un homme bien entendu — cette idée de volupté, qui dans un visage de femme [même le plus mélancolique] est une provocation d'autant plus [enivrante] attirante que le visage est généralement plus mélancolique. Mais cette tête contiendra aussi quelque chose d'ardent et de triste, — des besoins spirituels, des ambitions ténébreusement refoulées, — l'idée d'une puissance grondante, et sans emploi, — quelquefois l'idée d'une insensibilité vengeresse, (car le type idéal du Dandy n'est pas à négliger dans ce sujet), — quelquefois aussi, — et c'est l'un des caractères de beauté les plus intéressants, — le mystère, et enfin (pour que j'aie le courage d'avouer jusqu'à quel point je me sens moderne en esthétique), *le Malheur*[3]. — Je ne prétends pas que la Joie ne puisse pas s'associer avec la Beauté, mais je dis que la Joie est un des ornements [les moins importants] les plus vulgaires ; — tandis que la Mélancolie en est pour ainsi dire [l'illustre compagne] 〈[la compagne naturelle]〉 〈l'illustre compagne〉, à ce point que je ne conçois guère (mon cerveau serait-il un miroir ensorcelé ?) un type de Beauté où il n'y ait du *Malheur.* — Appuyé sur, — d'autres diraient : obsédé par — ces idées, on conçoit qu'il me serait difficile de ne pas conclure que le plus parfait type de Beauté virile est *Satan,* — à la manière de Milton[+].

17 FUSÉES

Auto-idolâtrie[1].

Harmonie politique du caractère.
Eurythmie du caractère et des facultés.
Augmenter toutes les facultés.
Conserver toutes les facultés.
Un culte (magisme, sorcellerie évocatoire).
Le sacrifice et le vœu sont les formules suprêmes et les symboles de l'échange[2].

Deux qualités littéraires fondamentales : surnaturalisme et ironie[3].

[Tourn] Coup d'œil individuel, aspect [que tiennent] dans lequel se tiennent les choses devant l'écrivain, puis tournure d'esprit satanique. Le surnaturel comprend la couleur générale et l'accent, c'est-à-dire intensité, sonorité, limpidité, vibrativité, profondeur et retentissement dans l'espace et dans le temps.

Il y a des moments de l'existence où le temps et l'étendue sont plus profonds, et le sentiment de l'existence immensément augmenté.

De la magie appliquée à l'évocation des grands morts, au rétablissement et au perfectionnement de la santé.

L'inspiration vient toujours quand l'homme le *veut*, mais elle ne s'en va pas toujours quand il le veut[4].

De la langue et de l'écriture, prises comme opérations magiques, sorcellerie évocatoire[5].

De l'air dans la femme.

Les airs charmants et qui font la beauté sont[6] :

L'air blasé,
L'air ennuyé,
L'air évaporé,
L'air impudent,
L'air froid,
L'air de regarder en dedans,
L'air de domination,
L'air de volonté,
L'air méchant,
L'air malade,
L'air chat, enfantillage, nonchalance et malice mêlés.

Dans certains états ⟨de l'âme⟩ presque surnaturels, la profondeur de la vie se révèle tout entière dans le spectacle, si ordinaire qu'il soit, qu'on a sous les yeux[7]. Il en devient le symbole.

Comme je traversais le boulevard, et comme je mettais un peu de précipitation à éviter les voitures, mon auréole s'est détachée et est tombée dans la boue du macadam. J'eus heureusement le temps de la ramasser ; mais cette idée malheureuse se glissa un instant après dans mon esprit, que c'était un mauvais présage ; et dès lors l'idée n'a plus voulu me lâcher ; elle ne m'a laissé aucun repos de toute la journée[8].

Du culte de soi-même dans l'amour, au point de vue de la santé, de l'hygiène, de la toilette, de la noblesse spirituelle et de l'éloquence[9].

Self-purification and anti-humanity[10].

Il y a dans l'acte de l'amour une grande ressemblance avec la torture, ou avec une opération chirurgicale[11].

Il y a dans la prière une opération magique. La prière est une des grandes forces de la dynamique intellectuelle. Il y a là comme une récurrence électrique[12].

Le chapelet est un médium, un véhicule ; c'est la prière mise à la portée de tous.

Le travail, force progressive et accumulative, portant intérêts comme le capital, dans les facultés comme dans les résultats.

Le jeu, même dirigé par la science, force intermittente, sera vaincu, si fructueux qu'il soit, par le travail, si petit qu'il soit, mais continu.

Si un poète demandait à l'État le droit d'avoir quelques bourgeois dans son écurie, on serait fort étonné, tandis que si un bourgeois demandait du poète rôti, on le trouverait tout naturel[13].

Ce livre ne pourra pas scandaliser mes femmes, mes filles, ni mes sœurs[14].

Tantôt il lui demandait la permission de lui baiser la jambe, et il profitait de la circonstance pour baiser cette belle jambe dans telle position qu'elle dessinât nettement son contour sur le soleil couchant.

Minette, minoutte, minouille, mon chat, mon loup, mon petit singe, grand singe, grand serpent, mon petit âne mélancolique[15].

De pareils caprices de langue, trop répétés, de trop fréquentes appellations bestiales témoignent d'un côté satanique dans l'amour ; les satans n'ont-ils pas des formes de bêtes ? Le chameau de Cazotte[16], — chameau, Diable et femme.

Un homme va au tir au pistolet, accompagné de sa femme. — Il ajuste une poupée, et dit à sa femme : Je me figure que c'est toi. — Il ferme les yeux et abat la poupée. — Puis il dit ⟨en baisant la main de sa compagne⟩ : Cher ange, que je te remercie de mon adresse[17] !

Quand j'aurai inspiré le dégoût et l'horreur universels, j'aurai conquis la solitude[18].

Ce livre n'est pas fait pour mes femmes, mes filles et mes sœurs. — J'ai peu de ces choses.

Il y a des peaux carapaces avec lesquelles le mépris n'est plus un plaisir[19].

Beaucoup d'amis, beaucoup de gants, — de peur de la gale.

Ceux qui m'ont aimé étaient des gens méprisés, je dirais même méprisables, si je tenais à flatter *les honnêtes gens*[20].

Dieu est un scandale, — un scandale qui rapporte.

## 18 FUSÉES

Ne méprisez la sensibilité de personne. La sensibilité de chacun, c'est son génie[1].

Il n'y a que deux endroits où l'on paye pour avoir le droit de dépenser, les latrines publiques et les femmes.

Par un concubinage ardent, on peut deviner les jouissances d'un jeune ménage.

Le goût précoce des femmes. Je confondais l'odeur de la fourrure avec l'odeur de la femme. Je me souviens... Enfin, j'aimais ma mère pour son élégance. J'étais donc un dandy précoce [2].

Mes ancêtres, idiots ou maniaques, dans des appartements solennels, tous victimes de terribles passions [3].

Les pays protestants manquent de deux éléments indispensables au bonheur d'un homme bien élevé, la galanterie et la dévotion [4].

Le mélange du grotesque et du tragique est agréable à l'esprit comme les discordances aux oreilles blasées [5].

Ce qu'il y a d'enivrant dans le mauvais goût, c'est le plaisir aristocratique de déplaire [6].

L'Allemagne exprime la rêverie par la ligne, comme l'Angleterre par la perspective [7].

Il y a dans l'engendrement de toute pensée sublime une secousse nerveuse qui se fait sentir dans le cervelet [8].

L'Espagne met dans la religion la férocité naturelle de l'amour.

STYLE.

La note éternelle, le style éternel et cosmopolite. Chateaubriand, Alph. Rabbe, Edgar Poe [9].

19 FUSÉES
SUGGESTIONS

Pourquoi les démocrates n'aiment pas les chats, il est facile de le deviner. Le chat est beau ; il révèle des idées de luxe, de propreté, de volupté, etc. [1]

20 FUSÉES

Un peu de travail, répété trois cent soixante-cinq fois, donne trois cent soixante-cinq fois un peu d'argent, c'est-à-dire une somme énorme. En même temps *la gloire est faite*[1].

⟨De même, une foule de petites jouissances composent le bonheur.⟩

---

Créer un poncif, c'est le génie.
Je dois créer un poncif[2].

Le concetto est un chef-d'œuvre[3].

Le ton Alphonse Rabbe[4].
Le ton fille entretenue *(Ma toute-belle! Sexe volage!)*.
Le ton *éternel.*
Coloriage, cru, dessin profondément entaillé.
*La prima Donna et le garçon boucher*[5].

Ma mère est fantastique; il faut la craindre et lui plaire.

L'orgueilleux Hildebrand.
Césarisme de Napoléon III. (Lettre à Edgar Ney.) Pape et Empereur[6].

21 FUSÉES. SUGGESTIONS

Se livrer à Satan, qu'est-ce que c'est?

Quoi de plus absurde que le Progrès, puisque l'homme, comme cela est prouvé par le fait journalier, est toujours semblable et égal à l'homme, c'est-à-dire toujours à l'état sauvage. Qu'est-ce que les périls de la forêt et de la prairie auprès des chocs et des conflits quotidiens de la civilisation? Que l'homme enlace sa dupe sur le Boulevard, ou perce sa proie dans des forêts inconnues, n'est-il pas l'homme éternel, c'est-à-dire l'animal de proie le plus parfait[1] ?

— On dit que j'ai trente ans ; mais si j'ai vécu trois minutes en une... n'ai-je pas quatre-vingt-dix ans[2] ?

......... Le travail, n'est-ce pas le sel qui conserve les âmes momies[3] ?

Début d'un roman, commencer un sujet n'importe où et, pour avoir envie de le finir, débuter par de très belles phrases[4].

22 FUSÉES

Je crois que le charme infini et mystérieux qui gît dans la contemplation d'un navire, et surtout d'un navire en mouvement, tient, dans le premier cas, à la régularité et à la symétrie qui sont un des besoins primordiaux de l'esprit humain, au même degré que la complication et l'harmonie, — et, dans le second cas, à la multiplication successive et à la génération de toutes les courbes et figures imaginaires [décrites] opérées dans l'espace par les éléments réels de l'objet[1].

L'idée poétique qui se dégage de cette opération du mouvement dans les lignes est l'hypothèse d'un être vaste, immense, compliqué, mais eurythmique, d'un animal plein de génie, souffrant et soupirant tous les soupirs et toutes les ambitions humaines[2].

Peuples civilisés, qui parlez toujours sottement de *sauvages* et de *barbares*, bientôt, comme dit d'Aurevilly, vous ne vaudrez *même plus assez pour être idolâtres*[3].

Le stoïcisme, religion qui n'a qu'un sacrement, — le suicide[4] !

Concevoir un canevas pour une bouffonnerie lyrique ou féerique, pour une pantomime, et traduire cela en un roman sérieux[5]. Noyer le tout dans une atmosphère anormale et songeuse, — dans l'atmosphère des *grands jours.* Que ce soit quelque chose de berçant, — et même de serein dans la passion. — Régions de la Poésie pure[6].

Ému au contact de ces voluptés qui ressemblaient à des souvenirs, attendri par la pensée d'un passé mal rempli, de tant de fautes, de tant de querelles, de tant de choses à se cacher réciproquement, il se mit à pleurer ; et ses larmes chaudes coulèrent dans les ténèbres sur l'épaule nue de sa chère et toujours attirante maîtresse. Elle tressaillit ; elle se sentit, elle aussi, attendrie et remuée. Les ténèbres rassuraient sa vanité et son dandysme de femme froide. Ces deux êtres déchus, mais souffrant encore de leur reste de noblesse, s'enlacèrent spontanément, confondant dans la pluie de leurs larmes et de leurs baisers les tristesses de leur passé avec leurs espérances bien incertaines d'avenir. Il est présumable que jamais pour eux la volupté ne fut si douce que dans cette nuit de mélancolie et de charité ; — volupté saturée de douleur et de remords.

À travers la noirceur de la nuit, il avait regardé derrière lui dans les années profondes[7], puis il s'était jeté dans les bras de sa coupable amie pour y retrouver le pardon qu'il lui accordait[8].

— Hugo pense souvent à Prométhée[9]. Il s'applique un vautour imaginaire sur une poitrine qui n'est lancinée que par les [sinapismes] moxas de la vanité. Puis l'hallucination se compliquant, se variant, mais suivant la marche progressive décrite par les médecins, il croit que par un *fiat* de la Providence, Sainte-Hélène a pris la place de Jersey[10].

Cet homme est si peu élégiaque, si peu éthéré, qu'il ferait horreur même à un notaire.

Hugo-Sacerdoce a toujours le front penché ; — trop penché pour rien voir, excepté son nombril[11].

Qu'est-ce qui n'est pas un sacerdoce aujourd'hui ? La jeunesse elle-même est un sacerdoce, — à ce que dit la jeunesse.

Et qu'est-ce qui n'est pas une prière ? — Chier est une prière, à ce que disent les démocrates quand ils chient.

M. de Pontmartin, — un homme qui a toujours l'air d'arriver de sa province[12]...

L'homme, c'est-à-dire chacun, est si *naturellement* dépravé qu'il souffre moins de l'abaissement universel que de l'établissement d'une hiérarchie raisonnable[13].

Le monde va finir[14]. La seule raison pour laquelle il pourrait durer, c'est qu'il existe. Que cette raison est faible, comparée à toutes celles qui annoncent le contraire, particulièrement à celle-ci : qu'est-ce que le monde a désormais à faire sous le ciel ? — Car, en supposant qu'il continuât à exister matériellement, serait-ce une existence digne de ce nom et du dictionnaire historique ? Je ne dis pas que le monde sera réduit aux expédients et au désordre bouffon des républiques du Sud-Amérique. — que peut-être même nous retournerons à l'état sauvage, et que nous irons, à travers les ruines herbues de notre civilisation, chercher notre pâture, un fusil à la main. Non : — car ce sort et ces aventures supposeraient encore une certaine énergie vitale, écho des premiers âges. Nouvel exemple et nouvelles victimes des inexorables lois morales. nous périrons par où nous avons cru vivre[15]. La mécanique nous aura tellement américanisés, le progrès aura si bien atrophié en nous toute la partie spirituelle, que rien parmi les rêveries sanguinaires, sacrilèges, ou anti-naturelles des utopistes ne pourra être comparé à ses résultats positifs. Je demande à tout homme qui pense de me montrer ce qui subsiste de la vie. De la religion, je crois inutile d'en parler et d'en chercher les restes, puisque se donner encore la peine de nier Dieu est le seul scandale en pareilles matières. La propriété avait disparu virtuellement avec la suppression du droit d'aînesse ; mais le temps viendra où l'humanité, comme un ogre vengeur, arrachera leur dernier morceau à ceux qui croiront avoir hérité légitimement des révolutions. Encore, là ne serait pas le mal suprême.

L'imagination humaine peut concevoir, sans trop de peine, des républiques ou autres états communautaires, dignes de quelque gloire, s'ils sont dirigés par des hommes sacrés, par de certains aristocrates. Mais ce n'est pas particulièrement par des institutions politiques que se manifestera la ruine universelle, ou le progrès universel ; car peu m'importe le [mot] nom. Ce sera par l'avilissement des cœurs. Ai-je besoin de dire que le peu qui restera de politique se débattra péniblement dans les étreintes de l'animalité générale, et que les gouvernants seront forcés, pour se maintenir et pour créer un fantôme d'ordre, de recourir à des moyens qui feraient frissonner notre humanité actuelle, pourtant si endurcie ? — Alors, le fils fuira la famille, non pas à dix-huit ans, mais à douze, émancipé par sa précocité gloutonne ; il la fuira, non pas pour chercher des aventures héroïques, non pas pour délivrer une beauté prisonnière dans une tour, non pas pour [exercer dans un galetas le sublime métier d'écrivain] immortaliser un galetas par de sublimes pensées, mais pour fonder un commerce, pour s'enrichir, et pour faire concurrence [à papa] à son infâme papa, — fondateur et actionnaire d'un journal qui répandra les lumières et qui ferait considérer *Le Siècle*[16] d'alors comme un suppôt de la superstition. — Alors, les errantes, les déclassées, celles qui ont eu quelques amants, et qu'on appelle [quelquefois] parfois des Anges, [parce que de passagères étourd] en raison et en remerciement de l'étourderie qui brille, [quelquefois comme] lumière de hasard, dans leur existence logique comme le mal, — alors celles-là, dis-je, ne seront plus qu'impitoyable sagesse, sagesse qui condamnera tout, fors l'argent, tout, *erreurs des sens !* — Alors, ce qui ressemblera à la vertu, — que dis-je, — tout ce qui ne sera pas l'ardeur vers Plutus sera réputé un immense ridicule. La justice, si, à cette époque fortunée, il peut encore exister une justice, fera interdire les citoyens qui ne sauront pas faire fortune. — Ton épouse, ô Bourgeois ! [ta compagne légitime] ta chaste moitié dont la légitimité fait pour toi la poésie, introduisant désormais dans la légalité une infamie irréprochable, gardienne vigilante et amoureuse de ton coffre-fort, ne sera plus que l'idéal parfait de la femme entretenue. Ta fille, avec une [précocité] nubilité enfantine, rêvera dans son berceau, qu'elle [vaut] se vend un million. Et toi-même, ô Bourgeois, — moins [poétique] poète encore que tu n'es aujourd'hui, — tu n'y trouveras rien à redire ; tu ne regretteras rien. Car il y a des choses dans l'homme, qui se fortifient et prospèrent à mesure que d'autres se délicatisent et s'amoindrissent, et, grâce au progrès de ces temps, il ne te restera de tes entrailles que des viscères ! — Ces temps sont peut-être bien proches ; qui sait même s'ils ne sont pas venus, et si l'épaississement de notre nature n'est pas le seul obstacle qui nous empêche d'apprécier le milieu dans lequel nous respirons !

Quant à moi qui sens quelquefois en moi le ridicule d'un prophète, je sais que je n'y trouverai jamais la charité d'un médecin. Perdu dans ce vilain monde, coudoyé par les foules, je suis comme un homme lassé dont l'œil ne voit en arrière, dans les années profondes, que désabusement ⟨et amertume⟩, et devant lui qu'un orage où rien de neuf n'est contenu, ni enseignement, ni douleur. Le soir où cet homme a volé [au passage] à la destinée quelques heures de plaisir, bercé dans sa digestion, oublieux — autant que possible — du passé, content du présent et résigné à l'avenir, enivré de son sang-froid et de son dandysme, fier de n'être pas aussi bas que ceux qui passent, il se dit en contemplant la fumée de son cigare : Que m'importe où vont ces consciences ?

Je crois que j'ai dérivé dans ce que les gens du métier

appellent un hors-d'œuvre. Cependant, je laisserai ces pages, — parce que je veux dater ma colère ⟨tristesse⟩[17].

86 FUSÉES. HYGIÈNE. PROJETS

Plus on veut, mieux on veut.

Plus on [veut] travaille, mieux on travaille, et plus on veut travailler. Plus on produit, plus on devient fécond.

Après une débauche, on se sent toujours plus seul, plus abandonné.

Au moral comme au physique, j'ai toujours eu la sensation du gouffre, non seulement du gouffre du sommeil, mais du gouffre de l'action, du rêve, du souvenir, du désir, du regret, du remords, du beau, du nombre, etc. [1].

J'ai cultivé mon hystérie avec jouissance et terreur. [Aujourd'hui] Maintenant j'ai toujours le vertige, et aujourd'hui 23 janvier 1862, j'ai subi un singulier avertissement, j'ai senti passer sur moi le *vent de l'aile de l'imbécillité*[2].

[F' 87, voir p. 125.]

88 HYGIÈNE. CONDUITE. MORALE

À chaque minute nous sommes écrasés par l'idée et la sensation du temps[1]. Et il n'y a que deux moyens pour échapper à ce cauchemar, — pour l'oublier : le Plaisir et le Travail. Le Plaisir nous use. Le Travail nous fortifie. Choisissons.

Plus nous nous servons d'un de ces moyens, plus [nous fuyons] l'autre nous inspire de répugnance.

On ne peut oublier le temps qu'en s'en servant.
[De Maistre et Edgar]
Tout ne se fait que peu à peu.

FUSÉES

De Maistre et Edgar Poe m'ont appris à raisonner[2].

Il n'y a de long ouvrage que celui qu'on n'ose pas commencer. Il devient cauchemar.

[F$^{ts}$ 89-93, voir p. 125-130.]

# MON CŒUR MIS À NU

1 MON CŒUR MIS À NU

De la vaporisation et de la centralisation du *Moi*[1]. Tout est là.

D'une certaine jouissance sensuelle dans la société des extravagants.

(Je peux commencer *Mon cœur mis à nu* n'importe où, n'importe comment, et le continuer au jour le jour, suivant l'inspiration du jour et de la circonstance, pourvu que l'inspiration soit vive[2].)

2 Le premier venu, pourvu qu'il sache amuser, a le droit de parler de lui-même.

3 MON CŒUR MIS À NU

Je comprends qu'on déserte une cause pour savoir ce qu'on éprouvera à en servir une autre[1].

Il serait peut-être doux d'être alternativement victime et bourreau[2].

4 MON CŒUR MIS À NU

*Sottises de Girardin*[1]

Notre habitude est de prendre le taureau *par les cornes.* Prenons donc le discours par *la fin* (7 nov. 1863[2]).

Donc, Girardin croit que les cornes des taureaux sont plantées sur leur derrière. Il confond les cornes avec la queue.

Qu'avant d'imiter les Ptolémées du journalisme français, les journalistes belges se donnent la peine de réfléchir sur la question que j'étudie depuis trente ans sous toutes ses faces, ainsi que le prouvera le volume qui paraîtra prochainement sous ce titre : QUESTIONS DE PRESSE ; qu'ils ne se hâtent pas de traiter de *souverainement ridicule* * une opinion qui est aussi vraie qu'il est vrai que la terre tourne et que le soleil ne tourne pas.

ÉMILE DE GIRARDIN[3].

* « *Il y a des gens qui prétendent que rien n'empêche de croire que, le ciel étant immobile, c'est la terre qui tourne autour de son axe. Mais ces gens-là ne sentent pas, à raison de ce qui se passe autour de nous, combien leur opinion est* souverainement ridicule (πάνυ γελοιότατον). »

PTOLÉMÉE, *Almageste*, livre Ier, chap. VI[4].

*Et habet mea mentrita meatum*[5].

GIRARDIN.

5 *Pour*

MON CŒUR MIS À NU

La femme est le contraire du Dandy.

Donc elle doit faire horreur.

La femme a faim et elle veut manger. Soif, et elle veut boire.

Elle est en rut et elle veut être foutue.

Le beau mérite !

La femme est *naturelle*, c'est-à-dire abominable.

Aussi est-elle toujours vulgaire, c'est-à-dire le contraire du Dandy [1].

---

*Relativement à la Légion d'honneur.*

Celui qui demande la croix a l'air de dire : si l'on ne me décore pas pour avoir fait mon devoir, je ne recommencerai plus.

— Si un homme a du mérite, à quoi bon le décorer ? S'il n'en a pas, on peut le décorer, parce que cela lui donnera un lustre.

Consentir à être décoré, c'est reconnaître à l'État ou au prince le droit de vous juger, de vous illustrer, etc. [2].

---

D'ailleurs, si ce n'est l'orgueil [3], l'humilité chrétienne défend la croix.

*Calcul en faveur de Dieu.*

Rien n'existe sans but.

Donc mon existence a un but. Quel but ? Je l'ignore.

Ce n'est donc pas moi qui l'ai marqué.

C'est donc quelqu'un, plus savant que moi.

Il faut donc prier ce quelqu'un de m'éclairer. C'est le parti le plus sage [4].

Le Dandy doit aspirer à être sublime sans interruption ; il doit vivre et dormir devant un miroir [5].

6 MON CŒUR MIS À NU

Analyse des contre-religions, exemple : la prostitution sacrée.

Qu'est-ce que la prostitution sacrée [1] ?

Excitation nerveuse.

Mysticité du paganisme.

Le mysticisme, trait d'union entre le paganisme et le christianisme[2].

Le paganisme et le christianisme se prouvent réciproquement[3].

La révolution et le culte de la Raison prouvent l'idée du sacrifice[4].

La superstition est le réservoir de toutes les vérités[5].

### 7 MON CŒUR MIS À NU

Il y a dans tout changement quelque chose d'infâme et d'agréable à la fois, quelque chose qui tient de l'infidélité et du déménagement. Cela suffit à expliquer la révolution française[1].

### 8 MON CŒUR MIS À NU

Mon ivresse en 1848.

De quelle nature était cette ivresse ?

Goût de la vengeance. Plaisir *naturel* de la démolition.

[Ma fureur au coup d'État.]

[Combien de fois on a tiré sur moi.]

Ivresse littéraire ; souvenir des lectures[1].

Le 15 mai[2]. — Toujours le goût de la destruction. Goût légitime si tout ce qui est naturel est légitime.

[Ma fureur au coup d'État.]

---

Les horreurs de Juin. Folie du peuple et folie de la bourgeoisie. Amour naturel du crime[3].

---

Ma fureur au coup d'État. Combien j'ai essuyé de coups de fusil. Encore un Bonaparte ! quelle honte[4] !

Et cependant tout s'est pacifié. Le président n'a-t-il pas un droit à invoquer ?

Ce qu'est l'empereur Napoléon III. Ce qu'il vaut. Trouver l'explication de sa nature, et sa providentialité[5].

9 MON CŒUR MIS À NU

Être un homme utile m'a paru toujours quelque chose de bien hideux[1].

---

1848 ne fut amusant que parce que chacun y faisait des utopies comme des châteaux en Espagne[2].

1848 ne fut charmant que par l'excès même du Ridicule.

---

Robespierre n'est estimable que parce qu'il a fait quelques belles phrases[3].

10 MON CŒUR MIS À NU

La Révolution, par le sacrifice, confirme la superstition[1].

11 MON CŒUR MIS À NU

POLITIQUE

Je n'ai pas de convictions, comme l'entendent les gens de mon siècle, parce que je n'ai pas d'ambition[1].

Il n'y a pas en moi de base pour une conviction.

Il y a une certaine lâcheté ou plutôt une certaine mollesse chez les honnêtes gens.

Les brigands seuls sont convaincus, — de quoi ? — qu'il leur faut réussir. Aussi, ils réussissent.

Pourquoi réussirais-je, puisque je n'ai même pas envie d'essayer ?

On peut fonder des empires glorieux sur le crime[2], et de nobles religions sur l'imposture.

---

Cependant, j'ai quelques convictions, dans un sens plus élevé, et qui ne peut pas être compris par les gens de mon temps.

### 12 MON CŒUR MIS À NU

Sentiment de *solitude*, dès mon enfance. Malgré la famille, — et au milieu des camarades, surtout, — sentiment de destinée éternellement solitaire [1].

Cependant, goût très vif de la vie et du plaisir [2].

### 13 MON CŒUR MIS À NU

Presque toute notre vie est employée à des curiosités niaises. En revanche il y a des choses qui devraient exciter la curiosité des hommes au plus haut degré, et qui, à en juger par leur train de vie ordinaire, ne leur en inspirent aucune [1].

Où sont nos amis morts ?
Pourquoi sommes-nous ici ?
Venons-nous de quelque part ?
Qu'est-ce que la liberté ?
Peut-elle s'accorder avec la loi providentielle [2] ?
Le nombre des âmes est-il fini ou infini ?
Et le nombre des terres habitables ?
Etc., etc.

### 14 MON CŒUR MIS À NU

Les nations n'ont de grands hommes que malgré elles [1].
Donc le grand homme est vainqueur de toute sa nation.

Les Religions modernes ridicules.
Molière.
Béranger.
Garibaldi [2].

15 MON CŒUR MIS À NU

La croyance au progrès est une doctrine de paresseux, une doctrine de *Belges.* C'est l'individu qui compte sur ses voisins pour faire sa besogne [1].

Il ne peut y avoir de progrès (vrai, c'est-à-dire moral) que dans l'individu et par l'individu lui-même [2].

Mais le monde est fait de gens qui ne peuvent penser qu'en commun, en bandes. Ainsi les *Sociétés belges* [3].

Il y a aussi des gens qui ne peuvent s'amuser qu'en troupe. Le vrai héros s'amuse tout seul.

16 MON CŒUR MIS À NU

Éternelle supériorité du Dandy.

Qu'est-ce que le Dandy [1] ?

17 MON CŒUR MIS À NU

Mes opinions sur le théâtre. Ce que j'ai toujours trouvé de plus beau dans un théâtre, dans mon enfance et encore maintenant, c'est *le lustre* — un bel objet lumineux, cristallin, compliqué, circulaire et symétrique.

Cependant, je ne nie pas absolument la valeur de la littérature dramatique. Seulement, je voudrais que les comédiens fussent montés sur des patins très hauts, portassent des masques plus expressifs que le visage humain, et parlassent à travers des porte-voix; enfin que les rôles de femmes fussent joués par des hommes.

Après tout, le lustre m'a toujours paru l'acteur principal, vu à travers le gros bout ou le petit bout de la lorgnette [1].

18 MON CŒUR MIS À NU

Il faut travailler, sinon par goût, au moins par désespoir, puisque, tout bien vérifié, travailler est moins ennuyeux que s'amuser[1].

19 MON CŒUR MIS À NU

Il y a dans tout homme, à toute heure, deux postulations simultanées, l'une vers Dieu, l'autre vers Satan[1]. L'invocation à Dieu, ou spiritualité, est un désir de monter en grade ; celle de Satan, ou animalité, est une joie de descendre. C'est à cette dernière que doivent être rapportés les amours pour les femmes et les conversations intimes avec les animaux, chiens, chats, etc.

Les joies qui dérivent de ces deux amours sont adaptées à la nature de ces deux amours.

20 MON CŒUR MIS À NU

Ivresse d'Humanité.

Grand tableau à faire :

Dans le sens de la charité.

Dans le sens du libertinage.

Dans le sens littéraire, ou du comédien.

21 MON CŒUR MIS À NU

La question (torture) est, comme art de découvrir la vérité, une niaiserie barbare ; c'est l'application d'un moyen matériel à un but spirituel[1].

---

La peine de Mort est le résultat d'une idée mystique, totalement incomprise aujourd'hui. La peine de Mort n'a pas pour but de *sauver* la société, matériellement du moins. Elle a pour but de *sauver* (spirituellement) la société et le coupable. Pour que le sacrifice soit parfait, il faut qu'il y ait assentiment et joie de la part de la victime. Donner du chloroforme à un condamné à mort serait une impiété, car ce serait lui enlever la conscience de sa grandeur comme victime et lui supprimer les chances de gagner le Paradis[2].

---

Quant à la torture, elle est née de la partie infâme du cœur de l'homme, assoiffé de voluptés. Cruauté et volupté, sensations identiques, comme l'extrême chaud et l'extrême froid.

22 MON CŒUR MIS À NU

Ce que je pense du vote et du droit d'élections[1]. Des droits de l'homme.

Ce qu'il y a de vil dans une fonction quelconque.

Un Dandy ne fait rien.

Vous figurez-vous un Dandy parlant au peuple, excepté pour le bafouer ?

---

Il n'y a de gouvernement raisonnable et assuré que l'aristocratique[2].

Monarchie ou république basées sur la démocratie sont également absurdes et faibles[3].

---

Immense nausée des affiches.

---

Il n'existe que trois êtres respectables :

Le prêtre, le guerrier, le poète. Savoir, tuer et créer[4].

Les autres hommes sont taillables et corvéables, faits pour l'écurie, c'est-à-dire pour exercer ce qu'on appelle des *professions*.

23· MON CŒUR MIS À NU

Observons que les abolisseurs de la peine de mort doivent être plus ou moins *intéressés* à l'abolir[1].

Souvent ce sont des guillotineurs. Cela peut se résumer ainsi : « Je veux pouvoir couper ta tête; mais tu ne toucheras pas à la mienne. »

Les abolisseurs d'âme (*matérialistes*) sont [naturellement] ⟨nécessairement⟩ des abolisseurs d'*enfer;* ils y sont à coup sûr *intéressés.*

Tout au moins ce sont des gens qui ont *peur de revivre,* — des paresseux[2].

24 MON CŒUR MIS À NU

Madame de Metternich, quoique princesse, a oublié de me répondre à propos de ce que j'ai dit d'elle et de Wagner[1].

Mœurs du 19e siècle.

25 MON CŒUR MIS À NU

Histoire de ma traduction d'*Edgar Poe.*

Histoire des *Fleurs du mal,* humiliation par le malentendu, et mon procès[1].

Histoire de mes rapports avec tous les hommes célèbres de ce temps.

Jolis portraits de quelques imbéciles :

Clément de Ris[2].

Castagnary[3].

Portraits de magistrats, de fonctionnaires, de directeurs de journaux, etc.

Portrait de l'artiste, en général.

Du rédacteur en chef et de la pionnerie. Immense goût de tout le peuple français pour la pionnerie, et pour la dictature. C'est le : « Si j'étais roi ! »

Portraits et anecdotes.

François, — Buloz, — Houssaye, — le fameux Rouy, — de Calonne, — Charpentier, — qui corrige ses auteurs, en vertu de l'égalité donnée à tous les hommes par les immortels principes de 89 ; — Chevalier, véritable rédacteur en chef selon l'Empire[4].

26 MON CŒUR MIS À NU

Sur *George Sand*[1].

La femme Sand[2] est le Prudhomme de l'immoralité. Elle a toujours été moraliste.

Seulement elle faisait autrefois de la contre-morale. — Aussi elle n'a jamais été artiste.

Elle a le fameux *style coulant*, cher aux bourgeois[3].

Elle est bête, elle est lourde, elle est bavarde ; elle a [la morale] dans les idées morales, la même profondeur de jugement et la même délicatesse de sentiment que les concierges et les filles entretenues.

Ce qu'elle a dit de sa mère[4].

Ce qu'elle dit de la poésie.

Son amour [des] pour les ouvriers[5].

Que quelques hommes aient pu s'amouracher de cette latrine, c'est bien la preuve de l'abaissement des hommes de ce siècle.

Voir la préface de *Mademoiselle La Quintinie*, où elle prétend que les vrais chrétiens ne croient pas à l'Enfer[6]. La Sand est pour le *Dieu des bonnes gens*[7], le dieu des concierges et des domestiques filous. Elle a de bonnes raisons pour vouloir supprimer l'Enfer.

27 MON CŒUR MIS À NU

LE DIABLE ET GEORGE SAND.

Il ne faut pas croire que le Diable ne tente que les hommes de génie. Il méprise sans doute les imbéciles, mais il ne dédaigne pas leur concours. Bien au contraire, il fonde ses grands espoirs sur ceux-là.

Voyez George Sand. Elle est surtout, et plus que toute autre chose, une *grosse bête ;* mais elle est *possédée.* C'est le Diable qui lui a persuadé de se fier à *son bon cœur* et à *son bon sens,* afin qu'elle persuadât toutes les autres grosses bêtes de se fier à leur bon cœur et à leur bon sens [1].

Je ne puis penser à cette stupide créature sans un certain frémissement d'horreur. Si je la rencontrais, je ne pourrais m'empêcher de lui jeter un bénitier à la tête.

28 MON CŒUR MIS À NU

George Sand est une de ces vieilles ingénues qui ne veulent jamais quitter les planches.

J'ai lu dernièrement une préface (la préface de *Mademoiselle La Quintinie*) où elle prétend qu'un vrai chrétien ne peut pas croire à l'Enfer.

[Il y] Elle a de bonnes raisons pour vouloir supprimer l'Enfer.

[28bis] [1] La Religion de la femme Sand. Préface de *Mademoiselle La Quintinie.* La femme Sand est intéressée à croire que l'Enfer n'existe pas.

29 MON CŒUR MIS À NU

Je m'ennuie en France, surtout parce que tout le monde y ressemble à Voltaire [1].

Emerson a oublié Voltaire dans ses *Représentants de l'humanité*[2]. Il aurait pu faire un joli chapitre intitulé : *Voltaire*, ou *l'anti-poète*, le roi des badauds[3], le prince des superficiels, l'anti-artiste, le prédicateur des concierges, [la mère gig] le père Gigogne des rédacteurs du *Siècle*.

30 MON CŒUR MIS À NU

Dans *Les Oreilles du comte de Chesterfield*, Voltaire plaisante sur cette âme immortelle qui a résidé pendant neuf mois entre des excréments et des urines. Voltaire, comme tous les paresseux, haïssait le mystère * [1].

Ne pouvant pas supprimer l'amour, l'Église a voulu au moins le désinfecter, et elle a fait le mariage[2].

* Au moins aurait-il pu deviner dans cette localisation une malice ou une satire de la providence contre l'amour, et, dans le mode de la génération, un signe du péché originel. De fait, nous ne pouvons faire l'amour qu'avec des organes excrémentiels.

31 MON CŒUR MIS À NU

Portrait de la canaille littéraire[1].

Doctor Estaminétus Crapulosus Pédantissimus. Son portrait fait à la manière de Praxitèle.

Sa pipe.

Ses opinions.

Son Hégélianisme[2].

Sa crasse.

Ses idées en art.

Son fiel.

Sa jalousie.

Un joli tableau de la jeunesse moderne.

32 MON CŒUR MIS À NU

Φαρμακοτρίβης ἀνὴρ καὶ τῶν τοὺς ὄφεις ἐς τὰ θαύματα τρεφόντων.

ÉLIEN (?) [1]

33 MON CŒUR MIS À NU

La Théologie.

Qu'est-ce que la chute ?

Si c'est l'unité devenue dualité, c'est Dieu qui a chuté.

En d'autres termes, la création ne serait-elle pas la chute de Dieu [1] ?

---

*Dandysme.*

Qu'est-ce que l'homme supérieur ?

Ce n'est pas le spécialiste.

C'est l'homme de Loisir et d'Éducation générale [2].

Être riche et aimer le travail.

34 MON CŒUR MIS À NU

Pourquoi l'homme d'esprit aime les filles plus que les femmes du monde, malgré qu'elles soient également bêtes ? — À trouver [1].

35 MON CŒUR MIS À NU

Il y a de certaines femmes qui ressemblent au ruban de la Légion d'honneur. On n'en veut plus parce qu'elles se sont salies à de certains hommes [1].

C'est par la même raison que je ne chausserais pas les culottes d'un galeux.

Ce qu'il y a d'ennuyeux dans l'amour, c'est que c'est un crime où l'on ne peut pas se passer [de] d'un complice.

36 MON CŒUR MIS À NU

Étude de la Grande Maladie de l'horreur du Domicile. Raisons de la Maladie. Accroissement progressif de la Maladie[1].

---

Indignation causée par la fatuité universelle, de toutes les classes, de tous les êtres, dans les deux sexes, dans tous les âges.

---

L'homme aime tant l'homme que quand il fuit la ville, c'est encore pour chercher la foule, c'est-à-dire pour refaire la ville à la campagne.

37 MON CŒUR MIS À NU

Discours de Durandeau sur les Japonais. (Moi ! je suis français avant tout.) Les Japonais sont des singes. C'est Darjou qui me l'a dit[1].

---

Discours du médecin, l'ami de Mathieu[2], sur l'art de ne pas faire d'enfants, sur Moïse et sur l'immortalité de l'âme.

---

L'art est un agent civilisateur (Castagnary[3]).

38 MON CŒUR MIS À NU

Physionomie d'un sage et de sa famille au cinquième étage, buvant le café au lait.

---

Le sieur Nacquart père et le sieur Nacquart fils.

Comment le Nacquart fils est devenu conseiller en Cour d'appel[1].

39 MON CŒUR MIS À NU

De l'amour, de la prédilection des Français pour les métaphores militaires[1]. Toute métaphore ici porte des moustaches.

Littérature militante.
Rester sur la brèche.
Porter haut le drapeau.
Tenir le drapeau haut et ferme.
Se jeter dans la mêlée.
Un des vétérans.

Toutes ces glorieuses phraséologies s'appliquent généralement à des cuistres et à des fainéants d'estaminet.

---

40 MON CŒUR MIS À NU

*Métaphores françaises.*

Soldat de la presse judiciaire (Bertin[1]).
La presse militante.

---

41 À ajouter aux métaphores militaires :

Les poètes de combat.

Les littérateurs d'avant-garde.

Ces habitudes de métaphores militaires dénotent des esprits, non pas militants, mais faits pour la discipline, c'est-à-dire pour la conformité, des esprits nés domestiques, des esprits belges, qui ne peuvent penser qu'en société.

42 MON CŒUR MIS À NU

Le goût du plaisir nous attache au présent. Le soin de notre salut nous suspend à l'avenir[1].

[L'homme] Celui qui s'attache au plaisir, c'est-à-dire au présent, me fait l'effet d'un homme roulant sur une pente, et qui voulant se raccrocher aux arbustes, les arracherait et les emporterait dans sa chute.

*Avant tout,* Être *un grand homme* et *un Saint* pour soi-même[2].

43 MON CŒUR MIS À NU

De la haine du peuple contre la beauté[1].
Des exemples.
Jeanne et Madame Muller[2].

44 MON CŒUR MIS À NU

POLITIQUE.

En somme, devant l'histoire et devant le peuple français, la grande gloire de Napoléon III [a été] aura été de prouver que le premier venu peut, en s'emparant du télégraphe et de l'Imprimerie nationale, gouverner une grande nation[1].

Imbéciles sont ceux qui croient que de pareilles choses peuvent s'accomplir sans la permission du peuple, — et ceux qui croient que la gloire ne peut être appuyée que sur la vertu.

Les dictateurs sont les domestiques du peuple, — rien de plus, — un foutu rôle d'ailleurs, — et la gloire est [le résultat] [l'accomo] le résultat de l'adaptation d'un esprit avec la sottise nationale.

45 MON CŒUR MIS À NU

Qu'est-ce que l'amour ?
Le besoin de sortir de soi.
L'homme est un animal adorateur[1].
Adorer, c'est se sacrifier et se prostituer.
Aussi tout amour est-il prostitution[2].

---

[45bis] MON CŒUR MIS À NU[1]

L'être le plus prostitué, c'est l'être par excellence, c'est Dieu, puisqu'il est l'ami suprême pour chaque individu, puisqu'il est le réservoir commun, inépuisable de l'amour[2].

[45ter] PRIÈRE[1]

Ne me châtiez pas dans ma mère et ne châtiez pas ma mère à cause de moi. — Je vous recommande les âmes de mon père et de Mariette[2]. — Donnez-moi la force de faire immédiatement mon devoir tous les jours et de devenir ainsi un héros et un Saint[3].

46 MON CŒUR MIS À NU

Un chapitre sur l'indestructible, éternelle, universelle et ingénieuse férocité humaine[1].
De l'amour du sang.
De l'ivresse du sang[2].
De l'ivresse des foules.
De l'ivresse du supplicié (Damiens[3]).

47 MON CŒUR MIS À NU

Il n'y a de grand parmi les hommes que le poète, le prêtre et le soldat,

l'homme qui chante, l'homme qui bénit, l'homme qui sacrifie et se sacrifie[1].

Le reste est fait pour le fouet.

---

Défions-nous du peuple, du bon sens, du cœur, de l'inspiration, et de l'évidence[2].

48 MON CŒUR MIS À NU

J'ai toujours été étonné qu'on laissât les femmes entrer dans les églises. Quelle conversation peuvent-elles tenir avec Dieu[1] ?

---

L'éternelle Vénus (caprice, hystérie, fantaisie) est une des formes séduisantes du Diable[2].

---

Le jour où le jeune écrivain corrige sa première épreuve, il est fier comme un écolier qui vient de gagner sa première vérole.

---

Ne pas oublier un grand chapitre sur l'art de la divination, par l'eau, les cartes, l'inspection de la main, etc.

49 MON CŒUR MIS À NU

La femme ne sait pas séparer l'âme du corps. Elle est simpliste, comme les animaux. — Un satirique dirait que c'est parce qu'elle n'a que le corps[1].

---

Un chapitre sur
*La Toilette*

Moralité de la Toilette.
Les bonheurs de la Toilette [2].

50 MON CŒUR MIS À NU

De la cuistrerie
des professeurs
des juges
des prêtres,
et des ministres [1].

---

Les jolis grands hommes du jour.
Renan [2].
Feydeau [3].
Octave Feuillet [4].
Scholl [5].

---

Les directeurs de journaux, François, Buloz, Houssaye, Rouy, Girardin, Texier, de Calonne, Solar, Turgan, Dalloz [6].
— Liste de canailles. Solar en tête [7].

---

51 MON CŒUR MIS À NU

Être un grand homme et un saint *pour soi-même*, voilà l'unique chose importante [1].

52 MON CŒUR MIS À NU

Nadar, c'est la plus étonnante expression de vitalité. Adrien me disait que son frère Félix avait tous les viscères en double. J'ai été jaloux de lui à le voir si bien réussir dans tout ce qui n'est pas l'abstrait [1].

Veuillot est si grossier et si ennemi des arts qu'on dirait que toute la *Démocratie* du monde s'est réfugiée dans son sein[2].

Développement du portrait.

Suprématie de l'idée pure, chez le chrétien comme chez le communiste babouviste.

Fanatisme de l'humilité. Ne pas même aspirer à comprendre la Religion.

53 MON CŒUR MIS À NU

Musique.
De l'esclavage[1].
Des femmes du monde.
Des filles.
Des magistrats[2].
Des sacrements.
L'homme de lettres est l'ennemi du monde.
Des bureaucrates[3].

54 MON CŒUR MIS À NU

Dans [la politique] l'amour comme dans presque toutes les affaires humaines, l'entente cordiale est le résultat d'un malentendu[1]. Ce malentendu, c'est le plaisir. L'homme crie : « Oh ! mon ange ! » La femme roucoule : « Maman ! maman ! » Et ces deux imbéciles sont persuadés qu'ils pensent de concert. — Le gouffre infranchissable, qui fait l'incommunicabilité, reste infranchi[2].

55 MON CŒUR MIS À NU

Pourquoi le spectacle de la mer est-il si infiniment et si éternellement agréable[1] ?

Parce que la mer offre à la fois l'idée de l'immensité et du mouvement. Six ou sept lieues représentent pour l'homme le rayon de l'infini. Voilà un infini diminutif. Qu'importe s'il suffit à suggérer l'idée de l'infini total ? Douze ou quatorze lieues (sur le diamètre), douze ou quatorze de liquide en mouvement suffisent pour donner la plus haute idée de beauté qui soit offerte à l'homme sur son habitacle transitoire.

56 MON CŒUR MIS À NU

Il n'y a d'intéressant sur la terre que les religions [1].

Qu'est-ce que la Religion universelle ? (Chateaubriand, de Maistre, les Alexandrins [2], Capé [3]).

Il y a une Religion Universelle, faite pour les Alchimistes de la Pensée, une Religion qui se dégage de l'homme, considéré comme mémento divin [4].

57 MON CŒUR MIS À NU

Saint-Marc Girardin a dit un mot qui restera : *Soyons médiocres* [1].

Rapprochons ce mot de celui de Robespierre : Ceux qui ne croient pas à l'immortalité de leur être se rendent justice [2].

Le mot de Saint-Marc Girardin implique une immense haine contre le sublime.

Qui a vu Saint-Marc Girardin marcher dans la rue a conçu tout de suite l'idée d'une grande oie infatuée d'elle-même, mais effarée et courant sur la grande route, devant la diligence.

58 MON CŒUR MIS À NU

Théorie de la vraie civilisation.

Elle n'est pas dans le gaz, ni dans la vapeur, ni dans les tables tournantes, elle est dans la diminution des traces du péché originel [1].

Peuples nomades, pasteurs, chasseurs, agricoles, et même anthropophages, *tous* peuvent être supérieurs, par l'énergie, par la dignité personnelles, à nos races d'Occident [2].

Celles-ci peut-être seront détruites [3].

Théocratie et communisme [+].

59 MON CŒUR MIS À NU

C'est par [l'oisiveté] le loisir que j'ai, en partie, grandi.

À mon grand détriment; car le loisir, sans fortune, augmente les dettes, les avanies résultant des dettes.

Mais à mon grand profit, relativement à la sensibilité, à la méditation, et à la faculté du dandysme et du dilettantisme.

Les autres hommes de lettres sont, pour la plupart, de vils piocheurs très ignorants.

60 MON CŒUR MIS À NU

La jeune fille des éditeurs.

La jeune fille des rédacteurs en chef.

La jeune fille épouvantail, monstre, assassin de l'art.

La jeune fille, ce qu'elle est en réalité.

Une petite sotte et une petite salope; la plus grande imbécillité unie à la plus grande dépravation.

Il y a dans la jeune fille toute l'abjection du voyou et du collégien [1].

1 MON CŒUR MIS À NU

Avis aux non-communistes :
Tout est commun, même Dieu [1].

2 MON CŒUR MIS À NU

Le Français est un animal de basse-cour, si bien domestiqué qu'il n'ose franchir aucune palissade. Voir ses goûts en art et en littérature.

C'est un animal de race latine ; l'ordure ne lui déplaît pas dans son domicile, et en littérature, il est scatophage. Il raffole des excréments. Les littérateurs d'estaminet appellent cela le *sel gaulois* [1].

*Bel exemple de bassesse française, de la nation qui se prétend indépendante avant toutes les autres.*

L'extrait suivant du beau livre de M. de Vaulabelle suffira pour donner une idée de l'impression que fit l'évasion de Lavalette sur la portion la moins éclairée du parti royaliste :

« L'emportement royaliste, à ce moment de la seconde Restauration, allait pour ainsi dire jusqu'à la folie. La jeune Joséphine de Lavalette faisait son éducation dans l'un des principaux couvents de Paris (l'Abbaye-au-Bois) ; elle ne l'avait quitté que pour venir embrasser son père. Lorsqu'elle rentra après l'évasion et que l'on connut la part bien modeste qu'elle y avait prise, une immense clameur s'éleva contre cette enfant ; les religieuses et ses compagnes la fuyaient, et bon nombre de parents déclarèrent qu'ils retireraient leurs filles si on la gardait. Ils ne voulaient pas, disaient-ils, laisser leurs enfants en contact avec une jeune personne qui avait tenu une pareille conduite et donné un pareil exemple. Quand Mme de Lavalette, six semaines après, recouvra la liberté, elle fut obligée de reprendre sa fille [2]. »

63 MON CŒUR MIS À NU

*Princes et générations.*

Il y a une égale injustice à attribuer aux princes régnants les mérites et les vices du peuple actuel qu'ils gouvernent.

Ces mérites et ces vices sont presque toujours, comme la statistique et la logique le pourraient démontrer, attribuables à l'atmosphère du gouvernement précédent.

Louis XIV hérite des hommes de Louis XIII. Gloire.

Napoléon Ier hérite des hommes de la République. Gloire.

Louis-Philippe hérite des hommes de Charles X. Gloire.

Napoléon III hérite des hommes de Louis-Philippe. Déshonneur.

C'est toujours le gouvernement précédent qui est responsable des mœurs du suivant, en tant qu'un gouvernement puisse être responsable de quoi que ce soit.

Les coupures brusques que les circonstances font dans les règnes ne permettent pas que cette loi soit absolument exacte, relativement au temps. On ne peut pas marquer exactement où finit une influence — mais cette influence subsistera dans toute la génération qui l'a subie dans sa jeunesse [1].

64 MON CŒUR MIS À NU

De la haine de la jeunesse contre les citateurs. Le citateur est pour eux un ennemi [1].

Je mettrai l'orthographe même sous la main du bourreau. (Th. Gautier [2].)

---

Beau tableau à faire : La Canaille Littéraire [3].

---

Ne pas oublier un portrait de Forgues, le Pirate, l'Écumeur de Lettres[4].

---

Goût invincible de la prostitution dans le cœur de l'homme, d'où naît son horreur de la solitude. — Il veut être *deux*. L'homme de génie veut être *un*, donc solitaire.

La gloire, c'est rester *un*, et se prostituer d'une manière particulière.

C'est cette horreur de la solitude, le besoin d'oublier son *moi* dans la chair extérieure, que l'homme appelle noblement *besoin d'aimer*[5].

---

Deux belles Religions, immortelles sur les Murs, éternelles obsessions du Peuple : une pine (le phallus antique) — et « Vive Barbès ! » ou « À bas Philippe ! » ou « Vive la République ! »

65 Étudier dans tous ses modes, dans les œuvres de la nature et dans les œuvres de l'homme, l'universelle et éternelle loi de la gradation, du *peu à peu*, du *petit à petit*, avec les forces progressivement croissantes, comme les intérêts composés, en matière de finances.

Il en est de même dans *l'habileté artistique et littéraire*, il en est de même dans le trésor variable de la *volonté*.

66 MON CŒUR MIS À NU

La cohue des petits littérateurs, qu'on voit aux enterrements, distribuant des poignées de main, et se recommandant à la mémoire du faiseur de courriers[1].

De l'enterrement des hommes célèbres[2].

67 MON CŒUR MIS À NU

Molière. Mon opinion sur *Tartuffe* est que ce n'est pas une comédie, mais un pamphlet. Un athée, s'il est simplement un homme bien élevé, pensera, à propos de cette pièce, qu'il ne faut jamais livrer certaines questions graves à la canaille[1].

68 MON CŒUR MIS À NU

Glorifier le culte des images (ma grande, mon unique, ma primitive passion)[1].

Glorifier le vagabondage et ce qu'on peut appeler le Bohémianisme, culte de la sensation multipliée, s'exprimant par la musique. En référer à Liszt[2].

---

De la nécessité de battre les femmes.
On peut châtier ce que l'on aime. Ainsi les enfants. Mais cela implique la douleur de mépriser ce que l'on aime.

---

Du cocuage et des cocus.
La douleur du cocu.
Elle naît de son orgueil, d'un raisonnement faux sur l'honneur et sur le bonheur, et d'un amour niaisement détourné de Dieu pour être attribué aux créatures.
C'est toujours l'animal adorateur se trompant d'idole[3].

69 MON CŒUR MIS À NU

Analyse de l'imbécillité insolente, Clément de Ris et Paul Pérignon[1].

70 MON CŒUR MIS À NU

Plus l'homme cultive les arts, moins il bande.

Il se fait un divorce de plus en plus sensible entre l'esprit et la brute [1].

La brute seule bande bien, et la fouterie est le lyrisme du peuple.

---

Foutre, c'est aspirer à entrer dans un autre, et l'artiste ne sort jamais de lui-même [2].

---

J'ai oublié le nom de cette salope.... ah ! bah ! je le retrouverai au jugement dernier.

---

La musique donne l'idée de l'espace [3].

Tous les arts, plus ou moins ; puisqu'ils sont *nombre* et que le nombre est une traduction de l'espace [4].

---

*Vouloir tous les jours être le plus grand des hommes* [5] *!!!*

71 MON CŒUR MIS À NU

Étant enfant, je voulais être tantôt pape, mais pape militaire, tantôt comédien [1].

Jouissances que je tirais de ces deux hallucinations.

72 MON CŒUR MIS À NU

Tout enfant, j'ai senti dans mon cœur deux sentiments contradictoires, l'horreur de la vie et l'extase de la vie [1].

C'est bien le fait d'un paresseux nerveux [2].

73 MON CŒUR MIS À NU

Les nations n'ont de grands hommes que malgré elles[1].

---

À propos du comédien et de mes rêves d'enfance, un chapitre sur ce qui constitue, dans l'âme humaine, la vocation du comédien, la gloire du comédien, l'état de comédien, et sa situation dans le monde[2].

La théorie de Legouvé[3]. Legouvé est-il un farceur froid, un Swift, qui a essayé si la France [voulait] pouvait avaler une nouvelle absurdité ?

Son choix. Bon, en ce sens que Samson n'est pas un comédien.

De la vraie grandeur des parias.

---

Peut-être même, la vertu nuit-elle aux talents des parias.

74 MON CŒUR MIS À NU

Le commerce est, par son essence, *satanique*[1].

— Le commerce, c'est le prêté-rendu, c'est le prêt avec le sous-entendu : *Rends-moi plus que je ne te donne.*

— L'esprit de tout commerçant est complètement vicié.

— Le commerce est *naturel*, *donc* il est *infâme.*

— Le moins infâme de tous les commerçants, c'est celui qui dit : Soyons vertueux pour gagner beaucoup plus d'argent que les sots qui sont vicieux.

— Pour le commerçant, l'honnêteté elle-même est une spéculation de lucre[2].

— Le commerce est satanique, parce qu'il est une des formes de l'égoïsme, et la plus basse et la plus vile.

75 MON CŒUR MIS À NU

Quand Jésus-Christ dit :
« Heureux ceux qui sont affamés, car ils seront rassasiés », Jésus-Christ fait un calcul de probabilités.

76 MON CŒUR MIS À NU

Le monde ne marche que par le Malentendu.
— C'est par le Malentendu universel que tout le monde s'accorde.
— Car si, par malheur, on se comprenait, on ne pourrait jamais s'accorder [1].

---

L'homme d'esprit, celui qui ne s'accordera jamais avec personne, doit s'appliquer à aimer la conversation des imbéciles et la lecture des mauvais livres. Il en tirera des jouissances amères qui compenseront largement sa fatigue [2].

77 MON CŒUR MIS À NU

Un fonctionnaire quelconque, un ministre, un directeur de théâtre ou de journal, peuvent être quelquefois des êtres estimables, mais ils ne sont jamais divins. Ce sont des personnes sans personnalité, des êtres sans originalité, nés pour la fonction, c'est-à-dire pour la domesticité publique [1].

78 MON CŒUR MIS À NU

Dieu et sa profondeur.
On ne peut pas manquer d'esprit et chercher dans Dieu le complice et l'ami qui manquent toujours. Dieu est l'éternel confident dans cette tragédie dont chacun est le héros. Il y a

peut-être des usuriers et des assassins qui disent à Dieu : « Seigneur, faites que ma prochaine opération réussisse[1] ! » Mais la prière de ces vilaines gens ne gâte pas l'honneur et le plaisir de la mienne.

79 MON CŒUR MIS À NU

Toute idée est, par elle-même, douée d'une vie immortelle, comme une personne.

Toute forme créée, même par l'homme, est immortelle. Car la forme est indépendante de la matière, et ce ne sont pas les molécules qui constituent la forme[1].

---

Anecdotes relatives à Émile Douay et à Constantin Guys, détruisant ou plutôt croyant détruire leurs œuvres[2].

80 MON CŒUR MIS À NU

Il est impossible [d'ouvrir] de parcourir une gazette quelconque, de n'importe quel jour ou quel mois ou quelle année, sans y trouver à chaque ligne les signes de la perversité humaine la plus épouvantable, en même temps que *les vanteries* les plus surprenantes de probité, de bonté, de charité, et les affirmations les plus effrontées relatives au progrès et à la civilisation.

Tout journal, de la première ligne à la dernière, n'est qu'un tissu d'horreurs. Guerres, crimes, vols, impudicités, tortures, crimes des princes, crimes des nations, crimes des particuliers, une ivresse d'atrocité universelle.

Et c'est de ce dégoûtant apéritif que l'homme civilisé accompagne son repas de chaque matin. Tout, en ce monde, sue le crime : le journal, la muraille et le visage de l'homme.

Je ne comprends pas qu'une main pure puisse toucher un journal sans une convulsion de dégoût[1].

81 MON CŒUR MIS À NU

La force de l'amulette démontrée par la philosophie [1]. Les sols percés, les talismans, les souvenirs de chacun.

Traité de Dynamique morale.
De la vertu des Sacrements.

Dès mon enfance, tendance à la mysticité [2]. Mes conversations avec Dieu.

82 MON CŒUR MIS À NU

De l'Obsession, de la Possession [1], de la prière et de la Foi.
Dynamique morale de Jésus.
(Renan trouve ridicule que Jésus croie à la toute-puissance, même matérielle, de la Prière et de la Foi [2].)

Les sacrements sont les moyens de cette Dynamique.

---

De l'infamie de l'imprimerie, grand obstacle au développement du Beau [3].

---

Belle conspiration à organiser pour l'extermination de la Race Juive.
Les Juifs, *Bibliothécaires* et témoins de la *Rédemption* [+].

83 MON CŒUR MIS À NU

Tous les imbéciles de la Bourgeoisie qui prononcent sans cesse les mots : « immoral, immoralité, moralité dans l'art » et autres bêtises, me font penser à Louise Villedieu, putain à cinq francs, qui m'accompagnant une fois au Louvre, où elle n'était jamais allée, se mit à rougir, à se couvrir le visage, et me tirant à chaque instant par la manche, me demandait, devant les statues et les tableaux immortels, comment on pouvait étaler publiquement de pareilles indécences [1].

---

Les feuilles de vigne du sieur Nieuwerkerke [2].

84 MON CŒUR MIS À NU

Pour que la loi du progrès existât, il [faut] faudrait que chacun voulût la créer ; c'est-à-dire que quand tous les individus s'appliqueront à progresser, alors, et seulement alors, l'humanité sera en progrès [1].

Cette hypothèse peut servir à expliquer l'identité des deux idées contradictoires, liberté et fatalité [2]. — Non seulement il y aura, dans le cas de progrès, identité entre la liberté et la fatalité, mais cette identité a toujours existé. Cette identité c'est *l'histoire*, histoire des nations et des individus [3].

85 MON CŒUR MIS À NU

Sonnet à citer dans *Mon cœur mis à nu.*
Citer également la pièce sur *Roland* [1].

*Je songeais cette nuit que Philis revenue,*
*Belle comme elle était à la clarté du jour,*
*Voulait que son fantôme encore fît l'amour,*
*Et que, comme Ixion, j'embrassasse une nue.*

*Son ombre dans mon lit se glisse toute nue,*
*Et me dit : « Cher Damon, me voici de retour ;*
*Je n'ai fait qu'embellir en ce triste séjour*
*Où depuis mon départ le Sort m'a retenue.*

*« Je viens pour rebaiser le plus beau des amants ;*
*Je viens pour remourir dans tes embrassements ! »*
*Alors, quand cette idole eut abusé ma flamme,*

*Elle me dit : « Adieu ! Je m'en vais chez les morts.*
*Comme tu t'es vanté d'avoir foutu mon corps,*
*Tu pourras te vanter d'avoir foutu mon âme. »*

*Parnasse satyrique.*

Je crois que ce sonnet est de Maynard.
Malassis prétend qu'il est de Racan[2].

# HYGIÈNE. CONDUITE. MÉTHODE. MORALE

NOTES PRÉCIEUSES

[PENSÉES ET APHORISMES]

# HYGIÈNE. CONDUITE. MÉTHODE. MORALE

[F' 86 : voir p. 85.]

7 HYGIÈNE. MORALE [1]

À Honfleur ! le plus tôt possible, avant de tomber plus bas[2].

Que de pressentiments et de signes envoyés déjà par Dieu, qu'il est *grandement temps* d'agir, de considérer la minute présente comme la plus importante des minutes, et de faire ma *perpétuelle volupté* de mon tourment ordinaire, c'est-à-dire du Travail[3] !

[F' 88 : voir p. 85.]

9 HYGIÈNE

En renvoyant ce qu'on a à faire, on court le danger de ne jamais pouvoir le faire. En ne se convertissant pas tout de suite, on risque d'être damné.

Pour guérir de tout, de la misère, de la maladie et de la mélancolie, il ne manque absolument que le *Goût du Travail.*

[F¹ 90 : voir p. 131.]

91 HYGIÈNE. CONDUITE. MORALE

DEUX PARTS :
Dettes (Ancelle [1]).
Amis *(ma mère, amis, moi).*
Ainsi 1000 fr. doivent être divisés en deux parts de 500 fr. chacune, et la deuxième divisée en *trois* parties.

*À Honfleur.*
Faire une revue et un classement de toutes mes *lettres* (2 jours).
Et de toutes mes dettes (2 jours). (Quatre catégories, *billets, grosses dettes, petites dettes, amis.*)
Classement de gravures (2 jours).
Classement de notes (2 jours) [2].

92 HYGIÈNE. CONDUITE. MÉTHODE

Jeanne 300 [1], ma mère 200, moi 300. 800 fr. par mois. Travailler de 6 heures du matin à midi, à jeun. Travailler en aveugle, sans but, comme un fou. Nous verrons le résultat.
Je suppose que j'attache ma destinée à un travail non interrompu de plusieurs heures.
Tout est réparable. Il est encore temps. Qui sait même si des plaisirs nouveaux [2]...... ?
Gloire, paiement de mes Dettes. *Richesse* de Jeanne et de ma mère.
Je n'ai pas encore connu le plaisir d'un plan réalisé. Puissance de l'idée fixe. Puissance de l'Espérance.
L'habitude d'accomplir le Devoir chasse la peur [3]. Il faut vouloir rêver et savoir rêver [4]. Évocation de l'inspiration.

Art magique. Se mettre tout de suite à écrire. Je raisonne trop.

Travail immédiat, même mauvais, vaut mieux que la rêverie.

Une suite de petites volontés fait un gros résultat.

[Travail immédiat, même mauvais, vaut mieux que la rêverie.]

Tout le recul de la volonté est une parcelle de substance perdue. Combien donc l'hésitation est prodigue ! Et qu'on juge de l'immensité de l'effort final nécessaire pour réparer tant de pertes !

L'homme qui fait sa prière le soir est un capitaine qui pose des sentinelles. Il peut dormir.

Rêves sur la Mort et avertissements[5].

Je n'ai jusqu'à présent joui de mes souvenirs que tout seul. Il faut en jouir à deux. Faire des jouissances du cœur une passion.

Parce que je comprends une existence glorieuse, je me crois capable de la réaliser. Ô Jean-Jacques[6] !

Le travail engendre forcément les bonnes mœurs, sobriété et chasteté, conséquemment la santé, la richesse, le génie successif et progressif, et la charité. *Age quod agis*[7].

Poisson, bains froids, douches, lichen, pastilles occasionnellement ; d'ailleurs suppression de tout excitant.

| | |
|---|---|
| Lichen d'Islande.................. | 125 gr. |
| Sucre blanc...................... | 250 gr. |

Faire tremper le lichen, pendant 12 ou 15 heures dans une quantité d'eau froide suffisante, puis jeter l'eau.

Faire bouillir le lichen dans 2 litres d'eau sur un feu doux et soutenu jusqu'à ce que ces deux litres se réduisent à un seul litre ; écumer une seule fois ; ajouter alors les 250 grammes de sucre et laisser épaissir jusqu'à la consistance de sirop.

Laisser refroidir. Prendre par jour *trois* très grandes cuillerées à bouche, le matin, à midi et le soir. Ne pas craindre de forcer les doses si les crises étaient trop fréquentes [8].

93 HYGIÈNE. CONDUITE. MÉTHODE

Je me jure à moi-même de prendre désormais les règles suivantes pour règles éternelles de ma vie :

Faire tous les matins ma *prière à Dieu, réservoir de toute force et de toute* [bonté] *justice*, à *mon père*, à *Mariette* [1] et à *Poe*, comme intercesseurs [2] ; les prier de me communiquer *la force nécessaire* pour accomplir tous mes devoirs, et d'octroyer à ma mère *une vie assez longue* pour jouir de ma transformation [3] ; travailler toute la journée, ou du moins *tant que mes forces me le permettront ;* me fier à Dieu, c'est-à-dire à la Justice même, pour la réussite de mes projets ; faire tous les soirs une nouvelle prière, pour demander à Dieu la vie et la force pour ma mère et pour moi ; faire de tout ce que je gagnerai quatre parts, — une pour la vie courante, une pour mes créanciers, une pour mes amis, et une pour ma mère ; — obéir aux principes de la plus stricte sobriété, dont le premier est la suppression de tous les excitants, quels qu'ils soient.

[93bis] HYGIÈNE. MORALE. CONDUITE [1]

Trop tard peut-être ! Ma mère et Jeanne [2]. — Ma santé par charité, par devoir ! — Maladies de Jeanne [3]. Infirmités, solitude de ma mère [4].

— Faire son devoir tous les jours et se fier à Dieu, pour le lendemain.

— La seule manière de gagner de l'argent est de travailler d'une manière désintéressée [5].

— Une sagesse abrégée. Toilette, prière, travail.

— Prière : charité, sagesse et force.

— Sans la charité, je ne suis qu'une cymbale retentissante[6].

— Mes humiliations ont été des grâces de Dieu.

— Ma phase d'égoïsme est-elle finie ?

— La faculté de répondre à la nécessité de chaque minute, l'exactitude, en un mot, doit trouver infailliblement sa récompense.

« Le malheur qui se perpétue produit sur l'âme l'effet de la vieillesse sur le corps ; on ne peut plus remuer ; on se couche...

D'un autre côté, on tire de l'extrême jeunesse des raisons d'atermoiement ; quand on a beaucoup de temps à dépenser, on se persuade qu'on peut attendre des années à jouer devant les événements[7].

CHATEAUBRIAND. »

[93ter] HYGIÈNE. CONDUITE. MÉTHODE

(Extraits de *The Conduct of Life*, d'Emerson[1].)

Great men... have not been boasters and buffoons, but perceivers of *the terror of life*, and have manned themselves to face it.

« Fate is nothing but the deeds committed in a prior state of existence. »

« What we wish for in youth comes in heaps on us in old age », too often cursed with the granting of our prayer ; and hence the high caution, that since we are sure of having what we wish we beware to ask only for high things.

The one prudence in life is concentration ; the one evil is dissipation.

The poet Campbell said that « a man accustomed to work was equal to any achievement he resolved on, and that, for himself necessity, not inspiration, was the prompter of his muse. »

In our flowing affairs a decision must be made, — the best, if you can; but any is better than none.

The second substitute for temperament is drill, the power of use and routine.

« More are made good by exercitation than by nature », said Democritus.

Mirabeau said : « Why should we feel ourselves to be men, unless it be to succeed in everything, everywhere. You must say of nothing : *That is beneath me*, nor feel that anything can be out of your power. Nothing is impossible to the man who can will. *Is that necessary? That shall be.* This is the only *Law of success.* »

We acquire the strength we have overcome.

The hero is he who is immovably centred.

The main difference between people seems to be, that one man can come under obligations on which you can rely; and another is not. *As he has not a law within him, there's nothing to tie him to.*

If you would be powerful, pretend to be powerful.

Seeketh thou great things? seek them not.

*Conduct of life*[2]

— Great men have not been [...] for high things.
— His heart (was) the throne of will.
— Life is search after power.
— No honest seeking goes unrewarded.
— We must reckon success a constitutional trait
— The one prudence [...] of his muse.
— A decision [...] said Democritus.
— *Pecunia alter sanguis.*
— Mirabeau said [...] immovably centred.
— Your theories and plans of life are fair and commendable; — but will you stick?
— If you [...] powerful.

[Voir aussi, *La Belgique déshabillée*, f^r 338.]

# NOTES PRÉCIEUSES

## 90 NOTES PRÉCIEUSES [1]

Fais tous les jours, ce que veulent le devoir et la prudence.

Si tu travaillais tous les jours, la vie te serait plus supportable.

Travaille *six* jours sans relâche.

---

Pour trouver des sujets, *γνῶθι σεαυτόν*[2]... (Liste de mes goûts.)

Sois toujours poète, même en prose. Grand style (rien de plus beau que le lieu commun[3]).

Commence d'abord, et puis sers-toi de la logique et de l'analyse. N'importe quelle hypothèse veut sa conclusion.

Trouver la frénésie journalière.

---

# [PENSÉES ET APHORISMES]

[1] Parmi les droits dont on a parlé dans ces derniers temps, il y en a un qu'on a oublié, à la démonstration duquel *tout le monde* est intéressé, — le droit de se contredire [1].

[2] Ils sont trois, à ma connaissance, qui ont adopté cette austère devise : Jean-Jacques, Louis Blanc et George Sand. Joseph de Maistre dit quelque part (dans les *Considérations sur la France*, je crois) : « Si un écrivain adopte pour devise : *Vitam impendere vero*, il y a beaucoup à parier qu'il est un menteur [1]. »

[3] N'est-il pas vrai, mon cher Gardet, que le rouge est en lui-même une chose agréable, en ce qu'il transforme et exagère la nature, mais aussi parce qu'il nous oblige à embrasser les dames ailleurs que sur le visage ? — Je suis sûr de ne pas vous déplaire, à vous, mon ami, qui comme moi pensez qu'il ne faut jamais manquer de dignité, excepté avec la femelle de notre cœur [1].

Ch. Baudelaire.

[4] Toute révolution a pour corollaire le massacre des innocents [1].

[5] Quand un marchand n'est pas un félon, c'est un sauvage [1].

[6] La pédérastie est le seul lien qui rattache la magistrature à l'humanité [1].

[7] Le stoïcisme est une religion qui n'avait qu'un sacrement : *le suicide* [1].

[8] La sobriété est la mère de la gourmandise : elle en est le soutien et *le conseil.*

[9] Un chat est un vampire sucré.

[10] L'absurde est la grâce des gens qui sont fatigués.

[11] Si Jésus-Christ descendait une seconde fois sur la terre, M. Frank-Carré dirait : il y a récidive [1].

[12] Si l'on pétait sur le nez d'About, il prendrait cela pour une idée [1].

[13] Si la religion disparaissait du monde, c'est dans le cœur d'un athée qu'on la retrouverait [1].

[14] Rien ne me fait mieux comprendre l'inanité de la vertu que La Madelène[1].

[15] Apprendre c'est se contredire — il y a un degré de conséquence qui n'est qu'à la portée du mensonge (Custine) phrase admirée par Bodler[1].

# LA BELGIQUE DÉSHABILLÉE

Titres

La grotesque Belgique
La vraie Belgique
La Belgique toute nue
La Belgique déshabillée

Une capitale pour rire
Une grotesque capitale
La capitale des singes
Une capitale de singes.

F' 3.

2 1. DÉBUT

Choix de titres.

— Qu'il faut, quoi qu'en dise Danton, emporter sa patrie à la semelle de ses souliers [1].

— La France a l'air d'être barbare, vue de [tout] près : mais allez en Belgique, et vous serez moins sévère [2].

— Les Remerciements que Joubert faisait à Dieu [3].

— Grand mérite de faire un livre sur la Belgique. Être amusant en parlant de l'ennui [4] ; instructif en parlant du rien ; ⟨de⟩ bâtir sur la pointe d'une aiguille ; ⟨de⟩ danser sur la corde lâche : ⟨de⟩ nager dans le lac [asphaltite] ⟨asphaltite⟩, ou sur une eau [dorman] dormante.

---

— À faire un croquis de la Belgique, il y a, par surcroît, cet avantage, qu'on fait une caricature des sottises de la France.

---

— Conspiration des flatteurs contre la Belgique. La Belgique a pris tous ces compliments au sérieux.

---

— Il y a 20 ans, on chantait chez nous les louanges de l'Amérique [5].

---

— Pourquoi [on ne dit pas] ⟨les Français ne disent pas⟩ la vérité sur la Belgique —[parce qu'ils n'osent pas avouer qu'ils ont été dupes] ⟨parce que, en leur qualité de Français, ils ne peuvent pas avouer qu'ils ont été dupes[6].⟩

---

— Vers de Voltaire sur la Belgique[7].

## 3 TITRES

La grotesque Belgique
La vraie Belgique
La Belgique toute nue
La Belgique déshabillée

Une Capitale pour rire
Une grotesque capitale
La Capitale des Singes
Une capitale de Singes.

## 4 DÉBUT

Danton. La Carpe et le Lapin[1]. *L'Amérique et la Belgique.* Je voudrais avoir les facultés de... tant d'écrivains dont je fus toujours jaloux. ⟨Un certain style, non pas le style de Hugo auteur Belge⟩. Tel est mon *Lambert*[2].

Livre fait à la Diable.

Faire un livre amusant sur un thème ennuyeux. — (Les Cabotins[3].)

La corde lâche et le lac asphaltite[4].

Un petit poème sur Amina Boschetti[5].

---

Un pauvre qui voit des objets de luxe, un homme triste qui respire [les odeurs] son enfance dans les odeurs de l'Église, [tel fut po] ainsi je fus devant Amina.

Les bras et les jambes d'Amina. Le préjugé des sylphides maigres.

Le tour de force gai. La gentille commère — Guerri[6]. Le Gin.

Le talent dans le Désert.

On dit qu'Amina se désole.

Elle sourit chez un peuple qui ne sait pas sourire. Elle voltige chez un peuple, où chaque femme pourrait avec une seule des pattes éléphantines écraser un millier d'œufs.

5 DÉBUT

La France est, sans doute, un pays bien barbare.

La Belgique aussi.

La Civilisation s'est peut-être réfugiée chez quelque petite tribu non encore découverte.

---

Prenons garde à la dangereuse faculté de généralisation des Parisiens.

---

Nous avons 〈peut-être〉 dit trop de mal de la France[1].

Il faut toujours emporter sa patrie à la semelle de ses souliers. C'est un désinfectant.

---

On craint ici de devenir bête[2]. [Lenteur] Atmosphère de sommeil. Lenteur universelle. (Le Coureur du chemin de fer en est le symbole[3].)

---

Le produit de la Carpe et du Lapin.

Les Français [préfèrent] 〈aiment mieux〉 tromper [que] qu'avouer qu'ils l'ont été. Vanité française.

6 BRUXELLES
DÉBUT

avis, inutile pour les avisés.

La fin d'un écrit satyrique, c'est d'abattre deux oiseaux avec une seule pierre. À faire un croquis de la Belgique, il y a [cet avant], par surcroît, cet avantage qu'on fait une caricature de la France [1].

7 DÉBUT

La France vue à distance.
Les livres infâmes.
[Lettres] (Études parisiennes par un non-diplomate [1].)

8 DÉBUT

Dirons-nous que le monde est devenu pour moi inhabitable ?

9 Conspiration de flatteurs contre la Belgique.
[Coupure de presse. Voir ci-dessous p. 321.]

10 DÉBUT

Faire un travail amusant sur un sujet ingrat.
La Belgique et les États-Unis, Enfants gâtés des gazettes.

11 *Épigraphe.*

Cooper [1].

12 Mon cœur mis à nu,
Notes sur la *Belgique*
(non classées) Spleen de Paris.
Stances à Defré [1],
Guide [2].

13 *Belgique.*

[Nullité] Impuissance de conversation. — Je n'aime pas les Belges. — Pourquoi ? — Parce qu'ils ne savent pas le français. — Monsieur, dit le Belge, il y a les Hottentots. — Monsieur, les Hottentots sont très loin et vous êtes tout près, d'ailleurs on m'a fait entendre pour tout dire que depuis longtemps les Hottentots sont..... damnés. — Comment ? pour ne pas savoir le français ? — Oui, Monsieur.

14 PHYSIONOMIE DES BELGES

[L'œil]
L'œil effaré, gros, stupide, fixe. Malhonnêteté apparente, tient simplement à la lenteur de la vision.

Belges qui marchent en se retournant, et qui enfin tombent par terre.

Constructions des mâchoires.
Épaisseur de la langue.
Sifflement.
Prononciation lente et pâteuse.

15 BRUXELLES
*Impressions générales.*
*Physionomie humaine.*

L'œil belge, gros, énorme, braqué, insolent (pour les étrangers).

Œil innocent de gens qui ne peuvent pas tout voir en un clin d'œil.

Un personnage [de C] de Cyrano dit à un autre : vous êtes si gros qu'on ne pourrait pas vous battre tout entier en un jour[1].

N'importe quoi est si [gros] vaste pour un œil belge qu'il faut qu'il y mette le temps pour le regarder.

L'œil belge a l'insolence innocente du microscope.

16 *Le Bon mot en Belgique.*

Ici le bon mot (par exemple : *encore un Français qui est venu découvrir la Belgique*) le bon mot, généralement emprunté à un vaudevilliste français, a la vie très dure. [Cinq mille] Cent mille personnes peuvent s'en servir dix fois par jour sans l'user. Tel le grain de musc qui garde son parfum sans rien perdre de son poids. Telle la cerise à l'eau-de-vie suspendue au plafond par une ficelle et qui léchée par une multitude d'enfants reste ⟨longtemps⟩ intacte. Il y a cependant cette différence qu'un enfant plus malin l'avale quelquefois, tandis que des milliers de Belges n'attrapent jamais un bon mot tout entier, ⟨ou plutôt ils l'avalent, ⟨sans le digérer,⟩ le vomissent [et le r] le repassent et le ravalent sans dégoût, et le revomissent avec une égale indifférence.⟩ Heureux peuple ! peuple économe et modéré dans ses plaisirs ! Heureux peuple dont la constitution organique est telle qu'il ne peut jamais [faire] ⟨se permettre ⟩ une ribote d'esprit !

---

17 Spleen de Paris[1].
Singulière conversation.
N'offensons pas les Mânes.
Le chapelet.

Civilisation Belge.
Le Belge est fort civilisé.
Il porte pantalon, paletot, parapluie, comme les autres hommes. Il se soûle et fout comme les gens d'outre-Quiévrain. Il fait semblant d'avoir la vérole, pour ressembler [aux] au Français. Il sait se servir d'une fourchette. Il est menteur, ⟨féroce,⟩ il est rusé, il est fort civilisé[2].

L'Amateur des Beaux-Arts en Belgique.
Il m'écouta fort bien, muet, automatique,
[Recueilli] ⟨Solennel⟩; puis soudain, d'un air diplomatique,
Sortant d'un de ces longs sommeils si surprenants,
Que tout Belge partage avec les ruminants,
Avec le clignement d'un marchand de la Beauce,
Me dit : « Je crois, *d'ailleurs*, que David est en hausse[3] ! »

18 BELGIQUE
MŒURS POLITIQUES

« Il n'y a ici, à proprement parler, que deux grands partis : Les catholiques et les ivrognes[1]. »
(Brochure révolutionnaire française dont le titre ne me revient pas.)

19 BELGIQUE
MŒURS POLITIQUES
[*Le Compagnon de Dumouriez*]

« La 5e classe (la masse) qui ne fait usage que de bière, d'eau-de-vie, de seigle, et de l'amusement solitaire de la pipe, a les oscillations morales fort lentes. De là ce caractère passif et cette haute opinion dans les prêtres, qu'elle semble exclusivement charger du soin de penser pour elle. Cela m'a paru si vrai qu'après une stricte analyse, je n'ai aperçu en lui (ce peuple) que deux puissants moteurs de ses actions. Ces moteurs sont l'écu et l'hostie. Il est doux et soumis ; mais électrisé au nom du ciel, ou brusqué dans sa métamorphose politique, sans y être amené par lui-même. Sa fureur et son énergie 〈connue〉 peuvent se porter à un tel degré d'intensité qu'il deviendrait Taureau. »

P. Gadolle [1].

La fortune assurée par l'amalgame de la Belgique avec la France, idée très à l'ordre du jour. 1794 (?)
Chez Guffroy.

20 BELGIQUE
DÉBUT

Pour la triste ville où je suis,
C'est le séjour de l'ignorance,
De la pesanteur, des ennuis,
De la stupide indifférence,
Un vieux pays d'obédience,
Privé d'esprit, rempli de foi.

Voltaire, à Bruxelles, 1722 [1].

Les trois derniers mots sont de trop.

21 DÉBUT

[La prière de Joubert]

Les Remerciements de Joubert.

Dois-je remercier Dieu de m'avoir fait français et non Belge ?

22 2. BRUXELLES

— Physionomie de la Rue.
— Premières impressions.
— On dit que chaque ville, [et que chaq] que chaque pays a son odeur. Paris, dit-on, sent le chou aigre. Le Cap sent le mouton. L'orient sent le musc et la charogne[1].
Bruxelles sent le savon noir. Les chambres sentent le savon noir avec lequel elles [sont] ont été lavées. Les lits sentent le savon noir, ce qui engendre l'insomnie pendant les premiers jours. Les trottoirs sentent le savon noir.
— Fadeur universelle de la vie. Cigares, légumes, fleurs, cuisine, cheveux, yeux. Tout semble fade, triste et endormi. La physionomie humaine, vague, sombre, endormie ⟨horrible peur de devenir bête⟩. Les chiens seuls sont vivants. ⟨Nègres de la Belgique.⟩
— Bruxelles, beaucoup plus bruyant que Paris, à cause du pavé, de la fragilité et de la sonorité des maisons, ⟨de l'étroitesse des rues,⟩ de l'accent du peuple[2], de la maladresse universelle, [et enfin] du sifflement national et des aboiements des chiens.
— [Pas] Peu de trottoirs ⟨ou trottoirs interrompus⟩. — Affreux pavé. — Pas de vie dans la Rue. — Beaucoup de balcons, personne au balcon. — Une ville sans fleuve. — Pas d'étalages devant les boutiques. — Flânerie ⟨, si chère aux peuples imaginatifs,⟩ impossible.

— Innombrables lorgnons [sur le nez]⟨. Le pourquoi —⟩.
— Abondance de Bossus.
— Le visage belge, obscur, informe ; bizarre construction des mâchoires ; stupidité menaçante.
— La démarche Belge, folle et lourde. [Ces] Ils marchent en regardant derrière eux.

⟨*Les Espions*[3], signe d'ennui, de curiosité doublée de frousse, de défiance et d'inhospitalité.⟩

23 CARACTÈRES GÉNÉRAUX. Bruxelles.

Les odeurs des villes. Paris, dit-on, sent le chou aigre. Le Cap sent le mouton. L'orient sent le musc et la charogne. Francfort... ? Bruxelles sent le savon noir.

Le Linge. Insomnie causée par le savon noir.

Peu de parfums[1].

Peu de ragoût.

Fadeur universelle dans les cigares, les légumes, les fleurs (printemps arriéré, pluvieux, chaleur lourde et molle de l'été), les yeux, les cheveux, le regard.

Les animaux semblent tristes et endormis.

La physionomie humaine est lourde, empâtée.

Têtes de gros lapins jaunes, cils jaunes.

Air de moutons qui rêvent[2].

Prononciation, lourde, empâtée. Les syllabes ne sortent pas de la gorge.

Le piment devient ici concombre.

Un chapitre sur les chiens, en qui semble réfugiée la vitalité absente ailleurs.

Les chiens attelés. (Mot de Dubois[3].)

24 BRUXELLES.
Physionomie de la Rue.

Lavage des trottoirs, même quand il pleut à verse. Manie nationale[1]. J'ai vu des petites filles frotter avec un petit

chiffon un petit bout de trottoir pendant des heures entières.
Signe d'imitation, [et signe] et marque particulièrement d'une Race peu difficile sur le choix de ses amusements.

25 BRUXELLES
CARACTÈRES GÉNÉRAUX
MŒURS

Chiens⟨, nègres de
la Belgique⟩.

Tristesse des animaux. Les chiens ne sont pas plus caressés que les femmes. Il est impossible de les faire jouer et de les rendre folâtres. Ils sont alors étonnés comme une prostituée à qui on dit : Mademoiselle.

Mais quelle ardeur au travail !

J'ai vu un gros et puissant homme se coucher dans sa charrette et se faire traîner par son chien en montant une montée.

C'est bien la dictature du sauvage dans les pays sauvages où le mâle ne fait rien.

ENVIRONS DE BRUXELLES

Les bois peu peuplés
Très peu d'oiseaux chanteurs[1].

26 *Bruxelles*

*Premières sensations.*

Bruxelles, ville plus bruyante que Paris. — Pourquoi ?
1 *pavé* exécrable, faisant sauter les roues des chariots.

2 *maladresse, brutalité, gaucherie* du peuple, engendrant une foule d'accidents.

(à propos de cette maladresse populaire, ne pas oublier la manière dont marchent les Belges, — en regardant d'un autre côté. — Circuits nombreux d'un homme civilisé pour éviter le choc d'un [bel] Belge. — Un Belge ne marche pas, il dégringole)

3 Sifflement universel.

4 Caractère criard, braillard, sottisier. Hurlements de la bête belge.

Paris, infiniment plus grand et plus occupé, ne donne qu'un bourdonnement vaste et vague, velouté, pour ainsi dire.

27 BRUXELLES
rues de

Pourquoi Bruxelles est si bruyant,
— Sonorité particulière du pavé.
— Fragilité et vibration des maisons.
— Maladresse des hommes de peine et des cochers.
— [La voix rauque, traînante, l'accent belge] ⟨Les éclats de voix de la brutalité flamande ⟩.
— Les aboiements des chiens.
— Le sifflement universel.

PENSIONNATS

Les Belges, [qui] ⟨qu'ils ⟩s'amusent ou qu'ils pensent, [sont] ressemblent toujours à un pensionnat — hommes, femmes, garçons, petites filles. —

Les femmes même ne pissent qu'en bande. Elles vont en pisserie, comme dit Béroalde[1].

Mon combat contre une bande de dames bruxelloises en Ribote.

28 BRUXELLES

Aspect général des Rues.

Pas de trottoirs, ou si peu.
Affreux pavé.
Pas de Ruisseaux.

Manière dont les habitants se cognent, et portent leurs cannes.

29 MŒURS. BRUXELLES

Le tic du rire sans motif, surtout chez les femmes[1].

Le sourire est presque impossible. Les muscles de leurs visages ne sont pas assez souples pour se prêter à ce mouvement doux.

CARACTÈRES GÉNÉRAUX

Pas de vie dans la Rue[2].
Beaucoup de balcons. Personne au balcon.
Petits jardins au fond de la maison.
Chacun chez soi. Portes fermées.
Pas de toilettes dans les Rues.
Pas d'étalages aux boutiques.

Ce qui vous manque, c'est le fleuve, non remplacé par les canaux[3].

— Une ville sans fleuve[+].

Et puis les montées perpétuelles empêchent la flânerie.

30 BRUXELLES
CARACTÈRES GÉNÉRAUX EXTÉRIEURS
MŒURS

Beaucoup de balcons. Personne au balcon. Rien à voir dans la rue.

*Chacun chez soi!* (petit jardinet intérieur).

Les plaintes d'un Italien.

Pas d'étalages de boutiques.

La flânerie devant les boutiques, cette [chose] jouissance, cette instruction, chose impossible ! —

*Chacun chez soi!*

31 BRUXELLES
CARACTÈRES GÉNÉRAUX

Beaucoup de balcons. Mais personne au balcon.

Un peuple qui vit chez soi.

D'ailleurs, que pourrait-il regarder dans la rue?

32 BRUXELLES

Traits caractéristiques de la Rue et de la population.

Le lorgnon, avec cordon, suspendu au nez.

Multitude d'yeux vitrés, même parmi les officiers.

Un opticien me dit que la plupart des lorgnons qu'il vend sont de pures vitres. Ainsi ce lorgnon national n'est pas autre chose [qu'une] qu'un effort malheureux vers l'élégance et un [signe de plus] nouveau signe de l'esprit de singerie et de conformité.

33 BRUXELLES
CARACTÈRES GÉNÉRAUX
EXTÉRIEURS

Aspect généralement confortable. [Propreté] Propreté des rideaux et des stores.

[à travers]

Fleurs en très grande quantité. Chambres d'aspect modérément riche.

Au fond un jardinet étouffé.

Ressemblance étonnante entre tous les appartements.

Vu de près, le luxe est non seulement monotone, mais camelote.

34 BRUXELLES
TRAITS GÉNÉRAUX

Les belges sont un peuple siffleur, comme les sots oiseaux.

Ce qu'ils sifflent, ce n'est pas des airs.

Vigoureuse projection du sifflement. Mes oreilles déchirées.

C'est une habitude d'enfance incurable.

Affreuse laideur des enfants, pouilleux, crasseux, morveux. ignobles.

Laideur et saleté. Même propres, ils seraient encore hideux.

---

Peuple siffleur et qui rit sans motif, aux éclats. Signe de crétinisme.

---

Tous les Belges, sans exception, ont le [cerveau vide] [cerveau] crâne vide.

35 *Bruxelles.*
*Caractères généraux.*

Le visage belge, ou plutôt Bruxellois.
Chaos.
Informe, difforme, rêche, lourd, dur, non fini, taillé au couteau.
Dentition angulaire.
Bouche non faite pour le sourire.
Le rire existe, il est vrai, mais inepte, énorme, *à propos de bottes.*
Visage obscur sans regard, comme celui d'un cyclope, d'un cyclope, non pas borgne, mais aveugle.
Citer les vers de Pétrus Borel [1]. Absence de regard, chose terrible.
Épaisseur monstrueuse de la langue, chez plusieurs, ce qui engendre une prononciation pâteuse et sifflante.

36 BELGIQUE
BRUXELLES
*Physionomie générale.*

Singulier aspect des bouches dans la rue et partout.
pas de lèvres de volupté.
pas de lèvres de commandement.
pas de lèvres d'ironie.
pas de lèvres d'éloquence.
Latrines béantes d'imbécillité.

---

Cloaques béants.
Bouches informes.
Visages inachevés [1].

37 CARACTÈRES PHYSIONOMIQUES GÉNÉRAUX BRUXELLES

Tous les visages belges ont quelque chose de sombre, de farouche ou de défiant, les uns, visages de sacristains, les autres de sauvages.

Stupidité menaçante.
Le mot de Maturin[1].

La démarche, à la fois précipitée, inconsidérée, et indécise, occupant naturellement beaucoup de place.

Abondance de Bossus.

38 BRUXELLES

Physionomie physique.

Bruxelles est le pays des Bossus, le domaine du Rachitis.
Pourquoi ?
Est-ce l'eau, est-ce la bière, est-ce l'insalubrité de la ville et des logements ?
En somme, c'est bien la même race qu'autrefois. De même que le pisseur et le vomisseur et les Kermesses des Ostades et des Teniers expriment encore exactement la joie et le badinage flamand, de même nous retrouverons dans la vie actuelle les types ankylosés des peintres primitifs du Nord.

39 BRUXELLES.
TRAITS GÉNÉRAUX

La laideur ne peut comprendre la beauté.

Rapprochons ce fait de la laideur générale de ce peuple de cet autre fait : sa haine générale de la Beauté. Exemples :

les rires de la Rue et des assemblées devant la vraie beauté, — l'inaptitude radicale des artistes belges à comprendre Raphaël.

Un jeune écrivain[1] a eu récemment une conception ingénieuse, mais non absolument juste. Le monde va finir[2]. L'humanité est décrépite. Un Barnum de l'avenir montre aux hommes dégradés de son temps une belle femme des anciens âges artificiellement conservée. « Eh ! quoi ! disent-ils, l'humanité a pu être aussi belle que cela ? » Je dis que cela n'est pas vrai. L'homme dégradé s'admirerait et appellerait la beauté laideur. Voyez les déplorables Belges.

40 BRUXELLES
CARACTÈRES GÉNÉRAUX
MŒURS

Les belges ne savent pas marcher. Ils remplissent toute une rue, avec leurs pieds et leurs bras. N'ayant aucune souplesse, ils ne savent pas se garer, s'effacer, ils heurtent l'obstacle, lourdement.

Froideur de regard, sournois, défiant. Expression à la fois féroce et timide. L'œil vague, et même, vous regardant en face, toujours indécis. Race [méchante] ⟨défiante⟩, parce qu'elle se croit encore plus faible qu'elle n'est.

FEMMES

La femme n'existe pas. Le teint sale des flueurs blanches. Et puis, comme elle n'est pas accoutumée aux caresses, elle ne sait pas plaire. Elle ne s'y applique jamais.

Il y a des femelles et des mâles. Il n'y a pas de galanterie. — Pas de toilette.

41 *Pauvre Belgique.*
*Bruxelles.*

Habitudes de la Rue.

La démarche du belge, folle et lourde.

Les Belges marchent en regardant derrière eux. On dirait qu'une niaise curiosité tire leur tête en arrière, pendant qu'un mouvement automatique les pousse en avant. — Un belge peut faire trente ou quarante pas, la tête retournée, mais infailliblement vient un moment où il se cogne à quelqu'un ou à quelque chose. J'ai fait bien des circuits pour éviter des belges qui marchaient.

Dans une foule le Belge presse de toutes ses forces son voisin de devant avec ses deux poings. L'unique ressource, c'est de se retourner brusquement, en lui donnant, comme par mégarde, un vigoureux coup de coude dans l'estomac.

42 MŒURS
BRUXELLES

*Maladresse belge.* Les Belges ne savent pas marcher. *La place que tient un belge dans la rue.* C'est pire que les ouvriers français tant chantés par Pierre Dupont [1].

Maladresse des cochers belges.

(il y a plusieurs pentes très raides dans Bruxelles)

Ils ne savent pas indiquer le chemin.

## 3. TABAC, CUISINE, VINS. ⟨BRUXELLES LA VIE.⟩ MŒURS.

— La question du Tabac.
Inconvénients de la Liberté.

— La question de la cuisine[1].
Pas de viandes rôties.
Tout est cuit à l'étuvée.
Tout est accommodé au beurre rance (par économie ou par goût).
Exécrables légumes (soit naturellement, soit par le beurre).
Jamais de Ragoûts.
Les cuisiniers belges croient qu'une cuisine très assaisonnée est une cuisine pleine de sel.
— Pas de fruits. Ceux de Tournai sont exportés en Angleterre — Enfin le pain, exécrable[2] ⟨humide, mou, brûlé⟩.
— À côté du fameux [préjugé] ⟨mensonge⟩ de la liberté belge, du mensonge de la propreté belge, mettons le mensonge de *la vie à bon marché.*
— Tout est quatre fois plus cher qu'à Paris, où il n'y a de cher que le loyer.
— Ici, tout est cher excepté le loyer.
— Vous pouvez, il est vrai, vivre à la Belge; [si vous] peinture du régime et de l'hygiène Belges.
— La question des vins. — Le vin, objet de curiosité et de bric-à-brac. — Merveilleuses caves, *toutes semblables*; vins

chers et capiteux. — Les Belges *montrent* leurs vins, mais ne les boivent pas par goût, mais par vanité[3].
— La Belgique, paradis des Commis voyageurs en vins.
— Le faro et le genièvre.

44 BRUXELLES

De la question du Tabac.

45 PAUVRE BELGIQUE

Un grand article sur *la question de la cuisine.*

Fadeur.
Le pain.
Le beurre rance. Les pommes de terre !
Les légumes eux-mêmes, pois, asperges.
Les œufs au beurre noir.

Absence de fruits.
Absence de hors-d'œuvre.

Pas de ragoûts.
Le Belge n'est pas plus gourmand qu'un Papou.

Sa cuisine est dégoûtante et élémentaire.

Mais le marchand de comestibles......... ?

La question du vin !

46 BRUXELLES
TRAITS GÉNÉRAUX
CUISINE

Les omelettes de M. Nadar[1].

47 BRUXELLES

La question des vins et du vin.
Les Belges aiment-ils le vin ? Oui, comme objet de bric-à-brac.
S'ils pouvaient le montrer sans le faire boire et sans en boire, ils seraient fort satisfaits.
Ils le boivent, par vanité, pour faire croire qu'ils l'aiment.
Toujours des vins vieux.

Le paysan normand et le cidre.

48 BRUXELLES

La question des vins.

Le vin en public ; en famille, la bière. Ils boivent du vin *par vanité*, pour avoir l'air français, mais ils ne l'aiment pas.

Toujours la singerie, la contrefaçon.

La question du pain.
La question des légumes.
La question du beurre.
Les marchands de comestibles.

Conseils aux Français.

49 BRUXELLES
CARACTÈRES GÉNÉRAUX
MŒURS

[histoire du]
Économie universelle.

Histoire du monsieur qui ne veut pas payer les pickles chez Horton[1].

Le Faro, 2 sous 3 centimes.

Amour frénétique des centimes.

Les chaises sans barreaux[2].

L'habitude de servir les boissons à la mesure, comme si le cabaretier était chargé de surveiller la fantaisie du consommateur.

*Effroyable* ivrognerie du peuple. Ivrognerie à bas prix. Le Faro et le genièvre.

Caves bourgeoises, merveilleusement riches. Les vins y vieillissent.

50 *Article cuisine.*
*Boisson des Bruxellois.*

Le Faro est tiré de la grande latrine, la Senne ; c'est une boisson extraite des excréments de la [Se] ville soumis à l'appareil diviseur. Ainsi, depuis des siècles, la ville boit son urine[1].

## 4. MŒURS
## LES FEMMES ET L'AMOUR

— pas de *femmes*, pas d'*amour*[1]
  — pourquoi ?
— pas de galanterie chez l'homme, pas de pudeur chez la femme. — La pudeur, objet prohibé, ou dont on ne sent pas le besoin.
  Portrait général de la Flamande, ou du moins de la Brabançonne (la Wallonne, mise de côté, provisoirement).
— Type général, analogue à celui du mouton et du bélier. Le sourire, impossible, à cause de la récalcitrance des muscles, [de la] et de la structure des dents et des mâchoires.
  Le teint, les cheveux ; les jambes, les gorges, pleines de suif[2] ; les pieds, horreur ! ! !
  En général, un gonflement marécageux. Précocité d'embonpoint.
  La puanteur des femmes (anecdotes).
— [La] obscénité des Dames belges. — Anecdotes de latrines[3].
  En référer, quant à l'amour, aux ordures des anciens peintres flamands. Amours de sexagénaires. Le peuple n'a pas changé.
— Des femelles, oui. — Des femmes, non.
— Prostitution belge.
— Extraits du règlement[4].

52 BRUXELLES

La femme générale.

Un nez de polichinelle, un front de [mouton] bélier, des paupières en pelure d'oignon, des yeux incolores et sans regard, une bouche monstrueusement petite, ou simplement une absence de bouche (ni parole, ni baiser !), une mâchoire inférieure rentrée, des pieds plats, avec des jambes d'éléphant [1] (des poutres sur des planches), un teint lilas, et avec tout cela la fatuité et le rengorgement d'un pigeon.

53r° BRUXELLES

*Les femmes dans la Rue* [1].

Leurs pieds.
Leurs mollets.
Leur puanteur.

Si vous leur cédez le trottoir, comme accoutumées qu'elles sont à le céder aux hommes, elles sont descendues du trottoir en même temps que vous, [et] elles vous heurtent, et vous remercient de votre bonne intention en vous traitant de malappris.

Description de quelques femmes belges. — Le nez, les yeux, la gorge. Les Rubens en suif.

53v° Encre
Ciseaux
Pains à cacheter.

54 BRUXELLES
CARACTÈRES GÉNÉRAUX
MŒURS

Les Belges marchent d'une manière à la fois furibonde et indécise, comme les voitures conduites par leurs détestables cochers.

FEMMES

Les femmes marchent les pieds en dedans. Gros pieds plats.

Gros bras, grosses gorges et gros mollets des femmes.

Une force marécageuse.

55 MŒURS
BRUXELLES
LES FEMMES

*Un Remède d'amour*, expression Louis XIII.

Ici, aucun mérite pour l'homme à être chaste [1].

Priape deviendrait triste.

Les deux sexes font bande à part.

Chez l'homme, pas de galanterie.

Chez la femme, pas de coquetterie.

Pas de résistance, pas de pudeur.

Chez l'homme, pas de gloire, pas de conquête, pas de mérite.

Toutes blondes, fades, avec des yeux de mouton bleus ou gris, à fleur de tête.

Une Cafrine serait ici un Ange [2].

Planturosité et précocité de la jeune fille. Précocité adipeuse.

Légumes élevés dans un terrain marécageux.

Les femmes ne savent pas marcher. — Pas de toilette, pour le public.

Quelques Françaises — entretenues, mais fort tristes. — Prendre quelques notes bizarres dans le règlement sur la prostitution. —

56 *Pauvre Belgique.*
*Femmes.*

Il y a ici des femelles, il n'y a pas de femmes. Pas de galanterie. Pas de coquetterie. Pas de pudeur.

La pudeur est un article de Paris qui n'entre pas, soit qu'il soit prohibé, soit que personne n'en sente le besoin.

57 BRUXELLES
FEMMES
AMOUR

L'amour brille par son absence. Ce qu'on appelle amour ici est une pure [opér] gymnastique animale que je n'ai pas à vous décrire.

Les amants vomisseurs.

---

La jeune [fille] marchande de papier remplissait toute la boutique de puanteur. (La vieille Anglaise prise de *Delirium tremens.*)

La jeune fille rit aux éclats à l'homme qui lui demande son chemin, ou lui répond : Gott for dum [1] !.......

58 BRUXELLES
*Traits généraux*

Pas de galanterie, pas de pudeur. La femme Belge.
Pisseries et chieries des dames Belges.

La mère belge sur ses latrines, [joue avec son] (porte ouverte) joue avec son enfant et sourit aux voisins.

Amour prodigieux des excréments qu'on retrouve dans les anciens tableaux. C'était bien leur patrie que peignaient ces peintres-là.

Dans une petite rue, six dames belges pissant, barrent le passage les unes debout, les autres accroupies, toutes en grande toilette.

La propreté des femmes belges. Difficile de ne pas sentir même dans la rue la puanteur d'une dame belge, ainsi que celle de sa fille (Montagne-de-la-Cour).

59 *Mœurs.*

Je n'ai jamais pu faire comprendre à un Belge que la galanterie entrait pour une grande part dans l'éducation qu'une mère française donne à son fils.

— Les Belges croient que galanterie veut dire bestialité !

Dimanche 27 nov.
*Indépendance belge* [1].

Sophocle et Virgile.
Le sieur Duruy [2].

60 5. MŒURS.

Grossièreté Belge (même *parmi les officiers*).

Aménités des confrères.

Ton de la critique et du journalisme Belges.

Vanité Belge blessée.

Vanité Belge au Mexique.

Bassesse et domesticité.

Moralité Belge. Monstruosité dans le crime.

Orphelins et vieillards en adjudication.

(Le parti flamand. Victor Joly[1]. Accusations légitimes contre l'esprit de Singerie) (à placer ailleurs).

61 Politesse Bruxelloise.
[Coupure de presse. Voir ci-dessous p. 322.]

62 *Patriotisme Belge.*
[Coupure de presse. Voir ci-dessous. p. 322.]

63 Grossièreté universelle. dans toutes les classes.
Exploit de cinq officiers.
[Coupure de presse. Voir ci-dessous p. 323.]

64 [Coupure de presse. Voir ci-dessous. p. 324.]

65 Expédition du [Belgi] Mexique.
Vanité Belge.
[Coupure de presse. Voir ci-dessous p. 326.]

66 Conformité.
Bassesse.
Domesticité.
[Coupure de presse. Voir ci-dessous p. 327.]

67 Sentiments de famille.
Pas d'âme.
[Coupure de presse. Voir ci-dessous p. 327.]

68 Sentiments de famille.
Moralité (Ardennes).
[Coupure de presse. Voir ci-dessous. p. 328.]

69 BRUXELLES
Morale

Criminalité et [fér] immoralité de la Belgique.
Ici un crime est plus féroce, plus stupide qu'ailleurs.

Viol d'un enfant de [douze] ⟨quatorze⟩ mois.
Prodigieuse immoralité des curés. Les curés sont recrutés parmi la hideuse race des paysans.

Chien mangé vivant. Pour 20 francs.

70 BELGIQUE
MŒURS
CRIMES
IVROGNERIE

Caractère particulièrement sauvage et bestial de l'ivresse belge.

[Observer]

Un père est ivre. Il châtre son fils.
Observez dans ce crime non seulement la férocité, mais le mode du crime.
Un belge ne peut [plaisanter] ⟨badiner⟩ ou frapper que sur les organes sexuels. Véritable obsession.

71 *Grossièreté.*
*Bestialité Belge.*

L'homme qui s'enrichit dans les foires en mangeant des chiens vivants.
Public de femmes et d'enfants.

72 *Parti dit*
*Flamand.*

*Patriotisme de*
*Joly.*

ACCUSATIONS TRÈS LÉGITIMES CONTRE L'ESPRIT DE SINGERIE BELGE.

*Immoralite Belge.*
*Les orphelins et les vieillards en adjudication.*
[Coupure de presse. Voir ci-dessous p. 329.]

73 6. MŒURS (suite)

Le cerveau Belge

La conversation Belge[1]

Il est difficile de définir le caractère [Bru] Belge, autant que de classer le Belge dans l'échelle des êtres.

Il est singe, *mais* il est mollusque[2]. Une étonnante lourdeur avec une prodigieuse [versatilité] ⟨étourderie.⟩ ⟨Il est facile de l'opprimer, comme l'histoire le constate ; il est presque impossible de l'écraser.⟩

Ne sortons pas, pour le juger, de certaines idées, singerie, contrefaçon, conformité, [hai], impuissance haineuse, et nous pourrons classer tous les faits sous ces différents titres.

Leurs vices sont des contrefaçons[3].

Le gandin belge.

Le patriote belge.

Le massacreur belge.

Le libre penseur belge, dont la principale caractéristique est de *croire* que vous *ne croyez pas ce que vous dites*, puisqu'il ne le comprend pas.

⟨Contrefaçons de l'impiété et de la gaudriole françaises.⟩

Présomption et fatuité. — Familiarité. Portrait d'un Wallon fruit-sec.

Horreur de l'esprit. Histoire de Valbezen à Anvers[+]. — Horreur du rire. — Éclats de rire sans motif. — On raconte une histoire touchante, le Belge éclate de rire, pour faire croire qu'il a compris. — Ce sont des Ruminants qui ne digèrent rien. — Et cependant, il y a une Béotie en Belgique, Poperinghe.

74 BRUXELLES
*Mœurs.*
*Morale.*

Le caractère belge n'est pas très défini. Il flotte depuis [l'huître] ⟨le mollusque⟩ jusqu'au singe.

75 BRUXELLES

Caractères moraux

Il est difficile d'assigner une place au Belge dans l'échelle des êtres. Cependant on peut affirmer qu'il doit être classé entre le Singe et le Mollusque. Il y a de la place.

76 BRUXELLES
TRAITS GÉNÉRAUX

Le Belge sait manger sa soupe tout seul, avec une cuiller [1]. Il sait même se servir de fourchettes et de couteaux, quoique sa gaucherie témoigne qu'il aimerait mieux déchirer sa proie avec ses dents et ses sales griffes.

77 IGNORANCE.
VANITÉ
ET CRAPULE BELGES

J'ai vu à Bruxelles des choses extraordinaires.

Des architectes qui ignorent l'histoire de l'architecture.

Des peintres qui n'ont jamais regardé une gravure d'après Raphaël, et qui peignent un tableau d'après une photographie.

Des femmes qui vous injurient si vous leur offrez un bouquet.

[D'autres] ⟨Des dames⟩ qui laissent, pendant qu'elles y *officient*, la porte des latrines ouverte.

Des gandins *contrefaits* qui ont violé toutes les femmes.

Des [libr] libres penseurs qui ont peur des revenants.

Des patriotes qui veulent massacrer tous les Français (ceux-là portent le bras droit en écharpe pour faire croire qu'ils se ⟨sont⟩ battus).

Et enfin (ceci est le gros de la nation) une foule de gens qui vous disent quand vous leur dites : Dieu.... : vous ne croyez pas ce que vous dites. — Sous-entendez : puisque je ne comprends pas.

Et des officiers qui se mettent à cinq pour assommer un journaliste dans son bureau [1].

78 BRUXELLES
CARACTÈRES GÉNÉRAUX
CONVERSATION

Étonnante présomption belge, dans tous les ordres. — Un tel a fait cela, — un livre, un tableau, une action d'éclat ; — j'en pourrais faire autant (c'est évident (!)) donc je suis son égal.

79 BRUXELLES
CARACTÈRES GÉNÉRAUX
MŒURS

Lorsqu'un Belge s'adresse à dix personnes, il prend toujours un auditeur à partie, et tourne à la rigueur le dos au reste de la compagnie à laquelle il s'adresse.

---

Un belge ne cède jamais le pas à une femme sur le trottoir.

---

Je n'ai encore vu qu'une seule fois dans un théâtre un homme chercher à attirer par son attitude et sa mise l'attention publique.

Quoiqu'il eût vêtements et pardessus de couleur claire, avec des bagues sur des gants améthyste[1], il passait inaperçu.

Du reste, les belges ont toujours l'air mal habillé, quoiqu'ils s'appliquent beaucoup à l'être bien. Tout leur va mal.

La nature la plus brillante s'éteindrait ici dans l'indifférence universelle. Impossibilité d'une existence vaniteuse.

Ici, à propos d'art, comme dans les petites villes, on ne peut pas dire : *Bis repetita placent.*

80 BRUXELLES
TRAITS GÉNÉRAUX

Du mépris des Belges pour les hommes célèbres.

[Chacun] Leur familiarité avec l'homme célèbre[1]. Ils lui tapent tout de suite le ventre et le tutoient comme si, enfants, ils avaient roulé ensemble dans la poussière et les ordures des Marolles[2].

Chacun est convaincu qu'il en ferait bien autant *puisqu'il est homme. Homo sum, nihil humani a me alienum puto.* Nouvelle traduction.

81 BRUXELLES
MŒURS

Vantardise universelle, relativement aux femmes, à l'argent, aux duels, etc....

Nécessité pour chaque homme de se vanter lui-même dans un pays où personne ne sait rendre justice à personne.

Du reste, personne ne trompe personne, puisque chacun sait que son voisin est aussi menteur que lui. Tout au plus croit-il la moitié de ce qui est affirmé !

Ici, malheur à la Modestie. Elle ne peut être [...] ⟨ni comprise ni⟩ récompensée. Si un homme de mérite dit : J'ai fait bien peu de chose, — on en conclut naturellement qu'il n'a rien fait !

82 BRUXELLES
MŒURS
TRAITS GÉNÉRAUX

Avec tant de lourdeur, aucune fixité. Une pesanteur énorme avec une étonnante versatilité.

Vélocité proportionnelle à la pesanteur. C'est toujours le troupeau de moutons, à droite, à gauche, au nord, au sud, se précipitant en bloc.

Je n'ai jamais vu un belge osant tenir tête, non pas à mille personne, mais à dix, et disant : « Vous vous trompez, — ou, vous êtes injustes. » Ces gens-là ne pensent qu'en bloc.

Aussi, il n'y a rien ici qui soit plus à la mode, ni mieux vu, ni plus honorable que le coup de pied de l'âne. Le *Vae victis* n'a jamais trouvé de si grands enthousiastes. C'est pourquoi, ce peuple ayant toujours été conquis, j'ai le droit de lui dire avec joie : « vae victis ».

83 *Wallon.*

Un petit portrait du *Wallon fruit-sec.*
Turbulent,
indiscret,
[insolent]
insolent,

conquérant le monde,
et refaisant les plans de campagne de Napoléon.
Agité,
vous disant : vous ne pensez pas ce que vous dites.
C'est surtout le Wallon qui est la caricature du Français, et non pas le Flamand.
Souvent bancal, pied bot, ou bossu.
Les Wallons, pépinière d'avocats.

84 BRUXELLES
TRAITS GÉNÉRAUX

Horreur de l'esprit.
Histoire de M. Valbezen, homme frivole à Anvers.

85 BRUXELLES
TRAITS GÉNÉRAUX

Les Belges ont horreur du rire motivé ; ils ne rient jamais quand il faut. Mais ils *éclatent* de rire sans motif [1].

« Il fait beau temps, savez-vous ? »
Et ils éclatent de rire.

86 BRUXELLES
CARACTÈRES GÉNÉRAUX

À propos des peintres [de nature morte] ⟨animaliers⟩,
ou des yeux de moutons qui rêvent [1], ou de l'horreur de l'esprit,
les Belges sont des *Ruminants* qui ne digèrent rien.

87 BRUXELLES
CARACTÈRES GÉNÉRAUX

Pour Bruxelles, Poperinghe est une Béotie [1].
Comprenez-vous les Comparatifs
dans l'absolu et le Superlatif ?

88 7. MŒURS BRUXELLES
(suite)

Esprit de petite ville

Cancans. ⟨ Jalousies.
Calomnies.
Jouissance du malheur d'autrui.⟩

Résultats de l'oisiveté et de l'incapacité.

89 BRUXELLES
CARACTÈRES GÉNÉRAUX
MŒURS

Esprit de petite ville

Défiance Belge. Cancans belges. Diffamation Belge.
On m'a traité de mouchard.
Mouchard veut dire homme qui ne pense pas comme nous.
Synonyme au XVIIIe siècle : pédéraste.

90 BRUXELLES
-90bis MŒURS

Curiosité de petite ville

Si le goût des allégories revenait dans la littérature, le poète ne saurait mieux placer qu'à Bruxelles *le Temple de la Calomnie.*

Un Belge se penche à votre oreille : « Ne fréquentez pas celui-ci. C'est un infâme. » Et cet autre à son tour : « Ne fréquentez pas celui-là. C'est un scélérat. » — Et ainsi, tous, les uns des autres.

Mais ils ne craignent pas les mauvaises fréquentations, car ils se voient, se tolèrent, et se fréquentent mutuellement quoique toute la nation ne soit composée que de scélérats, — à les en croire.

Quand je me suis senti [diffamé et] calomnier, j'ai voulu mettre un terme à cette passion nationale, en ce qui me concernait et, pauvre niais que je suis ! je me suis servi de l'ironie.

À tous ceux qui me demandaient pourquoi je restais si longtemps en Belgique (car ils n'aiment pas que les étrangers restent trop longtemps) je répondais *confidentiellement* que j'étais mouchard.

Et on me croyait !

À d'autres que [j'étais] je m'étais exilé de France parce que j'y avais commis des délits d'une nature [qui trop] inexprimable, mais que j'espérais bien que grâce à l'épouvantable corruption du régime français, je serais bientôt amnistié.

Et on me croyait !

Exaspéré, j'ai déclaré maintenant que j'étais non seulement meurtrier, mais pédéraste. [Le résultat de] Cette révélation a amené un résultat tout à fait inattendu. Les musiciens belges en ont conclu que M. Richard Wagner était pédéraste [1].

Car il ne peut pas entrer [dans] sous un crâne belge qu'un homme loue un autre homme d'une manière désintéressée.

91 BRUXELLES
CARACTÈRES MORAUX

Esprit de petite ville

L'oisiveté des Belges les rend très amoureux de nouvelles, de cancans, de médisances, etc.

Une curiosité de village les pousse aux embarcadères pour voir qui arrive.

Peu de gens se réjouissent autant qu'eux du malheur qui arrive à autrui.

(La pensée d'Emerson sur les amis au lit d'un malade [1].)

92 BRUXELLES
TRAITS GÉNÉRAUX

Esprit de petite ville

Les Belges sont très défiants. Personne au [balcon] balcon. Vous sonnez, on entrebâille une porte, on vous regarde comme un représentant du peuple qui vient réclamer le reliquat arriéré d'un subside.

---

J'ai passé pour Mouchard.

J'ai [dit] ajouté que j'étais Jésuite et pédéraste. Et on m'a cru, tant ce peuple est bête !

93 *Bruxelles.*
*Mœurs.*

*Indiscrétion.*
*Curiosité.*

Esprit de petite ville

Un esprit, voisin de l'esprit cancanier et calomniateur, pousse les Belges à écouter aux portes, à faire des trous aux portes.

Arthur[1] et la concierge.

---

94 BRUXELLES
CARACTÈRES GÉNÉRAUX
MŒURS

Esprit de petite ville

Conversation. Horreur de l'Esprit.
Le rire sans motif.
Les cancans.
La diffamation continue.
On annonce toujours le déshonneur ou la ruine d'un voisin.

Quand le voisin est ruiné, fût-il le plus honnête homme du monde, tout le monde le fuit, dans la crainte de s'entendre demander un service.

La pauvreté, grand déshonneur.

Petite ville
petits esprits
petits sentiments.

95 BRUXELLES
CARACTÈRES GÉNÉRAUX
MŒURS.

CONVERSATION

Curiosité belge.
Esprit de petite ville

Si vous restez ici quelque temps, tout le monde [vous] vous dit : Monsieur est expatrié, sans doute ?

Tant il leur est difficile de comprendre [qu'on] qu'on puisse rester ici *par agrément*, et vivre volontairement avec eux.

J'ai toujours envie de répondre : oui, Monsieur, parce que j'ai assassiné mon père, et que je l'ai mangé, [tout cru] sans le faire bouillir [1].

Mais on me croirait.

Le Belge est comme le Russe, il craint d'être étudié. Il veut cacher ses plaies.

96 8. BRUXELLES
MŒURS (suite)

Esprit d'obéissance et de conformité.
Esprit d'association.
Innombrables sociétés.
⟨(restes des Corporations)⟩
Paresse de penser chez l'individu.
[par]
En s'associant, les individus se dispensent de penser. ⟨individuellement.⟩
⟨La Société des *Joyeux*⟩ [1]
Un Belge ne se croirait pas heureux, s'il ne voyait pas d'autres gens heureux par les mêmes procédés.
⟨Il ne peut pas être heureux *par lui-même.*⟩

97 BRUXELLES

rapprocher ceci du Néant Belge dans la conversation, le rire imbécile, etc.

ESPRIT D'OBÉISSANCE ET DE CONFORMITÉ

[Je ne me croirais pas heureux]
— Si vous croyiez avoir trouvé le bonheur, n'éprouveriez-vous pas le besoin de partager la recette ?
— Non.

— Moi, si — je ne croirais pas que je suis heureux si je ne voyais pas d'autres hommes vivre de la même manière que moi. *Je fais ainsi la preuve de mon bonheur.*

— Tels étaient les discours d'un Belge qui, sans provocation de ma part, s'est attaché à moi pendant quatre heures pour me raconter qu'il était très riche, qu'il avait beaucoup de curiosités, qu'il était marié, qu'il avait voyagé, qu'il avait eu souvent le mal de mer, qu'il avait fui Paris à cause du choléra, qu'il possédait à Paris une fabrique dont ⟨tous⟩ les contremaîtres étaient décorés, — et tout cela parce que, espérant me débarrasser de lui, je lui avais dit qu'il n'y avait pour moi de bonheur que dans la solitude[1].

98 BELGIQUE
MŒURS DE LA RUE

Les Belges ne pensent qu'en bande
(Francs-maçons, libres penseurs, sociétés de toute espèce)
et ne s'amusent qu'en bande
(sociétés d'amusement, sociétés pour l'élève des pinsons)
(petites filles se donnant toutes le bras ; — de même les petits garçons, de même les hommes, de même les femmes).
[Ils se cole]
Ils et elles ne pissent qu'en bande.
Bandes de femmes par qui j'ai été attaqué, et que je n'ai pu mettre en fuite qu'avec mon cigare.

99 BRUXELLES
TRAITS GÉNÉRAUX

Amour des Belges pour les sociétés, les demi-sociétés, les quarts de sociétés...... Division infinie.

Manière disciplinaire de s'amuser, de pleurer, de se réjouir, de prier. — Tout se fait à la prussienne. En somme cela accuse l'incapacité de l'individu à pleurer, à prier et à s'amuser tout seul.

Vieux débris des sottises féodales : serments, lignages, corporations, jurandes, nations, métiers.

Van der Noot[1] règne encore.

(Curieux malentendu entre les deux révolutions, la Brabançonne et la Française[2].)

100 BRUXELLES
MŒURS

Il n'y a pas de peuple plus fait pour la conformité que le peuple belge. Ici on pense en bande, on s'amuse en bande, on rit en bande. [On s'assemble] ⟨[se met]⟩ [pour]. Les Belges forment des sociétés pour trouver une opinion. Aussi n'y a-t-il pas de gens qui éprouvent plus d'étonnement ou de mépris pour [les gens qu] ceux dont l'opinion n'est pas conforme à la leur. Ensuite il [leur] est impossible [de concevoir qu'] à un Belge de croire qu'un homme croit ce que lui, ne croit pas. Donc, tout dissident est de mauvaise foi.

Je connais peu les catholiques belges. Je les crois tout aussi bêtes, tout aussi mauvais, et surtout aussi paresseux que les belges athées.

— preuve de l'esprit d'obéissance et de la paresse des Belges :

— « Qu'allez-vous à l'Église, puisque vous n'avez pas de livre de messe ? »

101 BRUXELLES
CARACTÈRES GÉNÉRAUX
MŒURS

Amour des sociétés.

Amour des corporations (Débris du Moyen Âge).

Les Francs-maçons.

On pense en commun. C'est-à-dire qu'on ne pense pas.

*Inde*, brûlant amour des grades, des présidences, des décorations, du militarisme (garde civique).

Pour le plus petit succès, tous les grades dans tous les ordres, toutes les distinctions vous viennent à la fois.

Un petit échec et vous n'êtes plus rien. Vous perdez tout ; vous dégringolez de toutes les échelles.

102 9. BRUXELLES
MŒURS (suite)

Les Espions.
Cordialité Belge.
Incomplaisance.

⟨Encore la grossièreté belge.⟩

Le *sel gaulois* des Belges
Pisseur et vomisseur. ⟨Statues nationales
que je trouve symboliques.⟩ [1]
Plaisanteries excrémentielles.

103 MŒURS
BRUXELLES

La cordialité belge s'exprime par l'*Espion*[1], qui dit clairement que l'habitant s'ennuie, et qu'il n'est pas disposé à ouvrir à tous ceux qui frappent.

Elle s'exprime par l'absence de lampes pour allumer les cigares. On ne peut allumer son cigare que dans le lieu où [on le] on l'achète.

— Par la mauvaise humeur des gens à qui on demande son chemin[2]. (Dieu me damne ! voulez-vous bien me foutre la paix ?)

Quelques-uns consentiront peut-être à vous dire votre chemin ; mais ils sont si maladroits que vous n'y comprendrez rien.

« Monsieur, tu vas aller là-bas, et puis tu prendras alors par l'avenue, et puis tu tourneras vers...... » [se servant] nommant [justement] ⟨quelquefois⟩ les localités que vous auriez besoin de connaître pour les comprendre.

« À droite.... à gauche » langue inconnue.

104 BRUXELLES
CARACTÈRES GÉNÉRAUX
MŒURS

Chacun chez soi. [Grandes fortunes.] Personne au balcon. L'espion. Le petit carré de jardin.

Grandes fortunes. Grande économie.

Notes de Malassis [1]. — Le roi brosse son chapeau ; la pluie va venir par-dessus la poussière. Plusieurs millions d'hommes brossent leurs chapeaux et époussettent leurs épaules.

Culte des belges pour leurs chapeaux. Les belges aiment leurs chapeaux comme le paysan de P. Dupont aime ses bœufs [2].

Les allumettes sont des objets également précieux. Il faut les ménager.

Les chaises sans bâtons transversaux [3].

Le mot de Dubois sur les chiens [4] (n'amène pas ton chien, il serait humilié de voir ses pareils traîner des voitures. — Au moins, Monsieur, on ne les musèle pas ici) Beau chapitre à faire sur ces vigoureux chiens, sur leur zèle et leur orgueil. On dirait qu'ils veulent [être comparés aux] humilier les chevaux.

105 MŒURS
BRUXELLES

« Grattez un Russe civilisé, disait Bonaparte, vous trouverez un Tartare [1]. »

Cela est vrai, même pour les plus charmants Russes que j'ai connus[2].

Grattez un prince belge, vous trouverez un rustre.

106 MŒURS
BRUXELLES

Grossièreté dans les mœurs de la rue.
— On ne cède pas le trottoir à une femme[1].
— Un ouvrier français est un aristocrate auprès d'un prince de ce pays[2].
Grossièreté de la plaisanterie.
Le *sel gaulois* des Belges. Mon horreur du fameux *sel gaulois*[3].
La Merde française et la merde belge, deux formes de la même espèce de plaisanterie.
*L'homme qui pisse. Le vomisseur*[4].
Cette grossièreté se reproduit dans l'amour. Même dans l'amour paternel. Les culs nus de Jordaens. Cela est dans la vie flamande.
Cela se reproduit dans la vie politique. Exemples à tirer des journaux.
Cela se reproduit dans le clergé. Le clergé est sottisier et provocant.

10. BRUXELLES.
MŒURS (suite)

Lenteurs et paresse belges ⟨; dans l'homme du monde, dans les employés, dans les ouvriers.⟩
— Torpeur ⟨et complication⟩ [de l'adm] des administrations. —
La poste. — Le Télégraphe. ⟨, l'Entrepôt.⟩
⟨Anecdotes administratives.⟩

8 BRUXELLES
TRAITS GÉNÉRAUX

Lenteur belge.

La paresse des Belges [1].
Ils se lèvent tard.
Les commerçants eux-mêmes ne connaissent pas le travail.

Un changeur me prend pour un mendiant.

9 BRUXELLES
*Lourdeur.*
LENTEURS ADMINISTRATIVES.
Délibérations interminables.
*En toute chose.*

Lenteur belge

Un ouvrier puisatier tombe dans un éboulement[1].

Proclamations. Recherche d'ouvriers. Appels.

Plusieurs jours s'écoulent. Le repos du dimanche est observé, malgré les [command] apologues de Jésus-Christ[2].

Enfin on retrouve le cadavre. Alors on cherche à prouver que l'homme enseveli a dû mourir asphyxié dès le commencement.

110 BRUXELLES
CARACTÈRES GÉNÉRAUX

La loi postale[1].

Le Télégraphe.

111 BRUXELLES
CARACTÈRES GÉNÉRAUX
MŒURS

Pour faire pendant à la pudeur de *L'Espiègle* (nos femmes et nos sœurs),

la pudeur du Télégraphe[1].

---

| | |
|---|---|
| Charpentier[2] | 100 |
| ma mère | 200 |
| Villemessant | 200 |

| | |
|---|---|
| hôtel | 100 |
| Jousset | 600 |
| Jeanne | 50 |
| moi | 50 |

12 11. MŒURS BRUXELLES
(suite)

Moralité Belge. ⟨Les marchands. Glorification du succès.⟩

L'argent.

Le peintre qui voudrait livrer J. Davis [1]

Défiance universelle ⟨et réciproque⟩, signe d'immoralité générale.

A aucune action, même à une belle, un belge ne suppose un bon motif.

Improbité commerciale (anecdotes).

Le Belge est toujours porté à se réjouir du malheur d'autrui. D'ailleurs cela fait un [objet] sujet de conversation.

Passion générale de la calomnie[2]. J'en ai été victime plusieurs fois.

Avarice générale. ⟨Tout le monde est commerçant, même les riches.⟩

⟨Grandes fortunes. Pas de charité. On dirait qu'il y a une conspiration pour maintenir le peuple dans la misère et l'abrutissement.⟩

Haine de la Beauté, pour faire pendant à la haine de l'esprit.

*N'être pas conforme*, c'est le grand crime.

113 *Pauvre Belgique.*
*Traits généraux.*

Moralité belge

Ici, il n'y a pas de [profe] voleurs de profession. Mais cette lacune est largement compensée par l'improbité universelle.

Ainsi dans les états où la [prospérité] prostitution légale n'existe pas, toutes les femmes sont vénales.

114 BRUXELLES
CARACTÈRES GÉNÉRAUX
MŒURS

Dans un pays où chacun est défiant, il est évident que tout le monde est [coupable] voleur.

115 BRUXELLES
MŒURS

Appliquer aux Belges le passage d'Emerson relatif à l'opinion des Yankees sur *Cobden* et *Kossuth*[1].
*(The Conduct of Life)*

Ainsi, à propos de [Lizt] Liszt[2].....
Jamais un Belge ne suppose le bon motif.
Il s'obstinera à en découvrir un mauvais, parce qu'il ne peut en avoir, lui, qu'un mauvais.

116 BRUXELLES
MŒURS

Improbité générale.
Gare aux Juifs !

Gare surtout aux Russes Allemands !
Ce que c'est que le Russe Allemand.

Quelques beaux exemples d'improbité belge.
Ces gens d'ailleurs se volent très bien entre eux, et le vainqueur en est plus estimé.

17 BRUXELLES

*Caractéristiques morales.*

Le Belge ⟨vous⟩ est incommunicable, comme la femme [1], parce qu'il n'a rien à vous communiquer, et [il v] vous lui êtes incommunicable, à cause de son impénétrabilité. ⟨— Rien de mystérieux, de profond et de bref comme le Néant [2]. —⟩

Sa haine de l'étranger. Comme il hait et méprise le Français ! Être oisif et [inoccupé] ⟨envieux⟩, il a un besoin perpétuel de calomnie.

N'ayez crainte de l'affliger en disant la vérité sur lui-même. Quand il sait lire, il ne lit pas.

Nul être n'est plus porté à se réjouir du malheur d'autrui.

Barbarie et grossièreté *universelles*, sans exception, avec vive affectation [de paraî] de manières civilisées. *Manières* ! ! !

18 BRUXELLES
MŒURS

Atmosphère hostile.
Le regard et le visage ⟨de⟩ l'ennemi, partout, partout.
La calomnie, le vol, etc... Cependant, dans les premiers jours, curiosité bestiale, [avec protestations d'amitié] ⟨sem-

blable à celle des canards qui viennent en troupe au moindre bruit du rivage>.

Le préjugé de l'hospitalité Belge[1].

Conseils aux Français qui désirent souffrir le moins possible.

119 BRUXELLES
CARACTÈRES GÉNÉRAUX

Avarice Belge. Le dixième du revenu est dépensé. Le reste capitalisé.

Les dessins de Delacroix[1].

120 *Pauvre Belgique.*

Race antipathique — haine de la Beaute.

Pudeur Belge. — Dandysme Belge.

En Belgique on sent partout l'ennemi. Tyrannie de la face humaine[1], plus dure qu'ailleurs. L'œil étonné, hébété, de l'homme, de la femme et de l'enfant.

— Oh ! ce monsieur, comme il a l'air bête !

— Effet que produirait une belle femme à Bruxelles. Analyse de la haine ou de l'hilarité que cause la Beauté. La Beauté est rare. Histoire de Madame Muller[2]. — Canaille française. — Ici tout le monde, canaille.

— De la pudeur des femmes belges. Les pisseuses de la Rue du Singe. Histoire de Latrines, portes ouvertes. — Les petites filles.

— Les Belges font semblant de ne pas savoir le flamand ; mais la preuve qu'ils le savent, c'est qu'ils engueulent leurs domestiques en flamand.

21 12. MŒURS (suite)

Le préjugé de la propreté belge[1].
En quoi elle consiste.

Choses propres en Belgique.
Choses sales en Belgique.

⟨Métiers fructueux.
Blanchisseurs, plafonneurs.
Mauvais métiers.
Maisons de Bains.⟩

Quartiers pauvres.
Mendicité.

122 BRUXELLES
CARACTÈRES GÉNÉRAUX

Parmi les choses sales :

La Senne,

qui ne pourrait pas, tant ses eaux sont opaques, réfléchir un seul rayon du soleil le plus ardent.

[assaisis]

Assainissement de la Senne[1].

Un seul moyen, c'est de la détourner, et de l'empêcher de passer par Bruxelles, où elle sert de vidange aux Latrines.

123 BRUXELLES
MŒURS

PROPRETÉ BELGE. Grande impression de blancheur. Agréable d'abord. Et puis désagréable. Couleurs étranges : rose et vert clairs.

*Choses propres :* parquets, rideaux, poêles, façades, lieux d'aisance.

*Choses sales :* le corps humain et l'âme humaine. (Quant aux parfums, l'éternel savon noir [1].)

Les plafonneurs-blanchisseurs. — Industrie énorme. Peut-être le peinturelurage des bâtiments est-il nécessaire dans ce climat.

On arrose quand il pleut. —

CUISINE BELGE. Absente dans les Restaurants, — ou plutôt, pas de Restaurants. Mauvais pain, pour les gourmands. — Moyen de se consoler : lire un livre de cuisine. — Pas de maîtresse ; lisez un livre d'amour.

Au total, j'ai tort. Il y a une cuisine flamande ; mais c'est dans les familles qu'il faut la chercher.

Pas de viandes rôties.

124 BRUXELLES
TRAITS GÉNÉRAUX

*Laideur et misère*

De la prostitution.

La misère, qui dans tous les pays, attendrit si facilement le cœur du philosophe, ne peut ici que lui inspirer le plus irrésistible dégoût, tant la face du pauvre est [indélébilement] ⟨originellement⟩ marquée de vice et de bassesse incurable !

———

L'enfance, jolie presque partout, est ici hideuse, teigneuse, galeuse, crasseuse, merdeuse.

---

Il faut voir les quartiers pauvres, et voir les enfants nus se rouler dans les excréments. Cependant je ⟨ne⟩ crois ⟨pas⟩ qu'ils [ne] les mangent [pas].

---

La vieille femme elle-même, l'être sans sexe, qui a ce grand mérite, partout ailleurs, d'attendrir l'esprit sans émouvoir les sens, garde ici [toute] sur son visage [toutes les horreurs de] ⟨toute la laideur et toute la sottise dont⟩ la jeune a été marquée dans le ventre maternel. Elle n'inspire donc ni politesse ni respect ni tendresse [1].

---

## 125 13. DIVERTISSEMENTS BELGES

Caractère sinistre et glacé[x].
Silence lugubre.
Esprit de conformité[xx].
On ne s'amuse qu'en *bande*.
Le carnaval à Bruxelles. ⟨ Chacun saute sur place et en silence. Personne n'offre à boire à sa danseuse.⟩

Barbarie des jeux des enfants.

[x]Le Vaux hall.
Le Casino.
Le Théâtre Lyrique.
Le Théâtre de la Monnaie.
Les Théâtres de Vaudeville français
Mozart au Théâtre du Cirque.

Les jeux de balle.
Le tir à l'arc.

Bals populaires.

La troupe de Julius Langenbach (aucun succès, parce qu'elle avait du talent[1]).

[xx]Comment j'ai fait applaudir par une salle entière un danseur ridicule.

126 BRUXELLES
TRAITS GÉNÉRAUX

Multitude de fêtes.
Tout est prétexte à fête.
Kermesse de Rues.
Arcs de triomphe pour tous les vainqueurs.

*L'Office de publicité* [1] et les latrines.

127 BRUXELLES
MŒURS, PLAISIRS

Le Belge, dans un concert, accompagne la mélodie avec le pied ou la canne, pour faire croire qu'il la comprend.

128 BRUXELLES
CARACTÈRES GÉNÉRAUX
MŒURS

On écoute avec attention la musique sérieuse,
avec inquiétude les gaudrioles.

Pour faire comprendre qu'on sent la mesure, on bat le parquet avec sa canne.

Chaque concert a une partie Française ; on a peur, [il être vr] il est vrai, d'être Français, mais on a peur de ne pas le paraître [1].

129 LIEUX DE DIVERTISSEMENTS
BRUXELLES

Il n'y en a pas.

Un bal à *la Louve*[1].
Danse majestueuse, mais dansée par des ours. Espèce de *pavane,* dont un chorégraphe pourrait faire une chose charmante. Quelque danse d'origine ancienne. (Les belges n'offrent pas de rafraîchissements à leurs danseuses.)
Vaux Hall et Jardin Zoologique.
⟨Les pots plus que pourris[2].⟩

---

Le public glacial.
Il [craint] n'applaudit guère, dans la crainte, peut-être de se tromper[3].

---

Théâtre de la Monnaie. Salle vide, froideur des artistes, de l'orchestre et du public.

---

Théâtre Lyrique. (On ferait bien de mettre à la porte, comme à la porte des églises : *Les chiens hors du Temple!*)
*La Reine Crinoline*[4], une nouveauté pour moi qui suis un *Épiménide*[5].

130 BRUXELLES
PLAISIRS POPULAIRES
BALS MASQUÉS

*Espace plus étroit pour*
*le troupeau obéissant.*

*On pourrait se faire en-*
*terrer plus gaiement.*

Silence de Mort.
La musique elle-même est *silencieuse.*

On danse funèbrement.

Un bal masqué ressemble à un enterrement de libre penseur.

Les femmes ne peuvent pas danser, parce qu'elles ont le fémur [noué] et le col du fémur noués. Les jambes des femmes sont des bâtons adaptés dans des planches.

Les hommes ! Oh ! Caricature [fran] de [la france] la France !

Les costumes. — Dominos en percale. — Paquets de calicot. Crapule plus crapuleuse qu'aucune crapule connue. Hideuse animalité. — Ah ! que c'est hideux, les Singes barbares !

*Supporter deux mille types de Laideur absolue !*

31 CONCERTS
ORCHESTRES

Sonorité amère du Cuivre allemand[1].

32 MŒURS
BRUXELLES

Barbarie des divertissements des enfants.

Les oiseaux attachés par une patte à une ficelle, nouée autour d'un bâton.

Un ami à moi, coupe la ficelle, et se fait un mauvais parti.

La Rue aux pinsons, à Namur. Tous les yeux crevés[1].

133 14. ENSEIGNEMENT[1]

Universités de l'État ou de la Commune.
Universités libres.
Athénées.
Pas de latin, pas de grec.
Pas de philosophie.
Pas de poésie.
[Educati]
Études professionnelles.
Éducation pour faire des ingénieurs ou des banquiers.
Le *positivisme* en Belgique (toujours la France !)

Hannon.
Altmeyer[2], la vieille Chouette !
Son portrait.
Son style.

Haine générale de la littérature.

134 BRUXELLES
ESPRIT BELGE

[haine]
Pas de latin. Pas de grec. Les études professionnelles. Faire des banquiers. Haine de la poésie. Un latiniste ferait un mauvais homme d'affaires.

Le sieur Duruy veut faire de la france une belgique.

Les études latines. Autant que possible, pas de poètes, ou très peu de poètes. — Pas de métaphysique. Pas de classe de philosophie.

Le positivisme en Belgique.

Altmeyer et Hannon.

---

Haine de la Belgique contre toute littérature, et surtout contre La Bruyère [1].

---

135 15. LA LANGUE FRANÇAISE EN BELGIQUE [1].

— Style des rares livres qu'on écrit ici.
— Quelques échantillons du vocabulaire belge.
— Personne ne sait le français [2], mais il est de bon goût d'affecter de ne pas savoir le flamand. La preuve qu'ils le savent très bien, c'est qu'ils *engueulent* leurs domestiques en flamand.

Ça ne me goûte pas.
Je n'aime pas ça — moi bien.
Majorer.
Je ne sais pas dormir
Viens-tu avec ?
etc. etc.

136 BRUXELLES
CARACTÈRES GÉNÉRAUX
POLITIQUE

Je maintiens Essetançonner [1].
(Verhaegen [2])
⟨fondateur d'une université *Libre*⟩

137 BRUXELLES
CARACTÈRES GÉNÉRAUX
MŒURS

Devant les Kaulbach d'après *Werther*[1], deux belges. L'un dit à l'autre : C'est de la mythologie, ça ?

Tout ce qu'ils ne comprennent pas, c'est de la mythologie. Il y en a beaucoup.

138 *Petites cocasseries.*

Style Belge.
M. Reyer approche d'avoir terminé[1].

139 COCASSERIES

Deux Anglais me prenne pour M. Wiertz[1].

Le perroquet peint de la *Montagne-aux-Herbes-Potagères*[2].

Milady, si tu fais un geste, tu......

140 BRUXELLES
COCASSERIES

Dans la Rue *Nuit et Jour*, à l'occasion d'une kermesse de quartier, une lanterne :
— Madame, dit Athos, si tu *fait* [résistance] un geste, je te *fait* sauter la cervelle[1].
*Monsieur, tu* vas aller tout droit........

141 COCASSERIES

Correspondances cocasses de l'*Office de publicité*[1]. ⟨Demander à Arthur[2].⟩

---

Échantillons de style belge, à trouver dans le catalogue de parfumeries.

---

*Pro refrigerio animæ suæ*[3].
Traduction de M. Wauters.

Bizarre latin des inscriptions.

---

Jardin de zoologie, d'horticulture et *d'agrément.*

---

La tombe de David (où ?)[4].

Puisqu'on est venu chercher les restes d'un obscur Cavaignac[5], on aurait bien pu penser à David, qui fut illustre et exilé aussi.

142 BRUXELLES
SANTÉ. MALADIES

L'ophtalmie, que les belges nomment généralement hopitalmie.

143 BRUXELLES
STYLE BELGE

*Le Grelot* dit, en parlant de Napoléon III : « On le dit très malade. Peu nous importe. Il mourra *de ce qu'il doit mourir* » — pour de ce qui doit le tuer.

D'ailleurs quand on dit ici que l'Empereur se porte bien, on passe pour mouchard. Il est d'usage, chez *les gens* de *bonne compagnie*, de dire qu'il est très malade.

---

*Conformité belge.*
*Obéissance belge.*
*Moutonnerie belge.*

Les amis de Proudhon lors de l'émeute[1]. Figures de rhétorique.

44 BRUXELLES
MŒURS

Le sieur Altmeyer.
« Ça, j'admire. »
[prêtropob]
Prêtrophobie.
Jurons. *Libre penseur;* c'est tout dire.
La fille d'Altmeyer[1] :
« J'ai collé Proudhon. »
Mad. de Staël et le professeur allemand[2].
*SUES eum non cognoverunt*[3].

45 BRUXELLES
46

Locutions Belges

Maladies *confidentielles*[1].

[J'ai] ⟨Mon âme a⟩ beaucoup travaillé sur ce mot Belge. *Confidentielles* me paraît absurde ; car bien qu'il soit vrai que ces maladies ne se communiquent que dans le secret et le privé, il est bien certain que, chez les Français ⟨du moins⟩, on n'annonce pas à l'avance, même quand on la sait, ⟨soi-même,⟩ *la confidence* en question à l'être à qui on [la] *désire* la communiquer.

Joie et triomphe ! *Eureka !* Cette locution dérive probablement du caractère excessivement prude, bégueule et délicat, de ce subtil peuple Belge[2] ! — Ainsi je suppose que dans le grand monde de Bruxelles, une jeune fille ne dit pas :

— *Ce jeune homme m'a foutu la vérole,*

— et qu'un jeune homme ne dit pas, en parlant d'une fille bien élevée : *Elle m'a poivré!*

Ils préfèrent dire, l'une : — *Ce jeune homme m'a fait une confidence bien cruelle!* [et l'autre] ou bien : *Ce jeune homme m'a fait une confidence si horrible que les cheveux m'en sont tombés!* et l'autre : *Elle m'a fait une confidence dont je me souviendrai longtemps!* ou bien : *Je lui ai fait ma confidence! Sa postérité s'en souviendra jusqu'à la troisième génération!*

Ô Bons pharmaciens Belges ! J'aime passionnément votre dictionnaire, et l'Euphémisme domine, dans [votre éloquence] vos réclames !

147 BRUXELLES
MŒURS

Locutions Belges.

Chercher un petit livre à l'usage des Belges [1], contenant les

Ne dites pas...... mais dites.....

Ça ne me goûte pas.
Goûtez-vous ça ?
Savez-vous ?
S'ous plaît ? (plus abrégé que le vaudevillisme)
Pour une fois.
Poser un acte (histoire du fossoyeur).
Maladies confidentielles.
La divagation des chiens.
(*Hydrophobie (rage)*)
Hopitalmie.
Savoir, pour pouvoir.

Quand partez-vous ? — Je ne sais pas partir. — Pourquoi ? — Je n'ai pas d'argent.

Je n'ai pas su dormir.

Je ne sais plus manger.

148 BRUXELLES

Locutions Belges.

Le ministère vient de poser un acte qui[1]......

Ce ministère, [en cinq ans] depuis qu'il dure, n'a pas encore posé un seul acte.

Un fossoyeur a [ouvert une] *déterré* une bière, *fracturé* la bière, *violé* le cadavre (autant qu'on peut violer un être inerte) et *volé* les bijoux enterrés avec le mort. — L'avocat du fossoyeur : « Je prétends démontrer que mon client n'a *posé* aucun des actes qu'on lui reproche. »

Ah ! Victor Joly a bien raison de leur conseiller de laisser le français et de rapprendre le flamand. Mais le malheur est que V. Joly est obligé d'écrire cela en français[2].

149 Locutions Belges

[Coupure de presse. Voir ci-dessous p. 336.]

150 Locutions Belges

[Coupure de presse. Voir ci-dessous p. 337.]

## 151 16. JOURNALISTES ET LITTÉRATEURS.

En général, le littérateur (?), exerce un autre métier. — Employé, — le plus souvent.

Du reste, pas de littérature. Deux ou trois chansonniers, singes flamands des polissonneries de Béranger[1].

Des savants, des annalistes, [c'est à] c'est-à-dire des gens qui achètent à vil prix un tas de papiers [repr] (comptes [d'archi] de frais [,] pour bâtiments et autres choses, comptes rendus de séances des conseils communaux, copies d'archives, etc.) et puis revendent tout cela comme un livre d'histoire — À proprement parler, tout le monde ici est *annaliste*, ou brocanteur de tableaux et de curiosités.

Le ton du journalisme. Nombreux exemples.
⟨Correspondances ridicules de l'*Office de publicité.*⟩
*L'Indépendance belge.*
*L'Écho du parlement.*
*L'Étoile belge.*
*Le Journal de Bruxelles.*
*Le Bien public.*

*Le Sancho.*
*Le Grelot.*
*L'Espiègle.*
etc., etc., etc.

Patriotisme littéraire. Une affiche de spectacle.

152 BRUXELLES
CARACTÈRES GÉNÉRAUX
MŒURS

Pas de journalisme.
On ne croit pas le journaliste.
Quel journalisme !

On peut imprimer ici que Dieu est un filou, mais si on imprimait que la Belgique n'est pas parfaite, on serait lapidé.

Les pudeurs de *L'Espiègle*, relativement aux filles[1].

Ici on peut tricher dans le négoce. Mais donnez le bras à votre maîtresse, vous êtes déshonoré.

À propos de pudeur, le procès de M. Keym[2].

153 BRUXELLES
POLITIQUE
RELIGION

Toute la Belgique est livrée à l'infâme *Siècle*[1], qui n'est que ridicule en France, mais qui, chez des peuples barbares, comme celui-ci, est un journal infâme.

154 Grossièreté flamande.
Aménité de confrère.
[Coupure de presse. Voir ci-dessous p. 338.]

155 [Coupure de presse. Voir ci-dessous, p. 339.]

156 [Coupure de presse. Voir ci-dessous, p. 340.]

157 PAUVRE BELGIQUE
JOURNALISME

« Le Grand-Duc héritier de Russie est mort à Nice[1]. On dit que l'Empereur aimait beaucoup son fils. Il est permis de douter de l'amour paternel de certains Sires. » *Espiègle*, semaine politique[2].

Je suppose que le trait d'esprit pivote sur le mot : *Sire.* Bel échantillon d'esprit belge démocratique.

*(Parcourir tous les numéros de journaux que j'ai entre les mains, et faire l'extrait des articles pour lesquels je les ai gardés.)*

158 BRUXELLES
*Mœurs littéraires*

Voir le nº du 25 Décembre, 64, de *L'Espiègle*[1].

(Chantage. — Rapprochement avec les inscriptions amoureuses dans les latrines belges, et avec les correspondances amoureuses de *L'Office de publicité*[2].)

CONCLUSION POUR BRUXELLES

........... Bref, Bruxelles est ce que nous appelons un *Trou*, mais non pas un trou inoffensif.

*Un Trou*, plein de mauvaises langues. Un chapeau neuf.

159 BELGIQUE
MŒURS

Correspondances de *L'Office de publicité* :

*Crèche de Saint-Josse-Ten-Noode.*

« Un désir qui fait la joie de deux cœurs s'est réalisé : à l'accomplissement de ce vœu si ardemment attendu, la promesse a été faite au Ciel de donner CINQ FRANCS aux *petits anges* de la crèche.

Recevez, Monsieur Bertram, cette *simple offrande*, et faites, s'il vous plaît, prier *vos blonds chérubins* pour la félicité de deux âmes qui ont juré devant *Dieu* (le Dieu des Belges [1] ?) de se garder un amour et une [féli] fidélité à toute épreuve.

S. M. »

L'idylle chez les Brutes.
Gessner chez les Brutes[2].
L'idéalisme chez les Brutes.
(Chercher beaucoup d'échantillons de correspondance dans *L'Office*.)

160
161

BRUXELLES
MŒURS
JOURNALISME BELGE
*L'ESPIÈGLE*

LA VOIX DU MINISTÈRE[1]

Un représentant de la gauche, célèbre par ses bons mots, prévoit déjà le moment où il formera à lui seul la majorité du ministère. C'est, en effet, à prévoir, dans l'état de déperdition et de f...tade où [est la] se trouve la gauche. Alors le Lapalisse en question dira avec fierté : « C'est moi qui suis la voix [du Ministère] de la majorité ; saluez ! » Et pour ne pas perdre sa voix, il s'en ira à Arlon ; [il s'en ira à Arlon] ; il se mettra au lit, comme une femme en couches ; on tiendra une voiture en permanence à sa porte, pour les cas graves. On le fera rire, on l'amusera de toutes les manières, pour le tenir en bon état. Le petit H lui chatouillera le fondement, le sieur Defré lui psalmodiera les vêpres, de son air contrit, et l'heureux fidèle du ministère s'écriera : « Je veux que le fondement m'escape si on peut jouir davantage[2] ! »

162 BRUXELLES
JOURNALISME BELGE

Un homme vigoureux. Un barbare d'ailleurs — M. Victor Joly, qui accepte, sans y croire, les épîtres *à deux temps* de Victor Hugo[1].

V. Joly, semblable aux ⟨vrais⟩ amoureux, méprise ce qu'il aime, et aime ce qu'il méprise. V. Joly est un patriote. Rare mérite dans un pays *où* il n'y a pas de patrie.

!!!

Un belge s'avance,
non pas en cadence,
mais avec toute la
*lourdeur congénitale.*

163 BEAUX-ARTS ET ÉCHANTILLONS DE LA DÉLICATESSE DE LA CRITIQUE BELGE

[Coupure de presse. Voir ci-dessous, p. 340.]

164 BRUXELLES.
Théâtres,
plaisirs,
mœurs.

Toujours grand soin de prévenir le public quand l'auteur est belge, *rara avis.*

RÉOUVERTURE DU THÉÂTRE NATIONAL DU CIRQUE
par une troupe française (SAISON D'ÉTÉ)
rue du Cirque

---

SAMEDI 10 JUIN. PREMIÈRE REPRÉSENTATION DE
L'HOMME
AU
MASQUE NOIR

Grand drame historique et INÉDIT en 5 actes et 10 tableaux, à grand spectacle, avec chœurs de 40 sujets.
par M. Alexandre Dandoé (JEUNE AUTEUR BELGE)

L'orchestre et les chœurs seront dirigés par M. J. B. Braun (l'affiche du jour donnera les détails de la pièce).

---

AVIS. La direction est certaine que TOUT BRUXELLES viendra voir et entendre l'œuvre de ce jeune fondeur de métaux ; que chacun apportera son tribut d'encouragements à ce hardi AUTEUR BRUXELLOIS qui jette à la censure publique ses premières lignes par un drame émouvant, dont les scènes énergiques, le texte chaleureux ; laisseront dans l'opinion de ses COMPATRIOTES une PROFONDE SATISFACTION et un JUSTE ORGUEIL [1] ! ! !

165 ## 17. IMPIÉTÉ BELGE[1]

Insultes au pape.
Propagande d'impiété.
Mort de l'archevêque de Paris.
Représentation du *Jésuite*[2].
Le Jésuite — Marionnette.
Une procession.
Souscription Royale pour les enterrements.
Contre une institutrice catholique.
À propos de la loi sur les cimetières.
Enterrements civils.
Cadavres disputés ou volés.
Un enterrement de Solidaire.
Enterrement civil d'une femme.

Analyse des Règlements de la *Libre Pensée.*
Formule testamentaire.

Le pari de deux mangeurs d'hosties[3].

166 *Grossièreté et impiété Belges.*

Le seul gaulois de la Belgique.
Toujours les excréments.
[Les] Chiens, pisseurs, vomisseurs.
LE PARI DES MANGEURS D'HOSTIES.

67 *Nouvelles à la main.*
[Deux coupures de presse. Voir ci-dessous, p. 341.]

68 [Deux coupures de presse. Voir ci-dessous p. 342.]

69 Sociétés impies.
[Coupure de presse. Voir ci-dessous p. 342.]

70 (Récit, par *L'Espiègle*, de la mort de l'archevêque de Paris)
[Coupure de presse. Voir ci-dessous p. 343.]

71 Prêtrophobie.
*Le Jésuite.*
[Coupure de presse. Voir ci-dessous p. 344.]

72 Jésuitophobie.
[Coupure de presse. Voir ci-dessous p. 344.]

73 IMPIÉTÉ BELGE
74 [Coupure de presse. Voir ci-dessous p. 346.]

75 [Coupure de presse. Voir ci-dessous p. 348.]
76

77 [Coupure de presse. Voir ci-dessous p. 350.]

78 [Coupure de presse. Voir ci-dessous p. 351.]

179 [Brochure portant les statuts de La Libre Pensée, association pour l'organisation des enterrements civils. Voir ci-dessous p. 352.]

180 [Copie d'un formulaire de La Libre Pensée. Voir ci-dessous p. 356.]

181 [Copie d'un acte de La Libre Pensée. Voir ci-dessous p. 356.]

182 [Invitation à une assemblée générale de La Libre Pensée, le 28 novembre 1864. Voir ci-dessous p. 357.]

183 [Coupure de presse. Voir ci-dessous p. 358.]

184 SOLIDAIRES
SÉPULTURES
Cadavres disputés.
(Le cadavre de Patrocle).
[Coupure de presse. Voir ci-dessous p. 360.]

185 Solidaires.
Sépultures.
Impiété belge.
[Coupure de presse. Voir ci-dessous p. 363.]

186 ENTERREMENT CIVIL D'UNE FEMME
[Coupure de presse. Voir ci-dessous p. 365.]

186bis ÉGLISES. BRUXELLES

Églises fermées [1].
Que devient l'argent perçu sur les touristes ?

La Religion catholique en Belgique ressemble à la fois à la Superstition napolitaine et à la Cuistrerie protestante.

---

Une procession. Enfin ! Banderoles sur une corde, traversant la rue. Mot de Delacroix sur les drapeaux. Les processions en France, supprimées par égard pour quelques assassins et quelques hérétiques. Vous souvenez-vous de l'encens, des pluies de roses, etc..... ?

Bannières byzantines, si lourdes que quelques-unes étaient portées à plat.

Dévots bourgeois. Types aussi bêtes que ceux des révolutionnaires.

187 18. PRÊTROPHOBIE. IRRÉLIGION.

Encore la *Libre Pensée.*

Encore les *Solidaires* et les *Affranchis.*

Encore une *formule testamentaire*
pour dérober le cadavre à l'église.

Un article de M. Sauvestre sur la *Libre Pensée* [1].

Encore les cadavres *volés.*

Funérailles d'un abbé mort en *libre penseur.*

Jésuitophobie.

Ce que c'est que *notre brave De Buck* [2],
ancien forçat, persécuté par les Jésuites.

Une assemblée de la *Libre Pensée,* à mon hôtel, au *Grand Miroir* [3]. Propos philosophiques Belges.

Encore un enterrement de Solidaire, sur l'air de : *Zut! alors! si ta sœur est malade!* [4]

— Le parti clérical et le parti libéral.

— Je les soupçonne d'être également bêtes [5].

Le célèbre Defré [6] (Paul-Louis Courier Belge) a peur des revenants, déterre les cadavres des impies pour les remettre en terre sainte, croit qu'il mourra comme Courier [7], et se fait accompagner le soir pour n'être pas assassiné par les Jésuites. — Ma première entrevue avec cet imbécile. Il était ivre — a interrompu le piano pour faire un discours sur le progrès et contre Rubens en tant que peintre catholique. — Abolisseurs de peine de mort [8], — sans doute très intéressés [9].

— L'impiété belge est une contrefaçon de l'impiété française élevée au cube[10].

⟨Opinion d'un Compagnon de Dumouriez sur les partis en Belgique[11].⟩

Laideur et crapule du clergé flamand. —
Le coin des chiens ou des réprouvés. *L'enterrement* [de] ⟨par⟩ Rops[12].

Bigoterie Belge. — Chrétiens anthropophages dans l'Amérique du Sud. — Un programme de M. de Caston[13].

38 BRUXELLES
CARACTÈRES GÉNÉRAUX

La Belgique est plus remplie que tout autre pays de gens qui croient que J.C. était *un grand homme*[1], que *la nature* [ensei] n'enseigne rien que de bon[2], que la *morale universelle* a précédé les dogmes dans toutes les religions, que *l'homme peut tout*, même créer une langue et que la vapeur, le chemin de fer et l'éclairage au gaz prouvent l'*éternel* progrès de l'humanité[3].

Tous ces vieux rogatons [du philosophisme français] ⟨d'une philosophie d'exportation⟩ sont avalés ici comme [célestes] ⟨sublimes⟩ friandises. En somme, ce que la Belgique, toujours simiesque, imite avec le plus de bonheur et de *naturel*, c'est la sottise française.

(La pierre memphite
à propos du progrès[+].)

89 [Coupure de presse. Voir ci-dessous p. 370.]

90 [Double du 180.]

191 BRUXELLES

*Prêtrophobie*

*Délicatesse de style belge.*
*Chacal sauvage et prêtre catholique.*

« Il est dans la Zoologie deux individus sur lesquels le cadavre exerce une singulière influence. C'est le chacal et le prêtre catholique. Sitôt que la mort a étendu, ou va étendre son voile sur une créature humaine, vous les voyez tous deux obéir à leur instinct, humer le vent, saisir la piste, et courir au mort avec une sûreté effrayante en se disant : il y a là quelque chose à faire. »

LE GRELOT, 16 février 1865[1].

Plus loin *Le Grelot* accuse le prêtre de voler les cadavres. Observez bien que le libre penseur, lui aussi, n'a pas d'autre idée que de voler des cadavres. Le prêtre et le libre penseur tirent chacun à lui, les cadavres, de manière à les écarteler.

C'est *Le Grelot* qui dit toujours familièrement *Pio nono. Pio nono* déménage; ce qui veut dire : le pape est en démence.

192

LA LIBRE PENSÉE
ASSOCIATION
POUR

Bruxelles,
15 novembre
1864

L'ÉMANCIPATION DES CONSCIENCES
PAR L'INSTRUCTION
ET
L'ORGANISATION DES ENTERREMENTS
CIVILS
n° 37
M.

La Commission directrice vous invite à assister aux funérailles de Monsieur

L'abbé Louis Joseph Dupont,

ancien desservant du diocèse de
Tournai,
mort en libre penseur à Bruxelles, cette nuit, après une longue maladie, à l'âge de 63 ans.

L'enterrement aura lieu Jeudi, 17 courant, à 3 heures de relevée, au cimetière de la ville, près de la porte de Hal.

On se réunira, à 2 1/2 heures, à la maison mortuaire, rue Blaes, 44.

Le Secrétaire Le Président
Paul Ithier Henri Bergé [1].

193 POLITIQUE
PRÊTROPHOBIE

Un récit très bref de l'affaire de *notre brave* De Buck [1].
Chansons et caricatures contre les Jésuites.

194 POLITIQUE
PRÊTROPHOBIE

Une assemblée de la *Libre Pensée* à mon hôtel.

Différents discours.

Un fanatique se plaint que les *libres penseurs* soient encore assez faibles pour permettre à la contagion de pénétrer dans le logis.

Il ne suffit pas d'être *libre penseur* pour soi. Votre femme ne doit pas aller à la messe ni à confesse.

Télémaque, Calypso, Jésus-Christ, etc., etc., etc., etc.... et autres mythologies. Tout est dans la morale et [dans] dans le sentiment.

L'air trop chaud qui me fait ôter mes habits, vôala Dieu ! L'air trop froid qui me les fait remettre, vôala Dieu !

On a donné un terrain aux Ursulines. Elles vont empoisonner vos enfants.

Funérailles civiles d'Armellini.
« Suivait la multitude des libres penseurs[1]. »
Heureux peuple qui en possède une multitude !
Nous autres, nous n'en avons qu'un par siècle.

195 MŒURS. PRÊTROPHOBIE

*On nous a volé un cadavre, savez-vous?*
Voulait-il donc le manger[1] ?

---

Le plaisir de voir un homme politique très ridicule. Il eût été français, que cela m'eût fait le même plaisir.

M. Defré, un radical. *L'art utile.* Rubens aurait dû soutenir de son pinceau le protestantisme[2].
En somme, le socialisme français, devenu hideux. C'est l'Éléphant, imitant le fandango ou la danse des œufs.
Fouriérisme.
Hélas ! il était ivre, un Représentant !
Persécuteur de M. J. Proudhon, dans un pays de liberté[3].

196-196bis POLITIQUE
PRÊTROPHOBIE

Le parti clérical et le parti révolutionnaire.
Tous les deux ont des torts réciproques.
Mais quelle violence !
Ce que sont les Révolutionnaires. Exemple, Defré.
Ils croient à toutes les sottises lancées par les libéraux français.
(Abolition de la peine de Mort. Victor Hugo domine comme Courbet[1]. [J'apprends] ⟨On me dit⟩ qu'à Paris 30 000 pétitionnent pour l'abolition de la peine de Mort.

30 000 personnes qui la méritent. Vous tremblez, donc vous êtes déjà coupables[2]. Du moins, vous êtes intéressés dans la question[3]. L'amour excessif de la vie est une descente vers l'animalité.) Chez nous l'athéisme est poli. Ici, il est violent, sottisier, emphatique. La sottise belge est une énorme contrefaçon de la sottise française, c'est la sottise française élevée au cube.

*Trois Sociétés*, dont le but est de persuader, et même de contraindre les citoyens à mourir comme des chiens. Ce que c'est que le coin des chiens[4]. Le plus plaisant est que ces « *futurs chiens* » veulent être enterrés avec les chrétiens.

La *libre pensée* (penseye[5]) pour les classes élevées, c'est-à-dire les brutes riches, a un journal : *Le Libre Examen, journal rationaliste*[6], dont voici des citations......................

............. [vous] vous voyez ce que c'est qu'un rationaliste.

Les deux autres Sociétés (pour la roture) sont les *Affranchis* et les *Solidaires*. Enterrements en musique. Musique de cuivre. Trombones.

Enterrement civil passant place de la Monnaie.

Cadavres à la porte des estaminets.

Cadavres chipés. (On nous a voleye une cadâvre !) Voulaient-ils donc le manger !

Danger de s'associer à n'importe quelle bande[7]. Abdication de l'individu.

197 POLITIQUE
PRÊTROPHOBIE

Et ils reviennent ivres, soufflant dans leurs trombones : *Ah ! zut ! alors si ta sœur est malade*[1] ! passent exprès devant une église, font un circuit pour affliger un presbytère, très fiers d'avoir jeté un *solidaire* dans le néant. *Ceux qui ne croient pas à l'immortalité de leur être se rendent justice*, — disait Robespierre[2].

Citation du Règlement et des formules de testament des libres penseurs[3].

On dit que Pelletan[4] fait partie de la chose.

Quelques discours prononcés sur des tombes de *solidaires* et de *libres penseurs*[5].

198 DIGNITÉ DU CLERGÉ BELGE

Le prêche contre l'ivrognerie par un Rédemptoriste ivre[1].
Péripéties successives.

199 POLITIQUE
PRÊTROPHOBIE

La question des cimetières et des enterrements.
[D'ailleurs]

Brutalités du clergé[1]. Le coin des chiens, des réprouvés. Le cadavre jeté par-dessus le mur.

Du reste, *L'Enterrement* (par Rops) (histoire du prêtre faisant des reproches à Cadart[2]) démontre la grossièreté du clergé belge. Ce clergé est grossier parce qu'il est belge, et non pas parce qu'il est romain.

---

Je suis choqué moi-même de ceci :

Il est défendu de visiter les églises à toute heure ; il est défendu de s'y promener ; il est défendu d'y prier à d'autres heures qu'à celles des offices[3].

---

Après tout, pourquoi le clergé ne serait-il pas [aussi] égal en grossièreté au reste de la nation ? Comme les prostituées qui n'ont pas plus l'idée de la galanterie, que certains prêtres celle de la religion.

---

00 BRUXELLES
TRAITS GÉNÉRAUX

Les Belges me font penser aux tribus chrétiennes anthropophages [du Sud Amérique] de l'Amérique du Sud. On trouve chez elles, suspendus aux arbres, des emblèmes chrétiens dont le sens leur est inconnu.

À quel échelon de l'espèce humaine ou de l'espèce simiesque placer un Belge [1] ?

L'idée chrétienne (le Dieu invisible, créateur, omniscient, conscient, omniprévoyant) ne peut pas entrer dans un cerveau belge.

Il n'y a ici que des athées ou des superstitieux.

---

01 [Programme d'Alfred de Caston. Voir ci-dessous p. 371.]

202 BRUXELLES
MŒURS POLITIQUES

Le Congrès de Malines [1].

Trop d'encensoirs. Trop de compliments. Le vice flamand, l'amour des grades, l'amour de la parlerie se retrouve chez les catholiques.

Hermann.
Dupanloup.
Félix.
De Kerchove.
Janmot.
Van Schendel.

---

Les Belges font des Commissions pour avoir des grades, comme ils font des arcs de triomphe pour avoir des fêtes.

203 19. POLITIQUE

Mœurs électorales.

Scandales électoraux.

⟨Le coût de l'élection selon la localité.⟩

Politesse parlementaire.

Grotesque discussion sur les précautions électorales.

Meeting républicain.
⟨Contrefaçon du Jacobinisme.
La Belgique toujours en retard,
à l'horloge des siècles[1].⟩

204 BRUXELLES
MŒURS POLITIQUES

(Rien de plus ridicule que de chercher la vérité dans le nombre.)

Le suffrage universel et les tables tournantes. C'est l'homme cherchant la *vérité* dans l'homme (!!!) Le vote n'est donc que le moyen de créer *une police*, c'est une mécanique, en désespoir de cause, *un desideratum*[1].

205 BRUXELLES
MŒURS POLITIQUES

Les Élections.
Les troupeaux d'Électeurs.
Les meetings (Lacroix[1]. Scènes pittoresques diverses).
Les beaux *langagiers.*
Les caricatures.
*Le prix d'une élection!*

---

Un souvenir de toutes les chansons et de toutes les caricatures contre les Jésuites[2].

---

206 *Bruxelles*
*Mœurs politiques*

M. Vleminckx, allez vous laver[1]! Cinq centimes.
Électeurs, ayez pitié des pauvres aveugles.
(copier l'affiche.)
*J'ai dit!* Tous[2].
La caricature contre les libéraux.
La caricature contre les cléricaux.
L'une à côté de l'autre.

---

On a consenti, d'après une correspondance de Charleroi, à ne pas insulter M Dechamps[3].

---

Peuple magnanime!

---

Un cadavre de peuple. Un cadavre bavard, créé par la diplomatie.

---

Les Français ont-ils assez fait l'éloge de l'Amérique et de la Belgique[4]. Je parie qu'en ce moment même, à propos des élections.....

207 [Preu]
BRUXELLES
POLITIQUE

Preuve de l'épouvantable corruption belge en matière d'élections.

« Voici, d'après les documents parlementaires, le texte du projet de loi destiné à réprimer les fraudes en matière électorale. »

Suit le projet de loi [1].

37 articles ! ! ! !

*pour prévenir TOUS LES CAS de SAUVAGERIE quelconque !*

Trois colonnes pleines de *L'Indépendance belge.*

D'ailleurs, c'est une chose avérée en Belgique que telle élection, en telle localité, coûte tant. Le prix est connu, pour [toutes] toutes les localités (procès pour dépenses électorales).

---

208 BRUXELLES
MŒURS POLITIQUES

*M. Vleminckx, allez vous laver !*

Cinq centimes.

Esprit belge, délicat, fin, poli, subtil, ingénieux.

209 MŒURS ÉLECTORALES
[Coupure de presse. Voir ci-dessous p. 373.]

210 Élections.
Suffrage restreint.
Suffrage universel.
[Coupure de presse. Voir ci-dessous p. 374.]

211 Vœu d'aller voir si la petite vieille est au bord du canal.

---

PAUVRE BELGIQUE

À propos de la vie à bon marché, la seule chose à bon marché est un fauteuil à la Chambre. Une élection ici n'est pas trop chère. Il y a des députés qui n'ont pas payé la leur plus de 30000 fr. C'est bon marché comparativement à l'Angleterre et aux États-Unis. Cela prouve qu'une conscience belge n'est pas chère 〈, et que le palais belge n'est pas délicat〉.

Le mot de M. Coomans[1]. (*De la matière ÉLECTORALE).*

J'ai perdu le tableau du prix des Élections, établi [par] suivant les localités.

212 [Coupure de presse. Voir, ci-dessous p. 375.]

213 BELGIQUE
*Mœurs politiques.*

Voir la discussion sur la réforme électorale dans le *Journal de Liège* (couloirs, cloisons).

Vendredi 28 juillet 1865.
*Écho du Parlement.*

M. Tesch (ministre) :
L'électeur n'a de comptes à rendre à personne.......

L'électeur exerce un droit de souveraineté....... C'est un droit qu'il exerce et non une fonction qu'il remplit.

M. Coomans (opposition) :

C'est la féodalité des électeurs.

M. Tesch :

Ce sont là des mots, vous en faites souvent.

M. de Borchgrave (ministériel) : [Je n'ai pa]

Je n'ai pas entendu mais si j'avais entendu, je répondrais, va ! (Hilarité [1].)

(à propos des dépenses électorales, des indemnités électorales, divers, transports...... etc.)

214 POLITESSE PARLEMENTAIRE

[Coupure de presse. Voir ci-dessous p. 376.]

215-216 Aménités parlementaires.

QUESTION D'ANVERS

[Coupure de presse. Voir ci-dessous p. 377.]

217 Aménités parlementaires

[Coupure de presse. Voir ci-dessous p. 380.]

218 Aménités parlementaires

[Coupure de presse. Voir ci-dessous p. 382.]

219 Grotesque discussion sur les précautions électorales

[Coupure de presse. Voir ci-dessous p. 384.]

220 Précautions électorales
[Coupure de presse. Voir ci-dessous p. 387.]

221 Précautions électorales
[Coupure de presse. Voir ci-dessous p. 389.]

222 [Suite de la coupure 219. Voir ci-dessous, p. 391.]

223 [Coupure de presse. Voir ci-dessous p. 394.]

224 20. POLITIQUE

Il n'y a pas de peuple Belge proprement dit[1]. Il y a des races ennemies et des villes ennemies. Voyez Anvers. La Belgique, [arel] arlequin diplomatique.
— Histoire baroque de la Révolution brabançonne, faite contre un Roi philosophe[2], et se trouvant en face de la Révolution française, révolution philosophique.
— Un Roi constitutionnel est un automate en hôtel garni[3].
— La Belgique est la victime du cens électoral. Pourquoi personne ici ne veut du suffrage universel.
— La Constitution n'est que chiffon. Les Constitutions sont du papier. Les mœurs sont la réalité.
— La liberté Belge est un mot. Elle est sur le papier, mais elle n'existe pas, parce que *personne n'en a besoin.*
— La liberté est un décret sans motif.
— Situation comique de la Chambre à un certain moment. Les deux partis égaux, *moins une voix. Magnifique spectacle* des élections, comme disent les journaux français.
— Peinture d'une assemblée électorale. — Parleries politiques. — Éloquence politique. Emphase. Disproportion entre la parole et l'objet.

225 BRUXELLES
POLITIQUE

Il n'y a pas de peuple Belge. Ainsi, quand je dis *le peuple belge*, c'est une formule abréviative, cela veut dire : les différentes races qui composent la population de Belgique.

226 BRUXELLES
TRAITS GÉNÉRAUX

Homonculité de la Belgique.

Cet *homonculus*, résultat d'une opération alchimique de la diplomatie, se croit un homme.

La fatuité des infiniment petits.

La tyrannie des faibles [1].

Les femmes.
Les enfants.
Les chiens.
La Belgique.

227 BRUXELLES
MŒURS POLITIQUES

Anvers veut être libre. Gand veut être libre. Tout le monde veut être libre. Et tout bourgmestre veut être Roi.

Autant de partis que de villes.

Autant de Kermesses que de Rues. Car il y a des Kermesses de Rues.

228 Question d'Anvers.
Fortifications.
[Coupure de presse. Voir ci-dessous p. 408.]

229 BRUXELLES
POLITIQUE

La Révolution Brabançonne et la Révolution française en Belgique.

La Révolution Brabançonne ennemie de la Révolution française.

Malentendu.

Joseph II était plus près de nous [1]. Un utopiste au moins !

La question subsiste encore. La Révolution Brabançonne, c'est les cléricaux.

Les meetings, c'est la Révolution Française arriérée.

Ingratitude des Belges pour la République française et l'Empire. —

230 BRUXELLES
*Politique.*

Un Roi constitutionnel est un automate en hôtel garni.

231 BRUXELLES
POLITIQUE

La Belgique est le tréteau du cens électoral. Que serait devenue la France, en abaissant le cens ? Abrutissement constitutionnel.

Le cens est à 30 fr.

Le suffrage universel la mettrait à la merci des prêtres. C'est pourquoi les libéraux n'en veulent pas [1].

---

Toujours la grande question de la Constitution ([papier écrit] ⟨lettre morte⟩) et des mœurs (constitution vivante).

En France, tyrannie dans la loi, tempérée par la douceur et la liberté des mœurs.

---

32 BRUXELLES
MŒURS POLITIQUES

En France, la liberté est limitée par la peur des gouvernements. —

— En Belgique, elle est supprimée par la bêtise nationale.

— Peut-on être libre, et à quoi peut servir [un décret constituant] de décréter la liberté dans un pays où personne ne la comprend, [et] où personne n'en veut, où personne n'en a besoin ?

La liberté est un objet de luxe, comme la vertu. Quand le Belge est repu, que lui faut-il de plus ? *à Mexico, il y aura du gigot*[1].

33 Cocasseries.
[Coupure de presse. Voir ci-dessous p. 409.]

34 POLITIQUE

Situation comique actuelle de la Chambre.

Deux partis, presque égaux.

[la minorité]

La majorité a une voix en plus[1].

On a racolé les malades.

Un de ces malades meurt.

[voilà les] Grand discours sur la tombe du défunt. (Emphase funèbre des protestants.)

Il ne reste plus qu'une ressource au parti privé de sa voix représentant la majorité, c'est de *jeter un sort* sur un membre du parti adverse.

Jamais de coups de fusil.

Ah ! s'il s'agissait du renchérissement de la bière, ce serait peut-être bien différent.

Mais ce peuple ne se bat pas pour les idées. Il ne les aime pas.

235 BRUXELLES
CARACTÈRES GÉNÉRAUX
POLITIQUE

Emphase. Métaphores militaires[1]. Disproportion entre la parole et l'objet.

236 BRUXELLES
POLITIQUE

*L'Union Commerciale* ne veut faire élire que des commerçants.

L'électeur de la Rue Haute.

Les décrotteurs (Paris).

Les professions représentées.

237 BRUXELLES
POLITIQUE
ASSEMBLÉES ÉLECTORALES

*Meeting libre.* Portrait de Bochart[1]. Le chapeau sur la tête. Il allume les lampes. — Personne n'ose prendre la parole. — Abolition de *tout.* La marine Royale. —

---

*Meeting Libéral.* Tous les orateurs : *J'ai dit.* — Un coup de poing sur le ventre.

*Beau langagier et habile homme.*

Emphase immense ; pour *rien ;* — la brèche, le Drapeau,

— coups de poing, écume, bave ; — l'assemblée applaudit tout, — surtout le dernier. (En quoi la sottise de ce peuple ressemble à la sottise de tous les peuples.)

Discussions sur [l'Élection] la candidature *Lacroix*[2]. — Portrait de Lacroix.

38 *Parleries politiques.*

Congrès de Liège[1].

Des *étudiants* se rassemblent pour réformer l'*enseignement.*

À quand le congrès des petits garçons ?

À quand le congrès des fœtus ?

39 CONGRÈS
ET PARLERIES
MŒURS POLITIQUES

Toast à Ève[1].

Toast à Caïn.

## 240 21. L'ANNEXION

L'annexion est un thème de conversation belge[1]. C'est le premier mot que j'aie entendu ici, il y a deux ans. À force d'en parler, ils ont contraint nos [moutons] ⟨perroquets⟩ de la presse française à [s'en occuper] répéter le mot.

Une grande partie de la Belgique la désire. Il faudrait d'abord que la France y consentît. Un gueux ne peut pas sauter au cou d'un homme riche et lui dire : Adoptez-moi !

Je suis contre l'annexion. Il y a déjà bien assez de sots en France, sans compter tous nos anciens annexés. Faudra-t-il donc adopter l'univers ?

Mais je ne serais pas ennemi d'une invasion et d'une Razzia, à la manière antique, à la manière d'Attila. Tout ce qui est beau pourrait être porté au Louvre. Tout cela nous appartient plus légitimement qu'à la Belgique, puisqu'elle n'y comprend plus rien. Et puis les dames belges feraient connaissance avec les Turcos ⟨, qui ne sont pas difficiles.⟩

La Belgique est un *bâton merdeux*[2] ; c'est là surtout ce qui constitue son inviolabilité. *Ne touchons pas à la Belgique !* — (De la tyrannie des faibles[3], — des animaux, des enfants et des femmes. C'est ce qui crée la tyrannie de la Belgique dans l'opinion européenne).

La Belgique est sauvegardée par un équilibre de Rivalités. Mais si les rivaux s'entendaient entre eux ! Dans ce cas, qu'arriverait-il ?

(Le Reste, à renvoyer à l'*Épilogue*, avec les conjectures sur l'avenir et les conseils aux Français).

41 À PROPOS DE L'ANNEXION

L'annexion, jamais !
Il y a déjà bien assez de sots en France.

---

242 CONTRE L'ANNEXION

Il y a déjà bien assez de sots en France.

243 *L'annexion*

La Belgique est gardée par [des] un équilibre de rivalités.
Mais si les rivaux s'entendaient !

244 22. L'ARMÉE

Est plus grosse, comparativement, que les autres armées européennes[1].

Mais ne fait jamais la guerre et n'est pas propre à la marche.

⟨air d'enfant sur les visages des soldats imberbes⟩

Dans cette armée, [on ne peut donc] un officier ne peut ⟨donc⟩ guère espérer d'avancement que par la mort naturelle ou par le suicide de l'officier supérieur.

Grande tristesse chez beaucoup de jeunes officiers, qui ont d'ailleurs de l'instruction, et feraient d'excellents militaires.

Exercices de Rhétorique à l'école militaire. Rapports de batailles imaginaires.

Triste consolation dans l'inaction.

Plus de politesse dans l'armée que dans le reste de la nation. À cela, rien de surprenant. L'épée anoblit et civilise

---

245 POLITIQUE
*L'armée.*

Voudrait bien être une armée.

Un énorme budget pour une armée qui ne se bat pas.

Tous les soldats ont l'air d'enfants. Je pense, en les voyant, à Castelfidardo et au bataillon franco-belge[1].

Le suicide, moyen d'avancement, — pour les héritiers du suicidé.

46 BELGIQUE
ARMÉE

Dans l'armée Belge, on n'avance guère que par le suicide.

Exercices de Rhétorique militaire. Rapports de batailles imaginaires.

247 ## 23. LE ROI LÉOPOLD Ier. Son portrait. Anecdotes. Sa mort. Le deuil [1].

Léopold Ier, misérable petit principicule allemand[2], a su faire son petit bonhomme de chemin. Il n'est pas [allé en Fiacre] parti en Fiacre pour l'exil[3]. ⟨Venu en sabots,⟩ il est mort, riche de [plusieurs] ⟨cent⟩ millions, au milieu d'une apothéose Européenne. ⟨Ces derniers jours, on l'a déclaré immortel.⟩

Type de médiocrité, mais de persévérance et de ruse paysanesque, ce cadet des Saxe-Cobourg, a joué tout le monde, a fait son magot, et a volé, à la fin, les louanges qu'on ne donne qu'aux héros.

Opinion de Napoléon Ier sur lui[4]. (Ridicule panégyrique du Roi dans l'*Indépendance* par M. Considérant[5].)

Son avarice. Sa rapacité[6]. Ses idées stupides de prince allemand sur l'étiquette[7]. Ses rapports avec ses fils[8]. Ses pensions. La pension qu'il recevait de Napoléon III[9].

Anecdote sur le jardinier[10].

Ses idées sur les parcs et les jardins, qui l'ont fait prendre pour un amant de la simple nature, mais qui dérivaient simplement de son avarice.

On falsifie les journaux pour que le Roi ne lise rien d'alarmant sur sa maladie.

Ce que dit derrière moi un matin le ministre de l'intérieur. Ridicule répugnance du Roi à mourir[11]. Il vole sa maîtresse.

Invasion de la duchesse de Brabant et de ses enfants. Elle lui fourre de force un crucifix sur la bouche[12].

Trait de conformité entre la mort du Roi et toutes les morts belges. Ses trois chapelains se disputent son cadavre. M. Becker[13] l'emporte, comme parlant mieux le français.

Commence la grande Comédie du Deuil. Banderoles noires, panégyriques, apothéoses (×), [piss] Boissonneries, pisseries, [chie] vomissements[14]. Jamais Bruxelles, *en réalité*, n'avait vu pareille fête. — Le nouveau Roi fait son entrée sur l'air du *Roi Barbu qui s'avance*, d'Offenbach[15]. ⟨Voilà une belle [rip] riposte aux⟩

(×) Boissonneries, pisseries, vomissements de toute la population. — Tous les Belges sont dans la Rue, le nez en l'air, serrés et silencieux comme au bal masqué. — Ils s'amusent ainsi. — Jamais Bruxelles, *en réalité*, n'avait vu pareille *fête*. — La mort de son *premier Roi*. Le nouveau Roi fait son entrée sur l'air du *Roi barbu qui s'avance*. Personne ne rit. Des belges chantent : *Soyons soldats*, belle riposte aux *fransquillons* annexeurs.

248 LE ROI DES BELGES

Type de médiocrité, mais de persévérance. Il a su faire son petit bonhomme de chemin. Ce cadet des Saxe-Cobourg est « *venu en sabots* » et est mort dans un palais avec une fortune de 100 millions. — C'est le vrai type de la bassesse faite pour le succès.

Enfin le grand Juge de Paix Européen *a dévissé son billard*[1].

« *Officier sans valeur* », répondait Napoléon à une demande de Léopold implorant de devenir son aide de camp[2].

249 BRUXELLES

Le Roi

Ses économies.

Son avarice.

Sa rapacité. La rente de Napoléon III.

Pourquoi il passe pour un élève de Courbet [1].

Ses idées de principicule allemand. Vieille sottise allemande d'un autre âge.

Ses rapports avec ses fils.

Le Jardinier.

Les sentiments du *peuple* à l'endroit du Roi.

250 *Dureté et bêtise du Roi.*

Anecdote relative au Jardinier.

Les idées du Roi sur l'étiquette sont des idées de principicule allemand.

Ses rapports avec ses fils.

251 BRUXELLES

POLITIQUE

Le roi Léopold et ses enfants reçoivent une indemnité de l'Empereur Napoléon III pour leur part disparue dans la fortune saisie des princes d'Orléans. (M'informer de la vérité du fait.)

Ces d'Orléans sont-ils assez infâmes et adorateurs de Moloch ?

BRUXELLES

La fadeur de la vie.

252 LE ROI DES BELGES

« *Cédant aux nécessités de la politique* », dit Considérant quand il s'agit de caractériser une bassesse de Léopold ; — [tel le sieur Va] dans la biographie tracée en style académique de province par Considérant [1], tout, en Léopold, devient signe de génie. Tel le sieur Vapereau, faisant la biographie du sieur Vapereau, note tous ses déménagements comme des actions d'éclat [2].

253 À PROPOS DU ROI

Comment et pourquoi on expurgeait les journaux pour le Roi moribond.

Combien est sot un homme qui trouve qu'il y a de l'humiliation à mourir ! — qui est offensé de mourir, — et qui traite d'insolents les médecins [sinis] sincères.

254 BRUXELLES
LE ROI

Répugnance du Roi [pour la] à mourir.
Comment il traite ses médecins.

Grand signe d'imbécillité dans cette récalcitrance contre la Mort et dans cet amour de la vie.
À quand donc fixerait-il sa mort, si cela lui était permis ?

Toujours brutal, il fait jeter à la porte un médecin qui l'avertit que son cas est grave.

255 À PROPOS DE LA MORT DU ROI

Le Roi prétendant qu'il n'était pas malade, on a eu soin de faire pour lui des éditions spéciales des journaux, où loin de parler de son agonie, on ne parlait que de son rétablissement, de façon que lui seul pût ignorer qu'il allait mourir.

Le Deuil. Magasins fermés, théâtres fermés, banderoles noires. Un Deuil, prétexte à fêtes. Tout le peuple boit, les rues sont inondées d'urine. Deuil à jet continu.

Que ferait le peuple de Paris s'il restait oisif huit jours ?

256 LA MORT DU ROI

J'entends derrière moi Rue de Louvain le Ministre de l'Intérieur [1], trois jours avant la mort :

« Ce sont des hommages ⟨(à propos des prières)⟩ rendus à la *Rô-aillauté* [2] ; mais le *Rôa* mort, il ne reste plus que le protestant, — et ce sera un grand embarras. »

Explication : Les trois chapelains, luthérien, calviniste et anglican, ⟨tirent,⟩ chacun [tirant] à soi, le cadavre du Roi.

Ainsi la mort du Roi a un trait de *conformité* avec toutes les [morts] ⟨morts⟩ Belges.

Toujours le cadavre de Patrocle, toujours M. Wiertz [3].

---

Autre question : Sera-t-il enterré à Laeken ou en Angleterre ? Ce dernier cas ne serait pas le signe d'un bon patriote [4].

257 *à propos du Roi.*

Les trois chapelains.

Les belges transforment tout en fête, même la mort du Roi.

Les estaminets sont pleins.

Le peuple reste huit jours sans rien faire.

Qu'arriverait-il chez nous si le peuple restait huit jours oisif ? Il ferait le mal, [au moins] avec ardeur.

Et quelle jouissance à tirer des coups de canon pendant huit jours ! Les belges se croient alors de vrais artilleurs [1].

L'avarice du Roi.

100 millions d'héritage. Résultat de la plus assidue avarice.

Son traitement comme époux de la princesse Charlotte. — Payé jusqu'à sa mort [2].

Ses économies sur l'entretien des châteaux (Courbet).

Sa conduite vis-à-vis de Madame Meyer et M. Meyer [3].

---

258 À PROPOS DE LA MORT DU ROI

Manière dont s'exprime le deuil Belge. — Ivrognerie, pisseries, vomissements. — Foule de badauds silencieux. — Tous les nez en l'air.

---

Le nouveau Roi est intronisé sur l'air du *Roi barbu qui s'avance.* Personne n'en est étonné.

---

Le mot de Neyt [1] sur la mort de Léopold Ier : *quelle chance pour les cabarets !*

---

Un portrait de Léopold Ier. Les [100] cent millions. L'orgueil du principicule allemand. [Les] Madame Meyer.

Vapereau et Considérant [2].

## 259 24. BEAUX-ARTS

En Belgique, pas d'art. Il s'est retiré du Pays.

Pas d'artistes, — excepté Rops, — et Leys[1].

La composition, chose inconnue[2]. Ne peindre que ce qu'on voit[3], philosophie à la Courbet. — Spécialistes. — Un peintre pour le soleil, un pour la neige, un pour les clairs de lune, un pour les meubles, un pour les étoffes, ⟨un pour les fleurs⟩, — et subdivisions de spécialités[4] à l'infini, ⟨comme dans l'industrie.⟩ ⟨La collaboration nécessaire.⟩

[Sujets igno] Goût national de l'ignoble. Les anciens peintres sont donc des historiens véridiques de l'esprit flamand. — Ici l'emphase n'exclut pas la bêtise. — Voyez Rubens, un goujat habillé de satin.

— Quelques peintres modernes. ⟨Doublures⟩ — Les goûts des amateurs. ⟨Crabbe et Van Praet[5].⟩ Comment on fait une collection. — Les Belges mesurent la valeur des artistes aux prix de leurs tableaux.

Quelques pages sur cet infâme *puffiste* qu'on nomme Wiertz, passion des cockneys anglais[6].

Analyse du Musée de Bruxelles. — Contrairement à l'opinion reçue, les Rubens bien inférieurs à ceux de Paris.

260 *Pauvre Belgique.*

De la peinture Flamande.

La peinture flamande ne brille que par des qualités distinctes des qualités intellectuelles. Pas d'esprit, mais quelquefois une riche couleur, et presque toujours une étonnante habileté de main. Pas de composition. Ou composition ridicule. Sujets ignobles, pisseurs, chieurs et vomisseurs. Plaisanteries dégoûtantes et monotones qui sont tout l'esprit de la race. Types de laideur affreuse. Ces pauvres gens [se sont peints eux-mêmes avec beaucoup de talent] ont mis beaucoup de talent à [copi] copier leur [monstruosité] difformité.

Dans cette race, Rubens représente *l'emphase, laquelle n'exclut pas la bêtise.* Rubens est un goujat habillé de satin[1].

261 BRUXELLES
PEINTURE MODERNE

Amour de la spécialité.

Il y a un artiste pour peindre les pivoines.

Un [homme] artiste est blâmé de vouloir tout peindre.

Comment, dit-on, peut-il savoir quelque chose puisqu'il ne s'appesantit sur rien ?

Car ici, il faut être pesant pour passer pour grave[1].

---

262 PEINTURE BELGE MODERNE

L'art s'est retiré du pays.

Grossièreté dans l'art.

Peinture minutieuse de tout ce qui n'a pas vie.

Peinture des bestiaux.

Philosophie des peintres belges. Philosophie de notre ami Courbet, l'empoisonneur intéressé (Ne peindre que ce qu'on voit ! Donc *vous* ne peindrez que ce que *je* vois).

Verboeckhoven (Calligraphie. Un mot remarquable sur les *nombres*) (Carle et Horace Vernet)[1].

Portaels (de l'instruction ; pas d'art naturel. Je crois qu'il le sait[2].)

Van der Hecht.

Dubois.(Sentiment inné. Ne sait rien du dessin.)

Rops. (À propos de Namur. À étudier beaucoup.)

Marie Collart (très curieux).

Joseph Stevens.

[Arthur] ⟨Alfred⟩ Stevens (prodigieux *parfum* de peinture. Timide. — Peint *pour les amateurs*).

Willems.

Wiertz.
Leys.
Keyser (!)
Gallait (!)

La composition est donc chose inconnue.
Le plaisir que j'ai eu à revoir des gravures de Carrache.

263 PEINTURE

Il y a des peintres littérateurs, trop littérateurs. Mais il y a des peintres cochons (voir toutes les impuretés flamandes, qui, si bien peintes qu'elles soient, choquent le goût).

En France, on me trouve trop peintre.
Ici, on me trouve trop littérateur.

Tout ce qui dépasse la portée d'esprit de ces peintres, ils le traitent d'art littéraire.

---

264 BEAUX-ARTS

La manière dont les Belges discutent la valeur des tableaux. Le chiffre, toujours le chiffre. Cela dure trois heures. Quand pendant trois heures, ils ont cité des prix de vente, ils croient qu'ils ont disserté peinture.

Et puis, il faut cacher les tableaux, pour leur donner de la valeur. L'œil use les tableaux.

Tout le monde ici est marchand de tableaux.

À Anvers, quiconque n'est bon à rien fait de la peinture.

Toujours de la petite peinture. Mépris de la grande.

65 BRUXELLES
BEAUX-ARTS

MM. les Belges ignorent le grand art, la peinture décorative. En fait de [pein] grand art (lequel a pu exister autrefois dans les églises jésuitiques) il n'y a guère ici que de la peinture *municipale* (toujours le municipe, la commune), c'est-à-dire, en somme, de la peinture anecdotique dans de grandes proportions[1].

66 BRUXELLES
BEAUX-ARTS

L'exposition, place du Trône[1].
Chenavard[2].
Courbet.
Steinle[3].
Janmot[4].
Kaulbach[5].
Grande frise.
Blücher[6].
Le Roi[7].

67
68 [Coupure de presse et faire-part annonçant la mort de Wiertz. Voir ci-dessous p. 409.]

269 BRUXELLES
PEINTURE

Wiertz partage la sottise avec Doré et Victor Hugo [1].

Les fous sont trop bêtes (Bignon [2].)

270r°-v° BRUXELLES
PEINTURE MODERNE

Peinture *indépendante.*

Wiertz [1]. Charlatan. Idiot, voleur. Croit qu'il a une destinée à accomplir.

Wiertz le peintre ⟨philosophe⟩ littérateur. Billevesées modernes. Le Christ des humanitaires. Peinture philosophique. Sottise analogue à celle de Victor Hugo à la fin des *Contemplations* [2]. Abolition de la peine de Mort [3]. Puissance infinie de l'homme [4] [comm]. Les foules de cuivre [5].

Les inscriptions sur les murs [6]. Grandes injures contre les critiques français et la France. Des sentences de Wiertz partout. M. Gagne [7]. Des utopies. Bruxelles capitale du monde. Paris province [8]. Le mot de Bignon sur la bêtise des fous.

Les livres de Wiertz [9]. Plagiats. Il ne sait pas dessiner [10], et sa bêtise est aussi grande que ses colosses.

En somme, ce charlatan a su faire ses affaires. Mais qu'est-ce que Bruxelles fera de tout cela après sa mort [11]?

---

Les Trompe-l'œil.
Le Soufflet.
Napoléon en Enfer.
Le lion de Waterloo [12].
Wiertz et V. Hugo veulent sauver l'humanité.

[pas de f° 271]

272
273 MUSÉES. *Musée de Bruxelles* [1].

Grossièreté de Vanthulden. Retroussement des septuagénaires. Saletés flamandes (toujours *le pisseur et le vomisseur*). Ainsi ce que je prenais autrefois pour des caprices d'imagination de quelques artistes est une vraie traduction de mœurs. (Amoureux qui s'embrassent en vomissant.)

*Van den Plas* et *Pierre Meert.*

Tableaux tout aussi mal étiquetés qu'en France.

Moineries de *Philippe de Champagne.*

Un canal de *Canaletto.*

*Tintoret* (la Madeleine parfumant les pieds de Jésus).

*Paul Véronèse.* Esquisse. Abrégé de la *Cène* du Louvre.

*Véronèse.* La présentation.

*Véronèse.* Une pluie de couronnes (rappelant le plafond de *Véronèse* du Grand Salon).

*Guardi,* étiqueté *Canaletto.*

Un beau portrait de *Titien.*

Un *Albane* agréable, le premier que je voie.

*Preti.* Viol, bataille, œil crevé.

*Tintoret.* Naufrage au fond d'un palais (voir le Catalogue).

*Metzu. Cuyp. Maas. Téniers. Palamède.*

Beau *Van der Neer. Ryckaert* (fait penser à Le Nain).

Superbe *Meert. Janssens.* Superbe *Jordaens.*

*Rembrandt* (froid). *Ruysdael* (triste).

Curieuse esquisse de *Rubens,* très blanche.

Superbe *Rubens.* Les fesses de la Vénus, étonnée mais flattée de l'audace du satyre qui les baise.

*Peter Neefs.* Église gothique, déjà ornée de statues et d'autels Jésuitiques.

*David Téniers*
*David Téniers* (très beaux).

Backhuysen (banal).

Portrait de femme, honnête femme à la Maintenon, par Bol.

*Jean Steen.* 2 tableaux, dont un très beau.
Sottise et crapule flamandes.

274-275 MUSÉE DE BRUXELLES

*Van Dyck*, coiffeur pour Dames.

*Silène*, superbe tableau, étiqueté *Van Dyck*, à rendre à *Jordaens.*

*Jordaens.* Le Satyre et le Paysan.

(Jordaens est plus personnel et plus candide que Rubens. De la fatuité de Rubens. Les gens fastueusement heureux me sont insupportables) (fadeur du bonheur et du rose continus).

*Isabel Clara Eug. hisp. belg. et burg. prin.*
*Albertus archid. austriæ belg. et burg. prin.*
Portraits décoratifs un peu plus grands que nature. Superbes Rubens, *curieux* Rubens[1].

*Emmanuel Biset.*
*Ehrenberg-Emelraet* (voir le Catalogue).
*Hubert Goltzius.*
*Smeyers* (compositeur. Chose rare ici).
Siberechts (fait penser à Le Nain).
*Jordaens* un exorcisme.
*Jordaens* un triomphe.
à propos des grands Rubens du fond[2] :
Je connaissais parfaitement Rubens avant de venir ici.
Rubens, Décadence. Rubens, antireligieux.
Rubens, fade. Rubens, fontaine de banalité.
Merveilleuse richesse du Musée en fait de *primitifs.*
*Sturbant* (?)
*Roger de Bruges.* Charles le Téméraire.
*Holbein* (Le petit Chien).
Les fameux volets de *Van Eyck.* (Superbes, mais crapuleusement flamands.)

Brueghel de Velours
Brueghel le Vieux ? (voir Arthur[3])
Brueghel le Drôle
(Massacre des innocents. Une ville en hiver. Entrée des soldats. Sol blanc. Silhouettes persanes.)
*Mabuse.* Les parfums de la Madeleine.
*Van Orley. — Van Eyck.*

Heureusement pour moi, on ne voyait pas les modernes.

## 25. ARCHITECTURE — ÉGLISES. CULTE

Architecture civile moderne. — Pas d'harmonie. — Incongruités architecturales. — Bons matériaux. ⟨La pierre bleue⟩ — Fragilité des maisons. — Camelote. — Pastiches du passé. — Dans les monuments, contrefaçons de la France. — Pour les églises, contrefaçons du passé.
Le passé. Le gothique. Le $17^{e}$ siècle.
Description de la Grand'Place de Bruxelles (très soignée). — Dans la Belgique, toujours en retard, les styles s'attardent et durent plus longtemps.
— Éloge du style du $17^{e}$ siècle, style méconnu, et dont il y a en Belgique des échantillons magnifiques [1]. — Renaissance en Belgique. — Transition. — Style jésuite. — Styles du $17^{e}$ siècle. — Style Rubens.
— Églises du *Béguinage* à Bruxelles, de *St-Pierre* à Malines, des *Jésuites* à Anvers, de *Saint-Loup* à Namur, etc. etc...
(La Réaction de V. Hugo en faveur du gothique nuit beaucoup à notre intelligence de l'architecture. Nous nous y sommes trop attardés. — Philosophie de l'histoire de l'architecture, *selon moi.* Analogies avec les coraux, les madrépores, la formation des continents, et finalement avec les modes de création dans la vie universelle. — Jamais de lacunes. — État permanent de transition. — On peut dire que le Rococo est la dernière floraison du gothique [2].)
— Coeberger, Faid'herbe et Franquart [3]. — Opinion de Joly sur Coeberger, dérivant toujours de Victor Hugo [4].

— Richesse générale des Églises. Un peu boutique de curiosités, — un peu camelote. Description de ce genre de richesse. — Quelques églises, soit gothiques, soit du 17e siècle. Mon goût pour les placages, les mélanges. C'est de l'histoire.
— Statues coloriées. Confessionnaux très décorés. — Au Béguinage, à Malines, à Anvers, à Namur, etc... — Les Chaires de Vérité. Très variées. — La vraie sculpture flamande est en bois et éclate surtout dans les Églises. — Sculpture non sculpturale[5], non monumentale, sculpture joujou, ⟨bijou,⟩ sculpture de patience. Du reste, cet art est mort comme les autres, même à Malines.
— Description de quelques processions. Traces du passé, subsistant encore dans les mœurs religieuses. Grand luxe. Étonnante naïveté dans la dramatisation des idées religieuses. (Observer, en passant, l'innombrable quantité des fêtes belges. C'est toujours fête. Grand signe de fainéantise populaire).
— La dévotion Belge. Stupide. Superstition. Le Dieu Chrétien n'est pas à la portée du Cerveau Belge.
— Le Clergé, lourd, grossier, cynique, lubrique, rapace[6]. En un mot, Belge. C'est lui qui a fait la Révolution en 1831, et il croit que toute la vie Belge lui appartient.
— Revenons un peu aux Jésuites et au style Jésuitique. Style de génie. Caractère ambigu et complexe de ce style. — Coquet et terrible. — Grandes ouvertures, grande lumière, mélange de figures, de styles, d'ornements, et de symboles. J'ai vu des pattes de tigre servant d'enroulements !
— Quelques exemples. En général églises pauvres à l'extérieur, excepté sur la façade.

277 BRUXELLES
ARCHITECTURE

Un pot et un cavalier sur un toit sont les preuves les plus voyantes du goût extravagant en architecture[1]. Un cheval sur un toit[2] ! un pot de fleurs sur un fronton ! Cela se rapporte à ce que j'appelle le style *joujou.*

---

Clochers moscovites[3]. Sur un clocher byzantin, une cloche ou plutôt une sonnette de salle à manger, — ce qui me donne envie de la détacher pour sonner mes domestiques, — des géants.

---

Les belles maisons de la *Grand'Place* rappellent ces curieux meubles appelés *Cabinets*[4]. Style joujou.

---

Du reste de beaux meubles sont toujours de petits monuments.

---

278 BRUXELLES
ARCHITECTURE. SCULPTURE

Des pots sur les toits.
(destination des pots.)
Une statue équestre sur un toit. Voilà un homme qui galope sur les toits.
En général, inintelligence de la sculpture excepté de la sculpture joujou, la sculpture d'ornemaniste, où ils sont très forts.

---

279 ARCHITECTURE

En général, même dans les constructions modernes, ingénieuse et coquette. Absence de proportions classiques.
La pierre bleue.

*La Grande Place.*
Avant le bombardement de Villeroi[1], même maintenant, prodigieux décor. Coquette et solennelle. — La statue

équestre. Les emblèmes, les bustes, les styles variés, les ors, les frontons, la maison attribuée à Rubens, les cariatides, l'arrière d'un navire [2], l'Hôtel de Ville, la maison du Roi, un monde de paradoxes d'architecture. Victor Hugo (voir Dubois et Wauters [3]).

Le quai aux barques.

280 [Notes relatives à la Grand'Place de Bruxelles. Voir ci-dessous
281 p. 410.]

282 *Bruxelles*
*Architecture et littérateurs arriérés.*

Coeberger et Victor Joly.

« Si je tenais ce Coeberger ! » dit Joly, — « un misérable qui a corrompu le style religieux ! »

L'existence de Coeberger, architecte de l'église du Béguinage, des Augustins et des Brigittines, m'a été révélée par le *Magasin pittoresque* [1]. Vainement j'avais demandé à plusieurs belges le nom de l'architecte.

V. Joly en est resté à *Notre-Dame de Paris* [2]. — « Il ne peut pas prier, — dit-il, — dans une église Jésuitique. » — Il lui faut du gothique [3].

Il y a des paresseux qui trouvent dans la couleur des rideaux de leur chambre une raison pour ne jamais travailler.

283 BRUXELLES ET BELGIQUE
Architecture

Aspect général des Églises.

Richesse quelquefois réelle, quelquefois camelote.

De même que les maisons de la Grand'Place ont l'air de

meubles curieux, de même les églises ont souvent l'air de boutiques de curiosités.

Mais cela n'est pas déplaisant. Honneurs enfantins rendus au Seigneur[1].

---

284 BRUXELLES
CARACTÈRES GÉNÉRAUX
CULTE

Une 2e procession, à propos du miracle des hosties poignardées[1].

Grandes statues coloriées.
Crucifix coloriés.
Beauté de la sculpture coloriée.
L'éternel Crucifié au-dessus de la foule. — Buissons de roses artificielles.
Mon attendrissement.

Heureusement, je ne voyais pas les visages de ceux qui portaient ces magnifiques images.

285 ÉGLISES. BRUXELLES

*Sainte-Gudule.* Magnifiques vitraux. Belles couleurs intenses, telles que celles dont une âme profonde revêt tous les objets de la vie[1].

*Sainte-Catherine.* Parfum exotique. Ex-votos. Vierges peintes, fardées et parées. Odeur déterminée de cire et d'encens.

Toujours les chaires énormes et théâtrales. La mise en scène en bois. Belle industrie, qui donne envie de commander un mobilier à Malines ou à Louvain.

---

Toujours les églises fermées, passée l'heure des offices[2]. Il faut donc prier *à l'heure, à la prussienne.*

Impôt sur les touristes.

Quand vous entrez à la fin de l'office, on vous montre du geste le tableau où on lit :.........[3].

286 BRUXELLES
CULTE

Les Religions Belges.

Athéisme.

Allan Kardec[1].

Une religion qui satisfait le cœur et l'esprit.

Les gens qui ne trouvent jamais leur religion assez belle pour eux.

287 ARCHITECTURE. STYLE JÉSUITE

Un brave libraire qui imprime des livres contre les prêtres et les religieuses, et qui probablement s'instruit dans les livres qu'il imprime, m'affirme qu'il n'y a pas de style jésuite, [— dans] — dans un pays [où] ⟨que⟩ les Jésuites ont couvert de leurs monuments[1].

288 ÉGLISES. BRUXELLES[1]
289

Tâcher de définir le style Jésuite.

Style composite.

Barbarie coquette.

Les échecs[2].

Charmant mauvais goût.

Chapelle de Versailles.

Collège de Lyon[3].

Le boudoir de la Religion.
Gloires immenses.
Deuil en marbre.
(noir et blanc)
Colonnes salomoniques.
Statues (rococo) suspendues aux chapiteaux des colonnes, même des colonnes gothiques.
Ex-votos. (grand navire)

Une église faite de styles variés est un dictionnaire historique. C'est le gâchis naturel de l'histoire.
Madones coloriées, parées et habillées.
Pierres tumulaires. Sculptures funèbres appendues aux colonnes. (J.-B. Rousseau[4])
Chaires extraordinaires, rococo, confessionnaux dramatiques. En général, un style de sculpture domestique, et dans les chaires un style joujou.
Les chaires sont un monde d'emblèmes, un tohu-bohu pompeux de symboles religieux, [représenté] sculpté par un habile ciseau de Malines ou de Louvain.
Des palmiers, des bœufs, des aigles, des griffons ; le Péché, la Mort, des anges joufflus, les instruments de la passion, Adam et Ève, le Crucifix, des feuillages, des rochers, des rideaux, etc..., etc......[5]

---

En général, un crucifix gigantesque colorié, suspendu à la voûte devant le chœur de la grande nef (?).
(J'adore la sculpture coloriée.)
C'est ce qu'un photographe de mes amis appelle Jésus-Christ faisant le trapèze[6].

290 ÉGLISES. BRUXELLES

Églises Jésuitiques. Style Jésuite flamboyant. Rococo de la Religion, vieilles impressions de livres à estampes. Les miracles du Diacre Pâris. (Jansénisme, prenons garde[1])

L'église du Béguinage[2]. Délicieuse impression de blancheur. Les églises jésuitiques, très aérées, très éclairées.

Celle-là a toute la beauté neigeuse d'une jeune communiante.

Pots à feu, lucarnes, bustes dans des niches, têtes ailées, statues perchées sur les chapiteaux.

Charmants confessionnaux.

Coquetterie religieuse.

Le culte de Marie, très beau dans toutes les églises.

291 ÉGLISES. BRUXELLES

Église de *la Chapelle*

Un crucifix peint, et au-dessous, *Nuestra Señora de la Soledad*[1] (Notre-Dame de la Solitude).

Costume de béguine. Grand deuil, grands voiles, noir et blanc, robe d'étamine noire.

Grande comme nature.

Diadème d'or incrusté de verroteries.

Auréole d'or à rayons.

Lourd chapelet, sentant son couvent.

Le visage est peint.

Terrible couleur, terrible style espagnols.

(De Quincey, les Notre-Dame[2].)

Un squelette ⟨blanc⟩ se penchant hors d'une tombe de marbre noir suspendue au mur.

(Plus étonnant que celui de Saint-Nicolas du Chardonnet[3].)

292 26. LE PAYSAGE

— Gras, plantureux, [co] humide, comme la femme, sombre comme l'homme.

— Verdure très noire [1].

— Climat, humide, froid, chaud et humide, les quatre saisons en un jour.

— La vie peu abondante dans les bois et dans les prairies. L'animal lui-même fuit ces contrées maudites.

— Pas d'insectes, pas d'oiseaux chanteurs [2].

293 BRUXELLES
[Caractéristiques]
CARACTÈRES GÉNÉRAUX DE
LA CAMPAGNE AUX ENVIRONS

Aspect gras, riche et sombre des environs de Bruxelles. Verdure tardive, mais profonde. Buée humide. Nature analogue à celle des habitants.

Merveilleuse culture. Tout est cultivé. Activité [horticole] du laboureur. On cultive des pans inclinés à la bêche et à la pioche.

Cependant dans ces campagnes si riches, des enfants ignobles, sales, jaunis, vous entourent en troupe, et mendient obstinément avec une psalmodie exaspérante. Ce ne sont pas des enfants de pauvres. — Les parents, riches fermiers quelquefois, interviennent quelquefois de cette façon : *Oh! les petits gourmands, c'est pour avoir un gâteau.*

Et ce peuple se prétend libre !

Il faut payer un droit à chaque barrière, c'est-à-dire toutes les...... Débris féodal. Les barrières sont affermées.

294 BRUXELLES
CARACTÈRES GÉNÉRAUX

La beauté du Quai des Barques, et de l'Allée verte [1].

Les lentilles et l'herbe aux canards. Singulière invasion, subite. — Un tapis vert, qui donne envie de marcher dessus, mais qui enlève la beauté de la moire des eaux.

295 27. PROMENADE À MALINES.

28. PROMENADE À ANVERS.

29. PROMENADE À NAMUR[1].

MALINES[2]. Malines est une bonne petite béguine encapuchonnée. Musique mécanique dans l'air. Tous les jours ressemblent à Dimanche. Foule dans les Églises. Herbe dans les Rues. ⟨Vieux Relent espagnol.⟩ ⟨Le Béguinage[3].⟩ Plusieurs Églises. Saint-Rombaud. Notre-Dame. Saint-Pierre. Peintures de deux frères Jésuites. Confessionnal continu. Merveilleux symbole de la Chaire, unique sculpture sculpturale que j'aie vue. — Odeur de cire et d'encens. — Rubens et Van Dyck. — Jardin Botanique. — Bon vin de Moselle à l'hôtel de la Levrette[4]. — La société particulière[5]. — La Marseillaise en carillon.

ANVERS[6]. Aspect de l'archevêque de Malines[7]. Pays plat, verdure noire. — Nouvelles (!) et anciennes fortifications avec Jardins à l'anglaise. Enfin, voilà donc une ville qui a un grand air de capitale. La place de Meir. La maison de Rubens. La Maison du Roi. Renaissance flamande. L'Hôtel de Ville. — L'Église des Jésuites. Chef d'œuvre. Encore le style jésuitique (salmigondis, jeu d'échecs. Chandeliers en or. ⟨Gloires et transparents, anges et amours, apothéoses et béatifications⟩ — Deuil en marbre. — Confessionnaux théâtraux. — Théâtre et Boudoir. Boudoir mystique et [sinistre] terrible.) Ce que je pense des fameux Rubens[8], ⟨des Églises fermées et des sacristains.⟩ — Calvaires et madones — Style moderne coquet de certaines maisons

Majesté d'Anvers. Beauté d'un grand fleuve. ⟨Les bassins⟩ ⟨Anvers vu du fleuve.⟩ — M. Leys[9]. — La maison Plantin. — La prostitution à Anvers ⟨long bordel de banlieue.⟩ Comme partout, Églises fermées et rapacité des sacristains. — Mœurs grossières. ⟨Air funèbre des garçons de restaurant.⟩ — [Polit] Politique anversoise. ⟨[Les bassins]⟩

NAMUR[10]. ⟨On y va peu⟩. Ville de Vauban, de Boileau, de Van der Meulen, de Bossuet, de Fénelon, de Jouvenet, de Restout, de Rigaud, etc., etc...[11] [Impression] ⟨Souvenirs⟩ du *Lutrin.* — Saint-Loup, Le chef d'œuvre des Jésuites. Les Récollets. Saint-Aubin, Saint-Pierre de Rome en briques et en pierre bleue. — Nicolaï, faux Rubens[12]. — La Rue des pinsons aveugles[13]. — La prostitution. — Populations wallonnes. Plus de politesse. Portrait de Rops et de son beau-père, singulier homme, magistrat sévère et jovial, ⟨grand citateur et⟩ grand chasseur. ⟨Le seul homme de Belgique sachant le latin et ayant l'air d'un français.⟩ Je vais en Luxembourg sans le savoir. ⟨Le paysage, noir ; la Meuse, escarpée et brumeuse. Le vin à Namur.⟩

96 MALINES
97

Jardin botanique.

Impression générale de repos, de fête, de dévotion.

Musique mécanique dans l'air. Elle [exprime] ⟨représente⟩ la joie d'un peuple automate, qui ne sait se divertir qu'avec discipline. Les carillons dispensent l'individu de chercher une expression de sa joie.
— À Malines, chaque jour a l'air d'un dimanche.

Un vieux relent espagnol.

Saint-Rombaud (Raimbault, Rombauld) gothique[1].
Église Saint-Pierre[2].
Histoire de saint François Xavier peinte par deux frères,

peintres et Jésuites[3], et répercutée symboliquement sur la façade[4].

L'un des deux prépare ses tableaux en rouge.

Style théâtral à la Restout.

Caractère des Églises Jésuites. Lumière et blancheur.

Ces églises-là semblent toujours communier.

Tout Saint-Pierre est entouré de confessionnaux pompeux, qui se tiennent sans interruption, et font une large ceinture de symboles sculptés des plus ingénieux, des plus riches et des plus bizarres[5].

L'église jésuitique est résumée dans la Chaire. Le globe du monde. Les quatre parties du monde. Louis de Gonzague, Stanislas Kostka, François Xavier, saint François Régis[6].

Les vieilles femmes et les béguines. Dévotion automatique. Peut-être le vrai bonheur. Odeur prononcée de cire et d'encens, absente de Paris, émanation qu'on ne retrouve que dans les villages. Halles des Drapiers[7]. Louis XVI flamand.

298 MALÌNES

Malines est traversée par un ruisseau rapide et [clair] vert[1]. Mais Malines l'endormie n'est pas une nymphe ; c'est une [bénigue] béguine dont le regard [pudib] contenu ose à peine se [glisser] ⟨risquer⟩ hors ⟨des ténèbres⟩ du capuchon.

C'est une petite vieille, non ⟨pas⟩ affligée, non pas tragique, mais cependant suffisamment mystérieuse pour l'œil de l'étranger, non [accoutumé aux minuti] ⟨familiarisé avec les⟩ solennelles minuties de la vie dévote.

(Tableaux religieux, — *dévots, mais non croyants*, — selon Michel-Ange).

. . . . . . . . . . . . . . . . . . . . . . . . . . . . . . . . . . . . . . . . .

Airs profanes adaptés aux carillons. À travers les airs qui se croisaient [,dans] et s'enchevêtraient, il m'a semblé saisir quelques notes de *La Marseillaise*. L'hymne de la Canaille, en s'élançant des clochers, perdait un peu de son âpreté. Haché menu par les marteaux, [il perdait un peu de] [il ne hurlait plus traditionnellement] ⟨[selon la tradition]⟩ ⟨ce n'était plus le grand hurlement traditionnel⟩, mais ⟨il⟩ semblait gagner une grâce enfantine. On eût dit que la Révolution apprenait à bégayer la langue du Ciel. Le Ciel, clair et bleu, recevait, sans fâcherie, cet hommage de la terre confondu avec les[....] ⟨autres⟩.

299
301

PREMIÈRE VISITE À ANVERS

Départ de Bruxelles. Quelle joie ! M. Neyt[1]. L'archevêque de Malines. Pays plat. La verdure noire. (Hurlements d'un employé.)

Nouvelles et anciennes fortifications d'Anvers. Jardins Anglais sur les fortifications. La place de Meir. La maison de Rubens. — La maison du Roi.

Styles Anciens. Renaissance Flamande. Style Rubens. Style Jésuite.

*Renaissance Flamande :* Hôtel de Ville d'Anvers. (Coquetterie, somptuosité, marbre rose, ors.)

*Style Jésuite :* Église des Jésuites d'Anvers[2].
Église du Béguinage à Bruxelles. Style très composite. Salmigondis de styles. Les échecs. — Chandeliers en or. — Deuil en marbre, — noir et blanc. Confessionnaux théâtraux. Il y a du théâtre et du Boudoir[3] dans la décoration Jésuitique. Industrie de la sculpture en bois, de Malines ou de Louvain.

Luxe catholique dans le sens le plus sacristie et boudoir.

Coquetteries de la Religion.

Les Calvaires et les Madones.

Style moderne coquet dans l'architecture des maisons. Granit bleu. Mélange de renaissance et de rococo modéré.

Style de la ville du Cap[+].

Hôtel de ville (marbre rose et or).

À Anvers, on respire, enfin !
Majesté et largeur de l'Escaut. Les grands Bassins. Canaux ou bassins pour le cabotage.

Musique de Foire à côté des navires. Heureux hasard.

Église Saint-Paul. Extérieur gothique. Intérieur Jésuitique. Confessionnaux pompeux, théâtraux. Chapelles latérales en marbres de couleurs[5]. Chapelle du Collège de Lyon[6]. (Ridicule Calvaire. Ici la sculpture dramatique arrive au comique sauvage, au comique involontaire.)

(L'Église du Béguinage à Bruxelles. Toilette de communiante.)

Notre-Dame d'Anvers. La pompe de Quentin Metzys[7], James Tissot[8].

Rapacité des sacristains. Tableaux de Rubens restaurés et retenus dans la sacristie pour en tirer le plus grand lucre possible. 1 fr. (par personne). Si un curé français osait...

.........

La cuisine à Anvers.
Canal aux harengs, ou le fameux Rydeck[9].
Prostitution.

Magnifique aspect de capitale. Mœurs plus grossières qu'à Bruxelles, plus flamandes.

302-303 *Voyage à Namur.*

DE BRUXELLES À NAMUR.. — Toujours la *verdure noire.* Pays [fleuri et] plantureux.

*Namur.* — Ville de Boileau et de Van der Meulen. L'impression *Boileau et Van der Meulen* a susbsisté en moi tout le temps de mon séjour. Et puis, après que j'eus visité les monuments, l'impression *Lutrin.* À Namur, tous les monuments datent de Louis XIV ou au plus tard de Louis XV.

Toujours le style [Ren] jésuitique (non pas Rubens cette fois, ni renaissance flamande). Trois églises importantes, *les Récollets, Saint-Aubin, Saint-Loup*. Une bonne fois, caractériser la beauté de ce style (Fin du gothique). Un art particulier, art composite. En chercher les origines (De Brosses [1]).

*Saint-Aubin* [2]. Panthéon, Saint-Pierre de Rome. *Briques.*

Noter [le portail et le fronton] la convexité du portail et du fronton.

Magnifiques grilles. Solennité particulière du 18e siècle.

Est-ce à *Saint-Aubin* ou aux *Récollets* que j'ai admiré les *Nicolaï?* Qu'est-ce que Nicolaï? Tableaux de Nicolaï, gravés avec la signature Rubens. *Nicolaï Jésuite*. Continue à travailler [3].

*Saint-Loup* [4]. Merveille sinistre et galante. *Saint-Loup* diffère de tout ce que j'ai vu des Jésuites. L'intérieur d'un catafalque brodé de *noir*, de *rose*, et d'*argent* [5]. Confessionnaux, tous d'un style varié, fin, subtil, baroque [6], une *antiquité nouvelle*. L'église du *Béguinage* à Bruxelles est une communiante. *Saint-Loup* est un terrible et délicieux catafalque [7].

Majesté générale de toutes ces églises jésuitiques, inondées de lumière, à grandes fenêtres, boudoirs de la Religion, que repousse *Victor Joly* qui prétend ne pouvoir prier que sous des arceaux gothiques, — *homme qui prie fort peu* [8].

Description technique (autant que possible) de Saint-Loup.

Les pinsons. Aveugles. Sociétés pinsonnières. Barbarie [9].
Prostitution.
Le nom en vedette de la fille à succès.
Quelquefois imprimé sur la lanterne,
dans les quartiers pauvres, écrit à la craie.
— Un beau chapitre sur Rops [10]. —

— Population wallonne. — Qu'est-ce que le Wallon ? Je me trompe de chemin de fer. — Gaieté, drôlerie, goguenardise, bienveillance.

---

304 COCASSERIES

M. Kertbeny[1]. Les portefaix et les [Monsieur] Ciceroni à l'affût des étrangers.

« Monsieur, je savions cinquante-deux langues. » Il n'en sait donc que cinquante et une.

Échantillon de son style (une carte).

Ses idées sur la musique bohémienne et sur Liszt. — ⟨La langue Française est la plus neuve des langues.⟩

— Son invitation à Couty de la Pommerais[2]. —⟨ L'allemand est un patois flamand. — Les Français sont des sages et des Dieux.⟩

Poe est français comme M. de Noé[3].

Peinture de Leys[4] phénomène acoustique. ⟨Peinture de Delacroix, caricature et expérimentale, phénomène acoustique.⟩ Mal de mer, phénomène acoustique.

---

*À la vue du Cimetière*, estaminet pour Monselet, un jour que je contemplais un enterrement de *solidaire*, et une bière à la porte d'un cabaret[5].

05 30. PROMENADE À LIÈGE.

31. PROMENADE À GAND.

32. PROMENADE À BRUGES[1].

LIÈGE. Le palais des princes-évêques. — Ivrognerie. — Caves. Grandes prétentions à l'esprit français.

GAND. Saint-Bavon. Population sauvage — Vieille ville de révoltés, prend des airs de capitale, fait bande à part.

BRUGES. — Ville fantôme, ville momie, à peu près conservée[2]. Cela sent la mort, le Moyen Âge, Venise, les spectres ⟨routiniers⟩, les tombeaux. Une grande œuvre attribuée à Michel-Ange[3]. — Grand Béguinage. Carillons.
Cependant, Bruges s'en va, elle aussi.

## 33. ÉPILOGUE. — L'AVENIR.

## CONSEILS AUX FRANÇAIS[1].

La Belgique est ce que serait peut-être devenue la France, si le cens électoral avait été maintenu[2].

— La Belgique dort.

— Coupé en tronçons, partagé, envahi, vaincu, rossé, pillé, le Belge [vit] ⟨végète⟩ encore, [miracle propre] ⟨pure⟩ merveille de mollusque[3].

— Noli me tangere ! une belle Devise pour elle.

— qui donc voudrait y toucher[4] ?

— La Belgique est un enfer. Qui voudrait l'adopter[5] ?

— Cependant, elle a en elle [ses] ⟨plusieurs⟩ éléments de dissolution. L'arlequin diplomatique peut être disloqué d'un moment à l'autre.

— Une partie peut s'en aller à la Prusse, une autre partie à la Hollande, et les provinces wallonnes à la France. — Grand malheur pour nous. Portrait du Wallon[6]. —

— Races ingouvernables, non par trop de vitalité, mais [par] à cause de l'absence totale d'idées et de sentiments. C'est le néant[7]. (citation de Maturin) (Le compagnon de Dumouriez[8]). Intérêts commerciaux en jeu, dont je ne veux pas m'occuper.

On peut conquérir ces gens-là ; les apprivoiser, jamais. Toujours la question de l'annexion. ⟨Anvers voudrait être *ville libre.*⟩ Petites villes (Bruxelles, Genève) villes méchantes. Petits peuples, (peuples méchants).

Petits conseils aux Français condamnés à vivre en Belgique, pour n'être ni trop volés, ni trop insultés, ni trop empoisonnés.

307 BRUXELLES
DÉBUT

Il est certain que le point de vue le plus lugubre n'offre rien d'aussi glaçant que l'aspect de figures humaines, sur lesquelles nous cherchons vainement à découvrir une expression qui réponde à ce que nous sentons.

Maturins [1].

308 PAUVRE BELGIQUE

Au critique chagrin, à l'observateur importun, la Belgique, somnolente et abrutie, répondrait volontiers : « Je suis heureuse ; ne me réveillez pas [1] ! »

309 BELGIQUE
TRAITS GÉNÉRAUX

Le Belge a été coupé en tronçons ; il vit encore. C'est un ver qu'on a oublié d'écraser.

Il est complètement bête, mais il est résistant comme les mollusques.

Un hyperboréen, un gnome sans paupière, sans prunelle [,] et sans front, et qui sonne le creux, comme un tombeau vidé, quand une arme le frappe [1].

310 *Pauvre Belgique.*

La Belgique est un cas qui confirme la théorie de la Tyrannie des faibles.

Personne n'oserait toucher à la Belgique.
Noli me tangere, une belle devise pour elle.
Elle est sacrée.

311 BELGIQUE
CARACTÈRES GÉNÉRAUX

Ayant beaucoup cherché la raison d'existence des Belges, j'ai imaginé qu'ils étaient peut-être d'anciennes âmes enfermées, pour d'horribles vices, dans les hideux corps [où no] qui [leur] sont leur image.
Un Belge est [l'] ⟨un⟩ enfer [qui vit] ⟨vivant⟩ sur la terre.

312 *Pauvre Belgique.*

Il m'est venu quelquefois à l'esprit que la Belgique était peut-être un des enfers gradués, disséminés dans la création, et que les Belges étaient, comme le pense Kircher[1] de certains animaux, d'anciens esprits criminels [ou] ⟨et⟩ abjects enfermés dans des corps difformes[2].
[Il] On devient Belge pour avoir péché.
Un Belge est son enfer à lui-même.

313 BRUXELLES

*Destinée de la Belgique*
peut-être dans l'*Épilogue.*

Annexion ?
Démembrement ?

Rien de plus facile. La Belgique y est toute prête. Elle y donnerait les mains.
Rien de plus facile que de conquérir la Belgique. Rien de plus difficile que de l'apprivoiser.

Et puis, qu'en faire ? à quoi bon [ré] réduire en esclavage des gens qui ne savent pas faire cuire des œufs ?

314 *Politique.*

Épilogue.
Invasion.

La Belgique est ce que serait devenue la France sous le régime continué de Louis-Philippe, — un bel exemple d'abrutissement constitutionnel.

---

Orgueil souffrant des Béotiens [1].

Peuples grenouilles voulant faire les bœufs.

Il y a des villes (Bruxelles, Genève) semblables à des prudes qui croient exciter la convoitise.
Cette question de [l'invais] l'invasion se reproduit sans cesse dans la conversation.
Mais personne ne veut de vous, que Diable !

315 POLITIQUE.
*À propos de l'invasion.*

Invasion

Un pays si souvent conquis, et qui a pu, malgré l'intrusion si fréquente des étrangers, obstinément garder ses mœurs, devrait ne pas tant affecter de frayeur. Ce petit peuple est plus fort qu'il n'en a l'air.

---

316 BRUXELLES
POLITIQUE

Invasion
Annexion

La Belgique ne veut pas être envahie, mais elle veut qu'on désire l'envahir.

C'est une lourdaude qui veut inspirer des désirs.

Pour dire le vrai, la partie wallonne en serait-elle fâchée ?

317 POLITIQUE

Patriotisme menteur.

Patriotisme Belge.

Un seul patriote, Victor Joly, dans un pays où il n'y a pas de patrie.

Son portrait [1].

On met la Belgique aux enchères. Y a-t-il marchand à tel prix ? La Hollande ne dit mot. Le france ne plus. La Belgique est invendable. C'est un bâton merdeux [2].

L'invasion et l'annexion sont les rêves d'une vieille bégueule coquette. Elle croit toujours qu'on pense à elle. Pour que la Belgique fût annexée, il faudrait que la France y consentît.

318 PAUVRE BELGIQUE
HISTOIRE

*Razzia*

Les flamands ont tout supporté du duc d'Albe, qui n'avait que dix mille espagnols, et ne se sont révoltés que lors de l'impôt du vingtième.

Avis à n'importe quelle armée européenne. *Jamais d'annexion.* Mais toujours la Razzia.

[Razzia de]

Il faut commencer par là. La Razzia des monuments, des peintures, des objets d'art de toute sorte.

Razzia des richesses.

On peut déménager tout ce qui est beau. Chaque nation a le droit de dire : *Cela m'appartient, puisque les Belges n'en jouissent pas.*

---

319 BRUXELLES
CARACTÈRES GÉNÉRAUX
MŒURS

Annexion.

Peur de l'annexion, mais désir que la France la désire.
Mais on les insulterait fort en leur disant qu'il n'y a aucun danger pour eux et que la France ne veut pas d'eux.

Le nez du Marguillier[1] —

Tout ce que je dis des ridicules Flamands ne peut pas s'appliquer aux Wallons.

320 Annexion.
[Coupure de presse. Voir ci-dessous p. 411.]

r°-v° BRUXELLES
POLITIQUE

Annexion
Razzia

L'annexion ! toujours l'annexion ! on n'entend parler que de cela ici.

Car l'Empereur règne ici, il est le principal pouvoir, comme l'a démontré le *Kladderadatsch* (chercher le passage)[1].

(Trois pouvoirs, la Chambre, *L'Indépendance belge* et l'Empereur des Français.) Gouvernement constitutionnel, triade de pouvoirs.

L'opinion de Verwée[2]. La Belgique oublie d'abord que *l'annexion est moralement faite*, ensuite qu'il faudrait *le consentement de la France.* — Arrêtez donc le premier venu dans la Rue et dites-lui : *Soyez mon père adoptif*, surtout si vous êtes un enfant crasseux et morveux. L'anguille qui veut être écorchée, mais qui crie avant qu'on l'écorche. Le nez du Marguillier.

J'entends ainsi l'annexion : *nous emparer du sol, des bâtiments et des richesses, et déporter tous les habitants.* — Impossible de les employer comme esclaves. Ils sont trop bêtes.

Méchanceté des petits pays (Belgique, Suisse), *méchanceté des faibles*, des roquets et des bossus.

Après tout, telles circonstances peuvent se présenter qui partagent en deux l'arlequin diplomatique, moitié pour la Hollande, moitié pour la France.

Mon opinion sur les Wallons.

Il n'y a dans le monde *qu'une seule personne qui rêve annexion, c'est la Belgique.* Il est vrai que le *célèbre* Wiertz[3] l'entendait autrement.

Que les Hyperboréens[4] retournent au nord !

322 PAUVRE BELGIQUE
ÉPILOGUE

Conseils aux Français.

Nourriture.
Habillement.
Ne voir personne[1].

Défiance.
Aucune familiarité.
Etc., etc.

323 FEUILLETS NON CLASSÉS

Le paysage. Les parcs.
Les libres penseurs (le mot de Morellet[1]).
Littérature (Les annalistes et les collectionneurs).
Beaux-Arts (Le mot de Van Praet[2]).
Femmes.
Cerveau belge (Le néant Belge).
Mœurs (conformité. Prévoyance des familles. Les deux frères ennemis).
Mœurs ([Les joyeux] conformité. *Les joyeux*[3]. Les pinsons[4]. Le duc de Brabant, président).
Mœurs (conformité et propreté des petites filles).
Mœurs (improbité des marchands. Le propriétaire de Malassis[5]).
Mœurs (l'hospitalité Belge).
Bruxelles (les exilés et les émigrés. Enseigneurs.)
Hors-d'œuvre[6] (Booth, Lincoln, Corday, le chirurgien. Gendrin).
Bruxelles (idées bizarres des Belges sur la servitude française).
Cocasseries (Kertbeny[7]).
Administrations. Télégraphe. Poste. Entrepôt.

4 r° Les Espions.
Les Églises
fermées.
argent.
Le Béguinage.
[La procession]

La grossièreté.
Le sel gaulois.
La merde.

| | |
|---|---|
| Les solidaires. | (Drapeaux.) |
| L'armée. | Delacroix. |
| Les bals. | Les chaires. |
| Le théâtre. | Les conf. |
| Les Jésuites. | Les chiens. |

---

mystification froide.

---

*Arenberg.*

| | |
|---|---|
| Anvers. | *Van Praet.* |
| Bruges. | *Goethals.* |
| Rops. | *Coûteaux*[1]. |

324 v° [Message de la main de Kertbeny. Voir ci-dessous p. 412.]

325 ADMINISTRATIONS BELGES

Postes[1].
Télégraphe.
Entrepôt[2] — Douanes.

Mes aventures avec LA POSTE, à propos des épreuves. Pas de loi pour les objets qui ne sont pas une correspondance (manuscrits).

M. Hoschtein[3]

L'administration Van Gend (à propos de manuscrits).

LE TÉLÉGRAPHE ne dépose pas les dépêches. Mes aventures avec le Télégraphe.

LA DOUANE. Grossièreté et stupidité des employés.

[12] 13 bureaux, 20 signatures de moi, 20 signatures de l'administration. Le Contrôleur des Douanes. ⟨Son portrait.⟩ Le Directeur des Douanes. Le ministre de l'Intérieur. Le ministre des finances. [Le ministre de l'intérieur] « La vraie raison pour laquelle j'ai fait venir ma montre en

Belgique[4] ? » — Aucunes tribulations anciennes égales à celle-là.

26 *Bruxelles.*

Le paysage.

Nature du Terrain aux environs de Bruxelles, boueux ou sablonneux, empêchant toute promenade[1].

État d'abandon et de négligence de tous les parcs.

27 *à propos des libres penseurs.*

Les libres penseurs avec *leurs libres* penseuses.....
Prêtres avec *leurs prêtresses.*
(Morellet[1])

28 LITTÉRATURE BELGE

Ce que c'est que le métier d'annaliste en Belgique. —

Commerce des annales.

Tout le monde, en Belgique, est commerçant. Les uns vendent des liasses d'annales, les autres des tableaux.

29 BEAUX-ARTS
BRUXELLES

Amateurs de Tableaux.
Volent et sont des marchands de tableaux.

Un ministre, dont je visite la galerie, me dit, comme je vantais David : « *il me semble que David est en hausse ?* »

Je lui réponds : « Jamais David n'a été en baisse chez les gens d'esprit [1]. »

---

330 *Bruxelles.*
*Femmes.*

Poules, pimbêches, pies-grièches.

---

331 BRUXELLES
CERVEAU BELGE

[vous]
Le Néant Belge.

Vous contez une histoire touchante ou sublime (*qu'il mourût !* etc...)

Tous les Belges éclatent de rire, parce qu'ils croient qu'il faut rire.

Vous contez une histoire Drôle ; ils vous regardent avec de gros yeux, d'un air affligé.

Vous vous foutez d'eux. Ils se sentent flattés et croient à des compliments.

Vous leur faites un compliment. Ils croient que vous vous foutez d'eux [1].

332 BRUXELLES
MŒURS

Prévoyance dans les familles.
Le père a deux fils.
L'un sera libéral, branche aînée.
L'autre clérical, branche cadette.

Et ainsi l'avenir de la famille est appuyé sur les deux chances [d'a] de l'avenir. Donc elle ne peut pas perdre.
Dans les deux cas possibles elle est nantie.

33 BRUXELLES

Mœurs.

Esprit de conformité, même dans la joie.

Association de 40 hommes joyeux pour inventer des poissons d'avril[1].

---

L'élève des pinsons.
Société pour crever les yeux des pinsons.

---

Le duc de Brabant président d'une académie pinsonnière.

---

Barbarie des jeux de l'enfance.
Des oiseaux attachés par la patte à un bâton.

34 BRUXELLES
MŒURS
Propreté Belge.

Esprit d'imitation chez les petites filles.
Petites filles frottant, toute la journée, un petit bout de trottoir avec un petit chiffon. Futures ménagères.

335 BRUXELLES
MŒURS

Improbité universelle.

Moyens de friponnerie des marchands, très restreints ; peuple sans imagination.

Ajouter le chiffre d'un à-compte au chiffre total d'une note.

(Dame ! Monsieur, nous ne voulons pas disputer contre vous.)

Deux jours après qu'une note a été acquittée, ils la présentent à nouveau. — J'ai payé. — Non, puisque voici votre facture. (Ils espèrent qu'en votre qualité de français, vous [l'] avez égaré la facture acquittée ; mais vous la retrouvez.) Alors :

— Dame ! Monsieur, nous ne voulons pas disputer contre vous. C'est la réponse conforme.

Le propriétaire de Malassis.

336 BRUXELLES
MŒURS

Un petit chapitre sur *l'hospitalité belge*, locution belge.

Comment s'est fait ce préjugé dans l'esprit des Belges — et des Français.

Les exilés politiques.

⟨aventures venues à ma connaissance.⟩

337 BRUXELLES

L'hospitalité Belge.

On en a tant parlé que les Belges ⟨eux-mêmes⟩ y croient.

L'hospitalité Belge consiste à empoigner les français pauvres, affamés, et à les transporter immédiatement en Angleterre,

ou bien à *garrotter* les journalistes, à les insulter vigoureusement, et à les jeter sur une frontière quelconque ; ⟨puis ils demandent leur salaire à l'Empereur qui ne leur a rien demandé [1].⟩

Mais si on apprend qu'un Français a de l'argent, on le garde précieusement, *pour le manger.* Ensuite, quand il est ruiné, on le jette brusquement à la prison pour Dettes, où se passent de nouveaux phénomènes d'exploitation (le lit, la table, les chaises, etc...)

Ainsi l'hospitalité Belge (mot qui s'applique à tous les voyageurs) est de l'économie politique, ou du cannibalisme.

338 HYGIÈNE[1]

Être un *grand homme* pour soi-même.

BELGIQUE

Administration des postes. Vols.
(Épreuves — pétition au Sénat) *(Malassis*[2]).

Télégraphe.
Vol. Histoire de ma dépêche.
*(maison fermée)*
*(Je vous embrasse*[3].*)*

Les institutions dérivent des mœurs. Pas de loi pour les épreuves.

Un peuple qui n'écrit pas, et n'a pas de pensées à communiquer.

Dépêches non déposées.

Un peuple qui n'a rien d'important ni de pressé à dire, ne croit pas que les autres peuples aient quoi que ce soit de pressé à transmettre.

Comme l'homme fait Dieu à son image, la peuplade Belge se figure les autres peuples semblables à elle.

339 *Pauvre Belgique*
*Hors-d'œuvre*[1].

Nadar.
Déconfiture de Janin.

La préface de J. César.
Affaire Lincoln.

---

Les gens qui traitent Booth de scélérat sont [des adorat] les mêmes qui adorent la Corday.

Lincoln est-il un coquin châtié ? Le gouvernement de Dieu est très compliqué. Le méchant n'est pas nécessaire et divin ; mais aussitôt qu'il existe, Dieu se sert de lui pour punir le méchant[2].

Toujours les moutons de Panurge. Les journalistes adorateurs de l'Amérique et de la Belgique[3]. — Le testament de Booth[4].

Booth est un brave[5]. Je suis heureux qu'il soit mort de la mort des braves. — Le chirurgien[6]. — Gendrin[7].

340 BRUXELLES
CARACTÈRES GÉNÉRAUX
CONVERSATION

Idées bizarres des Belges sur la tyrannie impériale.
(les bottes de l'Empereur pleines de mercure[1].)

Ils se *croient* libres parce qu'ils ont une Constitution libérale.

Ils ne savent pas l'être[2].
La Constitution (papier) et les mœurs (la vie).

341 STYLE PARLEMENTAIRE
[Coupure de presse. Voir ci-dessous p. 413.]

342 STYLE PARLEMENTAIRE
[Coupure de presse. Voir ci-dessous p. 414.]

343 STYLE PARLEMENTAIRE
[Coupure de presse. Voir ci-dessous p. 414.]

344 PORTRAIT DE LÉOPOLD Ier
[Coupure de presse. Voir ci-dessous p. 415.]

345 ENTRÉE DU NOUVEAU ROI
[Coupure de presse. Voir ci-dessous p. 416.]

346 *Mort du Roi*
[Coupure de presse. Voir ci-dessous p. 417.]

347 LITTÉRATURE BELGE
[Coupure de presse. Voir ci-dessous p. 418.]

348 Littérature Belge à *plat ventre.*
Biographie de Léopold Ier par Considérant.
[Coupure de presse. Voir ci-dessous p. 421.]

349 Petites Bouffonneries
(à disséminer, chacune à sa place [1].)

350 *Documents non classés.*

Charabia de Kertbeny (peut-être dans le Début) [1].
Charabia de St-Hubert (français wallon) [2].
Règlement sur la prostitution (les femmes et l'amour) [3].
Le monument d'Ambiorix (l'art) [4].

Une brochure de Boniface (politique, élections)[5].
Biographie de M. Kaekebeck (élections)[6].
Une affiche diffamatoire (élections).
L'organe des statues équestres (journalisme farceur).
Programme officiel des fêtes (Divertissements).
Lettre de Proudhon sur l'Amérique[7].
Programme de Veuillot[8].
L'Encyclique et le Syllabus[9].

**351** [Page de titre de la main de G. Vicaire.]

52
61

# ARGUMENT DU LIVRE SUR LA BELGIQUE[1]

*Choix de titres :*
La vraie Belgique. La Belgique toute nue.
La Belgique déshabillée. Une capitale pour rire.
Une capitale de Singes.

?

## 1. PRÉLIMINAIRES.

Qu'il faut, quoi que dise Danton, toujours « emporter sa patrie à la semelle de ses souliers ».

La France a l'air bien barbare, vue de près. Mais allez en Belgique, et vous deviendrez moins sévère pour votre pays.

Comme Joubert remerciait Dieu de l'avoir fait homme et non femme, vous le remercierez de vous avoir fait, non pas Belge, mais Français.

Grand mérite à faire un livre sur la Belgique. Il s'agit d'être amusant en parlant de l'ennui, instructif en parlant du *rien.*

À faire un croquis de la Belgique, il y a, par [surcroît] ⟨compensation⟩, cet avantage qu'on fait, en même temps, une caricature des sottises françaises.

Conspiration de la flatterie Européenne contre la Belgique. La Belgique, amoureuse de compliments, les prend toujours au sérieux.

Comme on chantait chez nous, il y a vingt ans, la liberté, la gloire et le bonheur des États-Unis d'Amérique ! Sottise analogue à propos de la Belgique.

Pourquoi les Français qui ont habité la Belgique ne disent pas la vérité sur ce pays. Parce que, en leur qualité de Français, ils ne peuvent pas avouer qu'ils ont été dupes.

Vers de Voltaire sur la Belgique.

2. BRUXELLES. Physionomie de la Rue.

Premières impressions. On dit que chaque ville, chaque pays a son odeur. Paris, dit-on, sent ou *sentait* le chou aigre. Le Cap sent le mouton. Il y a des îles tropicales qui sentent la rose, le musc ou l'huile de coco. La Russie sent le cuir. Lyon sent le charbon. L'orient, en général, sent le musc et la charogne[2]. Bruxelles sent le savon noir. Les chambres d'hôtel sentent le savon noir. Les lits sentent le savon [noir] noir. Les serviettes sentent le savon noir. Les trottoirs sentent le savon noir. Lavage des façades et des trottoirs, même quand il pleut à flots. Manie nationale, universelle.

*Fadeur* générale de la vie. Cigares, légumes, fleurs, fruits, cuisine, yeux, cheveux, tout est *fade*, tout est triste, insipide, endormi. La physionomie humaine, vague, sombre, endormie. Horrible peur, de la part du Français, de cette *Contagion Soporeuse.*

Les chiens seuls sont vivants; ils sont les nègres de la Belgique.

Bruxelles, beaucoup plus bruyant que Paris; le pourquoi. Le pavé, irrégulier; la fragilité et la sonorité des maisons; l'étroitesse des rues; l'accent sauvage et immodéré du peuple; la maladresse universelle : le *sifflement national* (ce que c'est), et les aboiements des chiens.

Peu de trottoirs, ou trottoirs interrompus (conséquence de la liberté individuelle, poussée à l'extrême). Affreux pavé. Pas de vie dans la rue. — Beaucoup de Balcons, personne aux Balcons. Les *espions*, signe d'ennui, de curiosité et d'inhospitalité.

Tristesse d'une ville sans fleuve.

Pas d'étalages aux boutiques. La flânerie, si chère aux

peuples doués d'imagination, impossible à Bruxelles. Rien à voir, et des chemins impossibles.

Innombrables lorgnons. Le pourquoi. Remarque d'un opticien. Étonnante abondance de Bossus.

Le visage Belge, ou plutôt Bruxellois, obscur, informe, blafard ou vineux, bizarre construction des mâchoires, stupidité menaçante.

La démarche des Belges, folle et lourde. Ils marchent en regardant derrière eux, et se cognent sans cesse.

3. BRUXELLES. *La vie. Tabac, cuisine, vins.*

La question du Tabac. Inconvénients de la liberté.

La question de la Cuisine. Pas de viandes rôties. Tout est cuit à l'étuvée. Tout est accommodé au beurre [rance] rance (par économie ou par goût). Légumes exécrables (soit naturellement, soit par le beurre). Jamais de Ragoûts. (Les cuisiniers belges croient qu'une cuisine très assaisonnée est une cuisine pleine de sel.)

La suppression du dessert et de l'entremets est un fait signalétique. Pas de fruits (ceux de Tournai — d'ailleurs sont-ils bons ? — sont exportés en Angleterre). Il faut donc en faire venir de France ou d'Algérie.

Enfin, le pain est exécrable, humide, mou, brûlé.

À côté du *fameux mensonge de la liberté belge* et de la *propreté belge*, mettons *le mensonge de la vie à bon marché* en Belgique.

Tout est *quatre fois* plus cher qu'à Paris, où il n'y a de cher que le loyer.

Ici, tout est cher, excepté le loyer.

Vous pouvez, si vous en avez la force, vivre à la Belge. Peinture du régime et de l'hygiène belges.

— La question des vins. — Le vin, objet de curiosité et de bric-à-brac. Merveilleuses caves, très riches, *toutes semblables*. Vins chers et capiteux. Les Belges *montrent* leurs vins. Ils ne les boivent pas par goût, mais par vanité, et pour faire acte de *Conformité*, pour ressembler aux français.

— La Belgique, paradis des commis voyageurs en vins. [Il y] Boissons du peuple. Le faro et le genièvre.

4. MŒURS. LES FEMMES ET L'AMOUR.

Pas de *femmes*, pas d'*amour.*

Pourquoi.

Pas de galanterie chez l'homme, pas de pudeur chez la femme.

La pudeur, objet prohibé, ou dont on ne sent pas le besoin. Portrait général de la flamande, ou du moins de la brabançonne. (La wallonne, mise de côté, provisoirement.)

Type général de physionomie, analogue à celui du mouton et du bélier. — Le sourire, impossible, à cause de la récalcitrance des muscles et de la structure des dents et des mâchoires.

Le teint, en général, blafard, quelquefois vineux. Les cheveux, jaunes. Les jambes, les gorges, énormes, [sans] pleines de suif. Les pieds, horreur ! ! !

En général, une précocité [monstrueuse d'embonp] d'embonpoint monstrueux, un gonflement marécageux, conséquence de l'humidité de l'atmosphère et de la goinfrerie des femmes.

La puanteur des femmes. Anecdotes.

Obscénité des dames belges. Anecdotes de latrines et de coins de Rue.

Quant à l'amour, en référer aux ordures des anciens peintres flamands. Amours de sexagénaires. Ce peuple n'a pas changé, et les peintres flamands sont encore vrais.

Ici, il a des *femelles.* Il n'y a pas de *femmes.*

— Prostitution Belge, haute et basse prostitution. Contrefaçons de biches françaises. Prostitution française à Bruxelles.

— Extraits du règlement sur la prostitution.

5. MŒURS (suite)

Grossièreté belge (même parmi les officiers).

Aménités de confrères, dans les journaux.

Ton de la critique et du journalisme belges.
Vanité belge blessée.
Vanité belge au Mexique.
Bassesse et domesticité.
Moralité belge. Monstruosité dans le crime.
Orphelins et vieillards en adjudication.
(Le parti flamand. Victor Joly. Ses accusations légitimes contre l'esprit de singerie, — à placer ailleurs, peut-être.)

6. MŒURS (suite)

Le Cerveau belge.
La Conversation belge.

Il est aussi difficile de définir le caractère belge que de classer le Belge dans l'échelle des êtres.

Il est *singe*, mais il est *mollusque.*

Une prodigieuse [versati] étourderie, une étonnante lourdeur. Il est facile de l'opprimer, comme l'histoire le constate ; il est presque impossible de l'écraser.

Ne sortons pas pour le juger, de certaines idées : Singerie, Contrefaçon, Conformité, Impuissance haineuse, — et nous pourrons classer tous les faits sous ces différents titres.

Leurs vices sont des contrefaçons.
Le gandin belge.
Le patriote belge.
Le massacreur belge.

Le libre penseur belge dont la principale caractéristique est de *croire* que *vous ne croyez pas ce que vous dites*, puisqu'il ne le comprend pas. Contrefaçon de l'impiété française. L'obscénité belge, contrefaçon de la gaudriole française.

Présomption et fatuité. — Familiarité. — Portrait d'un Wallon *fruit-sec.*

Horreur générale et absolue de l'esprit. Mésaventures de M. de Valbezen, consul français à Anvers.

Horreur du rire. — Éclats de rire sans motif. — On conte une histoire touchante ; le Belge éclate de rire, pour faire croire qu'il a compris. — Les Belges sont des ruminants qui ne digèrent rien.

Et cependant, qui le croirait ? La Belgique a son *Carpentras*, sa *béotie*, dont Bruxelles plaisante. C'est Poperinghe.

Il peut donc y avoir des gens plus bêtes que tous ceux que j'ai vus.

7. MŒURS DE BRUXELLES

Esprit de petite ville. Jalousies. Calomnies. Diffamations.

Curiosité des affaires d'autrui. Jouissance du malheur d'autrui.

Résultats de l'oisiveté et de l'incapacité.

8. MŒURS DE BRUXELLES

Esprit d'obéissance et de CONFORMITÉ.

Esprit d'association.

Innombrables Sociétés (restes des Corporations).

Dans l'individu, paresse de penser.

En s'associant, les individus se dispensent de penser individuellement.

La Société des *Joyeux*.

Un Belge ne se croirait pas heureux s'il ne voyait pas d'autres gens heureux par les mêmes procédés. Donc, il ne peut pas être heureux *par lui-même*.

9. MŒURS DE BRUXELLES

Les *Espions*.

La cordialité belge.

Incomplaisance.

Encore la grossièreté belge. *Le sel gaulois des Belges.*

Le *pisseur* et le *vomisseur*, statues nationales que je trouve symboliques. — Plaisanteries excrémentielles.

10. MŒURS DE BRUXELLES

Lenteur et paresse des Belges ; dans l'homme du monde, dans les employés et dans les ouvriers.

Torpeur et complication des administrations.

La poste, le Télégraphe, l'Entrepôt.
Anecdotes administratives.

11. MŒURS DE BRUXELLES

Moralité belge. Les Marchands. Glorification du succès. L'argent. — Histoire d'un peintre qui aurait voulu livrer Jefferson Davis pour gagner la prime.

Défiance universelle et réciproque, signe d'immoralité générale. À aucune action, même à une belle, un belge ne suppose un bon motif.

Improbité commerciale (anecdotes).

Le Belge est toujours porté à se réjouir du malheur d'autrui. D'ailleurs cela fait un motif de conversation, et il s'ennuie tant !

Passion générale de la Calomnie. J'en ai été victime plusieurs fois.

Avarice générale. Grandes fortunes. Pas de charité. On dirait qu'il y a conspiration pour maintenir le peuple dans la misère et l'abrutissement.

Tout le monde est commerçant, même les riches. Tout le monde est brocanteur.

*Haine de la beauté*, pour faire pendant à la *haine de l'esprit.*

*N'être pas Conforme*, c'est le grand crime.

12. MŒURS DE BRUXELLES

Le préjugé de *la propreté belge*. En quoi elle consiste. — Choses propres et choses sales en Belgique. Métiers fructueux : les blanchisseurs-plafonneurs. Mauvais métiers : Maisons de Bains.

Quartiers pauvres. Mœurs populaires. Nudité. Ivrognerie. Mendicité.

13. DIVERTISSEMENTS BELGES

Caractère sinistre et glacé.

Silence lugubre.

Toujours l'esprit de *Conformité*. On ne s'amuse qu'en bande.

Le Vaux Hall.

Le Casino.

Le Théâtre Lyrique.

Le Théâtre de la Monnaie.

Les vaudevilles français.

Mozart au Théâtre du Cirque.

La troupe de Julius Langenbach (aucun succès parce qu'elle avait du talent).

Comment j'ai fait applaudir par une salle entière un vieux danseur ridicule.

Les vaudevilles français.

Bals populaires.

Les jeux de balle.

Le tir à l'arc.

Le Carnaval à Bruxelles. Jamais on n'offre à boire à sa danseuse. Chacun saute sur place et en silence.

Barbarie des jeux des Enfants.

14. ENSEIGNEMENT

Universités de l'État, ou de la Commune. Universités libres. Athénées.

Pas de latin, pas de grec. Études professionnelles. Haine de la poésie. Éducation pour faire des ingénieurs ou des banquiers.

Pas de métaphysique.

Le *positivisme* en Belgique. M. Hannon et M. Altmeyer, celui que Proudhon appelait : *cette vieille chouette!* Son portrait. Son style.

Haine générale de la littérature.

15. LA LANGUE FRANÇAISE EN BELGIQUE

— Style des rares livres qu'on écrit ici.

— Quelques échantillons du vocabulaire belge.

On ne sait pas le français, *personne* ne le sait, mais tout le monde *affecte* de ne pas savoir le flamand. C'est de bon goût. La preuve qu'ils le savent très bien, c'est qu'ils *engueulent* leurs domestiques en flamand.

16. JOURNALISTES ET LITTÉRATEURS

En général, ici, le littérateur (?) exerce un autre métier. Employé, le plus souvent.

Du reste, pas de littérature. Française, du moins. Un ou deux chansonniers, singes dégoûtants des polissonneries de Béranger. Un Romancier[3], imitateur des copistes des Singes de Champfleury[4]. Des Savants, des annalistes ou chroniqueurs, — c'est-à-dire des gens qui ramassent et d'autres qui achètent à vil prix un tas de papiers (comptes de frais pour bâtiments et autres choses, entrées de princes, comptes rendus des séances des conseils communaux, copies d'archives) et puis revendent tout cela en bloc comme un livre d'histoire.

À proprement parler, tout le monde ici est *annaliste*, [ou broc] (à Anvers, tout le monde est marchand de tableaux ; à Bruxelles, il y a aussi [des] ⟨de riches⟩ collectionneurs qui sont brocanteurs de curiosités).

Le Ton du Journalisme. Nombreux Exemples. Correspondances ridicules de *L'Office de publicité.* — *L'Indépendance belge.* — *L'Écho du parlement.* — *L'Étoile belge.* — *Le Journal de Bruxelles.* — *Le Bien public.* — *Le Sancho.* — *Le Grelot.* — *L'Espiègle.* — Etc., etc.

Patriotisme littéraire. Une affiche de spectacle.

17. IMPIÉTÉ BELGE. *Un fameux chapitre, celui-là ! ainsi que le suivant.*

Insultes [au] ⟨contre le⟩ pape. — Propagande d'impiété. — Récit de la mort de l'archevêque de Paris (1848). — Représentation du *Jésuite*, de Pixérécourt, au *Théâtre Lyrique.* — Le Jésuite — marionnette. — Une procession. — Souscription royale pour les enterrements. — Contre une institutrice catholique. — À propos de la loi sur les Cimetières. — Enterrements civils. — Cadavres disputés ou volés. — Un enterrement de *Solidaire.* — Enterrement civil d'une femme. — Analyse des règlements de la *libre pensée.* — Formule testamentaire. — Un pari de mangeurs de Bon Dieu !

18. IMPIÉTÉ ET PRÊTROPHOBIE

Encore la *libre pensée!* Encore les *Solidaires* et les *Affranchis!* Encore une formule testamentaire, pour dérober le cadavre à l'Église. Un article de M. Sauvestre, de *L'Opinion nationale* sur la *libre pensée.* — Encore les cadavres volés. — Funérailles d'un abbé mort en *libre penseur.* — Jésuitophobie. — Ce que c'est que *Notre brave De Buck*, ancien forçat, persécuté par les Jésuites. — Une assemblée de la *Libre pensée*, à mon hôtel, *au Grand Miroir.* — Propos philosophiques belges. — Encore un enterrement de *Solidaire* sur l'air : « *Ah! zut! alors! si Nadar est malade!* »

Le parti clérical et le parti libéral. Également bêtes. — Le célèbre Boniface, ou Defré (Paul-Louis Courier belge) a peur des revenants, déterre les cadavres des enfants morts sans sacrement pour les remettre en terre sainte, croit qu'il mourra tragiquement comme Courier et se fait accompagner le soir pour n'être pas assassiné par les Jésuites. — Ma première entrevue avec cet imbécile. Il était ivre. — Il a interrompu le piano, en revenant du Jardin où il était allé vomir, pour faire un discours en faveur du *Progrès*, et contre Rubens, en tant que peintre catholique.

— Les Abolisseurs de ⟨la⟩ peine de Mort, — très intéressés sans doute dans la question, en Belgique, comme en France.

— L'impiété Belge est une contrefaçon de l'impiété française, mais élevée à la puissance cubique.

— Le coin des chiens ou des réprouvés.

— Bigoterie Belge.

— Laideur, crapule, méchanceté et bêtise du clergé flamand. — Voir la lithographie de *l'enterrement* par Rops.

— Les dévots Belges font penser aux chrétiens anthropophages de l'Amérique du Sud.

— Le seul [perso] programme ⟨religieux⟩ qui puisse s'imposer aux *libres penseurs* de Belgique est le programme de M. de Caston, prestidigitateur français.

— Curieuse opinion d'un compagnon de Dumouriez sur les partis en Belgique : « Il n'y a que deux partis, les ivrognes et les catholiques. » — Ce pays n'a pas changé.

19. POLITIQUE

Mœurs électorales. Vénalité. On connaît le coût d'une élection dans chaque localité. Scandales électoraux.

Politesse parlementaire. (Très nombreux échantillons.)

Éloquence Belge.

Grotesque discussion sur les précautions électorales.

Le meeting républicain. Contrefaçon du Jacobinisme.

La Belgique, toujours en retard, à l'horloge des siècles.

20. POLITIQUE

Il n'y a pas de peuple belge, proprement dit. Il y a des races flamandes et wallonnes, et il y a des villes ennemies. Voyez Anvers. La Belgique, arlequin diplomatique.

Histoire baroque de la Révolution Brabançonne, faite contre un Roi philosophe, et se trouvant en face de la Révolution française, révolution philosophique.

Un Roi constitutionnel est un automate en hôtel garni. — La Belgique est la victime du cens électoral. Pourquoi personne ne veut ici du suffrage universel. La constitution n'est qu'un chiffon. Les constitutions sont du *papier*. Les mœurs sont *tout*. — La liberté belge est un mot. Elle est sur le papier ; mais elle n'existe pas, *parce que personne n'en a besoin*.

Situation comique de la Chambre à un certain moment. Les deux partis égaux, moins *une* voix. — *Magnifique spectacle* des élections, comme disent les journaux français.

Peinture d'une assemblée électorale. — Parleries politiques. Éloquence politique. Emphase. Disproportion entre la parole et l'objet.

21. L'ANNEXION

L'annexion est un thème de conversation belge. C'est le premier mot que j'aie entendu ici, il y a deux ans. À force d'en parler, ils ont contraint nos [moutons] ⟨perroquets⟩ du journalisme français à [s'en occuper] ⟨répéter le mot⟩. — Une grande partie de la Belgique la désire. Mais c'est une mauvaise raison. Il faudrait d'abord que la France y consentît. La Belgique est un enfant déguenillé et morveux qui saute au cou d'un beau monsieur, et qui lui dit : « Adoptez-moi, soyez mon père ! » — il faut que le monsieur y consente.

Je suis contre l'annexion. Il y a ⟨déjà⟩ bien assez de sots en France, sans compter tous nos anciens annexés, bordelais, alsaciens, ou autres.

Mais je ne serais pas ennemi d'une invasion et d'une Razzia, à la manière antique, à la manière d'Attila. Tout ce qui est beau pourrait être porté au *Louvre.* Tout cela nous appartient plus légitimement qu'à la Belgique, puisqu'elle n'y comprend plus rien. — Et puis, les dames belges feraient connaissance avec les Turcos, qui ne sont pas difficiles.

La Belgique est un *bâton merdeux ;* c'est là surtout ce qui crée son inviolabilité. *Ne touchez pas à la Belgique !*

De la tyrannie des faibles. Les femmes et les animaux. C'est ce qui constitue la tyrannie de la Belgique dans l'opinion européenne.

La Belgique est gardée par un équilibre de rivalités. Oui ; mais si les rivaux s'entendaient entre eux ! Dans ce cas-là, qu'arriverait-il ?

(Le reste, à renvoyer à l'épilogue, avec les conjectures sur l'avenir et les conseils aux Français.)

## 22. L'ARMÉE

Est plus considérable, comparativement, que les autres armées Européennes ; mais ne fait jamais la guerre. Singulier emploi du budget !

Cette armée, entrant en campagne, serait peu propre à la marche, à cause de la conformation du pied Belge. Mais il y a des hommes nombreux qui se formeraient bien vite.

Tous ces soldats imberbes (l'enrôlement est pour un temps très court) ont des visages d'enfants.

Dans cette armée, un officier ne peut guère espérer d'avancement que par la mort naturelle ou par le suicide de l'officier supérieur.

Grande tristesse chez beaucoup de jeunes officiers, qui ont d'ailleurs de l'instruction et feraient d'excellents militaires, à l'occasion.

Exercices de Rhétorique à l'école militaire, rapports de batailles imaginaires, — tristes consolations dans l'inaction, pour des esprits éduqués pour la guerre.

Plus de politesse dans l'armée que dans le reste de la nation. À cela, rien de surprenant. Partout l'épée anoblit, ennoblit et civilise.

23. LE ROI LÉOPOLD I^er^. SON PORTRAIT. ANECDOTES. SA MORT. LE DEUIL.

Léopold I^er^, misérable petit principicule allemand, a su faire, comme on dit, *son petit bonhomme de chemin.* Il n'est pas parti en fiacre pour l'exil. Venu en sabots, il est mort, riche de plus de *cent millions*, au milieu d'une apothéose Européenne. Ces jours derniers, on l'a déclaré *immortel.* (Ridicule panégyrique. Léopold et Vapereau.)

Type de médiocrité, mais de ruse et de persévérance paysanesque, ce cadet des Saxe-Cobourg a joué tout le monde, *a fait son magot*, et a volé, à la fin, les louanges qu'on ne donne qu'aux héros.

Opinion de Napoléon I^er^ sur lui.

Son avarice, sa rapacité. — Ses idées stupides de prince allemand sur l'étiquette. Ses rapports avec sa famille. — Ses pensions. La pension qu'il recevait de Napoléon III.

Anecdote sur le jardinier.

Ses idées sur les parcs et les jardins, qui l'ont fait prendre pour un amant de *la simple nature*, mais qui dérivaient simplement de son avarice.

On falsifie les journaux pour que le Roi ne lise rien d'alarmant sur sa maladie.

Ce que dit derrière moi un matin le Ministre de l'intérieur. Ridicule répugnance du Roi à mourir. — Son incrédulité à ce sujet. — Il chasse les médecins. — Il vole sa maîtresse.

Invasion de la duchesse de Brabant et de ses enfants. Elle lui fourre de force un crucifix sur la bouche, et lui demande s'il n'a ⟨à⟩ se repentir de rien.

Traits de conformité entre la mort du Roi et toutes les morts Belges. — Ses trois chapelains se disputent son cadavre. — M. Becker l'emporte *comme parlant mieux le français* (!).

— Commence la grande comédie du Deuil. — Banderoles noires, panégyriques, apothéoses. — Boissonneries, pisseries, vomissements de toute la population. — Tous les Belges sont dans la rue, [serrés] le nez en l'air, serrés et silencieux comme au bal masqué. — Ils s'amusent ainsi. — Jamais Bruxelles, *en réalité*, n'avait vu pareille *fête*. — C'était [le prem] *son premier roi* qui venait de mourir. — Le nouveau Roi fait son entrée sur l'air du *Roi barbu qui s'avance* (*positif*). — Personne ne rit. — Il y a des Belges qui chantent : *Soyons soldats*[5], belle riposte à ces misérables *fransquillons* annexeurs.

## 24. BEAUX-ARTS

En Belgique, pas d'Art ; l'Art s'est retiré du pays.

Pas d'artistes, excepté Rops.

La composition, chose inconnue. Philosophie de ces brutes, philosophie à la Courbet. Ne peindre que ce qu'on voit (Donc *vous* ne peindrez pas ce que *je* ne vois pas). Spécialistes. — Un peintre pour le soleil, un pour la lune, un pour les meubles, un pour les étoffes, un pour les fleurs, — et subdivisions de spécialités, à l'infini, comme dans l'industrie. — La collaboration devient chose nécessaire.

Goût national de l'ignoble. Les anciens peintres sont donc des historiens véridiques de l'esprit flamand. — Ici, l'emphase n'exclut pas la bêtise, — ce qui explique le fameux Rubens, goujat habillé de satin.

De quelques peintres modernes, tous pasticheurs, tous, des doublures de talents français. — Les goûts des amateurs. — M. Prosper Crabbe. — La bassesse du célèbre M. Van Praet, ministre de la maison du Roi. — Mon unique entrevue avec lui. — Comment on fait une collection. — Les Belges mesurent la valeur des artistes aux prix de leurs tableaux. — Quelques pages sur cet infâme *puffiste* qu'on nomme Wiertz, passion des touristes anglais. — Analyse du Musée de Bruxelles. — Contrairement à l'opinion reçue, les Rubens bien inférieurs à ceux de Paris.

Sculpture, néant.

## 25. ARCHITECTURE, ÉGLISES, CULTE

Architecture civile moderne. ⟨Camelote. Fragilité des maisons.⟩ Pas d'harmonie. Incongruités architecturales. — Bons matériaux. — La pierre bleue. — Pastiches du passé. — Dans les monuments, Contrefaçons de la France. — Pour les Églises, Contrefaçons du passé.

Le passé. — Le gothique. — Le 17e siècle.

— Description de la Grand'Place de Bruxelles (très soignée).

— Dans la Belgique, toujours en retard, les styles [sont] s'attardent et durent plus longtemps.

— Éloge du style du 17e siècle, style méconnu, et dont il y a en Belgique des échantillons magnifiques.

— *Renaissance* en Belgique. — Transition. — Style Jésuite. — [Style] Styles ⟨du⟩ 17e siècle. — Style Rubens.

— L'Église du *Béguinage* à Bruxelles, *Saint-Pierre* à Malines, *Église des Jésuites* à Anvers, *Saint-Loup* à Namur, etc., etc...

— (La Réaction de V. Hugo en faveur du Gothique nuit beaucoup à notre intelligence de l'architecture. Nous nous y sommes [p] trop attardés. — Philosophie de l'histoire de l'architecture, *selon moi.* — Analogies avec les coraux, les madrépores, la formation des continents, et finalement avec la vie universelle. — Jamais de lacunes. — État permanent de transition. — On peut dire que le Rococo est [le dernier] [terme] [terme] ⟨la dernière floraison du Gothique⟩.)

— Coeberger, Faid'herbe et [Franquart] Franquart.

— Opinion de Victor Joly sur Coeberger, dérivant toujours de Victor Hugo.

— Richesse générale des Églises. — Un peu boutiques de curiosités, un peu camelote.

Description de ce genre de [richesse] ⟨richesse⟩.

Quelques églises soit gothiques, soit du 17e siècle.

Statues coloriées. Confessionnaux, très décorés ; — confessionnaux au Béguinage, à Malines, à Anvers, à Namur, etc....

— Les Chaires de Vérité. — Très variées. — La vraie sculpture flamande est en bois et éclate surtout dans les églises. — Sculpture non sculpturale, non monumentale ; sculpture joujou, ⟨et bijou⟩. Sculpture de patience. — Du reste, cet art est mort comme les autres, même à Malines, où il a si bien fleuri.

— Description de quelques processions. Traces du passé, subsistant encore dans les mœurs religieuses. — Grand luxe. — Étonnante naïveté dans la dramatisation des idées religieuses.

(observer, en passant, l'innombrable quantité des fêtes Belges. C'est toujours fête. Grand signe de fainéantise populaire)

— La dévotion Belge, stupide. — Superstition. Le Dieu chrétien n'est pas à la portée du Cerveau Belge.

— Le Clergé, lourd, grossier, cynique, lubrique, rapace. En un mot, il est belge. C'est lui qui a fait la révolution de 1831, et il croit que toute la vie Belge lui appartient.

— Revenons un peu aux Jésuites et au style Jésuitique Style de génie. Caractère ambigu et complexe de ce style. — (Coquet et terrible.) — Grandes ouvertures, ⟨grandes baies,⟩ grande lumière — mélange de figures, de styles, d'ornements et de symboles. — Quelques exemples. ⟨J'ai vu des pattes de tigre servant d'enroulements.⟩ — En général, églises pauvres à l'extérieur, excepté sur la façade.

### 26. LE PAYSAGE AUX ENVIRONS DE BRUXELLES

Gras, plantureux, humide, comme la femme flamande, — sombre comme l'homme flamand. — Verdure très noire. — Climat humide, froid, chaud et humide, quatre saisons en un jour. — La vie animale peu abondante. Pas d'insectes, pas d'oiseaux. L'animal ⟨lui-même⟩ fuit ces contrées maudites.

### 27. PROMENADE À MALINES

Malines est une bonne petite béguine encapuchonnée. — Musique mécanique dans l'air. — *La Marseillaise* en carillon. — Tous les jours ressemblent à Dimanche. — Foule dans les Églises. Herbe dans les rues. Vieux relent espagnol. Le Béguinage. Plusieurs Églises. — Saint-Rombaut. Notre-Dame. Saint-Pierre. — Peintures de deux frères Jésuites sur les Missions. Confessionnal *continu*. Merveilleux symbole de la Chaire, promettant aux Jésuites la domination du monde, — unique sculpture sculpturale que j'aie vue. — Odeur de cire et d'encens. — Rubens et Van Dyck. — Jardin Botanique. Ruisseau rapide et clair. — Bon vin de Moselle à l'hôtel de la *Levrette*. — Ce que c'est qu'une *Société particulière*.

### 28. PROMENADE À ANVERS

[Phys] Rencontre de l'archevêque de Malines. — Pays plat, verdure noire. — Fortifications nouvelles (!) et anciennes, avec jardins à l'anglaise. Enfin, voilà donc une ville qui a un air de Capitale ! — La place de Meir. La maison de Rubens. La maison du Roi. — *Renaissance* flamande. L'Hôtel de Ville. — L'Église des Jésuites, chef-d'œuvre. — Encore le *style jésuitique* (salmigondis, jeu d'échecs, chandeliers, Boudoir mystique et terrible, deuil en marbre, confessionnaux théâtraux, théâtre et Boudoir, gloires et transparents, anges et amours, apothéoses et béatifications). — Ce que je pense des fameux Rubens, des Églises fermées et des sacristains. — Calvaires et madones.

— Style moderne [coquet] ⟨pompeux⟩ de certaines maisons. — Majesté d'Anvers. Beauté d'un grand fleuve. D'où il faut voir Anvers. — Les bassins de Napoléon Ier. — M. Leys. — La maison Plantin. — Le Rydeck[6], bals et prostitution. Le Rydeck est une *blague.* C'est à peu près un long bordel de banlieue parisienne.

Mœurs anversoises, atrocement grossières. Air funèbre des garçons de restaurant. — Politique anversoise (*sera déjà traitée dans* le chapitre des *mœurs politiques*).

29. PROMENADE À NAMUR

On va peu à Namur. Ville négligée par les voyageurs, naturellement puisque les *Guides*-ânes n'en parlent pas. — Ville de Vauban, de Boileau, de Van der Meulen, de Bossuet, de Fénelon, de Jouvenet, de Rigaud, de Restout, etc... Souvenirs du *Lutrin. — Saint-Loup,* le chef-d'œuvre des chefs-d'œuvre des Jésuites. Impression générale. Quelques détails. Jésuites architectes, Jésuites peintres, Jésuites sculpteurs, Jésuites ornemanistes. — *Les Récollets.* — Saint-Aubin, un petit *Saint-Pierre* de Rome, en briques et en pierre bleue, à l'extérieur, blanc à l'intérieur, et à portail convexe. — Nicolaï, faux Rubens. — La Rue des pinsons aveugles. (Le duc de Brabant, actuellement Léopold II, président d'une académie pinsonnière.)

— Bizarreries de la prostitution namuroise.

— Population wallonne. — Plus de politesse.

— Portraits de Félicien Rops et de son beau-père[7], magistrat sévère, et cependant jovial, grand chasseur, et grand citateur. Il a fait un livre sur la chasse et m'a cité des vers d'Horace, des vers des *Fleurs du mal* et des phrases de D'Aurevilly. — M'a paru charmant. — Le seul Belge connaissant le latin et sachant causer en français.

— Je vais à Luxembourg, sans le savoir.

— Le paysage, noir. La *Meuse*, escarpée et brumeuse.

— Le vin de Namur.

30. PROMENADE À LIÈGE

Le palais des Princes-Évêques. — Caves. — Ivrognerie. — Grandes prétentions à l'esprit français.

31. PROMENADE À GAND

Saint-Bavon, quelques belles choses. Mausolées. — Population sauvage. — Vieille ville de manants en révolte, fait un peu bande à part, et prend de petits airs de Capitale. Triste ville.

32. PROMENADE À BRUGES

Ville fantôme, ville momie, à peu près conservée. Cela sent la mort, le Moyen Âge, Venise, [les spe] en noir, les spectres routiniers et les tombeaux. — Grand Béguinage ; carillons. Quelques monuments. Une œuvre attribuée à Michel-Ange. Cependant, Bruges s'en va, elle aussi.

33. ÉPILOGUE. *L'avenir. Conseils aux français.*

La Belgique est ce que serait peut-être devenue la France, si elle était restée sous la main de la Bourgeoisie. La Belgique est sans vie, mais non sans corruption. — Coupé en tronçons, partagé, envahi, vaincu, rossé, pillé, le Belge végète encore, pure merveille de mollusque. — *Noli me tangere*, une belle devise pour elle. — Qui donc voudrait toucher au *bâton merdeux ?* — La Belgique est un monstre. Qui voudrait l'adopter ? — Cependant elle a en elle *plusieurs* éléments de dissolution. L'arlequin diplomatique peut être disloqué d'un moment à l'autre. — Une partie peut s'en aller à la Prusse, la partie flamande à la Hollande, et les provinces wallonnes à la France. — Grand malheur pour nous. — Portrait du Wallon. — Races ingouvernables, non pas par trop de vitalité mais à cause de l'absence totale d'idées et de sentiments. C'est le néant. (Citation de Maturin et du compagnon de Dumouriez.) — Intérêts commerciaux en jeu, dont je ne veux pas m'occuper. — Anvers voudrait être *ville libre.* — La question de l'annexion, encore une fois. — Petites villes (Bruxelles, Genève) villes méchantes. Petits peuples, peuples méchants.

Petits conseils aux Français condamnés à vivre en Belgique, pour qu'ils ne soient ni trop volés, ni trop insultés, ni trop empoisonnés.

FIN

# [FEUILLETS DÉTACHÉS]

[1] BRUXELLES[1]

Premières impressions
causées par le visage
humain et la démarche[2].

Eussé-je jamais cru qu'on pût être à la fois lourd et étourdi ? Les Belges prouvent les lois de la pesanteur par leur démarche. Un objet se précipite d'autant plus vite qu'il est plus lourd. Ils sont d'ailleurs incertains comme des êtres inanimés.

---

Stupidité menaçante des visages. Cette bêtise universelle inquiète comme un danger indéfini et permanent.

[2] BRUXELLES
MŒURS GÉNÉRALES
DANDYSME

Singes en tout.

Petit croquis du gandin belge[1]. Il dit orgueilleusement : *Je me la casse*, — ou bien : Messieurs, *vous me la faites à l'oseille*. — Si près de lui se trouve une femme qui sente bon, ne reconnaissant pas l'odeur [maternelle] de la famille, il s'écriera : *Ça schlingue rudement ici*[2] ! Alors il étouffe de joie ; il se prend pour un Parisien et regarde avec dédain le duc de Brabant[3], qui fume bourgeoisement des cigares à deux sols.

[3] Pauvres Belgique.
Traits généraux.
Morale belge.

MORALITÉ BELGE

Verwée[1] voudrait bien gagner les 500 000 fr. en livrant Jefferson Davis[2]. Babou[3] scandalisé. « Dame ! PUISQUE c'est un scélérat ? » — Babou riposte : « Si vous livrez aujourd'hui un scélérat pour une somme quelconque, demain vous livrerez un honnête homme. »

J. Leys[4], honteux de son compatriote, tâche d'arranger les choses.

« Vous le livreriez par patriotisme ; et puis vous vous feriez commander un tableau pour le musée de Washington. »

(En tant qu'il y ait un musée dans le repaire des Yankees.)

« Non pas, — dit Verwée, qui s'entête naïvement dans l'infamie, — je prendrais d'abord les 500 000 fr., — et puis je consentirais [ensuite] peut-être à faire un tableau pour le Musée. »

Moralité belge.

[4] Petites cocasseries belges.

Liste de souscription pour les victimes de la Catastrophe de Dour[1].

*Un* protestant *contre* l'Encyclique[2] — 10 francs, — lequel suppose probablement qu'il [y a identité entre la Charité] est nécessaire de haïr le pape pour être charitable, et que le [même mot, dans la même phrase] mot *un* est un substantif [suffisant].

[5] *Beaux-Arts.*

Le plus fort, dit-on, des peintres belges, celui que ces buveurs de faro et ces mangeurs de pommes de terre comparent volontiers à Michel-Ange, M. Alfred Stevens[1], peint d'ordinaire une petite femme (c'est sa tulipe, à lui) toujours la même, écrivant une lettre, recevant une lettre, cachant une lettre, recevant un bouquet, cachant un bouquet, bref, toutes les jolies balivernes que Devéria vendait 200 sols, sans plus grande prétention. — Le grand malheur de ce peintre minutieux, c'est que la lettre, le bouquet, la chaise, la bague, la guipure, etc....., deviennent, tour à tour, l'objet important, l'objet qui crève les yeux. — En somme, c'est un peintre *parfaitement* flamand, en tant qu'il y ait de la perfection dans le *néant*, ou dans l'*imitation de la nature*, ce qui est la même chose.

Tapisserie
Bijouterie

[6] MALINES

Après avoir visité tant d'autels, de chapelles et de confessionnaux, voyageur sensuel, allez à l'hôtel de la Levrette, non pas pour y dîner, grands Dieux ! (car on ne dîne pas en Belgique, à moins qu'on ne puisse, sans terreur, affronter cette interminable *procession* de *bœufs* bouillis, de *moutons* rôtis, ou soi-disant, de *veaux*, de *beefsteaks*, de *têtes de veaux*, et de côtelettes pour entremets, et de *jambons* avec salades pour dessert) — mais pour y boire un certain vin de la Moselle, ferme, fin, sec, frais et clair, qui m'a laissé un vague souvenir de miel et de musc. Il n'y manquait que [le goût] de l'encens.

[7] *Pauvre Belgique.*
ÉPILOGUE

Aujourd'hui Lundi, 28 août 1865[1], par une soirée chaude et humide, j'ai erré à travers les méandres d'une Kermesse de rues, et dans les rues du *Coin du Diable*, du *Rempart des moines*, de *Notre-Dame du Sommeil*, des *Six Jetons*, et de plusieurs autres, j'ai surpris suspendus en l'air, avec une joie vive, de fréquents symptômes de choléra. L'ai-je assez invoqué, ce monstre adoré ? Ai-je étudié assez attentivement les signes précurseurs de sa venue ? Comme il se fait attendre, l'horrible bien-aimé, cet Attila impartial, ce fléau divin qui ne choisit pas ses victimes ? Ai-je assez supplié le Seigneur Mon Dieu de l'attirer au plus vite sur les bords puants de la *Senne ?* Et comme je jouirai enfin en contemplant la grimace de l'agonie de ce hideux peuple embrassé par les replis de son Styx-contrefaçon, de son *ruisseau-Briarée* qui charrie encore plus d'excréments que l'atmosphère au-dessus ne nourrit de mouches ! — Je jouirai, dis-je, des terreurs et des tortures de la race aux cheveux jaunes, nankin et au teint lilas[2] !

Une jolie observation : après de nombreux écussons dédiés à l'*union*, à l'*amitié*, à la *fidélité*, à la *constitution*, à la Vierge Marie, j'en ai trouvé un dédié : *à la Police.*

Est-ce la *policy* anglaise ?

Peuple inepte, dans ses joies et dans ses vœux !

Lire un livre sur l'architecture des Jésuites, et un livre sur le rôle politique et éducateur des Jésuites en Flandre. —

Guides pour Malines, Bruxelles, Namur, Liège, Gand.

[8] BRUXELLES
*passim.*

Entremêler les considérations sur les mœurs des Belges d'entremets français.

*Nadar. Janin. Le réalisme*
(Guiard[1]) ;
*La peine de Mort*[2], *Les chiens*[3].
*Les exilés volontaires ;*
*La Vie de César (Dialogue de Lucien*[4]*).*

Pour ceux-ci particulièrement quelque chose de très soigné. Leur révoltante familiarité[5].

Pères Loriquet de la Démocratie[6].

Les Coblentz[7].

Vérités de Télémaque.

Vieilles bêtes, vieux Lapalisse.

[Bons à] Propres à rien, fruits secs.

Élèves de Béranger.

[On sent On sen]

Philosophie de maîtres de pension et de préparateurs au baccalauréat.

Je n'ai jamais si bien compris qu'en la voyant la sottise absolue des convictions[8].

Ajoutons que quand on leur parle révolution *pour de bon*, on les épouvante. *Vieilles Rosières.* MOI, quand je consens à être républicain, *je fais le mal, le sachant.*

Oui ! *Vive la Révolution*[9] !
toujours ! quand même !

Mais moi, je ne suis pas dupe ! je n'ai jamais été dupe ! Je dis *Vive la Révolution !* comme je dirais : *Vive la Destruction ! Vive l'Expiation ! Vive le Châtiment ! Vive la Mort !*

Non seulement, je serais heureux d'être victime, mais je ne haïrais pas d'être bourreau[10], — pour sentir la Révolution de deux manières !

Nous avons tous l'esprit républicain dans les veines,

comme la vérole dans les os. Nous sommes Démocratisés et Syphilisés [11].

[9] *Le Patriotisme belge blessé.*
L'amour-propre belge
[Coupure de presse. Voir ci-dessous p. 452.]

# LA BELGIQUE DÉSHABILLÉE

## COUPURES DE PRESSE ET AUTRES DOCUMENTS

*Le texte des coupures de presse est reproduit tel quel.*
*Les annotations de Baudelaire figurent en caractères* **gras.**
*Les passages qu'il a soulignés seront soulignés d'un trait simple.*

9 *Traces de crayon rouge, précédant le découpage, au bord supérieur et sur les bords de gauche et de droite. La rubrique (***Conspiration de flatteurs contre la Belgique***) figure en haut à gauche du feuillet de support*[1].

*Texte imprimé :*

La *Revue britannique*, du mois de septembre, publie, sous le titre de : L'INDUSTRIE BELGE ET SES PROGRÈS, un article des plus remarquables sur la situation et les progrès de notre commerce et de notre industrie. Nous allons mettre quelques-uns des principaux fragments de ce travail sous les yeux de nos lecteurs :

« Le jeune royaume de Belgique, avec son commerce étendu, son industrie florissante, sa Constitution sagement libérale et ses relations internationales habilement ménagées et soigneusement entretenues, est devenu un sujet particulier d'observation pour tout le monde, spécialement pour les personnes qu'intéressent les grandes questions sociales de notre époque et les hautes visées de l'économie politique. Les publicistes étrangers ont à l'envi commenté d'une part les institutions, et de l'autre les aptitudes naturelles qui ont fait le peuple belge si prospère. Les Revues anglaises, surtout, ont prodigué à la Belgique la louange et les encouragements. Les journaux allemands ne se sont pas fait faute d'invoquer son exemple. Naguère encore un des principaux organes de la presse madrilène signalait ce petit pays comme un précieux modèle que l'Espagne devrait s'appliquer à copier... Et il n'avait pas tort, ce nous semble.

« Notre recueil s'est plu, chaque fois qu'il en a trouvé l'occasion, à se faire l'écho de ces éloges mérités, et depuis longtemps le nom de la Belgique figure avec honneur dans ses pages. »

61 *La rubrique (***Politesse Bruxelloise***) figure en haut à gauche*[1]. *Baudelaire a biffé les premiers mots (ici entre crochets) ; il a inscrit un trait d'appel, vertical, après* classes inférieures *et ajouté en marge, à droite :* **se fait remarquer aussi chez toutes les classes,** *de la même encre que la rubrique. En marge, à droite encore, il a tracé un trait vertical au crayon rouge jusqu'au bas de la coupure, pour marquer le passage qui a retenu son attention et qu'il fait commencer, grâce à un petit trait vertical au crayon rouge aussi, à* Dans un concert. *Au verso de la coupure, en grosses lettres imprimées, le début du mot* THÉÂT[RE] *et, de la main de Baudelaire, au crayon rouge, souligné à l'encre noire :* **Locutions belges.**

*Texte imprimé :*

[nos jeunes gens, c'est] cette absence de politesse qui se remarque chez quelques gens des classes inférieures. Les dames ont particulièrement à se plaindre de ce manque de procédés. Dans un concert, dans un bal, dans un endroit public, nous verrons souvent une dame debout à côté d'un jeune homme, qui se prélasse agréablement dans une stalle, dans un fauteuil ou sur une chaise, sans qu'il lui vienne à l'idée d'être poli. Dans la rue, combien voyons-nous de ces jeunes gens garder insolemment le trottoir devant une dame, qui est obligée d'en descendre. La même chose a lieu pour les vieillards. Il est entendu que par dame nous voulons dire la femme, qu'elle soit jeune ou vieille, laide ou jolie. Marchant sur le trottoir, le cavalier doit donner à sa dame le côté des maisons ; c'est le côté le moins dangereux et le plus propre. Croyez-vous que beaucoup de nos jeunes gens y pensent ?

62 *La référence et la rubrique : (***Espiègle** **mai 1865. Patriotisme Belge***) figurent en haut à gauche*[1]. *Le premier passage est souligné à l'encre, le second au crayon rouge et à l'encre.*

*Texte imprimé*

THÉÂTRE DE LA MONNAIE

LE CAPTIF. *opéra comique en un acte de M. Cormon*[2], *musique de M. Édouard Lassen*[3].

Une grande foule se pressait lundi à la première représentation du nouvel opéra. Succès complet et succès très mérité, voilà ce que nous enregistrons avec d'autant plus de plaisir que M. Édouard Lassen est belge. M. Cormon n'est pour rien dans le succès, croyez-le, car jamais vous ne vîtes plus insignifiant livret, et c'est miracle que M. Lassen y ait trouvé matière à une aussi charmante partition. M. Cormon nous raconte en français telle quelle et en vers clopinants un épisode de la vie aventureuse de Miguel Cervantes.

63 *Les rubriques et la référence (***Grossièreté universelle dans toutes les classes. Exploit de cinq officiers.** ***Gazette Belge,*** **3 nov. 1865***) figurent sur la partie gauche du feuillet de support*[1]. *Traces de crayon rouge dans les coins supérieurs, le long de la marge de droite et sous la dernière ligne.*

*Texte imprimé :*

— Nous extrayons du *Nouvelliste de Gand* les détails suivants sur l'agression dont le directeur de cette feuille a été l'objet, de la part de cinq officiers du 7e régiment de ligne.

Arrivés au domicile du journaliste, tandis que 3 d'entre eux se tiennent cachés à l'écart, les deux autres sonnent à la porte. Quand un apprenti l'a ouverte, ils se précipitent tous ensemble dans les bureaux du journal, enlèvent à l'extérieur la clef de la porte et ferment celle-ci à l'intérieur.

Alors, une explication s'engage entre MM. Verhulst et Glaesener et, chacun prend sa place autour du directeur, cerné ainsi dans le coin du bureau où il se tient d'habitude. L'explication roule sur un articulet datant de 22 jours, celui du 6 octobre ; il est question du démenti donné ce jour-là à la *Sentinelle ;* à ce démenti, le major reproche au journaliste d'avoir ajouté qu'il faisait la déclaration *sur l'assurance formelle de ces officiers.*

Tandis que le reproche est relevé, le major interrompt en ces termes :

« Trève d'explications, vous verrez tout à l'heure ce que vous aurez à faire avec le capitaine, mais moi je vous demande réparation les armes à la main. »

Il est répondu qu'on a été au-devant de cette provocation en déclarant dans les articles publiés depuis deux jours, que les colonnes du journal seraient ouvertes aux personnes *citées*, si elles trouvaient bon de répondre, même aux assertions et réflexions de la *Sentinelle.*

Je ne me bats donc pas, dit M. Verhulst, mais si vous avez une réfutation à faire, adressez-la-moi ; elle sera insérée aussitôt dans la feuille. Au même instant, le capitaine Puls lui lance un vigoureux coup de poing sur l'œil gauche, en s'écriant : Mettez ça dans votre journal ! Tous répètent sa phrase et décochent des coups violents sur la tête de M. Verhuslt.

L'un de ces coups fut porté au moyen d'une clef, il fendit le cuir chevelu sur une grande étendue. Le sang coula de l'œil et de la tête. M. Verhulst saisit son fauteuil, s'en sert d'un bouclier d'abord, puis le lance sur le groupe des assaillants. Il est désarmé et le lieutenant Grésillion le saisit par derrière, paralyse ses mouvements, l'entourant de ses bras et le serrant avec force contre sa poitrine ; et tandis qu'il le tenait ainsi, les quatre autres continuaient à frapper leur victime.

Enfin, à force de se démener, M. Verhulst parvient à dégager le bras droit, à se rapprocher du cordon de la sonnette qui communique avec les ateliers ; il le saisit en s'écriant : Lâches, vous allez avoir à compter avec mes ouvriers !

À ces mots, les 4 officiers se sauvent jusque dans la rue, ils rentrent pour chercher le cinquième. Une femme de service, récurant au fond du corridor accourt ; elle est menacée à son tour et tous s'enfuient poursuivis jusque sur le seuil de la porte par M. Verhulst, tout couvert de sang. »

64 *La référence (*Gazette Belge,* 5 novembre 1865*) figure sur la partie supérieure gauche du feuillet de support*[1]*. En regard du texte imprimé, sous la référence, Baudelaire a écrit le commentaire suivant :* **Les officiers donnant leur démission,** ***il est clair*** **que Maximilien n'a plus qu'à s'en aller. C'est de la logique Belge.**

*Texte imprimé :*

Différents journaux, tant de Bruxelles que de la province, ont publié hier des nouvelles très-graves du Mexique[2].

On y annonçait que M. le colonel Vandersmissen[3] et tous les officiers du corps expéditionnaire belge avaient donné leur démission, qu'une vaste conspiration, dans le but d'annexer le Mexique aux États-Unis d'Amérique, venait d'être découverte à Mexico, que de hauts fonctionnaires faisaient partie du complot, que 500 personnes avaient été arrêtées, et que l'empereur Maximilien avait été obligé de quitter sa capitale laissant à l'autorité française le soin de conjurer le danger.

Nous avons attendu pour reproduire ces graves nouvelles, données d'ailleurs sous toutes réserves, l'arrivée de notre correspondance particulière qui, expédiée par la voie de Londres, ne nous est arrivée que ce matin.

Notre correspondant de Morelia, sans confirmer les détails relatifs à la conspiration américaine et à la fuite de l'Empereur, parle cependant des démissions du corps d'officiers.

Après avoir raconté de nouveaux incidents sur la bataille de Loma[4], il dit :

« Depuis lors nous sommes de retour à Morelia. Les officiers parlent beaucoup de donner leur démission. Le bruit court même que celle du colonel est acceptée. On parle aussi de retourner en Belgique. D'autres bruits sont répandus à propos d'une nouvelle expédition du côté de Vera-Cruz. Mais nous ne saurons rien de précis qu'un jour ou deux avant le départ. »

Nous voyons aussi, dans sa lettre, qu'à Tacambaro, il y a eu plus de soixante hommes tués, quand le *Moniteur belge* n'en signale que vingt-trois[5].

« Le régiment, dit notre correspondant, ne se compose plus que de 800 hommes. Donc nous en avons perdu plus de la moitié, les uns par les maladies, les autres par le combat. Une bonne partie ont déserté.

« Trois hommes ont été fusillés depuis que nous sommes ici. Nos officiers ont peu d'égards pour nous et n'ont nullement tenu les engagements pris à Audenaerde, ce qui est cause du mécontentement général qui existe dans notre corps. »

La démission des officiers belges serait donc un fait certain, et il en résulterait assez vraisemblablement le retour de la colonne belge en Belgique.

65 *La référence et les rubriques (***Gazette belge, 5 nov. 1865. Expédition du [Belgi] Mexique. Vanité Belge***) figurent sur la partie gauche*[1]*. Des traces de crayon rouge, au bord supérieur de la coupure et à la partie inférieure du bord droit.*

*Texte imprimé :*

Une correspondance de Morelia communiquée à l'*Éc*ₜ *de Liège* explique, en ces termes, la désaffection des officiers belges au Mexique :

« Que vous dire de la physionomie du régiment ? Elle est bien changée depuis quelque temps et nos hommes valent le double. Malheureusement ils ont été mal récompensés de leurs peines. Sur 14 officiers proposés pour la croix, 6 seulement l'ont obtenue, y compris le docteur Wuillot[2]. De 50 médailles demandées pour nos hommes, 15 ont été reçues. Notre colonel, au lieu de rester gouverneur, a été replacé au rang de simple gouverneur de district et le général Mendez[3], qui n'avait pas fait énormément à Tacambaro, est nommé à sa place gouverneur du Michoacan. Nous avons cru voir plus qu'une disgrâce du colonel dans tout cela, c'est-à-dire une atteinte à l'amour-propre du régiment qu'on plaçait sous les ordres d'un Mexicain, alors que les Français, et même les Allemands qui se font rosser de temps en temps, commandent aux Mexicains, quels que soient leurs grades. Nous avons donc offert nos démissions en masse en disant que nous voulions jouir des avantages du traité de Miramar[4]. Nous avons aussi répondu aux journaux qui faisaient au Mendez une trop belle part. L'impératrice, dit-on, n'a pas été satisfaite de cela ; mais le général de Thun[5] a répondu qu'il comprenait cette démarche, et le maréchal[6], qu'il tâcherait d'arranger cela et que les récompenses demandées seraient accordées. — On a eu l'air de comparer notre succès à la ridicule affaire de Uaniqueo[7], où les Français seuls ont perdu 14 hommes alors qu'ils disaient en avoir tué 500 à l'ennemi ! »

Il paraît donc certain que nos compatriotes, fourvoyés au Mexique, demandent à quitter ce sol ingrat et périlleux. Mais leur départ ne sera guère facile : outre la difficulté pour des officiers de quitter en masse un régiment, chacun de nos compatriotes a contracté, en partant, une assez forte dette à la masse, pour son équipement. Ils ne pourraient partir sans s'être acquittés.

Voilà dans quelle affreuse aventure on les a poussés, sous prétexte d'aventures et de complaisant donquichottisme !

66 *La référence (***Sancho, 21 août 64***) figure en haut à gauche*[1]. *La rubrique (***Conformité. Bassesse. Domesticité***) est inscrite en biais, à droite de la référence, et enfermée dans un rectangle au côté supérieur ouvert. Baudelaire, avant de découper l'extrait, avait encadré au crayon rouge la phrase interrogative :* « Allons-nous (...) *réformée.* » *Pour mieux délimiter l'extrait, il a biffé d'un trait à l'encre les premiers et derniers mots (ici, entre crochets). Enfin, sous la référence et la rubrique, il a ajouté, à droite, en regard de la coupure, le commentaire suivant :* **Preuve que ce peuple a toujours eu un caractère de domestique, un caractère porté à la *conformité*.**

*Texte imprimé :*

[tion qui sauvegarde les droits de tous]. Serait-il habile, pour mériter les suffrages et l'appui de quelques rationalistes de l'école de M. Laurent[2], de gouverner désormais *contre* les catholiques et de ne réserver les faveurs gouvernementales qu'à ceux qui pourront montrer une pancarte de franc-maçon ou de solidaire ? Allons-nous revenir à ces beaux jours du gouvernement hollandais, où les pétitionnaires mettaient en marge de leurs requêtes : « Le postulant a l'*honneur d'appartenir à la religion réformée.* » [Si quelques hommes, dans le cabinet actuel]

67 *La référence (***Gazette belge, 23 sept. 1865.***) figure en haut à droite*[1]. *La rubrique (***Sentiments de famille. Pas d'âme***) en haut à gauche. Traces d'un encadrement au crayon rouge, horizontalement, sous la première ligne de la coupure, en bas à droite, et verticalement en haut, à gauche et à droite.*

*Texte imprimé :*

On lit dans la *Vérité*, de Tournai :

« Il y a quelques semaines, un individu de la rue Haigne a vendu à un étranger, à un saltimbanque quelconque, deux de ses enfants, l'un âgé de huit ans, l'autre de quatre ans, pour la somme de 325 fr., dont 25 fr. en argent et le reste en marchandises.

Au moment de la livraison de ces petits malheureux, ceux-ci, qui avaient conscience de leur sort, criaient, pleuraient, se cramponnaient aux genoux de leur père dénaturé, le suppliant de ne pas les abandonner, lui promettant de remplir ses moindres volontés, pourvu qu'ils demeurassent à Tournai. L'autre, cruel jusqu'au bout, est demeuré impassible, et les enfants sont partis. Les voisins avaient peine à retenir leur indignation.

« Notre individu a fait bombance depuis lors. Il lui restait une petite fille. Nous apprenons qu'il l'offre aux saltimbanques établis sur notre foire, et que le marché se débat sur le prix de 528 francs.

« Nous ignorons si nos lois permettent et prévoient cette traite de blancs ; mais si le parquet parvenait à prendre en faute le coupable sur un point quelconque, nous l'en féliciterions au nom de la morale et des droits de la nature, qui se révolte à l'idée de ce scandaleux trafic. On doit courir sus à cet individu, comme à un être en dehors de l'humanité. »

68 *La référence figure en haut à droite (***Écho de Bruxelles, 5 août 1864.***)* [1]*. La rubrique, en haut à gauche (***Sentiments de famille. Moralité. (Ardennes)***). Traits d'encadrement au crayon rouge, sauf sur le côté gauche.*

*Texte imprimé :*

CHRONIQUE JUDICIAIRE.

La Cour d'assises des Ardennes vient de juger une affaire d'inceste et d'infanticide qui dénote chez les coupables une cruauté inouïe :

Jean-Baptiste Périn et sa sœur étaient accusés d'avoir donné la mort à un enfant nouveau-né. Après l'avoir étranglé, ils l'auraient fait bouillir, puis en auraient donné la chair à un porc, et jeté les os au feu. Cette affaire a eu un grand retentissement dans le département des Ardennes ; aussi un public nombreux se pressait-il dans l'auditoire.

Après un résumé de M. le président, le jury se retire dans la chambre de ses délibérations vers midi et demi. Il en sort trois quarts d'heure après avec un verdict d'acquittement en faveur de Léonie, et de culpabilité contre Périn, mais avec circonstances atténuantes. La Cour condamne Périn aux travaux forcés à perpétuité.

---

72 *Coupure d'une page de titre du* Sancho, *14 mai 1865, 19^e^ année, n^o^ 965*[1]. *Baudelaire a souligné ou délimité de traits verticaux, au crayon rouge et/ou à l'encre, plusieurs passages de deux articles, au recto et au verso du feuillet découpé. Le premier article (*La Langue Flamande hors la loi*) couvre les trois colonnes du recto et huit lignes du verso. Le second (*D'une nouvelle forme de la traite des blancs*) occupe un peu plus d'une colonne du verso. Un troisième article (*Comment on parvient à abrutir les masses*) ne semble pas avoir attiré l'attention de Baudelaire, qui n'y a rien souligné. Comme il traite de questions littéraires et désigne à l'aversion publique ce qui peut passer pour des égarements précurseurs du naturalisme, nous en donnons également le texte. Nous laissons tomber les derniers articles :* Travaux diplomatiques *et* Perfidies typographiques, *qui couvrent le bas de la seconde colonne et la troisième. Au-dessus du titre du journal (*Sancho. Journal du dimanche. Revue des hommes et des choses.*) Baudelaire a indiqué la rubrique :* **Immoralité Belge. Les orphelins et les vieillards en adjudication.** *Elle concerne toutefois le second article plutôt que le premier, au-dessus duquel des rubriques au crayon noir ont été inscrites :* **Patriotisme de Joly** *(à gauche, à hauteur du sous-titre du journal) ;* **Parti flamand** *(au-dessus du sommaire) ;* **Patriotisme de Joly** *(à gauche du titre de l'article) ;* **Esprit d'imitation en Belgique** *(à droite du même titre). Un papillon portant les rubriques :* **Parti dit Flamand. Patriotisme de Joly. Accusations très légitimes contre l'esprit de Singerie Belge** *est collé en haut de la première colonne de manière à ce que la suite immédiate soit le début de l'article, précédé de son titre. Dans le premier article, les deux derniers tiers du cinquième paragraphe (de* Nous avons signalé le péril *jusqu'à* province*) sont encadrés au crayon rouge et/ou à l'encre. Les citations témoignant de « l'esprit parisien » à Bruxelles sont soulignées au crayon rouge et à l'encre, de même qu'à la fin du paragraphe (*afin d'avoir le moins possible *l'air). Les deux paragraphes suivants, le sixième et le septième, sont marqués d'une ligne verticale en crochet, dans la marge de droite, au crayon rouge et à l'encre. Les deux derniers tiers du onzième paragraphe sont marqués en marge de plusieurs*

*traits verticaux au crayon rouge. Les autres passages soulignés le sont au seul crayon rouge. Concernant le second article, Baudelaire a ajouté, dans la marge de droite, les rubriques suivantes :* **Orphelins en adjudication** *(à hauteur de l'annonce publicitaire) ;* [**Barbarie, grossièreté, sauvagerie**] *(au crayon, biffé de traits verticaux à l'encre à hauteur du titre) ;* **Orphelins. Immoralité Belge** *(à l'encre, en dessous des rubriques biffées). Il a souligné au crayon rouge la fin de la première phrase et encadré au crayon rouge et à l'encre le troisième paragraphe (*« C'est la *bienfaisance officielle* (...) nouveaux maîtres »*), ajoutant, dans la marge de gauche, le commentaire suivant :* **Merveille qui ne peut avoir lieu que chez un peuple sans âme. Férocité, stupidité, avarice, avidité, bestialité réunies.**

*Texte imprimé :*

La Langue Flamande hors la loi.

Messieurs les conseillers communaux, qui siègent à l'hôtel de ville de Bruxelles, viennent de déclarer que la langue flamande est indigne de figurer sur un monument public de la capitale.

Nous avons déjà par-devers nous bien des preuves de la haute intelligence qui distingue nos municipaux, mais nous aurions pensé leur faire injure, en les supposant capables de dire à deux millions et demi de Flamands : « Votre langue n'est qu'un ignoble jargon, indigne de s'élever jamais à la hauteur et à la noblesse du style lapidaire. »

Oui ! il s'est trouvé un conseil communal bruxellois pour dire cette chose en face à la grande moitié du pays et il s'est trouvé un avocat pour justifier, dans son français équivoque, cette brutale et maladroite insulte.

Remercions d'abord MM. Delaet, Coomans, Dumortier, Kervyn de Lettenhoven, et surtout M. le ministre de l'intérieur, d'avoir protesté contre cette impertinente ânerie, au nom de la dignité du pays, de sa nationalité, que certains hommes s'efforcent de saper par tous les moyens, comme s'ils avaient mission de préparer la chute de la patrie belge et son absorption dans quelque grand troupeau ayant pour maître un berger portant un [*manque un mot*] en guise de houlette.

Nous avons déjà signalé les nombreux dangers qui environnent la nationalité belge, laquelle semble n'exister que par un miracle permanent. Nous avons déjà montré le danger qu'il y a pour un pays, de voir le flot de l'influence étrangère couvrir chaque jour de son limon malfaisant, nos habitudes, nos mœurs, nos traditions nationales. Nous avons signalé le péril d'un pays où toutes les influences de la presse, du théâtre, se trouvent aux mains des étrangers qui daignent quelquefois nous féliciter des progrès que nous faisons dans la civilisation gauloise. Nous avons des gandins et des biches, nous avons eu une exhibition de Longchamps et des troupes de grues buvant du champagne de lupanar aux yeux des badauds émerveillés. Nous attendons pour la coupe de nos idées et la forme de nos opinions philosophiques, morales et artistiques, le journal spécial français qui règle souverainement ces choses. Notre bourgeoisie va sourire aux vaudevilles parisiens écrits dans un patois spécial, qui devient une langue étrangère à Saint-Denis ou à Courbevoie ; nos ouvriers vont s'abrutir à écouter des drames où le bon sens, la logique et l'histoire reçoivent des horions pendant toute une longue soirée. Nos Rivarols de taverne émaillent leur langage hybride de ces charmantes formules qui sont, pendant quinze jours ou un mois, la quintessence de l'esprit parisien : — As-tu vu Lambert ? — Et ta sœur ? — Pourvu qu'elle soit heureuse, ô mon Dieu ! — Tu me le fais à l'oseille ! — Du flan ! — Ah ! Zut alors ! — Et toutes les spirituelles plaisanteries, qui sont de l'hébreu pour les bourgeois de Rouen, de Lyon, de Nantes, de Toulouse, de Marseille, mais dont le Bruxellois affecte de comprendre les finesses et les mystères, afin d'avoir le moins possible, *l'air* d'être de son pays et de sa province.

Dans cette œuvre de dénationalisation, les journaux, presque tous aux mains des étrangers, les théâtres, les casinos, les gravures de tailleurs et les romans à cinq centimes, avaient jusqu'ici fait seuls leur œuvre fatale et détruit, chaque jour, un linéament de notre physionomie nationale. Il ne nous manquait plus, pour hâter et précipiter ce travail, que de voir les conseils communaux travailler à franciser le pays, de telle sorte qu'un jour il ne restât plus rien à faire à ceux qui reprendront la pensée des *frontières naturelles* de la Gaule.

Lorsque nous voyons les provinces rhénanes et l'Allemagne se défendre par tous les moyens contre l'invasion des idées et des mœurs françaises, nous comprenons qu'il y a *là* une nationalité énergique et puissante qui, pressentant le péril, le repousse de toutes ses forces, par la langue, les habitudes, les mœurs, la littérature. Aussi croyons-nous à la nationalité de l'Allemagne, comme nous croyons à celle de l'Angleterre. La Belgique, qui trouvait dans ses populations flamandes un rempart, si faible qu'il fût, contre l'envahissement des mœurs et des idées gauloises, rencontre des conseillers communaux qui, au lieu de favoriser, de développer et d'agrandir ces éléments de résistance nationale, s'occupent, au contraire, à les atténuer, à les briser, afin de rendre un jour la tâche des envahisseurs tellement facile, qu'il n'y ait plus que le mot *département* à mettre à la place de celui de *provinces,* pour sceller la pierre qui couvrira la nationalité belge.

Nous disons, avec M. Coomans, que le conseil communal de Bruxelles s'est rendu coupable d'une *insolence* envers nos populations flamandes, en exigeant la radiation de l'inscription flamande sur le piédestal des deux patriotes flamands, et nous ajouterons qu'il a fait un acte coupable en blessant gratuitement des populations qui sont *l'âme* de la nationalité belge.

Nous sommes de ceux qui demandent pour la commune le plus d'indépendance possible, mais nous croyons aussi que les conseillers communaux se rendent indignes de leur mandat lorsqu'ils foulent aux pieds les habitudes, les traditions du pays et qu'ils déclarent que la langue de nos pères, celle de la patrie belge, celle des patriotes de Groeningue, de Bruges, de Saint-Quentin, de Gravelines, celle de Breydel, de Pieter De Koninck, de Marnix, de Brederode, d'Anneessens et de tant d'autres confesseurs de la nationalité belge, est indigne de figurer sur un monument public. C'est là une insolence et un acte de mauvais citoyen, contre lequel nous avons été heureux de voir protester M. le ministre de l'intérieur, qui a dû se sentir blessé dans ses plus intimes sympathies, en entendant un avocat plaider en patois marollien — que, dans sa candeur, il croit être du français de Lamartine, de Berryer ou de Jules Favre — la justice et la convenance de cette avanie faite à plus de deux millions et demi de Flamands.

Nous avons déjà, il y a quelques années, protesté contre l'inconvenance et l'injure faite à nos populations flamandes par la suppression des noms flamands des rues de la capitale. La Belgique est le *seul* pays de l'Europe, qui emploie une langue étrangère à la *majorité* de sa population pour la nomenclature de ses rues. Il semblerait, en vérité, que nous ne voulions rien laisser à faire à ceux qui rêvent la rectification des *frontières naturelles* de la Gaule. Lorsqu'une de ces impertinences gauloises nous arrive d'outre-Quiévrain, il s'élève un chœur de protestations indignées, puis, le lendemain, on n'y pense plus, et l'on s'occupe de Rigolo, de Thérésa, du *Pied qui r'mue*, des ordures vomies, avec accompagnement d'orchestre, par les drôlesses des casinos ; on va applaudir des vaudevilles idiots et des drames gâteux, arrivés de Paris, avec la dernière gravure des modes, et l'on laisse des conseils communaux effacer de leur autorité privée les noms flamands de nos rues, et déclarer que la langue de nos pères est indigne de figurer à côté de celle de nos éternels ennemis, sur nos monuments nationaux.

Nous avons droit de nous étonner que M. Anspach, l'honorable bourgmestre de la capitale, aux sentiments si éminemment patriotiques duquel nous avons si souvent applaudi, n'ait pas protesté contre l'inconcevable avanie faite gratuitement à nos populations flamandes et n'ait pas compris combien on déblaye complaisamment la voie aux redresseurs de frontières, en employant leur langue dans nos actes publics, dans les débats de nos tribunaux, de nos Chambres, dans nos théâtres, dans nos relations publiques et privées. Il n'en était pas ainsi lors des premières invasions françaises en Belgique, en 1792 et en 1794, où les sans-culottes de Dumouriez, ayant reçu des billets de logement pour la rue *Paepen Vesten* (Rempart des Moines) demandaient naïvement, dans leurs souvenirs de Carmagnole, la rue du Pape en veste. Si la Belgique est condamnée, dans l'avenir, à une nouvelle invasion d'affranchisseurs, qui nous débarrassèrent avec notre nationalité, de nos écus, de nos cloches, de nos draps, de nos toiles, de nos musées, de la fleur de notre population mâle, en même temps qu'ils fusillaient, comme *brigands*, les patriotes qui protestaient, le fusil au poing, contre ces apôtres venant nous apporter le nouvel évangile politique, qui valut à la Belgique vingt-trois années de guerres, qui dépeuplèrent et ruinèrent le pays, et l'honneur fatal de voir se terminer, dans les champs de Waterloo, la sanglante épopée de l'empire ; si une calamité pareille devait se reproduire un jour, les envahisseurs n'auraient, grâce à nos tendances gauloises, rien à changer chez nous.

Nous rappellerons à la population bruxelloise, aux prochaines élections communales, le nouveau titre que nos municipaux viennent d'acquérir aux sympathies de la population flamande, en déclarant que la langue qu'elle parle est indigne de figurer sur un monument public. Nous espérons que M. Funck, entre autres, sera récompensé ce jour-là de ses sympathies gauloises et de son dédain pour la langue parlée par plus de deux millions et demi de Belges.

*Une annonce publicitaire sépare les deux articles :* MAISON B. QUILLET. Bazar de Leipzig, 44 ET 46, RUE DE LA MADELEINE, A BRUXELLES. Grand choix de BIJOUTERIE DE DEUIL, ANGLAISE ET FRANÇAISE ; dormeuses, broches, boucles, colliers, chaînes, bracelets, croix giletières, etc., etc., etc., un véritable JAIS ANGLAIS et de PARIS. Bon marché réel.

D'une nouvelle forme
de la traite des blancs.

Nous avons, il y a quelques années, dénoncé à l'indignation publique, le scandale donné par ces administrations communales qui, à certaines époques, mettent en adjudication publique l'entretien des orphelins et des vieillards tombés à la charge des communes. Aujourd'hui le *Journal de Bruges* s'élève à son tour avec force contre cette indignité dont devrait rougir un peuple civilisé. La charité *officielle*, quoi qu'elle fasse, ne s'élèvera jamais à la hauteur de la charité inspirée par l'idée chrétienne et évangélique. La première n'a pas d'entrailles, la seconde, en secourant la vieillesse et l'enfance, accomplit un *devoir* commandé par le Christ. Ayons un peu moins de souci des nègres africains et un peu plus de sollicitude pour nos orphelins et nos vieillards, qui ne peuvent pas ni ne pourront plus s'occuper des soins matériels de l'existence. Les lignes suivantes, que nous empruntons au *Journal de Bruges*, devraient faire monter le rouge au front de tout Belge qui parle de liberté, de progrès et d'humanité, dans un pays où la loi consacre des infamies pareilles à celles que l'on va lire.

« Nous ne savons si l'objet que nous allons recommander à la sollicitude de la Chambre peut trouver sa place dans la discussion de la loi sur la mendicité ; mais on y a déjà parlé, pendant les débats, de tant de choses diverses et étrangères au sujet que nous croyons pouvoir saisir cette occasion pour réclamer l'abolition d'une coutume barbare et contre laquelle nous nous sommes souvent élevés, car elle frappe impitoyablement les deux âges les plus intéressants de la vie, l'enfance et la vieillesse.

» C'est la *bienfaisance officielle* qui est ici la coupable, c'est elle qui se montre inhumaine. Dans un certain nombre de communes des Flandres — nous ne savons pas si cette coutume existe dans les provinces wallonnes — on met en adjudication l'entretien des orphelins et des vieillards. C'est au rabais que ce marché humain, cette traite des blancs a lieu. À un jour désigné, les malheureux sont exposés dans la salle des enchères. Les amateurs arrivent, ils examinent la marchandise, interrogent les forces naissantes de l'enfant et décroissantes du vieillard, afin d'apprécier quels services ils pourront rendre. Quand l'adjudication est faite, chacun emmène son lot, et voilà les malheureux établis chez les étrangers, qui les ont pris pour le moindre prix et qui ne leur en donnent que pour leur argent. Enfin, il est possible que la vie en commun finisse par établir quelques liens affectueux entre les malheureux et la famille où ils sont entrés. La vieille femme s'attachera aux enfants qu'elle garde pendant que la mère est aux champs, l'orphelin finirait peut-être par regarder comme sien le toit où il aurait passé sa jeunesse. Mais le bail est de courte durée, et au bout d'un certain temps, enfant et vieillard sont ramenés au marché et remis en adjudication, afin de voir s'ils ne trouveront pas preneur à plus bas prix. Alors ils doivent renoncer à leurs habitudes et suivre de nouveaux maîtres.

» Il nous paraît que ce mode de procéder est très-inhumain, et nous serions heureux si, pendant la discussion de la loi sur la mendicité, une voix s'élevait à la Chambre pour flétrir cette coutume qui tend, il est vrai, à disparaître, mais qui existe encore dans plusieurs localités, à la honte d'une époque qui se vante de sa civilisation. »

Comment on parvient
à abrutir les masses.

Jusqu'aujourd'hui, les romans — quel que fût l'avilissement de leur prix — ne descendaient pas au-delà d'une certaine classe de la société. Les principes du romantisme s'étaient arrêtés heureusement à la bourgeoisie, chez laquelle on trouvait quelques types grotesques de jeunes gens ayant *du vague à l'âme,* et de femmes-anges, aunant tristement du calicot, ou pesant de la cassonade, en jetant un long et douloureux regard sur le prosaïsme étroit et le despotisme social qui les condamnaient à ces misérables soins.

Mais, depuis dix ans, l'industrie littéraire s'est singulièrement émancipée. Elle a laissé loin derrière elle toute sa friperie ossianique et nuageuse, ses anatomies du cœur, sa métaphysique de passions. Elle explore aujourd'hui les égouts sociaux, elle remue du bout de sa plume toutes les immondices qui gisent dans les lieux souterrains et ténébreux de la civilisation. Elle irrite, pour les satisfaire ensuite, tout ce qu'il y a de mauvaises passions. Elle déifie l'or, la puissance, la force ; elle dore toutes les prostitutions ; elle entoure d'une auréole d'intelligence et de force ses héros, ou si elle en accepte un moment quelques vertus modestes, c'est pour les humilier en leur montrant toute la distance qui les sépare de cette vie brillante, luxueuse qu'elle nous représente comn 'ant le prix de cette corruption qui trône aujourd'hui sans rivale.

Aussi, la gangrène, qui n'avait atteint que quelques degrés de l'échelle sociale, est, grâce à certains feuilletons de journaux, et aux romans à *dix centimes*, descendue jusqu'à cette classe du peuple que le prix des romans avait préservée de l'épidémie morale enfantée par la littérature industrielle.

La fille du peuple, de l'ouvrier, trouvant des romans à dix centimes — et ils tomberont bientôt à cinq centimes — se formera *l'esprit et le cœur* en lisant les ouvrages de M. De Montépin, Ponson du Terrail et autres teinturiers littéraires, romans fruits d'une triste dépravation intellectuelle qui emploie ses plus belles couleurs et toutes les ressources de son art à retracer des monstruosités et des impossibilités sociales — sous prétexte de faire de la peinture de mœurs contemporaines.

Or, comme chaque jour le palais du public se blase de plus en plus — malgré le haut goût des romans qu'on lui sert, ou plutôt à cause des émotions fortement épicées d'adultères, de crimes, de sang et d'assassinats dont on farcit sa portion de littérature quotidienne, il s'ensuivra évidemment : Que les cuisiniers littéraires du public augmentant chaque jour le condiment des émotions les plus épicées, nous ne savons plus trop où le dévergondage s'arrêtera.

Mais la statistique des cours d'assises nous l'a déjà dit.

**149** *La rubrique (***Locutions Belges***) figure en haut à gauche. Dans la partie supérieure droite, Baudelaire a écrit :* **Lettre d'un solliciteur interrogé sur ses opinions. Gand 8 juillet 1864**[1].

*Texte imprimé :*

Dans les temps où nous vivons il faut se décider. Qu'êtes-vous? Libéral ou Ultramontain? Vous comprenez que lorsqu'on a à choisir entre deux candidats on donne la préférence à son ami politique. Cela est si naturel, monsieur! Allons, dites-moi, à quel parti appartenez-vous?

Je l'écoutais avec stupéfaction. Je pouvais, en palliant un peu la vérité, me conserver les sympathies de cet homme qui disposait d'un grand crédit. Je n'avais posé aucun acte qui pût inexorablement me classer dans l'un ou l'autre camp : mais tandis que lui me parlait avec cette franchise que je ne pouvais m'empêcher d'admirer, pouvais-je moi mentir à ma conscience et m'humilier devant lui? Je voulus être franc avec lui comme il l'était avec moi.

150 *La rubrique (***Locutions Belges***) figure en haut à gauche*[1]. *Passages soulignés à l'encre.*

*Texte imprimé :*

Passons donc carrément à autre chose, au langage qui court les rues.

Pour Dieu, ne dites donc plus :

À la Zoologie........

Oui, sûr......

Quelle jolie calvacade!...

Si j'aurais su ça!...

Ça est une fois drôle!

Si vous pourreriez ou si vous pouvreriez....

Sur ma chambre......

Venez-vous avec?......

Je l'ai parlé.......

Je m'en rappelle......

Je l'ai répondu.....

Dans toute l'acceptation du mot....

Oui, savez-vous...

Etc., etc.

Parlez le flamand ou le français, mais gardez-vous, nous vous en prions, de parler ces deux langues ensemble.

Oh ! si vous saviez combien ce langage défigure une jolie bouche, et quel coup d'assommoir on reçoit, lorsqu'on entend dire :

Voilà une belle potographie pour une belle photographie, ou un œuf d'autriche pour un œuf d'autruche.

Dites au moins :

Au Jardin Zoologique....

Oui, sûrement.... (si vous y tenez, car *oui* suffit.)

Quelle jolie cavalcade !...

Si j'avais su cela !....

Si vous pouviez.....

Dans ma chambre.....

Venez-vous ? ... (*ou*) Venez-vous avec moi ?....

Je lui ai parlé....

Je me le rappelle.....

Je lui ai répondu.....

Dans toute l'acception du mot.....

Oui....

154 *Les rubriques (***Grossièreté flamande. Aménité de confrère.***) figurent en haut à gauche*[1].

*Texte imprimé :*

Le journal la *Paix* souhaite en ces termes la bienvenue au nouveau journal le *Catholique* :

« On nous demande ce que nous pensons de la fondation de plusieurs journaux catholiques qui vont faire appel à la confiance ou à la curiosité du public. Pourquoi hésiterions-nous à répondre ? Il ne nous est pas démontré que ces journaux fussent nécessaires. Tant de coqs sur un même fumier auront de la peine à y vivre, si une nourriture extraordinaire ne leur est procurée. Mais c'est leur affaire, non la nôtre. »

Fumier ! le mot est dur pour les clients des feuilles cléricales. Si jamais nous avions osé le dire, comme on nous aurait malmenés !

La boutade de M. Coomans, si disgracieuse qu'elle soit dans la forme, a ceci d'édifiant qu'elle démontre que, dans le camp catholique, l'apparition de nouvelles recrues est regardée non comme une bonne fortune, mais comme un danger. Ce ne sont pas des soldats qui viennent apporter leur part de forces au combat catholique, ce sont des coqs qui viennent accaparer le fumier.

Oh, les questions de boutique !

155 *La référence (***Indépendance belge, 20 janvier 1865***) figure en haut à gauche*[1]*. Traits au crayon rouge aux bords inférieur et supérieur; traces de crayon rouge sur les deux autres côtés. Passages soulignés à l'encre. Sous les références, à gauche, en regard de la coupure et au bas du feuillet, Baudelaire a écrit :* **Tact remarquable des écrivains français correspondants de l'*Indépendance* à propos de la mort de Proudhon. Peut-être l'article est-il d'un vaudevilliste qui se fait à lui-même une réclame. Il aimait sa famille, ce monstre ! Comme Catilina, ce qui a tant étonné M. Mérimée**[2].

*Texte imprimé :*

NOUVELLES DE FRANCE.

(*Correspondance particulière de* L'Indépendance.)

Paris, 19 janvier.

L'événement qui, bien que prévu, a le plus généralement occupé le public aujourd'hui, a été la mort de M. Proudhon. L'individualité de cet écrivain est trop connue pour qu'il y ait lieu de la préciser ici ; il a été longtemps l'épouvantail des classes bourgeoises et des esprits conservateurs, et cette célébrité lui avait valu, après 1848, de figurer dans un vaudeville aristophanesque intitulé : *La Propriété c'est le vol*[3]. L'acteur Delannoy reproduisait de façon exacte les traits connus du terrible socialiste ; mais un couplet très-courtois adoucissait, à la fin de la pièce, l'amertume des traits dirigés contre lui. On sait que M. Proudhon avait changé tout à fait d'idées dans ces dernières années et qu'il s'était rencontré plus d'une fois avec les feuilles légitimistes ou cléricales sur un terrain commun, notamment pour combattre l'unité italienne[4]. Mais si bizarres qu'aient pu paraître les revirements de l'esprit de M. Proudhon, on n'est pas plus en droit de refuser la bonne foi à ses évolutions politiques que le talent à l'écrivain. M. Proudhon meurt comme il a vécu, pauvre : et lui, qui semblait vouloir aspirer à dissoudre la société, a paru tenir, jusqu'au dernier moment, à conserver les consolations de la famille[5]. Ses obsèques auront lieu demain.

156 *La référence (***Espiègle,* **12e année, n° 8***) figure en haut à gauche*[1]*. Traces de crayon rouge aux bords inférieur et supérieur. Deux mots soulignés à l'encre. A gauche, en regard du texte imprimé de l'article, Baudelaire a écrit :* **Accusations possibles en Belgique (on colporte bien dans les rues, grâce à la liberté belge, des écriteaux, annonçant que M. X.... est cocu). Aucunes réclamations, aucune vengeance, aucun procès. Quelle idée devons-nous nous faire de l'accusateur, et de l'accusé qui supporte l'accusation ?**

*Texte imprimé :*

HISTOIRE TOUCHANTE.

Un auteur timbrait 2.000 exemplaires d'un ouvrage. Malheureusement il s'absenta pour déjeuner, et laissa son timbre.

A quelque temps de là, la maison*** faisait ses comptes. Un associé honnête voit qu'on a tiré 3,500 exemplaires. Il s'indigne, jette les livres sur le nez de la raison sociale, qui a le poil et la voix d'une fouine, lui poche un œil, et déclare se retirer de la société.

Que dites-vous d'une maison qui a 1.500 feuilles toutes prêtes à tirer, pendant un déjeuner ? Si l'auteur n'était revenu qu'après dîner, combien en aurait-on tirées ?

Où croyez-vous que cela se soit passé ? Dans la forêt de Bondy ? qu'importe ! Après de pareils coups, on est bien digne de s'enrichir avec les misérables[2].

163 *Baudelaire a inscrit la référence et la rubrique à gauche (***Sancho.** **25 sept. 64.** **BEAUX-ARTS ET ÉCHANTILLONS DE LA**

**DÉLICATESSE DE LA CRITIQUE BELGE**)[1]. *Les premiers mots (ici entre crochets) sont biffés à l'encre. Traces d'encadrements au crayon rouge, une ligne passant sous les mots biffés, en haut de la coupure, une autre entre les deux paragraphes, une troisième en dessous. En bas du texte, partiellement coupé par les ciseaux, imprimé en italiques : (La suite au prochain numéro).*

*Texte imprimé :*

[tonalité un peu systématique pour être vraie]. Quant à MM. Corot, Delacroix et Diaz, nous croyons que leurs tableaux étaient destinés à quelque exposition de la Nouvelle-Galles du Sud ou de Tombouctou, et que c'est par erreur qu'ils sont arrivés à Bruxelles[2]. Ces messieurs ont vu dans la lune peut-être, ou ailleurs, une nature qui n'a rien de commun avec celle que nous voyons tous les jours : arbres, ciels, animaux ne sont pas de notre monde; nous nous abstiendrons donc de juger ces œuvres qui, après tout, ne sont peut-être qu'un piège tendu à notre naïve crédulité flamande.

Est-ce que la commission de l'exposition est bien certaine que le tableau de Courbet, représentant deux *Gougnottes* — les initiés comprendront ce mot, inventé pour les besoins de la chose, dans quelque lupanar de bas étage — était destiné à une exposition publique ? A une maison publique, à la bonne heure !

167 *La référence (***L'Espiègle,** **janvier 1865***) figure en haut à gauche*[1]. *En haut à droite, Baudelaire a écrit :* **Nouvelles à la main,** *souligné. Les deux extraits sont séparés par une ligne pointillée à l'encre. Ils ont été encadrés au crayon rouge avant d'être découpés. Les cinq derniers mots (ici entre crochets)* ne sont pas dans l'encadré. Dans la marge de gauche, Baudelaire a ajouté : **Le ton badin et ESPIÈGLE vis-à-vis du pape. La grande plaisanterie belge, la plus raffinée, à l'égard du pape est de l'appeler *pio nono*[2]. Écrire le nom du pape en italien, c'est pour le troupeau des singes belges le moyen infaillible de le rendre ridicule.**

*Texte imprimé :*

Saint père, vous êtes un grand homme ! Un peu pleurnicheur, mais au fond, pas trop mauvais garçon; têtu, mais assez tolérant pour sacrer un coquin — vous l'avez prouvé —; cupide, mais généreux envers votre entourage; despote, mais — ah! ici, il y a peu de restrictions! — permettant une maîtresse ou deux à vos cardinaux; radoteur, mais vous aimez les positions nettes. Saint père, je vous admire!

. . . . . . . . . . . . . . . . . .

Voilà ce que c'est, j'avais préparé un compte rendu du cirque de M. Loisset[3], qui est décidément des plus amusants, et voici que l'encyclique de cet aimable vieillard, vulgairement appelé Pie IX, m'a pris toute ma place[4]. Lecteurs, vous l'aurez la semaine prochaine, pour vos étrennes. [Permettez, avant que je termine,]

168 *La référence (***Le Grelot, 1er janvier. 65.***) figure en haut à gauche*[1]*. Une ligne pointillée à l'encre au-dessous de la première coupure; une autre entre les deux coupures. Baudelaire a biffé à l'encre les premiers et derniers mots de la première coupure (ici, entre crochets).*

*Texte imprimé :*

. . . . . . . . . . . . . . . . . . . . . . . . .

[brouiller dans le chaos où vient de le jeter] l'auguste et doux vieillard, Pie neuf, passé, suivant l'expression d'un orateur toujours écouté, à l'*Ancienne Carpe*[2], à l'état de vieille pie. [Nous citons ce]

. . . . . . . . . . . . . . . . . .

*Quos vult perdere Jupiter dementat*, et Pio déménage.

169 *La rubrique (*(**Sociétés impies**)*) figure en haut à gauche. Puis, en dessous :* ***L'Espiègle*** **(février 1865) se félicite de la rapidité du progrès Belge**[1]. *Traces de crayon rouge en haut et en bas de la coupure. Ligne verticale à l'encre dans la marge de gauche. Passages soulignés deux fois, au crayon rouge et à l'encre.*

*Texte imprimé :*

Le *Journal de Bruxelles* et son sosi, le *Journal de Liège*, n'ont vraiment pas de chance. Plus ils crient contre l'athéisme, plus le nombre des athées augmente. Ce que c'est que la discussion, et dès qu'elle se fait comme elle a vite raison de ces philou-sophes, comme dit le père Hugo. Cela pour en venir à ceci. La *Société des Athées* a été constituée lundi dernier. Elle n'admet aucune espèce de culte. A la *Libre Pensée*, aux *Libres Penseurs*, aux *Affranchis* et aux *Solidaires*, les déistes sont admis ; la *Société des Athées*, plus radicale, n'admet que les athées. Les lettres d'adhésion pleuvent de tous côtés. L'Allemagne, la Suisse, l'Espagne, la France, l'Amérique et l'Angleterre sont déjà représentées par les noms de leurs plus grands penseurs.

170 *La référence (*L'Espiègle, **12e année, nº 8***) figure en haut à gauche*[1]. *En haut à droite, Baudelaire a noté :* (**Récit, par** ***L'Espiègle,*** **de la mort de l'archevêque de Paris**). *Traces de crayon rouge en haut des deux morceaux ; Baudelaire a souligné à l'encre le mot* bahut, *au début, et indiqué en regard, à gauche, dans la marge :* (**veut dire pension**) ; *la fin du premier paragraphe est soulignée à l'encre. La phrase :* Une balle perdue *(...)* sermon *est encadrée au crayon rouge ; Baudelaire a biffé les derniers mots (ici entre crochets) et ajouté à gauche, dans la marge, le commentaire suivant :* **Échantillon de style Belge, de délicatesse Belge, d'élévation Belge, etc.... Prêtrophobie.** *La coupure est collée au verso d'un feuillet imprimé complété à la main (les parties écrites à la main figurent ici en italique) :* CHAMBRE DES REPRÉSENTANTS Séance de la *1re* Section. Le *29 Juin* 1865, à *1 3/4* heure[*s*]. *Autoriser la lecture d'une proposition de loi.* MONSIEUR *Muller*[2].

*Texte imprimé de la coupure :*

Le dimanche suivant il n'y eut pas de messe au bahut, faute d'assistants ; en revanche Monseigneur Affre essayait de prouver aux insurgés qu'il vaut mieux, chrétiennement parlant, mourir de faim avec résignation que de mourir d'un coup de fusil : une balle tuant son homme du coup, elle ne laisse pas le temps à ses victimes de méditer suffisamment sur l'inégalité des *races*, et sur la honte du créateur qui nous a mis au monde pour souffrir ; la faim au contraire y met des formes, on se sent partir, la foi s'affermit à mesure que le corps s'affaiblit, le *pain des anges* arrive juste au moment où l'on n'en a plus besoin, et le tour est fait : voilà une poule qui a été plumée sans crier. La *morale* du siècle était ainsi sagement résumée : prêtres et soldats, bourreaux de l'humanité, se trouvaient en présence pour jouer leur rôle infâme et complémentaire si peu compris même de nos jours. Et l'on entendait le général hurler au peuple souverain : viens donc que je te tue pendant que le prêtre lui disait béatement : rends-toi, et reprends tes fers, car si tu meurs dans la rue, ta dépouille, comme celle des chiens, ne me rapportera rien.

Une balle perdue interrompit ce beau sermon ; le soldat accomplit son œuvre : [le faubourg Saint-]

171 *La rubrique (***Prêtrophobie.** ***Le Jésuite.****) figure en haut à gauche. La référence (****L'Entracte,*** **18 août 1864** *[le* **4** *surcharge un* **5***]) en haut à droite*[1]*).*

*Texte imprimé :*

Le drame le *Jésuite*[2], joué, samedi 6, devant une salle qui regorgeait de spectateurs jusque dans les jardins, a été rendu de façon à lui assurer une longue suite de représentations. M. St-Martin, chargé d'interpréter le rôle extrêmement ingrat du jésuite Judacin, est parvenu à soulever les bravos enthousiastes et unanimes de la salle, malgré la légitime répulsion qu'inspire son personnage. Il est vrai que ce ne sont pas toujours des bravos qu'on décerne à Judacin ; le public ne saurait applaudir autrement qu'il ne le fait les infâmes machinations d'un homme dont la vue seule révolte tous les sentiments généreux ; mais l'artiste sait comment il doit interpréter les *sourds murmures* et les anathèmes dont on couvre le jésuite, si peu soucieux d'honorer la robe dont il est revêtu ; les malédictions se changent en lauriers quand St-Martin les relève.

172 *La rubrique et la référence (***Jésuitophobie.** ***La Paix,*** **31 juillet 1864***) figurent en haut à gauche*[1]*. Des traces de crayon rouge suivant le bord gauche et le bord supérieur. Passages soulignés au crayon rouge.*

*Texte imprimé :*

Le Jésuite est la principale marionnette des saltimbanques doctrinaires ; il joue exactement le même rôle que le diable dans *Pir*

*Jan Klaes*[2]. Quand l'artiste-improvisateur qui tire les ficelles derrière son théâtre portatif, s'aperçoit que les rangs des badauds s'éclaircissent et que les baillements l'emportent sur les applaudissements, il se hâte de remettre en scène son grand diable noir qui, gueulant et frappant de toutes ses forces, retient ou ramène le public enfantin.

Ainsi font les directeurs de la comédie doctrinaire. Voyant la foule déserter leur boutique, ils ont déposé dans un coin la *Civilta*, la *Main-morte*, la *Tyrannie Féodale*, la *Condition Clérico-Républicaine* et autres pièces d'un répertoire usé, et les voilà qui brandissent, d'une main terrible, le mannequin-Jésuite, cet affreux avale-tout qui captera tous les héritages libéraux si le programme-Dechamps est accepté par la Couronne et le pays.

A cette vue, les enfants, grands et petits, s'émeuvent, écoutent, gémissent, pleurent et rient à la fois, et les liards pleuvent dans l'escarcelle de l'histrion.

Sans le Diable, la farce de *Pir Jan Klaes* est impossible ; — sans le Jésuite, le parti ministériel ne régnerait pas six mois. Cette vérité est très sérieuse, quoique représentée sous une forme qui ne l'est pas.

Le Jésuite tient en haleine, à cette heure, et épouvante utilement la population gantoise, qualifiée d'*intelligente* par des meneurs qui la traitent comme la partie la moins éclairée du globe. Le Jésuite n'est pour rien dans le procès-De Ryckere[3], ils le savent bien ; ils n'y croient pas plus qu'ils ne croient au Diable, mais ils croient à la sottise du public, et cette croyance les sert et les sauve dans toutes les grandes occasions.

Les hommes sensés se disent : le doctrinarisme et la captation n'ont rien de commun. Au lieu de nous jeter dans le doctrinarisme pour éviter la captation, nous aimons mieux nous prémunir contre l'un et l'autre, et nous délivrer des deux à la fois. Les électeurs doivent renverser le doctrinarisme, et les tribunaux ont pour mission de faire rendre gorge aux capteurs quelconques.

Ainsi parlent les gens sensés, mais ils sont en minorité ici-bas, depuis Salomon, depuis Adam peut-être, et les imbéciles ont toujours pris le haut du pavé, en vertu de cet axiome politique que la force et le droit sont du côté des gros bataillons. Les imbéciles crient à tue-tête : il n'y a que des ministres doctrinaires qui puissent empêcher les De Ryckere d'exhéréder leur famille, — et ils ne remarquent même pas que feu M. de Ryckere a fait son testament sous le règne de M. Tesch[4] !

173-174 *La rubrique (*IMPIÉTÉ BELGE*) figure en haut à gauche du f[t] 173. Les références (***Le Grelot, Charivari belge,*** **tirage 282397, jeudi 15 sept. 1864***) sur le même feuillet, en regard de la coupure*[1]*. Passages soulignés au crayon rouge. Au second paragraphe, au passage souligné* tous au plus laids, au plus décatis, au plus racornis, *se rapporte, en regard, dans la marge, le commentaire :* **Style Belge.**

*Texte imprimé :*

## UNE PROCESSION

Je ne sais si c'est par esprit de justice, je ne sais si j'ai le caractère mal fait, si j'ai un hanneton dans le plafond, mais je ne puis jamais regarder une procession sans rire et sans prendre l'humanité en pitié. Rien ne me semble plus grotesque ni plus cynique à la fois.

On nous dit, ce monsieur habillé d'or et d'argent, qu'abrite un dais chargé d'or et porté par quatre ou huit hommes, tous au plus laids, au plus décatis, au plus raccornis, cet homme dans cet ostensoir d'or, porte le vrai, le seul Dieu. Il sue, le porteur, il est fatigué, il se dépite si un sombre nuage obscurcit le ciel, si une voiture traverse le cortège ou si un insouciant garde son chapeau sur la tête, et cependant il tient le maître suprême en ses mains et il est impuissant à dissiper le nuage, à arrêter la voiture, à forcer l'insouciant à se découvrir.

A quoi sert donc de se loger dans une hostie si on ne se fait pas respecter plus que cela. A quoi sert-il d'être Dieu, si on ne peut même pas empêcher celui qui vous porte, d'avoir de vous plein le dos ?

Et si l'on est Dieu, pourquoi se faire entourer de tant d'affreux crétins.

Car, regardez une procession, examinez chacune des têtes des porte-cierges : il n'en est pas une seule qui n'excite la pitié, le dégoût ; le mépris ou la défiance. La plus honnête est celle qui n'est que sournoise.

Et voilà le cortège du vrai Dieu, du maître du monde : des crétins plus laids que le péché. Mais, pardon il en est d'autres : Les musiciens. Des pompiers, ou la musique militaire d'une légion quelconque de la garde civique.

Écoutez-les :

Dieu s'avance au son d'un pas redoublé ; les fervents écoutent et entendent la suave harmonie, qui chante les louanges du Seigneur, sur l'air :

En jouant du mirlitir,
En jouant du mirliton.

L'harmonie a cessé, elle est remplacée par la caisse roulante, destinée à entretenir la ferveur dans les âmes. Des chants nasillards lui succèdent et perpétuent ce mystère non expliqué : Tous ceux qui chantent l'hymne divin, le chantent du nez. On croit qu'ils ne le chantent pas du cœur.

Mais le cortège a pris une allure nouvelle, on le dirait saisi d'un saint transport :

C'est l'harmonie qui recommence son concert à l'intention de plaire au Seigneur.

Vive la Polka,
J'aime cette dans'là.
Vive la Polka,
La Mazurka, etc.

Et tout le monde se trémousse et les jeunes vierges qui portent les attributs de toute sorte, attributs divins et célestes, rêvent plus à la polka de la 3e légion, qu'aux chants des légions d'anges du Paradis. Celui qui porte Dieu ne sourcille pas ; il regarde, compte et note ceux qui se prosternent, et sa poitrine se gonfle d'orgueil en raison du nombre des agenouillés. Il gouaille mentalement l'autorité militaire qui lui envoie ses soldats, l'autorité civile qui lui envoie ses pompiers, et la 3e légion de la garde civique qui lui prête ses musiciens. Lui seul est dans le vrai : il raille et recueille les bénéfices du scandale qu'il promène par les rues.

Nous savons qu'on va crier à l'impiété : mais quel est donc le plus impie des deux, de celui qui crie à l'insulte quand il voit le ridicule dont on entoure le vrai Dieu, puisque vrai Dieu il y a, ou de celui qui fait jouer des contredanses, des polkas et des rondes grotesques, pour donner plus d'éclat au cortège de la divinité enfermée dans un peu de farine mouillée à l'eau tiède et séchée au four, et faire arriver ainsi l'argent des croyants dans l'escarcelle du presbytère.

S'il y a un Dieu vrai, quand il passe, nous voulons qu'il se manifeste dans toute sa gloire et que la musique de la 3e légion ne le précède pas, si celui qu'on promène n'est pas le vrai, nous demandons que ceux qui le promènent fassent cesser ce scandale, par ordre de l'autorité.

175-176 *Baudelaire a écrit dans la marge, en regard du texte imprimé, les références de la revue :* ***Le Libre Examen, Journal Rationaliste,*** **10 déc. 1864. Se vend chez F. Claassen 2. Rue Cantersteen** [1], *et, en dessous, le résumé suivant :* **Les libres penseurs furieux à cause des 1000 fr. donnés par le Roi à** [***l'institution de***] **⟩l'association⟨ de Sainte Barbe** [2]. *Passages soulignés au crayon rouge.*

*Texte imprimé :*

On lit dans le *Journal de Bruxelles :*

Le Roi vient de faire parvenir, par l'entremise de M. le doyen de Bruxelles, au Conseil général de l'Association de Sainte-Barbe, récemment fondée à Bruxelles, une somme de mille francs. Ce don est accompagné de la lettre suivante :

« Bruxelles, 30 novembre 1864.

» Monsieur le doyen,

» Le Roi, qui applaudit à toutes les nobles entreprises de la charité, a vu avec grand plaisir la création récente de l'Association de Sainte-Barbe, dont le but est de seconder les zélés efforts du clergé pour procurer aux classes nécessiteuses les secours durant la maladie et donner, après la mort, à leurs obsèques et à leur enterrement un caractère religieux, digne de la fraternité chrétienne. Raviver, dans cette direction, la charité évangélique, c'est répondre dignement à ces hommes insensés qui, sous le prétexte de civilisation et de progrès, voudraient pousser la société hors des voies du christianisme, au risque certain de la voir bientôt retomber dans la barbarie !

» Sa Majesté, voulant donner un encouragement direct à l'œuvre, me charge, Monsieur le doyen, de mettre à votre disposition une somme de mille francs (1,000), que j'ai l'honneur de vous faire parvenir avec cette lettre.

» Agréez, Monsieur le doyen, les nouvelles assurances de mes sentiments les plus dévoués.

» L'intendant de la liste civile,

» V[te] DE CONWAY »

Cette lettre, publiée complaisamment par toutes les feuilles catholiques tandis que la presse libérale.

Imite de Conrard le silence prudent.

fait à Bruxelles, en ce moment, l'objet des commentaires les plus passionnés.

Chacun connaît l'origine de l'excellente institution à laquelle le roi vient de donner un témoignage de sa haute sympathie : de l'aveu même des catholiques, l'association de la sainte Barbe est destinée à contrebalancer l'influence toujours croissante des libres-penseurs. Nous-mêmes avons franchement applaudi à sa création, nous félicitant de ce que désormais, grâce aux « ravages » de la *Libre-Pensée,* les catholiques pauvres ne seraient plus enterrés comme des chiens. Il est donc tout naturel que le roi s'intéresse au sort des catholiques pauvres, et par conséquent abandonnés de leurs prêtres avides, comme il le ferait certainement à celui des libres-penseurs si demain, par impossible, cette autre catégorie de ses sujets voyait, par exemple, les corps de ses membres jetés à la voierie par un clergé fanatique et intolérant. Nous ne voyons donc rien d'extraordinaire à l'acte de royale charité révélé par la lettre de M. le vicomte de Conway, envers une institution qui, sans nous, n'eût peut-être jamais existé.

Mais autant la première phrase de la lettre en question nous paraît conforme aux vrais principes, autant la suite nous semble dictée par une véritable aberration politique. En effet, la Constitution belge, dont le roi est, en définitive, le gardien par excellence, proclame la liberté des cultes, et le nom du christianisme n'y est même pas prononcé.

C'est donc, nous le répétons, par une véritable aberration politique que le chef d'un État constitutionnel comme la Belgique, intervient dans un débat de ce genre. en définitive tout philosophique, au grand péril de sa sagesse proverbiale et de sa popularité.

Nous ne comprenons pas — et nous le disons avec satisfaction — personne en Belgique n'aura compris que le chef suprême de l'autorité civile, laïque, vienne jeter dans la balance de nos discussions philosophiques, son sceptre enroulé d'un billet de mille francs.

177 *La référence (***Libre Examen, 1er juin 64***) figure en haut à gauche*[1]. *Et, en dessous :* **Lettre d'un abonné contre une institutrice catholique. Toujours l'affirmation que rien ne vaut mieux que** ***la vie naturelle.*** *Baudelaire a coché le mot* modérées *au premier paragraphe. Passages soulignés au crayon rouge.*

*Texte imprimé :*

Gand, 25 mai 1864.

Monsieur le Rédacteur,

J'ai lu avec plaisir vos articles bibliographiques sur l'ouvrage de Mlle Van Biervliet[2] ; vous êtes le premier qui ayez dénoncé au public les théories développées dans cette œuvre inqualifiable, et je vous remercie de cette bonne action. Cependant, j'ai trouvé vos appréciations trop modérées ; vous auriez pu qualifier sévèrement les idées émises par Mlle Van Biervliet. C'est une honte de voir des sentiments contraires à la nature et à toutes les lois du cœur et de l'affection étalés dans un livre destiné à l'éducation.

Un journal de Bruxelles a dit : « Les théories de Mlle Van Biervliet font penser aux filles de Lesbos et on se demande comment de pareilles appréhensions peuvent naître dans l'esprit d'une femme qui élève des jeunes filles ; à moins d'être privé de tout sens moral et n'avoir qu'un missel à la place du cœur, on n'écrit pas de pareilles choses. »

En effet, Mlle Van Biervliet a insulté avec un égoïsme révoltant l'amour maternel, l'amitié, en un mot tout ce qui est vraiment saint et digne de respect. Je me demande, Monsieur le Rédacteur, comment le gouvernement peut encore conserver sa protection à l'établissement que dirige Mlle Van Biervliet à Thielt ; comment un établissement où l'on enseigne des doctrines contraires à la Constitution, où l'on représente tout ce qui n'est pas orthodoxe comme indigne de respect, où l'on insulte au patriotisme, comment un établissement pareil est-il patronné, adopté par le gouvernement ! C'est monstrueux ; l'établissement ou les établissements de Mlle Van Biervliet devraient être signalés comme des lieux dangereux.

Si je mets peu de modération dans la forme, c'est qu'il m'est impossible de contenir ma légitime indignation. L'auteur du livre dont il est ici question ne mérite guère de ménagement. Quand une femme ose écrire qu'une jeune fille qui n'a plus de chapelet entre les mains « *est une fille perdue* » et que si elle n'a pas des idées ultra-catholiques c'est qu'elle est déjà passée par le *souffle des désirs ;* quand une femme écrit ces choses et tant d'autres, oubliant ce qu'elle doit à son sexe, la galanterie doit disparaître, elle serait même déplacée. Voilà pourquoi je trouve, Monsieur le Rédacteur, que vous avez été trop modéré dans vos critiques.

Votre bien dévoué, P. R.

L'espace nous manque pour répondre à notre correspondant, mais nous lui promettons de revenir prochainement sur le livre de Mlle Van Biervliet.

178 *La référence (***Sancho, 25 sept. 64***) figure en haut à gauche, avec au-dessus, encadrés, les mots :* **article important**[1]. *Traces de crayon rouge sur le bord gauche et le bord supérieur.*

*Texte imprimé :*

Simples questions à propos de la loi sur les cimetières[2].

Pourquoi donc ces vaillants libres-penseurs, ces intrépides solidaires qui raillent et gouaillent si vertement les rites et les cérémonies des catholiques, tiennent-ils à *déshonneur* d'être enterrés dans le coin du cimetière que la parole du prêtre n'a pas consacré ?

Pour être conséquents et logiques, ne devraient-ils pas, au contraire, tenir à l'honneur d'être enfouis dans la seule partie du cimetière qui n'ait pas été *déshonorée par les mômeries des prêtres catholiques ?*

Pourquoi donc les libres-penseurs et ces grands philosophes qui ont découvert : *que la paix de l'âme se puise dans la négation de Dieu* — une des maximes pratiquées par défunt Latour — pourquoi donc respectent-ils les cimetières des protestants et des juifs et tiennent-ils à aller faire leurs ordures sur le paillasson des catholiques, auxquels ils accordent l'agréable préférence des embêtements d'outre-tombe ?

Nous avons posé ces questions à quelques libres-penseurs qui n'en sont pas à insulter Dieu au bord d'une tombe, et tous sont restés muets comme des représentants gantois.

179 *Brochure de huit pages donnant les statuts de* La Libre Pensée [1]. *Couverture jaune portant* LA LIBRE PENSÉE, ASSOCIATION POUR L'ORGANISATION DES ENTERREMENTS CIVILS, Fondée à Bruxelles, le 19 janvier 1863. STATUTS, (Modifiés par les Assemblées Générales des 11 Mars et 1er Décembre 1863). BRUXELLES, IMPRIMERIE DE M.-J. POOT ET COMPAGNIE, Vieille-Halle-au-Blé, 31. 1864. *La brochure porte un seul chiffre de la main de Poulet-Malassis sur la page de couverture :* 179. *Georges Vicaire a folioté de* 179A *à* 179E *les feuillets suivants. La première page (*179A*) reprend la page de couverture. Le texte des statuts commence à la troisième page (*179B*) et se poursuit jusqu'à la page 8 (verso de* 179D*). Passages soulignés au crayon rouge. Un point d'interrogation au même crayon rouge dans la marge de gauche en regard de la seconde phrase de l'article 8, qui concerne l'enterrement des* personnes étrangères à la société.

*Texte imprimé :*

LA LIBRE PENSÉE,
ASSOCIATION POUR
L'ORGANISATION DES ENTERREMENTS CIVILS.

---

STATUTS.

---

ARTICLE PREMIER.

La Société prend pour titre : *La Libre Pensée ;* elle a pour unique but l'organisation des enterrements civils. Ses Membres prennent l'engagement d'y concourir dans la force de leurs moyens ; c'est la seule obligation qu'elle leur impose. Elle respecte la liberté individuelle, mais elle entend aussi faire respecter la volonté du défunt, quand cette volonté a été librement exprimée.

ARTICLE 2.

La Société se charge des frais relatifs à l'enterrement de ses Membres effectifs.

Tout Membre qui aurait, en mourant, accepté l'intervention du ministre d'un culte ou serait enterré avec son concours, perdra tous ses droits à l'assistance prémentionnée.

ARTICLE 3.

Les Membres seront invités à assister à chaque enterrement organisé par les soins de la Société.

ARTICLE 4.

Toute personne, sans distinction d'âge ni de sexe, pourra être admise au sein de la Société, sur la présentation d'un Membre. Les candidats âgés de moins de dix-huit ans ne pourront être admis s'ils ne sont présentés par leurs parents ou personnes en tenant lieu.

Toute présentation devra être signée de la personne présentée et portée à la connaissance des Membres de la Société avant la séance d'admission ; cette admission sera prononcée, à la majorité absolue des suffrages, par la Commission Directrice. Une lettre de cette dernière en informera les candidats.

ARTICLE 5.

Les Sociétaires âgés de moins de dix-huit ans ne peuvent assister aux réunions sans l'autorisation de la Commission directrice ; ils n'ont, dans aucun cas, le droit de voter ni de discuter.

ARTICLE 6.

L'Association se compose de Membres effectifs et de Membres honoraires ; ces derniers sont les adhérents habitant en province ou à l'étranger ; la Société leur prêtera son concours pour l'organisation de sous-comités directeurs à établir dans leurs localités respectives. Les Membres honoraires de province pourront obtenir, en cas de besoin, le matériel portatif de la Société.

ARTICLE 7.

La cotisation annuelle, payable en une fois et par anticipation, est de cinq francs pour les Membres effectifs, et de deux francs cinquante centimes pour les Membres honoraires de province. Il sera loisible à la Commission Directrice d'exempter jusqu'au 1er janvier suivant les personnes admises dès l'assemblée générale de novembre.

Sont exempts de toute cotisation :

1° Les Membres honoraires de l'étranger, leur femme et leurs enfants ;

2° La femme et les enfants de tout Membre honoraire de province, moyennant sa seule cotisation ;

3° La femme et les enfants de tout Membre effectif payant pour trois personnes.

La femme et les enfants, ainsi admis sur présentation régulière, jouiront des mêmes droits que le père de famille, quel que soit leur nombre, pourvu qu'ils habitent sous son toit.

Tout Membre en retard de paiement pendant trois mois, ou refusant d'acquitter sa cotisation, sera considéré comme démissionnaire.

### ARTICLE 8.

Les Associés choisissent parmi eux une Commission Directrice chargée de l'exécution du règlement. Cette Commission aura la faculté de pourvoir à l'enterrement de personnes étrangères à la société, pour autant qu'elles se trouvent dans les conditions mentionnées à l'article 2.

### ARTICLE 9.

À la séance du mois de décembre, il sera procédé au renouvellement des Membres de la Commission Directrice ; ces Membres sont rééligibles.

La séance générale de décembre est obligatoire ; les Membres effectifs qui, sans en avoir prévenu la Commission Directrice, n'y assisteraient pas, paieront une amende d'un franc.

### ARTICLE 10.

La Commission Directrice est nommée à la majorité absolue des voix ; elle est composée de neuf Membres, dont un Président, un Vice-Président, un Secrétaire, un Secrétaire-Adjoint, un Trésorier et quatre Membres suppléants. Les Membres de la Commission se partagent ces diverses fonctions, mais le Président est désigné spécialement par le vote de l'assemblée.

ARTICLE 11.

La Commission nomme un Directeur des funérailles, qui se charge de toutes les démarches relatives aux enterrements. Ce Directeur pourra être rétribué, si la Commission le juge nécessaire.

ARTICLE 12.

Les Assurés se réunissent en assemblée générale tous les mois.

ARTICLE 13.

Chaque année, à la séance de décembre, la Commission Directrice rend ses comptes et présente un rapport sur les faits de nature à intéresser les Associés. La Commission pourra faire imprimer les rapports et même publier, aux frais de la Société, un bulletin ayant pour objet de faire connaître ses actes et de défendre ses principes.

ARTICLE 14.

Aucune exclusion ne pourra être prononcée qu'en assemblée générale, à la majorité absolue des suffrages et après avoir été portée à l'ordre du jour.

ARTICLE 15.

Nulle modification au présent règlement ne pourra être introduite qu'en assemblée générale convoquée spécialement à cet effet.

ARTICLE 16.

Toute proposition signée par plus de vingt Membres devra faire l'objet d'une convocation spéciale.

ARTICLE 17.

La Commission Directrice résoudra les questions non prévues au présent règlement.

Ainsi fait et adopté en séance du Comité fondateur, le 19 janvier 1863.

*Pour le Comité fondateur :*

LE SECRÉTAIRE, LE PRÉSIDENT,
PAUL ITHIER[2]. HENRI BERGÉ[3].

B.N. — Pour toute communication, s'adresser par correspondance *franco :*
*à* M. BERGÉ, *Président de* La Libre Pensée, *Bruxelles,*
ou *à* M. ITHIER, *Secrétaire* d° d°.

Toute demande d'inhumation en faveur de libres-penseurs n'appartenant pas à la Société, devra être faite par écrit et stipuler l'engagement de lui rembourser les frais à résulter de son intervention. En cas d'indigence, la déclaration devra en être faite dans la demande, accompagnée de toutes pièces propres à la justifier.

**180** *Copie d'une main inconnue. Passages soulignés au crayon rouge. Après les mots* spontanément et librement, *un chiffre* (1) *renvoie au bas du texte, où Baudelaire a écrit, toujours au crayon rouge :* (1) **un Belge !**

Je soussigné, en ma qualité de membre société pour l'organisation déclare vouloir être enterré par ses soins et aux conditions prescrites par ses statuts. Et afin qu'il en soit ainsi, je charge expressément Monsieur d'exécuter et de faire exécuter ma volonté nonobstant toute opposition qui ne résulterait pas d'un écrit de ma main, postérieur au présent.

En foi de quoi, agissant spontanément et librement, j'ai formulé en triple, daté et signé ce dernier, le tout de ma propre main, afin qu'un exemplaire m'en reste, le second étant délivré à Monsieur lui-même et le troisième reposant aux archives de la société aux fins prémentionnées.

Bruxelles le

**181** *Copie d'une main inconnue. Trois mots soulignés au crayon rouge.*

Le 2 mai 1863, l'assemblée générale de *la Libre Pensée* a décidé qu'une formule testamentaire serait envoyée à chaque membre afin de le mettre à même de faire respecter sa dernière volonté le cas échéant.

*Cette mesure est entièrement facultative* et chacun pourra modifier la formule à son gré et sans autre condition que le respect du principe.

MM. les membres voudront bien éviter autant que possible les clauses étrangères au but de la Société duquel seul elle peut répondre. Toutefois ils pourront stipuler leurs intentions pour le cas de contraventions de la part de leurs héritiers.

Les délégations pour être valables, ne pourront être faites qu'au nom de personnes déterminées membres ou non de la *Libre-Pensée* et à titre absolument personnel. MM. les membres de la Commission directrice ne seront pas tenus d'accepter tout mandat qui leur serait déféré sans leur consentement préalable.

MM. Les membres qui désireront profiter de la mesure adoptée sont priés de remettre leur formule à M. le Président ou à M. le secrétaire de la Société.

182 *Invitation sur feuillet imprimé à une assemblée générale de* La Libre Pensée. *Verticalement, suivant le bord gauche, en bas :* Imp. de M.-J. Poot et Comp., Vieille-Halle-au-Blé. *Passages soulignés à l'encre. Le bas de l'en-tête est encadré au crayon rouge, les points* b, c, d, h, i *et* k *sont cochés dans la marge, d'un trait rouge. Les mots* dit-on, *au point* k, *sont soulignés de deux traits, à l'encre et au crayon rouge.*

*Texte imprimé :*

LA LIBRE PENSÉE
ASSOCIATION
POUR
L'ÉMANCIPATION DES CONSCIENCES
PAR L'INSTRUCTION
et
L'ORGANISATION DES ENTERREMENTS
CIVILS.
*N*° 38

*Bruxelles, le 24 novembre 1864.*

M

*La Commission Directrice vous invite à vouloir assister à l'assemblée générale qui aura lieu lundi prochain, 28 courant, à 8 heures du soir, en la salle de l'*Hôtel du Grand Miroir, *rue de la Montagne, 28.*

ORDRE DU JOUR

1° Communications diverses ;
2° Présentations ;

3° Discussion de la proposition soumise à notre examen par le Sous-Comité de Malines, demandant la séparation complète et radicale de l'Église et de l'État, et, comme mesures d'application immédiate :

a. Que l'étudiant en théologie ne soit plus exempté de la milice ;

b. Que les honneurs militaires ne soient plus rendus aux cérémonies des cultes ;

c. Que le décret qui oblige les autorités communales à assister aux processions soit définitivement abrogé ;

d. Que les cérémonies extérieures des cultes soient interdites ;

e. Que les enterrements se fassent partout par les soins de la commune ;

f. Que les offrandes en nature ne puissent plus être vendues publiquement au profit des églises ;

g. Que les revenus des biens de cure soient remis à la commune ;

h. Qu'il ne soit plus permis aux religieux et religieuses étrangers de se fixer dans le pays ;

i. Qu'il soit défendu aux ordres religieux d'exercer la mendicité ;

k. Que le traitement accordé, dit-on, à l'archevêque de Tyr, soit supprimé comme contraire à la loi.

*Comptant sur votre empressement à nous apporter le concours de vos lumières dans cette importante discussion, nous vous prions d'agréer l'assurance de notre parfaite considération.*

LE SECRÉTAIRE, PAUL ITHIER.

LE PRÉSIDENT, HENRI BERGÉ.

183 *La référence (***Libre Examen,** **10** [*le* **0** *surcharge un* **2**] **juin 1864***) figure en haut à gauche*[1]. *Baudelaire a marqué d'un trait en crochet au crayon rouge, dans la marge de gauche, le dernier paragraphe du premier article. Passages soulignés au crayon rouge. Au nom de* Van Peene, *souligné au crayon rouge, correspond, à l'encre, en marge, ce commentaire :* **nous connaissons déjà ce Van Peene**[2]. *En marge, tout en bas, en regard de l'annonce d'un nouvel enterrement civil, à Spa, Baudelaire a noté à l'encre :* **!! Encore un ! quel triomphe !** *La coupure est collée sur*

*un feuillet où Baudelaire a noté :* **12 rue de la Station. M. H. Leys**[3] *(inscription cachée par la coupure).*

*Texte imprimé :*

LA LIBRE PENSÉE

Nos lecteurs se souviennent que, dans notre dernier numéro, nous signalions la nécessité pour la *Libre Pensée*, de s'occuper de la question de l'instruction, mise à l'ordre du jour de l'opinion publique et déjà inscrite au sous-comité d'Anvers de cette association. Notre appel a été entendu, et à la dernière assemblée générale, une pétition revêtue d'un grand nombre de signatures a été déposée sur le bureau, réclamant la réforme dont nous avons signalé l'urgence. Nous ne pouvons que féliciter la *Libre Pensée* de cette proposition qui sera discutée à la prochaine assemblée générale, en présence des délégués de tous les sous-comités de Belgique. Nul doute qu'elle ne soit traduite en mesure réglementaire à la grande majorité sinon à l'unanimité des membres de la *Libre Pensée.*

Le dernier enterrement civil dont nous avons rendu compte a déjà produit quelques résultats, et dès la séance du 30 mai dernier, un certain nombre de dames se sont encore fait présenter à la *Libre Pensée.*

---

ENTERREMENT CIVIL.

N'ayant été que tardivement informé de l'enterrement civil de M. Van Peene par les soins des *Solidaires,* nous n'avons pu rendre compte en temps utile de cette funèbre cérémonie, qui a eu lieu le 6 du mois dernier, au milieu d'une affluence considérable de libres-penseurs et d'amis du mouvement flamand dont M. Van Peene était l'un des plus remarquables défenseurs.

Le *Journal de Bruxelles,* dont la scandaleuse mauvaise foi est notoire, a joué sur les mots, en rendant toute une association solidaire des doctrines émises par l'un de ses membres dans son discours sur la tombe de M. Van Peene. Une lecture attentive de ce document démontre que l'athéisme professé par l'orateur est l'expression d'un sentiment tout personnel, et nous croyons l'association des *Solidaires* trop soucieuse du principe de la liberté pour vouloir imposer à ses membres une doctrine relativement à l'existence ou à la non existence de Dieu.

Si le *Journal de Bruxelles* avait conservé quelque pudeur, il ne tronquerait pas ainsi ce qu'il sait être la vérité, et il admettrait avec nous que l'athée a, comme le catholique, droit à la libre expression de ses convictions, dût-il être seul de son avis. Après cette déclaration, nous aurions réellement beaucoup de chance si la feuille de la rue des Boîteux ne nous accusait pas à notre tour d'athéisme.

---

Jeudi, 2 juin, a eu lieu à Huy l'enterrement civil de M. Jean-Antoine Gaillard, décédé à l'âge de 83 ans.

La foule se pressait à ces funérailles, désireuse de témoigner par sa présence de son respect pour l'homme vertueux qui était mort comme il avait vécu.

Immédiatement après la famille venait une députation du sous-comité liégeois de la *Libre Pensée*.

Un des membres de cette députation a prononcé au cimetière un discours dans lequel il a fait ressortir les progrès de l'esprit philosophique qui, s'infiltrant peu à peu dans les masses, rend aujourd'hui si fréquents les enterrements civils; il a fait appel au bon sens des populations qui doivent être enfin convaincues du caractère éminemment dominateur et mercantile de toutes les religions.

Nous croyons que cette journée ne sera pas perdue pour la cause du libre examen.

Les journaux annoncent également l'enterrement civil de M. Capelle-Sury, décédé ces jours derniers à Spa.

184 *La rubrique (***SOLIDAIRES SÉPULTURES Cadavres disputés (Le cadavre de Patrocle)** [1]*) figure en haut à gauche. La référence (***Tribune du peuple, 10 nov. 1865***) un peu en dessous, en regard du premier paragraphe de la coupure* [2]. *Passages soulignés au crayon rouge.*

*Texte imprimé :*

L'hypocrisie, la déloyauté, la fourberie et le mensonge sont armes de bon aloi entre les mains du parti-prêtre, pour la guerre qu'il livre aux défenseurs de la raison, guerre de laquelle, hâtons-nous de le dire, il est convaincu aujourd'hui qu'il ne sortira pas victorieux. C'est ainsi que, depuis sa fondation, l'association des *Solidaires* a eu l'honneur d'être l'objet tout spécial de la sainte fureur des feuilles ultramontaines; aux attaques les plus violentes dirigées contre cette association sont venues se joindre les injures et les invectives les plus outrageantes; que disons-nous? ses adversaires, qui sont aussi les nôtres, n'ont pas reculé devant les plus basses calomnies pour perdre certains solidaires dans l'estime de leurs concitoyens (chacun sait encore, nous n'en doutons pas, comment *le Courrier de Bruxelles* s'est complu à répandre sa bave nauséabonde sur le citoyen Voglet[3]; nos amis se rappellent aussi avec quel excès de rage *le Bien public* de Gand a déversé, il y a environ treize mois, son impur venin sur les citoyens Voglet et Steens); ce n'est pas tout, non contents de flétrir l'homme pendant sa vie, les tonsurés consacrent tous leurs pieux efforts à le souiller après sa mort par leur honteux trafic : dès qu'un rationaliste est en danger, nous voyons les prêtres et leurs affidés rôder autour de son foyer, s'introduire dans sa famille, chercher à terrifier sa femme, faire jouer tous les ressorts de la spéculation, ne point épargner les promesses les plus séduisantes, enfin recourir à toutes les tentatives, pour recueillir le dernier souffle de l'agonisant. Quoi d'étonnant! ceux qui opèrent le rapt des enfants juifs pour en faire des moines peuvent bien s'accaparer des cadavres d'athées pour les enterrer en crétins. C'est dans l'ordre : à Rome, c'est le jeune juif Mortara qu'on enlève furtivement à ses parents; à Bruxelles, c'est le libre-penseur Paz qu'on ravit secrètement aux derniers devoirs que veulent lui rendre ses amis. Ô prêtres odieux et rapaces, vous êtes les mêmes partout!

Les gens d'église vont plus loin dans leur outrecuidance : aujourd'hui, c'est autour des solidaires vivants et en bonne santé que s'exercent leurs manœuvres spéculatives. M. le baron Michel de Tiecken de Terhove, qui habitait naguère encore Bruxelles, faisait partie, depuis plusieurs années, de l'association des *Solidaires*, quand, pour des raisons qui lui sont toutes personnelles, il se décida, il y a quelque temps déjà, à aller habiter son château de Terhove, situé à une lieue de Tongres (Limbourg), sans cesser pour cela de rester en rapports suivis avec l'association. Sa présence ne tarda pas d'éveiller chez la prêtraille de l'endroit, avec le sentiment de la crainte, la passion de la cupidité. Que faire, se dit-on sans doute. Si ce solidaire mourait sans le secours de la religion, il serait enterré par son horrible secte. Quel scandale ! quel détestable précédent pour nos populations confites en dévotion. Et puis, qui pis est, nous nous verrions passer sous le nez l'énorme magot que rapportent des funérailles de première classe avec tous leurs accessoires. Les cagots de l'endroit, féconds en expédients quand il s'agit du salut d'une âme (c'est à dire de leurs intérêts terrestres), eurent bientôt trouvé un moyen bien digne de leur sainte mission. Ils répandirent partout le bruit de la mort de M. le baron Michel de Tiecken de Terhove. Les hommes du parti de Dieu, comme dit le nouveau journal *le Catholique*, espéraient que les solidaires se laisseraient prendre au piège et ne s'inquiéteraient plus du sort de leur co-associé. Dès lors, l'âme du baron leur était assurée (style de sacristie) et les profits des cérémonies ibidem : mais tout n'est qu'heur et malheur dans ce monde : les oints du seigneur firent fiasco, leur pieuse fraude fut déjouée et leur tartufferie mise au jour. Les solidaires, avertis du fait par quelqu'un des leurs qui se trouvait sur les lieux, en donnèrent immédiatement connaissance à leur ami, qui confondit la cléricanaille limbourgeoise, en adressant la protestation suivante aux journaux de la province :

« Monsieur le rédacteur,

« Seriez-vous assez généreux pour me prêter un petit coin dans votre estimable journal pour démentir le bruit de ma mort que des personnes charitables ont fait courir prématurément à Tongres et même à Hasselt.

« Je crains bien que d'ici à quelque temps je sois obligé de démentir le bruit de mon aliénation mentale, mais que voulez-vous ! ne suis-je pas un libre penseur, un ennemi juré de toute infamie, jonglerie, escobarderie, en un mot de tous les mensonges dont s'affublent de vertueux catholiques.

« Veuillez agréer, Monsieur le rédacteur, l'expression de ma considération distinguée.

« Baron Michel de TIECKEN DE TERHOVE. »

185 *La rubrique (***Solidaires. Sépultures. Impiété belge***) figure en haut à gauche ; la date du journal (***5 juin 1864***), en haut à droite* [1]. *Traces de crayon rouge encadrant tout ou partie de la coupure. Passages soulignés au crayon rouge. En regard du sixième paragraphe (***Le voilà (...) religieuse***), dans la marge de gauche, Baudelaire a inscrit un gros point d'interrogation au crayon rouge, qu'il a, en découpant le feuillet, contourné avec les ciseaux. La citation en vers, à la fin, est cochée d'un trait vertical à droite.*

*Texte imprimé :*

UN ENTERREMENT DE SOLIDAIRE.

Il est des choses tellement horribles qu'on hésite longtemps avant d'appeler sur elles l'attention publique. Pour l'honneur du pays où elles se passent, on voudrait pouvoir les vouer à un silence impénétrable.

De ce nombre sont les manifestations d'impiété organisées chez nous par les solidaires. Il était réservé à cette secte de montrer jusqu'où la haine de la vérité religieuse peut conduire les malheureux disciples du libre examen. Jamais l'audace du blasphème, jamais le cynisme de la négation n'ont été poussés plus loin.

Nous en avons sous les yeux un nouvel exemple, et, quelque triste qu'il soit, nous devons le rapporter ici, car il faut bien que l'on sache quels sont ces solidaires qui, dans la question des cimetières, comme dans toutes celles où nos intérêts religieux sont engagés, forment l'avant-garde de l'armée « libérale. »

Il y a quelques jours, mourait en cette ville, à l'hôpital Saint-Jean, un malheureux qui, jusqu'au dernier moment, avait refusé les secours de la religion. Les sœurs de charité, ces anges de dévouement qu'on pourrait appeler des preuves vivantes de la divinité du catholicisme, n'avaient pu réveiller dans cette âme endurcie l'étincelle de la foi. Cet homme était solidaire, il est mort en libre-penseur. Ses associés sont venus réclamer son cadavre et lui ont décerné les tristes honneurs de l'enterrement civil. Or, voici comment s'est exprimé, sur le bord de la fosse entr'ouverte, l'orateur désigné pour prononcer l'éloge du défunt :

« Frères,

» Chaque fois que nous accomplissons le triste devoir de rendre un dernier hommage à la mort héroïque d'un des nôtres et que nous rendons à la terre, notre mère commune, la dépouille d'un républicain, d'un libre-penseur, d'un homme vrai, chaque fois alors, de cette fosse où s'ensevelissent les souvenirs de tant de grandeurs et de tant de misères, *s'élève un cri de suprême insurrection, un cri de victoire et de révolte intellectuelle* CONTRE DIEU, CONTRE LE CIEL ET LA TERRE, CONTRE *l'iniquité, l'injustice et le règne de la force.* L'Église en tremble jusque dans ses bases et les âmes se sentent remuées. La Révolution ne se laisse point ensevelir ; immortelle, elle s'échappe de la tombe où on croirait l'engloutir avec le mort, et l'idée du martyr va désormais s'incarner en nous, nous vivifier, et son dernier souffle nous embraser du feu sacré de la vérité.

» Le voilà donc le lutteur, étendu et triomphant ! Sa tâche est accomplie. A l'appel de nos cœurs, il ne répondra plus que par le souvenir de ses nombreuses souffrances et de sa fermeté, car Van Peene était de forte trempe, de principes immuables, passionné pour la propagande et *rebelle à toute idée religieuse.*

» Cette vaillance, nous l'avons vu la maintenir en face des plus pénibles manifestations sacerdotales, la garantir des séductions les plus fines et des pièges les plus adroits.

» Autour de lui, la mort fauchait à plaisir, il vit succomber un à un la plupart des malades, ses frères de chambrée, et toujours en parfaits catholiques : mais lui, tout en partageant leurs peines, a su dominer par sa vigueur morale ce spectacle désolant de faiblesses et de corruption, *répudier le prêtre, mourir en homme libre* et prouver enfin que LA PAIX DE L'ÂME SE PUISE DANS LA NÉGATION DE DIEU !

» Salut, Van Peene, salut ! »

Un autre « citoyen » a pris ensuite la parole en ces termes :

« Messieurs.

» C'est au nom de la Société *Vlamingen vooruit !* (Flamands en avant !), dont notre ami Van Peene était un des membres les plus dévoués, que je viens lui dire un dernier adieu.

» Les populations flamandes de la Belgique, bien plus que les populations wallonnes, sont encore profondément courbées sous le joug du catholicisme, parce que ceux qui dans notre pays luttent pour le progrès de l'humanité, ne comprennent pas que le peuple flamand ne peut être affranchi, que son intelligence ne peut être développée que par la langue flamande.

» Van Peene, qui était un esprit sain, avait compris cette idée si simple, et pour la réaliser il soutenait vaillamment les « *Vlamingen vooruit!* »

» Je constate avec satisfaction qu'il est mort tel qu'il a vécu : libre et indépendant dans ses convictions, *comme il sied à un vrai Flamand. Si beaucoup de nos Flamands vivaient de cette vie et mouraient de cette mort, depuis longtemps notre cause serait triomphante.*

» Adieu, Van Peene; ton mâle caractère et ta fermeté dans tes principes ne s'effaceront jamais de la mémoire de tes frères flamands. »

Enfin, un malheureux aveugle, qui a une triste notoriété à Bruxelles, par les chansons qu'il débite dans les cabarets, a lu sur la tombe de son confrère une pièce de vers dont on se fera une idée par la strophe suivante :

« Solidaires, celui dont la voix vous rappelle
Les principes qu'on doit propager en tout lieu,
Jusqu'à son dernier souffle y demeura fidèle :
*Il brava préjugés, et culte, et prêtre, et Dieu!* »

On le voit, c'est l'athéisme dans ce qu'il a de plus grossier, de plus brutal, de plus cynique! La philosophie de ces sectaires nous est maintenant connue; elle se résume dans cette épouvantable formule : « LA PAIX DE L'ÂME SE PUISE DANS LA NÉGATION DE DIEU. »

186 *Coupure sans feuillet de support. Une partie du titre du journal apparaît :* /BRE EXAMEN JOURNAL RATIONALISTE/ 1$^{er}$, LE 10 ET LE 20 DE CHAQUE MOIS.. *et plus haut :* PRIX DU NUMÉRO : 20 CENTIMES. PREMIÈRE ANNÉE. — N° 14[1]. *Les références et la rubrique (***Libre Examen,** **1$^{er}$ juin 64. ENTERREMENT CIVIL D'UNE FEMME***) figurent au crayon, soulignées au crayon et encadrées et soulignées encore à l'encre, dans la marge de droite de la p. 1. Passages soulignés au crayon rouge. Baudelaire a marqué*

*de trois traits verticaux au même crayon rouge, en marge, la fin du second paragraphe et le début du troisième. Il avait encadré, au crayon rouge encore le début de l'article, au bas de la p. 1 du journal.*

*Texte imprimé :*

LA LIBRE-PENSÉE.

Dans notre dernier numéro nous avons rendu compte de l'enterrement de M. André Loy; le 20 courant, la *Libre-Pensée* procédait aux funérailles de Mme Deleener.

Bien avant l'heure indiquée, un grand nombre de libres-penseurs et d'amis de la famille Deleener encombraient la rue des Minimes; chacun se faisait un devoir de venir donner un témoignage de regret à l'épouse adorée, à la bonne mère de famille, à la femme intelligente et ferme qui avait repoussé le prêtre jusqu'à la dernière heure, malgré toutes les nombreuses et importunes démarches de la gent cléricale.

À six heures, le cortège se mit en marche vers le cimetière communal du quartier Léopold. Le char funèbre de la *Libre-Pensée* avait été orné d'une manière toute spéciale; sur le catafalque était placée une vaste couronne de marguerites et de violettes; des palmes vertes retombaient sur un voile blanc qui recouvrait en partie les draperies du char. Le deuil était conduit par M. Deleener, avocat à la cour d'appel de Bruxelles, époux de la défunte, et par son fils. Les coins du poêle étaient tenus, à droite, par le président et le vice-président de la *Libre-Pensée*, à gauche, par le secrétaire du sous-comité de Liège et un autre membre de la Société.

Une foule de libres-penseurs et d'amis suivaient dans le plus profond recueillement; dans les voitures qui suivaient on remarquait un grand nombre de dames. Le cortège s'est dirigé, par la rue Royale, la rue de la Loi et les boulevards, vers le lieu d'inhumation; sur tout le parcours, la foule se découvrait respectueusement. Arrivé au cimetière, M. Bergé, président de la *Libre-Pensée*, a prononcé le discours suivant :

Messieurs,

Un triste devoir nous réunissait dans ce cimetière il y a deux jours, aujourd'hui c'est à une femme que nous venons pieusement dire un dernier adieu.

Il y a sept ans, Edgar Quinet s'écriait : « Ce qu'il y a d'effrayant au monde, c'est de voir des peuples, des états, s'asseoir tranquillement à l'ombre d'une vieille religion morte. » La nuit profonde dans laquelle était alors plongé le monde ; les ténèbres qui descendaient dans les âmes et contre lesquelles luttaient, isolés et impuissants, quelques éclairs de génie dont la vivacité ne faisait que mieux comprendre l'obscurité dans laquelle étaient les esprits, faisaient pousser au grand écrivain ces paroles décourageantes.

Heureusement, l'idée a progressé depuis lors et le flambeau de la raison brille de ses vives clartés ; les uns ont eu peur et semblent encore craindre les rayons bienfaisants et vivifiants du Rationalisme. Pauvres et faibles intelligences auxquelles il faut pardonner, l'obscurité a duré si longtemps et la nuit était si profonde ! D'autres ont fui, obéissant à leur instinct : ils recherchent l'ombre qui seule leur permet d'exister.

Tant que la philosophie a lutté pour conquérir les droits imprescriptibles de l'homme et assurer à la société sa marche progressive, tant que le génie des écrivains et le sang des martyrs ont sanctifié cette lutte gigantesque de la raison contre la théocratie, nos adversaires ont été battus ; mais quand la victoire semblait assurée et que la société moderne a cru réaliser paisiblement le travail de la philosophie, le catholicisme est apparu de nouveau pour revendiquer comme « *ses choses* » l'âme et l'intelligence ; bientôt on a vu le monde retomber dans la vieille servitude.

La femme, tout particulièrement, a prêté son concours à l'œuvre de l'asservissement des consciences ; elle a élevé les générations nouvelles à l'ombre antique des superstitions, et le philosophe découragé disait avec amertume : « La femme retournera infailliblement au passé ! » Heureusement la femme a compris la grandeur de sa mission, elle n'a pas voulu être un instrument de réaction, elle s'est laissée entraîner par le progrès ; elle a renié un passé honteux et salué avec sérénité et avec foi l'ère de l'affranchissement.

Cette tombe ouverte est là pour affirmer mes paroles et pour nous prouver une fois de plus combien les idées marchent et combien est salutaire l'exemple de ceux qui veulent que leur mort soit conséquente avec les principes qu'ils ont professés et défendus durant leur vie. Ceux qui ont combattu pour la vérité surgissent parfois du tombeau pour enseigner encore aux vivants la loi du bien.

Jeanne-Joséphine OOR. épouse Deleener. à qui nous rendons un dernier hommage. était une femme d'un esprit élevé et d'une droiture peu commune. Elle n'a pas voulu renier le libre-examen et marquer sa dernière heure par un acte de faiblesse : elle a toujours déploré l'incónséquence de certains de nos amis qui s'inclinent devant l'Église qu'ils proclament cependant l'ennemie de toute liberté : sa mort a été une dernière protestation contre les faux dieux. Elle n'a point voulu. au jour solennel de la mort, donner au monde le triste spectacle d'une capitulation de conscience. Apôtre du rationalisme. elle avait cessé depuis longtemps d'être le disciple du catholicisme et elle n'a pas voulu devenir le client. la proie et le jouet d'une église ennemie.

Jeanne Deleener. que ton exemple de sincérité et de franchise soit suivi : que toutes les épouses et les mères de famille s'inspirent de toi ! La cause dont nous sommes les apôtres sera gagnée le jour où les femmes viendront nous prêter leur concours. et le Rationalisme, cette religion qui nous unit. reliera bientôt l'humanité tout entière.

Jeanne Deleener. la mort t'a moissonnée avant ton heure et tu n'as pas pu vivre et combattre aussi longtemps que nous l'eussions voulu : tu as été trop tôt enlevée à l'affection de celui qui partageait son sort avec toi et avec qui tu communiais dans une heureuse harmonie d'idées : tu as été. trop jeune encore. ravie à l'amour de tes enfants que tu chérissais : mais ce qui adoucit notre douleur, c'est que ta raison que tu as pieusement préservée des obsessions du prêtre pour nous la léguer pure et indomptée. combattra pour nous : nous emportons ton souvenir et il sera présent à notre esprit dans tous les combats que nous livrerons à l'erreur : au jour du triomphe. il sera comme un brillant rayon du soleil de la liberté : ton nom révéré nous l'inscrirons parmi ceux de nos plus vaillants soldats !

La foule s'est écoulée silencieusement. sous l'impression de la cérémonie à laquelle elle venait d'assister. On ne se rappelle pas à Bruxelles avoir vu un aussi grand concours de dames à un enterrement : c'est particulièrement au cimetière que le nombre en était considérable.

Mme Deleener est la première femme enterrée par les soins de la *Libre-Pensée ;* cependant il y a eu déjà des exemples d'enterrements civils de femmes à Bruxelles : sans compter tous les cas qui ont pu se produire et qui ne sont pas à notre connaissance, nous citerons les faits suivants :

En 1855, le 5 juin, la Société des Affranchis rendait les derniers devoirs à une jeune personne d'Ixelles.

En 1856, une honnête ouvrière repoussait énergiquement l'intervention du prêtre et mourait en libre-penseur.

En 1857, la femme d'un proscrit français mourait sur la terre d'exil en refusant l'assistance du clergé.

Le 6 mars 1859 décédait la veuve Thibeaut : le R.P. Delcourt, de l'ordre des Jésuites, fut envoyé pour la convertir, mais les raisonnements du disciple de Loyola échouèrent devant la logique et l'inébranlable fermeté de cette femme.

Le 4 février 1863 et le 8 du même mois eurent lieu deux enterrements civils de dames. L'une veuve d'un libre-penseur, l'autre femme d'un proscrit français.

Les enterrements civils de femmes sont moins rares qu'on n'a l'habitude de le croire dans le public ; ils sont généralement peu connus, les femmes par la position modeste qu'elles occupent dans la société, disparaissent souvent sans que leur mort fasse autre chose que produire un grand vide au sein de leur famille.

*Un long article intitulé* Les Jésuites *précédait celui que Baudelaire a découpé et où, d'ailleurs, il est fait allusion à tel « disciple de Loyola ». La fin de cet article (la 3e colonne de la première page) figure dans la coupure puisqu'elle correspond à la 1re colonne du verso. Il semble qu'il ait lui aussi, en un premier temps du moins, retenu l'attention de Baudelaire, qui a coché d'un trait au crayon rouge les deux premières lignes de la colonne. Voici la fin, tronquée, de l'article :*

/drer la destruction des formes particulières et la faim du peuple travailleur. De là à un bouleversement politique et social, il n'y a pas loin, et nous persistons à croire que tout gouvernement soucieux du maintien de l'ordre et, au besoin, de sa propre conservation, doit se prémunir contre le danger qui nous occupe.

Ce qui est vrai pour les ordres religieux en général, l'est davantage encore pour les jésuites. Tandis que des hommes et des femmes, se retirant du monde, se consacrent à la vie végétative et ne rentrent dans la nature humaine souvent que pour s'en rendre indignes, les jésuites se mêlent à la foule et y déploient leur funeste activité. C'est ainsi qu'ils acquièrent les moyens d'action tout exceptionnels, qui leur permettent d'exercer la chasse aux héritages sur une vaste échelle, au gré de leurs colossales convoitises, et que, tout en excitant l'envie et souvent même l'antagonisme du clergé séculier et des autres ordres religieux, ils réduisent ceux-ci à l'infériorité. Or, si les couvents en général sont un danger pour la société, quel danger bien plus grand n'offre pas l'association des jésuites, dont la hideuse puissance pour le mal vient encore de se manifester dans tout son éclat ? Nous ne saurions assez le répéter : le scandaleux accaparement des richesses par le clergé, et surtout par la bande infâme des jésuites, sera tôt ou tard, en Belgique, une cause de ruine, de désastres et de révolutions.

Puisse la responsabilité d'un avenir plein de sinistres promesses ne pas retomber lourdement sur le libéralisme belge, qui, sous prétexte de tolérance, laisse la caste sacerdotale préparer lentement mais sûrement le meurtre de la patrie et de la liberté !

**189** *Coupure sans feuillet de support et sans références*[1].

*Texte imprimé :*

Le *Monde* et l'*Union* empruntent au *Journal de Bruxelles* la reproduction d'un « billet de faire-part » de la Société des Libres-Penseurs de Belgique. En voici le texte :

SOCIÉTÉ
des
LIBRES-PENSEURS
Local : rue des Brasseurs, 1.
Plus de prêtres à la naissance, au mariage, ni
à la mort.

Citoyen,

Le comité a la douleur de vous faire part de la mort de
LOUIS-ALEXANDRE JARDIN,
décédé le 18 juillet 1864, à 6 heures du soir, à l'âge de 10 ans et 14 jours, n'ayant reçu aucun sacrement d'un culte quelconque.

Ses parents, libres-penseurs, se font un devoir de le faire enterrer par les soins de la société des *Libres-Penseurs.*

On se réunira à la maison mortuaire, rue Potagère, 63, à Saint-Josse-ten-Noode, le mercredi 20, à 5 heures précises du soir.

Pour le Comité :

Le secrétaire, A. PURAYE.

Le *Journal de Bruxelles* et l'*Union* font suivre cette lettre mortuaire de réflexions où leur indignation s'épanche avec une violence qu'on peut facilement imaginer. Ces feuilles citent même une devise qu'ils disent être celle des Libres-Penseurs : « La paix de l'âme se puise dans la négation de Dieu. » Nous devons faire observer ici que les nombreuses sociétés pour l'enterrement civil qui se sont établies en Belgique représentent des opinions religieuses fort variées. Celle des Libres-Penseurs, par exemple, fait profession d'athéisme ; cela est parfaitement vrai ; mais d'autres, comme les Solidaires, sont déistes. Certaines sociétés se rapprochent même assez par leurs croyances du christianisme, dont elles ne sont séparées que par le refus de participer à tous les exercices du culte.

Quoi qu'il en soit, et sans nous occuper ici de la valeur des divers symboles, nous croyons devoir rappeler à l'*Union*, au *Journal de Bruxelles* et au *Monde*, que cette scission qui les indigne si fort n'a d'autre cause que le besoin de résister aux envahissements du clergé, qui cherche à s'infiltrer partout pour y régner en maître ; qu'en un mot l'idée qui a présidé à la formation des Sociétés belges est moins une pensée d'agression que de défense mutuelle. — Ch. Sauvestre.

201 *Programme imprimé orné aux quatre coins, en haut duquel Baudelaire a écrit :* **Ce programme répond exactement aux besoins religieux de la stupide Belgique.** *Et en bas :* **La Belgique avait deux religions, l'athéisme et les tables tournantes. Troisième religion :** CASTON[1]. *Il a souligné plusieurs passages du programme ajoutant un signe d'appel et un commentaire correspondant dans la marge de droite. Dans le titre, il a souligné* LITTÉRATURE HISTORIQUE *et inscrit en regard un point d'exclamation. Il a souligné le grand* DE *du nom du conférencier (*DE CASTON*) et inscrit également un point d'exclamation en regard. Dans le message, entre les titres et le programme proprement dit, il a souligné* protégé par vos chères libertés, *et ajouté en*

*marge ce commentaire :* — **Flatteur comme Nadar !**[2] *Il a souligné ensuite* mes premiers croquis historiques, *avec ce commentaire en marge :* — **Tacite !** *Soulignant encore* la mémoire de l'esprit *et* celle du cœur, *il ajoute ce commentaire en marge :* — **délicieux jeu de mots.** *Soulignant ensuite* le souvenir, *puis* étranger *et* ma carrière artistique, *il fait en marge ce commentaire :* **humilité de Caston !** *Soulignant :* résume ce que je sais *et* ce que je pense, *il ajoute toujours en marge :* — **Ce que *pense* Caston !** *Le point 4 de la deuxième partie du programme, souligné, est l'objet, par appel de croix (×), de ce commentaire :* **En je ne sais plus quelle année, M. Robert Houdin s'est vanté d'avoir reçu mission du gouvernement français pour détruire chez les Arabes de l'Algérie la superstition et la croyance aux miracles. [Si c'est vrai,] c'est digne d'un gouvernement *moderne, — si c'est vrai*[3].** *Au bas du programme, dans la devise, Baudelaire a souligné :* NE PUIS *et ajouté un point d'exclamation ; il a souligné* NE DAIGNE *et ajouté deux points d'exclamation ; il a enfin souligné* CASTON JE SUIS *et ajouté trois points d'exclamation.*

*Texte imprimé :*

SÉANCE PUBLIQUE
DANS LA SALLE DE LA
Société Royale de la Grande Harmonie

---

Jeudi 24 novembre 1864
SOIRÉE ARTISTIQUE
COMPOSÉE D'EXPÉRIENCES RECRÉATIVES ET DE LITTÉRATURE HISTORIQUE
DONNÉE PAR
M. Alfred DE CASTON.

MESSIEURS,

C'est dans ce pays, protégé par vos chères libertés, que j'ai donné mes premières séances et tracé mes premiers croquis historiques. Nous nous connaissons depuis douze ans, vous savez que je suis doué de la mémoire de l'esprit, veuillez croire que je possède trop celle du cœur pour ne pas avoir gardé le souvenir du bienveillant accueil que vous me fîtes quand je vins, étranger, inconnu, frapper à votre porte au commencement de ma carrière artistique.

Le programme que je vous soumets aujourd'hui résume ce que je sais et ce que je pense, j'ai l'orgueil de croire qu'il sera digne de vous et de votre dévoué serviteur.

ALFRED DE CASTON.

PROGRAMME.

PREMIÈRE PARTIE.

1. Le Sorcier du vieux Pont-Neuf.
2. Où l'auteur s'attaque aux proverbes.
3. Le roi des Tricheurs (1).
4. Les plus belles devineresses du monde.

DEUXIÈME PARTIE.

1. Mémoire de la science. — Science de la mémoire.
2. Grands hommes et femmes célèbres de tous les temps.
3. Un problème insoluble.
4. Le dernier Marchand de miracles (2).

SORCIER NE PUIS,

MÉDIUM NE DAIGNE,

CASTON JE SUIS.

Entrée, 3 fr. — Places réservées et numérotées, 5 fr.

300 places numérotées seront réservées pour les personnes étrangères à la Société.

OUVERTURE DES BUREAUX À 7 HEURES. ON COMMENCERA À 8 HEURES PRÉCISES.

On trouve des cartes pour places réservées et numérotées chez le concierge de la Société royale de la Grande Harmonie et le soir au contrôle.

(1) LES TRICHEURS, un volume par A. de Caston, chez E. Dentu, éditeur.
(2) LES MARCHANDS DE MIRACLES, un volume par A. de Caston, chez le même éditeur[4].

Typ. mécan. de P.-A. Parys, rue de Laeken, 44.

209 *La rubrique (*Mœurs électorales*) figure en haut à gauche. La référence (*Écho de Bruxelles, 5 août 1864*), en haut à droite*[1]*. Baudelaire a entouré au crayon rouge l'épisode gantois (les second et troisième paragraphes) et la partie de l'épisode anversois allant de* Un épisode curieux *à* cessé. *Passages soulignés au crayon rouge.*

*Texte imprimé :*

Nous extrayons le passage suivant d'une correspondance de Gand :

La Société de Saint-Joseph, cercle catholique de bas étage de Gand, renferme près de 2,000 membres. On y a organisé des bandes de courtiers électoraux, des meneurs armés de bâtons, décidés à la résistance et à faire des démonstrations qui sont loin d'avoir un caractère légal...

*De Stad Gent*, organe libéral flamand de Gand, dénonce l'organisation d'une bande de *Joséphites* du cercle catholique, au nombre de 300, soudoyés, embrigadés pour agir sur l'ordre des chefs et des meneurs.

—

D'après ce que rapporte une correspondance d'Anvers, le meeting tenu hier à la salle des Variétés a présenté une scène de la plus grande agitation. M. d'Hane[2], en grand uniforme, y a refait son discours ordinaire et renouvelé, sans beaucoup de succès, ses gémissements sur le sort dont menacent la population les canons de la citadelle du Nord. Un épisode curieux a été l'accueil fait à l'ancien héros des meetings, M. Jean Van Ryswyck[3]. Son entrée a été saluée par des huées, des applaudissements et des vociférations. Voyant qu'il y avait parti pris de l'empêcher de parler, M. J. Van Ryswyck a tiré un jeu de cartes de sa poche, l'a étalé sur la table et a demandé si quelqu'un ne lui ferait pas le plaisir de jouer avec lui une partie de piquet en attendant que le tumulte eût cessé. Il l'aurait fait comme il le disait, ajoute le correspondant ; ce que voyant, la troupe des agitateurs en a pris son parti ; sur l'ordre de ses chefs, elle a cessé son vacarme. M. Van Ryswyck s'est expliqué ; mais bientôt le tapage a recommencé. Le rédacteur du *Grondwet* entendu accusait ses adversaires de cléricalisme. En résumé, après des discours de M. Van Spilbeek et Delaet, qui ont défendu les solutions du programme, les anciens représentants ont été acclamés par le meeting.

210 *La rubrique (***Élections. Suffrage restreint. Suffrage universel***) figure en haut à gauche. La référence (***La Paix*, 31 juillet 1864***) en haut à droite, avec en dessous :* **M. Coomans**[1]. *Le dernier paragraphe est encadré au crayon rouge.*

*Texte imprimé :*

Le *Siècle* donne au cabinet belge un avis qui trahit la mesure de son libéralisme ; il lui conseille « de ne pas abandonner sans défense les électeurs aux menées cléricales ».

Ainsi que la *France* le remarque avec raison, quand le *Siècle* n'est pas au pouvoir, il proteste contre l'intervention du gouvernement dans la lutte électorale, mais quand il est au pouvoir, c'est bien différent. Il ne faut pas alors abandonner les électeurs à eux-mêmes ; il faut les éclairer, les prémunir contre les menées des partis ; il faut repousser avec énergie les tendances hostiles. On reconnaît là la logique ordinaire des passions.

Nos doctrinaires ont blâmé haut et ferme l'intervention du gouvernement français dans les élections, et nous n'avons eu garde de le contredire ; nous avons seulement averti le public qu'ils ne manifestaient qu'un amour platonique pour la liberté électorale. Les faits nous donnent pleinement raison : nos doctrinaires se lancent dans la lutte avec toutes les influences dont ils disposent, ils dépassent même les limites que l'administration impériale s'était tracées. La palinodie est scandaleuse.

L'intervention gouvernementale dans les comices est particulièrement efficace et dangereuse sous le régime du suffrage restreint et privilégié qui prévaut encore en Belgique ; elle est loin d'être aussi redoutable ni aussi décisive sous l'empire du suffrage universel. En effet, on peut corrompre quelques centaines d'électeurs, dont le vote est souvent prédominant, mais il est difficile, pour ne pas dire impossible, de corrompre des milliers de citoyens. Aucun budget n'y suffirait.

212 *La référence (***Sancho, 21 août 64***) figure, sur la coupure même, au crayon, soulignée à l'encre*[1]*. Traces d'encadrement au crayon rouge, verticalement, dans la marge de gauche et horizontalement, sous la dernière ligne, le trait passant au-dessus des deux derniers mots de la coupure (ici entre crochets), que Baudelaire a ensuite biffés à l'encre.*

*Texte imprimé :*

Scandales électoraux[2].

Les incidents, les épisodes scandaleux qui ont accompagné et suivi la dernière élection, on dû soulever le cœur à quiconque n'est pas aveuglé par l'esprit de parti et tient à la pratique loyale et sincère de nos institutions politiques, hors desquelles il n'est pour nous que périls et absorption de notre nationalité au projet de voisins qui contemplent d'un œil complaisant nos dissentions intestines.

Les deux partis se renvoyent des accusations de corruption, de violence, de fraude, et ces accusations sont méritées des deux parts. Si à Bastogne on lapide les libéraux, à Gand on *bouscule un peu* les catholiques. Partout le scrutin semble tenu par les élèves de Bosco, et l'arithmétique y prend tour à tour les formes qui déroutent les gens qui en sont encore à croire que 2 et 2 font 4. En politique 2 et 2 font 3, ou 5, selon les besoins de la cause.

La première loi que la Chambre devrait voter, si elle tient à l'honneur du pays et à la conservation du gouvernement représentatif en Belgique, est la loi sur les fraudes électorales, qui frapperait en même temps de pénalités sévères ceux qui tentent de peser par la violence sur la liberté de leurs adversaires. [Cette manière]

214 *La rubrique et la référence (*POLITESSE PARLEMENTAIRE. ***L'Espiègle,*** **[31] janvier 1865***) figurent en haut à gauche*[1]. *D'après les traits au crayon rouge, partiellement coupés par les ciseaux dans la marge de droite (première moitié du premier paragraphe), et dans la marge de gauche (seconde moitié du premier paragraphe), l'attention de Baudelaire semble avoir été retenue principalement par le premier paragraphe.*

*Texte imprimé :*

» Nous avons entendu, l'an dernier, les deux grands partis politiques se jeter respectivement à la tête, du haut de la tribune, les épithètes de corrupteurs et de corrompus. Nous avons vu les chambres constater authentiquement la vénalité des mandats représentatifs, et au prix de quelles honteuses orgies on se fraie un siège au Parlement. Nous avons entendu des expressions de carrefour courir du banc des ministres au banc des députés, et les injures les plus blessantes s'échanger sans aucune retenue devant le public scandalisé. Nous avons vu les représentants d'un arrondissement des plus importants accueillis au palais législatif plutôt en goujats qu'en députés de la nation, raillés, offensés, interrompus à chacune de leurs paroles par leurs propres collègues. Nous avons vu un des hommes les plus considérables de la Chambre proposer, au moment où son parti, compromis par une détestable politique, n'avait plus qu'une voix de majorité[2], une loi d'expédient, chef-d'œuvre de ruse, d'habileté et d'inconvenance qui devait regarnir en un coup de filet les bancs de son parti. Nous avons vu, enfin, à la suite de cette manœuvre blâmable, la moitié de la Chambre déserter en masse et s'insurger contre son mandat....

» Mais ce qu'il nous a été donné d'entendre au Sénat, mercredi dernier, est plus désolant encore que tout ce qui se passe depuis trois ans. Au Sénat, dans cette grave et noble assemblée de vieillards aux cheveux blancs, où l'on ne trouve que des représentants des plus colossales fortunes et les rejetons de la vieille aristocratie au langage courtois, aux exquises manières !...

» Un sénateur a accusé le ministère d'avoir corrompu deux de ses collègues, et le ministère des finances, toujours si fier, si dédaigneux, est entré dans une furieuse colère et s'est défendu énergiquement d'avoir commis le fait qu'on lui reprochait ! Oui, cela s'est vu. On a vu M. Frère courroucé, menaçant, nier avec acharnement l'achat de deux consciences et entrer dans de minutieux détails sur ses relations avec MM. Joostens et Michiels, pour effacer jusqu'à l'ombre d'un soupçon ! Enfin, l'on a vu un de ceux que leurs collègues accusaient de s'être laissé corrompre, et dont M. Frère venait de dire que, ne leur parlant jamais, il n'avait pu les impressionner, on l'a vu demander la parole à son tour et assurer qu'il avait émis le vote que lui dictait sa conscience !

215
216 *Feuillet double. La référence (***Indépendance Belge, 27 novembre 1864***) et les rubriques (***Aménités parlementaires.** QUESTION D'ANVERS*) figurent en haut à gauche*[1]*. Au bas du premier feuillet, Baudelaire a ajouté à l'encre :* **L'incident est clos,** *phrase qui reparaît, imprimée, en haut du second feuillet. Traces de crayon rouge encadrant les deux premières interventions de Delaet et l'intervention intermédiaire du Président. Puis, sur le second feuillet, depuis* l'incident est clos *jusqu'à la ligne de pointillés. Deux lignes de pointillés, l'une à l'encre (premier feuillet), l'autre au crayon noir (second feuillet). Le début de la troisième intervention de D'Hane Steenhuyse est souligné à l'encre.*

*Texte imprimé :*

M. ROGIER, ministre des affaires étrangères. En 1831, le mouvement commercial pour la Belgique entière était de 100 millions et en 1863 pour Anvers seul, il est de 600 millions.

M. D'HANE STEENHUYSE. Et en 1863 pour la Belgique entière ?

M. ROGIER. Il est de deux milliards. Il est clair que Anvers prospérant, la Belgique doit prospérer et *vice versa*. Est-ce donc le cas de s'écrier : Pauvre Anvers, pauvre Belgique ? Non ! Riche Belgique et riche Anvers. L'honorable député d'Anvers s'est donc complètement trompé lorsqu'il a assimilé Anvers à Boulogne. Ce n'est pas l'avis de la chambre de commerce d'Anvers, et à moins de soutenir qu'elle ne soit composée que de ministériels serviles...

M. DELAET. Elle change d'avis d'un jour à l'autre, comme certains membres du Sénat. (Agitation.)

M. LE PRÉSIDENT. Il n'est pas dans nos habitudes, et je ne crois pas qu'il entre dans notre droit de blâmer ce qui se fait dans l'autre Chambre. J'engage M. Delaet à retirer cette parole.

M. DELAET. J'ai constaté un fait sans incriminer les intentions.

M. LE PRÉSIDENT. Vous n'avez pas le droit de blâme.

M. DELAET. Je n'ai blâmé personne.

M. LE PRÉSIDENT. Vous n'avez pas eu l'intention de donner un éloge apparemment.

M. DELAET. Ni éloge ni blâme.

. . . . . . . . . . . . . . . . . . . .

M. D'HANE STEENHUYSE. L'honorable ministre a avancé des assertions qui sont insultantes. Je ne permettrai à personne de dire que ce que je dis est faux.

M. LE PRÉSIDENT. Il ne s'agit que de chiffres qui ont été contestés.

M. ROGIER, ministre des affaires étrangères. Quand vos assertions ne seront pas exactes, je n'hésiterai pas à le dire.

M. D'HANE STEENHUYSE. Je laisse à M. le président le soin de contrôler de semblables paroles. Ailleurs, il en serait autrement. Mais ce que j'ai avancé, je l'ai puisé dans des documents officiels, dans des travaux statistiques. En tout cas, je proteste contre les mots de « fausses assertions » dits par M. le ministre, et je me réserve de prendre des mesures ultérieures.

M. ROGIER, ministre des affaires étrangères. En entendant attaquer la chambre de commerce d'Anvers, j'ai cru devoir, les représentants d'Anvers gardant le silence, prendre leur défense. Mais je ne me suis pas servi d'expressions antiparlementaires. J'ai eu le malheur d'exciter le système nerveux de l'honorable

M. D'Hane. S'il a des leçons à me donner, je ne demande pas mieux que de m'y soumettre ; mais je ne crois pas avoir blessé la Chambre, car, en ce cas, M. le président, qui ne montre pas d'indulgence particulière pour les ministres, n'aurait certes pas manqué de m'avertir et de m'arrêter.

L'incident est clos.

M. DELAET, sur le fonds. Je ne suis pas fâché de l'espèce de violence que M. le ministre a mise dans les dernières paroles qu'il a prononcées. Il a gardé vis-à-vis des députés d'Anvers l'attitude prise par la Chambre, c'est-à-dire que leurs intentions sont toujours suspectées. Tout ce qu'il y a de loyal, d'honorable, de sérieux à Anvers n'est pas de notre opinion. Je vais vous dire l'équivalent de ces mots : il se trouve dans l'adjectif « *ministériel* ». Que l'on soit n'importe quoi, du moment que l'on est ministériel, on est sérieux, honorable, loyal.

M. LE PRÉSIDENT. M. Delaet. À qui cela s'adresse-t-il ?

M. FRÈRE, ministre des finances. Oui, à qui cela s'adresse-t-il ?

M. DELAET. À vous, si vous voulez. Cela s'adresse à quiconque est ministériel à Anvers.

M. Ch. LEBEAU. Oh ! vous pouvez insulter les Anversois tant que vous voudrez.

M. DELAET. On nous accuse d'insulter la chambre de commerce d'Anvers, qui est tout ce qu'il y a de plus loyal, de plus sérieux, de plus honorable, — vous connaissez l'équivalent, — mais n'a-t-elle pas protesté contre vos citadelles ? Je n'attaque pas sa loyauté, mais sa logique. Aujourd'hui, elle n'attaque plus les citadelles, et cela arrange le ministère, je le comprends. Je n'incrimine les intentions de personne, mais je dis qu'il y a là ce qu'on appelle une palinodie. Si vous voulez avoir véritablement l'opinion du commerce d'Anvers, rendez la chambre de commerce élective. Mais vous attendrez pour cela que la chambre de commerce ne puisse plus vous échapper.

Pourquoi vous plaignez-vous ? nous dit-on. Nous ne nous plaignons pas de ce qu'Anvers n'a pas prospéré depuis 1829, mais de ce qu'elle est déchue. Est-ce la faute d'Anvers ? Est-ce la faute de l'intérieur ? Est-ce la faute de certains industriels belges ? Je ne défends pas ce qui se fait à Anvers. Elle a des torts, comme les ministres, comme tout le monde. Vous voyez comme nous sommes. Nous sommes tellement égoïstes à Anvers, que la vérité seule peut nous séduire : nous voulons la lumière, nous, nous ne la mettons pas sous le boisseau, nous. Quand on nous prouvera que nous avons tort, nous le reconnaîtrons. Je dirai plus. Je ne suis pas venu ici pour mon plaisir, moi ; j'y suis venu contre mon gré. Quand les bastilles tomberont (rires), j'en prends l'engagement, je sortirai de cette Chambre. (Nouveaux rires) Oh ! sans doute, il y a peut-être ici des membres qui ne comprennent pas cette abnégation (rires) ; je ne leur en fais pas de reproches.

. . . . . . . . . . . . . . . . . . . .

Que demande Anvers ? dit-il, qu'on diminue les entraves qui pèsent sur son commerce. J'ajouterai que vous ne pourriez rien faire de plus pour nous que de ne pas vous mêler de nos affaires. Je vous dirai ce que Diogène disait à Alexandre : « Retirez-vous de notre soleil. » Votre ombre ministérielle est mortelle à tout ce qui est commerce, à tout ce qui est liberté.

Anvers, soyez-en sûrs, fera sa part de besogne, et ne manquera pas à sa mission. Tout ce qu'Anvers demande, je vous le répète, c'est de faire disparaître les entraves dont elle se plaint, et surtout les entraves que constituent les fortifications. Ne dites pas qu'Anvers ne se voit pas gênée par ces fortifications...

M. ROGIER. Il y a deux Anvers.

M. DELAET. Oui, il y a l'Anvers légal qui vous écrase sous le poids de ses votes. Croyez-moi, notre métropole commerciale n'a pas changé d'avis. Depuis longtemps elle pense qu'il y a incompatibilité entre les matelots et les soldats.

217 *La référence (***Étoile Belge, 3 juin 1864***) et la rubrique (***Aménités parlementaires***) figurent en haut à gauche*[1]*. Passages soulignés au crayon rouge (dans l'avant-dernière intervention de Pirmez, le pronom* en *est souligné trois fois). Au-dessus de la coupure, le premier nom (***M. Hymans***) et la ligne de pointillé sont à l'encre, de la main de Baudelaire. La coupure est collée au verso d'un faire-part de mariage, lui-même coupé, dont il subsiste le haut :* Monsieur et Madame Bidart ont l'honneur de vous faire part du mariage de leur fils Eugène avec Mademoiselle Laure. *(Il s'agit de Mlle Laure Jamar, fille d'un député, voir ci-dessous, le f*[r] *[9], p. 452, où la coupure de* L'Étoile Belge *est collée sur un faire-part du même mariage.)*

*Texte imprimé :*

M. HYMANS :

. . . . . . . . . . . . . . . . . . . .

M. Soenens a parlé hier de la question des cimetières. M. Soenens nous a parlé d'une prétendue circulaire de M. de Haussy qui est une pièce tronquée.

M. NOTHOMB. Quelle circulaire ?

M. HYMANS. Une prétendue circulaire de M. de Haussy, falsifiée... M. Frère l'a dit au Sénat, en 1862. Il a dit que cela n'est pas le fait d'un honnête homme.

M. NOTHOMB. De qui voulait-on parler ?

M. HYMANS. Je n'en sais rien.

M. GOBLET. Si vous le savez, dites-le.

M. HYMANS. M. Soenens a fait usage ici d'une pièce falsifiée, sachant qu'elle l'était. Je laisse le pays juge de cette façon d'agir. Du reste, M. Soenens a dit hier tant d'énormités !... N'a-t-il pas justifié les captations ?

M. DUMORTIER. Il n'y a pas eu de captation.

M. HYMANS. Ce n'est pas moi qui ai parlé le premier de l'affaire Nedonchelles...

M. DUMORTIER. Il n'y a pas eu de captation. Je ne veux pas qu'on attaque les absents.

M. LE PRÉSIDENT. Monsieur Dumortier, vous n'avez pas la parole.

M. DUMORTIER. Je ne souffrirai pas...

VOIX NOMBREUSES : À l'ordre !

M. LE PRÉSIDENT rappelle M. Dumortier à l'ordre.

M. DUMORTIER. Je n'ai pu permettre que l'on accuse M. le comte de Nedonchelles de captation...

M. BARA. Mettons interposition de personnes.

M. DUMORTIER. M. de Nedonchelles est incapable de pareille chose.

M. LE PRÉSIDENT. Tout cela ne prouve pas que vous ayez le droit d'interrompre.

M. DUMORTIER. Vous n'avez pas le droit de m'interrompre non plus... ce serait la dernière des iniquités.

M. COBLET. M. Dumortier n'a pas été rappelé à l'ordre pour avoir interrompu, mais pour avoir voulu parler trois fois de suite malgré la sommation du président.

M. DUMORTIER. Le président n'a pas rappelé à l'ordre hier un membre de la gauche qui a dit à M. Soenens, « C'est faux » : mais on me rappelle à l'ordre parce que je suis de la droite. Le pays jugera.

M. LE PRÉSIDENT. Vous insultez le président. Je consulte la Chambre sur le maintien du rappel à l'ordre.

M. GUILLERY soutient que M. Dumortier a été rappelé à l'ordre pour avoir manqué de respect au président de l'assemblée. Il engage la droite à voter le maintien du rappel à l'ordre.

M. DUMORTIER. Je ne pouvais pas souffrir qu'on accusât un de mes amis d'une interposition de personnes.

M. PIRMEZ. Je demande le maintien du rappel à l'ordre, parce que M. Dumortier en abuse : il en est fier et le recherche.

M. DUMORTIER. J'ai le courage de mon opinion.

M. PIRMEZ. Si tout le monde, si dix membres seulement se conduisaient comme M. Dumortier, l'autorité du président serait détruite, et il n'y aurait plus de discussion possible.

218 *La référence (***Étoile belge, 3 juin 1864***) et la rubrique (***Aménités parlementaires***) figurent en haut à gauche*[1]*. Passages soulignés au crayon rouge. La coupure est collée au verso d'un feuillet imprimé, complété à la main (les parties écrites à la main figurent ici en italique) :* CHAMBRE DES REPRÉSENTANTS Séance de la *3e* Section Le *9 Mars* 1865, à *12 1/2* heure. *Temporel des Cultes 28.* Monsieur *Muller*[2]. *Les premiers mots (ici entre crochets) sont biffés à l'encre.*

*Texte imprimé :*

**M. Hymans, doctrinaire** . . . . . . . . . . . . . :
. . . . . . . . . . . . . . . . . . . . . . . .
[plète de la politique du parti clérical]. Après ce discours s'est levé un orateur jeune, ardent, fougueux, débordant d'indignation, un orateur qui est l'espoir du vieux parti romain, qui a porté à Rome

une partie du denier de Saint-Pierre et qui en est revenu comblé des marques particulières de la bienveillance du Saint-Père.

M. SOENENS. Ce n'est pas vrai !

M. LE PRÉSIDENT. Le mot n'est pas parlementaire.

M. SOENENS. C'est un fait personnel.

M. LE PRÉSIDENT. Vous répondrez.

M. HYMANS. Je fais votre éloge, le fait n'est que très-flatteur pour vous. Dans tous les cas, M. Soenens a été choisi par l'évêque de Bruges pour remplacer ici M. Devaux...

M. DUMORTIER. On insulte une partie de l'assemblée !

M. LE PRÉSIDENT. J'ai laissé dire hier par M. Soenens le mot de bouffonnerie. Je veux qu'une grande latitude soit laissée à cette discussion. Mais je ferai respecter le règlement.

M. HYMANS. M. Soenens, désigné par l'évêque de Bruges pour remplacer M. Devaux, a reçu une brillante ovation au congrès de Malines.

M. COOMANS. Est-ce pour cela que le ministère a retiré sa démission ? (*Rires.*)

M. HYMANS. Non, mais c'est pour cela qu'il l'a donnée. On a agité le pays depuis trois mois pour nous fournir le joli échantillon d'éloquence parlementaire que nous avons entendu hier. (*Rires.*)

M. DE THEUX. Jamais je n'ai vu les discussions descendre à un pareil degré.

M. ALLARD. Il fallait dire cela hier, quand on a appelé M. Bara bouffon.

M. VAN OVERLOOP. Cela ne se passerait pas sous la présidence de M. de Morny au Corps législatif de France.

M. LE PRÉSIDENT. Est-ce à moi que s'adresse M. Van Overloop ?

M. VAN OVERLOOP. Non, M. le président, c'est à l'Assemblée.

M. HYMANS. M. de Theux n'a pas la police de la salle.

M. DE THEUX. J'ai mon opinion.

M. HYMANS. Il aurait fallu l'exprimer tout à l'heure quand M. Soenens m'a interrompu d'une façon plus qu'inconvenante.

219 *Coupure en quatre morceaux que Baudelaire a collés erronément dans l'ordre 1, 3, 2, 4, ajoutant sur le feuillet de support* **M. Tesch, ministre** *et les deux lignes en pointillé. À la plume encore, il a biffé les dernières lignes du second morceau de la coupure :* Ont répondu *(...)* David, de *(ici entre crochets). Le sujet et la référence (***Grotesque discussion sur les précautions électorales *Journal de Liège*, 24 juillet 1865***) figurent en haut, tout au long du feuillet*[1]*. Traces d'encadrements au crayon rouge. Baudelaire avait encadré la moitié du second paragraphe de l'intervention de Tesch* (Voici (...) liberté ?) *; les troisième et quatrième paragraphes de la première intervention de Dumortier et peut-être aussi le second paragraphe ; puis les interventions successives de Dumortier, Bouvier, Tesch et Dumortier ; la première de Vermeire, peut-être aussi la seconde, et, à la fin, celle de Coomans. Le second paragraphe est souligné au crayon rouge.*

*Texte imprimé :*

M. DE THEUX : La Chambre a repoussé hier le vote par ordre alphabétique, que l'on a appelé plus justement le désordre alphabétique. Aujourd'hui on nous présente une seconde disposition qui diffère très-peu de la première.

Le couloir, nous dit-on, n'est pas suffisant, parce que l'électeur n'aura pas le temps de réfléchir. Prenez-vous donc les électeurs pour des imbéciles qui ne savent pas pour qui ils doivent voter ? Si telle est votre opinion, supprimez plutôt les élections ; ce sera plus franc.

Selon moi, le couloir est suffisant pour permettre à l'électeur d'échanger le bulletin qui lui a été imposé contre un autre. C'est tout ce qu'il faut, et à ce titre j'admets l'institution du couloir.

Ce qu'il y a au fond de tous ces amendements, c'est une aggravation du système électoral au détriment des campagnes. La loi, telle que nous la faisons, ne peut manquer de jeter un vif mécontentement parmi les populations rurales.

M. JULLIOT repoussera l'amendement, qu'il considère comme entaché de partialité.

M. TACK. L'amendement remédie à l'un des inconvénients que j'ai signalés hier contre le vote par ordre alphabétique. Mais au fond, il n'est que la reproduction partielle de la mesure que la Chambre a déjà rejetée en totalité. Hier, les auteurs de l'amendement auraient pu demander la division ; aujourd'hui ils sont forclos.

M. DUMORTIER. En rejetant l'amendement d'hier, la Chambre a déclaré qu'il n'y a pas lieu de modifier l'art. 18 de la loi de 1843. Or, l'amendement d'aujourd'hui demande précisément l'abrogation du même article. On veut que la Chambre dise blanc et noir à vingt-quatre heures de distance.

D'un autre côté, la clôture a été prononcée sur la discussion du vote par ordre alphabétique. Je crois donc qu'il y a lieu d'écarter l'amendement par la question préalable.

Enveloppez votre pensée de toutes les belles phrases imaginables, il est visible pour tout le monde que vous ne voulez pas au dehors ce que vous voulez au dedans de la salle d'élection. À l'intérieur, vous prenez des précautions pour soustraire l'électeur aux pressions, pour le livrer à lui-même : mais hors du bureau, dans la ville, il faut qu'on puisse entraîner l'électeur au cabaret pour lui escamoter le bulletin qu'il a apporté de son village. C'est par cette organisation de la fraude en détail que vous comptez maintenir une majorité que vous n'avez plus dans le pays.

Quand le paysan arrive de son village, il sait pour qui il veut voter : ses candidats ne sont pas des inconnus ; il n'est pas un électeur assermenté. Si votre amendement passe, j'en proposerai un autre pour interdire le vote sur parole d'honneur.

En attendant, je demande formellement la question préalable.

**M. Tesch, ministre.**

. . . . . . . . . . . . . . . . . . . . . . . . . . .

Les électeurs pourront se présenter ensemble au bureau, et l'on ne pourra plus les tenir en charte privée. Ils jouiront au moins d'un instant de liberté.

Voici un fait qui s'est passé à Gand : c'est que l'on a placé sur deux rangs les électeurs d'une commune, et on les a visités sur le corps afin de s'assurer s'ils n'avaient pas de bulletin caché avant de se rendre dans la salle où l'on votait. Entrés dans cette salle, on les observait jusqu'au moment où ils déposaient leur bulletin dans l'urne. Ces électeurs avaient-ils l'ombre de la liberté ? Je dis qu'avec un système tel que celui qu'on nous propose, on aura beau visiter un électeur avant qu'il entre dans la salle, il sera néanmoins à même de remettre un bulletin correspondant à son opinion. En résumé, je dis que la mesure qui nous est proposée n'offre que des avantages et pas d'inconvénients.

La question préalable est mise aux voix et prononcée.

Après quelques observations de M. Van Hoorde, l'amendement est mis aux voix et adopté par 50 voix contre 27.

[*Ont répondu* OUI :

MM. Allard, Bara, Bouvier-Evenepoel, Braconier, Carlier, Couvreur, Crombez, David, de]

. . . . . . . . . . . . . . . . . . . .

M. DUMORTIER. Je vois bien qu'on va faire des élections à coulisses : mais je voudrais savoir comment les coulisses seront arrangées. La cloison sera-t-elle enlevée pendant le dépouillement ?

M. BOUVIER. C'est pour cela qu'elle est mobile.

M. TESCH. Il est dit que la cloison restera jusqu'à la fermeture du scrutin. Lisez au moins les articles.

M. DUMORTIER. Pourquoi met-on une balustrade devant le bureau ? Je ne vois aucun intérêt à cette fabrication mécanique. Mais les processions autour du bureau allongeront singulièrement les opérations électorales. Combien de temps pourra-t-on rester dans le couloir.

M. CROMBEZ. Je ne répondrai qu'à une seule des observations de l'honorable préopinant. Il a demandé combien de temps l'électeur pourrait rester derrière la cloison ? Je demanderai, en revanche, à l'honorable M. Dumortier, combien de temps l'électeur peut mettre pour se rendre aujourd'hui à l'appel du scrutin ?

Pouvez-vous faire lever l'électeur, le faire venir au scrutin ? (Interruption.)

La situation de l'électeur sera la même qu'aujourd'hui : aussi je soutiens que vos observations ne tiendront pas un instant.

Lorsque l'appel nominal se fait, il se trouve des électeurs plus ou moins actifs. Les uns se feront attendre : d'autres, plus actifs, se rendront promptement derrière la cloison.

M. VERMEIRE pense qu'il est nécessaire de déterminer le temps que les électeurs peuvent passer dans le couloir : sinon, les opérations électorales se prolongeront d'une manière démesurée.

Le couloir n'est pas d'invention nouvelle. Le rapport de la section centrale rappelle qu'il était déjà en usage à Rome, ce qui n'a empêché ni la fraude, ni la corruption électorales, ni la décadence de la république romaine.

Y a-t-il une différence entre la cloison mobile et le couloir ?

M. CROMBEZ. Évidemment : voyez l'état des lieux.

M. VERMEIRE. Je ne suis pas opposé aux couloirs ni aux cloisons ; mais je me demande si toutes ces formalités n'empêcheront pas les opérations électorales d'être terminées dans le temps déterminé par la loi.

M. COOMANS. Je me place au point de vue de la dignité du corps électoral ; car je ne crois pas qu'il y ait une question de parti derrière ce couloir ; vous passerez sous le joug comme nous.

Il est important de savoir combien de temps l'électeur pourra rester dans le couloir ; car si un électeur peu lettré est obligé d'écrire un bulletin derrière la cloison, il aura besoin de plusieurs minutes. Comment le président s'y prendra-t-il pour obliger l'électeur à hâter ses pas ? Voyez-vous tout ce corps électoral attendre la sortie de cet électeur ; et s'il se fait attendre longtemps, que de commentaires ! (Hilarité prolongée.) Je désire que l'honorable rapporteur s'explique sur ce point.

Il y a des électeurs qui sont hydropiques, aveugles, paralytiques, des électeurs qui ne peuvent marcher seuls. A qui permettrez-vous de l'accompagner ? Et si vous permettez un compagnon, que de fraudes ! Vous faites marcher beaucoup de monde ; mais jusqu'ici vous n'avez pas fait marcher seuls des aveugles ou des paralytiques. Je désire savoir comment vous opérerez ce miracle.

La balustrade m'offusque moins que le couloir. Cependant il me semble que l'on cherche à isoler le bureau autant que l'électeur et à le soustraire à l'attention des curieux.

Supprimons tout cet attirail d'opéra-comique et laissons les électeurs circuler librement dans la salle. Donnez-leur au moins cette liberté-là, puisque vous leur en enlevez tant d'autres.

*La suite se trouve au f[t] 222 (Poulet-Malassis aurait dû numéroter consécutivement les feuillets qu'il a numérotés 219 et 222 ; J*[acques] *C*[répet] *a indiqué au crayon, sur les pages du volume relié, quel était l'ordre juste de ces feuillets).*

220 *Coupure en deux morceaux, collés parallèlement. La rubrique (***Précautions électorales***) figure en haut à gauche. La référence (***Journal de Liège,* **24 juillet 1865***), en haut à droite*[1]. *Passages soulignés au crayon rouge. Deux accolades, au crayon rouge aussi, à gauche et à droite des deux premiers paragraphes donnant le texte de l'article 4.*

*Texte imprimé :*

SÉANCE DE LA CHAMBRE.

La séance de samedi a été marquée par deux résolutions qui contribueront à soustraire les électeurs au contrôle ingénieux et humiliant dont ils sont l'objet de la part du clergé, surtout dans les campagnes flamandes.

L'amendement de MM. Elias, Giroul et de Macar, modifié par MM. Muller et Mouton, a été voté par 50 voix contre 27, dans la teneur suivante :

L'appel des électeurs sera fait, *par ordre alphabétique*, sur une liste contenant les noms, prénoms, âge, profession et domicile de tous les électeurs de l'arrondissement, du canton et de la commune, si ceux-ci sont réunis en une seule assemblée : les noms, prénoms, âge, profession et domicile des électeurs de la section, si le collège électoral est divisé.

En cas de réclamation du chef d'erreur commise dans une liste d'appel, le bureau décidera en ne prenant en considération que les listes officielles dressées par les communes, et qui sont affichées en vertu des art. 23 de la loi électorale, 16 de la loi provinciale et 27 de la loi communale.

M. Elias a développé son nouvel amendement, en constatant que la droite, qui ne veut pas de l'indépendance de l'électeur, serait probablement unanime à le repousser.

M. de Macar ayant ensuite déclaré se railier, avec ses collègues, à la rédaction plus précise proposée par deux de nos représentants, M. Muller a montré que l'amendement ne présentait aucun des inconvénients qu'on avait objectés à l'ordre alphabétique par arrondissement et ne pouvait avoir que de bons effets.

Mais la droite ne pouvait être de cet avis, et MM. Jacobs, de Theux, Tack, Dumortier et Van Hoorde ont combattu l'amendement. Il a été appuyé par M. de Brouckère et par M. Tesch, et enfin voté par toute la gauche.

L'art. 4, qui prescrit un couloir ou une cloison, pour donner à l'électeur deux minutes de liberté, et qui interdit le stationnement derrière le bureau pendant le vote, cet article, contre lequel les feuilles cléricales et leurs alliées, les feuilles radicales, avaient accumulé tant de plaisanteries saugrenues, a été voté par 52 voix contre 16 et 3 abstentions, avec un amendement de M. Hymans qui dispense les aveugles et les infirmes de passer par le couloir.

Voici la rédaction proposée par la section centrale :

Art. 4. Derrière la table où siège le bureau, sera dressée, jusqu'à la fermeture du scrutin, une cloison mobile de deux mètres dix centimètres de hauteur, formant un couloir par lequel chaque électeur appelé, s'il n'est pas membre du bureau, passera isolément, pour aller remettre son bulletin.

Cette cloison aura une longueur de quatre mètres au moins, et en tout cas suffisante pour soustraire momentanément l'électeur à tous les regards.

En face du bureau, il sera établi une balustrade qui n'en intercepte aucunement la vue et qui sera ouverte aux deux extrémités pour l'entrée et la sortie des électeurs. Le président veillera à ce que ces passages soient toujours libres pendant l'appel nominal et que personne n'y exerce de surveillance sur l'électeur.

M. Coomans, à l'occasion de cet article, s'est livré à toutes ses jongleries, que M. Crombez a qualifiées de facéties de mardi gras, et M. Dumortier a beaucoup égayé la Chambre par l'exagération de ses accusations tragico-comiques. Aussi son succès a été tel, qu'au vote quelques-uns de ses amis politiques se sont joints à la gauche, pour admettre le couloir et la balustrade.

Cette séance bien remplie prouve que la Chambre veut avancer dans la discussion. On peut espérer que la loi pourra être votée cette semaine.

221 *Feuillet imprimé de revue sans support. Baudelaire a encadré au crayon rouge l'écho concernant M. J. Jouret, entre les deux triangles d'astérisques. Il a biffé le reste, toute la page [225], le haut et le bas de la p. 226, au crayon, de même qu'il a écrit, au crayon, dans la marge de gauche, en regard du début de la partie encadrée la rubrique :* **Précautions électorales.**

*Texte imprimé des deux pages,* [225] *et 226, de la revue :*

# LES MARIONNETTES DU JOUR[1]

1er août 1865.

SOMMAIRE. — M. Orts parmi les sots. — M. J. Jouret parmi les sages. — Les deux Jouret sont un Martin. — Épisodes du couloir; histoire d'un bulletin et d'une culotte. — Les récréations électorales. — M. B. Dumortier, l'ordre social et les manufactures de triques. — La Chambre-écurie. — Vains efforts de M. Guillery. — MM. de Haerne et Nothomb. — Lâchez le panier ! — Le tour des gobelets. M. Frère-Orban. — Ce que l'on s'imagine. — MM. Tack et Tesch, Tesch et Tack. — Invocation à l'Éternel. — Vous votez ! Vous êtes des dieux. — Une nichée d'Indiens. — *L'Étoile Belge, Propre-à-rien* et M. le bourgmestre de Saint-Gilles. —Tout, comme en Amérique. — M. Le Hardy de Beaulieu et Mme Surratt. — Le roi de Prusse. — *La Belle Hélène* devant le juge. — M. Delvil en chemise. — A S.A.R. Mme la duchesse de Brabant; vaines paroles pour une grande œuvre. — Le vizir de la liste civile. — L'impératrice des Français et les jeunes détenus. — Conclusion.

---

M. ORTS PARMI LES SOTS[2]. — Au commencement de cette quinzaine, M. Orts — qui s'y attendait, sans doute, — s'est fait classer parmi les pauvres d'esprit.

Le projet de loi sur les fraudes électorales exige que le vote ait lieu par bulletin écrit à la main; — bien vite l'éloquent député de Bruxelles conclut à l'obligation, pour l'électeur, de savoir lire et écrire.

Trois autres articles du même projet transforment en délit la farce qui consiste à substituer au bulletin — *plié en quatre* — qu'un censitaire ignare roule entre ses doigts, un autre bulletin dont le pauvre diable — représentant de la nation souveraine, — ne peut déchiffrer une syllabe. — Ledit M. Orts propose un amendement qui préviendra le crime au lieu de le punir par l'amende et peut-être bien par la prison.

On n'est pas plus illogique.

***

M. J. JOURET PARMI LES SAGES. — Et c'est ce que fit bientôt voir M. J. Jouret, représentant de Soignies.

« Messieurs, a-t-il dit, je ne sais pas ce que peut faire au fond de la question *de jeter* le ridicule sur une disposition (celle du couloir), *qui, qu'on* la trouve bonne ou mauvaise, est proposée dans le but le plus louable et *qui* sera d'une utilité évidente. » (1)

Cette prose fashionable a détruit le monument si laborieusement édifié par M. Orts ; il est vrai que M. Jouret ajoutait : « L'électeur ne manquera pas de se présenter à l'élection, après avoir caché son billet *en un endroit où personne n'ira le chercher* (!!!) — et où il saura bien le trouver, lorsqu'il sera derrière ce couloir protecteur, si bien inventé selon moi. »

Soit ! mais au nom de la pudeur, que l'on écarte les jeunes filles et les adolescents de ce vestiaire étrange, car je me représente d'avance les scènes les moins édifiantes auxquelles il servira de théâtre.

⁂

ÉPISODE DE COULOIR. — *Le président de section.* — L'électeur Jean Farine est prié de se presser un peu ; depuis dix minutes il se tient derrière la cloison.

*Jean Farine.* — J'arrive, monsieur le président, c'est ma culotte...

*M. le président.* — Comment ! votre...

*Jean Farine.* — C'est ma culotte que je ne puis plus reboutonner.

*Un assesseur.* — Sapristi ! en voilà bien une autre !

*Jean Farine.* — Elle est toute neuve, et les boutonnières ne sont pas encore faites aux boutons.

Le président. — Mais, mon ami...

222 *Coupure en trois morceaux*[1]. *Traces d'encadrements, au crayon rouge, de toute l'intervention de De Theux, des deuxième, troisième et cinquième paragraphes de celle de Crombez, qui suit, de celles d'Hymans et de De Naeyer et de la seconde de Dumortier.*

*Texte imprimé :*

M. DE THEUX. L'observation faite par l'honorable M. Coomans au sujet des infirmes est très-juste. Mais je crois que le bureau doit être autorisé à recevoir le bulletin de ceux qui sont incapables de le déposer dans l'urne.

(1) *Annales parlementaires*, 1865. Séance du 14 juillet, page 1417.

Si l'on ne détermine pas le temps pendant lequel l'électeur pourra rester dans le couloir, on pourra retarder les opérations électorales au point d'obliger les électeurs des campagnes à passer deux jours au chef-lieu ou à se retirer. Une élection faite dans ces conditions serait-elle sincère ? exprimerait-elle l'opinion du corps électoral ? Je ne le pense pas.

D'un autre côté, il ne me paraît pas possible de déterminer le temps laissé à l'électeur. Il y aurait peut-être un moyen : ce serait d'établir plusieurs couloirs ; quand l'un serait plein, on ferait entrer l'électeur suivant dans l'autre.

M. CROMBEZ. M. Vermeire a demandé quelle différence il y avait entre une cloison et un couloir ? Nous avons modifié le projet en ce sens qu'au lieu d'établir un couloir, au milieu de la salle, nous avons établi une cloison qui s'enlève à volonté.

Quant à quelques expressions de M. Dumortier, on me permettra de ne pas y répondre : elles seraient plus à leur place un jour de mardi gras.

Si l'électeur ne veut pas s'avancer, on en appellera un autre. (Interruption.)

Certainement, ou bien quand un électeur restera trop longtemps dans le couloir, le président le fera sortir et en appellera un autre. Le premier aura son tour au réappel.

M. Coomans a dit que l'électeur serait humilié de passer dans le couloir. Je regrette qu'un argument aussi peu sérieux soit présenté dans cette assemblée. Est-ce que les jurés que l'on confine aussi à l'étroit se trouvent humiliés de ce procédé prescrit par la loi ?

Ce n'est pas par les facéties dont vous émaillez vos discours que l'on répond sérieusement à un projet de loi.

M. Coomans a dit que le bureau serait isolé. Cette observation n'est juste qu'au moment de l'appel nominal, mais non au moment du dépouillement. Lorsque le dépouillement aura lieu, la cloison disparaîtra, et les électeurs rentreront dans leur droit de circuler autour du bureau. (Interruption.)

M. BOUVIER. Voilà bien des interruptions à droite.

M. CROMBEZ. Je ne puis répondre à toutes ces interruptions. Je le répète, le bureau ne sera pas isolé, puisqu'au dépouillement la cloison sera enlevée.

M. COOMANS. Et s'il survient une contestation pendant le scrutin ?

M. CROMBEZ. Le même inconvénient existe aujourd'hui.

M. HYMANS croit qu'on pourrait dire dans la loi que les infirmes, comme les membres du bureau, ne seront pas tenus de passer par le couloir.

M. DE NAEYER est partisan d'une cloison mobile ; mais si l'on reconnaît l'utilité d'une balustrade, il faut qu'elle soit placée de manière à permettre le contrôle des électeurs.

M. DUMORTIER. La balustrade ne sert à rien.

M. DE NAEYER. Je n'en comprends pas non plus la nécessité. Mais, si l'on y tient, je désire que l'on ne rende pas illusoire la surveillance des électeurs.

M. MULLER. Nous sommes d'accord avec M. de Naeyer quant à la portée de l'article. M. de Naeyer oublie sans doute qu'il est dit dans l'article que la balustrade ne doit pas intercepter la vue du bureau. Aujourd'hui, vous n'avez pas le droit d'entourer le bureau avant le dépouillement du scrutin. La balustrade est nécessaire pour qu'on ne puisse plonger les regards dans le couloir.

M. DUMORTIER. Si vous voulez des balustrades, établissez-les sur les côtés et non en face du bureau.

La clôture est prononcée sur l'art. 4.

M. DE SMEDT demande la division.

Il est procédé au vote pour la première partie de l'art. 4, qui décrète l'institution d'une cloison mobile. 52 membres répondent OUI, 16 répondent NON, 3 s'abstiennent.

*Ont répondu* OUI : MM. Allard, Bara, Bouvier-Evenepoel, Braconier, Couvreur, Crombez, David, de Baillet-Latour, C. de Bast, de Florisonne, Defré, de Macar, de Moor, de Naeyer, de Rongé, de Smedt, Devroede, Dewandre, de Woelmont, Dupont, Elias, Frère-Orban, Funck, Giroul, Grosfils, Hymans, Jamar, M. Jouret, J. Jouret, Lange, Lebeau, Lippens, Moreau, Mouton, Müller, Orban, Orts, Pirmez, Rogier, Sabatier, Tack, Tesch, Thonissen, T'Serstevens, Valckenaere, A. Vandenpeereboom, E. Vandenpeereboom, Vanderstichelen, Van Hoorde, Van Humbeeck, Vleminckx et Warocqué.

*Ont répondu* NON : MM. Coomans, Delaet, de Liedekerke, de Mérode, de Ruddere de te Lokeren, Julliot, Magherman, Notelteirs, Nothomb, Reynaert, Schollaert, Vander Donckt, Van Renynghe, Van Wanbeke, Vermeire et Verweghen.

*Se sont* ABSTENUS : MM. de Theux, Dumortier et Jacobs.

Le § 3 de l'article est adopté par assis et levé.

L'ensemble de l'art. 4 est adopté.

La séance est levée à 4 heures.

Mardi, séance publique à 2 heures.

223 *Coupure sans feuillet de support, avec, collé au bord inférieur, un papillon donnant le début de l'article et au bas duquel figure la référence (***Rive gauche*, **dimanche 5 nov. 1865***)*[1]. *Plusieurs passages soulignés et plusieurs paragraphes cochés au crayon rouge.*

*Texte imprimé :*

MEETING RÉPUBLICAIN

Vendredi dernier, dans l'après-midi, les membres de l'Association *le Peuple*, les membres de la Société des Solidaires, les rédacteurs de *la Liberté*, et généralement les démocrates socialistes bruxellois recevaient la lettre de convocation suivante :

LE PEUPLE.

ASSOCIATION DE LA DÉMOCRATIE MILITANTE[2].

Citoyen,

Il me hâte de vous informer que les étudiants français qui ont assisté au congrès de Liège[3] ayant manifesté le désir de serrer la main aux démocrates bruxellois avant d'aller se replacer sous le joug odieux qui pèse sur la malheureuse France, il a été décidé qu'une réunion aurait lieu CE SOIR à 9 heures, au local de notre association, le *Lion belge*, rue de la Tête d'Or.

J'espère, citoyen, que loin de manquer à ce rendez-vous, malgré le peu de temps qu'il vous restera entre la cessation de votre travail et l'heure de la dite réunion, vous vous ferez un devoir de communiquer la présente à tous vos amis libres-penseurs et socialistes.

Recevez entretemps mon salut fraternel,

*Pour le comité*,

D. Brismée[4].

Bruxelles, le 3 novembre 1865.

À l'heure dite, se pressait dans la salle de l'Association *le Peuple*, une foule sympathiquement émue, pleine de courage dans le présent, de foi dans l'avenir. On sentait régner dans cette réunion improvisée, l'amour de la justice et de la fraternité. Neuf heures sonnant, le citoyen Brismée prit la parole.

Compte rendu analytique de la soirée.

Le citoyen Brismée déclare la séance ouverte ; il adresse aux étudiants français, quelques paroles de vive sympathie ; il remercie l'assemblée de l'empressement qu'elle a mis à se rendre à cette réunion improvisée ; puis il donne la présidence au citoyen Fontaine, c'est lui qui a provoqué ce meeting, et qui nous a amenés les étudiants français[5], c'est à lui à nous les présenter.

Le citoyen Fontaine en prenant la présidence, dit :

« Les étudiants français ont trouvé à Liège une tribune libre, ils y ont posé des questions qui seront bientôt résolues, car elle doivent l'être tôt ou tard. Ici, qu'ils le sachent bien, ils ne trouveront que des sympathies.

» Dans les comptes-rendus des débats du congrès des étudiants, la presse belge a fait preuve en général d'ignorance crasse ou de mauvaise foi. Elle a volontairement tronqué, altéré, falsifié toujours, supprimé quelquefois les discours prononcés ; elle n'a pas osé conclure, elle a reculé comme toujours devant l'affirmation ou la négation absolues des principes sociaux, révolutionnaires ou athées qui se sont produits.

» Cependant, il faut opter ; il faut croire ou nier !

» Un seul journal, un seul, a été de bonne foi. C'est la *Gazette de Liège*, et cela parce qu'elle est avec franchise, catholique, apostolique et romaine. Elle a eu audacieusement la logique de ses erreurs, et nous a montré les conséquences odieuses, anti-sociales du catholicisme. A part quelques inexactitudes, elle a publié une analyse complète des débats.

» Je dois encore citer l'*Écho de Liège*. Mais ce journal qui n'est sans doute pas aussi richement subventionné que son confrère, qui ne s'alimente pas comme lui des aumônes du catholicisme expirant, qui n'a pu payer un sténographe, a été nécessairement incomplet.

» L'appréciation générale de l'*Écho de Liège* est remarquable ; le congrès de Liège, en posant nettement la question, en affirmant la révolution sociale et l'athéisme, a fait rentrer dans l'ombre à tout jamais le vieux parti doctrinaire. À dater d'aujourd'hui un parti nouveau s'affirme avec autorité, le parti radical.

» Ce sont là aussi nos conclusions. »

Le citoyen Tridon (étudiant français), se lève :

« Citoyens, la *Gazette de Liège* a été logique, la lutte est en ce moment entre l'Homme et Dieu, entre l'avenir et le passé. La

Révolution sociale, jusqu'à présent, dans ses diverses manifestations, n'a pas eu de conséquences durables. Nous l'avons vue éclater en 1848 ; qu'est-il arrivé ? que six mois après elle était vaincue et les révolutionnaires au bagne. En sera-t-il toujours ainsi ?

» Où est la réaction ? Elle est à Rome, dans le palais des Papes, là est son centre d'action, là nous devons l'attaquer et la détruire. Le catholicisme est le grand adversaire de la Révolution. Il enserre le monde par l'effroyable organisation de sa hiérarchie. Aujourd'hui les catholiques ont tout : ils ont l'enfant par l'éducation, la femme par la confession, le mariage, les pratiques religieuses. Ils triomphent de toutes les faiblesses, ils étouffent les êtres débiles, seulement ceux-là.

» La lutte finira, car l'humanité ne peut périr, mais il faut que nous fassions appel à la Révolution, à la force. On nous dit tous les jours : amenez le triomphe pacifique de vos idées ! Nos adversaires agissent-ils ainsi ? Vous le savez, quand ils sont les plus forts, ils guillotinent. Qu'ils prennent garde ; des peines terribles attendent les grands scélérats !

» Je le répète, le catholicisme a été le dogme du monde, c'est à la Révolution qu'il appartient de l'anéantir. Mais la Révolution ne peut s'accomplir que par la force, et cette force, elle est en nous.

« Nous vaincrons.

« Citoyens, j'ai parlé à bâtons rompus, mais vous le savez, dans mon malheureux pays, on ne parle pas. »

Le citoyen Splingard prend la parole[6] :

« Le hasard m'amène, je parlerai cependant. La Révolution est un principe un et indivisible, il s'adresse à toutes les nations. Mais il y a Révolution et Révolution. On nous parle de celle de 1830, qu'a-t-elle produit ? Elle a été petite dans ses causes, petite dans ses résultats. En quoi a-t-elle profité au peuple ?

» Le peuple pour elle a versé son sang, et puis on lui a refusé justice comme par le passé. La Révolution n'a point encore triomphé, mais elle vit dans nos cœurs, comme dans le cœur de la jeunesse française, elle vit malgré les victoires du despotisme, elle vit de ses défaites mêmes, elle triomphera.

» Citoyens, nous avons un devoir à remplir, c'est de remercier ceux qui nous ont apporté, non sans danger pour eux, leurs larges et nobles idées sur la transformation sociale. Le congrès de Liège est un signal, il vient de prouver que la Révolution vibre dans tous les cœurs. Je suis venu ici pour fraterniser avec vous. Je suis venu protester, au nom de l'idée Révolutionnaire, Humanitaire et Européenne, contre toute entrave au libre essor, au développement de l'homme.

» Nos idées nous sont familières, nous les échangeons souvent, mais aujourd'hui le spectacle qui nous est offert doit nous réjouir ; des cœurs libres, des âmes généreuses se joignent à nous et nous fortifient, offrons-leur nos chaleureuses sympathies.

» Cette fête est une fête fraternelle ! »

Le citoyen Pellering dit :

« Je suis ouvrier, c'est au nom des ouvriers que je demande la parole. C'est par l'alliance, par la fraternité des étudiants et des ouvriers, que la Révolution sera sauvée. Je m'adresse particulièrement aux étudiants qui sont ici ; la jeunesse est généreuse, ses maîtres la rendent égoïste, ces lâches s'efforcent de la corrompre. La vieillesse, elle aussi, amène souvent l'indifférence, mais celui qui a vraiment au cœur le sentiment de la justice, ne le perd jamais.

» Les étudiants français à Liège ont été les plus radicaux, m'a-t-on dit, leurs ardeurs pour le progrès ont été les plus vives ; c'est que la France est vraiment le centre vivant, c'est de là que le mouvement partira. Ailleurs, ici, il y a autant d'amour de la liberté, nous sommes écrasés par notre faiblesse. C'est en France, c'est à Paris qu'est le progrès de l'humanité, et c'est là aussi que sont tous les efforts de la réaction, c'est là qu'à présent on étouffe la Révolution.

» Étudiants, je viens vous donner quelques conseils, jusqu'à ce jour qu'est-il arrivé ? Les armes à la main, victorieux, le peuple a toujours été dupe. Il a toujours cru à la Révolution pacifique. À l'avenir il sera plus sage.

» Des victorieux misérables, imagine-t-on cela ? Nous l'avons vu ! Le travail opprimé par le capital a été encore une fois vaincu. Mais la Révolution qui vient sera terrible si on lui résiste ; plus de trois mois de misère ; le peuple a le droit d'exiger le bien-être dû au travail. Chaque Révolution a amené un pouvoir fort. Le peuple seul est fort !

» Le peuple abolira l'exploitation de l'homme par l'homme ; d'ailleurs il ne veut que la justice ; il ne tient pas à rendre souffrance pour souffrance. »

Le citoyen Casse (étudiant français), a la parole :

« Citoyens, on vous l'a dit, en France, on parle bas, ici je suis tout étonné de parler haut, et je parle sans crainte, le cœur est éloquent.

» Qu'est-ce que la révolution ? C'est le triomphe du travail sur le capital, de l'ouvrier sur le parasite, de l'homme sur Dieu ! Voilà ce que nous voulons. Voilà la Révolution sociale, qui comporte les principes de 89, les droits de l'homme poussés à leurs dernières conséquences.

» En présence d'un principe aussi grand, aussi pur que celui-là, qu'est-ce qu'un homme ? Rien. Ne nous inquiétons pas des obstacles à détruire, des barrières à renverser. Il faut haïr, c'est prouver qu'on aime. Dis-moi ce que tu hais et je te dirai ce que tu aimes.

» Citoyens, c'est dans le peuple qu'est la révolution. On dit souvent, j'ai peut-être dit moi-même, nous marchons, le peuple nous suit ; fils de bourgeois que nous sommes, nous mentons alors ! Nous n'allons jamais en avant, nous vous suivons.

» Que veut le peuple ? Il veut du pain ; car le pain, c'est la justice, la liberté, la force, la vie. Le peuple ne veut plus que la bourgeoisie l'exploite. Il ne veut plus être esclave.

» Citoyens, on vient de faire l'éloge de la France. La France n'est rien. C'est parce que nous sommes des hommes, non parce que nous sommes Français que nous sommes quelque chose. Pas d'étroites frontières ! Il faut que la fraternité embrasse le monde.

» Un jour un grand artiste fondait une statue de métal, il vint à manquer de bronze ; il prit du fer, de l'étain, de l'argent, il mêla tout, et sa statue sortit radieuse de la fournaise. La Révolution est cette statue qu'il nous faut former, nous. Que tous coopèrent à l'œuvre, serrons les rangs !

» Citoyens, je vous demande un serment. Nous sommes des hommes, eh bien ! jurons haine à la bourgeoisie, haine au capital, droit au travail, non, c'est là une conception absolue, droit aux travailleurs !

» Unissons-nous ! Groupons-nous autour du drapeau rouge, qu'un poète abattit jadis, ne comprenant que trop, que le drapeau rouge, c'est l'appel aux armes, le peuple qui lutte et qui triomphe. En 1830, en 1848, le peuple a été non généreux, mais dupe. Il s'agit de savoir si nous endurerons plus longtemps l'esclavage.

» Soyons nettement, carrément, hardiment révolutionnaires, ou bien retournons à Rome et baisons la mule du Pape. »

Le citoyen Sibrac (étudiant français), se lève :

« Je n'ai pas pris la parole à Liège, l'intolérance de la minorité réactionnaire de l'assemblée m'en a empêché. Ici, dans cette assemblée cordiale et fraternelle, qui a du cœur peut s'exprimer librement.

» Je n'ai que deux mots à dire.

» Je vois ici des femmes, je les remercie d'être venues. Il faut qu'avec nous elles sachent pourquoi nous luttons, il faut qu'elles comprennent nos aspirations. Elles ne doivent pas rester en dehors du mouvement Révolutionnaire, il faut qu'elles nous suivent de leurs efforts dans la rénovation sociale.

» Elles ne nous feront pas défaut, j'en suis sûr. C'est Ève qui a jeté le premier cri de révolte contre Dieu. »

Le citoyen Brismée dit :

« On nous prêche la tolérance : pas de tolérance ! Quand on nous attrape, on nous tue. Le jour où nous serons les maîtres, il faut que nous usions de notre force pour fonder la République.

» De tout temps, nous avons eu des lâches, des traîtres parmi nous : qu'ils le sachent bien, nous les briserons. S'il est besoin de la guillotine, nous ne reculerons pas.

» Citoyens, c'est à cette condition seulement, que nous ne verrons plus des gredins, crier aujourd'hui : Vive la République, demain la trahir, l'étouffer, l'assassiner.

» Sachons bien ce que nous voulons : on parlait tout à l'heure de la bourgeoisie de 1848, qui a affamé le peuple en lui refusant du travail, en fermant ses ateliers. Allons donc ! Comme si la propriété inutile pouvait exister ; comme si le peuple n'avait pas le droit absolu de s'emparer des ateliers qu'on lui ferme.

» Si la propriété résiste à la Révolution, il faut par des décrets du peuple, anéantir la propriété : si la bourgeoisie, il faut tuer la bourgeoisie.

» Citoyens, vous le savez, aujourd'hui les bourgeois sont des assassins et des voleurs. Assassins ! oui, je le dis, le riche qui profite du pauvre, qui perçoit la plus grande masse de son travail, est un assassin.

» Ce n'est pas la petite bourgeoisie que j'attaque, elle est esclave, et souvent plus esclave que les travailleurs. J'en veux à la bourgeoisie capitaliste, aristocrate et bancocrate, celle qui fait les lois et notre misère.

» Celle-là doit périr. »

Le citoyen Lafargue (étudiant français), prend la parole :

« Je serai bref : si nous sommes vraiment, nous autres étudiants l'avant-garde du progrès, c'est que nous avons la science. Aussi, j'ai demandé à Liège de l'enseignement pour le peuple ; nous voulons relever le travailleur, lui donner une instruction complète et cela comprend son développement physique et intellectuel.

» Les hommes sont solidaires, ils doivent s'unir dans le grand principe de la mutualité, et repousser toute idée extra-humaine qui n'a de fondements nulle part. Guerre à Dieu ! Le progrès est là. »

Un citoyen russe, étudiant, dont nous regrettons d'ignorer le nom, fait cette simple déclaration :

« Citoyens, je n'ai pas l'habitude de parler en public, en Russie on se tait, vous le savez. Je remercie de tout cœur les étudiants français au nom de la jeunesse russe, des idées matérialistes développées au Congrès de Liège et j'espère qu'un jour ils viendront nous aider pour le triomphe de la cause matérialiste. »

Le citoyen Protot (étudiant français), se lève :

« Citoyens, je veux vous parler de l'instruction gratuite, et vous prémunir contre les pièges qu'elle renferme.

» Les catholiques savent bien ce qu'ils font, lorsqu'ils s'en emparent ; n'ayons pas la sottise de croire qu'ils manquent d'intelligence. Ils l'accaparent à leur profit, ils divisent la famille, corrompent la jeunesse, et perpétuent le mal dans la société.

» L'enseignement gratuit dans l'organisation sociale présente, n'est qu'un leurre et une chimère ; il ne profiterait qu'à la bourgeoisie. Le peuple non seulement ne peut payer l'instruction aujourd'hui, mais encore, il ne peut la recevoir, il est attaché au travail, il n'a pas trop de ses forces totales, de sa femme, de son enfant, pour gagner son pain quotidien.

» Cette doctrine de l'enseignement gratuit, prenez-la en haine, elle ne saurait diminuer votre ignorance ; et si on veut le rendre en outre obligatoire, cela ne vous fera pas sortir de la misère. »

Le citoyen Georges Janson s'exprime ainsi :

« J'ai écouté et je me félicite en voyant sur quels courageux soldats l'armée de la Révolution peut compter, j'ai foi en l'avenir. Le citoyen Pellering disait tout à l'heure : la Belgique par elle-même ne peut réaliser la Révolution ; c'est vrai. Pourtant ne désespérons pas ; continuons l'enseignement social, mutuel que nous avons commencé, faisons plus encore.

» L'enseignement social ne s'est pas encore affirmé dans de

grandes réunions publiques, bien des gens ignorent la propagande faite au *Peuple*, à la *Tribune du peuple* et dans nos réunions intimes. Il faut nous montrer en pleine lumière et faire voir ce que nous sommes.

» Un doctrinaire audacieux et jésuite, M. Orts, a fait une histoire de la révolution des paysans en 1793 ; il nous a dit comment ce mouvement a été excité par quelques misérables. Que le peuple s'instruise et cela ne sera plus.

» Créons donc un vaste meeting populaire ! »

Le citoyen Casse (étudiant français), dit :

« Au nom de mes amis, j'ai un devoir à remplir ; c'est de remercier les citoyens belges de leur accueil. Ils nous ont montré comment il faut être Révolutionnaires. Plus d'amour platonique de la République ! Il faut regarder le but en face et marcher en avant.

» Il y a une force, une puissance qui a l'avenir, c'est l'humanité. »

Le citoyen César de Paepe, prend la parole[7] :

« Nous venons de vous entendre remercier les belges, nous ouvriers socialistes belges, nous vous devons des remerciements, à vous qui êtes venus nous donner des forces.

» Citoyens français ! Les paroles que vous avez entendues doivent vous soutenir, si vous aviez jamais besoin de soutien. Vous avez vu qu'il y a en Belgique des positivistes, des athées, des Révolutionnaires ; tous veulent la réforme sociale.

» Les économistes comme Bastiat en France, comme Molinari en Belgique[8], proclament la gloire des travailleurs, ils profitent en attendant des fruits de leur travail. Ils ne laissent guère au travailleur que de quoi l'entretenir misérablement dans sa vie laborieuse. Nous voulons maintenant la part du lion.

» Il y a un mois, j'étais à Londres. Là, comme ici, comme partout, le mouvement était le même. Allemands, Anglais, Belges, Français, Suisses veulent le socialisme fondé sur la science. Vous aussi citoyens étudiants ! Cette vaste union fait notre force.

» Naguère, les privilèges seuls se tendaient la main par-dessus les frontières. Aujourd'hui encore, qu'est-ce que ce *congrès des sciences sociales* dont on fait si grand bruit ? Une assemblée de privilégiés, craignant d'attaquer franchement leurs privilèges.

» Voici que le travail et la science se tendent la main à leur tour par-dessus les frontières. J'applaudis à l'accord de la science et du travail, des étudiants et des ouvriers ! »

Le citoyen Rey (étudiant français), se lève :

« Citoyens, compatriotes plutôt, car nous sommes tous de la même patrie ; depuis dix-huit siècles le peuple souffre et travaille. À côté de lui, souffrant comme lui, travaillant comme lui, quelques hommes malgré l'inquisition, malgré les cachots toujours fermés, malgré les bûchers toujours brûlants, étudiaient et apportaient obscurément, silencieusement, en secret parfois, leur pierre à l'édifice de la science.

» Aujourd'hui cet édifice est élevé, et sa riche architecture brille aux yeux de tous. Pour y marcher nous avons un mot : Justice ! Pour y arriver un moyen : Révolution !

» La liberté régnera bientôt, les esclaves deviendront les maîtres, il y a place pour tout le monde au grand soleil de la Révolution. »

Le citoyen Losson (étudiant français), dit :

« Qu'avons-nous à attendre plus longtemps la Révolution ? Nous avons la force, nous sommes le peuple. C'est sur le champ de bataille qu'il faut nous donner rendez-vous. Je n'ai qu'un mot à dire : Aux armes ! »

Le citoyen Jacquelard (étudiant français), dit :

« La *Gazette de Liège* m'a appelé cynique, je vais vous donner, le moins cyniquement possible, un conseil pratique. La misère du peuple est un obstacle à l'instruction gratuite, on vous l'a dit ; voici le moyen d'en sortir, car il ne suffit pas de montrer le peuple opprimé par la bourgeoisie, il faut la vaincre. Or, il est un congrès que nous hâtons de tous nos efforts : et qui sera d'une autre nature que celui de Liège. Il se tiendra dans la rue celui-là, et nos fusils concluront.

» Citoyens, pour instruire le peuple, il est inutile de lui parler de Taines, Comte ou Littré. Il sent sa misère et veut y échapper. C'est assez ! »

Le citoyen Pellering, dit :

« Il est vrai, citoyens, que le travail doit appartenir exclusivement au producteur, mais n'oublions pas qu'une partie doit être à la collectivité.

» Les hommes sont frères, le travail doit soutenir les invalides comme les valides. On a parlé de guillotine, nous ne voulons que renverser les obstacles. Si cent mille têtes font obstacle, qu'elles tombent, oui ; mais nous n'avons que de l'amour pour la collectivité humaine.

» Nous sommes en majorité ; insistons là-dessus, nous sommes les plus forts ; nous sommes sûrs de vaincre ; ayons pour guides la liberté, l'égalité, la fraternité, la justice ! »

Le citoyen Moyson, dit[9] :

« Quelquefois les Flamands passent pour rétrogrades, à l'étranger. On vous l'a dit, notre petite collectivité est faite. Pourtant, nous ne l'oublions pas, nous sommes les fils de ces communes, qui ont fondé la souveraineté populaire.

» Avec notre franchise flamande, je vous dis que la Révolution est une et s'affirme comme elle peut. Serrons-nous la main. »

Le citoyen Brismée, dit :

« Il faut finir. l'heure s'avance et demain nous devons travailler. Quand j'ai parlé de guillotine, j'ai vu quelques yeux se fixer sur moi. Je sais qu'il y a ici des mouchards, pour parler net. Que nous importe ? Ces gens-là ne peuvent soutenir le regard d'un homme de cœur sans baisser les yeux.

» Il ne doit pas y avoir ici d'équivoque : je dis donc qu'il faut se défier des républicains du lendemain ; non seulement s'en défier, mais les forcer à rentrer dans leurs maisons, l'oreille basse ; s'ils en sortent réactionnaires, il faut les fusiller comme fit au 2 décembre l'illustre empereur des Français ; rien de plus. »

Aucun orateur ne demandant plus la parole, le citoyen président Fontaine se lève :

« Nous avons assisté à une fête fraternelle. Je ne veux remercier personne, chacun a pour soi la conscience du devoir rempli. C'est assez.

» Je propose que nous nous séparions au cri de « Vive la République Démocratique et Sociale ! »

La séance est levée là-dessus à minuit et demi.

Après ce qu'on vient de lire, on comprendra que notre rôle se réduise à peu de chose. Que pourrions-nous dire maintenant qui ne parût froid ? Cette soirée a vraiment été magnifique ; c'est la plus énergique, la plus fraternelle, la plus large, la plus belle affirmation que nous ayons jamais entendue de la Révolution sociale. Les orateurs, acclamés et soutenus par d'unanimes et frénétiques bravos, se succédaient à la tribune comme emportés par le torrent irrésistible de l'Idée. À chaque instant il nous semblait sentir le génie de la Révolution passer sur l'assemblée et la purifier de son souffle de feu.

ANGELO.

---

DISCOURS DE MM. ARNOULD[10] ET CASSE
AU CONGRÈS DE LIÈGE

Nous donnons, d'après la *Gazette de Liège*, et malgré les quelques inexactitudes de son compte rendu, les deux discours qu'on va lire. Le premier, qui est de M. Arnould (d'Anvers) et qui a rallié tous les suffrages, se distingue par une grande modération d'expression et représente dans les idées (nous ne voulons pas croire pourtant que M. Arnould ne soit révolutionnaire que là), la révolution la plus radicale. Le second, de M. Casse (de Paris), représente quelques-unes des faces de la révolution en action.

Voici le discours de M. ARNOULD :

» Je monte à cette tribune sous le coup d'une impression qui me poursuit depuis trois jours, parce que je ne voulais pas dire ici des choses sévères ; mais je serai forcé de les dire : on recommande à l'orateur de se concilier d'abord la bienveillance de l'auditoire. Eh bien ! je ne prétends pas me concilier votre bienveillance ; je prétends dire la vérité.

» Depuis trois jours que j'assiste à ce Congrès auquel j'ai contribué pour ma part de si grand cœur, l'impression qu'il me donne, c'est celle de l'intolérance et du fiel qui n'a pas un instant cessé de régner ici. La majorité n'a pas le droit d'absorber la minorité, et celle-ci ne peut pas prétendre s'imposer à la majorité. Je crois que l'intolérance a été partagée des deux côtés : je ne sais d'où elle est venue. Cela montre combien les réunions de la jeunesse sont nécessaires et combien la première a été insuffisante.

» Tous les orateurs qui se sont succédé à cette tribune ont, d'instinct ou par volonté, regardé au fond de la question, et ont recherché une sorte de principe général qui pût servir de base à la solution des questions soulevées. On leur a dit : « Vous sortez de la question : » ils étaient tous dans la question. Pour un enseignement complet, si on l'embrasse à un point de vue général, il faut chercher sa progression logique générale. Nous tous, nous avons traversé les trois degrés de l'enseignement, primaire, moyen et supérieur : ils nous ont encombré la cervelle d'un nombre d'idées tellement contradictoires, que ce sera un problème des temps à venir de savoir comment des cerveaux qui ont traversé un pareil enseignement ont pu rester sains. (Bravos.)

» À l'école primaire, la morale qu'on enseigne se base sur des conceptions religieuses qui sont chrétiennes. Nous entrons dans l'enseignement moyen : là, on va nous instruire dans les études humanitaires ; que fait-on lorsqu'il faut enseigner la littérature ? on prend la littérature païenne. Pourquoi cette contradiction ? Parce que ceux qui ont organisé l'enseignement ne sont ni chrétiens, ni païens ; ils devaient chercher dans l'idée chrétienne le beau et la vérité : mais ils sont forcés de reconnaître que l'idée chrétienne n'est pas complète, qu'elle n'a pas réalisé de forme matérielle : étrange contradiction ! Je passe à l'enseignement supérieur.

» Qu'y vois-je ? Je vois le cerveau humain radicalement divisé en deux parts : l'une dans laquelle on est purement spiritualiste, l'autre dans laquelle on est expérimental et positiviste. (Applaudissements.)

» Ceux qui ont organisé cet enseignement ne savaient pas où ils allaient : leur philosophie est spiritualiste, la science est expérimentale : la profonde contradiction de cet enseignement est née de cerveaux sans idée et sans organisation.

» Cet enseignement nous a faits ce que nous sommes : intolérants. Et nous ne sommes pas intolérants parce que nous avons des convictions ; nous sommes intolérants parce que nous avons peur de ne pas en avoir : si nous avions des convictions, nous écouterions avec grand respect. Nous saurions ce qu'elles coûtent, et quelles que soient les convictions que soutiendraient des hommes sincères, nous dirions : elles représentent du travail, des veilles, des réflexions que nous ne pouvons contrecarrer par une simple affirmation. Messieurs, soyons tolérants, parce que nous sommes ignorants.

» Ne croyez pas que je veuille dire que la jeunesse est nécessairement ignorante ; ses prétendus maîtres sont plus ignorants qu'elle ; plus ignorants, parce qu'ils ajoutent une certaine importance à ce qu'ils enseignent ; tandis que nous, nous sentons si peu cette importance, qu'il n'y a pas un seul orateur ici qui ait osé s'appuyer devant vous sur ce qu'il avait appris à l'école. (Bravos.)

» Je ne veux pas rentrer dans la discussion d'hier, je veux seulement la rappeler pour dire que tous ont placé la discussion à un point de vue social : ils ont toujours cherché la réalité et la vérité.

» En somme, l'instruction doit être l'art d'armer un homme d'un certain ensemble de notions justes et vraies qui puissent lui servir dans la vie générale et, de plus, lui permettre de remplir une certaine fonction particulière dont dépendra sa vie. On ne considère l'enseignement que par son petit côté. Il faut que chaque homme ait avec la société des rapports généraux, basés sur une conception connue et juste de la vérité. La grande question, c'est de ramener l'enseignement à une conception de justice et de vérité qui puisse être admise par tous et devenir la base de la société.

» L'enseignement réel ne se prend pas seulement dans les écoles, où le petit nombre est admis. Il y a un autre enseignement plus important puisque l'immense majorité des hommes ne reçoit que celui-là : c'est l'enseignement du fait, l'enseignement se dégageant des institutions qui nous entourent. C'est un enseignement permanent. Élargissant la question à ce point de vue, parce qu'il est vrai de dire : telle société, tel enseignement, il y a contradiction à dire : discutez l'enseignement, mais ne touchez pas à la société.

» Je vais montrer que l'enseignement est anarchique, parce que la société est anarchique, contradictoire. *Il n'y a pas deux institutions dont on puisse dire qu'elles existent pour des raisons de justice.*

» Comment voulez-vous qu'une société qui, en politique, admet seulement la coopération d'un petit nombre de citoyens ; où, par conséquent, la minorité règne et gouverne, donne en politique des idées de justice : ça ne se peut pas. C'est pour cela que je veux répondre deux mots à M. Janson ; il demande des cours de politique. On ne peut pas donner des cours de politique dans la société moderne, parce que dans la société, il n'y a pas de politique réelle.

» La politique devrait réaliser l'équilibre entre les forces de l'humanité et les seules forces vraies, le travail et l'intelligence ne sont pas objet de politique.

» Dans le monde économique, comment voulez-vous qu'on enseigne la vérité : il est basé sur la force et non sur la réalité effective, sur le travail : celui qui crée tout, n'est rien.

» Je passe à l'ordre moral : Où en sommes-nous ? Là, nous avons encore et malgré nous, toute la morale catholique : nous n'en avons pas d'autre. La société vit d'après elle : non seulement elle est officiellement enseignée, mais aussi suivie dans les cœurs, dans les cœurs de la masse.

» Comment voulez-vous qu'une société contradictoire, qui n'a que des idées venues on ne sait d'où, qui se sont produites dans le courant des siècles par des individus qui ont jeté des idées procédant toujours de conceptions personnelles, *a priori*, sans regarder ce qui les entoure : comment voulez-vous qu'elle soit sérieuse, qu'elle soit complète dans son enseignement !... Discuter l'enseignement avant d'avoir discuté la société, c'est ne pas vouloir être pratique.

» Je crois avoir montré combien de choses il y a à faire, combien tout est bas, comment donc il nous faut être tolérants, comment il faut chercher à tout comprendre au lieu de chercher à tout repousser. L'humanité n'est encore qu'à son aurore, jusqu'à présent, l'humanité n'a jamais vécu ; des rois ont vécu, des aristocrates ont vécu, des parasites ont vécu d'elle : l'humanité ne l'a jamais fait.

» Comment voulez-vous ramener dans une conception actuelle et faite *a priori* cette humanité immense que nous ne connaissons pas encore, qui ne s'est révélée qu'une fois, partiellement, à la Révolution française, et qui alors a été si grande que nous vivons tous de ce souffle depuis quatre-vingts ans ?

» Comment voulez-vous englober cette idée qui est immense dans les petites conceptions que nous avons, qui sortent on ne sait d'où, et qui ne sont rien. »

Voici maintenant le discours de M. Casse, qui a été condamné en France à un an d'emprisonnement pour outrage à la morale religieuse dans le journal *Le Travail*, mais il n'est pas inutile de faire observer à nos lecteurs, que ce délit étrange est recherché par la magistrature française avec une rigueur telle que *l'Écho du Parlement* lui-même en serait, à ce compte, journellement coupable : cela dit, laissons la parole à M. CASSE :

*(Le manque d'espace nous oblige à remettre au prochain N° le discours de M. Casse, ainsi qu'une lettre intéressante des détenus politiques de Sainte-Pélagie sur l'état sanitaire actuel de cette prison.)*

---

ERRATA

Quelques erreurs se sont glissées dans le dernier article de notre ami et collaborateur Longuet. En voici quelques-unes que nos lecteurs auront rectifiées aisément : Swift, au lieu de : Imft; *la dynastie de la Palisse,* au lieu de : la dynastie. Celle-ci est plus délicate et plus importante. 2e page, ligne 31, 3e colonne, au lieu de : l'an 39, de la grande Rénovation, lisez : l'an 49.

---

EN VENTE
chez tous les libraires de Bruxelles :
PAUVRE FRANCE !
par
A. ROGEARD
auteur des *Propos de Labiénus.*

Un vol. petit in-18. Prix : 1 franc. — Expédition *franco.*
Imp. de Vve Parent et Fils, à Bruxelles.

228 *La rubrique (***Question d'Anvers. Fortifications***) figure en haut à gauche. La référence (***La Paix,* **31 juillet 1864.***) en haut à droite*[1]*. Traits au crayon rouge, horizontaux, entre les deux paragraphes et sous le second; un trait vertical, sur toute la hauteur du texte, à gauche, mais qui, eu égard à sa courbure vers la gauche, encadrait une autre coupure.*

*Texte imprimé :*

Nous voyons se déployer déjà quelques-unes des conséquences de la folie des fortifications anversoises. On vide un grand cimetière contrairement aux lois de l'hygiène et de la décence, au risque de réveiller le choléra qui y sommeille, et l'on froisse ainsi jusqu'à la cruauté, une population déjà trop éprouvée. On s'attire un procès de sept millions avec une Compagnie très influente, on augmente les corvées des miliciens, on va soulever devant les tribunaux la grave question de savoir si un général a le droit de transformer des soldats en terrassiers forcés, on creuse le gouffre du déficit, on autorise les suppositions les plus fâcheuses quant aux suites financières de la loi du 8 septembre 1859, en un mot on crée des difficultés énormes pour l'avenir, et tout cela afin d'empêcher à perpétuité la législature d'opérer des économies sur le budget de la guerre !

Le vaste embastillement d'Anvers a été décrété dans l'unique dessein de rendre à jamais nécessaire une armée belge de 100,000 hommes, de même que le fonds communal a été créé pour maintenir les taxes sur les lettres, les bières et les sucres.

233 *La rubrique (***Cocasseries***) figure en haut à gauche*[1]. *En bas, tout au long, Baudelaire a ajouté* **Belle garantie de liberté ! Il paraît qu'on n'imprime pas *toujours* pour toutes les opinions,** *se rapportant à la phrase qu'il a soulignée de la même encre.*

*Texte imprimé :*

À MESSIEURS LES NOTAIRES, HUISSIERS ET DIRECTEURS DE VENTES.

J'ai l'avantage de vous faire savoir qu'ayant repris tous les caractères d'affiches de M. Slingeneyer aîné, j'ai considérablement agrandi le matériel de mon imprimerie, ce qui me permet de faire des affiches de la plus grande dimension.

Prix pour 30 affiches ordinaires avec timbres de 6 centimes : 7, frs. 50.

Circulaires à la mécanique, pour les élections, etc., à des prix qui défient toute concurrence.

*On imprime pour toutes les opinions.*

*Espérant que vous m'honorerez de votre confiance, j'ai l'honneur d'être*

VOTRE DÉVOUÉ SERVITEUR,
J. SACRÉ.
Imprimeur-Libraire, Cantersteen, 10.

267
268 *Coupure collée sur la première page (267) d'un faire-part de deuil*[1], *bordé de noir, portant sur la troisième page (268) : M Les Parents et Amis ont la douleur de vous informer de la perte cruelle que la Belgique entière et l'Art moderne viennent d'éprouver dans la personne de* ANTOINE WIERTZ, Peintre d'Histoire, *né à Dinant, décédé à Ixelles, le dimanche 18 juin 1865. L'inhumation aura lieu le mercredi, 21 juin, à 3 heures de relevée.* On se réunira au MUSÉE WIERTZ, Ixelles, Quartier Léopold. S.R. *Verticalement, suivant le bord de gauche de cette troisième page, on lit, en petits*

*caractères :* IXELLES. IMP. CNOPHS, FILS, PLACE COMMUNALE. 15. *Le faire-part était plus large. Il a été coupé, aux deux feuillets refermés, suivant le bord droit, où manque ainsi la bordure noire.*

*Texte imprimé de la coupure :*

NÉCROLOGIE

On nous écrit de Bruxelles, le 19 juin :

« Je vous écris sous le coup d'une émotion profonde : j'apprends à l'instant même la mort imprévue et prématurée du plus grand peintre de notre pays, et peut-être de notre temps. L'illustre Wiertz est mort hier d'un érésypèle qui, après s'être attaqué d'abord au pied gauche, avait fini par couvrir le corps tout entier.

» Le moment n'est pas venu, et il faudra se recueillir pour parler comme il convient de cet homme extraordinaire qui, pour ne penser qu'en couleurs, n'en était pas moins l'un des penseurs les plus profonds et les plus généreux de tous les temps. Mais vous voudrez bien me permettre de déposer prochainement une modeste couronne d'immortelles sur le tombeau de cet artiste de génie, qui sera enterré mercredi prochain, comme il a vécu, c'est-à-dire en libre penseur et sans le concours du clergé. »

MICHEL BEREND.

280-281 *Notes manuscrites d'une main inconnue*[1].

Maison Billen[2].

Corporation de Métiers (Menuisiers, Charpentiers, Maçons, etc.) Construite par les Corporations en 1698 sur les plans de De Bruyn.

Côté opposé, 5 autres maisons* de Métiers. Le Renard, le Cornet, le Sac, la Brouette, le roi d'Espagne, et la maison des Archers nommée la Louve.

Le Cornet, ancienne maison de la Corporation des Bateliers.

Maison des Brasseurs. — Portait en 1793 la statue équestre de Charles de Lorraine, cuivre battu, érigée par les Brasseurs en 1752.

Maison de Cygne, Corporation des Bouchers, bâtie en 1720.

La Taupe. Corporation des Tailleurs et le Pigeon (des Peintres) plus tard celle des Arbalétriers.

Bombardement 1695[3].

La Balance. Bâtie en 1701.

Hôtel de Ville de Bruxelles. Commencée en 1401 ou 1402, la Tour fut achevée en 1455. On ignore la date de son complet achèvement.

Maison du Roi, XIIIe siècle.
Halle au pain (Broodhuys en flamand) restaurée après le bombardement de 1695.

Renseignements tirés de l'Histoire de l'Architecture en Belgique par A.G.B. Schayes.

Pour plus de renseignements voir l'Histoire de la Ville de Bruxelles par Wauters.

* Construits entre 1696 et 1699.

320 *Deux coupures. La référence (***Gazette Belge,** **23 sept. 1865.***) figure en haut à gauche*[1]*. La rubrique (***Annexion***) est écrite deux fois en haut de chaque coupure, à gauche. Trace d'encadrement au crayon rouge, dans le coin supérieur gauche de la première coupure. Passages soulignés au crayon rouge.*

*Texte imprimé :*

L'*Escaut*, décidément, est un étrange journal. Il prend le soin de faire des réserves et de protester, quand son correspondant de Bruxelles compare Mlle Artot[2], la chanteuse, au canon Wahrendorff, — une comparaison, il est vrai, assez osée ; — mais il insère, sans sourciller, des grueries de la force de celle-ci :

« Il faudra une satisfaction à la France le jour où Napoléon se verra dans l'impossibilité de se maintenir au Mexique ; la Prusse et l'Angleterre sont dès aujourd'hui résolues à abandonner la Belgique : la première à condition qu'on lui laisse ses provinces Rhénanes, la seconde qu'on fasse d'Anvers un port franc et qu'on démolisse ses fortifications, afin que cette place ne puisse être, aux mains de la France, un pistolet chargé sur le cœur de sa rivale[3].

« *Ce qu'il y a de réellement drôle* dans toutes ces combinaisons, c'est que le gouvernement impérial, comme le dit la *France*, n'a pas même l'intention « de procéder par la force. » Non, il nous croit mûrs, grâce aux lâches complaisances de nos ministres actuels qui ne sont plus depuis longtemps que des préfets de l'Empire, et de nos Chambres qui sont devenues des bureaux où l'on enregistre les décrets des Tuileries. »

Que de jolies choses on ignorerait cependant, si l'*Escaut* n'entretenait pas un correspondant à Bruxelles ! Et comme le pays est bien gardé autour du capitole anversois !

---

La mauvaise action que M. Dechamps[4] a commise en faisant planer, lui patriote, le doute sur la durée de notre indépendance nationale, oblige tout organe de la presse belge, réellement dévoué à la cause de l'autonomie et des libertés du pays, à rechercher avec une filiale sollicitude les effets qu'a pu produire ce quasi-appel à l'étranger.

Déjà, nous avons constaté que l'éveil donné par cet ancien ministre du Roi aux ambitieuses convoitises du dehors, n'avait rencontré aucun écho par-delà les frontières.

324v° *Les notes de Baudelaire figurent au recto d'une carte de visite au nom de* KERTBENY, *placée verticalement. Au verso figure, horizontalement, un message en quelques lignes dudit Kertbeny, à l'encre bleue*[1] :

J'ai l'honneur d'attenter à vous jusqu'au midi, et j'étais bien heureux de pouver reçu aujourd'hui votre aimable visite, parce qu'ils est arriver un de mes compatriotes, chez nous le plus célèbre de notre peintre.

Agréez, Monsieur, l'assurance de ma plus grande distincion cordiale.

*Baudelaire a ajouté le commentaire suivant :* **Celui qui sait 52 langues** *(en bas, au crayon rouge)* **Il n'en sait évidemment que 51** *(en haut à l'encre noire).*

341 *La rubrique (*STYLE PARLEMENTAIRE*) figure en haut à gauche. La référence (***Gazette Belge, 30 nov. 65***), en haut à droite*[1]*. Le nom de* **M. Delaet** *est écrit de la même encre, par Baudelaire, en haut, sur le feuillet de support; la ligne de pointillés, sur le feuillet de support aussi, de la même encre. Trois morceaux, le troisième correspondant à l'intervention de Bara. Passages soulignés au crayon rouge.*

*Texte imprimé :*

**M. Delaet** . . . . . . . . .

Je ne doute pas de votre patriotisme, ajoute-t-il; mais il y a plusieurs genres de patriotisme : le patriotisme passionné, et le patriotisme rationnel. Le patriotisme passionné se voit partout, il fait *sonner les canons et tonner les tambours*, il fait chanter la *Brabançonne*, il s'affirme partout enfin, et, après cela, montant au Capitole, il dit : « Nous avons sauvé la patrie ! »

Le patriotisme rationnel, lui, ne va pas chercher des conseils à l'étranger, il a confiance dans sa force morale.

Vous n'avez, vous, du patriotisme que la passion.

Dans le domaine économique, vous avez fait appliquer le système du libre-échange; vous avez bien fait. Vous avez aboli les octrois, et vous vous êtes parés de ce beau titre de gloire. Mais c'était là une mesure on ne peut plus doctrinaire; vous avez centralisé, par ce fait, les finances communales.

. . . . . . . . . . . . . . . . . . . . .

La lutte, selon moi, serait aussi vive, si le parti catholique n'existait plus. Car c'est alors que vous trouveriez en face de vous un autre véritable adversaire, le parti véritablement libéral. Car vous ne faites plus un pas en avant; vous rétrogradez, au contraire. Vous verriez ainsi qu'il y a un grand parti dans le pays et que ce parti n'est pas le vôtre, que ce parti a déjà des organes, qu'il a pour lui la jeunesse et l'avenir.

Placé devant ce parti, vous n'auriez pas la ressource que vous avez aujourd'hui de faire la culbute. Vous reniez ceux qui prêchent la guillotine : ce n'en sont pas moins vos principes.

Vous dites aux uns : « Je résisterai aux cléricaux; » aux autres : « Ce sont vos excès qui ont fait naître ces exaltés qui demandent la guillotine. » Voilà votre tour de bascule.

Mais un jour viendra où l'on vous prendra pour ce que vous êtes et où votre règne cessera.

M. BARA, ministre de la justice. — La fin du discours de M. Thonissen a été véritablement ridicule. M. Thonissen a parlé de répandre la dernière goutte de son sang. C'est un moyen oratoire.

342 *La rubrique (*STYLE PARLEMENTAIRE*) figure en haut à gauche. La référence (***Gazette belge,** 29 **nov.** 65*), en haut à droite*[1]*. Traces de crayon rouge en haut, à droite et en bas, et un mot souligné.*

*Texte imprimé :*

M. DELAET. On a dit que la nomination de M. Bara aux fonctions de ministre de la justice remplaçait le discours du Trône. En effet, la discussion prend la tournure d'une discussion d'Adresse et l'on n'a point répondu aux questions de M. Jacobs.

J'avoue que je ne comprenais pas la signification de la nomination de M. Bara : mais il vient de nous en donner l'explication et, aujourd'hui, nous savons pourquoi il est sur ces bancs. Le pays est agité et le ministère le sait. L'honorable M. Bara est venu au pouvoir pour ressusciter les luttes clérico-libérales.

Il n'y avait jusqu'ici que deux partis : aujourd'hui, nous en connaissons un troisième, c'est le parti constitutionnel.

Puisque vous avez fait des comparaisons, permettez-moi d'en faire une ! M. Bara, c'est le frère *Davenport*[2] que vous avez chargé d'évoquer le sceptre noir.

Je signale de l'agitation et je risque, en ce faisant, d'être impliqué dans le crime flétri de M. Dechamps. Et malgré cela, nous venons vous dire : Prenez garde ! l'Europe se sent mal assise... (*Hilarité.*)

Riez et criez, pourvu que vous n'empêchiez pas les sténographes de m'entendre, c'est tout ce que je demande.

343 *La rubrique (*STYLE PARLEMENTAIRE*) figure en haut à gauche. La référence (***Gazette belge,** 29 **nov.** 65*), en haut à droite*[1]*. Encadrement au crayon rouge. Le nom* **M. Bara** *et la ligne de pointillés ajoutés à l'encre, sur le feuillet de support.*

*Texte imprimé :*

**M. Bara.**

. . . . . . . . . . . . . . . . . . . . . . . .

Il faut aimer le paradoxe pour venir prétendre que la loi sur les bourses n'est pas une loi. Cette loi a été régulièrement votée et promulguée.

M. COOMANS. — Je n'ai pas dit que ce n'était pas une loi ; mais j'ai dit : ce n'est pas une véritable loi.

M. BARA, ministre de la justice. — M. Coomans distingue donc, il y a des lois qui ne sont pas de véritables lois et d'autres qui le sont. M. Coomans, du reste, n'est pas jurisconsulte.

M. COOMANS. — Je le suis depuis plus longtemps que vous ; je suis avocat depuis 31 ans.

M. BARA, ministre de la justice. — J'aurais cru, à vous entendre, que vous n'aviez aucune notion de droit.

344 *La rubrique (*PORTRAIT DE LÉOPOLD Ier*) figure en haut à gauche. La référence (***La Publicité belge,* 24 déc. 65***) en haut, tout au long du feuillet*[1].

*Texte imprimé :*

Voici un portrait réaliste de Léopold assez ressemblant :

Beaucoup de concentration, une volonté tranquille et obstinée, une réserve absolue. Roi toujours, sans distraction et sans abandon, par devoir attentif à un rôle et n'en manquant ni un geste, ni une syllabe, ni une intonation, ni une nuance. On n'était pas plus roi. Il put feindre la royauté facile, débonnaire, bourgeoise : au fond nul ne porta plus loin la raideur aristocratique, et ses ministres ne furent jamais ses familiers au palais. Ils pouvaient se dire ses amis, il put même leur donner ce titre en public, mais aucun d'eux ne s'y trompa ni ne songea à s'en prévaloir derrière le rideau. Il n'était pas besoin de gratter le roi-citoyen pour trouver le prince : le premier de ses regards le découvrait. Il avait particulièrement une certaine manière de lorgner qui révélait tout un monde de contrastes. Ce lorgnon était la muraille de la Chine. Cela disait : « Tout ce que vous voudrez, monsieur, mais, au travers de ce lorgnon ; n'allez pas plus loin, je vous prie ; de l'autre côté, je suis chez moi, et je n'ai pas besoin de vous dire qu'on n'entre pas : regardez-moi, vous le verrez bien. »

De fait, la figure, l'œil, le sourire, l'attitude, le geste étaient d'un renfermé singulier. L'homme était tout officiel des pieds à la tête : son affabilité était officielle, sa politesse officielle aussi, exquise et froide. On ne sera jamais plus royalement poli. L'orgueil du rang très-avant dans l'âme, et plutôt encore du sang que du rang ; donc, la dignité fondée sur une grande estime de soi-même et de son origine, et une irrésistible tendance à rapporter tout à soi. Puis, un tact extrême, une prudence consommée, et des sentiments impénétrables. Il fut attaché à la vie de toute l'obstination de son inflexible volonté, et il dut croire jusqu'au dernier moment qu'un roi ne mourait que lorsqu'il le voulait bien. Il paraissait en effet avoir plus d'une fois fait reculer la mort et la plus redoutable, celle qui termine les maux incurables. Son corps était mort déjà à demi que sa volonté le soutenait encore, et l'on put dire de lui, en voyant sa longue lutte, ce que dit Napoléon du soldat russe à Friedland : « Ce n'est pas tout que de le tuer, il faut encore le faire tomber. » Il se sentit si peu mourir, qu'il dut passer dans l'autre monde en roi, sans transition et sans repentir. Il lorgnera froidement Minos, qui n'osera le juger, et il ira régner indéfiniment sur quelque planète constitutionnelle.

---

345 *La rubrique (*ENTRÉE DU NOUVEAU ROI*) figure en haut à gauche. La référence (***La Publicité belge*, 24 décembre 65**), en haut à droite*[1].

*Texte imprimé :*

Quand le roi Léopold II a fait son entrée solennelle dans sa capitale, le chaleureux enthousiasme qu'ont témoigné les Belges a été partagé par les étrangers. Ceux qui voyaient le jeune monarque pour la première fois, se sentaient gagnés aussitôt par sa bonne mine et son air affable. Léopold II est, en effet, un beau cavalier ; ses traits vigoureusement accentués, ses fortes, mais soyeuses moustaches, ses longs favoris à l'américaine, donnent à sa physionomie un caractère mâle et doux à la fois.

Depuis plusieurs jours plongée dans le deuil, la population, quand il lui a été permis de renaître à la joie, a passé subitement d'un extrême à l'autre. C'était à qui trouverait le moyen le plus ingénieux d'exprimer sa gaieté patriotique.

Aussi le chef des musiciens qui précédaient le cortège royal, se disant que les marches funèbres des jours précédents avaient suffisamment assombri les esprits, et qu'il convenait maintenant de faire entendre les accents de la plus folle allégresse, inscrivit-il le nom d'Offenbach dans le programme de la fête.

Quand Léopold II, entouré des grands dignitaires, se dirigea vers le palais où l'attendait la couronne, la musique militaire se mit à jouer l'air fameux de la *Belle Hélène* :

Le roi barbu qui s'avance,
Bu qui s'avance,
Bu qui s'avance...

Nous garantissons l'authenticité de l'anecdote. Le lendemain, un des ministres en parlait au journaliste de qui nous tenons le fait. « Il est heureux, lui disait-il, que cela se soit passé dans un pays aussi bon enfant que la Belgique ; si pareille chose arrivait chez un de nos voisins, le roi serait ridicule pendant un mois. »

—

346 *La rubrique (***Mort du Roi***) figure en haut à gauche. La référence (***L'Économie Office de publicité du Tournaisis, 24 déc. 65***), en dessous de la rubrique*[1].

*Texte imprimé :*

CORRESPONDANCE PARTICULIÈRE DE L'ÉCONOMIE

Bruxelles, 20 décembre 1865.

Il circule, dans la presse catholique surtout, sur les derniers moments du Roi, des récits si contradictoires, des versions si diverses, qu'il faut bien que je vous donne à ce sujet quelques détails que j'ai puisés aux meilleures sources dont je puis vous garantir la complète authenticité :

Le dimanche matin, alors qu'il fut bien évident que le roi n'avait plus que quelques instants à vivre, on lui demanda s'il voulait voir ses enfants.

Léopold qui, dans les derniers jours de sa vie n'a plus parlé qu'allemand, répondit vivement : « Non, non, non. » (En allemand, bien entendu).

Il demanda quelques instants après, à quel âge était mort lord Palmerston ? — 85 ans, lui fut-il répondu. — Et M. Dupin ? —

84 ans. — Bon, répondit le roi avec une satisfaction très-visible.

La consigne avait été donnée, par le roi lui-même, de ne laisser pénétrer personne auprès de lui. — Vers 9 heures, Mme la duchesse de Brabant résolut de forcer la consigne et la força en effet. Elle alla droit à l'auguste moribond et lui dit avec émotion : « Sire, on vous trompe, vous n'avez plus que peu de temps à vivre : vos enfants veulent vous dire adieu. Ne voulez-vous pas les voir ? »

Le roi secoua péniblement la tête : « Cela ne presse pas, dit-il (toujours en allemand) ; allez-vous-en, enfant. »

Mais Mme la duchesse ne se tint pas pour battue ; elle insista et alla chercher le duc de Brabant et ses enfants qui attendaient dans un salon voisin. Elle fit agenouiller le duc près du lit, prit l'une des mains du roi, et la plaça sur la tête de l'héritier du trône.

Les enfants de Mme la duchesse ne restèrent qu'un instant dans l'appartement du malade ; il s'approchèrent du lit : « Bonjour, grand-papa, dirent-ils ; » puis : « Adieu, grand-papa ! » et ils furent emmenés.

Le duc de Brabant était resté agenouillé auprès de son père : il pleurait. C'est alors que Mme la duchesse de Brabant, qui avait pris un crucifix, le plaça devant le roi et lui demanda solennellement : « Sire, devant cette image du Christ, dites-nous, vous repentez-vous des fautes ou des péchés que vous pouvez avoir commis ? »

Le roi répondit alors, avec un ton impatienté :

« — Oui, ma très-chère, oui. »

Puis, épuisé sans doute par l'émotion que lui causait cette scène, le vieux roi ferma les yeux. Ce fut alors que Mme la duchesse de Brabant lui posa le crucifix sur les lèvres. Le roi venait de perdre connaissance ; il ne la recouvra plus. L'agonie commença immédiatement. Et ce fut alors seulement que l'on fit entrer M. Becker, chapelain du roi[2], qui attendait à la porte.

Jusqu'au moment où il expira, le roi ne rouvrit plus les yeux, ne fit plus un geste, ne remua plus les lèvres.

Voilà la *vérité vraie* sur la mort du Roi. Je vous l'expose simplement, sincèrement, sans commentaires, en m'abstenant de traduire des intentions, de supposer des sentiments, de tirer des inductions commodes, hasardées ou inconvenantes.

347 *La rubrique (*LITTÉRATURE BELGE*) figure en haut à gauche*[1] *; en dessous, Baudelaire a ajouté, dans la partie gauche du feuillet :* **Plaisanteries Belges sur les Français.** *(***Les Belges**

***posent* pour le Bonheur.) Fureur des Belges contre M. Dhormois[2]. Le *misérable* a été reçu par Léopold II.**

*Texte imprimé :*

FEUILLETON DE L'*ÉTOILE BELGE*
DU 24 DÉCEMBRE.

---

REVUE DE LA SEMAINE.

---

SOMMAIRE : Deuil et réjouissances. — Un chroniqueur parisien. — Une petite révolution, s'il vous plaît. — Une méprise de cocher. — Pas de barricades ! — Une journaliste décoré. — La presse belge. — La cour militaire. — L'opinion publique. — Une proposition de M. Guillery. — Le cirque Renz. — Sans tambour ni trompettes. — Le cirque Loisset[3]. — Le mulet Rigolo II. — *Deux merles blancs.* — Une répétition générale. — La *Famille Benoiton.* — Une toilette tapageuse. — Térésa dans le monde.

Si vous reconnaissez avec moi que les grands événements qui se sont passés depuis ma dernière revue ne sont pas un sujet de chronique, me voilà tout excusé de vous avoir faussé compagnie la semaine dernière en supprimant mon feuilleton du dimanche. D'ailleurs, les théâtres étant fermés, une causerie sur les petits faits de la semaine n'eût pas trouvé de lecteurs, tant l'attention générale était absorbée par les récits émouvants de la mort du Roi, et les descriptions de l'enthousiasme populaire à l'inauguration de Léopold II.

Cet enthousiasme, il faut le dire, les descriptions les plus colorées ont été impuissantes à en donner une idée. Jamais un peuple n'a affirmé d'une façon plus énergique, plus unanime, plus frappante son attachement à la forme de son gouvernement et à ses institutions libérales. Quelle leçon pour ce pauvre M. Dechamps !

A l'occasion du court interrègne qui a pris fin d'une façon si éclatante, on a fait circuler en ville une petite anecdote que je vous donne pour ce qu'elle vaut ; la voici :

M. Havin[4], qui résume en sa personne le bonapartisme démocratique des soixante mille abonnés du journal *le Siècle*, — vous savez, *le Siècle*, qui a déclaré naïvement ne pas vouloir s'opposer au partage de la Belgique, — M. Havin, dit-on, avait, à la première nouvelle de la mort du Roi, expédié à Bruxelles, par le train de vitesse, un de ses rédacteurs les plus fulgurants chargé de rendre compte de tous les détails de la révolution qui ne pouvait manquer d'éclater avant l'avènement de Léopold II. Ce rédacteur, que la chronique ne nomme pas, débarqué à la gare du Midi à onze heures vingt-deux minutes du soir, aurait fait transporter ses malles sur une voiture, et donné au cocher l'ordre de le mener voir les barricades.

L'automédon, sans hésiter, conduisit le voyageur sur la place où la statue de Vésale sert d'épouvantail aux gamins ; il arrêta sa voiture près de la grille, ouvrit la portière, et dit au voyageur : c'est ici, monsieur.

— Comment, c'est ici ? dit le Parisien qui ne voyait aucune trace d'omnibus renversés et ne distinguait pas le moindre tas de pavés. Où sont donc les barricades ?

— Monsieur, c'est ici la place des Barricades.

— Ah ! c'est ici qu'elles doivent se faire ? On n'a donc pas encore commencé ?

Le cocher, n'y comprenant rien, répondit à tout hasard :

— Non, monsieur.

— Alors, conduisez-moi à l'hôtel le plus proche.

Le cocher conduisit son voyageur à l'hôtel Mengelle, rue Royale, et s'en alla, admirant la bizarrerie des étrangers qui veulent voir la place des Barricades à onze heures et demie du soir.

Le lendemain, l'envoyé de M. Havin arpenta Bruxelles et les faubourgs en tous sens, à la recherche de sa petite révolution, sans trouver autre chose que les adresses et proclamations que tout le monde connaît. Le soir, il visita cafés, tavernes et cabarets, toujours avec le même succès. Et le surlendemain, à neuf heures cinq, il reprenait le train de Paris, sans avoir même cherché à voir le terrible Fontaine, président du club des Pipards, pour lequel il avait des lettres de recommandation.

Voilà la petite historiette qui a circulé en ville ces jours derniers. Est-il nécessaire d'ajouter qu'elle ne renferme pas un mot de vrai, et qu'elle a été inventée pour la mystification des badauds ?

Un rédacteur du *Siècle* est venu à Bruxelles en effet ; non pas pour y trouver une révolution, mais pour rendre compte de la cérémonie des funérailles de Léopold I^er^, et de l'inauguration de Léopold II. Ce rédacteur, c'est M. Oscar Commettant, qui a rendu compte à son journal, dans les meilleurs termes, des différentes solennités auxquelles il a assisté.

M. Oscar Commettant n'était pas le seul journaliste français présent à Bruxelles pendant ces derniers jours. Nous avons eu, entre autres, M. Paul Dhormois, attaché à la rédaction de l'*Événement*, le nouveau journal-chronique de M. de Villemessant. M. Dhormois a confié à quelques amis — discrets, comme vous voyez, car je n'en étais pas — qu'il a eu l'honneur d'être reçu par S.M. Léopold II ; que le roi l'a remercié, en des termes *fort convenables* (!), de ses intéressantes correspondances sur la Belgique, et l'a congédié en lui faisant entrevoir l'espérance de la croix de Léopold.

En admettant que l'histoire fût vraie, on pourrait s'étonner, peut-être, que les rubans de notre ordre national soient réservés spécialement aux journalistes étrangers qui, dans leurs moments perdus, se donnent la peine de venir découvrir de temps en temps la Belgique. En effet, depuis 1830, il n'y a eu, je crois, qu'un seul journaliste décoré pour ses travaux littéraires, M. Kersten[5]. Encore ne l'a-t-il été que pour ses travaux littéraires en dehors de la presse. Ce n'est pas une critique, encore moins un reproche que je prétends adresser au gouvernement. La presse, ce quatrième pouvoir, le plus ferme appui de notre nationalité et de nos libres institutions, est si haut placée dans l'estime publique, que le gouvernement ne croit pas pouvoir récompenser les services qu'elle lui rend. La presse est comme la femme de César ; elle ne doit pas même être soupçonnée. Le gouvernement ne décore pas les journalistes de peur qu'on ne dise bientôt chez nous comme en France : Journaliste décoré, journaliste vendu.

348 *Feuillet entier, bordé de noir, recto verso, de* L'Indépendance belge, *du 11 décembre 1865*[1]*. En haut à droite, Baudelaire a écrit :* **Littérature Belge à *plat ventre.* Biographie de Léopold Ier par Considérant.**

*Texte imprimé :*

BRUXELLES, **11** décembre.

---

LE ROI LÉOPOLD

---

Jamais prince n'eut une carrière plus noblement remplie, marquée par de plus grandes actions que celui dont la Belgique, navrée de douleur, pleure aujourd'hui la perte. Comment, en face de cette tombe, être assez maître de soi pour ne pas s'abandonner à l'affliction qui consterne tout un peuple, et pour évoquer les souvenirs de cette royale existence, illustre entre les plus illustres ? Mais ce sera un hommage suprême rendu à la mémoire du roi Léopold que de garder, en le pleurant, la force dont il a fait preuve lui-même jusqu'à la dernière heure de sa vie. L'enseignement que nous donne cette grande mort, la Belgique le comprendra, et, pour le suivre, elle trouvera de l'énergie dans l'amour qu'elle porte à sa dynastie, à ce prince en qui repose aujourd'hui l'espoir de tous et qui, pour donner sur le trône l'exemple des qualités les plus rares, aura cette heureuse fortune de trouver tout tracé devant lui le sillon paternel.

Léopold, prince de Saxe-Cobourg-Saalfeld, fils du duc François et de la duchesse Augusta-Caroline-Sophie de Reuss-Ebersdorff, naquit à Cobourg, le 16 décembre 1790. La maison souveraine à laquelle il appartenait était l'une des plus anciennes et des plus illustres de l'Allemagne ; rattachant son origine à celle des premiers margraves de Misnie, elle avait eu l'honneur de donner à l'Allemagne des princes dont le nom a retenti dans l'histoire, comme celui de Frédéric le Sage, deux rois à la Pologne, et à la France ce chevaleresque maréchal de Saxe qui la sauva à Fontenoy. Mais, si glorieuses qu'elles fussent, ces destinées n'étaient rien encore auprès de celles que l'avenir réservait à la maison de Saxe-Cobourg.

D'heureuses alliances avaient uni les princes de cette maison aux principales familles de l'Europe dynastique, et ce fut un empereur, Léopold II, fils de Marie-Thérèse, qui donna son nom au futur souverain de la Belgique. Dès ses plus jeunes années, Léopold de Saxe-Cobourg donna des preuves de la netteté d'intelligence, de la sagacité de jugement qui le distinguèrent pendant toute sa vie ; des études très étendues ne tardèrent pas à en faire un des princes les plus instruits de l'Europe. Les langues de l'antiquité, celles des peuples modernes, le droit, les belles-lettres, les sciences naturelles, les arts même, rien ne lui resta étranger ; les grands événements dont l'Europe était alors le théâtre ajoutèrent à ces vastes connaissances celles des choses de la guerre, et, ce qui est plus précieux encore pour un prince, l'expérience des événements et des hommes.

Ce fut au lendemain de la mort de son auguste père (9 décembre 1806) et de l'occupation du duché de Saxe-Cobourg par les troupes de Napoléon que le prince Léopold entra au service de la Russie, où régnait alors l'empereur Alexandre I$^{er}$. L'esprit élevé d'Alexandre apprécia promptement les rares mérites du jeune duc de Saxe qui, général en 1807, eut l'honneur d'accompagner le Czar à l'entrevue d'Erfurt. Peu de temps après, obéissant aux nécessités de la politique, il quitta momentanément le service russe, et vint, vers la fin de 1807, à Paris, où il contracta avec la reine Hortense d'étroites relations d'amitié. Après les désastres de la campagne de Russie, la coalition européenne s'étant reformée contre l'empereur Napoléon, Léopold reprit le commandement de sa brigade de cuirassiers russes, à la tête de laquelle il se distingua à Bautzen par sa prudence et son intrépidité. Dresde, Pirna, Peterswald, Culm, où il contribua puissamment à la défaite du général Vandamme, resté prisonnier de guerre avec les généraux Guyot et Haxo, Gersdorf, Wahlden, Limback, Etzdorf, Waschau, Leipzig, telles furent, pendant la mémorable campagne de 1813, les glorieuses étapes parcourues par le prince de Saxe-Cobourg, et qui lui méritèrent deux des ordres de chevalerie les plus fameux de l'Europe, celui de Saint-Georges et celui de Marie-Thérèse.

Vint ensuite la campagne de 1814; Léopold y conquit de nouveaux titres à l'admiration des hommes de guerre. Brienne, Arcis-sur-Aube, La Fère-Champenoise le virent donner des preuves nouvelles de cette valeur qui l'avait depuis longtemps déjà mis au rang des plus braves. La campagne terminée par l'entrée des alliés à Paris, le prince accompagna l'empereur Alexandre à la cour d'Angleterre, où il fut présenté à la princesse Charlotte, fille du prince de Galles, depuis roi sous le nom de Georges IV, et de la princesse Charlotte-Amélie de Wolfenbuttel. La jeune princesse, aussi remarquable par l'élévation et les grâces de son esprit que par les charmes de sa personne, fit une impression profonde sur Léopold, qui se vit cependant obligé de quitter Londres peu de temps après, pour aller défendre au congrès de Vienne les droits de la maison de Saxe-Cobourg. Le retour de l'île d'Elbe le trouva encore dans la capitale de l'Autriche, et il venait de rejoindre sur les bords du Rhin son corps de cavalerie, lorsque retentit d'un bout à l'autre de l'Europe le canon de Waterloo.

Le rétablissement de la paix européenne rendit le prince Léopold aux projets de bonheur intime qu'il avait formés. Après un court séjour à Paris, il reçut à peu près en même temps, pendant un voyage qu'il avait fait à Berlin, le titre de bourgeois de Londres, qui lui avait été conféré par les magistrats de cette grande cité, et le message solennel par lequel le prince régent d'Angleterre l'informait que son union avec la princesse Charlotte avait reçu l'adhésion du Parlement. Ce mariage, qui plaçait le prince Léopold sur les marches d'un des plus grands trônes de l'univers et qui semblait devoir être le prélude des plus brillantes et des plus heureuses destinées, fut célébré à Carlton-House le 2 mai 1816, aux acclamations enthousiastes de tout un peuple. Le Parlement anglais accorda à cette occasion au prince Léopold, outre le domaine de Claremont, une dotation annuelle de cinquante mille livres sterling, à laquelle, par un scrupule de désintéressement et de délicatesse qu'on ne peut trop louer, il renonça dès le jour où il fut nommé roi des Belges. Léopold reçut encore le titre d'Altesse royale et le grade de feld-maréchal.

Mais au tableau de ces félicités devaient bientôt succéder des jours de douleur et de deuil; de tant de promesses enivrantes il n'allait bientôt plus rien rester que le souvenir et le regret amer du passé. La princesse Charlotte mit au monde un enfant mort-né et mourut elle-même quelques heures après, le 6 novembre 1817. La Grande-Bretagne se souvient encore de la consternation produite par cette double et fatale nouvelle : la nation entière partagea le deuil du prince Léopold, qui chercha dans la retraite et dans l'étude un adoucissement à sa douleur. Les sympathies de toute l'Angleterre le suivirent dans sa résidence de Claremont, et le prince-régent lui donna alors des marques nouvelles de l'estime profonde qu'il lui portait, en lui conférant, avec le titre de prince royal, le droit de prendre les armes de la Grande-Bretagne, et en lui donnant entrée au conseil privé. Peu de temps après, des liens nouveaux l'unirent plus étroitement encore à la famille royale d'Angleterre : une de ses sœurs épousa, le 11 juillet 1818, le duc de Kent, et devint mère de la princesse Victoria.

Un rôle plus grand encore allait bientôt être dévolu au prince Léopold. L'Europe savait depuis longtemps qu'il était de ceux que leurs talents, leur caractère et la portée de leur esprit appellent à la difficile mission de guider les peuples, et, au milieu des complications politiques d'une époque en travail de transformation, elle n'avait pas cessé d'avoir les yeux fixés sur lui. De son côté, Léopold avait demandé aux études politiques et sociales une distraction à sa tristesse : la méditation des institutions et des mœurs de toutes les nations civilisées avait amené son esprit droit et ferme à l'intelligence des véritables lois de la société moderne, et lui avait fait pénétrer à fond les conditions d'existence et les avantages des gouvernements constitutionnels basés sur cette triple force : l'ordre, le progrès, la liberté. Il était donc prêt à toutes les éventualités, digne de toutes les destinées, lorsque éclata le mouvement régénérateur de la Grèce.

À ce peuple nouvellement affranchi, éclos sous l'aile des grandes puissances de l'Europe monarchique, il fallait un roi : les cabinets des Tuileries, de Saint-Pétersbourg et de Saint-James s'adressèrent naturellement au prince Léopold, à qui des communications officielles furent faites en ce sens dans les premiers jours du mois de février 1830. Sans se laisser éblouir par la perspective d'un trône, Léopold voulut avant tout se renseigner exactement sur l'état des esprits en Grèce et sur le degré de faveur qu'y obtiendrait la combinaison proposée par les puissances. D'autre part, et sans attendre même d'être éclairé sur ce premier point, il déclara que l'acceptation ne lui paraîtrait compatible avec sa propre dignité, que si la conférence européenne consentait à prendre vis-à-vis du nouvel État des engagements précis touchant les limites de la Grèce, les secours financiers qu'il convenait de lui assurer pour traverser une époque de début toujours féconde en crises, et la garantie d'une occupation armée, pour être à même, le cas échéant, de repousser l'agression de l'étranger. La conférence n'ayant pas cru pouvoir admettre toutes ces demandes, quelque légitimes qu'elles fussent, et les renseignements directs pris personnellement par Léopold lui ayant permis de penser, d'autre part, que son élection au trône de Grèce n'aurait pas le caractère de spontanéité nationale qu'il regardait avec raison comme indispensable, il refusa, par une lettre datée du 21 mai 1830, la haute mission dont on voulait l'investir.

Cette lettre, l'un des plus beaux titres de Léopold à l'admiration de la postérité, peint à la fois l'homme et le politique ; c'est comme le programme de toute sa vie future. On y sent tout ensemble le philosophe qui sait ce que l'on doit à la dignité d'un peuple, et le prince qui estime trop haut son propre honneur pour le compromettre dans des entreprises sans utilité comme sans grandeur. « C'est avec le plus profond regret, y disait-il, que le soussigné voit ses espérances déçues, et qu'il est forcé de déclarer que les arrangements arrêtés par les puissances alliées et l'opposition des Grecs, lui ôtant le pouvoir de parvenir à ce but sacré et glorieux, lui imposeraient un devoir d'une nature bien différente, celui de délégué des cours alliées pour tenir les Grecs dans la sujétion par la force des armes. Une telle mission serait aussi contraire à ses sentiments et injurieuse à son caractère, qu'elle est directement opposée au but du traité du 6 juillet, par lequel les trois puissances se sont réunies afin d'obtenir la pacification de l'Orient. En conséquence, le soussigné remet formellement entre les mains des plénipotentiaires un dépôt dont les circonstances ne lui permettent plus de se charger avec honneur pour lui-même, et avantage pour les Grecs et les intérêts généraux de l'Europe. »

Jamais assurément la politique n'avait parlé un plus noble langage, et c'en eût été assez pour commander l'estime universelle, si depuis longtemps elle n'eût pas été acquise au prince Léopold. Une occasion se présenta bientôt de récompenser tant d'abnégation et de grandeur d'âme : la Belgique, redevenue maîtresse de ses destinées après trois siècles de domination étrangère, cherchait un roi qui pût être, aux yeux de l'Europe, une garantie efficace du nouvel ordre de choses, et dont l'influence personnelle fût assez considérable pour aplanir les difficultés, pour éviter les dangers de tous genres qui surgissent toujours au lendemain d'une révolution : nul plus que le prince de Saxe-Cobourg n'était à la hauteur d'une pareille tâche. Les premières ouvertures pour aboutir à ce but si désirable furent faites le 22 avril 1831 par quatre commissaires délégués du Congrès national, MM. Henri de Brouckere, De Foere, Félix de Mérode et Hippolyte Vilain XIIII, qui allèrent trouver Léopold à sa résidence de Marlborough-House. Le prince, tout en témoignant les sympathies les plus vives pour la Belgique et en déclarant « que son unique ambition était de faire le bonheur de ses semblables », ne crut pas pouvoir encore, dans l'état où se trouvaient alors les choses, donner des espérances plus précises aux députés. Bien des points délicats, au premier rang desquels se plaçait surtout la question de la délimitation des frontières du nouvel État, s'agitaient alors au sein de la conférence de Londres, et le protocole du 20 janvier, qui refusait à la Belgique la souveraineté du grand-duché de Luxembourg, soulevait dans le pays une opposition et une indignation des plus vives. Tout semblait donc commander une extrême réserve.

Cependant, le 24 avril, une seconde entrevue eut lieu entre le prince et les députés du Congrès national. Léopold y insista particulièrement sur le caractère définitif et irrévocable du protocole du 20 janvier et sur la nécessité, avant toute acceptation de sa part, d'une adhésion préalable du Congrès à cet acte diplomatique. Le 30 avril, dans une troisième entrevue, il tint encore le même langage, et il fallut de longues et pressantes tentatives jointes à d'heureuses modifications introduites dans les décisions de la conférence, pour triompher d'une résistance fondée sur les motifs les plus nobles et les plus purs.

Le Congrès national, réuni le 21 mai, fut immédiatement informé par M. Lebeau, alors ministre des affaires étrangères, des dispositions plus favorables des puissances à notre égard et de l'excellent accueil que rencontrait auprès d'elles la candidature du prince Léopold de Saxe-Cobourg. Aussi, dès le 25 mai, quatre-vingt-quinze députés, M. Van de Weyer en tête, proposèrent à l'assemblée de donner à ce prince le titre de roi des Belges. La question du choix du chef de l'État, ainsi posée, fut mise à l'ordre du jour de la séance du 1er juin ; toutefois, ce ne fut que le 3 juin que s'ouvrit cette discussion capitale. Le lendemain 4, un vote émis par bulletin signé, et à la majorité de cent cinquante-deux suffrages sur cent quatre-vingt-seize votants, proclama S.A.R. Léopold-Georges-Chrétien-Frédéric, prince de Saxe-Cobourg, roi des Belges, à la condition d'accepter la Constitution telle qu'elle avait été décrétée par le Congrès national. La Belgique et l'Europe savent avec quelle loyale fidélité ce serment a été tenu !

Rappelons ici, pour donner à cette manifestation du vœu national sa valeur véritable, que l'élection du prince Léopold ne fut, à proprement parler, combattue par personne. Des quarante-quatre suffrages que ne rallia point son nom, M. Surlet de Chokier en obtint quatorze ; dix-neuf ne furent que des abstentions, un fut annulé et dix seulement furent directement opposés au choix de la majorité ; encore n'étaient-ils pas hostiles au candidat, mais uniquement au démembrement territorial que l'on croyait avoir à craindre. Ce fut donc, on peut l'affirmer en face de l'histoire, d'un consentement unanime que le roi Léopold fut appelé à ce trône qu'il devait occuper avec tant d'éclat et de vraie gloire.

Le décret du Congrès fut remis, le 27 juin, au prince qui se trouvait encore à Marlborough-House ; trois jours auparavant, la rédaction des préliminaires de paix, contenus en dix-huit articles, avait été arrêtée entre le prince lui-même, lord Palmerston et les deux commissaires du régent, MM. Devaux et Nothomb. Il était neuf heures du soir lorsque la députation du Congrès, présidée par M. de Gerlache, fut introduite auprès de Léopold, qui répondit en ces termes mémorables à la communication qui lui était faite :

« Messieurs, je suis profondément sensible au vœu dont le Congrès belge vous a constitués les interprètes. Cette marque de confiance est d'autant plus flatteuse qu'elle n'avait pas été recherchée par moi.

« Les destinées humaines n'offrent pas de tâche plus noble et plus utile que celle d'être appelé à maintenir l'indépendance d'une nation et à consolider ses libertés. Une mission d'une aussi haute importance peut seule me décider à sortir d'une position indépendante et à me séparer d'un pays auquel j'ai été attaché par les liens et les souvenirs les plus sacrés, et qui m'a donné tant de témoignages de sympathie.

« J'accepte donc, messieurs, l'offre que vous me faites ; bien entendu que ce sera au Congrès des représentants de la nation à adopter les mesures qui seules peuvent constituer le nouvel État, et par là assurer la reconnaissance des États européens.

« Ce n'est qu'ainsi que le Congrès me donnera la facilité de me dévouer tout entier à la Belgique et de consacrer à son bien-être et à sa prospérité les relations que j'ai formées dans les pays dont l'amitié lui est essentielle, et de lui assurer, autant qu'il dépendra de mon concours, une existence indépendante et heureuse. »

Les sages conseils du prince furent entendus en Belgique et ne tardèrent pas à porter leurs fruits. Le 9 juillet 1831, après de longues luttes parlementaires qu'avaient précédées dans le pays des agitations de toute nature, le Congrès national adopta, par une majorité de 126 voix contre 70, les dix-huit articles contenant les préliminaires de paix. Immédiatement après ce vote, qui constituait et sauvait le pays, l'assemblée décréta qu'une députation prise dans son sein serait chargée d'annoncer au prince Léopold l'acceptation des dix-huit articles, et de l'accompagner en Belgique.

Cette députation, composée de MM. Lebeau, Félix de Mérode, Fleussu, de Muelenaere et Joseph d'Hooghvorst, partit de Bruxelles, le 10 juillet, fut reçue par le prince le 12, et quitta Londres avec lui le samedi 16 juillet, à six heures du matin. A trois heures de l'après-midi, le prince et la députation s'embarquèrent sur le bateau à vapeur *le Crusader* et firent voile pour Calais, où les honneurs royaux furent rendus au nouveau souverain, qui fut complimenté, sur le port même, au nom du roi des Français, par le général comte Belliard, pair de France, déjà désigné dès lors comme devant représenter cette puissance près la Belgique indépendante.

Le 17 au matin, le Roi, ayant dans sa voiture le général Belliard, partit pour Dunkerque, d'où il atteignit bientôt la frontière belge. Il y fut reçu par une députation envoyée par le Régent, et dans les rangs de laquelle se trouvaient M. de Sauvage, ministre de l'intérieur, et le brave général de Wauthier, vénérable soldat illustré dans vingt batailles et qui survit aujourd'hui au souverain dont il salua la bienvenue au nom de notre armée. A Furnes, à Ostende, à Bruges, à Gand, les populations firent au souverain un accueil vraiment triomphal. « Quand on voyait, a dit un historien, les branches d'arbres et les guirlandes qui ornaient les cabanes éparses sur la grande route, quand on remarquait la joie naïve et spontanée des pauvres habitants accourus sur le seuil de leurs chaumières, on pouvait dire que le peuple comprenait instinctivement le caractère de cette inauguration. Il sentait que ce prince, élu par l'assemblée nationale, ramenait la prospérité publique et privée, la confiance, la paix et la sécurité. »

Il était dix heures et demie du soir lorsque le Roi arriva au château de Laeken, où l'attendaient le Régent, les ministres et les membres du bureau du Congrès, réunis pour lui présenter leurs félicitations.

L'inauguration du Roi eut lieu le 21 juillet, date désormais mémorable dans notre histoire, et solennisée à deux reprises, et à vingt-cinq années de distance, par des souvenirs qui ne s'effaceront jamais. Nous ne redirons pas aujourd'hui, en face du deuil où la Belgique entière s'abîme, quelles furent les splendeurs d'une cérémonie qui réveillait au cœur de tout un peuple le légitime orgueil d'un passé glorieux. En voyant ce Roi, pressé par les flots populaires, jurer d'observer la Constitution et les lois émanées de la souveraineté nationale, tout le monde comprit que la chaîne de nos traditions était renouée et que la vieille Belgique démocratique et communale avait enfin trouvé un chef digne d'elle. On le comprit mieux encore lorsque le Roi, prenant la parole du haut de ce trône dont il venait de gravir pour la première fois les marches, prononça le discours suivant :

« Messieurs,

« L'acte solennel qui vient de s'accomplir achève l'édifice social commencé par le patriotisme de la nation et de ses représentants. L'État est définitivement constitué dans les formes prescrites par la Constitution même.

« Cette Constitution émane entièrement de vous, et cette circonstance, due à la position où s'est trouvé le pays, me paraît heureuse. Elle a éloigné des collisions qui pouvaient s'élever entre divers pouvoirs et altérer l'harmonie qui doit régner entre eux.

« La promptitude avec laquelle je me suis rendu sur le sol belge a dû vous convaincre que, fidèle à mes paroles, je n'ai attendu, pour venir au milieu de vous, que de voir écarter par vous-mêmes les obstacles qui s'opposaient à mon avènement au trône.

« Les considérations diverses exposées dans l'importante discussion qui a amené ces résultats feront l'objet de ma plus vive sollicitude.

« J'ai reçu, dès mon entrée sur le sol belge, les témoignages d'une touchante bienveillance. J'en suis encore aussi ému que reconnaissant. À l'aspect de ces populations, ratifiant par leurs acclamations l'acte de la représentation nationale, j'ai pu me convaincre que j'étais appelé par le vœu du pays, et j'ai compris tout ce qu'un tel accueil m'impose de devoirs.

« Belge par votre adoption, je me ferai aussi une loi de l'être toujours par ma politique.

« J'ai été également accueilli avec une extrême bienveillance dans la partie du territoire français que j'ai traversée, et j'ai cru voir dans ces démonstrations, auxquelles j'attache un haut prix, le présage heureux des relations de confiance et d'amitié qui doivent exister entre les deux pays.

« Le résultat de toute commotion politique est de froisser momentanément les intérêts matériels. Je comprends trop bien leur importance pour ne pas m'attacher immédiatement à concourir, avec la plus vive sollicitude, à relever le commerce et l'industrie, ces principes vivifiants de la prospérité nationale. Les relations que j'ai formées dans les pays qui nous avoisinent seconderont, je l'espère, les efforts auxquels je vais incessamment me livrer pour atteindre ce but ; mais j'aime à croire que le peuple belge, si remarquable à la fois par son sens droit et par sa résignation, tiendra compte au gouvernement des difficultés d'une position qui se lie à l'état de malaise dont l'Europe presque tout entière est frappée. Je veux m'environner de toutes les lumières, provoquer toutes les voies d'amélioration, et c'est sur les lieux mêmes, ainsi que j'ai déjà commencé à le faire, que je me propose de recueillir les notions les plus propres à éclairer, sous ce rapport, la marche du gouvernement.

« Messieurs, je n'ai accepté la couronne que vous m'avez offerte qu'en vue de remplir une tâche aussi noble qu'utile, celle d'être appelé à consolider les institutions d'un peuple généreux et de maintenir son indépendance. Mon cœur ne connaît pas d'autre ambition que de vous voir heureux.

« Je dois, dans une aussi touchante solennité, vous exprimer un de mes vœux les plus ardents. La nation sort d'une crise violente ; puisse ce jour effacer toutes les haines, étouffer tous les ressentiments ; qu'une seule pensée anime tous les Belges, celle d'une franche et sincère union !

« Je m'estimerai heureux de concourir à ce beau résultat, si bien préparé par la sagesse de l'homme vénérable qui s'est dévoué avec un si noble patriotisme au salut de son pays.

« Messieurs, j'espère être pour la Belgique un gage de paix et de tranquillité, mais les prévisions de l'homme ne sont pas infaillibles. Si, malgré tous les sacrifices pour conserver la paix, nous étions menacés de guerre, je n'hésiterais pas à en appeler au courage du peuple belge et j'espère qu'il se rallierait tout entier à son chef pour la défense du pays et l'indépendance nationale ! »

Il était nécessaire, à l'heure où vient de se clore un règne dont chaque jour a été marqué par un service rendu à la nation, de remettre sous les yeux de tous les Belges cette page magnifique, qui est le programme le plus complet, la profession de foi la plus admirable qu'ait jamais faite un roi constitutionnel. Tel Léopold se montra dans son premier discours aux représentants du peuple belge, tel il a été pendant toute sa vie. Sa sagesse, sa perspicacité, qui avaient tout prévu, tout mesuré, ne se sont pas un seul instant démenties ; elles ont été au niveau de sa loyauté et de son honneur. « Ma seule ambition, disait-il, est de vous voir tous heureux. » Cette ambition sublime l'a guidé, inspiré, soutenu pendant trente-quatre années, au milieu de traverses et d'épreuves de tout genre ; mais aussi qu'elle a été noblement récompensée ! Avant de fermer ses yeux à la lumière, le roi Léopold a pu rentrer en lui-même, et, jetant un dernier regard sur ce peuple qu'il a aimé, qu'il a fait fort et libre, il a dû sentir une immense sérénité se répandre dans son âme, car il a pu emporter dans la tombe la conscience d'avoir accompli sans faiblir la plus grande, la plus noble tâche qu'il soit donné à un homme de remplir ici-bas.

À partir du 21 juillet 1831, l'histoire du roi Léopold se confond, par un privilège bien enviable, avec celle du peuple belge. Pour dire tout ce que dut le pays à la capacité, à l'expérience, au dévouement éclairé de son souverain, il faudrait récrire ici d'un bout à l'autre nos annales contemporaines. Appelé, presque au lendemain de son inauguration, à défendre, l'épée à la main, le pays qui plaçait désormais en lui toutes ses espérances, il fit entendre aux Belges le mâle langage d'un prince habitué à combattre pour le droit, et profondément pénétré de la justice de sa cause. À la tête d'une armée dont l'organisation était loin encore d'être complète et chez laquelle le courage n'était pas une compensation suffisante au manque presque absolu de discipline, le Roi sut, par sa bravoure personnelle, par ses rares connaissances militaires, sauver l'honneur du drapeau belge au milieu des échecs que fit subir à nos jeunes soldats une armée trois fois plus nombreuse que la nôtre et pourvue de toutes les ressources d'une excellente organisation. En chef expérimenté, le Roi fit du reste tourner à notre profit l'expérience que nous avions faite, et grâce à ses soins, à son active sollicitude, l'armée belge, entièrement reconstituée, se trouva bientôt à même, comme le dit le Roi en ouvrant, le 8 septembre, la session législative, « de défendre avec honneur, avec succès, l'indépendance et les droits de la patrie ».

Quand l'adoption du traité des vingt-quatre articles, imposé à la Belgique vaincue par la conférence de Londres, vint faire vibrer au cœur de tous les citoyens les fibres les plus douloureuses, le Roi employa toute son habileté à calmer l'indignation nationale, tout en usant près des grandes puissances de son autorité personnelle pour atténuer autant que possible ce qu'il y avait d'insolite et de violent dans la forme dont on se servit alors pour nous contraindre à accepter ce traité, beaucoup moins avantageux que celui des dix-huit articles[2]. Et telle était la confiance que le nouveau souverain inspirait déjà à son peuple qu'il réussit en partie à faire oublier ce que de telles conditions avaient de blessant pour notre orgueil national.

Définitivement admise, après 1839, dans la grande famille des peuples, la Belgique demanda à l'expansion de ses forces intérieures la prospérité et la gloire que son exiguïté, d'accord, d'ailleurs, avec ses plus chers intérêts, ne lui permettait pas de chercher dans d'autres voies, plus éclatantes peut-être, mais à coup sûr plus dangereuses. Léopold I^er^ se dévoua à cette seconde partie de sa tâche avec autant d'ardeur qu'il en avait mis à accomplir la première. Acquis d'avance à toute idée utile, il se fit le promoteur et le protecteur infatigable de tout ce qui pouvait contribuer au progrès intellectuel et matériel de son peuple ; dans la sphère politique, il se montra tout aussi supérieur en pratiquant sur le trône, avec une prudence, une impartialité et une sagacité qui ne se sont jamais démenties, les véritables principes du gouvernement constitutionnel, et en se conformant, dans tous les actes de l'autorité souveraine, aux volontés légalement manifestées par le pays. Aussi, quand se firent sentir en 1847 les premiers souffles de cette tempête révolutionnaire qui joncha l'Europe de débris de trônes, l'heureuse Belgique, protégée par la sagesse de son Roi, vit l'ouragan expirer à ses frontières. Et, en 1848, le jour même qui vit Louis-Philippe quitter le palais des Tuileries trouva Léopold I^er^ signant un arrêté qui instituait une décoration spéciale pour récompenser les travailleurs-ouvriers.

Il nous est permis de le rappeler avec orgueil : nous donnâmes alors un grand spectacle au monde. On vit le peuple de la petite et prospère Belgique se défendre, par la seule force du bon sens et de la reconnaissance, de la contagion révolutionnaire qui le pressait de toutes parts. Au milieu de l'Europe, remuée de fond en comble, elle sut rester maîtresse d'elle-même et porter un calme regard sur le spectacle que lui offraient les autres nations. Alors, faisant un retour sur son propre passé, sur ces dix-huit années de paix, d'ordre et de liberté qui la séparaient déjà de l'heure où elle avait reconquis son indépendance, elle mesura l'étendue de sa félicité et comprit ce qu'elle devait au prince qui lui avait assuré ces bienfaits et qui, fort de sa fidélité à la foi jurée, déclarait encore ne vouloir tenir sa couronne que du consentement populaire. Un long cri d'amour et d'enthousiasme, répété d'un bout à l'autre du pays, répondit à cette abnégation sublime ; 1848 fut pour le roi Léopold une élection nouvelle, faite non plus cette fois par les délégués de la nation, mais directement par la nation tout entière Peuple et dynastie se confondirent dans une commune étreinte, et scellèrent avec transport le pacte qui unit à jamais leurs destinées.

À ces joies touchantes et pures, à ces élans de patriotisme il fallait une manifestation extérieure. On la trouva dans la célébration des fêtes annuelles de septembre. La Belgique entière se rendit à Bruxelles pour acclamer le souverain, et de son côté le Roi, dans la cérémonie de la remise des drapeaux à la garde civique, marqua par quelques paroles, que l'histoire a déjà recueillies, la haute portée politique de la manifestation à laquelle s'associait tout le pays. « Messieurs, » dit-il aux officiers supérieurs de la milice citoyenne assemblés devant lui. « j'éprouve une bien vive émotion, mais aussi une bien légitime fierté en vous adressant ces paroles. Ce beau pays, siège de la plus ancienne civilisation, avait longtemps espéré une existence à lui, une existence nationale ; mais, hélas ! ses vœux ont été souvent déçus et les destinées du pays subordonnées à des intérêts qui lui étaient étrangers. Enfin, depuis dix-huit ans, vous avez réussi à conquérir cette existence souvent appelée. Pour la première fois vous vous appartenez à vous-mêmes.

« De cette existence indépendante, vous avez fait un noble et patriotique usage, et vous l'avez ainsi fortement cimentée. C'est dans cette situation que vous a trouvé une crise politique sans exemple dans l'histoire. Vous l'avez, jusqu'à présent, glorieusement traversée, si glorieusement que beaucoup de pays ont adopté votre organisation politique comme modèle, que votre nom est partout honoré et respecté, et que vous devez avoir le sentiment qu'il mérite de l'être.

« Sachons maintenir cette noble position ; continuons à marcher comme nous l'avons fait jusqu'à présent. C'est ainsi que nous nous assurerons un beau nom dans l'histoire et un glorieux avenir. »

Un langage aussi élevé eut le retentissement qu'il méritait. Grandie à ses propres yeux comme à ceux de l'Europe, la Belgique, guidée par son illustre chef, réalisa successivement alors, par un accord unanime, des améliorations qu'on demandait vainement ailleurs à des moyens violents. La popularité du Roi s'en accrut encore, ainsi que l'affection profonde que la nation lui avait vouée. On la vit éclater, cette affection, lorsque, le 11 octobre 1850, la mort vint s'asseoir au chevet d'une Reine bien-aimée : un deuil unanime montra que le coup terrible dont le Roi venait d'être atteint avait eu son retentissement dans le cœur du peuple. Cette douleur profonde convenait à notre reconnaissance comme elle était due à tant de vertus.

Trois ans plus tard, lorsque la sage prévoyance du roi Léopold assura la durée de la dynastie nationale en donnant pour compagne à l'héritier du trône l'auguste princesse qui a succédé à la reine Louise-Marie dans le cœur de tous les Belges, le pays ne se montra pas moins prompt à s'associer à la joie légitime du souverain qu'il ne l'avait été à partager sa tristesse. L'entrée de l'archiduchesse Marie-Henriette en Belgique fut une vraie marche triomphale, et des fêtes splendides, offertes aux jeunes époux par toutes les grandes villes du pays, témoignèrent de l'allégresse qu'inspirait cette union heureuse et de la gratitude ressentie pour l'infatigable prévoyance du Roi.

La Belgique donna bientôt la mesure de son attachement à son prince, en lui décernant un triomphe qui n'a pas d'égal dans l'histoire d'aucun peuple. Le 21 juillet 1856, un quart de siècle s'était écoulé depuis le jour où Léopold de Saxe-Cobourg avait reçu la couronne des mains du Congrès : les Chambres, le gouvernement et le pays entier, entraînés d'un élan unanime, résolurent de célébrer dignement cette date mémorable. Quel spectacle, en effet, plus digne d'admiration que celui-là, dans cette vieille Europe tourmentée par les ambitions royales et par les fureurs populaires ! Un roi honnête homme, ayant mis toute sa gloire à garder ses serments, à se dévouer pendant vingt-cinq années au bonheur de son peuple, un peuple assez intelligent pour apprécier son bonheur, assez honnête pour en reporter l'honneur à son Roi, assez sage pour éclairer l'avenir des enseignements du passé : il était réservé au règne de Léopold I^er^ de s'illustrer de cette merveille ! Nous ne rappellerons pas ici les fêtes splendides dont Bruxelles fut ce jour-là le témoin : le souvenir en est encore présent à la mémoire de tous ; mais ce qu'il faut rappeler en cette heure de douleur et de deuil, ce sont les paroles solennelles adressées par l'ancien président du Congrès national, au nom de ses soixante-cinq collègues survivants, à Sa Majesté le roi Léopold I^er^, rentrant dans sa capitale par le même chemin qu'il avait suivi vingt-cinq ans auparavant, et arrêté, à chaque pas de son cheval, par les flots d'une foule en délire. Ah ! ce fut un moment de profonde émotion pour quiconque porte haut les sentiments d'honneur et de probité joints à ce qu'il y a de plus pur dans l'amour de la patrie, que celui où les vénérables fondateurs de notre indépendance vinrent rendre témoignage au Roi de la religieuse observance de son serment. « Sire, dit alors M. le baron de Gerlache, il y a vingt-cinq ans qu'à cette même place, en ce même jour, le Congrès belge reçut, au nom de la nation, le serment de Votre Majesté d'observer la Constitution et les lois du peuple belge, et de maintenir l'indépendance nationale. Les mêmes hommes qui furent alors témoins de ce solennel engagement viennent affirmer aujourd'hui, à la face du Ciel, que Votre Majesté a rempli toutes ses promesses et dépassé toutes nos espérances. Et la nation tout entière, Sire, vient l'affirmer avec nous. Elle vient attester que, pendant ce règne de vingt-cinq ans, son Roi n'a ni violé une seule de ses lois, ni porté atteinte à une seule de ses libertés, ni donné une cause légitime de plainte à un seul de nos concitoyens. Ici, tous les dissentiments disparaissent ; ici, nous sommes tous d'accord : nous n'avons tous qu'un même cœur pour associer dans un commun amour et notre Roi et notre patrie !...

« Votre présence ici, Sire, nous rappelle le souvenir de cette grande journée de juillet 1831, qu'aucune démonstration ne saurait rendre ; où les cœurs, ivres de joie et d'espérance, saluaient en Léopold I^er^ l'aurore d'une Belgique nouvelle se réveillant enfin, après deux siècles d'un long sommeil sous la domination de l'étranger. Les mêmes acclamations l'attendent aujourd'hui dans chacune de nos villes, car l'idée de cette fête est toute populaire. Oui, Sire, c'est la voix du peuple qui sent le besoin d'exprimer sa gratitude à celui qui, après Dieu, a le plus contribué à le rendre heureux ! »

L'Europe entière, attentive et émue, applaudit aux manifestations du 21 juillet 1856, et le renom de la Belgique s'en accrut encore à l'étranger, ainsi que l'immense réputation de sagesse et d'habileté dont jouissait déjà notre Roi bien-aimé. On ne vit plus seulement en lui le chef heureux et respecté d'un petit peuple : on le plaça d'un accord unanime au premier rang des arbitres des nations, de ces rares et profonds esprits qui laissent une trace lumineuse dans l'histoire des siècles. Investi de l'estime des peuples et de la confiance des têtes couronnées, le loyal habitant du château de Laeken devint le conseil de tous ses frères en royauté, et l'on saura un jour combien de dangers et d'orages ses sages avis épargnèrent au monde.

Aux fêtes du vingt-cinquième anniversaire en succédèrent bientôt d'autres, moins grandioses peut-être, mais non moins significatives. En septembre 1859, lors de l'inauguration de la colonne consacrée au Congrès national et dont la statue de Léopold I^er^ couronne le faîte, les représentants légaux de la nation renouvelèrent encore l'hommage solennel rendu au prince à qui la Belgique devait vingt-huit années d'une prospérité sans exemple. « Que l'Europe nous signale, s'écriait M. Orts, président de la Chambre des Représentants, le monument élevé sur un autre sol par la reconnaissance publique à quelque autre charte vieille d'un tiers de siècle ! que l'on nous montre surtout le peuple et le Roi se retrouvant après vingt-huit ans de vie commune, en face de la Constitution qu'ils avaient au début juré d'observer et s'écriant avec un légitime orgueil : " La parole jurée, peuple et Roi, nous l'avons loyalement gardée ! " »

L'année suivante ce fut l'anniversaire du 21 juillet qui fournit l'occasion d'une démonstration plus touchante encore d'amour et de patriotisme. Quelques feuilles françaises, organes mal inspirés d'idées énergiquement repoussées par tout ce que leur propre pays compte de loyal et d'honnête, n'avaient pas eu honte de dire que la Belgique était prête pour l'annexion, précisément à l'heure où elle se préparait à fêter, avec l'anniversaire de son souverain bien-aimé, l'un des plus grands progrès économiques qu'elle eût réalisés depuis 1830, l'abolition des octrois communaux. Le sentiment national, surexcité par l'indignation, s'affirma puissamment dans une ovation décernée au Roi par la capitale et par toutes les villes du pays. Dès le 8 juillet, le Roi lui-même, se faisant l'interprète des sentiments qui agitaient la nation tout entière, les avait résumés dans un discours adressé aux magistrats communaux de Gand, discours dont la pensée et la forme sont dignes de l'histoire.

« Je suis vivement ému », avait dit Sa Majesté, « des sentiments si affectueux que vous venez de m'exprimer. Le lieu où nous nous trouvons rappelle d'anciens et glorieux souvenirs. Ces vieilles communes étaient le siège du commerce, de l'industrie et des arts quand une grande partie de l'Europe était encore plongée dans les ténèbres. Depuis les temps les plus reculés, l'amour du pays et de son indépendance avait été conservé comme un feu sacré dans le cœur de ses habitants. Le sang le plus précieux fut souvent versé pour obtenir une existence libre et nationale. Le succès ne couronna pas ces nobles efforts. Il nous a été réservé de fonder sur les bases les plus larges ce que le pays avait tant désiré, de réunir en lui ce qui constitue l'existence politique et sociale la plus heureuse.

« C'est ainsi que nous a trouvés la tourmente qui, en 1848, a bouleversé l'Europe, où, seuls, pour notre gloire, nous avons échappé à tous les dangers ; notre existence politique est restée à l'abri de toute atteinte.

« Quelles que puissent être les épreuves de l'avenir, 1848 nous indique comment nous pourrons les traverser avec honneur. Deux générations de ma famille sont nées au milieu de vous et ont avec vous une commune patrie. Mon dévouement pour vous pendant un long règne vous est connu, et tant qu'il plaira à la Providence de me conserver, je resterai fidèle à ma tâche et immuable dans mon affection paternelle pour vous. »

Un long cri d'enthousiasme répondit, d'un bout à l'autre du pays, aux nobles paroles du souverain. Tous les corps constitués, conseils provinciaux, conseils communaux, toutes les associations privées qui, dans leur organisation libre, reproduisent si fidèlement un des traits les plus curieux et les plus profonds de notre caractère national, votèrent par acclamation des adresses au chef de l'État pour lui exprimer leur inaltérable dévouement à la dynastie et à l'indépendance nationale. Les Chambres législatives s'associèrent à ce mouvement spontané et unanime, et le 17 juillet, M. Orts, président de la Chambre des Représentants, ouvrit la séance en adressant à ses collègues les paroles suivantes, qui furent accueillies par les applaudissements les plus chaleureux : « Messieurs, des attaques aussi insensées que coupables ont déterminé nos conseils provinciaux à manifester plus énergiquement que jamais les sentiments qui attachent le pays à son Roi et à l'indépendance nationale. Je le dis bien haut afin qu'on m'entende partout : ces sentiments qu'à l'étranger tout honnête homme respecte, sont en Belgique unanimes et inaltérables. » Témoin de ces manifestations patriotiques, un journal français s'étant oublié jusqu'à dire que c'était là de l'enthousiasme de commande, le peuple bruxellois se chargea lui-même de la réponse en apposant trente-cinq mille signatures au bas de l'adresse suivante :

« Sire, félicitant Votre Majesté à l'occasion du vingt-neuvième anniversaire de son règne glorieux, les typographes et les ouvriers de Bruxelles protestent de leur inaltérable dévouement à votre trône et aux institutions que la Belgique s'est librement données.

« Sire, on prête au peuple belge des tendances antinationales qu'il réprouve solennellement. Le peuple ouvrier connaît le martyrologe au prix duquel l'autonomie de notre patrie a été conquise, et, fort de son droit et de la sainteté de sa cause, il saisit l'occasion de ce jour mémorable pour vous renouveler les sentiments qui l'animent envers votre auguste famille. »

Le 21 juillet, l'armée, la garde civique et les ouvriers, qui avaient demandé et obtenu un jour de congé de leurs patrons, défilèrent en masses profondes et innombrables devant le Roi, complètement entouré par le peuple, aux cris mille fois répétés de « *Vive le Roi! Vive l'indépendance nationale!* » Quand la tête des colonnes populaires arriva en face de Sa Majesté, un ouvrier s'en détacha et, remettant au Roi l'adresse qu'on vient de lire : « Sire, lui dit-il, je remets en vos mains l'adresse du corps typographique de Bruxelles. En présence du danger, le peuple se serre autour de vous. » — « Mon cœur et ma vie ont toujours été pour l'ouvrier », répondit le Roi, et le défilé continua au milieu d'une acclamation immense. « Aux réceptions officielles même, dit un recueil historique, l'étiquette fut oubliée, et l'on fit au Roi des ovations bruyantes. Sur toutes les poitrines brillaient les trois couleurs nationales. La duchesse de Brabant elle-même, rendant hommage au sentiment populaire, parut au balcon du palais en toilette tricolore pour présenter à la foule émue et enthousiaste le jeune comte de Hainaut, son fils. Partout, sur le passage du Roi, l'armée, la garde civique et le peuple éclatèrent en applaudissements. »

Une dernière citation prouvera jusqu'à quel point les ovations de Bruxelles étaient l'expression du sentiment de toutes les classes de citoyens. À l'heure où le peuple défilait sur la place des Palais, le curé-doyen de Huy montait en chaire, en s'exprimant ainsi : « Lorsque le peuple belge se lève comme un seul homme pour acclamer son Roi et pour affirmer fièrement sa volonté inébranlable de sauvegarder ses libertés, le devoir du clergé est de se lever avec lui et de manifester solennellement son dévouement au Roi et son inviolable attachement à la Constitution qui nous régit.

« Il y a vingt-neuf ans que, répondant à nos vœux, Léopold mit le pied sur le sol belge et jura la Constitution que venait de nous octroyer l'immortel Congrès. Eh bien, sous l'élan irrésistible de notre patriotisme reconnaissant, aux yeux de l'Europe qui nous regarde, en face de ces autels, proclamons-le d'une voix unanime : il a maintenu ses serments ; il n'a point effacé de notre Charte une seule de nos précieuses libertés. Fidèle à ses promesses, il a été non seulement le Roi, mais le père de son peuple. Jurons tous, prêtres, peuple, soldats, fonctionnaires publics, industriels, magistrats, jurons tous de consacrer à la défense du trône à l'ombre duquel nous vivons heureux et libres, tout ce que nous avons d'énergie dans le cœur et de sang dans les veines ; et si jamais il devait y avoir des traîtres à la patrie, qu'on le sache, c'est en vain qu'on les cherchera parmi nous. »

Mais l'heure approchait où la Belgique allait voir sa joie et son enthousiasme se changer en inquiétudes et en alarmes. Chéri de son peuple, révéré de l'Europe entière, qui le reconnaissait hautement pour le plus sage des rois, choisi pour arbitre dans les différends internationaux, Léopold était parvenu au faîte de la gloire humaine ; mais l'amour de son peuple et le respect des autres nations ne pouvaient malheureusement le soustraire aux implacables lois de la nature. Vers le mois d'avril 1862, il ressentit les premières atteintes de la cruelle maladie dont les conséquences devaient le conduire au tombeau, et, en quelques semaines, le mal fit des progrès tellement rapides, que les craintes les plus vives se manifestèrent pour les jours de Sa Majesté. Alors ce fut un touchant spectacle : de tous les points de la Belgique arrivèrent à Bruxelles les témoignages irrécusables de la profonde affection de la nation tout entière. Les bulletins du *Moniteur* étaient attendus et dévorés avec une rapidité fiévreuse : on eût dit que chacun était au moment de perdre un père bien-aimé. Les efforts de la science, aidés par la robuste constitution et surtout par l'incroyable énergie de l'auguste patient triomphèrent du mal, et la Belgique put espérer que de longs jours seraient réservés encore à ce prince honnête homme. Aussi lorsque, complètement revenu à la santé, il fit connaître son intention de faire coïncider sa première visite de convalescence à Bruxelles avec l'anniversaire des journées de septembre, on vit se renouveler encore une de ces fêtes du peuple qui illustrent un règne et le consacrent à jamais. Dès le matin du 24 septembre 1862, le peuple et la garde civique — le Roi avait exprimé le désir que les corps constitués ne fussent pour rien dans la réception — se portaient en foule, à peine contenus par de rares agents de police, aux abords du chemin par lequel le Roi devait arriver de sa résidence de Laeken. Lorsque sa voiture apparut au sortir de l'Allée

Verte et déboucha sur la ligne des boulevards, on vit se passer une scène dont aucun récit ne pourrait donner même la plus faible idée. La masse populaire, à laquelle on avait laissé la possession de la voie publique tout entière, se rua sur la voiture royale et jusque sous les pieds des chevaux, en faisant entendre les acclamations les plus enthousiastes. Des hommes du peuple escaladèrent le marchepied de la voiture et, dans l'élan d'une affection naïve et peu soucieuse des règles de l'étiquette, serrèrent dans leurs mains calleuses et loyales la main du Roi, qui souriait et pleurait de bonheur. Les deux princes, dans une seconde voiture, partageaient l'attendrissement de leur auguste père et apprenaient, par cet émouvant spectacle, à aimer plus profondément encore le peuple honnête et dévoué qui payait de tant de respect et d'amour la foi que son souverain lui avait fidèlement gardée.

Mais le mal, vaincu une première fois, n'avait pas renoncé à sa victime. Toutefois, pendant deux ans encore, on put se bercer de l'espoir que le Roi avait retrouvé toutes les forces de sa verte vieillesse, quand au commencement de 1865, de nouveaux symptômes vinrent encore jeter l'alarme au cœur de nos populations. Ce fut à la suite d'un voyage en Angleterre, entrepris par le Roi au mois de mars, que les symptômes se reproduisirent d'une manière inquiétante. Cette fois encore, les forces vitales et l'âpre énergie de Léopold domptèrent la souffrance et ramenèrent la santé : mais, à la suite d'une excursion en Ardenne, faite dans les premiers jours du mois de novembre, une dernière rechute vint épuiser les sources de la vie et ravir toute espérance à la Belgique en pleurs. Jusqu'au dernier jour néanmoins, Léopold voulut accomplir ses devoirs de roi, et l'on peut dire que, jusque sur son lit de mort, il s'occupa des affaires publiques, en veillant à tout avec cette haute raison et cette fermeté d'âme qui ne l'abandonnèrent jamais durant tout son règne. Enfin, le 10 décembre 1865, après une longue et cruelle agonie, Léopold Ier rendit le dernier soupir.

Elle va donc se fermer pour toujours cette tombe royale dans laquelle sont descendues, avec le premier roi des Belges, les plus chères affections de la patrie ! Nous sommes donc condamnés à le pleurer, ce roi vénéré : et de tant de sagesse, d'honneur et de gloire, il ne nous reste plus qu'un impérissable souvenir. Mais ce souvenir et ces nobles exemples nous indiquent du moins de quelle manière il nous faut honorer la mémoire du prince que nous pleurons, et quels témoignages de reconnaissance nous devons à ces cendres royales.

Pendant trente-cinq ans de sa vie, Léopold Ier n'a eu qu'une pensée : assurer au prix de ses veilles et de son incessante sollicitude l'indépendance de cette Belgique dont il avait fait son pays et qu'il était fier de montrer au monde civilisé comme un exemple de ce que peut la liberté, quand le sentiment du devoir est profondément gravé au cœur de tous les citoyens. Cette œuvre qui lui était si chère, c'est à nous qu'il la lègue en même temps qu'à son fils. C'est nous qu'il charge du soin pieux de la continuer et de l'affermir. Nous saurons nous montrer à la hauteur d'une aussi noble tâche.

Les peuples ont toujours les destins qu'ils méritent. L'expérience que nous avons faite des bienfaits de la liberté constitutionnelle et le prix inestimable que tous les Belges attachent à cette indépendance si longtemps désirée et enfin définitivement conquise, nous imposent, à tous tant que nous sommes, des devoirs auxquels nous ne faillirons pas. L'Europe peut en avoir la certitude : la Belgique de 1865 sera digne de la Belgique de 1830. En face de ce cercueil vénéré, vers lequel ne s'élève pas une plainte, pas un reproche, de ce cercueil qu'un peuple entier couvre de ses bénédictions et de ses pleurs, nous nous serrerons autour de ce prince bien-aimé qui, Belge par le cœur comme par la naissance, recueillera avec respect le glorieux héritage des traditions paternelles. Forte de sa liberté, appuyée sur sa dynastie populaire, la Belgique peut s'abandonner sans crainte à une mâle tristesse, car l'avenir lui appartient. Elle peut l'envisager en face avec confiance, et, sûre d'elle-même et de la sympathie de tous les peuples civilisés, elle décernera d'une voix unanime à Léopold Ier le surnom, illustre entre tous, de *Père de la Patrie.*

---

Le *Moniteur* a publié hier le bulletin suivant :

MORT DU ROI

Bruxelles, 10 décembre 1865.

Un deuil immense va s'étendre sur la Belgique !

Le premier de nos Rois, le fondateur de notre dynastie, Sa Majesté LÉOPOLD Ier, est mort ce matin, au palais de Laeken, à 11 heures 45 minutes, entouré de son auguste famille, dont nous n'essaierons pas de dépeindre la douleur.

L'histoire dira quel fut le souverain qui, dans des temps de graves incertitudes, n'hésita pas à répondre au vœu de la nation en venant raffermir et fixer ses destinées ; qui, pendant près de trente-cinq années de règne, à une époque aussi tourmentée que la nôtre, sut appeler sur lui l'amour et la vénération du peuple belge et se concilier la haute estime et le respect des monarques et des peuples étrangers ; qui, esclave de la foi jurée, porta jusqu'au scrupule l'observation de notre pacte constitutionnel, et, pour prix de ce devoir si religieusement rempli, pour prix des services qu'il ne cessa de rendre au pays, emporte avec lui la reconnaissance de toute une nation unie pour bénir sa mémoire ; enfin, qui laisse à l'auguste héritier de sa couronne, avec de grands et de nobles exemples, un royaume libre, heureux et prospère, dont la place est acquise au sein de la famille européenne.

La Belgique pleurera longtemps la perte qu'elle a faite ; elle gardera à jamais le souvenir d'un Roi qui fut pour elle un ami dévoué, un constant appui ; mais ses trop justes regrets ne lui feront pas oublier ses légitimes espérances.

La patrie ne meurt point et si de toutes parts s'élève ce cri douloureux :

LE ROI EST MORT !

Tous les Belges, maîtrisant leur affliction et se ralliant autour du trône, feront retentir avec force le cri de :

VIVE LE ROI !

---

Le journal officiel a publié aussi un supplément à son numéro du 10 décembre. Le supplément contient d'abord la proclamation suivante des membres du cabinet :

« La Belgique a perdu le Roi qui s'est associé à ses destinées avec un inaltérable dévouement pendant tout le cours d'un règne long, paisible et glorieux.

« Après avoir lutté avec une héroïque constance contre les douleurs physiques qu'il avait eu à combattre dans les dernières années de sa vie, il a fini par être vaincu par la mort, celui que la Belgique, dans sa douleur et dans sa reconnaissance, a déjà proclamé le Père de la Patrie.

« Plein de vénération pour la mémoire du sage et loyal monarque dont il pleure la perte, le peuple belge, fidèle à lui-même, attendra avec confiance le jour prochain où les représentants de la nation recevront le serment de l'héritier du Trône.

« Pour garantir à la Belgique sa liberté, sa prospérité et son indépendance, Léopold II, qui a déjà conquis le cœur des populations, suivra les grands exemples de son illustre père, et il trouvera toute la nation unie pour le soutenir énergiquement dans l'accomplissement de sa noble et patriotique mission.

Le conseil des ministres :
Le ministre des affaires étrangères,
CH. ROGIER.
Le ministre de la justice,
JULES BARA.
Le ministre des finances,
FRÈRE ORBAN.
Le ministre de l'intérieur,
ALP. VANDENPEEREBOOM.
Le ministre de la guerre,
BARON CHAZAL.
Le ministre des travaux publics,
JULES VANDERSTICHELEN. »

Le *Moniteur* rappelle ensuite qu'en vertu de l'article 79 de la Constitution, « à dater de la mort du Roi et jusqu'à la prestation de serment, par son successeur au Trône, les pouvoirs constitutionnels du Roi seront exercés, au nom du peuple belge, par les Ministres réunis en Conseil et sous leur responsabilité ».

Il publie l'arrêté qui détermine la formule exécutoire des arrêts, jugements, ordonnances, mandats de justice et actes emportant exécution parée, dans l'intervalle des deux règnes. Voici ce document :

AU NOM DU PEUPLE BELGE !

Nous ministres, réunis en conseil,
considérant la nécessité de modifier l'arrêté royal du 22 juillet 1831, relatif à la formule exécutoire des arrêts et jugements des cours et tribunaux, des ordonnances et mandats de justice et des actes emportant exécution parée :

Vu les art. 67 et 79 de la Constitution :

Sur la proposition du Ministre de la justice,

Avons arrêté et arrêtons :

Art. 1er. La formule exécutoire des arrêts et jugements des cours et tribunaux, des ordonnances et mandats de justice et de tous actes emportant exécution parée, sera, jusqu'à la prestation du serment du Roi, conçue en ces termes :

« Au nom du peuple belge.

Nous ministres, réunis en conseil.

Savoir faisons :

(Texte)

« Mandons et ordonnons à tous huissiers, à ce requis, de mettre le présent arrêt, jugement, ordonnance, mandat ou acte à exécution ;

« Aux procureurs généraux et aux présidents près les tribunaux de première instance d'y tenir la main, et à tous les commandants et officiers de la force publique d'y prêter main-forte lorsqu'ils en seront légalement requis ;

« En foi de quoi, le présent arrêt, jugement, ordonnance, mandat ou acte a été signé et scellé du sceau de la Cour, du tribunal ou du notaire. »

Art. 2. Aucun arrêt, jugement ou acte quelconque emportant exécution parée ne pourra servir de base à un commandement ou à une exécution parée qu'après avoir été rendu exécutoire en ces termes :

« De par les ministres réunis en conseil,

« Soit le présent arrêt, jugement ou acte, exécutoire au nom du peuple belge. »

Art. 3. Cette ordonnance sera délivrée sur l'arrêt, le jugement ou acte, par le président du tribunal de première instance du domicile de l'une ou l'autre des parties.

A cet effet, la pièce sera déposée au greffe, sans intervention d'officier ministériel et sans frais, et sera retirée de même.

L'ordonnance ne sera pas sujette à l'enregistrement.

Art. 4. Le ministre de la justice est chargé de l'exécution du présent arrêté, qui sera exécutoire le jour de sa publication.

Bruxelles, le 10 décembre 1865.

Le ministre des affaires étrangères,
CH. ROGIER.
Le ministre de la justice,
JULES BARA.
Le ministre des finances,
FRÈRE-ORBAN.
Le ministre de l'intérieur,
ALPH. VANDENPEEREBOOM.
Le ministre de la guerre,
Baron CHAZAL.
Le ministre des travaux publics,
JULES VANDERSTICHELEN.

---

Nous apprenons que S.M. le roi de Portugal, S.A.R. le prince de Galles, S.A.R. le prince de Prusse et S.A.R. le prince Louis de Hesse ont déjà annoncé leur arrivée à Bruxelles pour venir assister aux funérailles du Roi.

L'empereur de Russie envoie pour assister aux funérailles du Roi et complimenter le nouveau monarque, le général Grabbé, commandant la garde à cheval. C'est un hommage rendu à la mémoire du Roi, qui, dès son enfance, fut inscrit par Catherine II sur les rôles de la garde à cheval, et qui pendant tout son service en Russie porta l'uniforme de ce régiment, le plus ancien de la cavalerie russe. Il n'est pas d'usage en Russie de déplacer pour des missions spéciales des généraux commandants de troupes ; une exception est faite pour honorer la mémoire du Roi. Le général Grabbé s'est illustré dans la guerre du Caucase.

---

C'est hier après-midi que les membres du cabinet, réunis en conseil pour prendre les mesures commandées par la situation, ont rédigé la proclamation et l'arrêté qu'on vient de lire.

Le conseil des ministres réglera le cérémonial des funérailles du Roi ; on assure qu'avant les funérailles, le corps embaumé sera transporté au palais de Bruxelles et publiquement exposé dans une chapelle ardente pendant trois jours à partir de mercredi matin. Les funérailles auront lieu probablement le samedi 16 décembre, le jour du soixante-quinzième anniversaire de la naissance du Roi.

L'acte de décès sera dressé dès aujourd'hui par l'échevin de l'état civil de la commune de Laeken. Un second acte de décès sera dressé par M. le ministre de la justice en présence de ses collègues et d'autres dignitaires de l'État.

---

Aujourd'hui, à onze heures et demie, l'acte de décès du Roi a été dressé au palais de Laeken par M. le ministre de la Justice.

Voici les noms des personnages qui avaient été convoqués comme témoins :

S.A. le prince de Ligne, président du Sénat ; M. E. Vandenpeereboom, président de la Chambre des Représentants.

MM. Rogier, ministre des affaires étrangères ; Frère-Orban, ministre des finances ; Vanderstichelen, ministre des travaux publics ; le lieutenant général baron Chazal, ministre de la guerre ; A. Vandenpeereboom, ministre de l'intérieur ; Bara, ministre de la justice.

MM. le comte de Theux ; le lieutenant général comte Goblet

d'Alviella ; le baron Nothomb ; le baron d'Huart ; Mercier ; Liedts ; de Brouckere ; Dechamps ; le baron d'Anethan ; le comte Le Hon ; le baron de Vrière ; Van de Weyer ; d'Offschmidt ; Tesch, ministres d'État.

MM. le baron de Gerlache, premier président à la Cour de cassation ; Leclercq, procureur général à la même cour.

M. Fallon, président de la Cour des comptes.

M. le lieutenant général baron d'Hooghvorst, inspecteur général des gardes civiques.

M. le lieutenant général Van Casteel, commandant de la 4e division territoriale.

MM. De Page, premier président à la Cour d'appel ; De Bavay, procureur général à la même cour.

M. Dubois-Thorn, gouverneur du Brabant.

M. Anspach, bourgmestre de Bruxelles.

M. Herry, bourgmestre de Laeken.

MM. le comte van der Straten-Ponthoz, grand maréchal ; le lieutenant général de Liem, adjudant général du Roi.

M. le comte de Lannoy, grand-maître de la maison du duc de Brabant.

MM. Van Praet, ministre de la maison du Roi ; le vicomte de Conway, intendant de la liste civile ; le lieutenant général Lahure, aide de camp du Roi, de service.

MM. le lieutenant général Brialmont ; le lieutenant général Dupont ; le lieutenant général Renard ; le général Bormann ; le général comte de Moerkerke, aides de camp du Roi.

MM. le général baron Goethals ; le lieutenant-colonel Goffinet ; le général Frison ; le général Soudain de Niederwerth, aides de camp du duc de Brabant.

M. Jules Devaux, secrétaire du Roi.

M. le lieutenant-colonel Burnell, aide de camp du comte de Flandre.

M. le comte Ignace van der Straten-Ponthoz, major d'artillerie, officier d'ordonnance du Roi, de service.

M. le baron de Wykerslooth, officier d'ordonnance du duc de Brabant, de service.

Toutes ces personnes étaient présentes, sauf MM. Van de Weyer et J.-B. Nothomb, retenus, le premier à Londres, le second à Berlin, par les devoirs que leur impose leur mission diplomatique, et M. le lieutenant général Goblet, empêché par une indisposition.

Les assistants ont apposé leur signature à l'acte de décès, après avoir défilé devant le corps du Roi, qui était exposé sur un lit de parade.

---

Le corps du Roi est gardé par M. le lieutenant général Lahure et M. le comte Vanderstraten-Ponthoz, major d'artillerie.

---

La proclamation suivante a été affichée, hier après-midi, dans toutes les rues de Bruxelles :

« Habitants de Bruxelles,

LE ROI EST MORT !

« Sa Majesté a succombé ce matin à 11 heures 45 minutes, en sa résidence de Laeken, aux atteintes du mal dont elle souffrait depuis longtemps.

« Tous les Belges déploreront la perte du souverain qui s'associa, il y a trente-quatre ans, aux destinées de la Belgique.

« La haute sagesse et l'éclatante personnalité de celui qui emporte dans la tombe nos regrets éternels ont favorisé le développement d'une nationalité heureuse, prospère et libre, dont l'existence est devenue un gage de sécurité et de paix pour l'Europe.

« L'histoire dira que le fondateur de notre dynastie nationale a légué à la postérité l'exemple du plus loyal dévouement à nos libres institutions et assuré l'indissoluble alliance du trône et de la liberté.

« Le pays remet sa confiance aux mains du digne fils d'un roi modèle, du prince qui, né sur le sol belge, partage nos sentiments et nos vœux, comme nous partageons sa profonde douleur.

« Ainsi fait à l'hôtel de ville, le 10 décembre 1865.

« Par le collège : Le collège,

« Le secrétaire, J. ANSPACH.

« A. LACOMBLÉ. »

---

Voici le texte de la proclamation adressée à la garde civique par M. le lieutenant général Pletinckx, commandant supérieur :

« Officiers, sous-officiers et gardes,

« Le roi est mort ! C'est un deuil immense, profondément senti par la garde civique de la capitale : les regrets que j'exprime, les hommages si bien mérités dus à l'illustre fondateur de notre dynastie nationale, ces regrets, ces hommages rencontreront dans vos cœurs et dans vos rangs des sympathies unanimes. Nous avons béni pendant près de trente-cinq années ce règne qui a consacré notre indépendance, fait notre bonheur et assuré à jamais nos libertés.

« Qu'un même sentiment nous réunisse autour du cercueil du meilleur, du plus aimé des souverains ! Mais, après l'explosion de nos larmes, ouvrons nos âmes à l'espérance, saluons d'un cri d'enthousiasme et d'amour l'avènement de Léopold II.

« Le Roi est mort, Vive le Roi !

« Le lieutenant général commandant supérieur,

« PLETINCKX.

« Bruxelles, le 10 décembre 1865. »

---

Toutes les administrations communales de la banlieue de Bruxelles, à commencer par celle de Laeken, ont fait afficher des proclamations analogues à celle de l'autorité communale de la capitale.

---

Le Grand Orient de Belgique vient d'adresser la circulaire suivante aux loges maçonniques de son obédience :

« Bruxelles, le 11 décembre 1865.

« *Le Grand Orient de Belgique aux loges de son obédience.*

« Très-chers frères,

« La maçonnerie est cruellement éprouvée, elle vient de perdre un de ses membres les plus illustres, celui qui, appelé au trône par les suffrages libres et éclairés du peuple belge, n'a pas renié son titre de maçon, mais s'est empressé, au contraire, de nous accorder sa haute et puissante protection ; elle vient de perdre le frère éminent qui, fidèle à son serment, a, pendant un règne de près de 35 années, pratiqué avec sincérité et amour les grands principes humanitaires qui constituent la base de notre ordre, et s'est acquis ainsi l'estime et l'amitié de ses frères, l'amour et la vénération du peuple belge, le respect et l'admiration de ses contemporains.

LÉOPOLD-GEORGES-CHRÉTIEN DE SAXE-COBOURG,
ROI DES BELGES,

revêtu du grade de chev∴ k∴ D∴ 30e degré, est mort hier avec le calme et la sérénité du juste et le stoïcisme du vrai maçon. Il était, dans ce moment suprême, entouré de ses enfants, de ses ministres et des présidents de nos Chambres législatives, représentants officiels de ce peuple belge qu'il a tant aimé et dont il a, par sa haute sagesse, si puissamment contribué à assurer la prospérité et le bonheur.

« Notre auguste frère nous laisse un noble exemple à suivre. Nous saurons tous, comme lui, marcher, sans hésitation, dans la voie qui nous est tracée ; comme lui, nous saurons tous respecter la foi jurée, et sans défaillance aucune remplir jusqu'au bout les devoirs qui nous sont imposés.

« C'est là le plus bel hommage que nous puissions rendre à sa mémoire vénérée.

« Il est un sentiment qui, au-dessus de tout autre, vibre dans le cœur du maçon : c'est l'amour de la patrie.

« Guidés par ce sentiment, nous nous grouperons autour du fils de notre frère bien-aimé et nous l'aiderons de toutes nos forces à conserver à notre chère Belgique ses libertés et son indépendance.

« Le grand secrétaire,
« CH. LEMAIEUR.

Le grand-maître national
*ad interim,*
« J. VAN SCHOOR. »

---

Dès que la nouvelle de la mort du Roi a été connue, le comité de l'Association des typographes de la capitale a rédigé l'Adresse suivante au prince qui s'appellera bientôt Léopold II :

« *À Son Altesse Royale Mgr le duc de Brabant.*

« Monseigneur,

« La Belgique est consternée : elle vient, en ce jour, de perdre son Roi vénéré. En présence du grand deuil national qui afflige le cœur de tous les Belges, nous nous consolons par la conviction que nous possédons de vous voir continuer les sages traditions constitutionnelles inaugurées par le Roi votre regretté père.

« La typographie de Bruxelles, en saluant le règne du roi des Belges Léopold II, s'empresse de témoigner de ses sentiments de fidélité aux lois qui régissent la libre Belgique.

« Au nom des typographes de Bruxelles,

« Le président de l'Association libre des compositeurs-typographes de Bruxelles,
« H. KATS.
« F. VANDERSLACHMOLEN, membre. »

---

Des listes déposées au palais de Bruxelles se couvrent des signatures d'un grand nombre de personnes qui tiennent à exprimer personnellement les sentiments que la mort du souverain fait naître dans tous les cœurs.

---

Nous apprenons qu'aujourd'hui, à une heure, au château de Laeken, M. Fraikin a opéré le moulage de la figure du Roi.

---

À une heure et demie, MM. les docteurs Deroubaix et Debiefve ont procédé à l'embaumement du corps de Sa Majesté.

---

Demain soir, mardi, les personnes attachées à la maison du Roi se rendront au château de Laeken, pour y recevoir la dépouille mortelle de Sa Majesté, qui sera transférée, à dix heures, au palais de Bruxelles.

Le corps du Roi sera escorté par la garde civique et l'armée. Le cortège sera éclairé aux flambeaux.

Au palais de Bruxelles seront réunies toutes les autorités constituées, qui y recevront le corps de Sa Majesté.

---

Le corps du Roi sera exposé au palais de Bruxelles, ainsi que nous l'avons dit, dans une chapelle ardente, pendant trois jours : mercredi, jeudi et vendredi.

Samedi auront lieu les funérailles de S.M.

Dimanche 17, le nouveau Roi fera son entrée, à cheval, dans la capitale. — Il passera en revue la garde civique et l'armée. La prestation de serment à la Constitution, par le nouveau Roi, aura lieu immédiatement après, devant les Chambres réunies dans la salle des séances de la Chambre des Représentants.

---

Lundi 18, sera célébré à Sainte-Gudule le *Te Deum* d'inauguration du nouveau règne.

---

Les cours et tribunaux ne siégeront pas durant tout le cours de cette semaine.

---

Tous les journaux de la capitale ont paru ce soir encadrés de noir.

---

MM. les membres de la Société générale des officiers pensionnés de l'armée belge sont priés de se rendre aujourd'hui lundi, 11 courant, à sept heures du soir, à leur local (Hôtel des Brasseurs, Grand'Place), afin de concerter les mesures à prendre en ce qui les concerne, par suite du malheureux événement qui frappe la Belgique.

*(Communiqué)*

---

L'artillerie de la garnison de Bruxelles a annoncé la mort du Roi par les salves que prescrit le décret du 24 messidor an XII. Un coup de canon, tiré toutes les cinq minutes au rond-point de la rue de la

Loi, près du Champ des Manœuvres. Ces salves se répéteront, du matin au soir, jusqu'après les funérailles du Roi.

———

On construit, à côté de la nouvelle église de Laeken, un vaste temple où auront lieu les cérémonies funèbres qui, d'après le culte protestant auquel appartenait le Roi, précèdent l'inhumation.

———

Tous les journaux que nous recevons ce matin de la province nous arrivent encadrés de noir, et la plupart d'entre eux contiennent une étude biographique sur l'auguste défunt. Ceux de nos confrères qui avaient paru déjà ont fait immédiatement tirer des bulletins-suppléments annonçant la fatale nouvelle.

———

Par suite de la mort de notre souverain, les cours publics qui se donnent à l'université sont suspendus jusqu'à la semaine prochaine.

---

REVUE POLITIQUE

La mort du roi des Belges continue à être l'unique objet des préoccupations de l'opinion publique à Paris. Les politiques de cabaret persistent à supputer l'époque où la Belgique sera annexée à la France de l'une ou de l'autre façon. Que répondre à ces conquérants, si ce n'est que nous entendons rester ce que nous sommes et que nous le resterons ? Heureusement dans les régions officielles, où l'on connaît un peu mieux nos dispositions, où l'on juge avec plus de vérité la situation générale de l'Europe et les innombrables maux que déverserait sur l'empire français une atteinte même indirecte à notre nationalité et à notre indépendance, ces convoitises iniques ne trouvent pas d'écho. Le gouvernement français ne se laissera devancer par aucun autre pour reconnaître le nouveau souverain que nous acclamerons sous peu de jours, après sa prestation de serment à notre loi fondamentale, et ses relations de bon voisinage avec Léopold II ne seront pas moins cordiales qu'elles ne l'ont été avec le fondateur de la dynastie.

La presse française s'occupe naturellement de l'événement qui nous frappe. En tête, il faut citer le *Moniteur universel.* Il enregistre la douloureuse impression et les regrets causés par la perte d'un souverain qui avait acquis par sa sagesse une si haute position dans les conseils de l'Europe. La Cour a voulu s'associer à ces sentiments. Les fêtes de Compiègne ont été interrompues.

(Voir BULLETIN TÉLÉGRAPHIQUE)

Les autres journaux publient sur le Roi défunt des notices nécrologiques. À côté du *Monde*, qui lui reproche d'avoir ruiné le catholicisme en Belgique, comme si les faits dont se plaint la feuille religieuse n'avaient pas été le résultat naturel du libre jeu de nos institutions et des fautes de ses amis, il faut signaler les feuilles officieuses qui font ressortir la sagesse et la modération du souverain que nous venons de perdre. D'autres journaux, tels que les *Débats, la Presse, le Temps, l'Avenir national*, ne sont pas moins sympathiques soit à Léopold I^er^, soit à son jeune successeur. Tous ou presque tous reconnaissent que nos destinées futures sont entre nos mains. Nous le savons, et ce n'est pas par nous qu'elles péricliteront, ils peuvent en avoir la certitude.

Il y a eu hier conseil des ministres à Compiègne. D'après ce qu'on nous rapporte, il y aurait été question du Mexique et des États-Unis, mais incidemment pour ainsi dire. La séance aurait été presque en entier consacrée à arrêter les diverses économies encore en question. M. Fould aurait donné lecture de l'exposé financier, et cet exposé serait publié dans le *Moniteur* avant la fin de la présente année. L'affaire du jardin du Luxembourg, dont la suppression partielle soulève tant de résistances à Paris, a été traitée également en conseil. C'est à cause d'elle que les préfets de la Seine et de police ont assisté à la séance. Une combinaison aurait été trouvée propre à concilier dans une juste mesure les intérêts de l'État et ceux de la ville de Paris.

Les démentis qui nous ont été récemment adressés de Berlin au sujet des démarches que la Russie aurait prétendûment faites en faveur du rétablissement de l'union personnelle des duchés avec le Danemark sont confirmés égale[ment.]

[9] « *Coupure collée sur la lettre de faire-part d'un mariage de Mlle Laure Jamar, fille d'un membre de la Chambre des représentants, avec M. Eugène Bidart avocat ; le faire-part est daté du 15 juillet 1865* » *(note de l'éd. Pichois,* Œuvres complètes, *t. II, p. 1484). C'était le cas de la coupure du f*[t] *217, collée aussi sur un faire-part du même mariage. Baudelaire a souligné quelques passages de l'article et inscrit en haut à droite :* **Le Patriotisme belge blessé. L'amour-propre belge. Bel échantillon de badinage et surtout de bonne foi belges.** *Et plus bas :* **par un littérateur amateur et avocat, 1865**[1].

*Texte imprimé :*

CAUSERIE

Le *Figaro* de Paris a, depuis quelques semaines, découvert derechef la Belgique et s'est empressé de publier ses impressions de voyage. Comme de coutume, elle n'a point trouvé grâce devant lui. Il nous manque, pour lui plaire, bien des qualités.

— Ne vous gênez pas, M. Babou (Hippolyte)[2].

C'est le nom du Christophe Colomb de la gazette parisienne.

— Vous prenez un soin inutile de vous excuser. Parlez librement d'un pays libre. Ce doit vous être un baume, à vous Français du second Empire. Les Belges comprennent que vous vous émancipiez parmi eux, même à leurs dépens. Vous êtes si fort en tutelle là-bas ! Vous les accusez de ralentissement ? En effet, vous en avez le droit, vous qui marchez, vous qui courez si fièrement dans la voie du progrès, — à reculons. Venez donc nous conter nos défauts et nos péchés. Vous les contez si drôlement. Souffrez seulement que nous vous rappelions le renard qui a la queue coupée. Vos avis sont fort bons, vous dirons-nous avec le fabuliste :

*Mais tournez-vous, de grâce, et l'on vous répondra.*

L'autre soir, au *Globe*, un monsieur pérorait, pérorait, pérorait. Encore une chose que nos Améric Vespuce font bien en terre étrangère, car chez eux, chacun sait ça, c'est l'empire du silence. L'orateur s'escrimait des pieds et des mains pour prouver que De Maistre est plus grand que Voltaire. C'est de bonne guerre, de Français à Savoyard, depuis l'annexion de Nice et de Chambéry.

On eût cru une conférence. Personne n'interrompait l'homme à paradoxes : il est mal d'éveiller en sursaut les somnambules.

Quelqu'un dit : « C'est le commis voyageur du *Figaro*.

— Non, dit un autre, c'est M. Baudelaire. »

Baudelaire ou Babou, Babou ou Baudelaire, que l'un vienne devant et l'autre par-derrière, qu'ils fassent la paire à deux ou un même Figaro sous des noms différents, peu importe.

Celui-ci chanta *Les Fleurs du mal* avec trop d'amour. La police correctionnelle saccagea son parterre.

Celui-là adressa au public « comme un défi » des *Lettres satiriques et critiques.* Sont-elles arrivées à destination ?

Tous deux eurent un éditeur en qui aussi la justice trouva à reprendre. Le climat de la patrie lui parut si malin qu'il respire aujourd'hui l'air plus pur d'Ixelles. C'est « Ma Belgique » du *Figaro* qui l'apprend aux Belges surpris de tant d'honneur.

Soyons bon prince, M. Hippolyte, ne nous en veuillez pas. Nous avons du bon. Votre ami, M. Poulet-Malassis, — un drôle de nom — vous l'aura dit.

Quant à sa bonne picarde, gasconne ou auvergnate, qui se moque, dites-vous, de notre accent, eh bien ! priez-la de nous enseigner le sien, nous aurons de l'agrément.

À tout prendre, ce M. Babou, qui jure que l'esprit se ramollit en Belgique, parle de science personnelle sans doute. Il se sera observé et il le confesse ingénument. Sachons-lui-en gré, au lieu de lui jeter la pierre. Il prétend qu'une solution de continuité se produit dans l'intelligence des Français, dès qu'ils franchissent nos frontières. À qui la faute ? Et au pis aller, ce serait leur affaire, non la nôtre. Que les compatriotes de M. Babou, fixés en Belgique, lui répondent.

Il daigne nous donner une fiche de consolation toutefois. On naît peintre en Belgique, dit-il.

L'aveu a son prix. Il signifie que le peuple belge est artiste, qu'il a conservé, à travers les vicissitudes de la fortune, un coin idéal, un côté divin du génie de l'humanité. C'est là un glorieux témoin de ses forces vitales et de sa perfectibilité.

On nous concède donc que les Belges naissent peintres. C'est un don.

# AMŒNITATES BELGICÆ

## VENUS BELGA[a][1]

(Montagne de la Cour)

Ces mollets sur ces pieds montés,
Qui vont sous ces cottes peu blanches,
Ressemblent à des troncs plantés
Dans des planches.

---

Les seins des moindres femmelettes,
Ici, pèsent plusieurs quintaux,
Et leurs membres sont des poteaux
Qui donnent le goût des squelettes.

---

Il ne me suffit pas qu'un sein soit gros et doux ;
Il le faut un peu ferme, ou je tourne casaque.
Car, sacré nom de Dieu ! je ne suis pas Cosaque
Pour me soûler avec du suif et du saindoux.

## LA PROPRETÉ DES DEMOISELLES BELGES[1]

Elle puait comme une fleur[a] moisie.
Moi, je lui dis (mais avec courtoisie) :
« Vous devriez prendre un bain régulier
Pour dissiper ce parfum de bélier. »

Que me répond cette jeune hébétée ?
« Je ne suis pas, moi, de vous dégoûtée ! »
— Ici pourtant on lave le trottoir
Et le parquet avec du savon noir !

## LA PROPRETÉ BELGE

« *Bains.* » — J'entre et je[a] demande un bain. Alors le maître
Me regarde avec l'œil d'un bœuf qui vient de paître,
Et me dit : « Ça n'est pas possible, ça, sais-tu,
Monsieur ! » — Et puis, d'un air plus abattu :
« Nous avons au grenier porté nos trois baignoires. »

J'ai lu, je m'en souviens, dans les vieilles histoires
Que le Romain mettait son vin au grenier ; mais,
Si barbare qu'il fût, ses baignoires, jamais !
Aussi, je m'écriai : « Quelle idée, ô mon Dieu ! »

Mais l'ingénu : « Monsieur, c'est qu'on venait si peu ! »

## L'AMATEUR DES BEAUX-ARTS EN BELGIQUE[1]

Un ministre, qu'on dit le Mecenas flamand,
Me promenait un jour dans son appartement,
Interrogeant mes yeux devant chaque peinture,
Parlant un peu de *l'art*, beaucoup de la *nature*,
Vantant le *paysage*, expliquant *le sujet*,
Et surtout me marquant *le prix* de chaque objet.
— Mais voilà qu'arrivé devant un portrait d'Ingres,
(Pédant dont j'aime peu les facultés malingres)
Je fus pris tout à coup d'une sainte fureur
De célébrer David, le grand peintre empereur[2] !
— Lui, se tourne vers son fournisseur ordinaire[3],

Qui se tenait debout comme un factionnaire,
Ou comme un chambellan qui savoure avec foi
Les sottises tombant des lèvres de son roi,
Et lui dit, avec l'œil d'un marchand de la Beauce :
« Je crois, mon cher, je crois que David est en hausse ! »

*variante*[a] :

— vrai propos d'un marchand de la Beauce ;
« Dites-moi, savez-vous si David est en hausse ? »

*variante pour les six derniers vers*[b] :

Il m'écoute fort bien, muet, automatique,
Solennel ; puis soudain, d'un air diplomatique,
Sortant d'un de ces longs sommeils si surprenants
Que tout Belge partage avec les ruminants,
Avec le clignement d'un marchand de la Beauce,
Me dit : « Je crois, *d'ailleurs*, que David est en hausse. »

## UNE EAU SALUTAIRE[1]

Joseph Delorme a découvert
Un ruisseau si clair et si vert
Qu'il donne aux malheureux l'envie
D'y terminer leur triste vie[2].
— Je sais un moyen de guérir
De cette passion malsaine
Ceux qui veulent ainsi périr :
Menez-les aux bords de la Senne !

---

« Voyez — dit ce Belge badin
Qui n'est certes pas un ondin, —
La *contrefaçon* de la Seine. »
— « Oui, — lui dis-je, — une Seine obscène ! »

---

Car cette Senne, à proprement
Parler, où de tout mur et de tout fondement*
L'indescriptible tombe en foule,
Ce n'est guère qu'un excrément[a]
Qui coule.

* Les bords de la Senne, dans Bruxelles, sont occupés par des maisons qui trempent leurs fondations dans le liquide[b].

## LES BELGES ET LA LUNE[1]

On n'a jamais connu de race si baroque
Que ces Belges. Devant le joli, le charmant,
Ils roulent de gros yeux et grognent sourdement.
Tout ce qui réjouit nos cœurs mortels les choque.

Dites un mot plaisant, et leur œil devient gris
Et terne comme l'œil d'un poisson qu'on fait frire;
Une histoire touchante; ils éclatent de rire,
Pour faire voir qu'ils ont parfaitement compris.

Comme l'esprit, ils ont en horreur les lumières[a];
Parfois sous la clarté calme du[b] firmament,
J'en ai vu qui, rongés d'un bizarre tourment,

Dans l'horreur de la fange et du vomissement,
Et gorgés jusqu'aux dents de genièvre et de bières,
Aboyaient à la Lune, assis sur leurs derrières.

## ÉPIGRAPHE POUR L'ATELIER DE M. ROPS, FABRICANT DE CERCUEILS, À BRUXELLES[1]

Je rêvais, contemplant ces bières,
De palissandre ou d'acajou,

Qu'un habile ébéniste orne de cent manières :
« Quel écrin ! et pour quel bijou !
Les morts, ici, sont sans vergognes !
Un jour, des cadavres flamands
Souilleront ces cercueils charmants.
Faire de tels étuis pour de telles charognes ! »

## LA NYMPHE DE LA SENNE[1]

« Je voudrais bien — me dit un ami singulier,
Dont souvent la pensée alterne avec la mienne, —
Voir la Naïade de la Senne ;
Elle doit ressembler à quelque charbonnier
Dont la face est toute souillée. »

— « Mon ami, vous êtes bien bon.
Non, non ! Ce n'est pas de charbon
Que cette nymphe est barbouillée ! »

## OPINION DE M. HETZEL SUR LE FARO[1]

« Buvez-vous du faro ? » — dis-je à monsieur Hetzel ;
Je vis un peu d'horreur sur sa mine barbue.
— « Non, jamais ! Le faro (je dis cela sans fiel !)
C'est de la bière deux fois bue. »
Hetzel parlait ainsi, dans un café flamand,
Par prudence sans doute, énigmatiquement ;
Je compris que c'était une manière fine,
De me dire : « Faro, synonyme d'urine[2] ! »

---

« Observez bien que le faro
Se fait avec de l'eau de Senne. »
— « Je comprends d'où lui vient sa saveur citoyenne.
Après tout, c'est selon ce qu'on entend par eau ! »

## UN NOM DE BON AUGURE

Sur la porte je lus : « *Lise Van Swiéten* »
(C'était dans un quartier qui n'est pas un Éden).
— Heureux l'époux, heureux l'amant qui la possède,
Cette Ève [a] qui contient [b] en elle son remède !
Cet homme enviable a trouvé
Ce que nul n'a jamais rêvé,
Depuis le pôle nord jusqu'au pôle antarctique :
Une épouse prophylactique [1] !

## LE RÊVE BELGE [1]

La Belgique se croit toute pleine d'appas,
Elle dort. Voyageur [a], ne la réveillez pas.

## L'INVIOLABILITÉ DE LA BELGIQUE [1]

« Qu'on ne me touche pas ! je suis inviolable ! »
Dit la Belgique. — C'est, hélas ! incontestable.
Y toucher ? Ce serait, en effet, hasardeux,
Puisqu'elle est un bâton merdeux.

## ÉPITAPHE POUR LÉOPOLD Ier

Ci-gît un roi constitutionnel,
(Ce qui veut dire [a] *:* Automate en hôtel
Garni [1]),
Qui se croyait sempiternel.
Heureusement, c'est bien fini !

## ÉPITAPHE POUR LA BELGIQUE

On me demande une épitaphe
Pour la Belgique morte. En vain
Je creuse, et[a] je rue et je piaffe ;
Je ne trouve qu'un mot : « Enfin ! »

## L'ESPRIT CONFORME[1]

Cet imbécile de Tournai
Me dit : « J'ai l'esprit mieux tourné
Que vous, monsieur. Ma jouissance
Dérive de l'obéissance ;
J'ai mis toute ma volupté
Dans l'esprit de Conformité ;
Mon cœur craint toute façon neuve
En fait de plaisir ou d'ennui,
Et veut que le bonheur d'autrui
Toujours au sien serve de preuve. »

Ce que dit l'homme de Tournai,
(Dont vous devinez bien, je pense,
Que j'ai retouché l'éloquence)
N'était pas aussi bien tourné.

## L'ESPRIT CONFORME

Les Belges poussent, ma parole !
L'imitation à l'excès,
Et s'ils attrapent la vérole,
C'est pour ressembler aux Français.

## LES PANÉGYRIQUES DU ROI[1]

Tout le monde, ici, parle un français ridicule :
On proclame immortel ce vieux principicule.
Je veux bien qu'immortalité
Soit le synonyme
De longévité,
La différence est si minime !

---

Bruxelles, ces jours-ci, déclarait (c'est grotesque !)
Léopold immortel. — Au fait, il le fut presque.

## LE MOT DE CUVIER[1]

« En quel genre, en quel coin de l'animalité
Classerons-nous le Belge ? » Une société
Scientifique avait posé ce dur problème.
Alors le grand Cuvier se leva, tremblant, blême,
Et pour toutes raisons criant : « Je jette aux chiens
Ma langue ! Car, messieurs les Académiciens,
L'espace est un peu grand depuis les singes jusques
Jusques aux mollusques ! »

---

*Variantes :* L'espace n'est pas grand
Nous avons peu de choix[a]

## AU CONCERT, À BRUXELLES[1]

On venait de jouer de ces airs ravissants
Qui font rêver l'esprit et transporter les sens ;
Mais un peu lâchement ; hélas ! à la flamande.
« Tiens ! l'on n'applaudit pas ici ? » fis-je. — Un voisin,
Amoureux, comme moi de musique allemande,

Me dit : « Vous êtes neuf dans ce pays malsain,
Monsieur ? Sans ça, vous sauriez qu'en musique,
Comme en peinture et comme en politique,
Le Belge croit qu'on le veut attraper,
— Et puis qu'il craint surtout de se tromper. »

## UNE BÉOTIE BELGE[1]

La Belgique a sa Béotie !
C'est une légende, une scie,
Un proverbe ! — Un comparatif
Dans un état superlatif !
Bruxelles, ô mon Dieu ! méprise Poperinghe !
Un vendeur de trois-six blaguant un mannezingue !
Un clysoir, ô terreur ! raillant une seringue !
Bruxelles n'a pas droit de railler Poperinghe !
Comprend-on le comparatif
(C'est une épouvantable scie !)
À côté du superlatif ?
La Belgique a sa Béotie !

## LA CIVILISATION BELGE[1]

Le Belge est très civilisé ;
Il est voleur, il est rusé ;
Il est parfois syphilisé ;
Il est donc très civilisé.

Il ne déchire pas sa proie
Avec ses ongles ; met sa joie
À montrer qu'il sait employer
À table fourchette et cuiller ;
Il néglige de s'essuyer,
Mais porte paletot, culottes,
Chapeau, chemise même et bottes ;
Fait de dégoûtantes ribotes ;

Dégueule aussi bien que l'Anglais ;
Met sur le trottoir des engrais ;
Rit du Ciel et croit au progrès
Tout comme un journaliste d'Outre-
Quiévrain * ; — de plus il peut foutre
Debout, comme un singe avisé.

Il est donc très-civilisé.

* *Les gens d'outre-Quiévrain*, c'est sous ce nom qu'en Belgique on désigne communément les Français[a].

## LA MORT DE LÉOPOLD I^er^[1]

Le grand juge de paix d'Europe *
A donc dévissé son billard !
(Je vous expliquerai ce trope **).
Ce Roi n'était pas un fuyard
Comme notre Louis-Philippe.
Il pensait, l'obstiné vieillard,
Qu'il n'était jamais assez tard
Pour *casser son* ignoble *pipe* ***.

## LA MORT DE LÉOPOLD I^er^

Léopold voulait sur la Mort
Gagner sa première victoire.
Il n'a pas été le plus fort ;
Mais dans l'impartiale histoire
Sa résistance méritoire
Lui vaudra ce nom fulgurant :
« Le cadavre récalcitrant. »

* Surnom donné à Léopold par la niaiserie politique française. Rengaine.
** Ce vers est adressé aux Belges. Voir la note de M. Proudhon sur l'ignorance des Belges relativement aux figures de Rhétorique[2].
*** Autre figure empruntée à l'argot parisien[a].

# [POÈMES DE CIRCONSTANCE COMPOSÉS EN BELGIQUE [1]]

5 heures, à l'Hermitage [1].

Mon cher, je suis venu chez vous
Pour entendre une langue humaine;
Comme un, qui, parmi les Papous,
Chercherait son ancienne Athêne.

Puisque chez les Topinambous
Dieu me fait faire quarantaine,
Aux sots je préfère les fous
— Dont je suis, chose, hélas ! certaine.

Offrez à Mam'selle Fanny
(Qui ne répondra pas : Nenny,
Le salut n'étant pas d'un âne),

L'hommage d'un bon écrivain,
— Ainsi qu'à l'ami Lécrivain
Et qu'à Mam'selle Jeanne [2].

## SONNET POUR S'EXCUSER DE NE PAS ACCOMPAGNER UN AMI À NAMUR [1]

Puisque vous allez vers la ville
Qui, bien qu'un fort mur l'encastrât,

Défraya la verve servile
Du fameux poète castrat [2] ;

Puisque vous allez en vacances
Goûter un plaisir recherché,
Usez toutes vos éloquences,
Mon bien cher Coco-Malperché,

(Comme je le ferais moi-même)
À dire là-bas combien j'aime
Ce tant folâtre monsieur Rops,

Qui n'est pas un grand prix de Rome,
Mais dont le talent est haut comme
La pyramide de Chéops !

☆

*Monsieur Auguste Malassis* [1]
*Rue de* Mercélis
*Numéro* trente-cinq *bis*
*Dans le faubourg d'*Ixelles,
Bruxelles.
*(Recommandée à l'Arioste*
*De la poste,*
*C'est-à-dire à quelque facteur*
*Versificateur.)*

# DOSSIER

# CHRONOLOGIE[1]

1821\. Charles Baudelaire naît à Paris, le 9 avril. Il est baptisé à Saint-Sulpice le 7 juin. Ses parents, François Baudelaire et Caroline Dufaÿs, se sont mariés en 1819. Son père (né en 1759) a soixante-deux ans, sa mère (née en 1793) vingt-sept, à la naissance du poète qui se dira « l'enfant d'une mère de vingt-sept ans et d'un père de soixante-douze ».

L'année de la naissance de Baudelaire est celle de la mort de Joseph de Maistre et de la publication des *Soirées de Saint-Pétersbourg.*

1827\. Mort de François Baudelaire le 10 février. Le petit enfant, qui n'a pas encore six ans, a un demi-frère aîné, Alphonse Baudelaire, qui a alors vingt-deux ans et avait, à neuf ans, perdu sa mère, la première femme de François Baudelaire.

1828\. Le 2 août, mort de Mme Pierre Pérignon, marraine de Charles. Elle lui lègue 3 000 francs, qui s'ajouteront, en 1830, à l'héritage paternel.

1\. La correspondance de Baudelaire est le principal document sur sa vie. C'est aussi la lecture qui complète et éclaire le mieux celle de *Fusées*, *Mon cœur mis à nu* et *La Belgique déshabillée.* C'est pourquoi, quitte à contrevenir à la loi du genre de la chronologie, je propose ici, plutôt, une *chrono-biographie,* s'amplifiant avec les années, et composée principalement à partir de la *Correspondance* de Baudelaire, que je cite dans l'éd. Pichois-Ziegler de la « Bibliothèque de la Pléiade » complétée, pour la fin, par les correspondances entre Mme Aupick, Poulet-Malassis et Asselineau, publiées par Jean Richer et Marcel Ruff, et celle entre Poulet-Malassis et Bracquemond, publiée par Jean-Paul Bouillon dans le *Bulletin du bibliophile*, où dès 1925 Jacques Crépet avait publié les lettres d'Asselineau à Malassis. Une lettre, celle du 7 mai 1864, est citée d'après le catalogue de la vente Jules Marsan.

Le 8 novembre, un an et dix mois après la mort de son premier mari, la mère de Baudelaire se remarie avec un officier de l'armée française, Jacques Aupick, qui a trente-neuf ans. Elle devient, à trente-cinq ans, « Mme Aupick ». Elle accouche un mois plus tard d'une petite fille mort-née.

1830. Le 30 mars, trois ans après la mort de son premier mari, Mme Aupick est mise en possession de l'héritage de Charles, qu'elle va gérer jusqu'à sa majorité, en 1842.

1832-1835. Le lieutenant-colonel Aupick est, depuis décembre 1831, chef d'état-major de la 7e division militaire, à Lyon. Charles, élève au collège royal de la ville, fait de son demi-frère Alphonse, qui vit à Paris, puis à Fontainebleau, son confident épistolaire. Il lui rend compte de ses succès et de ses échecs scolaires et signe à l'occasion : « Carlos ».

1836-1837. Charles est élève à Louis-le-Grand, à Paris, le colonel Aupick venant d'être rattaché à la 1re division. Les relations semblent alors excellentes entre Charles et son beau-père. Des suites d'une ancienne blessure à la bataille de Fleurus, celui-ci doit subir une intervention chirurgicale dont Charles s'inquiète. En octobre 1837, le jeune homme fait une chute de cheval et garde le lit, avec « une forte contusion au genou ».

1838. La personnalité littéraire, artistique, affective, de Baudelaire s'affirme : « Voici ma vie : je lis les livres que l'on me permet de prendre à la bibliothèque, je travaille, je fais des vers, mais maintenant ils sont détestables », écrit-il à sa mère, aux environs du 10 juin. Dans la même lettre, en post-scriptum, il évoque les obsèques de Mme d'Abrantès, la présence de Dumas, l'éloge funèbre d'Hugo. Avec l'un de ses camarades il a des conversations sur le magnétisme (lettre du [19 juin]).

Au collège, c'est l'ennui : « Mes jours s'en vont un à un, bien tristement » (lettre du [27 juin]). En juillet, le collège visite Versailles, à l'invitation du roi. Baudelaire remarque quelques tableaux, en particulier *La Bataille de Taillebourg* de Delacroix.

Fin août, après la classe, il rejoint son beau-père à Barèges et fait avec ses parents, en septembre, un voyage dont il donnera l'itinéraire à son « frère » Alphonse : Bagnères, « le plus beau pays de France », Tarbes, Auch, Agen, Bordeaux,

Royan, Rochefort, La Rochelle, Nantes, Blois, Orléans, Paris.

1839. En février, Charles demande à son beau-père un répétiteur, et choisit M. Lasègue, « un jeune maître fort distingué, sorti récemment de l'École normale ». Il a dix-huit ans et est en classe de philosophie. En avril, il est mis à la porte du collège. Le proviseur écrit au colonel Aupick, le 18 avril : « Ce matin, Monsieur votre fils sommé par le sous-directeur de remettre un billet qu'un de ses camarades venait de lui glisser, refusa de le donner, le mit en morceaux et l'avala. Mandé chez moi, il me déclare qu'il aime mieux toute punition que de livrer le secret de son camarade, et pressé de s'expliquer dans l'intérêt même de cet ami qu'il laisse exposé aux soupçons les plus fâcheux, il me répond par des ricanements dont je ne dois pas souffrir l'impertinence. Je vous renvoie donc ce jeune homme, qui était doué de moyens assez remarquables, mais qui a tout gâté par un très mauvais esprit, dont le bon ordre du collège a eu plus d'une fois à souffrir. »

Après quelques mois de cours particuliers, Charles est reçu au baccalauréat, le 12 août, et lit le 13 dans *Le Moniteur* la nomination de son beau-père comme général de brigade. En août, inquiet à propos du « choix d'une profession à venir », il écrit à son frère Alphonse : « Je ne me sens de vocation à rien. » À la rentrée, il entreprend des études à la faculté de droit de Paris.

1840. Lettre admirative, le [25 février], à Victor Hugo dont il a vu au théâtre *Marion Delorme.* Aventure avec Sarah « la Louchette », une prostituée pour laquelle il va quelque peu s'endetter et qui deviendra « l'affreuse Juive » d'un poème des *Fleurs du mal.* Le [31 décembre], Baudelaire envoie un sonnet à son frère Alphonse.

1841. En janvier, il lui adresse le compte analytique de ses dettes. Le pli de l'endettement est pris. Charles a vingt ans. Le général Aupick convoque un conseil de famille, qui décide de distraire le jeune homme de ses fréquentations parisiennes, par un voyage.

Après quelque temps passé chez Alphonse, à Fontainebleau, Charles embarque le 9 juin sur un paquebot qui se dirige vers Calcutta. Escale à l'île Maurice, où il fait la connaissance d'une famille créole, M. et Mme Autard de

Bragard. Escale suivante à l'île de la Réunion (île Bourbon, à l'époque), où il décide d'interrompre son voyage et d'où il envoie à M. Autard de Bragard, pour sa femme, le sonnet : *A une dame créole.* Il reprend le 4 novembre un paquebot vers la France. Le voyage n'a fait que lui donner la nostalgie du « vrai pays de Gloire ».

1842. Baudelaire débarque le 15 ou le 16 février à Bordeaux : « Je crois que je reviens avec la sagesse en poche », écrit-il au général. Il regagne aussitôt Paris. Il est majeur, il échappe à la conscription, quitte en avril le domicile maternel pour s'installer dans l'île Saint-Louis, et s'adresse au notaire Ancelle pour réclamer l'héritage de son père. Sa fortune est évaluée à 33 000 francs et quatre terrains à Neuilly totalisant près de deux hectares et rapportant 415 francs par an [2]. Il rencontre Jeanne Duval, une mulâtresse, avec laquelle il restera très longtemps lié. Il vend le 18 juillet, pour 6 500 francs, deux actions de la Banque de France et, le 8 novembre, emprunte 2 500 francs.

1843. Le 30 mars, Baudelaire emprunte 7 000 francs. Le 11 juin, il fait mettre en vente par le notaire Ancelle les terres de Neuilly, pour 70 150 francs payables en quatre mois.

Projet d'un drame en vers : *Idéolus*, auquel collaborera Ernest Prarond. Installation à l'hôtel Pimodan, quai d'Anjou (aujourd'hui hôtel Lauzun). Tentatives de publications. En novembre, il parle à sa mère d'une « nouvelle » de lui qui « passera dans le premier numéro du mois de janvier » du *Bulletin de l'ami des arts* et, à la fin de l'année, d'un article proposé à *La Démocratie pacifique* et « refusé pour cause d'*immoralité* ».

1844. Baudelaire parle à sa mère de ses dettes, de son tailleur, de promesses de travail, de projets vagues de roman. Dans une lettre du début janvier, il apparaît brouillé avec le général : « Il y a des amours-propres virils, que toi, femme, et sa femme, tu ne peux pas comprendre. »

Vers le 15 juillet, Baudelaire, qui n'a pas répondu à ses obligations de garde national, passe quelques jours à la maison d'arrêt. Il écrit à sa mère pour qu'elle intervienne

2. Voir Jean Ziegler, « La fortune de Baudelaire », au tome I de l'éd. Pichois-Ziegler de la *Correspondance*, p. LXIII-XC, où j'ai puisé les renseignements chiffrés qui suivront sur la situation financière de Baudelaire.

auprès du général Carbonel, à l'état-major de la garde nationale.

En juillet, afin d'éviter les périlleux gaspillages de son fils, qui risquent de tarir bien vite le capital dont il dispose, Mme Aupick s'adresse au tribunal de première instance, entamant une procédure qui fera dépendre Baudelaire d'un conseil judiciaire, M^e^ Ancelle, notaire à Neuilly, d'où viendront les mensualités. Un conseil de famille se réunit le 24 août. Cette perspective crée, dans la psychologie de Baudelaire, un violent traumatisme. Il adresse à sa mère une longue lettre de supplications et de reproches. Il apprend fin août la décision du tribunal : « M. Ancelle m'a donné hier les derniers sacrements. » Le notaire, désigné officiellement le 21 septembre, est entré dans le cortège des obsessions de Baudelaire, comme en témoigne cette fin d'une lettre à Mme Aupick : « M. Ancelle — M. Ancelle — M. Ancelle... » Il devient officiellement régisseur de la fortune de Baudelaire, qu'il évalue en octobre à 2629 francs en revenus et 55800 francs en capitaux.

1845. Fin 1844 ou début 1845, Baudelaire envoie à Sainte-Beuve quelque quatre-vingts alexandrins, présentés par une citation de Stendhal : « *J'écris pour une dizaine d'âmes (...).* »

Publication en mai du *Salon de 1845.*

25 mai : dans *L'Artiste,* sous la signature de Baudelaire-Dufays, *À une dame créole,* premier poème publié des futures *Fleurs du mal.*

Première intention connue de suicide. Baudelaire écrit à Ancelle, le 30 juin, qu'il va se tuer, confie la lettre à Jeanne Lemer [Duval], dont il fait sa légataire universelle : « Je me *tue* sans *chagrin* (...). Je me tue parce que je ne puis plus vivre, que la fatigue de m'endormir et la fatigue de me réveiller me sont insupportables. Je me tue parce que je suis inutile aux autres — *et dangereux à moi-même.* — Je me *tue* parce que je me crois immortel, et que *j'espère.* »

Après le suicide manqué, il va vivre chez Jeanne, puis quelque temps, chez ses parents, place Vendôme. Il s'inscrit à l'École des Chartes.

Première annonce des futures *Fleurs du mal,* en publicité insérée, et sous leur premier titre connu : *Les Lesbiennes.*

1846. Publications dans *Le Corsaire-Satan,* en janvier, du *Musée classique du bazar Bonne-Nouvelle* et en mars du *Choix de maximes consolantes sur l'amour.*

En avril, Baudelaire demande à faire partie de la Société des gens de lettres. Il sollicitera auprès d'elle, à la fin de l'année, un emprunt, et plusieurs autres dans les années suivantes.

Entre-temps, il travaille à son nouveau *Salon* (qui paraîtra en mai), s'intéresse de près à l'orthographe, fluctuante pourtant sous sa plume même, de son second nom, qui est celui de sa mère « Dufaÿs », qui devient Dufays, du Faÿs, puis de Fayis, et qu'il utilise depuis un an et demi, signant volontiers « B.D. » les lettres à sa mère, à qui il parle, en octobre, d' « ulcères à la gorge et au larynx » qui « ont reparu ».

Deux poèmes dans *L'Artiste.*

1847. Publication, en janvier, de *La Fanfarlo,* dans le *Bulletin de la Société des gens de lettres.*

Promotions du général Aupick : général de division en avril ; commandant de l'École polytechnique en novembre.

Premier contact, selon Charles Asselineau, avec l'œuvre d'Edgar Poe *(Le Chat noir* paraît en français dans *La Démocratie pacifique)* et, peut-être, avec Marie Daubrun, une actrice de vingt ans, qui fait ses débuts cette année-là.

Portrait de Baudelaire par Courbet.

Le 4 décembre, Baudelaire adresse à sa mère une longue lettre, pathétique, demandant « *encore une fois* » de l'argent et évoquant le projet de retourner aux îles comme précepteur des enfants d'un ami. M<sup>me</sup> Aupick lui envoie une somme qui réduira ses dettes à 8 000 francs.

1848. En février, Baudelaire prend part à la révolution. Il fonde avec Champfleury l'éphémère *Salut public,* humanitaire et socialiste, pour lequel Courbet dessine une vignette.

En avril, Aupick est nommé ministre plénipotentiaire à Constantinople. En avril-mai, Baudelaire est secrétaire de rédaction d'un journal socialisant, *La Tribune nationale.*

Il se mêle aux émeutes de juin.

Chateaubriand meurt le 4 juillet.

Première traduction de Poe : *Révélation magnétique* publiée dans *La Liberté de penser,* en juillet.

En août, Baudelaire met en garde Proudhon contre ses ennemis politiques.

Le 8 décembre, Baudelaire, écrivant à sa mère à Constantinople, fait allusion à sa « singulière liaison » avec « une pauvre femme [qu'il] *n'aime depuis longtemps que par devoir* », et qui ne peut être que Jeanne Duval.

1849. Baudelaire se lie avec Théophile Gautier.

Une lettre du 13 juillet, dont le destinataire est inconnu, évoque *Tannhäuser* et l'admiration pour Wagner.

Edgar Poe meurt en octobre à Baltimore.

Séjour à Dijon à la fin de l'année. En décembre, Baudelaire semble avoir été « assez gravement malade », comme il l'écrira le 10 janvier 1850 à Ancelle. Son estomac est « passablement détraqué par le laudanum » et « ce n'est pas la première fois ».

À la fin de l'année, dans une lettre à Ancelle, Baudelaire évoque à propos d'un candidat aux élections législatives « le socialisme inévitable, féroce, stupide, bestial » des paysans.

1850. En janvier, Baudelaire évalue ses dettes à 21 236 francs.Il se lie avec Poulet-Malassis.

En mai, il s'installe à Neuilly avec Jeanne Duval. Il y restera un peu plus d'un an.

Deux poèmes des futures *Fleurs du mal* paraissent en juin dans *Le Magasin des familles* sous le nouveau titre : *Les Limbes.*

En novembre, à Constantinople, l'ambassadeur de France et M^me^ Aupick reçoivent à dîner Gustave Flaubert et Maxime Du Camp, qui parcourent l'Orient.

1851. *Du vin et du hachisch comparés comme moyens de multiplication de l'individualité*, dans *Le Messager de l'Assemblée*, en mars.

Onze poèmes paraissent en avril dans la même revue, toujours sous le titre *Les Limbes.* C'est la première publication importante du poète.

Le général Aupick reçoit à Constantinople sa nomination d'ambassadeur à Londres. Il revient à Paris avec sa femme, le 3 juin. Il demande audience au Prince-Président, lui fait part de son refus du poste à Londres (où sont les princes d'Orléans, qu'il a servis). Le 18 juin, il est nommé ambassadeur à Madrid.

Le coup d'État du 2 décembre rend Baudelaire furieux.

Asselineau aperçoit chez lui « deux grands cahiers cartonnés » contenant les futures *Fleurs du mal.*

1852\. Au début de l'année (date conjecturale). Baudelaire adresse une lettre d'amour à une certaine « Madame Marie ».

Projet, qui tournera court, de fonder une revue, *Le Hibou philosophe*, en février. Projet de quitter Jeanne, en mars : ce mois est, écrit-il à Ancelle, le 5, *« le grand mois, la séparation »*.

Le 29 février, Baudelaire s'abstient d'aller voter et écrit à Ancelle, le 5 mars : « Vous ne m'avez pas vu au vote : c'est un parti pris chez moi. LE 2 DÉCEMBRE m'a *physiquement dépolitiqué. Il n'y a plus d'idées générales.* Que *tout Paris* soit *orléaniste*, c'est un fait, mais cela ne me regarde pas. Si j'avais voté, je n'aurais pu voter que pour moi. Peut-être l'avenir appartient-il aux hommes *déclassés ?* » L'apolitisme de Baudelaire se doublera bientôt d'un ralliement au nouveau pouvoir, envisagé du « point de vue *providentiel* » (lettre à Poulet-Malassis du 20 mars), et d'un goût marqué de l'extrémisme (« j'aimerais assez ne voir que *deux partis* en présence, et je hais ce *milieu* pédant et hypocrite qui m'a mis au pain sec et au cachot », même lettre).

« J'ai trouvé un auteur américain qui a excité en moi une incroyable sympathie, et j'ai écrit deux articles sur sa vie et ses ouvrages », écrit Baudelaire, le 27 mars, à sa mère, qui se trouve à Madrid, et à qui il demande d'acheter les numéros du 1er et du 31 mars de la *Revue de Paris*, où est publié en effet *Edgar Allan Poe, sa vie et ses ouvrages*. Des traductions paraissent, au cours de l'année.

Le 9 décembre, Baudelaire adresse à Mme Sabatier un poème en neuf quatrains : *À une femme trop gaie* (qui deviendra *À celle qui est trop gaie* dans *Les Fleurs du mal*), accompagné de quelques mots non signés.

1853\. Une lettre à Mme Aupick, du 26 mars, nous apprend qu'elle est passée par Paris et a vu son fils ; que ce dernier a effectivement quitté Jeanne, il y a un an, faisant la sottise de laisser là « *tous* [*ses*] *livres, tous* [*ses*] *manuscrits* », des lettres, des dessins, « *enfin* TOUT » ; que Jeanne est tombée « sérieusement malade » et dans la misère. Les endettements se sont accumulés : « Il y a des moments où il me prend le désir de dormir infiniment. »

Publication en avril de *Morale du joujou* dans *Le Monde littéraire*. Le même mois, le général Aupick, nommé sénateur, quitte son poste madrilène. M. et Mme Aupick reviennent à Paris.

En mai, trois lettres-poèmes à Mme Sabatier, toujours anonymes.

Le 1er juillet, dans une lettre à sa mère, Baudelaire évoque « la prétention » qu'il a « de faire deux drames », dont l'un se serait intitulé *La Fin de Don Juan.*

Décès, en novembre, de quelqu'un dont Baudelaire doit payer l'enterrement. Il semble qu'il s'agisse de la mère de Jeanne.

Le 1er décembre, Baudelaire, écrivant à sa mère, révèle qu'il a été « assez gravement malade pendant une dizaine de jours ».

Dans une lettre à Poulet-Malassis du 16 décembre, où il lui demande de l'argent, Baudelaire parle de l'année qui s'achève comme d'une « année stérile », accompagnée de « très réels malheurs » : « Ma vie (...), ajoute-t-il, sera toujours faite de colères, de *morts*, d'outrages, et surtout de mécontentement de moi-même. »

Le 26 décembre, lettre nerveuse à sa mère, à propos des créanciers, « dont les incessantes réclamations [l]'exaspèrent ».

1854. Au début de l'année (ou fin 1853), Baudelaire envoie à Fernand Desnoyers, qui lui a demandé « des vers sur la *Nature* », *Les Deux Crépuscules*, sous-titrés « Le soir » et « Le matin », avec un petit développement polémique sur (contre) la *Nature.*

Le 28 janvier, Baudelaire expose à Hippolyte Tisserant, acteur à l'Odéon, le projet d'un mélodrame racontant l'histoire d'un ouvrier qui assassine sa femme en la faisant tomber dans un puits et en y jetant des pierres. Baudelaire reparle à sa mère, le 31, d' « un grand drame en cinq actes pour *l'Odéon* sur la misère, l'ivrognerie et le crime ».

Les 7 et 16 février, lettres et poèmes à Mme Sabatier, toujours anonymes.

Le 9 avril, « jour fatal (...) jour des trente-trois ans » (lettre à Mme Aupick, du 13).

Le 8 mai, lettre et poème à Mme Sabatier, toujours anonymes.

En juillet commence en feuilleton, dans *Le Pays*, la publication de la traduction par Baudelaire des *Histoires extraordinaires* et des *Nouvelles Histoires extraordinaires* de Poe.

Ce même mois de juillet, Baudelaire a une liaison avec une actrice, Marie Daubrun, qu'il recommande à plusieurs personnes, notamment Théophile Gautier et Paul de Saint-Victor, le critique dramatique du *Pays*.

Baudelaire reparle d' « un mélodrame psychologique sur l'*Ivrognerie* », à Saint-Victor, le 22 octobre, puis, à nouveau, le 8 novembre, au directeur du théâtre de la Gaîté, Hippolyte Hostein, après lui avoir recommandé avec ferveur de monter « le seul ouvrage très dramatique de Diderot » : *Est-il bon? Est-il méchant?*

Le 4 décembre, Baudelaire annonce à sa mère sa rentrée « dans le concubinage », « chez Mlle Lemer » ou « chez l'*autre* » [Marie Daubrun?], car il lui « faut à tout prix *une famille;* c'est la seule manière de travailler et de dépenser moins ».

Le 29 décembre, apprenant la mort du fils unique de son demi-frère Alphonse, il adresse à celui-ci ses condoléances et lui promet une visite.

1855. C'est de cette année que dateraient les premières notes de *Fusées*.

Le 5 avril, Baudelaire, qui a été « contraint de déménager six fois » en un mois, « ballotté d'hôtel en hôtel », indique à sa mère qu'il a en vain demandé 1000 francs à Ancelle, « pour arranger une installation convenable ».

Le titre *Les Fleurs du mal* apparaît dans une lettre à Victor de Mars, du [7 avril], puis dans la *Revue des Deux Mondes* du 1er juin, où sont groupés dix-huit poèmes.

Les deux *Crépuscules* en vers, et deux poèmes en prose, *Le Crépuscule du soir* et *La Solitude*, paraissent le 2 juin dans un recueil en *Hommage à C.F. Denecourt*, auquel collaborent aussi Banville et Asselineau.

Le 13 juin, Baudelaire parle à François Buloz, à propos de son livre sur *Edgar Poe*, d'un arrangement « avec *Hachette* ou *Michel Lévy* ». Le contrat avec Michel Lévy frères sera signé le 3 août, donnant à l'éditeur l'exclusivité des traductions de Poe par Baudelaire.

L'article sur *Delacroix* et celui sur *Ingres* paraissent, le premier en juin dans *Le Pays*, le second en août dans *Le Portefeuille*, *Le Pays* l'ayant refusé.

Le 14 août, Baudelaire, « écrivain obscur », écrit à George Sand, « écrivain célèbre », dont un « drame [*Maître Favilla*] va être mis en répétition à l'*Odéon* », et lui demande d'intervenir pour que Marie Daubrun retrouve le rôle qu'on lui destinait. George Sand répondra le 16 : « Je regretterais beaucoup Mlle Daubrun, et si je puis faire qu'on revienne à elle, je le ferai certainement. »

Le 4 octobre, Baudelaire croit pouvoir indiquer à sa mère que son « livre de Poésies » sera publié, comme les traductions de Poe, par Michel Lévy ; « mais quand ? », ajoute-t-il.

Le *Figaro* publie le 4 novembre, sous la signature de Louis Goudall, un éreintement des poèmes publiés en juin dans la *Revue des Deux Mondes* : « Pendant dix ans (...), M. Baudelaire a réussi à se faire passer dans le monde des lettres pour un poète de génie » ; la publication de ses vers révèle une « poésie de charnier et d'abattoir ».

On apprend, dans une longue lettre du 20 décembre à Mme Aupick, que la mère et le fils ne se seraient plus vus depuis « plus d'un an ». Aspirant à une vie régulière, à un « vrai rajeunissement », Baudelaire veut quitter son meublé de la rue de Seine, qui a succédé au chapelet des hôtels, et s'installer « dans le quartier du boulevard du Temple ». Il a besoin pour cela d'une somme plus importante, 1 500 francs, que lui accorderont d'un commun accord Mme Aupick et Me Ancelle.

1856. Le 9 janvier, en réponse à une observation de Mme Aupick sur les rapports de Baudelaire avec son demi-frère, Alphonse : « J'aime mieux les gens *méchants*, qui savent ce qu'ils font, que les *braves gens bêtes.* »

Le 21 janvier, remerciant le fouriériste Alphonse Toussenel de l'envoi de son livre, *L'Esprit des bêtes, Le Monde des oiseaux, Ornithologie passionnelle*, Baudelaire polémique vigoureusement, s'en prend au progrès, défend Joseph de Maistre, « le grand génie de notre temps », et résume toutes les hérésies dans « la grande hérésie moderne, la suppression de l'idée du *péché originel* » (voir cette lettre en annexe, p. 526).

Les *Histoires extraordinaires* de Poe sont mises en vente le 12 mars, chez Michel Lévy. Le lendemain, Baudelaire écrit à Charles Asselineau pour lui raconter un rêve qui le montre le

« pantalon déboutonné » dans l'entrée d'un bordel puis en conversation avec un fœtus vivant.

Le mardi 13 mai, Baudelaire écrit et date quelques lignes, ou tout un feuillet (le f° 12), de *Fusées.*

Baudelaire annonce le 11 septembre à sa mère, dans une lettre douloureuse, que Jeanne l'a quitté.

Le 21 octobre, contrat liant Baudelaire et Michel Lévy pour la traduction des *Aventures d'Arthur Gordon Pym.*

La rupture avec Jeanne lui « a donné postérieurement un goût immodéré pour la vie », écrit-il à sa mère le 4 novembre dans une lettre où, répondant en riant « un peu » au désir de sa mère de le « voir *semblable à tout le monde* » (« Pourquoi ne parlez-vous pas un peu de mariage, comme toutes les mamans ? »), il confesse « une soif diabolique de jouissance, de gloire et de puissance ».

Projet de partir pour l'Angleterre, « avec une mission qui se rattache aux arts » (lettre à sa mère, 26 novembre).

Le 4 décembre, Baudelaire, « *au plus mal* » avec Michel Lévy, reprend contact avec Poulet-Malassis, qui accepte le principe d'un contrat pour *Les Fleurs du mal* et les futures *Curiosités esthétiques.*

« Mettez-moi de côté tout ce que vous accrocherez de Laclos et sur Laclos », ajoute Baudelaire dans une lettre du 9 décembre à Malassis, ce qui fait penser que les notes sur l'auteur des *Liaisons dangereuses* datent de la fin de 1856 et/ou de 1857.

Le 30 décembre, contrat avec Poulet-Malassis et son beau-frère et associé Eugène De Broise, vendant *Les Fleurs du mal* et les futures *Curiosités esthétiques.*

1857. Le mercredi 4 février, Baudelaire dépose le manuscrit des *Fleurs du mal*, trois jours avant l'acquittement de l'auteur de *Madame Bovary*, qui comparaît devant la sixième Chambre correctionnelle.

Fin février-mars, Baudelaire corrige les épreuves des *Fleurs du mal.* A la mi-mars, dans une lettre à Malassis, il exprime le souhait que le mot *Fleurs* figure « en italiques, — en capitales penchées, puisque c'est un titre-calembour » dans la dédicace à Théophile Gautier. Nombreuses lettres à Malassis dans les semaines qui suivent, très attentives à l'esthétique de l'impression des *Fleurs du mal.*

À deux reprises, le 18 et le 20 mars, Baudelaire, disposé à

écrire une préface aux *Liaisons dangereuses* pour une édition chez Poulet-Malassis, décline l'invitation de celui-ci d'en écrire une autre, pour un Crébillon.

En mars, *Nouvelles Histoires extraordinaires* de Poe, chez Lévy. Entre février et avril, *Le Moniteur universel* publie en feuilleton *Les Aventures d'Arthur Gordon Pym.*

Le 20 avril, neuf poèmes des *Fleurs du mal* paraissent dans la *Revue française.*

Le 22 avril, Baudelaire s'inquiète du petit nombre de pages que comportera le volume des *Fleurs du mal* : 245, tel qu'il est prévu à ce moment. Le 27, il renvoie les placards, corrigés. Mort, le même jour, du général Aupick.

Après le règlement de la succession, Mme Aupick, qui se retire désormais à Honfleur, est assurée de l'aisance. D'après une lettre du 3 juin, mobilier, voiture, chevaux,... ont été vendus 32 000 francs. Baudelaire écrit à sa mère qu'il se considère maintenant comme « naturellement chargé » de son bonheur.

Le 4 juin, Baudelaire sollicite du ministre de l'Instruction publique « un encouragement sur les fonds des Sciences et des Lettres ». Le 16 juin, il est avisé qu'il recevra 200 francs.

Le 13 juin, Baudelaire adresse à De Broise la liste du service de presse des *Fleurs du mal* où figurent, entre autres, Gautier (en tête), Sainte-Beuve, Barbey, Veuillot, Philarète Chasles, Leconte de Lisle, Asselineau, deux ministres, le ministre d'État (de l'Intérieur) et de la Maison de l'Empereur et celui de l'Instruction publique ; il demande deux envois en Amérique : à un défenseur de Poe, N.P. Willis, et à Longfellow ; quatre en Angleterre : à Tennyson, Browning, De Quincey et, au bout de la liste, à Victor Hugo. Le livre est mis en vente le 25 juin.

Le 5 juillet, paraît dans le *Figaro* un article de Gustave Bourdin, gendre de Villemessant, dénonçant l'immoralité du recueil. Le Parquet est saisi le 7 juillet. Baudelaire l'ignore encore le 9, quand il écrit à sa mère : « On avait répandu le bruit que j'allais être poursuivi ; mais il n'en sera rien. Un gouvernement qui a sur les bras les terribles élections de Paris n'a pas le temps de poursuivre un fou. »

Le 11, Baudelaire, qui vient sans doute d'être averti du risque réel de poursuites et l'impute au *Figaro,* écrit à

Poulet-Malassis qu'il cache « vite » et « *bien* » toute l'édition, soit les 900 exemplaires qu'il devrait lui rester. Il écrit le même jour à Gautier, pour le voir « DEUX minutes » ; le lendemain à sa mère, à qui il se dit « accablé de tourments », sans préciser. Vers le 20, il écrit au ministre de l'Intérieur une lettre qu'il n'a probablement pas envoyée. Il espère tirer parti d'un « conflit entre les deux ministres » pour que tous les exemplaires de l'édition soient écoulés. Quant au « conflit », en effet, *Le Moniteur universel*, qui dépend du ministre de l'Intérieur, fait l'éloge de Baudelaire, ce qui peut gêner le garde des Sceaux. Baudelaire comparaît devant le juge d'instruction et le 27, écrivant à sa mère, il parle de prendre un « avocat célèbre (...), *M. Chaix d'Est-Ange* par exemple », et se prévaut de soutiens importants : Fould, ministre de l'Intérieur, Piétri, préfet de Police, Mérimée, « l'ami intime de l'empereur », et Sainte-Beuve, à qui Baudelaire écrit, le 18 août, mais qui ne fera rien d'autre, après s'être engagé pour *Madame Bovary*, que de soumettre à Baudelaire de « petits moyens de défense tels qu' [il] les conçoi[t] ». Ce même mardi 18 août, Baudelaire écrit de sa main et signe de son nom une lettre à Mme Sabatier, que l'anonymat des envois précédents n'avait guère abusée.

Le jeudi 20 août, au matin, le procès se tient à la sixième Chambre correctionnelle, où Flaubert avait comparu. C'est le même procureur aussi, Ernest Pinard, qui requiert contre *Les Fleurs du mal*. Me Chaix d'Est-Ange, que Baudelaire avait assailli de conseils, prononce la défense du poète, citant Agrippa d'Aubigné, Molière, Balzac, Barbey, Gautier, Lamartine, Musset, Béranger. Baudelaire avait, pour sa cause, réuni lui-même quatre « articles justificatifs » d'Édouard Thierry et de Frédéric Dulamon (qui avaient paru respectivement dans *Le Moniteur universel* du 14 juillet et dans *Le Présent* du 23 juillet), de Barbey d'Aurevilly et de Charles Asselineau, inédits à l'heure du procès. Baudelaire est condamné à 300 francs d'amende ; les éditeurs à 100 francs et à la suppression de six poèmes.

Baudelaire avait reçu le 14 et le 23 août deux lettres de sympathie de Flaubert. Hugo lui écrit le 30, à son tour, et récupère politiquement la condamnation des *Fleurs du mal* : « Permettez-moi de finir ces quelques lignes par une félicitation. Une des rares décorations que le régime actuel peut accorder, vous venez de la recevoir. Ce qu'il appelle sa justice vous a condamné au nom de ce qu'il appelle sa morale ; c'est là une couronne de plus. Je vous serre la main, poète. » Le premier paragraphe était un éloge des *Fleurs du mal*, qui « rayonnent et éblouissent comme des étoiles ».

Le 24 août, publication de six poèmes en prose, dont *L'Horloge* et *L'Invitation au voyage*, dans *Le Présent*.

À la fin de ce mois d'août, Baudelaire a probablement passé avec Mme Sabatier une nuit fatale au rêve et au désir. Il lui parle le 31 août de « l'inexplicable malaise moral » qu'il a emporté, la veille, de chez elle ; de « la peur d'affliger un honnête homme » (le protecteur) et de « nœuds difficiles à délier ».

Le 10 septembre, Baudelaire va voir *Le Roi Lear*, interprété par Rouvière, au théâtre du Cirque, avec Mme Sabatier et son protecteur.

Le 9 octobre, Baudelaire reproche à Poulet-Malassis d'avoir procédé à une « *ridicule opération chirurgicale* » (d'avoir retranché du recueil les pièces condamnées).

Publication dans *Le Présent*, le 1er et le 15 octobre, de *Quelques caricaturistes français* et de *Quelques caricaturistes étrangers ;* et, le 18 octobre, dans *L'Artiste*, d'un compte rendu de *Madame Bovary :* « Tous les écrivains, tous ceux du moins dignes de ce nom, ont été acquittés dans la personne de M. Gustave Flaubert. »

« Il faut toute la prodigieuse présomption d'un poète (...) » : le 6 novembre, Baudelaire adresse à l'Impératrice une lettre où il lui demande d'intervenir auprès du ministre de la Justice pour que l'amende de 300 francs, qui « dépasse les facultés de la pauvreté proverbiale des poètes », soit réduite.

La fin de l'année est marquée par une dépression profonde : « Si jamais homme fut malade, sans que cela puisse concerner la médecine, c'est bien moi » (le 25 décembre, à sa mère). Et, plus longuement, le 30 : « Ce que je sens, c'est un immense découragement, une sensation d'isolement insupportable, une peur perpétuelle d'un malheur vague, une défiance complète de mes forces, une absence totale de désirs, une impossibilité de trouver un amusement quelconque. » Il mentionne encore « de singuliers étouffements et des troubles d'intestins et d'estomac » et prévoit un séjour à Honfleur.

1858. Baudelaire, qui a « la jambe droite enflée, non flexible et prise d'une douleur des plus singulières », confirme à sa mère, le 11 janvier, sa résolution d'aller à Honfleur.

Il obtient, le même mois, une indemnité de 100 francs et la réduction à 50 francs de l'amende ordonnée par le tribunal. Le 20, la jambe est guérie.

En février, Baudelaire n'est « pas encore prêt », écrit-il à sa mère le 19, à aller s'installer à Honfleur. Sa traduction des *Aventures d'Arthur Gordon Pym* n'est pas encore publiée ; il affirme avoir dû se cacher, « de peur d'être arrêté ». Il fait à Antoine Jaquotot, membre du conseil de famille institué en 1844, et qu'il n'a plus vu depuis vingt ans, des visites répétées pour qu'il persuade Mme Aupick de convaincre elle-même le notaire Ancelle de dégager 2400 francs. Tout à coup, Baudelaire croit comprendre qu'Ancelle est intervenu pour que le budget ne soit pas dégagé, change d'avis et, apprenant que le notaire est venu dire à son hôte, le maître de l'hôtel Voltaire, que celui-ci ne serait pas payé, il entre dans une violente colère. (Mme Aupick semble avoir incité Ancelle à vérifier l'usage de l'argent qu'elle avait avancé pour le règlement des dettes.) Il est question, le 27, d'aller « SOUFFLETER » le mouchard à 4 heures, « DEVANT SA FEMME ET SES ENFANTS ». Il écrit, ce même jour, six lettres à sa mère : « J'ai des larmes de rage dans les yeux et je sens la bile qui monte jusqu'au vomissement. »

Le projet de séjour à Honfleur est devenu « voyage imaginaire ». Les lettres de Mme Aupick et les interventions de Jaquotot, calment peu à peu Baudelaire.

Au début du mois de mars, venant aiguiser encore l'inquiétude financière, Baudelaire avoue à sa mère qu'il a fait usage de 700 francs destinés, par accord entre « un imprimeur de province » (Poulet-Malassis) et lui, à liquider des frais liés au procès.

A la fin du mois de mars et au début d'avril, Baudelaire va passer quinze jours à Corbeil, pour veiller sur place à l'impression des *Aventures d'Arthur Gordon Pym.* Le livre est au brochage à la mi-avril, en librairie à la mi-mai. Au même moment, Baudelaire réagit mal à un article de Barbey d'Aurevilly défavorable à Poe, paru le 10 dans *Le Réveil.* Il s'en souviendra encore le 9 juin où il raconte qu'il est « presque brouillé » avec lui.

Le 6 juin, le *Figaro* rapporte des propos mal intentionnés qu'aurait tenus Baudelaire sur Victor Hugo. Baudelaire adresse le 9 juin au directeur du *Figaro* un démenti qui sera publié dans les colonnes du journal le 13, accompagné d'une réplique de l'auteur de l'article incriminé, Jean Rousseau, affirmant n'avoir rien inventé.

Baudelaire sollicite un article de Sainte-Beuve, le 14 juin, sur lui et sur Poe, à l'occasion de la publication de *Gordon Pym.*

Baudelaire, qui travaille à une traduction-adaptation des *Confessions d'un mangeur d'opium* de Thomas De Quincey, publie le 30 septembre *De l'idéal artificiel — Le Hachisch* dans la *Revue contemporaine.*

Le 19 octobre, Baudelaire écrit à sa mère qu'il part le lendemain pour le Havre et qu'il sera, par bateau du Havre à Honfleur, chez elle le 21 : « Je ne viens que t'embrasser et causer. Je repars immédiatement, et je reviendrai définitivement m'établir à la fin du mois. »

Le 31 octobre, Baudelaire donne à sa mère des nouvelles de sa main, « dont la maladresse va augmentant de jour en jour ».

« Les *poèmes nocturnes* sont commencés », écrit Baudelaire au directeur de la *Revue contemporaine,* Alphonse de Calonne, le 10 novembre, en parlant de ce qui deviendra les *Petits poèmes en prose.* Le projet n'est pas nouveau. Plusieurs lettres y faisaient allusion en 1857.

Baudelaire part le jeudi 16 décembre pour Alençon, où il passera douze jours chez Poulet-Malassis.

1859. C'est de cette année que dateraient les premières notes de *Mon cœur mis à nu* (voir p. 493 la lettre du 1er avril 1861).

Baudelaire retourne deux ou trois jours à Alençon, début janvier. Le 8, dans « une grande lettre » à Calonne, il résume son « éternelle thèse » sur le XIXe siècle et l'art, dénonçant « la *confusion* HÉRÉTIQUE *du bien avec le beau* ».

Le traducteur des *Nouvelles Histoires extraordinaires* reçoit 300 francs du ministère. On voudrait qu'il quitte la *Revue contemporaine* pour la *Revue européenne,* qui a les faveurs gouvernementales. Mais Baudelaine, pour l'heure, est fidèle à Calonne, par « dandysme d'héroïsme » (lettre à Sainte-Beuve du 21 février). Il l'expliquera au ministre de l'Instruction publique, Gustave Rouland, qu'il remercie le 27 janvier, depuis Honfleur, où il vient de s'installer enfin (le projet remonte à décembre 1857). Il restera près de sa mère jusqu'au mois de mars. Pendant ce mois, il expédie de nombreuses lettres à ses amis parisiens, ornées parfois de l'une ou l'autre « chronique locale » (comme dans la lettre du 20 février à Asselineau), il s'enquiert de « cet homme vicieux qui sait se faire aimer », Barbey d'Aurevilly, à qui, au début de février, il envoie le manuscrit de trois poèmes, dont *Le Voyage*, dédié à Maxime Du Camp, et destiné à « faire frémir (...) les amateurs du progrès », écrit-il le 20 février à Asselineau, lui demandant de « *carotter* pour [lui] à Edouard Houssaye TOUTES les images de Meryon (vues de Paris) ».

En février encore, difficulté, peut-être, avec Sainte-Beuve, « frappé vivement » par un article d'Hippolyte Babou, qui, tout en apparaissant comme une défense de Baudelaire, exprime des réserves à l'égard de Sainte-Beuve.

Baudelaire revient à Paris au début du mois de mars. Jeanne, frappée de paralysie, est hospitalisée le 5 avril. Elle sortira le 19 mai. Baudelaire réglera les frais par l'entremise financière de Poulet-Malassis.

L'article sur Gautier, publié le 13 mars, dans *L'Artiste*, paraîtra à la fin de l'année, en plaquette, avec une lettre-préface de Victor Hugo.

Le 20 avril, la *Revue française* publie *La Genèse d'un poème*, traduit de Poe.

Baudelaire passe mai et juin à Honfleur.

Le 14 et le 16 mai, il écrit à Nadar pour lui demander 20 francs. Sa mère absente, il est « absolument sans le sol ». Abordant l'expédition en Italie, il défend la position de l'empereur, tout en évoquant « l'admirable discours » du républicain Jules Favre.

Le 13 juin, Baudelaire parle à Poulet-Malassis de deux projets, dont une « *nouvelle* » sur la « découverte d'une conspiration par un oisif, qui la suit jusqu'à la veille de l'explosion, et qui alors tire à pile ou face pour savoir s'il la déclarera à la police ».

La *Revue française* publie le *Salon de 1859* en quatre livraisons (10 et 20 juin ; 1er et 20 juillet).

Baudelaire est à Paris fin juin. Il écrit à sa mère, le 29, qu'il est allé « tourmente[r] violemment Ancelle ». En juillet, il s'installe à l'hôtel de Dieppe, 22, rue d'Amsterdam, où il restera jusqu'à son départ pour la Belgique en 1864 (sauf un séjour à Neuilly en décembre 1860-janvier 1861). Début août, il fait accord avec Eugène Crépet, pour publier dans une « galerie des poètes français depuis l'origine » (lettre du 30 novembre à Hippolyte Desbordes-Valmore) des notices biographiques sur Auguste Barbier, Pétrus Borel, Théophile Gautier, Marceline Desbordes-Valmore, Pierre Dupont, Hégésippe Moreau et, peut-être, soit Hugo, soit Leconte de Lisle.

La lettre que Victor Hugo aurait adressée à Baudelaire, à Honfleur, en mars, et que Baudelaire voulait publier en préface de la plaquette sur Gautier, n'est jamais arrivée. Vers le 23 septembre, il demande à Hugo de récrire la lettre : « J'ai besoin d'une voix plus haute que la mienne et que celle de Théophile Gautier, — de votre voix dictatoriale. Je veux être protégé. J'imprimerai humblement ce que vous daignerez m'écrire. » Hugo répondra, de Guernesey, le 6 octobre et sa lettre paraîtra en guise de préface dans le *Théophile Gautier :* « Je n'ai jamais dit : l'Art pour l'Art ; j'ai toujours dit : l'Art pour le Progrès. ». Un passage de la lettre de Baudelaire mérite l'attention : « Il y a quelque temps, l'amnistie mit votre nom sur toutes les lèvres. Me pardonnerez-vous d'avoir été inquiet pendant *un quart de seconde* ? J'entendais dire autour de moi : Enfin, Victor Hugo va revenir ! (...) Votre note est venue qui nous a soulagés. » L'empereur avait, en effet, décidé l'amnistie, le 15 août. Hugo, le 18, avait envoyé une déclaration très remarquée, que Baudelaire avait recopiée de sa main : « Fidèle à l'engagement que j'ai pris vis-à-vis de ma conscience, je partagerai jusqu'au bout l'exil de la liberté. Quand la liberté rentrera, je rentrerai. » Baudelaire fait l'éloge de *La Légende des siècles* dans deux lettres à sa mère (10 et 15 octobre) et, le 7 décembre, envoie à Victor Hugo *Le Cygne.*

En novembre-décembre, Baudelaire fait plusieurs fois le point sur ses œuvres à paraître. Il parle, le 15 décembre, dans une lettre à sa mère, d'un procès à faire à Michel Lévy.

Mort le 8 décembre de Thomas De Quincey.

Voyage éclair à Honfleur, où il reste au moins le 17 et le 18 décembre.

1860. En 1859 et 1860, Baudelaire publie dans des revues de nouvelles pièces des *Fleurs du mal*. Le 1er janvier 1860, contrat avec Poulet-Malassis et De Broise pour la publication, notamment, de la deuxième édition de ce recueil, « augmentée de vingt pièces nouvelles ».

Entre le 13 et le 15 janvier, soit entre deux lettres à sa mère, premiers signes alarmants du mal mortel. Le 15 janvier, il raconte à Mme Aupick : « J'ai subi avant-hier une crise singulière. J'étais hors de chez moi ; j'étais presque à jeun. Je crois que j'ai eu quelque chose comme une congestion cérébrale. Une vieille bonne femme m'a tiré d'affaire par des moyens singuliers. Mais quand j'ai été dégagé, une autre crise est arrivée. Des nausées, et une faiblesse telle, avec vertiges, que je ne pouvais pas monter une marche de l'escalier sans croire que j'allais m'évanouir. Au bout de quelques heures tout était fini. »

Dans les deux lettres à Malassis, du [10] et du 16 février, Baudelaire parle de Wagner ; il est allé à l'un ou plusieurs de ses concerts et a connu « une des grandes jouissances de [sa] vie ». Le 17, il adresse au musicien une longue lettre admirative.

Le 18 février, commentant un article d'Armand Fraisse sur Victor Hugo, il écrit à l'auteur : « Vous n'avez pas assez distingué *la quantité de beauté éternelle* qui est dans Hugo des *superstitions* comiques introduites en lui par les événements, c'est-à-dire la sottise ou *sagesse* moderne, la croyance au progrès, le salut du genre humain par les ballons, etc. (...) Généralement les amis d'Hugo sont aussi bêtes que ses ennemis ; il en résulte que la vérité ne sera pas dite. »

À Mme Sabatier, le 4 mars, à propos du fâcheux romancier qu'est Ernest Feydeau : « Savez-vous bien, je parle sincèrement, qu'il m'embarrasse plus que V. Hugo lui-même, et que je serais moins troublé pour dire à Hugo : *Vous êtes bête*, que pour dire à Feydeau : *Vous n'êtes pas toujours sublime* ? » Dans son récent *Salon de 1859*, Baudelaire parlait de « la magnifique imagination qui coule dans les dessins de Victor Hugo, comme le mystère dans le ciel ».

Baudelaire résume, pour sa mère, le 26 mars, des « pensées habituelles » : « la peur de mourir avant d'avoir fait ce que j'ai à faire ; la peur de ta mort avant que je t'aie rendue absolument heureuse (...) ; l'horreur de mon conseil judiciaire (...) ; enfin (...) la peur de ne pouvoir jamais me guérir de mes vices. »

À la mi-mars, Baudelaire va entendre l'épithalame de *Lohengrin.* Fin avril, il fait, écrit-il à sa mère, « un grand travail sur la *Musique de Wagner* ».

Il est également très préoccupé par les épreuves des *Paradis artificiels.* Crépet, pour lequel Baudelaire, comme on l'a vu, doit préparer des monographies d'écrivains, s'inquiète des dix pages à venir sur Hugo. Baudelaire lui indique, le [11 mai] : « Je vais écrire à Hugo pour le prévenir que moi, petit et infirme, je prends vis-à-vis de lui tous les droits de la liberté. (...) J'esquiverai la question politique ; d'ailleurs, je ne crois pas possible de parler des satires politiques, *même pour les blâmer* ; or, si j'en parlais, bien que je considère l'engueulement politique comme un signe de sottise, je serais plutôt avec Hugo qu'avec le Bonaparte du coup d'État. — Donc, impossible. — Mais je toucherai un peu à la question sociale, à l'utopie, à la peine de mort, aux religions modernes, etc. »

*Les Paradis artificiels* paraissent à la mi-mai chez Poulet-Malassis. Baudelaire lit *Les Pensées et les lettres de Joubert,* « un livre *magnifique* », qu'il voudrait offrir à sa mère (lettre du [18 mai]). Peut-être entre fin mai et fin juin, un séjour à Honfleur, si l'on en croit les lettres de la seconde quinzaine de mai à Mme Aupick. Mais faut-il les croire ? Ainsi, le 28 mai : « Si je ne pars pas demain mardi, je partirai *jeudi* (sûr) ».

À Flaubert, qui vient de le remercier de l'envoi des *Paradis artificiels* et reproche à Baudelaire d'y avoir « (et à plusieurs reprises) insisté trop (?) sur *l'Esprit du Mal* », ajoutant : « On sent comme un levain de catholicisme çà et là », Baudelaire répond le 26 juin : « De tout temps j'ai été obsédé par l'impossibilité de me rendre compte de certaines actions ou pensées soudaines de l'homme sans l'hypothèse de l'intervention d'une force méchante extérieure à lui. — Voilà un gros aveu dont tout le 19e siècle conjuré ne me fera pas rougir. — Remarquez bien que je ne renonce pas au plaisir de changer d'idée ou de me contredire. » L'écho apparaît ici de certains passages de *Mon cœur mis à nu.*

Baudelaire, fin juin, écrit à sa mère qu'il « compte (un peu) sur un immense bonheur ». De quoi s'agit-il ? Du succès de son drame *Le Marquis du Ier Houzards,* adapté d'une nouvelle de Paul de Molènes et dont il abandonnera le canevas ? Le 12 juillet, il parle à Poulet-Malassis d'un « miracle » qui n'est pas encore accompli et qui concerne le théâtre.

Au début du mois de juillet, il demande à Sainte-Beuve et à Barbey d'Aurevilly de faire un compte rendu de ses *Paradis.* Sainte-Beuve se dérobera, en remettant à plus tard. Barbey publiera un article le 28 août, dans *Le Pays.*

La seconde édition des *Fleurs du mal* est en chantier. Baudelaire envoie à Malassis la table des matières définitive. Il avait demandé un frontispice à Bracquemond. Le résultat est une « horreur » (lettre à Poulet-Malassis, environ 20 août).

Crise au début d'octobre. Lettres suicidaires à sa mère : « Je puis mourir avant toi, malgré ce diabolique courage qui m'a soutenu si souvent. Ce qui me retient depuis dix-huit mois, c'est Jeanne. (...) Quelle que soit la destinée qui s'empare de moi, si, après avoir préparé la liste de mes dettes, je disparaissais brusquement, si tu vivais encore, il faudrait faire quelque chose pour soulager cette vieille beauté transformée en infirme » (11 octobre). C'est dans ce contexte qu'il parle pour la première fois, entre parenthèses, d'un frère de Jeanne : « Un frère a été retrouvé, *que j'ai vu,* avec qui j'ai causé, et qui évidemment lui viendrait aussi en aide ; il ne possède rien, mais il gagne de l'argent. »

Le même mois d'octobre, du 15 au 20, Baudelaire passe cinq jours à Honfleur. De retour à Paris, il envoie à sa mère le 3 novembre, pour la Saint-Charles, « une misérable jardinière en bois ».

Le livre de Sainte-Beuve, *Chateaubriand et son groupe littéraire sous l'Empire,* fournit à Baudelaire « une occasion pour prendre Chateaubriand à un point de vue nouveau, *le père du Dandysme* », et relance le projet d'une étude sur le dandysme (lettre à Calonne du 3 décembre).

1861. Début janvier, Baudelaire apprend à sa mère qu'il s'est installé à Neuilly, avec Jeanne et le frère de celle-ci, « reparu, il y a un an », et qui demeure là, restant « dans la chambre de Jeanne depuis 8 heures du matin juqu'à 11 heures du soir ». L'embarras financier ne simplifie pas la situation : le frère ne veut pas intervenir dans la subsistance de la sœur. Baudelaire quitte Neuilly.

Vers le 17 janvier, il adresse à Poulet-Malassis la liste des services de presse de la seconde édition des *Fleurs du mal* (plus de vingt périodiques français ; une dizaine, britanniques ; la *Revue de Genève* et *L'Indépendance belge*), qui sera mise en vente début février.

Dans une lettre du 9 février à Armand Du Mesnil, Baudelaire précise son projet sur *Le Dandysme dans les lettres :* « Chateaubriand, de Maistre, de Custine, Ferrari, Paul de Molènes, d'Aurevilly. — Analyse d'une faculté unique, particulière, des décadences » ; et celui qui deviendra les *Petits poèmes en prose*, prévu encore sous le titre *Poèmes nocturnes :* « essais de poésie lyrique en prose, dans le genre de *Gaspard de la Nuit* », œuvre citée pour la première fois dans la correspondance.

Baudelaire revoit *Tannhäuser* au début de mars. Il est dans un embarras financier inextricable. Dans une lettre à Malassis (environ 20 mars), il reparle de « suicide ». Le 29, il écrit à sa mère qu'il n'a pas revu Jeanne. Il est passé de la *Revue contemporaine* à la *Revue européenne*, où est publiée, le 1er avril, l'étude sur *Richard Wagner*. Wagner lui écrira, pour le remercier, le 15 avril.

Le 1er avril, Baudelaire reprend une lettre à sa mère, commencée « un mois, six semaines, deux mois » plus tôt : Jeanne, sortant de l'hospice, abandonnée par son frère, est venue le voir. Après trois mois occupés par la tentation suicidaire et la prière, « contradiction singulière, mais seulement apparente », l'article sur Wagner a chassé « l'idée fixe » de suicide, dont deux perspectives l'ont dégagé : fournir à sa mère « des notes minutieuses pour le paiement de toutes [ses] dettes » et publier un livre de confessions et de colères : « un grand livre auquel je rêve depuis deux ans : *Mon cœur mis à nu*, et où j'entasserai toutes mes colères. Ah ! si jamais celui-là voit le jour, les *Confessions de J-J* paraîtront pâles. Tu vois que je rêve encore. Malheureusement pour la confection de ce livre singulier, il aurait fallu garder des masses de lettres de tout le monde, que j'ai, depuis vingt ans, données ou brûlées ».

Baudelaire tombe « *très sérieusement malade* », début mai. Il l'écrit le [6 mai] à Malassis et à sa mère, leur demandant de venir le voir. La lettre à sa mère, l'une des plus longues et des plus terribles : (« je suis convaincu que l'un de nous deux tuera l'autre, et que finalement nous nous tuerons réciproquement »), témoigne d'un état psychologique alarmant : « Chaque minute me démontre que je n'ai plus de goût à la vie. » Le désespoir est assorti de reproches, toujours les mêmes : le conseil judiciaire et ses effets. Dans ce désastre, la littérature est un étrange buisson fleuri, considéré sans conviction : « Ma situation littéraire est plus que bonne. Je puis faire ce que je voudrai. Tout sera imprimé. Comme j'ai un genre d'esprit impopulaire, je gagnerai peu d'argent, mais je laisserai une grande célébrité, je le sais, — pourvu que j'aie le courage de vivre. Mais ma santé spirituelle; détestable; — perdue peut-être. J'ai encore des projets : *Mon cœur mis à nu, des romans,* deux *drames,* dont un pour le Théâtre-Français, tout cela sera-t-il jamais fait? *Je ne le crois plus.* Ma situation relative à l'honorabilité, épouvantable, — c'est là le grand mal. Jamais de repos. Des insultes, des outrages, des avanies dont tu ne peux pas avoir l'idée, et qui corrompent l'imagination, la paralysent. » Baudelaire compare son état à celui de l'automne 1844 et révèle les nouvelles données de sa « santé physique » : « Tu sais qu'étant très jeune j'ai eu une affection vérolique, que plus tard j'ai crue totalement guérie. À Dijon, après 1848, elle a fait une nouvelle explosion. Elle a été de nouveau palliée. Maintenant elle revient et elle prend une nouvelle forme, des taches sur la peau, et une lassitude extraordinaire dans toutes les articulations. »

Baudelaire fait probablement une visite à Liszt à qui il a envoyé son *Wagner.* Il a en tout cas, début mai, rencontré Cosima.

En mai encore, Baudelaire, débiteur des éditions Poulet-Malassis et De Broise, leur cède « le droit exclusif (...) de reproduction sous toutes les formes de ses travaux littéraires parus et à paraître ».

Le 10 juillet, Baudelaire évoque pour la première fois le

projet d'une candidature à l'Académie, dans une lettre à sa mère. Il lui en reparle le 25 : « Être de l'Académie est, selon moi, le seul honneur qu'un vrai homme de lettres puisse solliciter sans rougir. » Dans la même lettre, après quelques considérations notamment politiques (« je crois à la dégringolade prochaine de l'Empire ») mises au rang des « vieilles sottises humaines », il évoque à nouveau, pour la troisième fois en quatre mois, le projet d'un livre de confessions, lié à l'idée de s'installer à Honfleur : « De tous les rêves littéraires à accomplir à Honfleur, je ne t'en parle pas. Ce serait trop long. Ce sera moins long dans la conversation. Bref, vingt sujets de romans, deux sujets de drames, et un grand livre sur *moi-même*, mes *Confessions.* » En attendant, il envoie des caisses vers Honfleur et prend « un abonnement à des douches d'eau froide » qui tempèrent la « vieillesse » et la « faiblesse » qu'il sent en lui.

Publication dans la *Revue fantaisiste* de l'article sur les *Peintures murales d'Eugène Delacroix à Saint-Sulpice*, le 15 septembre : de neuf poèmes en prose, le 1er novembre.

Le 11 décembre, Baudelaire instruit le secrétaire perpétuel de l'Académie française, Abel Villemain, de son désir d' « être inscrit parmi les candidats qui se présentent pour l'un des fauteuils actuellement vacants à l'Académie française ». Il dresse à cette occasion un sommaire de son œuvre : « *un livre de poésie* qui a fait plus de bruit qu'il ne voulait : *une traduction* qui a popularisé en France un grand poète inconnu, *une étude* sévère et minutieuse sur les jouissances et les dangers contenus dans les *Excitants ;* enfin un grand nombre de *brochures et d'articles* sur les principaux artistes et les hommes de lettres de mon temps. » Le 16 décembre, Baudelaire se présente chez Vigny, qui le reçoit pendant trois heures et à qui il envoie, le jour même, quelques brochures (le *Wagner* et le *Gautier*) et deux livres (les *Paradis* et les *Fleurs*). Pris d'adoration pour Vigny, de détestation pour Villemain, selon leur accueil respectif, il raconte tout cela à sa mère le 25, dans une lettre où apparaît encore, en interstice, le suicide.

À la Noël, Baudelaire annonce à Arsène Houssaye qu'il a l'intention de lui dédier son recueil de poèmes en prose, inspiré d'Aloysius Bertrand, dont le titre (« *Le Promeneur solitaire*, ou *Le Rôdeur parisien* ») est encore en suspens. Il fait allusion à la candidature à l'Académie, « odyssée sans sirènes et sans lotus ».

Rupture avec Jeanne, à la fin de l'année.

Le 30 décembre, il adresse une lettre, probablement à de Saux, chef de cabinet du comte Walewski, ministre d'État, pour obtenir une subvention exceptionnelle : 1 000 francs. Il avait demandé 500 francs en janvier et reçu 300 francs en avril.

1862. Janvier, mois de déceptions. Sainte-Beuve évoque dans *Le Constitutionnel*, sur le mode ironique, les bruits de couloir des élections, et rassure le public sur la personnalité de Baudelaire, qui, le remerciant, fait allusion à « un grand chagrin » et à « une vieille blessure », la syphilis, qui s'est récemment réveillée en lui et a provoqué une sorte de commotion. Le fragment daté du 23 janvier (voir *Fusées* p. 85) : « j'ai senti passer sur moi le *vent de l'aile de l'imbécillité* » désignerait l'un ou l'autre malaise, l'un et l'autre peut-être. Quant à l'Académie, le 9 février, Sainte-Beuve conseille à Baudelaire de ne pas revenir à la charge. Le 10, Baudelaire instruit Villemain de son désistement. Le 20, le prince de Broglie est élu au fauteuil de Lacordaire, qu'avait brigué Baudelaire. Fin mars, celui-ci annonce à sa mère qu'il a donné à *La Presse*, sous forme de trois articles, une étude sur *L'Esprit et le style de M. Villemain* (restée en fait à l'état d'ébauche et de recueil de citations mais qu'il semble pourtant avoir confiée à un copiste dans le courant de 1862).

Baudelaire a lu, chez Flaubert, à Paris, des chapitres de *Salammbô*, qui lui ont fait éprouver, écrit-il le 29 mars à Mme Aupick, « un sentiment d'envie fortifiante ». Il sait que « Hugo va publier ses *Misérables*, roman en dix vol[umes] ».

Le 20 avril, Baudelaire publie dans *Le Boulevard* un compte rendu de la première partie des *Misérables* ; Hugo le remercie le 24. Baudelaire déclare à sa mère, le 24 mai, qu'il n'aura pas le courage de lire la suite : « La famille Hugo et les disciples me font horreur. »

Alphonse Baudelaire, le demi-frère du poète, meurt le 14 avril. Le 12 mai, Baudelaire rend visite à sa veuve, à Fontainebleau, avec Ancelle.

En août, l'anthologie des *Poètes français* préparée par

Crépet fait place dans son tome IV à sept poèmes des *Fleurs du mal*, précédés d'une notice de Gautier, et à sept monographies de Baudelaire, sur Hugo, Marceline Desbordes-Valmore, Gautier, Banville, Pierre Dupont, Leconte de Lisle et Gustave Le Vavasseur.

Dans une lettre à sa mère du [10] août, Baudelaire, qui annonce son départ pour Honfleur, dont il ne cesse d'être question depuis plusieurs mois dans presque chaque lettre, et son arrivée « le 31, le 1er, le 2 ou le 3 », songe peut-être, déjà, à quitter la France : « Je vais fuir la face humaine, mais surtout la face française ». Ces lignes apparaissent dans un mouvement d'aversion pour Paris et le monde littéraire : « Excepté d'Aurevilly, Flaubert, Sainte-Beuve, je ne peux m'entendre avec personne. Th. Gautier seul peut me comprendre quand je parle peinture. » Plus loin, ce jugement sur *Les Misérables :* « Ce livre est immonde et inepte. J'ai montré, à ce sujet, que je possédais l'art de mentir. Il [Hugo] m'a écrit, pour me remercier, une lettre absolument ridicule. Cela prouve qu'un grand homme peut être un sot. »

Nouvelle visite à la veuve d'Alphonse, à Fontainebleau, le 11 août.

Le 18 août, Baudelaire demande une aide financière à Arsène Houssaye, qui dirige *L'Artiste* et *La Presse.* Il voudrait publier « un ouvrage » dans *La Presse :* « J'ai bien d'autres choses en *tête* que les *Poèmes,* et le *Villemain.* Tout pourrait se morceler. J'ai trouvé deux titres nouveaux : *Fusées et Suggestions. Soixante-six Suggestions* » (première et dernière mention de ces titres et de ce projet dans sa correspondance). En attendant, la revue publie, fin août-septembre, vingt poèmes en prose.

Le 6 septembre, le poète anglais Swinburne consacre un article admiratif à Baudelaire dans *The Spectator.* Baudelaire l'enverra à sa mère. Il remerciera l'auteur le 10 octobre 1863.

Poulet-Malassis est arrêté le 12 novembre, sur une plainte de l'un de ses créanciers. Il est emprisonné à Clichy, puis transféré aux Madelonnettes. Baudelaire remet de jour en jour la visite qu'il veut lui faire, et la demande préalable à la préfecture de Police.

Le 13 décembre, Baudelaire parle à sa mère de « bizarres

infirmités », rhumatismes, cauchemars, angoisses et d'une excursion qu'il a faite, en solitaire, à Versailles.

Baudelaire songe à une retraite à Solesmes depuis que Villiers de l'Isle-Adam, qui y a séjourné en septembre, lui a fait l'éloge de l'abbaye et de Dom Guéranger. Il cite, dans une lettre à Hippolyte Lejosne du 1er janvier 1863, cette parole d'un moine de Solesmes : « S'il vient, mon Dieu ! nous le recevrons. Nous recevrions même des galériens. »

1863. En janvier, Baudelaire cherche un nouvel éditeur pour ses poèmes en prose. Il pense à Michel Lévy, à Dentu, et prend contact avec un quotidien, *Le Nord*, par l'un de ses collaborateurs, Mario Uchard, à qui il écrit le 2 janvier. En dehors des traductions de Poe et des poèmes en prose, les projets sont toujours : *L'Esprit et le style de M. Villemain*, *Le Dandysme littéraire*, qui ne verront pas le jour, *Le Peintre de la vie moderne* et *L'Art philosophique* (qui ne parut qu'après sa mort, dans *L'Art romantique*).

Baudelaire, qui doit 23 000 francs à sa mère (lettre du 3 janvier) et continue d'emprunter ici et là (1 000 francs à Manet, le 4), signe le 13 un contrat avec Hetzel, comme s'il profitait de l'incarcération de Malassis, vendant une seconde fois, pour deux fois 600 francs, au tirage de 2 000 exemplaires, l'exclusivité de ses *Fleurs du mal* et de ses *Poèmes en prose ;* Hetzel publierait aussi un volume de nouvelles et « les autres volumes qu'il [Baudelaire] intitule provisoirement ou définitivement *Mon cœur mis à nu* ».

Poulet-Malassis est jugé le 22 avril et condamné à un mois de prison.

Le 11 mai, Baudelaire envoie à plusieurs chroniqueurs de théâtre un mot de recommandation pour Louise Deschamps, qui débute à l'Odéon dans le rôle d'Andromaque.

Fin mai ou début juin, il sollicite un banquier, Namslauer, à qui il montre, pour le convaincre, ses traités avec Michel Lévy et Hetzel.

Le 3 juin, demandant à Mme Aupick son appui pour qu'Ancelle dégage une somme de 1 000 francs, Baudelaire parle de « retourner à Honfleur », d' « y rester six mois », d'y écrire quelques nouvelles et, enfin, d' « y faire totalement *Mon cœur mis à nu*, qui est devenu la vraie passion de [son] cerveau, et qui sera autre chose que les fameuses *Confessions* de Jean-Jacques ». On lui a fait « une offre » pour *Mon cœur mis à nu*, mais le livre « n'existe qu'à l'état de notes ». Mme Aupick répond aussitôt et tente, probablement, de dissuader son fils d'une œuvre de ressentiment qui risque de lui causer des ennuis. Il répond, en effet, le 5 juin : « Ce que tu me dis de *Mon cœur mis à nu* m'est aussi désagréable que ta répugnance à me voir maître d'une grande administration » (la lettre du 3 juin évoquait le projet d'obtenir la direction d'un théâtre). Baudelaire ajoute : « Eh bien ! oui, ce livre tant rêvé sera un livre de rancunes. À coup sûr ma mère et même mon beau-père y seront respectés. Mais tout en racontant mon éducation, la manière dont se sont façonnés mes idées et mes sentiments, je veux faire sentir sans cesse que je me sens comme étranger au monde et à ses cultes. Je tournerai contre la *France entière* mon réel talent d'impertinence. J'ai un besoin de vengeance comme un homme fatigué a besoin d'un bain. » Et au bas de la lettre : « Je ne publierai, certes, *Mon cœur mis à nu*, que quand j'aurai une fortune assez convenable pour me mettre à l'abri, hors de France, s'il est nécessaire. »

Le 10 juin, deux poèmes en prose, dans la *Revue nationale et étrangère*; deux autres dans *Le Boulevard*, le 14 juin.

Le projet de quitter la France et de séjourner en Belgique se dessine en juillet-août. Le 7 juillet, il écrit à Michel Lévy : « Je suis très las de la France et je désire l'oublier pendant quelque temps. » Le 3 août, il s'adresse à deux ministres, sollicitant une subvention. Au maréchal Vaillant, ministre de la Maison de l'Empereur (où sont rattachés les Beaux-Arts, depuis le 24 juin) : « Je suis au moment de quitter la France pour quelque temps, et c'est de votre bienveillance que j'attends les moyens de m'en aller. » Et à Victor Duruy, ministre de l'Instruction publique (depuis le 24 juin aussi) : « Je suis au moment de quitter la France pour quelque temps, dans le but de donner dans des cercles étrangers des conférences publiques sur des sujets relatifs à la peinture et à la littérature. » Enfin, le 7 août, au même Duruy, il précise : « Je me propose de faire en Belgique une excursion de deux ou trois mois dans le but de visiter surtout les *riches galeries particulières* du pays, et de faire un bon livre avec mes impressions personnelles. Je pars avec une personne [Arthur Stevens, marchand de tableaux belge] que sa profession et ses relations mettent à même de faire voir ce que peu de personnes voient. » Le même jour, à Poulet-Malassis : « Je n'ai *plus qu'un jour*, pour mes préparatifs de départ (...). Je vous écrirai, dans quelques jours, de Bruxelles. Je logerai, sans doute, à l'*hôtel du Grand Miroir.* » Puis, le 10 août, il écrit à sa mère — dont il apparaît qu'elle est au courant du projet — que les conférences sont reportées à novembre mais qu'il part cependant pour la Belgique « écrire des articles dans *L'Indépendance belge* » et « finir [ses] livres interrompus ». La raison négative du départ est claire : « J'ai pris Paris et la France en horreur. »

Delacroix meurt le 13 août. À son mentor belge, Arthur Stevens, Baudelaire écrit encore, le 15 : « Je pars », mais aussi : « Partirai-je demain matin, ou ne partirai-je qu'après-demain, après les obsèques de Delacroix ? » Il croit encore, le 16, devoir partir pour s'entretenir avec le directeur de *L'Indépendance belge*, Léon Bérardi, mais celui-ci refuse *Le Peintre de la vie moderne* et les *Poèmes en prose.* Autre dissuasion, le ministre refuse la subvention. Baudelaire reparle à sa mère, le 31 août, des conférences publiques à Bruxelles en novembre : une dizaine, payées 200 francs l'une. *L'Œuvre et la vie d'Eugène Delacroix* paraît dans *L'Opinion nationale*, le 2 septembre et les 14 et 22 novembre.

Le [11 septembre], Baudelaire dit quelques mots à sa mère d'une mystérieuse proposition, venue d'un journal, et consistant en « un travail très beau, très amusant et très dangereux, une espèce de besogne à la Swift ou à la Voltaire ».

Baudelaire, le [15 septembre], parle de séduire Lacroix et Verboeckhoven, les éditeurs bruxellois des *Misérables*, à Poulet-Malassis, qui va fonder, à la fin du mois, à Bruxelles précisément, une maison d'édition qui se spécialisera dans la réédition d'ouvrages libertins et la publication d'écrivains français proscrits.

En octobre, il est question de partir pour Honfleur, puis pour Bruxelles.

Le [28 octobre], dans une lettre à Mme Aupick, première pensée belgophobe : « Je vais écrire en Belgique pour obtenir un *traité* (car je me défie des Belges), un traité disant le prix de chaque leçon, combien de leçons en tout, et combien de leçons par semaine. »

Le 1er novembre, contrat donnant à Michel Lévy « la propriété pleine et entière de la traduction complète des *Œuvres d'Edgar Poe* ». Le 3 novembre, Baudelaire réclame au *Pays* son étude sur Constantin Guys, sous le prétexte d'en faire « une lecture publique » à Bruxelles, en fait pour la publier dans le *Figaro*, où elle paraît en novembre et décembre.

Cinq poèmes en prose dans la *Revue nationale et étrangère*, le 10 octobre et le 10 décembre.

Fin novembre publication d'*Eureka* traduit de Poe, chez Michel Lévy.

Une lettre à Mme Aupick du 25 novembre témoigne d'une prévention contre la Belgique : « J'espère bien que je ne resterai pas à Bruxelles plus de six semaines (c'est même beaucoup). Je partirai dans le commencement de décembre (...). J'augure très mal de mon voyage. Que je sois bien payé de mes leçons, je le crois. Mais tu sais que mon voyage a un autre but : c'est-à-dire de vendre *trois* volumes de critique à la maison qui a acheté *Les Misérables* ; or, tout le monde me dit que ce sont des gens sans intelligence et très avares. »

Le 17 décembre, Baudelaire écrit à Hugo, pour qu'il intervienne auprès de Lacroix. Hugo répondra avant la fin de l'année, non sans dire de Baudelaire, à leur intermédiaire, Paul Meurice : « On me dit qu'il m'est à peu près ennemi. Cependant, je lui rendrai le service qu'il me demande. » Mais la lettre de Baudelaire était arrivée après la visite de Lacroix à Hugo, qui est à Guernesey. C'est du moins ce qu'écrit Baudelaire, dans une lettre de promesses et de désespoirs mêlés, à sa mère, le 31 décembre : il éprouve « un dégoût complet de toutes choses » ; il lui reste « un *vague* désir de célébrité, de vengeance et de fortune ». Il va partir dans « *cinq* jours, *huit* au plus », mais il faudra « plaire à des lourdauds ».

Le 26 décembre, Baudelaire dépose une montre en gage, au Mont-de-Piété, rue Joubert ; il essaiera, de Bruxelles, en janvier 1865, grâce à Ancelle, de récupérer l'objet.

En 1863-1864, une certaine Berthe, dont on ne sait quasiment rien, est entrée dans la vie de Baudelaire. On a pu penser qu'elle l'avait rejoint à Bruxelles.

1864. Projet d'un ouvrage contre le monde contemporain : les *Lettres d'un atrabilaire*, dont l'humeur s'infiltrera dans *Mon cœur mis à nu* et dans le livre sur la Belgique.

Quatre poèmes en prose paraissent le 7 février dans le *Figaro*, sous le titre *Le Spleen de Paris. Poèmes en prose.* Deux autres le 14 février.

Le 3 mars, le projet de voyage n'a pas changé, décalé de semaine en semaine : je veux, écrit Baudelaire à sa mère, « aller passer quelques journées près de toi, puis (...) me diriger sur Bruxelles, où peut-être de nouveaux déboires m'attendent, mais peut-être aussi beaucoup d'argent ».

Les amis de Victor Hugo, et notamment Paul Meurice et Auguste Vacquerie, prennent l'initiative d'un banquet pour célébrer le tricentenaire de la naissance de Shakespeare. Hugo, depuis Guernesey, en serait président d'honneur. Une circulaire est adressée le 15 avril à Baudelaire, qui se dérobe, « *contraint* d'aller à Bruxelles », écrit-il le jour même à Vacquerie. Le *Figaro* de la veille publiait anonymement un article de Baudelaire, — intitulé *Anniversaire de la naissance de Shakespeare* et dénonçant une entreprise de récupération au bénéfice d'Hugo et de son *William Shakespeare*, dont la mise en vente était prévue pour le 15 avril. Le gouvernement interdira le banquet le 16 avril. Entre-temps, Victor Hugo a « *peut-être* (...) écrit un mot » pour Baudelaire à Lacroix (lettre à Stevens du 21 avril).

Baudelaire arrive enfin à Bruxelles le 24 avril et s'installe, comme prévu depuis longtemps, à l'hôtel du Grand Miroir, rue de la Montagne. On lit dans un billet de la fin avril : « Dans une ville qu'on ne connaît pas, tout est beau et excitant : j'ai passé la journée d'hier à errer. »

Baudelaire donne une première conférence, au Cercle artistique et littéraire, le 2 mai, sur *Delacroix* (reprenant l'article nécrologique de 1863). Gustave Frédérix en fait dans *L'Indépendance belge* un compte rendu bienveillant, dont Baudelaire lui rend grâce le 4 mai.

La première lettre de Bruxelles à Mme Aupick, le 6 mai, porte déjà les jugements impitoyables qui ne cesseront de s'exacerber : « Il y a ici une grande avarice, une lenteur infinie en toutes choses, une masse immense de cervelles vides : pour tout dire, tous ces gens sont plus bêtes que les Français. » Et le lendemain, à Michel Lévy : « Ah ! mon cher Michel que je m'ennuie ici ! que je m'ennuie ! je crois décidément que dans tous les pays du monde, il n'y a que le travail qui puisse désennuyer. Et puis, si vous saviez combien tous ces Flamands sont lambins et inexacts. Ce que nous exécrons le plus dans les autres, ce sont nos propres vices. J'ai vu Malassis qui a été tout étourdi de ma chute inopinée à Bruxelles. Je ne parle pas de mon début qui au contraire a été très haut (à ce que l'on me dit, car l'enthousiasme de ces gens a toujours quelque chose de lourd et d'obscur). »

La seconde conférence, sur *Théophile Gautier (*reprenant la brochure de 1859), a lieu le 11 mai (voir le récit de Camille Lemonnier, en annexe, p. 546). Un compte rendu aimable en est fait dans le *Journal des Beaux-Arts et de la littérature* le 15. Baudelaire parlera de « grand succès » à Ancelle, le 27 mai, mais lui révèle que les conférences lui ont été payées 100 francs au lieu de 500 : « *Quel peuple! quel monde! Je n'avais pas de traité écrit.* » À Manet, le même jour : « Les Belges sont bêtes, menteurs et voleurs. J'ai été victime de la plus effrontée supercherie. Ici la tromperie est une règle et ne déshonore pas (...). Ne croyez jamais ce qu'on vous dira sur la bonhomie belge. Ruse, défiance, fausse affabilité, grossièreté, fourberie, oui. » Baudelaire a visiblement été marqué par ce « vol positif » dont il parle aussi à sa mère, le 11 juin. Le 26 août, pour Arondel, il évoquera encore la manière dont il a été « dupe » de la « volerie belge ».

Les 12 et 23 mai et le 3 juin, Baudelaire prononce trois nouvelles conférences sur les excitants, tirées des *Paradis artificiels.*

En mai, Baudelaire se rend pour la première fois à Namur, chez Félicien Rops, dont il a fait la connaissance grâce à Poulet-Malassis, lequel écrit à Bracquemond le 17 mai que « Baudelaire a ici un vrai et sérieux succès » bien que « l'acabit des connaisseurs laisse à désirer », et ajoute : « tout en se tenant en état d'insurrection contre l'idiotisme belge, il jouit ici vivement de l'absence de créanciers ».

Dans une lettre à Lévy du 1er juin, Baudelaire attire son attention sur « une série : *Lettres belges*, signées Charles de Féyis » qui devrait paraître dans le *Figaro.* Il renoue à cette occasion avec son ancienne habitude du pseudonyme déformant le nom de sa mère. Il en reparle à Ancelle.

Le 11 juin, Baudelaire écrit à sa mère : il a été, depuis six semaines (soit depuis son arrivée en Belgique), « constamment malade, *physiquement* comme moralement » ; il a toujours l'intention d'aller à Honfleur, mais « un peu plus tard », non pour éviter sa belle-sœur (Mme Alphonse Baudelaire, qui doit faire un séjour chez Mme Aupick), mais : « mes affaires prennent une tournure à me faire rester un peu plus longtemps que je ne croyais. Je désirais m'en aller le 20 ; mais comme me voilà obligé de gagner ma vie, et que je ne peux pas traverser Paris sans distribuer de l'argent, j'ai imaginé de faire un livre avec mon voyage, divisé en une série de lettres qui paraîtront sans doute au *Figaro* ». Il veut aller à Anvers, Gand, Liège, Namur, Audenarde et Bruges et fait le récit de sa « triste épopée » : l'éditeur convoité n'est venu à aucune des cinq conférences.

Les rapports semblent mal engagés avec la « coterie Hugo », principale cellule de proscrits français. Sachant sans doute de qui était la lettre publiée dans le *Figaro*, où Baudelaire se moquait du banquet shakespearien, quelqu'un « connaissant très bien la bêtise et la crédulité belges », aurait lancé le bruit que l'auteur des *Fleurs du mal* était venu comme indicateur et appartenait à la police française. Baudelaire en parle successivement à Ancelle le 27 mai et vers le 10 juin, à sa mère le 11, à Ancelle encore, le 14 juillet : « Un *mouchard* ne peut pas réussir dans une ville aussi défiante. » La complicité objective entre les Belges et les amis de Victor Hugo est constituée. Baudelaire, le 11 juin déjà, projette, comme « réparation visible de cette stupide diffamation », une nouvelle « *lecture* », mais avec « du beau monde » et « organisée par [lui]-même, chez un agent de change qui [lui] prête son salon », Prosper Crabbe.

Baudelaire visite Anvers : « C'est *superbe* ! Mais la population est encore plus grossière qu'ici » (même lettre à sa mère du 11 juin), et parle, dans une lettre du même jour, à Albert Collignon, de retourner à Namur, « étudier de certaines choses ».

La lecture privée a lieu le 13. Lacroix et Verboeckhoven ne sont toujours pas là. Baudelaire, qui se rend à leur maison d'édition, ne rencontre que le second et n'attend rien de bon, persuadé qu'ils ont reçu « le mot d'ordre de Paris » (lettre à sa mère du 16 [juin]). « Tout a échoué », écrira-t-il à

Ancelle le 14 juillet. Le projet d'une vengeance littéraire prend corps : « Dites à Michel [Lévy] que j'ai commencé un petit volume sur la Belgique, qui ne ressemblera pas à tout ce qui a pu être fait sur le même sujet. J'ai l'intention de le lui offrir à mon retour (...). J'ai déjà énormément de notes » (lettre du 16 [juin] à Noël Parfait). L'autre élément, le comique, sous-entendu dans la formule destinée à Lévy (« un petit volume (...) qui ne ressemblera pas (...) ») apparaît, à propos de la soirée chez Crabbe, dans la lettre du 16 juin à Mme Aupick : « Et la fameuse soirée ! ! ! Ah ! cela a été drôle, d'un drôle à crever de rire. » Le 17, écrivant à sa mère encore, il regrette le départ de l'un de ses amis français (Hetzel ?) avec qui il pouvait se « divertir de ces vilains Belges ».

Le 17 juin, comme il le lui avait promis, Baudelaire fait à sa mère « le récit de la fameuse soirée » : « dix ou douze personnes *très tristes* » dans « *trois énormes salons*, illuminés de *lustres, de candélabres*, décorés de superbes tableaux, une profusion *absurde* de gâteaux et de vin ». Voulant décrire « l'intelligence et les mœurs belges », Baudelaire raconte : « Un journaliste penché à côté de moi me dit : “ *Il y a dans vos œuvres quelque chose de* CHRÉTIEN *qu'on n'a pas assez remarqué.* ” À l'autre bout du salon, sur le canapé des agents de change, j'entends un murmure. Ces messieurs disaient : “ *Il dit que nous sommes des* CRÉTINS ! ” » En post-scriptum : « Si je mène bien mon étude sur la Belgique, tu verras des choses fort drôles, que personne n'a osé dire. »

Vers le 20 juin, Baudelaire reprend contact avec le critique d'art en exil à Bruxelles Théophile Thoré, qui vient de publier un *salon* dans *L'Indépendance belge* du 15 juin, où il a pris la défense de Manet.

Un poème en prose, *Les Yeux des pauvres*, paraît sans signature le 2 juillet dans *La Vie parisienne.*

Baudelaire est en Belgique depuis près de trois mois. Il écrit à Ancelle le 14 juillet : « J'ai été malade (diarrhée continue, palpitations du cœur, angoisses d'estomac) pendant *deux mois et demi* ! Le joli voyage ! Cependant je veux qu'il me serve à quelque chose, et je fais un livre sur la Belgique, dont les fragments paraîtront au *Figaro.* La question des mœurs (mœurs, politique, clergé, libres penseurs) est déjà rédigée ! Maintenant, il faut voir Anvers, Bruges, Namur, Liège, Gand, etc. » Et, plus loin : « Je serai encore ici quand paraîtront à Paris mes premiers fragments. Or le *Figaro* est très lu ici au *Cercle* [le Cercle artistique et littéraire]. Je ne vois plus personne, et je laisse voir mon mépris pour tout le monde. Cependant, je tâcherai de voir l'archevêque de Malines. J'ai entendu la cloche des libres penseurs, je veux entendre l'autre cloche. Je possède maintenant sur le bout du doigt la question de la charité, la question des dotations, la question de l'éducation, la question du cens électoral, la question d'Anvers, la question des cimetières. Etc. » Et, en post-scriptum : « Je m'en vais laisser toutes ces saletés-là de côté, et m'occuper un peu de peinture et d'architecture (...). Je serai en France le 15 août. »

À fin du mois de juillet, le 31, il demande à sa mère « encore un mois de séjour en Belgique, avant de [s]'installer à Honfleur » et parle de « finir » le « maudit livre » qu'il a « commencé ». Il prévoit « encore pour dix jours de travail » et fait état d'un tel manque d'argent qu'il a été « obligé, pour subvenir à certains besoins, de faire connaissance avec le Mont-de-Piété de Bruxelles » (auquel, d'après une lettre à Ancelle du 13 octobre, il doit « 100 francs (environ) »). Ses « *lettres* » ne peuvent lui rapporter d'argent dans l'immédiat car, comme elles « seront fort humiliantes pour la Belgique », elles ne paraîtront pas tant qu'il sera là. Il voudrait aller « vingt-quatre heures à Paris » pour négocier leur publication, mais il a « peur » de ce voyage et décrit son état de santé : « Trois mois de *diarrhée continue*, coupée de loin en loin par des constipations insupportables », attribuées au faro (la bière bruxelloise).

Le 8 août, il écrit à sa mère qu'il a lu « 2 400 pages d'un livre indigeste pour [se] mettre un peu au courant de l'histoire de ce vilain peuple ». Et le 14 août que le *Figaro*, lui aurait dit Hetzel, a accepté les *Lettres* « avec joie » mais : « Consent-on à me payer d'avance, et *à ne publier que quand je serai revenu en France* ? » Quant à la vie, à la cuisine belge, à la santé, tout est mauvais. Le 22 août, il regrette d'avoir parlé à sa mère, qui s'en est émue, de sa « santé belge » : il a « une excellente santé » et n'a « jamais eu aucune maladie » ; il « souffre de quelques petites infirmités, rhumatismes, névralgies, etc. », qui sont « le lot commun », et d'un « dérangement » dû au « vilain climat ». Il a « visité Malines ».

Baudelaire se rend peut-être à nouveau à Malines pour un congrès catholique opposant les opinions conservatrices aux idées de Montalembert, défendues par Dupanloup, qui « n'a aucune peine à passer pour un aigle dans un pays tel que celui-ci ». C'est ce qu'il écrit à Ancelle le 2 septembre, lui parlant de son livre en lui donnant, pour la première fois, le titre de *Pauvre Belgique !* : « Je suis content de mon livre ; tout ce qui est mœurs, culte, art et politique, est fait. Il manque la rédaction de mes excursions en province. Je ferai cela à Honfleur. J'écris à M. de Villemessant de ne rien publier avant mon retour en France. Vous devinez pourquoi. Je suis très mal vu ici. D'ailleurs, je ne me suis pas gêné pour crier tout haut ce que je pensais. Et puis on sait que je prends des notes partout. »

Aux abords de l'automne, sa santé se dégrade : « J'ai l'estomac et le ventre en révolution » (à Ancelle, le 2 septembre) ; « j'ai été malade de nouveau (...) ce n'est plus le ventre, c'est une fièvre qui me réveille à une heure ou deux heures du matin et qui ne me permet de me rendormir que vers 7 heures » (au même, le 13 octobre) ; « tous mes maux de ventre ont disparu. Seulement, je n'ai jamais faim, et j'ai la fièvre toutes les nuits. Du reste je ne veux pas accuser absolument la Belgique. Je suis convaincu que j'étais malade déjà en quittant Paris » (au même, le 23 octobre).

Ce qui n'empêche pas Poulet-Malassis d'écrire à Bracquemond le 17 novembre : « Baudelaire se porte bien, il vient dîner chez moi à peu près tous les deux jours et je l'avais encore hier soir. Quoiqu'il ne doive pas précisément s'amuser à Bruxelles et même, pour parler net, qu'il s'y ennuie la plupart du temps, il me semble difficile de prévoir quand il pourra partir. Je crains qu'il se soit encruché à son hôtel, suivant ses habitudes d'imprévoyance. Il s'en faudra longtemps peut-être de quelques centaines de francs qu'il puisse solder la note. C'est là, si je ne me trompe, qu'il faut chercher la raison de la prolongation de son séjour. »

Trois poèmes en prose dans *L'Artiste* du 1er novembre.

La conception du livre sur la Belgique se précise, non sans que Baudelaire confie à Henry de La Madelène certaines

« douleurs d'enfantement », qu'il dit dans une lettre du 3 novembre « égales à celles qu'[il a] toujours subies ».

Les rapports ouverts sont restés ou devenus très convenables avec « la coterie », ou du moins la famille Hugo, si l'on en croit un mot du 4 novembre à Mme Hugo qu'il remercie de sa « si cordiale hospitalité », un autre à Charles Hugo le 27 janvier 1865, où il se dérobe, encore, à une « gracieuse invitation ».

Le projet de faire un saut à Paris, qui était apparu ici et là, semble se préciser le 18 novembre : « Je partirai mercredi », écrit-il à Ancelle. Un mois après, le 18 décembre : « Au dernier moment, au moment de partir, — malgré tout le désir que j'éprouve de revoir ma mère, malgré le profond ennui où je vis, ennui plus grand que celui que me causait la bêtise française et dont je *souffrais* tant depuis plusieurs années, — *une terreur m'a pris, — une peur de chien*, l'horreur de revoir mon enfer. »

Six poèmes en prose dans la *Nouvelle Revue de Paris* le 25 décembre.

1865. Baudelaire a peut-être visité Bruges, par temps d'hiver donc, au début de 1865. Il écrit, en effet, à Ancelle, le 29 décembre 1864 : « Je vais passer quatre ou cinq jours à Bruges ; mais je ne partirai qu'après avoir reçu votre lettre. »

« Je ne veux revenir en France que *glorieusement*. Mon exil m'a appris à me passer de toutes les distractions possibles », écrit-il à sa mère, le 1er janvier, dans une des deux lettres où l'on trouve mentionnés ensemble, *Pauvre Belgique* et *Mon cœur mis à nu*, ce dernier titre étant cité à la fin d'une liste d'œuvres à achever (ou à entreprendre), donc prévu, chronologiquement, semble-t-il, après *Pauvre Belgique* et réservé au séjour à Honfleur.

Baudelaire, qui « semble menacé de prison pour dettes » (Malassis à Asselineau, 3 janvier), « n'en a pas encore fini avec la Belgique et tient à la connaître encore plus à fond » (Malassis à Bracquemond, 26 janvier). Il apprend, en ce début d'année, que sa mère, sans doute à la fin de 1864, a été malade et que son état est devenu inquiétant faute d'avoir consulté un médecin (lettres à Mme Aupick du 3 février et du 4 mai).

Deux lettres à Mme Paul Meurice, du 3 janvier et du 3 février, concernent de près le séjour en Belgique. La seconde est un véritable résumé de ce qu'aurait pu — de ce qu'aurait dû — être le livre sur la Belgique (voir cette lettre en annexe p. 529), et tente de justifier le séjour à Bruxelles auprès de quelqu'un qui ne comprend pas et imagine une raison précise qui n'a pas lieu d'être : « Voyons, que faites-vous à Bruxelles ? rien. Vous y mourez d'ennui et ici on vous attend impatiemment. Quel fil vous tient donc par l'aile attaché à cette stupide cage belge ? Dites-le-nous simplement » (lettre de Mme Meurice, vers le [5 janvier]).

Le 3 février, Baudelaire s'adresse à Julien Lemer dont il voudrait faire, à Paris, son agent littéraire. Il dresse un tableau de son œuvre à venir, mentionnant plusieurs fois *Pauvre Belgique*, qui « n'est pas terminé » parce qu'« il faut ajouter deux ou trois chapitres sur les provinces, sur les vieilles villes » et que « le temps est trop abominable pour qu'[il se] remette à courir ». Il avertit Lemer : « *Pauvre Belgique!* est un livre anti-libre penseur, fortement tourné au bouffon. » Et tout à la fin de la lettre, apparaissant avec un livre de *Nouvelles*, « un gros monstre, traitant *de omni re*, et intitulé : *Mon cœur mis à nu* ». Il promet, dans le plan joint à la lettre, « la *Table des matières* » de *Pauvre Belgique*, « dans quelques jours ».

Deux personnes au moins, depuis quelque temps, sa mère et, on vient de le voir, son amie Mme Paul Meurice, ne s'expliquent pas pourquoi Baudelaire s'éternise à Bruxelles et lui en demandent la raison. À sa mère, le 3 février (jour où il répond aussi à Mme Paul Meurice) : « Je n'ai jamais été si malheureux de ne pas pouvoir faire immédiatement ma volonté. Si j'avais pu partir tout de suite, je l'aurais fait. Mais comment faire ? Quand même j'aurais beaucoup d'argent, je ne partirais pas. Il ne s'agit pas seulement de Bruxelles ; il s'agit de Paris ; il s'agit d'affaires ; il s'agit de littérature. (...) J'aspire à sortir de pénitence. Je t'assure que la prison belge est plus dure pour moi que celle d'Honfleur pour toi (...). Je donnerais je ne sais quoi pour trinquer dans un cabaret du Havre ou de Honfleur avec un matelot, un forçat même, pourvu qu'il ne fût pas belge. » La réponse à Mme Meurice est, peut-être, différente : « Pourquoi je reste à Bruxelles, — que je hais pourtant ? — *D'abord parce que j'y suis.* »

Pour Ancelle, le 8 février, Baudelaire dresse un bilan

médical : « Depuis huit jours, je souffre en diable. J'ai eu alternativement les deux yeux bouchés par le rhume, la névralgie ou le rhumatisme. J'avais débuté, comme vous savez, par quatre mois de dérangements d'estomac et d'intestins. En août et en septembre, il y a eu ici un petit peu de lumière et de chaleur. Alors, je me suis bien porté. Mais depuis deux mois je suis pris généralement à minuit par la fièvre. Les longues heures s'écoulent dans un tressaillement et un froid continus ; enfin le matin, je m'endors de fatigue (...) et je me réveille tard, dans une affreuse transpiration, très fatigué d'avoir dormi. Depuis huit jours surtout, il y a eu un surcroît de douleur. » À sa mère, le 15, il parle du « diabolique accident » de santé dont il vient de réchapper (le premier signe important de la maladie qui provoquera, en mars 1866, l'attaque cérébrale et l'hémiplégie).

En février, Baudelaire aurait, dans le cours d'une conversation, suggéré à Verboeckhoven de publier une nouvelle traduction du *Melmoth* de Maturin (paru à Edimbourg en 1820). Quelque temps après, il apprend que Lacroix et Verboeckhoven ont commandé cette traduction à Mlle Judith, l'épouse d'un traducteur en vue, actrice et traductrice elle-même de l'anglais. Baudelaire reconnaît là « le procédé *belge* » (lettre du 15 février à Lévy).

Au même moment, Jules Janin publie, dans *L'Indépendance belge* du 12 février, « un article (...) contre Henri Heine et les poètes sataniques ». Baudelaire envisage de donner une réplique au *Figaro*.

Après s'être intéressé, aussi, à une préface de Napoléon III à l'*Histoire de Jules César*, il tourne son attention vers un ouvrage satirique, *Les Propos de Labienus*, d'Auguste Rogeard, exilé à Bruxelles et collaborateur de *La Rive gauche*. Il promet, le 22 mars, à Ancelle de lui apporter le livre, à Paris.

Les *Histoires grotesques et sérieuses* de Poe paraissent chez Lévy le 16 mars. La veille, Baudelaire a expédié à Lévy une série de lettres qui doivent accompagner les envois du livre, notamment à Asselineau, Babou, Barbey, Gautier, Hetzel, Banville, Houssaye, Calonne, Taine. Il précisera, le 22 à Lévy et, en rappelant leur adresse, le 26 à Noël Parfait, qu'il ne faut pas oublier, à Bruxelles, Victor Joly et Gustave Frédérix, qui fera un compte rendu le 20 avril.

En mars, Dumas père est en Belgique. Il fait une conférence le 24 à Anvers, le 27 à Bruxelles. Baudelaire raconte à Sainte-Beuve, le 30 : « Ce brave homme est venu s'exhiber avec sa candeur ordinaire. Tout en faisant la queue autour de lui pour attraper une poignée de main, les Belges se sont moqués de lui. Cela est ignoble. »

Lincoln est assassiné le 14 avril, par John W. Booth.

Baudelaire est, semble-t-il, toujours reçu chez les Hugo et toujours enclin à une ironie qui s'exerce, par exemple, à l'encontre de Mme Hugo, « une ancienne belle femme » qui « laisse voir son regret de ne plus être adulée » (à sa mère, le 8 mai), ou des fils, pour mieux atteindre le père (« aussi bêtes que leur mère, et tous les trois, mère et fils, aussi bêtes, aussi sots que le père ! », même lettre) et à travers lui, de « ce grand parti qui a accepté l'entreprise du bonheur du genre humain » (à Mme Paul Meurice, le 24 mai).

Baudelaire reparle en avril-mai (au notaire Ancelle le 18 avril, à sa mère le 4 mai) d'un aller-retour triangulaire : Bruxelles-Paris-Honfleur-Paris-Bruxelles, où il ne reviendrait que pour dix jours. Des problèmes de chemises à raccommoder, de vêtements à faire faire le retardent. Il devait, vers le 20 avril, aller voir Rops à Namur, accompagné de Malassis, poursuivi, en France, pour ses publications belges. Le procès aboutira le 2 juin à une condamnation par contumace à un an de prison et 500 francs d'amende. L'exil de l'éditeur libertin n'est pas près de finir. Baudelaire épinglera, quelques jours après le verdict, à l'intention du condamné, un « délicieux petit article de Joly » dans le *Sancho* du 4 juin, sur son procès.

« Je n'ai plus le courage, écrit Baudelaire à sa mère le 4 mai, de travailler au livre sur la *Belgique*, ni aux *Poèmes en prose.* » Et le même jour, à Sainte-Beuve : « le livre sur la *Belgique*, que je n'ai pas le courage de finir ici », dans une lettre greffée sur une missive du 30 mars où il prévoyait encore de « rassembler en *trois* ou *quatre* volumes les meilleurs de [ses] articles sur les *Excitants*, sur les *peintres* et sur les *poètes* (en y ajoutant une série de *Considérations sur la Belgique*) ». « Quant à finir ici *Pauvre Belgique*, j'en suis incapable : je suis affaibli, je suis mort », écrit-il à Manet le 11 mai. Le 4 juin, dans le *Figaro*, Jules Claretie annonce que Baudelaire « va publier un livre, une satire, un pamphlet, — ce que vous voudrez, — dont le titre est : *Pauvre Belgique!* ». Il semble qu'au printemps 1865, l'exaspération de Baudelaire à l'endroit des Belges ait submergé le projet : « les deux ou trois Belges » qu'il avait supportés lui sont « devenus *insupportables* » ; il voudrait « *en finir* avec ce pays, où les quelques belles choses qu'il faut avoir vues ne compensent pas l'horreur et le dégoût que [lui] causent les habitants » (à sa mère, le 4 mai).

Le 30 mai, à sa mère : « J'ai été brusquement repris par les névralgies (ce qui n'est rien) et par le ventre. Je me suis traité comme un cheval, et je suis passablement affaibli par une série de purgations. » Et en post-scriptum : « Il ne faut pas te mettre, *selon ton habitude*, martel en tête pour les indispositions dont je te parle. » Le 3 juin : « Je ne te parlerai plus du tout de mes bobos. Tu sais que depuis de longues années je suis sujet aux rhumatismes et aux névralgies. C'est douloureux, voilà tout. Ce ne sont pas des maladies. Quant à ces constipations qui suivent les diarrhées, et dont le grand inconvénient est d'aigrir le caractère, il y a évidemment un petit régime à suivre. »

Le 21 juin sont publiées dans *L'Indépendance belge* les seules lignes qui aient paru de Baudelaire dans la presse belge : un poème en prose, *Les Bons Chiens* dédié « à M. Joseph Stevens », « une bagatelle (...) publiée *malgré moi* », écrit-il à Ancelle le 28.

Début juillet, Poulet-Malassis met Baudelaire, signataire de contrats incompatibles (avec Hetzel, Lévy et Malassis), au pied du mur, le menaçant, sauf versement de 2000 francs, de céder le contrat à René Pincebourde. Malassis a averti Hetzel, le 3 juillet. Baudelaire, aussitôt après avoir écrit le 4 à Lemer, quitte Bruxelles pour Paris, d'où il écrit, le 5, à Hetzel, lui expliquant qu'il a « signé autrefois sans y faire grande attention » un contrat avec Malassis qui l'embarrasse aujourd'hui. Il emprunte 500 francs à Manet et avertit Lemer, le 6, que Hetzel a accepté de le dégager « contre remboursement » de 1200 francs. Baudelaire part pour Honfleur le 7 et décide sa mère à le « sortir de là », c'est-à-dire à demander à Ancelle d'avancer 2000 francs. Il est à nouveau à Paris le 9 dans la soirée, écrit à Malassis le 10 que tout est arrangé, rencontre Sainte-Beuve, et repart « pour l'Enfer » bruxellois le 12 (voir l'annexe IX, p. 542, où Asselineau évoque l'état physique de Baudelaire au moment de son voyage-éclair à Paris). Il aura, le 17, un entretien avec Prosper Crabbe pour faciliter la tractation entre Paris et Bruxelles, — Ancelle et Malassis. Le 26, il peut rassurer et remercier sa mère : « l'affaire Malassis (...) a été arrangée le 20. Me voilà libre!!!! *grâce à toi.* »

Lors de son passage à Paris, Baudelaire a probablement déposé à la *Revue nationale et étrangère* une série de poèmes en prose, en partie composés à Bruxelles et que la revue ne publiera qu'à sa mort.

Le 4 juillet, alors qu'il s'apprêtait à quitter Bruxelles, Baudelaire avait prévenu Julien Lemer : « Dans le paquet que je vais vous remettre, manquera le manuscrit *Pauvre Belgique!* qui ne sera positivement revu, corrigé, complété et émondé qu'à la fin de septembre. » Toujours à Lemer, le 9 août, il indique que, s'étant « figuré que, *désormais, aucun livre de* [lui] *n'était vendable,* (...) il était *inutile* de finir *Le Spleen de Paris* et *La Belgique* », et même, ajoute : « Momentanément, je me fiche de la destinée de *Pauvre Belgique!* (qui s'appellera, je crois, *Une capitale ridicule*). » À sa mère, le 26 juillet, puis le 3 septembre, et à Sainte-Beuve le même jour, cette déclaration réitérée : « Je m'ennuie. »

Le lundi 28 août 1865, Baudelaire écrit le seul fragment daté de ses notes sur la Belgique, appelant le choléra, « cet Attila impartial », « sur les bords puants de la *Senne* » (voir p. 316).

Le 13 octobre, Baudelaire promet à Lemer « une table des matières *très détaillée* » du « livre sur la *Belgique* ». La maison Garnier, pressentie depuis quelque temps, par Baudelaire et Lemer, pour publier les œuvres de Baudelaire, est en tout cas décidée à ne pas publier le livre sur la Belgique. Baudelaire pense alors à Dentu ou Faure.

Baudelaire demande à Ancelle, comme une « chose pressée », le 1^er^ octobre, et le 13, d'aller à la mairie chercher « un extrait de [son] acte de naissance » qu'on lui réclame à Bruxelles pour régulariser sa situation. Il écrit à Ancelle le 26 que « la puissante et curieuse municipalité de Bruxelles, après [l]'avoir fatigué de questions indiscrètes, comme cela se fait généralement dans les pays de liberté, se déclare enfin satisfaite » : il n'usera, dit-il, de son « permis officiel de séjour (...) *que fort peu de temps* ».

Hugo attend de Baudelaire un compte rendu des *Chansons des rues et des bois ;* il s'en inquiète auprès de l'un de ses fils. Adèle lui écrit le 26 novembre : « Nous voyons très souvent Baudelaire qui, avec Frédérix, est notre hôte habituel. Je crois Baudelaire un peu malade d'esprit. Il déterre et ressuscite des talents ignorés, l'éclat, le retentissement des vivants l'offusque, de là vient, je crois, son silence sur *Les Chansons des rues et des bois.* » Victor Hugo l'invite « dans son île » (lettre à sa mère du 3 novembre). « Je n'accepterais ni sa gloire ni sa fortune, s'il me fallait en même temps *posséder* ses énormes ridicules. » Son dernier livre, « comme d'habitude », connaît un « énorme succès » et désappointe « tous les gens d'esprit » (*ibid.*).

Le 16 novembre, Baudelaire n'a toujours pas envoyé à Lemer « cet *argument*, ou ce *sommaire* minutieux » qu'on lui demande (lettre à Hippolyte Lejosne).

Le 30 novembre (lettre à Ancelle), parce qu'il croit que Lemer lui achèterait le livre sur la Belgique, qui « répugne à Garnier », il se décide : « J'ai (...) remis le nez dans cet épouvantable fatras, que j'avais depuis longtemps jeté de côté. Depuis quatre jours, je travaille à classer toutes mes notes et à construire une table des matières. J'en ai mal aux reins. »

Léopold Ier, roi des Belges, meurt le 10 décembre. Léopold II, son fils, monte sur le trône. Baudelaire est « obligé d'ajouter un chapitre sur le vieux Roi » (lettre du 21 décembre à Ancelle) : la Belgique est tout à coup « à la mode, par la mort de cette vieille bête de roi, et par une foule de petites circonstances » (lettre du 23, à sa mère). Voilà le projet tout à coup d'actualité, d'autant que « les journaux français n'entendent rien à la question belge » (le 26 à Ancelle). Le moment, donc, n'est-il pas venu d'un titre plus commercial ? Le 30 décembre, Baudelaire parle à son agent, Lemer, de *La Belgique déshabillée*, titre qu'on retrouvera dans les lettres suivantes, jusqu'à l'interruption. Mais on ne peut toujours pas publier le livre tant que Baudelaire n'est pas « *hors d'ici* » (le 23 à sa mère). Il rappelle, à l'occasion d'une observation d'Ancelle, quel serait le sens politique de son livre : « Vous avez donc oublié ma haine contre ce qu'on appelle *les libéraux.* Le livre sur la Belgique est justement l'expression de cette haine » (à Ancelle, le 21 décembre). Mais le 26, le « *plan* » et les « *fragments* » du livre ne sont pas envoyés à Lejosne, parce qu'il a été « très sérieusement malade ».

Dans les dernières semaines de 1865, Baudelaire, plongé dans la solitude et l'ennui, accablé de névralgies qui le rendent « bête et fou » et l'obligent à recourir à l'opium, la digitale, la belladone et la quinine, trouve refuge dans le passé : « Je revois toute mon enfance passée près de toi, et la rue Hautefeuille, et la rue Saint-André-des-Arcs », écrit-il à sa mère le 23 [décembre] tandis qu'il s'emploie à obtenir d'Ancelle qu'il aille rue Joubert, au Mont-de-Piété, réclamer la montre qu'il y a déposée en 1863. L'avenir est noir, mais le projet surnage d'un livre de vengeance : « Dans trois mois et demi, j'aurai quarante-cinq ans. Il est trop tard pour que je puisse me faire même une petite fortune, surtout avec mon talent désagréable et impopulaire (...). Mais si jamais je peux rattraper la verdeur et l'énergie dont j'ai joui quelquefois, je soulagerai ma colère par des livres épouvantables. Je voudrais mettre la race humaine tout entière contre moi. Je vois là une jouissance qui me consolerait de tout » (le 23 [décembre], à sa mère).

Envers faible encore du « *guignon* » dont se plaint Baudelaire, l'immortalité donne quelques signes. Mallarmé, le 1er février, avait publié dans *L'Artiste* une *Symphonie littéraire* où il rendait hommage au poète des *Fleurs du mal.* Verlaine, les 16 et 30 novembre et le 23 décembre, publie dans une nouvelle revue, *L'Art*, trois articles admiratifs.

1866. Le 1er janvier à Mme Aupick : « Ma chère maman, Je vais beaucoup mieux. J'espère que mon tribut à l'hiver belge est payé. » Mais c'est la santé de sa mère qui l'« inquiète beaucoup, beaucoup ». À Ancelle, le 12, il confie son idée d'« écrire secrètement au docteur Lacroix, de Honfleur, pour être renseigné avec précision. » C'est sa santé à lui qui, cependant, devient alarmante : « Vertiges et vomissements », avec des chutes provoquées par ce qu'il appelle « une ivresse de bile », dès qu'il est dans une autre position qu'allongé sur le dos (à Ancelle, le 18). Dans un rapport rédigé le 20 janvier à l'intention du docteur Marcq, il décrit l'« ordre des sensations » qui se manifestent à chaque crise : « Vague dans la tête. Étouffements. Horrible douleur à la tête. Lourdeur : congestion : vertige complet (...). Après reprise de connaisance, envies de vomir. Chaleur extrême à la tête. Sueur froide. Vomissements jaunes ou aqueux ou glaireux ou spumeux. Quand il n'y a pas de vomissements, il y a des éructations venteuses ; quelquefois des hoquets. Stupeur. »

Au cours du mois de janvier, entremise de Baudelaire entre Sainte-Beuve et Adèle Hugo, qui « est décidément une bonne femme » et délègue son médecin à Baudelaire (lettre à Mme Aupick, le 16 février).

Entre le 18 et le 22 janvier, Baudelaire termine l'*argument*, en souffrance depuis longtemps, du livre sur la Belgique. Il l'expédie à Ancelle, sans en prendre copie et après avoir précisé, le 18 : « *Je ne veux plus écrire une ligne avant d'avoir un traité. (...) Cet* ARGUMENT *minutieux prouve que j'ai passablement de matériaux entre les mains. Je peux dire que le livre est dans l'état confus où Proudhon a laissé ce qu'on appelle ses œuvres posthumes.* »

Vers le 15 janvier, Catulle Mendès demande à Baudelaire de lui donner des poèmes pour une publication périodique qu'il vient de fonder, *Le Parnasse contemporain*. Baudelaire accepte le 19, récrit à Mendès le 21, puis le 26, lui promettant « des épigrammes contre la Belgique », première et seule désignation des *Amœnitates Belgicæ* dans la correspondance de Baudelaire. Quant au livre sur la Belgique, Baudelaire souhaite toujours en publier « *quelques fragments descriptifs* » dans une revue, et le vendre à un éditeur qui le paierait « quart par quart », condition qui serait « la meilleure garantie de [son] activité » (à Ancelle, le 30). Baudelaire répond dans la même lettre à Ancelle à des critiques formulées par Charles Nisard et par Ancelle lui-même, ce qui lui donne l'occasion de rappeler que son livre, qui s'appelle désormais *La Belgique déshabillée*, « est un croquis très grave, très sévère, de *suggestion sévère*, sous une apparence bouffonne, à l'excès, quelquefois ». Il craindra, en février, du fait que « les événements marchent », que son livre soit dépassé avant la conclusion d'un contrat (à sa mère, le 12 février).

Au début de février, Rops vient voir Baudelaire, qui a probablement dû renoncer à se rendre à Namur. Rops devrait graver un frontispice pour une éventuelle réimpression des *Fleurs,* et en fera un pour *Les Épaves,* qui paraîtront chez Poulet-Malassis fin février.

Baudelaire, peu satisfait de son médecin bruxellois qui, à défaut de diagnostic, a parlé d'*hystérie,* un « de ces grands mots bien choisis pour voiler notre ignorance de toutes choses » (à Sainte-Beuve, le 15 janvier), organise une consultation par correspondance en envoyant, comme il l'avait fait pour le docteur Marcq, la description chronologique d'une crise, à Charles Asselineau, qui consultera inutilement un de ses amis médecins, et à Mme Aupick, pour qu'elle en parle, à Honfleur, au docteur Lacroix. Mme Aupick, alarmée, veut donner de l'argent à son fils, qui le refuse et en reçoit quand même. L'état de Baudelaire empire et l'on comprend que les périodes d'apaisement, dont il fait état pour rassurer sa mère, sont l'effet d'une périodicité du mal dont il pressent l'issue puisqu'il lui écrit, le 12 février, citant des paroles de résolution adressées à lui-même, à propos d' « interminables journées passées au lit » : « ah çà ! raisonnons ! Si c'est l'apoplexie ou la paralysie qui vient, que ferai-je et comment mettrai-je ordre à mes affaires ? » Le médecin de Mme Hugo a, sans doute, en parlant d' « *appauvrissement du sang* », avancé le premier diagnostic crédible. Le régime (viande rôtie : thé ; un peu de vin), les douches froides, les promenades ne sont guère efficaces. Le malade a abandonné les pilules d'opium, de valériane, de digitale et de belladone pour d'autres, composées d'antispasmodiques, s'imaginant que la médication précédente l'empoisonnait.

À Paris, le 16 février, Émile Deschanel fait une conférence sur Baudelaire et Banville, que le notaire Ancelle s'empresse d'aller entendre et dont rend compte sans complaisance, dans *Le Temps,* Henry de La Madelène, que Baudelaire remercie le 18. Mais Deschanel, qui fut jusqu'à l'amnistie exilé en Belgique, et très proche de la « coterie Hugo », ne trouve pas grâce aux yeux de Baudelaire, qui voit en lui un « démocrate qui ne croit pas aux miracles et ne croit qu'au BON SENS », à ce qu'il dit le 18 février à Ancelle. Quant aux articles de Verlaine publiés sur lui à la fin de 1865, Baudelaire se les fait envoyer par Jules Troubat, à qui il écrit le 5 mars : « Ces jeunes gens ne manquent certes pas de talent, mais que de folies ! que d'inexactitudes ! quelles exagérations ! quel manque de précision ! Pour dire la vérité, ils me font une peur de chien. Je n'aime rien tant que d'être seul. » Et le même jour, à sa mère : « Il paraît que *l'école Baudelaire* existe. »

Le 18 février, Baudelaire envoie à Ancelle une « *liste d'Éditeurs possibles* », pour relancer la négociation et joint à son envoi une lettre destinée à Édouard Dentu, à qui il rappelle l'intérêt qu'il avait manifesté « il y a deux ans » pour un livre sur la Belgique. « Peut-être pensiez-vous alors à une description de monuments. *La mariée* est peut-être *devenue trop belle* pour vous. Il s'agit maintenant d'un croquis de mœurs, où *tout,* ou *presque tout,* doit entrer, sans compter les descriptions, surtout à propos de quelques villes où *les guides imbéciles et routiniers* n'ont rien su voir (...). Le livre (ou plutôt mes notes), est si abondant que je serai obligé de faire des coupures, — pas grand mal à ça. Il y a des redites. — Figurez-vous l'état où Proudhon a laissé ses manuscrits. En un mois, ça peut être mis dans un état présentable. Mais j'ai juré de ne plus écrire une ligne, sans la garantie d'un traité. Je ne désire aucune somme d'argent immédiate, mais je désire une série de paiements partiels, au fur et à mesure que je livrerai le manuscrit. » Et dans la lettre à Ancelle, du même jour : « Vous pouvez (...) ajouter que *La Belgique déshabillée,* sous une forme badine, sera, en beaucoup de points, un livre passablement sérieux, et que le but de ce livre satyrique est la raillerie de tout ce qu'on appelle *progrès,* ce que j'appelle, moi : *le paganisme des imbéciles,* — et la démonstration du gouvernement de Dieu. Est-ce clair ? » Le titre, *La Belgique déshabillée,* s'est imposé, au début de cette année 1866. Il apparaît deux fois dans la lettre à Ancelle du 30 janvier, une fois dans la note destinée à Hippolyte Garnier jointe à une lettre à Ancelle du 6 février, deux fois dans la lettre à Ancelle du 18, deux fois dans celle à Troubat du 19, une fois dans la lettre du 5 mars, au même Troubat.

La vie à Bruxelles est de plus en plus pénible : « Quand je pense que dans ce chien de pays je n'ai trouvé que *vol, mensonge,* pertes forcées d'argent, et que par surcroît, la Belgique ne m'aura servi qu'à rendre toutes mes affaires à Paris plus difficiles, je suis pris d'une sorte de fureur (...). La vie me devient ici de plus en plus intolérable » (à Ancelle, le 19 février). La logeuse, le « *monstre du Grand Miroir* », semble arrivée au bout de sa patience. Pourtant, le séjour en Belgique continue de s'imposer comme une absurde nécessité. « Crois-tu donc que j'éprouve du plaisir à vivre dans un lieu peuplé de sots et d'ennemis, où j'ai vu plusieurs Français malades comme moi et où je crois que l'esprit s'altère comme le corps ? » écrit Baudelaire à sa mère, qu'il berce de cette autre évidence, celle du rêve, corrélatif du cauchemar belge : « Mon installation à Honfleur a toujours été le plus cher de mes rêves » (lettre du 5 mars).

*La Belgique déshabillée* est le projet imminent. *Le Spleen de Paris* s'achève : « En somme, c'est encore *Les Fleurs du mal*, mais avec beaucoup plus de liberté, et de détail, et de raillerie » (le 19 février, à Troubat).

À la mi-mars, Baudelaire se rend chez Rops, à Namur, poussé sans doute par ce désir, exprimé à Ancelle fin janvier, d' « admirer de nouveau cette église des Jésuites dont [il] ne se lasser[a] jamais ». C'est dans l'église Saint-Loup, précisément, qu'il est victime d'un malaise : il est ramené à Bruxelles et écrit, de sa main encore, le 20 mars, à sa mère : « Je ne suis ni bien, ni mal. Je travaille et j'écris difficilement. Je t'expliquerai pourquoi (...). C'est forcément que je recule mon voyage à Paris. » D'après le témoignage de Poulet-Malassis dans une lettre du 9 avril à Troubat, Baudelaire a dû s'aliter le 22 mars. Le 23, dans une lettre dictée à son médecin, il demande, à sa mère encore, des nouvelles d'Ancelle. Son état s'aggrave. Dans une autre lettre à sa mère, le 26, il évoque sa « crise » et le médecin-copiste ajoute, au crayon, son adresse : « M. Léon Marcq, 10, place de l'Industrie. » Les 29 et 30, il dicte encore quelques lettres, à Catulle Mendès et Ernest Prarond le 29 ; à Ancelle le vendredi 30, lui recommandant de ne laisser « le plan » du livre sur la Belgique à Dentu « que s'il tient à l'affaire » ; et le même jour à sa mère. L'hémiplégie se déclare le vendredi 30 mars d'après une lettre de Malassis à Troubat du 9 avril, ou le samedi 31, d'après une lettre de Malassis à Bracquemond du 31 mars précisément, qui dit ceci en post-scriptum : « Je rouvre ma lettre pour te dire que l'état de Baudelaire est devenu en quelques heures de la plus *extrême gravité.* » Malassis télégraphie aussitôt à Ancelle en le priant de venir à Bruxelles.

Le 1er avril, Poulet-Malassis avertit Asselineau, à Paris, que Baudelaire « est au plus mal » : « Hier la paralysie s'est déclarée du côté droit, et le ramollissement du cerveau s'est manifesté (...). C'est à peine s'il m'a reconnu. » Dans les premiers jours d'avril, Baudelaire est transporté à l'Institut Saint-Jean et Sainte-Elisabeth, rue des Cendres, maison tenue par des religieuses, ce qui rassure Mme Aupick. Ancelle quitte Bruxelles en prenant l'adresse d'Asselineau. Malassis va voir Baudelaire tous les jours et reste avec lui « les deux heures autorisées ». Il décrit à Troubat, le 9 avril, l'état du malade : « Il baisse à vue d'œil. Avant-hier, il confondait les mots pour exprimer les idées les plus simples ; hier, il ne pouvait pas parler du tout. » Le second symptôme, l'aphasie, commence à se manifester. Mme Aupick écrit désespérément à Malassis pour avoir des renseignements précis. Elle lui confie le 10 une lettre destinée au docteur Crocq, chef de clinique de l'Institut et professeur à la Faculté. Elle arrive à Bruxelles dans les jours qui suivent. Entre-temps, il semble qu'à Paris, ait circulé la nouvelle de la mort de Baudelaire, jusqu'à se répercuter à Bruxelles puisque le 17 avril le *Journal de Bruxelles* publiait une nécrologie sarcastique de V[ictor] F[ournel] (voir en annexe, p. 535). Le 19 avril, Poulet-Malassis et Arthur Stevens transportent le malade de la clinique, où ses jurons scandalisent le personnel, à l'hôtel où est descendue Mme Aupick. L'aphasie s'étant déclarée, l'état devient stationnaire. Malassis, qui s'est fait le fidèle informateur d'Asselineau, ne voit pas d'amélioration « sensible » : « Au moral comme au physique, rien ne change. » L'éditeur des *Épaves* fait, en attendant, la connaissance de la mère du poète, « jeune vieille, aimable, bonne, mais trop frétillarde pour son âge de soixante-douze ans ». Mme Aupick, plongée dans la cinquième livraison du *Parnasse contemporain*, qui vient de publier quinze poèmes de Baudelaire, lui lit *Recueillement* « très bien », en « prononç[ant] *net* comme Baudelaire, en déterminant et accentuant très juste », à ce qu'écrit à Asselineau, le 1er mai, Malassis, qui « rouvre » la lettre : « L'intelligence disparaît. L'homme se réduit peu à peu à la vie végétative ».

Le transport de Baudelaire en France, impraticable en avril, est envisagé début mai, décidé fin mai. L'état du malade s'est en effet amélioré dans le courant du mois. Le 12 [mai], Malassis, dans une lettre à Bracquemond, le décrit comme suit : « Baudelaire va physiquement de mieux en mieux. Mais le Baudelaire intelligent est frappé à mort. Il est atteint d'*aphasie,* maladie provenant d'une lésion au côté gauche du cerveau, et qui se détermine par l'oubli des mots, et des signes figuratifs de la parole. Baudelaire ne peut ni lire, ni écrire, ni exprimer ce qu'il veut dire, — et cependant il comprend ce qu'on lui dit. Il faut voir une telle maladie pour y croire. Prochainement il sera transportable en France. Sa mère l'emmènera à Honfleur. La conscience qu'il a de son avilissement intellectuel fait qu'il ne veut voir personne ou quasi personne. C'est navrant. » Et le 27 mai, Malassis, à Bracquemond encore : « Baudelaire quittera sans doute la Belgique dans quelques jours pour vivre à Honfleur près de sa mère. Physiquement il va bien; moralement, c'est une intelligence à peu près sombrée. Il est question de la publication de ses œuvres complètes. » Mais les scènes que Baudelaire inflige à sa mère étant de plus en plus nombreuses, on renoncera au séjour à Honfleur, pour envisager plutôt une maison de santé. Le 2 juin, Poulet-Malassis écrit à Asselineau que « les médecins jugent les circonstances favorables pour emmener Baudelaire » et s'informe sur les chances d'un compartiment « sinon gratuit, au moins à prix réduit » grâce à la Société des gens de lettres. Victor Hugo écrit à Banville le 27 : « Je ne consens pas à désespérer de Baudelaire. Qui sait? *Flamma tenax.* » À la fin du mois de juin [1], le voyage a lieu : Arthur Stevens aide Mme Aupick. Ancelle et Asselineau les attendent à la gare du Nord. Ils logent quelques jours dans un hôtel proche de la gare, puis, le mercredi 4 juillet, Baudelaire est installé « à la maison de santé du docteur Émile Duval, 1, *rue du Dôme, rond-point de l'Arc de Triomphe* » (Asselineau à Malassis, le [5 juillet]). Baudelaire s'inquiète de sa malle, où sont ses papiers, et notamment les notes sur la Belgique.

1. Et non au début du mois de juillet. Une lettre de Mme Aupick, datée du 30 [juin], à Poulet-Malassis (publiée par Jean Richer et Marcel Ruff dans *Les Derniers Mois de Charles Baudelaire*, p. 56-57), indique que le voyage « s'est bien passé ».

Mme Aupick vient le voir tous les après-midi et entreprend de faire venir à son chevet Maxime Du Camp, Banville, Hetzel, Leconte de Lisle, Henry de La Madelène. Nadar, Champfleury, Troubat vinrent aussi. Les relations devenant de plus en plus difficiles entre le fils et la mère, à cause des colères de Baudelaire, résonnant de « son terrible *crénom* », Mme Aupick, à qui le docteur Duval a demandé de « cesser ses visites », se décide à partir pour Honfleur (lettre de Mme Aupick à Malassis, [23 juillet]). À partir du début d'août, c'est depuis Honfleur qu'elle prendra et donnera des nouvelles de son fils.

Sur les instances de Mme Aupick, ou de Champfleury, Mme Meurice vient à la clinique offrir à Baudelaire un petit concert wagnérien dont il avait déjà la nostalgie en Belgique. On lui applique, dira Nietzsche dans une lettre à Peter Gast (du 26 février 1888), « la musique *wagnérienne* comme une *médecine* ». Entre les visites de Champfleury, de Nadar et de sa femme, une amie de Mme Aupick vient fleurir la chambre, aux murs de laquelle sont suspendues une copie de *La Duchesse d'Albe* de Goya et, selon Eugène Crépet, deux toiles de Manet. « Il s'est lié avec quelques pensionnaires, et il paraît se plaire dans cette vie en commun » (Mme Aupick à Malassis le 18 août).

On peut suivre, au fil des lettres de Mme Aupick et d'Asselineau, les progrès de la parole, gênés par une névralgie buccale et des maux de dents : « Charles a gagné quelques mots : il dit *oui (...); très bien*, on lui a entendu dire une fois *Piogey* [le nom d'un médecin] » (Mme Aupick à Malassis, le 23 juillet) ; « on m'a dit qu'il peut dire maintenant : *bonjour, Monsieur* » (Mme Aupick à Malassis, Honfleur, le 30 août) ; « Il dit quatre mots nouveaux : *Bonjour, monsieur. Bonsoir, monsieur. Adieu* et le nom de son médecin (...) et de temps en temps il lâche des *Crénoms* mélancoliques qui vous navrent » (Asselineau à Malassis, s.d.) ; « il dit non seulement quelques mots, mais de petites phrases, comme par exemple : *la lune est belle* » (Mme Aupick à Asselineau, 12 [septembre]) ; « il a prononcé très distinctement ces mots : *Passez-moi la moutarde* » (Mme Aupick à Malassis, 22 novembre). Quelques progrès, parallèlement, dans les mouvements du corps : « la jambe est pour ainsi dire guérie » mais il reste « de la raideur dans le bras droit et la main » (*ibid.*).

Un peu avant l'automne, Asselineau et Banville font circuler une pétition pour obtenir une subvention. Le ministère de l'Instruction accordera 500 francs en octobre.

1867. A la fin de 1866, Baudelaire fait comprendre qu'il aimerait séjourner à Nice ou à Honfleur. Asselineau le dissuade au moins d'aller à Nice. Mme Aupick apprend début février « le vif désir de Charles » d'aller à Honfleur (à Asselineau, 13 février), et s'informe pour savoir si son fils devra poursuivre chez elle la cure d'hydrothérapie (lettre à Asselineau, 25 février).

À partir du mois de mai probablement, Baudelaire ne quitte plus le lit. Vers le 20, Mme Aupick rejoint Paris « dans une impatience fébrile de voir [son] pauvre fils » (lettre du 18 à Asselineau). Une lettre d'Asselineau à Malassis, envoyée probablement au mois d'août, ne laisse plus d'espoir : « Il est immobile et comme endormi et ne témoigne plus que par des regards, hélas ! bien tristes, qu'il s'aperçoit de la présence de ses amis. Hier, après une absence de trois semaines il ne m'a reconnu que par un regard d'une fixité navrante et n'a pu me donner la main qu'après que je l'ai eue dégagée de ses couvertures. » La gangrène menace et il souffre des plaies causées par le séjour prolongé au lit.

Baudelaire reçoit les sacrements et meurt le 31 août à onze heures du matin dans les bras de sa mère, qui écrira le 16 septembre à Malassis : « Les deux derniers jours et les deux dernières nuits (...) ont été très calmes : il paraissait dormir, avec les yeux ouverts ; il s'est éteint tout doucement, sans agonie, ni souffrances ; je le tenais embrassé depuis une heure, voulant recueillir son dernier soupir. » Baudelaire était, rappellera Asselineau, « âgé de quarante-six ans et quatre mois ».

Le jour même de la mort de Baudelaire, la *Revue nationale et étrangère* commence la publication des poèmes en prose qu'il y avait déposés en juillet 1865.

Les obsèques ont lieu le 2 septembre, avec un office à Saint-Honoré d'Eylau. Baudelaire est enterré au cimetière du Montparnasse, dans le caveau où se trouve le général

Aupick et où sa mère le rejoindra. Théodore de Banville et Charles Asselineau prennent la parole.

Le 4 décembre, adjudication des œuvres de Baudelaire au profit de Michel Lévy, pour 2 000 francs (1 750 fr + 250 fr de frais), reçus par Ancelle, mandaté par Mme Aupick.

1868. En mai, Poulet-Malassis est condamné par le Tribunal correctionnel de Lille à la destruction des *Épaves.*

En décembre, publication des deux premiers tomes des *Œuvres complètes* chez Michel Lévy (*Les Fleurs du mal* sans les poèmes condamnés, dans le tome I ; les *Salons* et autres œuvres de critique d'art dans le tome II).

1869. En janvier Charles Asselineau publie chez Lemerre la première biographie de Baudelaire, où apparaissent quelques extraits de *Fusées* et de *Mon cœur mis à nu*, et les titres des chapitres du livre sur la Belgique.

En février, publication du tome III des *Œuvres complètes* (*L'Art romantique*, comprenant les textes sur Delacroix, Wagner, les monographies littéraires, etc.).

En juin, paraît le tome IV (*Les Paradis artificiels; La Fanfarlo;* les *Petits poèmes en prose*, dont c'est l'édition originale et la première publication pour cinq d'entre eux et l'*Épilogue*).

En septembre, le tome V (les *Histoires extraordinaires* et *Le Mystère de Marie Roget*, de Poe).

1870. Publication des tomes VI et VII (la suite des traductions de Poe) des *Œuvres complètes.*

1871. Le 16 août, mort de Mme Aupick, à Honfleur.

1887. Première publication, incomplète encore, chez Quantin, de *Fusées, Mon cœur mis à nu* et de *La Belgique vraie* dans des *Œuvres posthumes et correspondances inédites*, précédées d'une biographie par Eugène Crépet.

1959. Destruction de l'hôtel du Grand Miroir, rue de la Montagne, à Bruxelles, où Baudelaire a vécu deux ans et deux mois.

# ANNEXES

## I. Edgar Poe. Marginalia

If any ambitious man have a fancy to revolutionize, at one effort, the universal world of human thought, human opinion, and human sentiment, the opportunity is his own—the road to immortal renown lies straight, open, and unencumbered before him. All that he has to do is to write and publish a very little book. Its title should be simple—a few plain words—" My Heart Laid Bare. " But—this little book must be *true to its title.*

Now, is it not very singular that, with the rabid thirst for notoriety which distinguishes so many of mankind—so many, too, who care not a fig what is thought of them after death, there should not be found one man having sufficient hardihood to write this little book ? To *write,* I say. There are ten thousand men who, if the book were once written, would laugh at the notion of being disturbed by its publication during their life, and who could not even conceive *why* they should object to its being published after their death. But to write it—*there* is the rub. No man dare write it. No man ever will dare write it. No man *could* write it, even if the dared. The paper would shrivel and blaze at every touch of the fiery pen.

*Publié dans le* Graham's Magazine, *janvier 1848 (Edgar Allan Poe,* Marginalia, *avec une introduction de John Carl Miller, Charlottes-ville, Presses de l'Université de Virginie, 1981, p. 150).*

Si quelque ambitieux forme le dessein de révolutionner d'un seul coup le monde entier de la pensée humaine, de l'opinion et du sentiment humains, l'occasion lui en est offerte. La route qui mène à la gloire immortelle s'étend droite devant lui, ouverte et sans obstacle. Il lui suffira, en effet, d'écrire et de publier un très petit livre, dont le titre sera simple et formé de quelques mots bien expressifs : — *Mon cœur mis à nu.* Mais il importe que ce petit volume rivalise de sincérité avec son titre.

Or, malgré la folle soif de renommée qui caractérise la plupart des représentants de l'humanité, n'est-il pas vraiment singulier que, parmi tant d'hommes qui néanmoins se soucient comme d'un fétu de ce que l'on pensera d'eux après leur mort, il ne s'en trouve pas un seul doué d'assez de hardiesse pour écrire un tel petit livre? L'*écrire*, dis-je ! Mais il est des milliers de personnes qui, une fois l'ouvrage achevé, se mettraient à rire si on leur disait que sa publication pourrait les troubler durant leur vie, et qui ne pourraient même pas concevoir *pourquoi* elles seraient opposées à le rendre public après leur mort. Mais l'écrire, voilà la grande difficulté. Personne n'ose l'écrire. Aucun homme n'osera jamais l'écrire. Nul ne saurait l'écrire, même s'il l'osait. Le papier se recroquevillerait et se consumerait au moindre contact de sa plume enflammée.

*Traduction Victor Orban (1re éd. de cette trad. Michaud, 1908, avec d'autres textes de Poe), Sansot, 1913, p. 67-69.*

## II. BAUDELAIRE : LETTRE À ALPHONSE TOUSSENEL [1]

Lundi 21 janvier 1856.

Mon cher Toussenel, je veux absolument vous remercier du cadeau que vous m'avez fait. Je ne connaissais pas le prix de votre livre, je vous l'avoue ingénument et grossièrement.

Il m'est arrivé avant-hier un chagrin, une secousse assez grave, — assez grave pour m'empêcher de penser, — au point que j'ai interrompu un travail important. — Ne sachant comment me distraire, j'ai pris ce matin votre livre, — de fort grand matin. Il a rivé mon attention, il m'a rendu mon assiette et ma tranquillité, — comme fera toujours toute bonne lecture.

Il y a bien longtemps que je rejette presque tous les livres avec dégoût. — Il y a bien longtemps aussi que je n'ai lu quelque chose d'aussi *absolument instructif et amusant.* — Le chapitre du faucon

1. Voir la chronologie. ci-dessus p. 481.

et des oiseaux qui chassent pour l'homme est une œuvre, — à lui tout seul. —

Il y a des mots qui ressemblent aux mots des grands maîtres, des cris de vérité, — des accents philosophiques irrésistibles, tels que : *Chaque animal est un sphinx*, et à propos de l'analogie : *comme l'esprit se repose dans une douce quiétude à l'abri d'une doctrine si féconde et si simple, pour qui rien n'est mystère dans les œuvres de Dieu !*

Il y a encore bien d'autres choses philosophiquement émouvantes, et l'amour de la vie en plein air, et l'honneur rendu à la chevalerie et aux dames, etc......

Ce qui est positif, c'est que vous êtes poète. Il y a bien longtemps que je dis que le poète est *souverainement* intelligent, qu'il est *l'intelligence* par excellence, — et que *l'imagination* est la plus *scientifique* des facultés, parce que seule elle comprend *l'analogie universelle*, ou ce qu'une religion mystique appelle la *correspondance*. Mais quand je veux faire imprimer ces choses-là, on me dit que je suis fou, — et surtout fou de moi-même, — et que je ne hais les pédants que parce que mon éducation est manquée. — Ce qu'il y a de bien certain cependant, c'est que j'ai un esprit philosophique qui me fait voir clairement ce qui est vrai, même en zoologie, bien que je ne sois ni chasseur ni naturaliste. — Telle est du moins ma prétention : — ne faites pas comme mes mauvais amis, et n'en riez pas.

Maintenant, — puisque je me suis avancé avec vous dans des discours plus grands et une familiarité plus grande que je ne me le serais permis, si votre livre ne m'inspirait d'ailleurs tant de sympathie, — laissez-moi tout dire.

Qu'est-ce que le *Progrès indéfini* ! qu'est-ce qu'une *société* qui n'est pas aristocratique ! ce n'est pas une société, ce me semble. Qu'est-ce que c'est que l'homme *naturellement* bon ? où l'a-t-on connu ? L'homme naturellement bon serait un *monstre*, je veux dire un *Dieu*. — Enfin, vous devinez quel est l'ordre d'idées qui me scandalise, je veux dire qui scandalise la raison écrite depuis le commencement sur la surface même de la terre. — Pur *quichottisme* d'une belle âme. —

Et un homme comme vous ! lâcher en passant, comme un simple rédacteur du *Siècle*, des injures à *de Maistre*, le grand génie de notre temps, — un voyant ! — Et enfin des allures de conversation, et des mots d'argot qui abîment toujours un beau livre.

Une idée me préoccupe depuis le commencement de ce livre, —

c'est que vous êtes un vrai esprit égaré dans une secte. En somme, — qu'est-ce que vous devez à *Fourier*? Rien, ou bien peu de chose. — Sans Fourier, vous eussiez été ce que vous êtes. *L'homme raisonnable* n'a pas attendu que Fourier vînt sur la terre pour comprendre que la Nature est un *verbe*, une allégorie, un moule, un *repoussé*, si vous voulez. Nous savons cela, et ce n'est pas par Fourier que nous le savons : — nous le savons par nous-mêmes, et par les poètes.

Toutes les hérésies auxquelles je faisais allusion tout à l'heure ne sont, après tout, que la conséquence de la grande hérésie moderne, de la doctrine *artificielle*, substituée à la doctrine naturelle, — je veux dire la suppression de l'idée du *péché originel*.

Votre livre réveille en moi bien des idées dormantes, — et à propos de *péché originel*, et de *forme moulée sur l'idée*, j'ai pensé bien souvent que les bêtes malfaisantes et dégoûtantes n'étaient peut-être que la vivification, corporification, éclosion à la vie matérielle, des *mauvaises pensées* de l'homme. — Aussi la *nature* entière participe du péché originel.

Ne m'en veuillez pas de mon audace et de mon sans-façon, et croyez-moi votre bien dévoué.

CH. BAUDELAIRE.

Correspondance *de Baudelaire, éd. Pichois-Ziegler, t. I, p. 335-337.*

## III. Article anonyme, Bruxelles, 15 juillet 1857

Je vous parlais récemment de *Madame Bovary*, ce scandaleux succès qui est à la fois une ignominie littéraire, une calamité morale et un symptôme social. Ce hideux roman de *Madame Bovary* est une lecture de piété en comparaison d'un volume de poésies qui vient de paraître, ces jours-ci, sous le titre de *Fleurs du Mal*. L'auteur est un monsieur Baudelaire, qui a traduit Edgar Poe, et qui, depuis dix ans, passe pour un grand homme dans un de ces petits cénacles d'où partent les immondices de la presse bohème et réaliste. Rien ne peut vous donner une idée du tissu d'infamies et de saletés que renferme ce volume. Les amis de l'auteur en sont épouvantés, et se hâtent de proclamer une chute, de peur que la police n'intervienne : les citations mêmes ne sont pas possibles à une plume honnête. C'est par là, et par un sentiment de dégoût, plus fort que tout le reste, que M. Baudelaire échappe au fouet des gens qui se respectent.

(...)

Cette littérature de charnier, d'abattoir et de mauvais lieu, ce règne des Truands de la littérature, doit donner à réfléchir. Ces gens-là, après tout, ont le haut du pavé. Ils possèdent leurs journaux, leurs éditeurs, leurs admirateurs; leurs livres circulent librement; on en parle, on les lit; les critiques s'en occupent; et ce qu'il y a de curieux, c'est que les Flaubert et les Baudelaire se fâchent quand on leur dit que c'est de la décadence. Ah ! ils ont bien raison : ce n'est plus de la décadence; c'est de l'orgie; et pas même de l'orgie au vin de Champagne, avec des fleurs et des bougies, mais de l'orgie populacière, à *l'eau d'af* et au gin, dans un de ces quartiers maudits des grandes villes, où le vice donne la main au crime, et où ils s'expliquent l'un par l'autre...

*Article paru dans* Le Journal de Bruxelles, *cité par Gustave Charlier*, Passages (Essais), *p. 138.*

## IV. BAUDELAIRE : LETTRE À MME PAUL MEURICE

[Bruxelles.] Vendredi 3 février 1865.

Quand on reçoit une lettre très charmante, et surtout très inattendue et très peu méritée, le premier devoir est d'y répondre tout de suite; ainsi je suis très coupable d'avoir renvoyé au lendemain, pendant près de trente jours, le plaisir de vous répondre et de vous remercier. Je pourrais vous dire, ce qui est la vérité, que je suis très souvent malade; mais ce serait une mauvaise excuse, parce que les rhumes, les névralgies et les fièvres ne durent jamais trente jours. J'aime mieux vous dire la vérité, c'est que je suis trop porté à abuser de l'indulgence de mes amis; et ensuite, qu'il y a dans ce détestable climat, je ne sais quelle atmosphère qui non seulement abêtit l'esprit, mais aussi endurcit le cœur, et nous pousse à oublier tous nos devoirs.

Vous pourrez, chère Madame, deviner combien vous m'avez fait plaisir, quand je vous aurai avoué que j'étais si honteux de vous avoir écrit de grosses folies, presque sans plus de gêne qu'à un camarade, que, ne pouvant pas briser la borne de bronze où était maintenant la lettre, et ne m'attendant à aucune réponse, je m'ingéniais déjà à inventer les moyens de me faire pardonner. Ainsi, en lisant votre réponse si peu espérée, j'ai éprouvé un double plaisir, d'abord le plaisir de *vous entendre parler*, et ensuite le plaisir de l'étonnement. Il faut donc avouer que vous avez décidément les plus belles qualités du monde.

Je veux répondre tout de suite à quelques-unes de vos lignes qui m'ont particulièrement touché. Non, je vous l'assure, je n'ai aucun chagrin *très particulier*. Je suis toujours de mauvaise humeur (c'est une maladie, cela), parce que je souffre de la bêtise environnante, et parce que je suis mécontent de moi. Mais en France, où il y a moins de bêtise, où la bêtise est plus polie, je souffrais aussi : — et quand même je n'aurais strictement rien à me reprocher, je serais également mécontent, parce que je rêverais de faire mieux. Ainsi, que je sois à Paris, à Bruxelles, ou dans une ville inconnue, je suis sûr d'être malade et inguérissable. Il y a une misanthropie qui vient, non pas d'un mauvais caractère, mais d'une sensibilité trop vive et d'un goût trop facile à se scandaliser. — Pourquoi je reste à Bruxelles, — que je hais pourtant ? — *D'abord parce que j'y suis*, et que dans mon état actuel, je serais mal partout, — ensuite, parce que je me suis mis en pénitence : — je me suis mis en pénitence, jusqu'à ce que je sois guéri de mes vices (cela va bien lentement), et aussi jusqu'à ce qu'une certaine personne, que j'ai chargée de mes affaires littéraires à Paris, ait résolu certaines questions.

Puisque vous me pardonnez tout, et que vous me permettez de prendre avec vous tous les tons, je vous dirai que cette Belgique si haïssable m'a déjà rendu un grand service. *Elle m'a appris à me passer de tout*. C'est beaucoup. *Je suis devenu sage, par l'impossibilité de me satisfaire*. J'ai toujours aimé le plaisir, et c'est peut-être ce qui m'a fait le plus de mal. Dans un petit port de mer, il y a le plaisir d'étudier le mouvement du port, les navires qui entrent, et ceux qui sortent, le plaisir de boire au cabaret avec des êtres inférieurs, mais dont les sentiments m'intéressent. Ici il n'y a rien. Les pauvres, ici, ne m'inspirent même pas de charité. À Paris, il y a les soupers d'amis, les musées, la musique et les filles. Ici, il n'y a rien. De gourmandise, il ne peut pas en être question. Vous savez qu'il n'y a pas de cuisine belge et que ces gens-là ne savent pas faire cuire les œufs, ni griller la viande. Le vin ne se laisse boire que comme chose rare, précieuse, merveilleuse et occasionnelle. Je crois, Dieu me damne ! que ces animaux-là le boivent par vanité, pour avoir l'air de s'y connaître. Quant au vin frais, à bon marché, qu'on boit à plein verre, quand on a soif, — chose inconnue. — De galanterie, il y en a encore moins. La vue d'une femme belge me donne une vague envie de m'évanouir. Le Dieu Éros lui-même, s'il voulait glacer immédiatement tous ses feux, n'aurait qu'à contempler le visage d'une Belge.

Ajoutez que la grossièreté des femmes, égale à celle des hommes, détruirait leur charme, si les malheureuses pouvaient en avoir un quelconque. Il y a plusieurs mois, je me suis trouvé, à la nuit, égaré dans un faubourg que je ne connaissais pas ; j'ai demandé mon chemin à deux jeunes filles, qui m'ont répondu : *Gott for damn !* (ou *domn !*) (j'écris mal cela : jamais un Belge n'a pu même me dire comment on devait orthographier le juron national : mais cela équivaut à *Sacré nom de Dieu !*). Elles m'ont donc répondu, les belles jeunes filles : — *Sacré nom de Dieu ! fichez-nous la paix !* — Quant aux hommes, ils ne manquent jamais à leur vocation spéciale de grossièreté. J'ai vu, un jour de verglas, une petite comédienne du *théâtre du Parc* tomber par terre. Elle s'était fait beaucoup de mal, et comme je m'évertuais à la relever, un Belge qui passait donna un grand coup de pied dans le manchon qui roulait dans la rue, en disant : « Eh ! bien, et ça ! — que vous oubliez ? » — C'était peut-être un député, un ministre, un prince, peut-être le Roi lui-même. Un ouvrier parisien l'aurait honnêtement ramassé pour le rapporter à la dame.

Comme je vous le disais, volontiers j'inviterais tous les voluptueux à habiter la Belgique. Rapidement ils seraient guéris, et en peu de mois, le dégoût *leur referait une virginité.*

Autre service que m'a rendu ce pays de coquins. — Vous m'avez plus d'une fois plaisanté sur mes tendances à la mysticité ! — Je vous assure que, vous-même, vous deviendriez pieuse ici, — par amour-propre, — par besoin de non-conformité. La vue de tous ces quadrumanes athées a fortement confirmé mes idées de religion. Je n'ai même pas de bonnes choses à dire des *catholiques.* Les libéraux sont des athées, les catholiques sont des superstitieux, tout aussi grossiers, et les deux partis sont dominés par une égale hypocrisie.

Encore deux petites anecdotes, foncièrement belges, — pour vous divertir.

Un jour un garçon de café, en me servant, me dit : « Vous allez donc dans les églises, Monsieur ? on vous a vu, à la Noël, dans telle église. » Je lui répondis : « N'en dites rien ! » Mais, en moi-même, je me dis : « On en parlera dans le Conseil des ministres. » — Deux jours après, je rencontre un Belge qui me dit : « Ah ! çà, vous allez donc à la messe, vous ! *Gott for domn !* (toujours le même juron que je ne sais pas écrire). Qu'est-ce que vous allez faire à la messe, PUISQUE VOUS N'AVEZ PAS DE LIVRE DE MESSE ? » Ceci est un raisonnement essentiellement belge. On ne prie pas sans livre. On ne pense pas sans règlements. Cependant il pèche en un point, c'est que le livre de messe ne servirait de rien à un Belge, puisque celui-ci ne comprendrait pas les prières écrites.

Un jour on me mène, avec grande emphase, chez un ministre qui possède une coûteuse collection de tableaux [1]. À la fin on me conduit vers un Bartolini peint par Ingres. C'était là qu'il fallait s'extasier. Mais on ne m'avait pas averti. Je dis : « C'est d'Ingres, probablement. Les mains et le visage sont trop vastes ; ce n'est pas là du *style*, et puis c'est d'une couleur rouge et sale. Il y a un grand homme qui a précédé Ingres, et qui a bien plus de génie. C'est David. » Alors le ministre se tourne vers mon cornac (car je crois qu'on *me* montrait aussi, *moi*) et le consulte délicatement : « Il me semble, du reste, que, depuis quelque temps, David est EN HAUSSE ? » Je n'y pouvais pas tenir : j'ai répondu qu'il suffisait qu'il n'eût jamais été *en baisse* chez les gens d'esprit.

Encore un service que je dois à la Belgique ! dites-le à Bracquemond. C'est de m'avoir désillusionné à l'endroit de Rubens. J'avais, en quittant Paris, une trop haute idée de ce malotru. Rubens est la seule espèce de gentilhomme que la Belgique pouvait produire, c'est-à-dire un goujat vêtu de soie. Au meilleur Rubens je préférerais maintenant un petit morceau de bronze romain, ou une cuiller égyptienne, — en bois.

Faites mes sincères amitiés à votre mari. Bonjour à Fantin et à Manet. — Je suis chargé de vous présenter les bons souvenirs de M. Charles Hugo. — On dit que son père va venir habiter ici. Diable ! J'allais oublier la très grave et très intéressante question de vos toilettes. Vous avez bien fait de me parler de cela, vous savez que cela m'intéresse. Je suis presque aussi érudit en fait de mode que Malassis en fait de vieux bouquins ou de botanique. Car le malheureux s'est mis à la botanique (non pas à l'entomologie, parce qu'il n'y a pas d'insectes dans les bois de ce pays-ci, pas plus que d'oiseaux : les bêtes fuient les Belges). J'ai compris toutes vos toilettes ; et elles m'ont rappelé une époque qui habite mon cerveau.

Quant à la coiffure j'ai moins bien compris, je l'avoue à ma honte. Je n'ai qu'une observation, d'ailleurs, à vous faire : quand

1. Voir *La Belgique déshabillée*, note 17.3. p. 631

une femme très aimable a des cheveux blancs, quelle que soit la coiffure qu'elle essaie, elle doit ne pas négliger de *montrer* ses cheveux blancs. Cela l'embellit.

Je vous baise galamment les deux mains, et je vous les serre vigoureusement.

C. B.

Correspondance *de Baudelaire, éd. Pichois-Ziegler, t. II, p. 447-451.*

## V. BAUDELAIRE : CATALOGUE DE LA COLLECTION DE M. CRABBE [1]

Diaz. Papillotages de lumière tracassée à travers des ombrages énormes.

Dupré. Mirages magiques du soir.

Leys. Manière archaïque.
première manière, plus naïve.

Rosa Bonheur. Le meilleur que j'aie vu, une bonhomie qui tient lieu de distinction.

Decamps. — Un des meilleurs. Grand ciel mamelonné, profondeur d'espace.

— Paysage énorme en petite dimension. L'âne de Balaan. A précédé les Doré.

— Trois soldats ayant coopéré à la Passion. Terribles bandits à la Salvator. La couronne d'épines et le sceptre de roseau expliquent la profession de ces malandrins.

*Madou.* Charlet flamand.

Cabat. Très beau, très rare, très ombragé, très herbu, *prodigieusement fini*, un peu dur, donne la plus haute idée de Cabat, aujourd'hui un peu oublié.

Ricard. Un faux Rembrandt. Très réussi.

Paul Delaroche. Donne une idée meilleure de Delaroche que l'idée habituelle. Étude simple et sentimentale.

Meissonier — Un petit fumeur méditatif. Vrai Meissonier sans grandes prétentions. Excellent spécimen.

1. Cf. le chap. 24. « Beaux-arts ». de *La Belgique déshabillée.* Sur Prosper Crabbe. voir la note 163.2 : sur Leys. la note 259.1 : sur les frères Stevens. la note 93.1 : sur Eugène Verboeckhoven. la note 262.1 : sur Verwée. la note 321.2. Voir aussi l'éd. Pichois. t. II. p. 1522-1524.

Troyon. 1860. Excellents spécimens. Un chien se dresse contre un tertre avec une souplesse nerveuse et regarde à l'horizon.

— Vaches. Grand horizon. Un fleuve. Un pont.

— Bœuf dans un sentier.

Robert-Fleury. Deux scènes historiques. Toujours le meilleur spécimen. Belle entente du Théâtre.

Jules Breton. Deux.

*Alfred Stevens.* Une jeune fille examinant les plis de sa robe devant une psyché.

Une jeune fille, type de virginité et de spiritualité, ôte ses gants pour se mettre au piano.

Un peu sec, un peu vitreux.

Très spirituel, plus précieux que tout Stevens.

Une jeune femme regardant un bouquet sur une console.

On n'a pas assez loué chez Stevens l'harmonie distinguée et bizarre des tons.

*Joseph Stevens.* Misérable logis de saltimbanques.

Tableau suggestif. Chiens habillés. Le saltimbanque est sorti et a coiffé un de ses chiens d'un bonnet de houzard pour le contraindre à rester immobile devant le miroton qui chauffe sur le poêle. Trop d'esprit.

Jacque. Plus fini que tous les Jacque. Une basse-cour à regarder à la loupe.

*Knyff.* Effet de soleil gazé. Éblouissement, blancheur. Un peu lâché. À la Daubigny.

*Verboeckhoven.* Étonnant, vitreux, désolant à rendre envieux Meissonier, Landseer, H. Vernet. Ton à la Demarne.

*Koekkoek.* Fer-blanc, zinc, tableau dit d'amateur. Encore est-ce un des meilleurs spécimens.

*Verwée.* Solide.

Corot. Deux. Dans l'un, transparence, demi-deuil délicat, crépuscule de l'âme.

Th. Rousseau. Merveilleux, agatisé. Trop d'amour pour le détail, pas assez pour les architectures de la nature.

Millet. La bête de somme de La Bruyère, sa tête courbée vers la terre.

Bonington. Intérieur de chapelle. Un merveilleux Diorama, grand comme la main.

*Willems.* Deux. — Préciosité flamande. La lettre, le lavage des mains.

*Gustave de Jongh.* Une jeune fille en toilette de bal, lisant de la musique.

Eugène Delacroix. Chasse au tigre. Delacroix alchimiste de la Couleur. Miraculeux, profond, mystérieux, sensuel, terrible : couleur éclatante et obscure, harmonie pénétrante. Le geste de l'homme, et le geste de la bête. La grimace de la bête, les reniflements de l'animalité.

Vert, lilas, vert sombre, lilas tendre, vermillon, rouge sombre, bouquet sinistre.

*Texte publié pour la première fois intégralement dans les* Œuvres posthumes, *1908 ; éd. Pichois des* Œuvres complètes, *tome II, p. 963-965.*

## VI. ARTICLE DE V[ICTOR] F[OURNEL], 17 avril 1866[1]

Pendant que M. Cuvillier-Fleury entrait à l'Institut, un ancien candidat, mais qui n'avait rien de bien redoutable, mourait à Bruxelles, où il s'était retiré depuis deux ans. M. Charles Baudelaire avait attaché son nom à un très-petit nombre d'œuvres bizarres, excentriques, où la recherche du grotesque et de l'horrible était érigée en système, où il s'était fait le poète de l'hallucination, du vertige et du cauchemar. Le livre des *Paradis artificiels*, consacré à décrire, en un style congruent au sujet, les rêves extravagants de l'opium et du hatschich, et les *Fleurs du mal*, fleurs malsaines et vénéneuses, cueillies par un vampire dans un cimetière, étaient, je crois, en dehors de quelques articles publiés dans les revues, les seules œuvres originales de M. Baudelaire. De plus, il avait traduit Edgar Poë, un écrivain qui allait parfaitement à sa nature d'esprit, et il avait écrit en tête de sa traduction une notice apologétique, en style tourmenté, pleine d'idées renversantes et d'un souverain mépris pour la vie et la littérature bourgeoises.

M. Baudelaire était un chef d'école sans disciples. Le nouveau romantisme qu'il avait voulu inaugurer n'eut de succès qu'auprès d'un petit nombre de raffinés, que l'étrange et l'exception séduisent avant tout. Il rappelait les fantaisies lugubres de Petrus Borel, mais avec plus de choix et d'effort dans le style, avec une gravité parfaite

1. Voir la chronologie, ci-dessus, p. 520.

et la conviction d'un augure. Il suffisait d'avoir vu cette tête intelligente, au regard fixe et aigu, déjà grisonnante, bien que M. Baudelaire fût encore presque jeune, et sérieuse comme un masque de bronze; d'avoir entendu cette voix basse et sifflante, qui s'imposait à l'attention, pour que cette vision ne sortît plus de la mémoire.

Il y a environ trois ou quatre ans que M. Baudelaire avait posé sa candidature à l'Académie. Les petits journaux en firent des gorges chaudes, et l'on prit généralement la nouvelle pour une plaisanterie. On se trompait : M. Baudelaire était sérieux, comme toujours. Dans son opinion, il méritait d'être académicien, et dès qu'il en fut convaincu, il n'attendit que la première vacance pour commencer ses visites. Ce fut quelque chose de curieux. La moitié des immortels n'avait jamais entendu prononcer son nom, et sans s'étonner, avec un flegme parfait et une douceur exquise, M. Baudelaire leur expliquait ce qu'il avait fait et leur récitait de ses vers. Il lut les premières strophes de la *Charogne* (ainsi s'appelle une des *fleurs* de son jardin poétique) à M. Viennet, qui menaça de le jeter par les fenêtres s'il continuait. Il discuta son système d'esthétique avec M. Villemain, et donna une attaque de nerfs à M. de Pongerville. Y a-t-il besoin d'ajouter que, le jour de l'élection, il n'eut pas une seule voix?

Certes M. Baudelaire n'était pas le premier venu. Original par tempérament et encore plus par système, esprit très-subtil et très-cultivé dans sa paradoxale bizarrerie, il a peint avec un talent vigoureux les difformités physiques et morales de la nature humaine. Le besoin de se distinguer et l'horreur du banal le poussèrent jusqu'à une sorte de monomanie littéraire; il dépensa un art opiniâtre à écrire des poésies souvent révoltantes. Les *Fleurs du mal* sont un grand jardin où un botaniste toxicologue s'est amusé à réunir toutes les plantes empoisonnées : on y respire un air lourd, mêlé de parfums âcres, plein de vertiges malsains. Ce volume de vers eut des malheurs en police correctionnelle : on ne le supprima pas pourtant, mais on ne le laissa circuler qu'avec quelques cartons. L'auteur s'en étonna : suivant lui, l'art ne pouvait être ni moral ni immoral, et la poésie se servait de but à elle-même. Le réquisitoire de l'avocat général contre ses pièces de vers le frappa de stupéfaction autant que l'eût pu faire un discours indigné contre la perversité de la belladone et du mancenillier : « Vous dotez le ciel de l'art d'on ne sait quel rayon macabre, écrivait Victor Hugo à M. Baudelaire: vous créez un frisson nouveau. » Cette gloire lui suffisait ; il ne voulait que faire frissonner d'une manière inconnue jusqu'à lui, et ne croyait pas corrompre.

*« Lettres parisiennes »,* Journal de Bruxelles, *17 avril 1866 ; republié dans* Les Derniers Mois de Charles Baudelaire, *p. 188-190.*

## VII. Article nécrologique d'Émile Leclerq[1], 10 septembre 1867.

Les journaux de Paris nous ont appris, cette semaine, la mort de Charles Baudelaire, poète français qui a longtemps résidé à Bruxelles. Comme d'habitude, ses amis et ses admirateurs le pleurent, et il ne faudrait pas être trop étonné qu'on lui élevât quelque chose au cimetière du Père Lachaise à côté de tant d'autres monuments consacrés à la mémoire de petits grands hommes de la bohème parisienne.

J'ai connu Baudelaire sans lui avoir jamais parlé. Je n'ai jamais voulu qu'on me présentât à lui, son caractère m'ayant dès l'abord été extrêmement antipathique. Il avait une tête de prêtre manqué ou défroqué. C'était un poseur. Tous ses mouvements comme toutes ses paroles étaient calculés pour produire le plus d'étonnement possible sur ses auditeurs. Il prenait ordinairement le contre-pied du bon sens et soutenait ses paradoxes avec une sorte d'éloquence travaillée, où il faisait volontiers entrer des termes scientifiques, des expressions recherchées. Beaucoup se pâmaient à l'entendre. Et, en vérité, lorsqu'on pouvait l'écouter avec sang-froid pendant un certain temps, la bizarrerie de sa prose finissait par vous émerveiller.

Je me suis trouvé, pendant tout un hiver, presque chaque soir, dans le cercle d'artistes et de littérateurs qui se réunissent en petit nombre au *Cercle artistique et littéraire.* Baudelaire était lié avec beaucoup d'entre nous. Il n'y avait donc qu'à fumer tranquillement sa pipe et à écouter : il parlait beaucoup, disant des riens avec emphase ou faisant un cours de quelque chose d'une voix vibrante et un peu amère qui déjà produisait un effet désagréable sur les

1. Baudelaire évoque probablement ce journaliste belge dans l'*argument* de *La Belgique déshabillée.* Voir la note 352-361.3.

nerfs. Tout son succès de littérateur et de causeur, — d'artiste, pour mieux dire, car il n'était que cela, — était contenu dans un seul mot : contradiction. En peinture, sentant que le mouvement moderne emporte vers le naturalisme, il s'exaltait en parlant de David et de son école. En littérature, la forme et l'étrange étaient tout pour lui. Il n'avait ni convictions, ni sens commun, ni enthousiasme sincère. Il posait pour l'homme religieux, et sa vie, qu'il racontait sans vergogne, protestait tout entière contre le mysticisme dont il faisait étalage. Il connaissait parfaitement la langue et la prosodie françaises, et ses vers sont admirables, si on n'y cherche que l'imprévu et l'éclat dans la forme. Mais là encore, il fait les plus grands efforts pour arriver à n'être point banal, sans s'apercevoir qu'il ne parvient qu'à la boursouflure. Il s'était enfermé dans un système et il avait eu assez de caractère pour n'en point sortir. Aussi, bien qu'il ait vécu et travaillé sans sincérité aucune, son œuvre et sa vie ne manquent point d'individualité. Le Baudelaire naturel avait disparu pour faire place à un personnage artificiel qui jouait bien son rôle et ne se démentait sans doute que quand il était seul en face de son Créateur.

Il est mort fou : et mon avis est qu'il a été fou toute sa vie, ou du moins depuis le jour où il a senti qu'il pouvait raisonner... Mais il n'était pas un fou ordinaire puisqu'il se moquait du public sans que le public s'en aperçût. Sa folie consistait précisément en cela qu'il avait résolu de mourir de son vivant, pour laisser vivre à sa place le poète qu'il avait rêvé.

Je sais bien que cette appréciation brutale ne sera point du goût des admirateurs de Baudelaire. Mais c'est le fond de ma pensée et je crois de mon devoir de l'exprimer. On versera probablement des larmes sur son tombeau : qu'elles lui soient légères ! Je ne veux même pas douter de leur sincérité. Quant à moi, je ne puis le regretter : je ne l'estimais pas. Il avait beaucoup de talent, mais un de ces talents malsains qui ne poussent que dans les intelligences et les consciences dévoyées. Je lui en veux plus encore pour le bien qu'il n'a pas fait que pour le mal qu'il a pu faire, et qui, en somme, se réduit à peu de chose : maître de troisième ou de quatrième ordre, sans doute il laissera quelques timides élèves ou quelques imitateurs puérils qui ne pourront mettre en danger la république des lettres.

On doit, dit-on, la vérité aux vivants : pourquoi ne la dirait-on pas aux morts ? Les louanges de commande qu'on déclame sur les tombeaux prouvent le peu de respect que les hommes ont les uns pour les autres.

Le Libre Examen, *10 septembre 1867.*

## VIII. Auguste Poulet-Malassis : lettre à Charles Asselineau

13 avril [18]68

Mon cher ami, en cas que vous soyez pressé, je vous envoie des dates approximatives.

Baudelaire est arrivé à Bruxelles en avril 1864.

Je crois qu'il a donné 5 conférences au *Cercle des Arts* (non pas dans les Galeries Saint-Hubert, mais Grande Place). J'ai assisté à toutes, bien entendu : mais comme il arrive souvent pour des faits non éloignés (mai et juin), je suis incertain sur le sujet de la seconde de ces conférences. La première était sur Théophile Gautier, Baudelaire lut la notice que vous connaissez, en y mêlant des traits nouveaux qui tenaient à la fois de la préméditation et de l'improvisation. Il avait noté des endroits de repos, dans sa lecture, où il parlait pour l'intelligence de son auditoire. Ils étaient ménagés avec un art si parfait qu'on pouvait douter, si on n'avait pas les yeux sur lui, que sa lecture fût l'improvisation d'un esprit aussi maître de sa parole que de ses idées, substituant aux procédés oratoires la certitude du verbe.

Il me semble que la seconde conférence fut remplie par la lecture de quelques-unes de ses poësies.

Public nombreux, choisi (en faisant la part du milieu), quelques dames, succès artistique.

Baudelaire eut ensuite l'idée, malheureuse, de lire en trois conférences le livre des *Paradis artificiels* qu'il s'était mis en tête de vendre à Lacroix ! — Lacroix se conduisit avec la dernière grossièreté ! Invité et sollicité, il ne vint pas. — Autre maladresse : Baudelaire donna une lecture chez Crabbe, agent de change, ami des arts. Exhibition pénible, toujours pour Lacroix, qui s'excusa.

Le début de la 3e conférence chassa les dames, — et leurs demoiselles. J'ai raconté le mot dans la *Petite Revue :* « J'ai perdu avec vous ma virginité d'orateur, virginité qui n'est d'ailleurs pas plus regrettable que l'autre. »

Les trois *conférences de cette lecture* furent mortelles — sans Lacroix — À la dernière ! nous étions bien huit.

Baudelaire a eu sa grande attaque, définitive, d'aphasie, en mars 1866, dans la première quinzaine de ce mois, je crois. Il a dû entrer dans la maison de santé du 20 au 30. — Il est rentré à l'*hôtel du Grand Miroir* en avril. Il a quitté Bruxelles avec sa mère, vers la fin de juin.

J'écrirai demain au secrétaire du Cercle des Arts pour avoir des dates précises, et le Dr Marcq que j'ai vu ce matin passera de son côté à la maison de santé. Il a diverses notes de Baudelaire, sur les prodromes de sa maladie, dont il doit me faire part.

(...)

Votre
Malassis.

## IX. Charles Asselineau : Baudelaire à Bruxelles

Au mois d'avril 1864, Baudelaire partit pour la Belgique. Il avait entendu parler de grands succès obtenus à Bruxelles par les littérateurs français en faisant des lectures et des conférences publiques. Là-dessus il avait rêvé les magnifiques profits réalisés en Angleterre et en Amérique par Dickens, par Thackeray, par Longfellow, et par Edgar Poë même, revenus riches après une tournée employée à exploiter de ville en ville un même livre ou une même leçon. Il comptait aussi entrer en relation avec une importante maison de librairie pour une édition définitive de ses œuvres. Ni l'un ni l'autre projet ne réussirent selon son espoir. Il donna en effet quelques séances au Cercle des Arts, puis dans un salon particulier. Les lectures qu'il fit au Cercle de la Biographie de Théophile Gautier, de ses articles sur Delacroix, et de diverses pièces des *Fleurs du Mal*, eurent un succès honorable, mais peu fructueux. Baudelaire s'était trompé sur les résultats de sa tentative, en confondant l'esprit et les habitudes de peuples très-différents. Est-ce parce qu'il sentit la partie perdue, qu'à l'ouverture d'une des séances suivantes il compromit son succès littéraire par une de ces facéties qu'il ne savait pas retenir et qui lui fut inspirée peut-être par la tenue sévère et guindée de son auditoire ?

Quant à l'éditeur, il fit la sourde oreille et se comporta même, nous dit-on, assez légèrement.

En apprenant ces déconvenues, les amis de Baudelaire espérèrent son retour. Il leur manquait en effet ; il manquait à Paris, au Paris intelligent et causant, auquel sa conversation substantielle et son esprit actif faisaient vraiment faute. On vit avec étonnement son absence se prolonger sans raison apparente. Aux sollicitations qu'on lui adressa, il répondit qu'il préparait un ouvrage sur, ou plutôt contre la Belgique, qu'il avait prise en horreur après un mois de séjour. D'un autre côté, quelques-uns de nos amis qui le visitèrent à Bruxelles rapportèrent qu'il ne faisait rien. Il se provincialisait, disaient-ils, et tombait dans le rabâchage et dans l'oisiveté. En fait, pendant ces deux années de séjour en Belgique, Baudelaire ne publia guère qu'un volume, le cinquième et dernier tome de la traduction d'Edgar Poë, *Histoires grotesques et sérieuses* (1864), et plus tard, vers la fin (1866), les *Nouvelles Fleurs du Mal*, livraison du *Parnasse contemporain*, où les pièces déjà imprimées sont en grande majorité sur les inédites. On ne doit compter que pour mémoire *les Épaves*, publication subreptice que Baudelaire n'avouait pas et à laquelle il ne consentit que par condescendance au désir d'un ami.

Après plusieurs mois d'attente, nous commençâmes à soupçonner que Baudelaire pourrait bien être retenu à Bruxelles pour quelque motif extra-littéraire.

On tenta, pour le décider à revenir, l'effet d'une proposition collective. Baudelaire refusa. « Son ouvrage avançait ; il recueillait ses notes. » Des notes, c'est en effet tout ce qu'on a trouvé de cet ouvrage mystérieux dont le titre était encore à chercher [1]. Ces notes, inimprimables à cause de leur concision rudimentaire et de la fréquente crudité d'expression, sont curieuses et telles qu'on les pouvait attendre d'un esprit aussi aiguisé par l'habitude de l'observation. Elles sont classées en trente-trois liasses ou layettes sous des titres spéciaux et avec des sommaires détaillés qui égalent presque en étendue la totalité des notes [2]. Du reste, nulle rédaction ; les phrases sont presque partout à l'infinitif ou à l'indicatif précédé du *que :* « — Que la Belgique... etc. » La haine de Baudelaire pour la Belgique, ou plutôt pour les Belges, était arrivée peu à peu à l'exaspération ; et certes les mécomptes des premiers jours n'entraient pour rien dans cette aversion.

1. Note d'Asselineau donnant la liste des titres transcrite par Baudelaire sur le f° 3 de *La Belgique déshabillée.*

2. Note d'Asselineau énumérant les trente-trois chapitres de *La Belgique déshabillée.*

Ce n'est pas qu'il ne comptât quelques amis à Bruxelles ; mais l'humeur, les mœurs de la population le blessaient jusqu'au vif. Il était surtout choqué de retrouver dans les habitudes et dans les opinions une caricature grossière de la France, nos défauts poussés à l'exagération sans la compensation de nos qualités : amour sans galanterie, familiarité sans politesse, impertinence sans esprit, impiété sans élégance, vanterie sans légèreté, propreté paradoxale. Tout, jusqu'aux visages, jusqu'à la démarche, lui déplaisait. Le régime de table, dont il se plaint beaucoup (viandes bouillies, pain fade, pas de ragoûts, ni de légumes, ni de fruits, le faro remplaçant le vin dans tous les restaurants), ne valait rien pour lui, et a peut-être été pour quelque chose dans sa maladie. Il y aurait sans doute plus d'une observation fine et profonde à relever dans les pages où il explique les causes de la faveur européenne du gouvernement et de la nation belges, « enfants gâtés des gazettes » ; où il examine, en la contestant, la sagesse proverbiale du roi Léopold I^er^, où il traite la question de l'annexion, etc., etc. Néanmoins, je doute, à cause de la négligence et de la brutalité de la rédaction, qu'on pût rien tirer de ce manuscrit que de rares et courts extraits.

Dans l'été de 1865, Baudelaire traversa Paris, pour quelque affaire, et me fit cet extrême plaisir de venir me voir. Malgré les bruits alarmants sur sa santé, qui avaient déjà couru, je ne le trouvai point changé. Peut-être un peu grossi, ou plutôt alourdi, ce qui pouvait être l'effet du régime du pays, il avait du reste bonne prestance : il était gai et jaseur. L'œil était clair, et la parole libre et sonore. Il accusa pourtant quelques dérangements au commencement de la saison : étourdissements, douleurs de tête ; mais comme il ne parlait qu'au passé et que, d'ailleurs, il me parut en bon point, je le crus guéri, et je mis les alarmes sur le compte des pessimistes. Nous passâmes toute une demi-journée ensemble avec Th. de Banville, son plus ancien ami. J'épuisai ma logique à lui persuader de ne pas repartir. Mais il résista. Il lui fallait, me dit-il, absolument retourner à Bruxelles, ne fût-ce que pour aller chercher ses papiers qu'il y avait laissés : et puis, le plan de son livre s'était agrandi : il voulait ajouter à ses notes sur Bruxelles des renseignements sur les principales villes belges, Anvers, Malines, Gand, Bruges, Liège, Namur. Je lui rapportai, pour le piquer de vitesse, ces mots que m'avait dit un jour Théophile Gautier : « Ce Baudelaire est étonnant ! Conçoit-on cette manie de s'éterniser dans un pays où l'on souffre ? Moi, quand je suis allé en Espagne, à Venise, à

Constantinople, je savais que je m'y plairais et qu'au retour je ferais un beau livre. Lui, Baudelaire, il reste à Bruxelles, où il s'ennuie, pour le plaisir de dire qu'il s'y est ennuyé ! »

Il rit, et me dit adieu, m'assurant que son retour ne pouvait pas tarder de plus de deux mois.

Ce jour est le dernier où les amis de Baudelaire l'aient possédé tout entier, parlant et agissant. Au commencement de l'année suivante, les bruits alarmants circulèrent de nouveau, plus précis et plus significatifs. J'écrivis à Baudelaire pour lui reprocher de laisser ses amis dans l'inquiétude, le priant de m'envoyer, soit une consultation écrite de son médecin, soit une description détaillée de son état et des traitements qu'on lui faisait suivre, d'après laquelle je pusse consulter un médecin de Paris.

Le 5 février il me répondit :

« ... Ce n'est pas chose facile pour moi que d'écrire. Si vous avez quelque bon conseil à me donner, vous me ferez plaisir. À proprement parler, depuis vingt mois j'ai été presque toujours malade... En février de l'année dernière, violente névralgie à la tête, ou rhumatisme aigu, lancinant ; quinze jours à peu près. Peut-être est-ce autre chose ? Retour de la même affection en décembre. — En janvier, autre aventure : un soir, à jeun, je me mets à rouler et à faire des culbutes comme un homme ivre, m'accrochant aux meubles et les entraînant avec moi. Vomissements de bile ou d'écume blanche. Voilà invariablement la gradation : je me porte parfaitement bien, je suis à jeun, et tout à coup, sans préparation ni cause apparente, je sens du vague, de la distraction, de la stupeur : et puis une douleur atroce à la tête. Il faut absolument que je tombe, à moins que je ne sois en ce moment-là couché sur le dos. — Ensuite sueur froide, vomissements, longue stupeur. Pour les névralgies, on m'avait fait prendre des pilules composées de quinine, de digitale, de belladone et de morphine. Puis application d'eau sédative et de térébenthine, très inutile d'ailleurs, à ce que je crois. Pour les vertiges, eau de Vichy, valériane, éther, eau de Pullna. — Le mal a persisté. Maintenant des pilules dans la composition desquelles je me souviens qu'il entre de la valériane, ou de l'oxyde de zinc, de l'assa foetida, etc., etc. C'est donc de l'anti-spasmodique ? — Le mal persiste. Et le médecin a prononcé le grand mot : hystérie. En bon français : je jette ma langue aux chiens. Il veut que je me promène beaucoup, beaucoup. C'est absurde. Outre que je suis devenu d'une timidité et d'une maladresse qui me rendent la rue insupportable, il n'y a pas moyen de se promener ici, à cause de l'état des rues et des routes, surtout par ce temps. Je cède pour la première fois au désir de me plaindre. Connaissez-vous ce genre d'infirmité ? Avez-vous déjà vu ça ?...

« Merci encore une fois pour votre bonne lettre. Donnez-moi la distraction d'une réponse. Serrement de main à Banville, à Manet, à Champfleury, si vous les voyez.

CHARLES BAUDELAIRE »

Je portai cette lettre à l'excellent docteur Piogey, notre médecin, notre ami et notre conseiller à tous, qui connaissait depuis longtemps Baudelaire et l'avait plus d'une fois soigné. Il me consola médiocrement, trouva les symptômes très-graves, et refusa de se prononcer avant d'avoir vu le malade.

Deux mois plus tard (1er avril), notre ami Malassis, qui a été à Bruxelles l'hôte et le compagnon dévoué de Baudelaire, m'écrivait que le mal, qui couvait depuis si longtemps s'était tout à coup déclaré avec violence. Foudroyé de plusieurs attaques d'apoplexie consécutives, Baudelaire avait perdu l'usage de la parole et s'était trouvé paralysé de tout le côté droit. Il était hémiplégique et aphasique. Transporté dans une maison de santé, il en sortit quinze jours après, le 19 avril, lorsque sa mère, Mme Aupick, fut arrivée à Bruxelles. On conserva quelque temps l'espoir de le ramener à Honfleur : mais bientôt les ressources d'une petite ville furent reconnues insuffisantes pour son état. On décida de l'amener à Paris. Il y arriva dans les premiers jours de juillet, accompagné de sa mère et de M. A. Stevens, qui s'était obligeamment offert pour cette conduite. J'allai l'attendre au débarcadère du chemin de fer, plein d'anxiété et même d'effroi. Des bruits contradictoires s'étaient répandus au sujet de la maladie de Baudelaire. On avait parlé de folie à cause de quelques violences que n'expliquait que trop l'impossibilité où il était de se faire comprendre. Lorsque je le vis s'avancer soutenu par M. Stevens, s'appuyant du bras *gauche* et portant sa canne amarrée au bouton de son habit, j'eus le cœur serré et les larmes me montèrent aux yeux. En m'apercevant, il poussa un éclat de rire, long, sonore, persistant, qui me glaça. Était-il fou, en effet ? Je n'avais pas passé un quart d'heure avec lui que j'étais complètement rassuré... hélas ! sur ce point. J'acquis la conviction que Baudelaire n'avait jamais été, triste avantage pour lui sans doute, ni plus lucide, ni plus subtil. En le voyant prêter l'oreille, tout en faisant sa toilette, aux conversations qui se tenaient à voix basse à deux pas de lui et n'en pas perdre un mot, ce que je pus comprendre aux signes d'improbation ou d'impatience qu'il manifestait, échanger des sourires avec moi, lever les épaules, hocher de la tête, donner, en un mot, des marques de l'attention la plus soutenue et de l'intelligence la plus nette, je ne doutai pas que la partie que le mal avait respectée en lui ne fût parfaitement saine et active et que son esprit fût aussi libre et aussi agile que je l'avais vu l'année précédente. Le fait fut d'ailleurs constaté par les médecins qui le visitèrent, les jours suivants, MM. Piogey, Lassègue et Blanche. À Bruxelles déjà, malgré des affirmations contraires, produites par des personnes qui ne connaissaient Baudelaire que légèrement et depuis peu de temps, cette intégrité de l'intelligence avait été reconnue par l'homme qui l'a le plus assidûment veillé et observé, par Malassis. — « La gravité de sa maladie, m'écrivait-il, me paraît être entièrement dans l'impossibilité de s'exprimer. Et il est clair qu'il a conscience de cette impossibilité ; mais enfin il agit comme un quasi-muet, qui ne pourrait articuler qu'un son et qui tâcherait de se faire comprendre au moyen des variétés d'intonation. Je le comprends assez souvent, en ce qui me concerne ; mais c'est dur... » Ailleurs, il explique, avec des détails trop familiers et trop intimes pour être rapportés ici, les colères et les emportements de Baudelaire par l'ineptie des gens qui l'entourent et qui le servent. Je détache seulement d'une de ces lettres le récit d'une des dernières promenades faites par Baudelaire, et qui fut précédée d'une scène de violence causée par l'inintelligence de la personne qui l'aida à sa toilette. On lui avait présenté des ustensiles malpropres et incommodes ; on n'avait pas su deviner ce qu'il demandait ou trouver ce qu'il cherchait. — « Enfin nous partons. Nous faisons un tour dans la verdure (7 juin) ; nous descendons pour déjeuner dans un petit cabaret. Je lui tiens la conversation la plus égayante que je puis. Et je le ramène sans qu'il ait témoigné autre chose que le plaisir de vivre et du contentement, levant de temps en temps les yeux au ciel avec une expression de résignation, après un vain effort de parler. »

*Charles Asselineau,* Baudelaire, *Lemerre, 1869 ; rééd.* Baudelaire et Asselineau, *textes recueillis et commentés par Jacques Crépet et Claude Pichois, Nizet, 1953, p. 134-145.*

## X. Camille Lemonnier : Baudelaire à Bruxelles

(...) Passant une après-midi devant les vitrines du père Rosez, j'y vis un exemplaire des *Fleurs du Mal*, dans l'édition Poulet-Malassis. Le livre était ouvert à cette page d'*Une Martyre :*

*Un cadavre sans tête épanche comme un fleuve...*

La cruauté algide et brûlante, la passionnalité morbide de cette extraordinaire poésie étalée là comme une fleur de sang sensuelle et vénéneuse me fit une blessure profonde. Pendant une semaine je repassai devant l'étalage, collant mes yeux aux glaces étamées de buée. Je finis par savoir les vers par cœur. Je ne me doutais pas qu'à quelque temps de là j'allais faire d'une façon insolite la connaissance même du poète.

Les premiers proscrits du coup d'État : Hugo, Quinet, Girardin, Deschanel, Laussedat, Hetzel, Charras, avaient pris contact avec la vie bruxelloise au *Lion belge*, à *la Mort subite*, au *Grand Café*, le petit Véfour de la proscription, selon le mot de M. P. Wauvermans dans son livre sur les réfugiés. Plus tard on alla *À L'Aigle :* quelquefois Hugo, qui écrivait *Napoléon le Petit*, y consommait, en dînant, un verre de faro supplémentaire, ce qui portait l'addition à un franc et vingt-quatre centimes. On se réunissait aussi l'après-midi, dans une taverne, *Prince of Wales*, au fond de l'étroite rue Villa-Hermosa.

Là, derrière une cour d'entrée, se joignaient deux pièces, l'une très petite, et qui, avec son plafond enfumé et bas, avait l'air d'une cabine de navire ; l'autre, plus grande, décorée de paysages cynégétiques. C'était l'une des trois ou quatre tavernes anglaises que possédait Bruxelles : les brasseries allemandes ne sévissaient pas encore. La taverne et la rue s'englobaient dans le pan du vieux Bruxelles qui, par une rampe en escaliers, entre des dégringolades de pignons, dévalait vers le quartier de l'Athénée où je faisais mes études. À la sortie des classes, c'était pour moi un jeu de me ruer sur la pente, escaladant d'une enjambée les marches spacieuses.

Comme, un jour, emporté par l'élan, je tournais l'angle de la Montagne de la Cour, je manquai renverser un passant qui arrivait à mon encontre. Son visage était glabre et cireux, troué d'aigres prunelles noires.

— Clampin ! fit Baudelaire, avec dignité.

Car c'était lui : j'en fus averti par l'exclamation encolérée d'un autre passant qui, survenant en ce moment et l'interpellant par son nom, s'offrit à me casser les reins. Le vent d'une canne en même temps siffla dans un moulinet que l'homme, d'allure militaire, décrivit agilement à mes oreilles. Celui-là aussi, je devais le connaître plus tard : l'art, le patin, l'équitation, l'avaient rendu célèbre ; il s'appelait Joseph Stevens. Je crois bien que le siècle n'eut pas de plus grand animalier. Mais dans cet instant, à peine je pris attention aux virevoltes étincelantes de son jonc. Tout frémissant et médusé, je regardais me transpercer les sombres pupilles dilatées du magicien d'art qui, à la fois, m'avait révélé une poésie et une humanité nouvelles.

Henry De Groux, avec un don d'étrange divination, devait se suggérer plus tard, pour le fixer sur la toile, ce visage hermétique et halluciné, pincé de mépris et d'ironie. Le masque avait la beauté foudroyée des mauvais anges d'un Burne Jones. Visiblement une hantise, on ne sait quelle conjecture d'un commerce avec les puissances maléfiques, imprimait sur les traits un stigmate mystique, violent et morne. La bouche s'effilait comme une plaie ; le front jaillissait comme une falaise au bord d'un gouffre ; le regard était une épée de diamant noir.

Baudelaire, qui devait être, avec Barbey d'Aurevilly et Félicien Rops, le dernier diabolisant d'une époque qui ne croyait plus au diable, dégageait bien plus qu'eux l'impression physionomique du satanisme. Barbey, d'une beauté élégante et cavalière, ne fut peut-être qu'un dandy de la damnation : il semblait toujours s'être fait friser au petit fer chez le coiffeur des ombres. Félicien Rops, plus débraillé, d'un donjuanisme qui sentait un peu la maison Tellier, apparaissait plutôt, lui, comme une espèce de commis-voyageur de la région des âmes impures, colportant un genre licencieux et méphistophélique qui, seulement vers la fin, à l'époque de ses *Sataniques*, s'égala aux grandes messes noires célébrées par les deux esprits auxquels il servit de complémentaire.

De ces trois hommes qui étaient presque également beaux, avec des séductions où se reflétait un des aspects du Réprouvé, Baudelaire semblait porter le front le plus dévasté.

J'eus l'occasion de le revoir fréquemment, descendant du faubourg d'Ixelles, aux heures où, écolier distrait par l'aventure de la rue, j'y remontais moi-même. À pas lents, d'une allure un peu dandinée et légèrement féminine, Baudelaire traversait le terre-plein de la porte de Namur, évitant méticuleusement la crotte et, s'il pleuvait, sautillant sur la pointe de ses escarpins vernis dans lesquels il se plaisait à se mirer. Rasé de frais, les cheveux rejetés en volute derrière l'oreille, un col de chemise mou, d'une blancheur absolue, dépassant le collet de sa longue houppelande, il avait l'air à la fois d'un clergyman et d'un comédien. On le voyait, de sa démarche égale, la tête un peu penchée vers l'épaule, mince, fluet, suprêmement distingué, gagner la Place Royale et finalement enfiler le couloir du *Prince of Wales*. Il y rencontrait Bancel, Ranc, Hetzel, Deschanel, Laussedat, Poulet-Malassis, cet admirable ouvrier du livre, Willem Burger (Thoré) qui, avec son ami Suermondt, le banquier-amateur d'Aix-la-Chapelle, commençait à découvrir les vieux maîtres de Hollande. Alfred Stevens, le peintre prestigieux, le créateur de la modernité féminine, son frère Joseph, plus fier de la coupe de sa jaquette que de ses tableaux, y venaient aussi. Un jour, quelqu'un amena Proudhon ; mais le farouche « proscrit philosophe », comme il se dénommait, vivait pauvrement, avec sa femme et ses deux filles, dans une petite maison d'une rue de faubourg et n'avait pas toujours les six sous que coûtait la pinte d'ale. « M. Duport, professeur de mathématiques », — c'était sous ce nom que Proudhon avait passé en Belgique, — tenait à distance ses camarades de la proscription. Par contre, Dickens, le grand Dickens, s'accommoda si bien de la compagnie qu'il trouvait au *Prince of Wales* qu'il en oublia son manoir des environs de Londres en proie aux conflits domestiques. Celui-là aussi était un proscrit, mais un proscrit du mariage : on disait qu'il n'avait pas toujours eu la légalité de son côté. Quand, avec un jeu de physionomie qui l'égalait au plus parfait acteur, Dickens mimait une de ses merveilleuses histoires, le tavernier cessait de manœuvrer ses pompes et toutes les petites pintes en étain, rangées sur le comptoir, le regardaient avec admiration.

On peut dire que la proscription, qui ne mangeait pas toujours à sa faim, mais parfois trouvait le moyen de boire à sa soif, goûta là des heures fraternelles et joyeuses. Bancel, en s'humectant de bière blonde, lui que devait épaissir plus tard le lourd faro national, rêvait d'une république fleurie de rhétorique. Ranc, laconique et terrible, juvénalisait. On regardait voler l'abeille attique aux lèvres de Deschanel. W. Burger, d'une foi enflammée, célébrait la merveille de cet *Agneau mystique* de Van Eyck, qu'avec Félix Delhasse il avait découvert dans un recoin de l'église Saint-Bavon, à Gand, et dont les tronçons épars, à Gand, à Bruxelles et à Berlin.

font, aujourd'hui, l'étonnement du monde. Baudelaire, le geste hiératique, scandait avec enflure des vers dédiés aux chiens errants et malheureux. Un jour, comme il le raconta lui-même dans ses *Petits poèmes en prose*, on vit Joseph Stevens, le maître attitré des cabots calamiteux, impétueusement se dépouiller de son gilet « d'une couleur riche et fanée qui fait penser aux soleils d'automne, à la beauté des femmes mûres et aux étés de la Saint-Martin » et le passer, en signe d'admiration, au poète secourable et magnifique.

Baudelaire, précieusement, cultivait un goût de mystification funèbre et grotesque, nourri chez Poë : elle était comme le cabotinage de son satanisme. Il l'exerçait à la façon d'une escrime avec la correction froide et la souplesse déliée d'un adroit tireur. Elle semblait mettre autour de sa sensibilité l'enveloppe et la défense d'une cotte de mailles. Peut-être n'était-elle sous le masque que la pudeur de cette sensibilité, d'autant plus vive qu'elle était plus contenue. Elle ne dédaignait pas le sarcasme froid du pince-sans-rire : elle se ressouvenait aussi des parades des mimes de Londres et de leurs clowneries macabres.

Baudelaire ne pardonna jamais aux Belges de n'avoir point pris au sérieux les histoires que le soir, à la taverne du *Globe*, il aimait débiter d'un ton glacé. On s'en aperçut aux piqûres dont il larda la Belgique.

Il dînait alors au faubourg, dans un petit restaurant qu'on nommait « Chez Bienvenu », et où l'on mangeait à quinze sous le cachet, faro compris. Victor Hugo, qui était riche, tout un temps avait bien dîné, moyennant un franc douze centimes, *À l'Aigle*, où allaient aussi Quinet, Charras, Girardin, Hetzel ; mais *À L'Aigle*, il se sentait encore chez lui, c'est-à-dire sur une cime. Baudelaire, déjà malade, n'avait pas les mêmes raisons de pardonner au pays les ratas économiques qu'il y consomma. Sans doute aussi, il n'avait pu oublier la conférence qu'un soir, au Cercle artistique, il donna sur Théophile Gautier et où, avec la plus musicale éloquence, il discourut pendant deux heures devant les banquettes.

Je n'oublierai jamais ce soir mémorable. Les journaux bruxellois avaient annoncé une conférence de Baudelaire, sans commentaires. Le fait d'un grand poète, d'un des esprits absolus de ce temps, promulguant sa foi littéraire publiquement, semblait encore négligeable. Il faut se rappeler l'indifférence totale du Bruxelles d'alors pour la littérature : un petit nombre de lettrés seulement connaissaient l'auteur des *Fleurs du Mal ;* on vivait dans un air saturnien où se plombait l'Idée.

Le Cercle littéraire et artistique occupait encore le palais gothique qui fait face à l'Hôtel de Ville. Cette fruste et historique architecture, rajeunie depuis comme un joyau de prix, redevenue le dessin d'une châsse exquisement orfévrie, abritait alors des commerces de grainetiers et d'oiseleurs. Tout le rez-de-chaussée et les caves leur avaient été départis : c'était une des activités de la Grand'Place. Mais l'étage restait réservé au Cercle; on montait un perron, on gravissait un raide escalier; une porte s'ouvrait, qui était celle de la salle des conférences. C'était là que devait parler Baudelaire.

Je ne pus me hâter assez pour ouïr les prolégomènes. L'escalier était vide quand j'en escaladai les marches; un silence régnait sous les voûtes; je ressentis une petite honte à la pensée qu'une foule avait déjà passé et que j'arrivais le dernier. Je me persuadais une affluence solennelle et empressée, accourue comme à un gala. Un huissier attira le haut battant : j'entendis une voix grêle et mordante, d'un registre élevé : elle s'enflait sur un mode de prédication; elle syllabisait avec emphase ce los à un autre royal poète : — « Gautier, le maître et mon maître »...

Je me glissai dans la salle. C'est encore, après tant d'années, un sujet de stupeur pour moi, la solitude de ce grand vaisseau où je craignais ne pouvoir trouver place et qui, jusqu'aux dernières pénombres, alignait ses banquettes inoccupées. Baudelaire parla, ce soir-là, pour une vingtaine d'auditeurs; il leur parla comme il eût parlé à une cour de princes et leur révéla un Gautier altissime, l'égal des grands papes de l'Art. À mesure, un étonnement s'exprimait sur les visages, une déception, peut-être aussi l'inquiétude d'une secrète intention cachée sous une louange en apparence immodérée. Nul, parmi les auditeurs clairsemés, ne se représentait en ces proportions olympiennes, sous une telle pourpre, le poète magnifique, mais encore mal connu, que son émule, le maître étincelant et quintessencié, exaltait comme un éponyme.

Il me parut que l'assistance, sans doute échaudée, redoutait un tour nouveau de cet ironiste acéré et déconcertant. Je me sentis inondé, quant à moi, des torrentielles beautés d'un discours qui n'était que la plus adroite et la mieux déguisée des lectures. Je communiai avec le poète dans l'enthousiasme. Je lui dus dans l'avenir de ne jamais démériter de l'exemple qu'il m'avait donné en honorant les Maîtres et les Aînés.

Une petite table occupait le milieu de l'estrade; il s'y tenait debout, en cravate blanche, dans le cercle lumineux épanché d'un carcel. La clarté tournoyait autour de ses mains fines et mobiles : il mettait une coquetterie à les étaler : elles avaient une grâce presque féminine en chiffonnant les feuillets épars, négligemment, comme pour suggérer l'illusion de la parole improvisée. Ces mains patriciennes, habituées à manier le plus léger des outils, parfois traçaient dans l'air de lents orbes évocatoires : ou bien elles accompagnaient la chute toujours musicale des phrases de planements suspendus comme des rites mystiques.

Baudelaire évoquait, en effet, l'idée d'un homme d'Église et des beaux gestes de la chaire. Ses manchettes de toile molle s'agitaient comme les pathétiques manches des frocs. Il déroulait ses propos avec une onction quasi évangélique : il promulguait ses dilections pour un maître vénéré de la voix liturgique d'un évêque énonçant un mandement. Indubitablement, il se célébrait à lui-même une messe de glorieuses images : il avait la beauté grave d'un cardinal des lettres officiant devant l'Idéal. Son visage glabre et pâle se pénombrait dans la demi-teinte de l'abat-jour : j'apercevais se mouvoir ses yeux comme des soleils noirs ; sa bouche avait une vie distincte dans la vie et l'expression du visage ; elle était mince et frissonnante, d'une vibratilité fine sous l'archet des mots. Et toute la tête dominait de la hauteur d'une tour l'attention effarée des assistants.

Au bout d'une heure, l'indigence du public se raréfia encore, le vide autour du magicien du Verbe jugea possible de se vider davantage : il ne resta plus que deux banquettes. Elles s'éclaircirent à leur tour : quelques dos s'éboulaient de somnolence et d'incompréhension. Peut-être ceux qui restaient s'étaient-ils émus d'un penser secourable : peut-être ils demeuraient comme un passant accompagne dans le champ funèbre un solitaire corbillard. Peut-être aussi c'étaient les huissiers et les messieurs de la commission retenus à leur poste par un devoir cérémonieux.

Le poète n'eut pas l'air de remarquer cette désertion qui le laissait parler seul entre les hauts murs parcimonieusement éclairés. Une dernière parole s'enfla comme une clameur : « Je salue en Théophile Gautier, mon maître, le grand poète du siècle. » Et la taille rigide s'inclina, et eut trois saluts corrects comme devant une assemblée véritable. Rapidement une porte battit. Puis un huissier emporta la lampe : je demeurai le dernier dans la nuit retombée, dans la nuit où sans écho était montée, s'était éteinte la voix de ce Père de l'Église littéraire.

La Vie Belge. *Fasquelle, 1905, « La France en exil », p. 59-73.*

# BIBLIOGRAPHIE

## I. ŒUVRES DE BAUDELAIRE

1. *Fusées. Mon cœur mis à nu. La Belgique déshabillée.*

*Œuvres posthumes et correspondances inédites,* précédées d'une étude biographique par Eugène Crépet. Quantin, 1887 (première édition de *Fusées,* de *Mon cœur mis à nu* et de quelques fragments sur la Belgique).

*Œuvres posthumes,* édition préparée par Féli Gautier et Jacques Crépet, achevée par ce dernier, Mercure de France, 1908.

*Mon cœur mis à nu, Fusées,* préface de Gustave Kahn, Blaizot, 1909.

*Journaux intimes (Fusées, Mon cœur mis à nu),* texte réimprimé sur les manuscrits originaux avec une préface par Ad[olphe] Van Bever, Crès, 1920.

*Intimate Journals,* Translated by Ch. Isherwood, Introduction by T. S. Eliot, Londres-New York, The Blackamore Press-Random House, 1930.

*Écrits intimes (Mon cœur mis à nu, Fusées),* introduction de Charles Du Bos, Schiffrin (éd. de la Pléiade), 1930 (introduction reprise dans Charles Du Bos, *Approximations,* 5e série, Corrêa, 1932, rééd. 1948 et Fayard, 1965).

*Journaux intimes,* avertissement et notes de Jacques Crépet, Mercure de France, 1938.

*Mon cœur mis à nu, Fusées, Choix de maximes consolantes sur l'amour,* préface de M[arguerite] Mespoulet, Mexico, Quetzel, 1945.

*Écrits intimes (Fusées, Mon cœur mis à nu, Carnet, Correspondance),* introduction de Jean-Paul Sartre, Éditions du Point du jour, « Incidences », 1946 (voir Sartre, ci-dessous, dans les études sur Baudelaire).

*Journaux intimes (Fusées, Mon cœur mis à nu, Carnet)*, édition critique établie par Jacques Crépet et Georges Blin, Corti, 1949.

*Fusées, Mon cœur mis à nu* (tome II des *Œuvres posthumes*), texte publié par Jacques Crépet et Claude Pichois, Éditions Louis Conard-Jacques Lambert, 1952.

*Pauvre Belgique* (tome III des *Œuvres posthumes*), texte publié par Jacques Crépet et Claude Pichois, Éditions Louis Conard-Jacques Lambert, 1952 ; rééd. sans la mention *Œuvres posthumes*, Louis Conard-Jacques Lambert, 1953 [1].

2. *Autres œuvres et œuvres complètes.*

*L'Œuvre de Baudelaire*, introduction et notes de P[ierre] Schneider, Le Club français du livre, 1951.

*Œuvres complètes*, Le Club du meilleur livre, 1955 (préfaces de Gabriel Bounoure aux *Journaux intimes* ; de S[amuel] [Silvestre] de Sacy à *Pauvre Belgique*.

*Curiosités esthétiques, L'Art romantique et autres œuvres critiques*, textes établis avec introduction, relevé de variantes, notes et bibliographie par Henri Lemaitre, Garnier, 1962.

*Œuvres complètes*, préface de Marcel Raymond, Lausanne, La Guilde du Livre, 1967.

*Œuvres complètes*, préface, présentation et notes de Marcel A. Ruff, Le Seuil, « L'Intégrale », 1968.

*Petits poèmes en prose*, édition critique par Robert Kopp, Corti, 1969.

*Petits poèmes en prose*, édition établie par Robert Kopp, Gallimard, « Poésie/Gallimard », 1973.

*Œuvres complètes*, texte établi, présenté et annoté par Claude Pichois, Gallimard, « Bibliothèque de la Pléiade », 2 tomes, 1975 et 1976.

3. *Correspondances.*

*Correspondance* (tome I : *janvier 1832-février 1860* ; tome II : *mars 1860-mars 1866*), texte établi, présenté et annoté par Claude Pichois avec la collaboration de Jean Ziegler, Gallimard, « Bibliothèque de la Pléiade », 1973.

1. C'est l'édition à laquelle je renvoie.

*Lettres à Baudelaire*, éditées par Claude Pichois, avec la collaboration de Vincenette Pichois, Neuchâtel, À la Baconnière, *Études baudelairiennes*, IV-V, 1973.
*Les Derniers Mois de Charles Baudelaire et la publication posthume de ses œuvres*, correspondances, documents présentés par Jean Richer et Marcel A. Ruff, Nizet, 1976.

## II. ÉTUDES SUR BAUDELAIRE [2]

Austin (Lloyd James), *L'Univers poétique de Baudelaire, Symbolisme et symbolique*, Mercure de France, 1956.
Bataille (Georges), *La Littérature et le mal*, Gallimard, 1957 ; « Idées », 1967 ; *Œuvres complètes*, tome IX, 1979 (« Baudelaire », p. 189-209).
Benjamin (Walter), *Charles Baudelaire, un poète lyrique à l'apogée du capitalisme*, préface et traduction de Jean Lacoste, Petite Bibliothèque Payot, « Critique de la politique », 1982.
Berchet (Jean-Claude), « Baudelaire lecteur de Chateaubriand », *Bulletin de la Société Chateaubriand*, n° 22, 1979, p. 27-37.
Blin (Georges), *Baudelaire*, préface de Jacques Crépet, Gallimard 1939.
*Le Sadisme de Baudelaire*, Corti, 1948.
Cours 1965-1966, 1966-1967, 1967-1968, 1968-1969, 1976-1977, résumés dans l'*Annuaire du Collège de France*.
Bonnefoy (Yves), *L'Improbable et autres essais*, Gallimard, « Idées », 1983 (1re éd. Mercure de France, 1959) (« *Les Fleurs du mal* », p. 31-40 : préface aux *Fleurs du mal* dans les *Œuvres complètes* du Club du meilleur livre, 1955).
Bourget (Paul), *Essais de psychologie contemporaine*, Lemerre, 1883 (« Charles Baudelaire », p. 3-32).
Carter (Alfred Edward), *Baudelaire et la critique française, 1868-1917*, Columbia, University of South Carolina Press, 1963.
Cellier (Léon), *Baudelaire et Hugo*, Corti, 1970.
Crépet (Jacques), *Propos sur Baudelaire*, rassemblés et annotés par Claude Pichois, préface de Jean Pommier, Mercure de France, 1957 (« Les *Œuvres posthumes* de Baudelaire annotées par Pierre Louÿs », p. 207-212).
Eigeldinger (Marc), *Le Platonisme de Baudelaire*, Neuchâtel, À la Baconnière, 1951.

2. Limitées à celles qui sont citées dans ce volume. De même pour les deux rubriques suivantes de cette bibliographie.

– « Baudelaire et la conscience de la mort », *Etudes littéraires* [Université Laval], vol. I, n° 1, avril 1968.

Emmanuel (Pierre), *Baudelaire*, Desclée de Brouwer, « Les Écrivains devant Dieu », 1967.

Friedrich (Hugo), *Structures de la poésie moderne*, trad. Michel-François Demet, Denoël-Gonthier, « Médiations », 1976 (1956 pour l'éd. allemande) (« Baudelaire, le poète de la modernité », p. 39-72).

Hoog (Armand), *Littérature en Silésie*, Grasset, 1944 (« Baudelaire ou le poète vaincu », p. 225-279).

Jouve (Pierre Jean), *Tombeau de Baudelaire*, Le Seuil, 1958 (1re éd. Neuchâtel, À la Baconnière, 1942).

Kempf (Roger), *Dandies. Baudelaire et Cie*, Le Seuil, « Pierres vives », 1977; « Points », 1984[3].

Kopp (Robert), « À propos des *Petits poèmes en prose* ou Baudelaire entre Racine et le journalisme du Second Empire », *Berenice*, mars 1983, p. 15-24.

– « Baudelaire pour le dernier Nietzsche », conférence du 26 avril 1984 au Collège de France.

Kopp (Robert) et Poulet (Georges), *Qui était Baudelaire?* Genève, Skira, 1969.

Laforgue (Dr René), « Charles Baudelaire ou le génie devant la barrière névrotique », *L'Hygiène mentale, journal de psychiatrie appliquée*, t. XXV, n° 10, décembre 1930, p. 242-256.

– *L'Échec de Baudelaire, Étude psychanalytique sur la névrose de Charles Baudelaire*, Denoël et Steele, 1931.

Marchand (Jean-José), *Sur* Mon cœur mis à nu *de Baudelaire*, L'Herne, 1970.

Mauron (Charles), *Le Dernier Baudelaire*, Corti, 1966.

Michaud (Stéphane), « Nietzsche et Baudelaire », *Le Surnaturalisme français. Actes du colloque organisé à Vanderbilt University* (31 mars-1er avril 1978), Neuchâtel, À la Baconnière, 1979, p. 133-161.

Milner (Max), *Baudelaire, enfer ou ciel, qu'importe!* Plon, « La Recherche de l'absolu », 1967.

– « Baudelaire et l'Éros noir », *Journées Baudelaire* (Actes du colloque [de] Namur-Bruxelles, 10-13 octobre 1967).

– « Baudelaire et le surnaturalisme », *Le Surnaturalisme français*.

3. C'est l'édition à laquelle je renvoie.

*Actes du colloque organisé à Vanderbilt University* (31 mars-1er avril 1978), Neuchâtel, À la Baconnière, 1979, p. 31-49.
Pia (Pascal), *Baudelaire*, Le Seuil, « Écrivains de toujours », 1952.
Pichois (Claude), *Album Baudelaire*, Gallimard, « Bibliothèque de la Pléiade », 1974.
– *Baudelaire, Études et témoignages*, nouv. éd. revue et augmentée. Neuchâtel, À la Baconnière, 1976 (1re éd., 1967).
Pichois (Claude) et Ziegler (Jean), *Baudelaire*, Julliard, 1987.
Pommier (Jean), *La Mystique de Baudelaire*, Les Belles Lettres, « Publications de la Faculté des lettres de Strasbourg », 1932 ; Genève, Slatkine Reprints, 1967.
Poulet (Georges), *La Poésie éclatée — Baudelaire, Rimbaud*, P.U.F., « Écriture », 1980 (reprise du texte publié chez Skira en 1969, voir Kopp-Poulet).
Prévost (Jean), *Baudelaire*, Mercure de France, 1964 (1re éd. *Baudelaire, essai sur l'inspiration et la création poétiques*, Mercure de France, 1953).
Proust (Marcel), « À propos de Baudelaire » (lettre à Jacques Rivière, *N.R.F.*, juin 1921), *Contre Sainte-Beuve*, édition établie par Pierre Clarac et Yves Sandre, Gallimard, « Bibliothèque de la Pléiade », 1971, p. 618-639.
– « Sainte-Beuve et Baudelaire », *ibid.*, p. 243-262.
Richard (Jean-Pierre), *Poésie et profondeur*, Le Seuil, « Pierres vives », 1955 (« Profondeur de Baudelaire », p. 91-162+) ; « Points », 1976.
Rivière (Jacques), *Études*, Gallimard, 1912 (« Baudelaire », p. 13-27).
Ruff (Marcel A.), *L'Esprit du mal et l'esthétique baudelairienne*, Armand Colin, 1955 ; Genève, Slatkine Reprints, 1972.
– *Baudelaire*, Hatier, « Connaissance des lettres », 1955.
Sartre (Jean-Paul), *Baudelaire*, précédé d'une note de Michel Leiris, Gallimard, « Les Essais », 1947+ ; « Idées », 1963 (1re éd., introduction aux *Écrits intimes*, Editions du Point du jour, 1946).
Suarès (André), *Trois grands vivants (Cervantès, Baudelaire, Tolstoï)*, Grasset, 1938 (« Baudelaire et *Les Fleurs du mal* », p. 267-304).
Valéry (Paul), « Situation de Baudelaire », conférence prononcée le 19 février 1924 ; *Variété II*, Gallimard, 1929 (« Idées », 1978) ;

+. C'est l'édition à laquelle je renvoie.

*Œuvres*, éd. Jean Hytier, Gallimard, « Bibliothèque de la Pléiade », t. I, 1957, p. 598-613.
Verhaeren (Émile). *Impressions* (3e série), Mercure de France, 1928 (« Baudelaire », p. 15-22, compte rendu des *Œuvres posthumes et correspondances inédites*, publié d'abord dans compte rendu des *Œuvres posthumes et correspondances inédites. L'Art moderne*, 3 juillet 1887).
Vouga (Daniel). *Baudelaire et Joseph de Maistre (Essai)*, Corti, 1957.

### III. AUTRES ŒUVRES

Béguin (Albert). *L'Âme romantique et le rêve*, Corti, 1967 (1re éd. 1937, aux Cahiers du Sud).
Bloy (Léon). *Belluaires et porchers*, dans *Œuvres*, édition établie par Joseph Bollery et Jacques Petit, Mercure de France, tome II, 1964.
– *Journal*, notes de Joseph Bollery, Mercure de France, tomes II et III, 1963.
*Collection Jules Marsan, Manuscrits et autographes littéraires*, [catalogue de la vente du] 17 juin 1976, Paris, Hôtel George V.
Jouve (Pierre Jean). *En miroir, Journal sans date*, Mercure de France, 1954.
Valéry (Paul). *Cahiers*, édition établie, présentée et annotée par Judith Robinson, Gallimard, « Bibliothèque de la Pléiade », 2 tomes, 1973 et 1974.
– *Les Principes d'an-archie pure et appliquée* [carnet de notes, 1936-1938] suivi de « Paul Valéry et la politique » par François Valéry, Gallimard, 1984.

### IV. LA BELGIQUE DE BAUDELAIRE

Angeli (Giovanna). *Le prove e i testi (letture francesi)*, Pise, Pacini, « Saggi critici », 1975 (« *Pauvre Belgique* », p. 137-165).
Baetens Beardsmore (Hugo), *Le Français régional de Bruxelles*, Bruxelles, Presses universitaires de Bruxelles, 1971.
Barral (Georges), *Cinq journées avec Charles Baudelaire à Bruxelles*, Obsidiane, 1995 (1re éd. Liège, Vigie 30, 1932).
Bartier (John). « Au temps de Léopold Ier : Bruxelles, centre littéraire international », *Bulletin annuel [de la] Société de l'Ordre de Léopold*, 30e année, 1962.
– « Bruxelles vue par les étrangers », *Bruxelles, croissance d'une capitale*, Anvers, Fonds Mercator, 1979, p. 408-423.

– *Libéralisme et socialisme au XIX^e siècle*, études rassemblées et publiées par Guy Cambier, Bruxelles, Editions de l'Université de Bruxelles, 1981.
– *Odilon Delimal, un journaliste franc-tireur au temps de la première Internationale*, édité et présenté par Francis Sartorius, préface de Jean Stengers, Bruxelles, Éditions de l'Université de Bruxelles, 1983 (notamment « La police politique de Napoléon III et la Belgique », p. 187-203).

Bonnefoy (Yves), *Le Nuage rouge*, Mercure de France, 1977 (« Baudelaire contre Rubens », p. 9-80).

Bouillon (Jean-Paul), « Artiste et éditeur : correspondance de Bracquemond et de Poulet-Malassis. II. L'exil en Belgique et la maladie de Baudelaire (1863-1867) », *Bulletin du bibliophile*, 1976, p. 371-404 (les autres parties de cette correspondance, *ibid.*, 1975, p. 49-66 ; 193-201 ; 276-287 ; 383-396).

Bugliani (Ivanna), « *Pauvre Belgique* : il potere distruttore del linguaggio », *Quaderni della Società universitaria per gli studi di lingua e letteratura francese*, 2, 1981 (*Baudelaire, poetà e critico*, Atti del VII convegno della Società (...), Côme, 6-7 octobre 1978), p. 77-88 (repris dans Bugliani (Ivanna), *Baudelaire : l'armonia e la discordanza*, Rome, Bulzoni, 1980).

Charlier (Gustave), *Passages, essais*, Bruxelles, La Renaissance du livre [1947] (« Baudelaire et l'opinion belge de son temps », p. 133-182).

Crépet (Jacques), *Propos sur Baudelaire*, rassemblés et annotés par Claude Pichois, préface de Jean Pommier, Mercure de France, 1957 (« Félicien Rops et l'illustration des *Fleurs du mal* », p. 90-94).

Drost (Wolfgang W. R.) « Baudelaire et le baroque belge », *Revue d'esthétique*, t. XII, fasc. 3-4, juillet-décembre 1959, p. 33-60.

Erba (Achille), *L'Esprit laïque en Belgique sous le gouvernement libéral doctrinaire (1857-1870), d'après les brochures politiques*, Louvain, Publications universitaires, 1967.

Godenne (Léopold), *Malines jadis et aujourd'hui*, Malines, L. et A. Godenne, 1908.

Graas (Marie-Louise), « La Conférence littéraire en Belgique au XIX^e siècle », *Les Lettres romanes*, 1^er août 1966, p. 203-229.

Guyaux (André), « *Pauvre France* et *La Belgique déshabillée* », *Mélanges de littérature en hommage à Albert Kies*, textes réunis par Claudine Gothot-Mersch et Claude Pichois, Bruxelles, Publi-

cations des Facultés Universitaires Saint-Louis, 1985, p. 75-85.
Halkin (Léon-E.), *Le Premier Congrès international des étudiants à Liège en 1865*, Liège, [chez l'auteur], 1966.
Huysmans (Joris-Karl), « La Grand'Place de Bruxelles », *La République des lettres*, 22 octobre 1876.
– « Carnet d'un voyageur à Bruxelles », *Musée des Deux Mondes*, 15 novembre 1876.
Kempf (Roger), « Un sinistre amphibie », *Critique*, n° 320, janvier 1974, p. 14-27.
Kies (Albert), « Une lettre inédite [3 février 1865] de Baudelaire à Mme Paul Meurice », *Bulletin de l'Académie royale de langue et littérature françaises [de Belgique]*, t. L, n° 2, 1972, p. 115-123.
Kunel (Maurice), *Baudelaire en Belgique*, Paris-Mons, éd. de la Société nouvelle, 1912 (rééd. Liège, Soledi, 1944).
Lemonnier (Camille), *La Vie belge*, Fasquelle, 1905.
Leuilliot (Bernard), *Victor Hugo publie* Les Misérables *(Correspondance avec Albert Lacroix, août 1861-juillet 1862)*, Klincksieck, 1970.
Mirbeau (Octave), *La 628-E8*, Fasquelle, 1907.
Pia (Pascal), « L'Édition belge au temps de Baudelaire », *Études baudelairiennes*, III *(Hommage à W. T. Bandy)*, Neuchâtel, À la Baconnière, 1973, p. 80-87.
Pichois (Claude), *L'Image de la Belgique dans les lettres françaises de 1830 à 1870 (esquisse méthodologique)*, Nizet, 1957.
Stengers (Jean), « La Belgique de 1830, une " nationalité de convention " ? », *Revue de l'Université de Bruxelles*, 1981, n° 1-2 *(Histoire et historiens depuis 1830 en Belgique)*, p. 7-19.
Van der Tuin (H.), « Les Voyages de Théophile Gautier en Belgique et en Hollande », *Revue de littérature comparée*, janvier-mars 1955, p. 104-107, et octobre-décembre 1957, p. 491-512.
Vermeersch (Arthur J.), *Répertoire de la presse bruxelloise (1789-1914)*, tome I (A-K) et tome II (L-Z : avec Helmut Gauss), Louvain-Paris, « Cahiers du Centre interuniversitaire d'histoire contemporaine » n$^{os}$ 42 et 50, 1965 et 1968.
Warmoes (Jean), *Baudelaire en Belgique, avril 1864-juillet 1866*, [catalogue de l']exposition organisée par le Musée de la littérature avec le concours de la Bibliothèque royale et de collections publiques et privées, Bruxelles, Bibliothèque royale, 1967.
Wouters (Hubert), *Documenten betreffende de Geschiedenis der Arbeiders beweging (1853-1865)*, Louvain-Paris, Nauwelaerts, 1966.

## NOTES

Pour simplifier, je désignerai de la manière suivante les trois éditions de référence :

C.B. : éd. Jacques Crépet-Georges Blin des *Journaux intimes (Fusées, Mon cœur mis à nu, Carnet)*, 1949.

C.P. : éd. Jacques Crépet-Claude Pichois de *Pauvre Belgique*, 1953.

P. : éd. Claude Pichois des *Œuvres complètes*, « Bibliothèque de la Pléiade », 2 tomes, 1975 et 1976.

Quand l'une de mes notes ou parties de note est suivie de l'un ou l'autre de ces sigles, entre parenthèses, cela signifie que je reprends, ou résume, l'annotation antérieure à la mienne, même si, le cas échéant, je l'adapte au propos suivi.

### FUSÉES

#### 1

1. Cf. le *Salon de 1859* où la religion est « la plus haute *fiction* de l'esprit humain ». Idée maistrienne, prolongée par Baudelaire en une interprétation « hygiénique » du catholicisme, dit Georges Blin (*Le Sadisme de Baudelaire*, p. 127), dont Daniel Vouga pense qu'elle n'est plus du tout le christianisme, mais le « culte de soi-même », l'ascèse du dandysme (*Baudelaire et Joseph de Maistre*, p. 144 *sqq.*). Nietzsche aurait peut-être pensé à la rapprocher d'une phrase de Stendhal qu'il reproduit dans *Ecce homo*, disant que « la seule excuse pour Dieu est qu'il n'existe pas » (signalé par Stéphane Michaud, « Nietzsche et Baudelaire », p. 154), mais si

Stendhal est en deçà de l'athéisme, Baudelaire est au-delà, comme si la foi ne mettait pas en question la religion. À ce titre les deux premières *fusées* sont synonymes.

2. Samuel Cramer, dans *La Fanfarlo*, disait le contraire : « le visible et le créé sont au-dessus de l'invisible et de l'incréé » (C.B.).

3. Cf. *Mon cœur mis à nu*, f[r] 45. Jacques Crépet rapproche ce fragment d'un passage des *Foules* (*Petits poèmes en prose*) : « Ce que les hommes nomment amour est bien petit, bien restreint et bien faible, comparé à cette ineffable orgie, à cette sainte prostitution de l'âme qui se donne tout entière, poésie et charité, à l'imprévu qui se montre, à l'inconnu qui passe »(C.B.). Dans *Le Crépuscule du soir*, Baudelaire définissait la prostitution comme « un Ver qui dérobe à l'Homme ce qu'il mange », une puissance occulte, maléfique. Qu'en est-il ici, du mot et de la chose ? Ils sont caractéristiques de cette sémantique transcendée, par laquelle Baudelaire garde au mot son sens le plus littéral ou le plus éprouvé, en même temps qu'il lui donne un lustre métaphorique inédit. La prostitution, c'est ce que l'on sait, c'est aussi la dualité, l'une des inclinations de l'homme. Le « goût » de la prostitution, c'est l'« horreur de la solitude », le désir d'« être *deux* » (*Mon cœur mis à nu, f[r] 64*). C'est aussi un dérivé du concept maistrien de substitution. Ainsi donc l'ambiguïté du génitif est doublement nécessaire : se prostituer, être prostitué.

4. « Sa passion et sa profession, c'est d'*épouser la foule* » où il entre « comme dans un immense réservoir d'électricité », écrit Baudelaire, à propos de Guys, dans *Le Peintre de la vie moderne* (écrit vers 1859 ; publié en 1863). Cf. aussi *Les Foules* dans les *Petits poèmes en prose*. Sur le thème baudelairien de la foule et ses implications au XIXe siècle, voir Walter Benjamin, *Charles Baudelaire*, p. 164-182.

5. Idée pythagoricienne, occultiste et maistrienne (le nombre « miroir de l'intelligence » du XVIIIe siècle, 8e Entretien des *Soirées de Saint-Pétersbourg*), rattachable aussi, comme l'a montré Georges Blin, à Louis-Claude de Saint-Martin dont le livre, *Des nombres*, fut réédité en 1861 (P.).

6. Baudelaire, dans son article de 1861 sur *Victor Hugo* destiné à l'*Anthologie* d'Eugène Crépet, s'interroge sur l'un et le nombre : « Comment le père *un* a-t-il pu engendrer la dualité et s'est-il enfin métamorphosé en une population innombrable de nombres ? Mystère ! » (C.B.).

7. Le vin et le hachisch sont définis dans le titre même de l'étude

de 1851 comme des « *moyens de multiplication de l'individualité* ».

8. Par le biais d'une généralité, Baudelaire s'adresse à lui-même. Les passages placés sous la rubrique *Hygiène. Conduite. Méthode. Morale* sont solidaires de ceux-ci. Gautier voyait en Baudelaire un poète de « l'âpre concentration » (*Histoire du romantisme* suivie de notices (...) et d'une *Étude sur la poésie française (1830-1868)*, Charpentier, s.d., p. 363).

9. Cf. *Mon cœur mis à nu*, f[r] 45. Dans *Les Tentations* (*Petits poèmes en prose*), Éros s'adresse au rêveur en lui disant : « tu connaîtras le plaisir, sans cesse renaissant, de sortir de toi-même pour t'oublier dans autrui. »

10. Scindée en trois temps, sans verbe, c'est l'*image*, où « le vague n'exclut pas l'intensité » (*Le* Confiteor *de l'artiste*) (C.B.).

11. Cf. *Fusées*, f[r] 20 (« Créer un poncif, c'est le génie ») et *Notes précieuses*, f[r] 90 (« rien de plus beau que le lieu commun »).

12. Anecdote inconnue. Jacques Crépet et Georges Blin, et à leur suite Robert Kopp, proposent de la rattacher au *Galant Tireur* des *Petits poèmes en prose*.

2

1. Construites de la même manière, selon l'usage ancien des titres, les deux « suggestions » sont parallèles et solidaires, le mot « chanoinesse » constituant l'intersection thématique la plus visible. Jacques Crépet et Georges Blin rappellent, à propos de la « féminéité de l'Église », la description de Saint-Loup à Namur, « merveille sinistre et galante » (voir *La Belgique déshabillée*, f[ts] 302-303). *Le Peintre de la vie moderne* donne une glose très voisine de la couleur violette, entre parenthèses aussi : « (couleur affectionnée des chanoinesses, braise qui s'éteint derrière un rideau d'azur) », que prolonge Jean-Pierre Richard, situant le violet parmi les « couleurs où semble palpiter le dernier reflet d'un feu mourant » (*Poésie et profondeur*, p. 105).

2. Idée maistrienne (C.B.).

3. E. G. désigne peut-être Elisa Gu(i)erri, que Baudelaire a rencontrée chez Mme Sabatier (C.B.) ou Elisa Neri, qui a inspiré *Sisina* dans *Les Fleurs du mal* et sur qui Baudelaire avait projeté d'écrire une nouvelle : *Le Fou raisonnable et la belle aventurière* (P.). Voir *La Belgique déshabillée*, f[r] 4.

4. « Panthéisme » glose l'adjectif qui précède : « religieuse ».

3

1. Jacques Crépet tire de ce début de phrase une preuve que l'ordre de Poulet-Malassis est arbitraire. On peut imaginer aussi un certain désordre, de papiers et d'esprit, imputable à Baudelaire.

2. Éros, dans *Les Tentations* (*Petits poèmes en prose*), apparaît portant à la ceinture « de brillants couteaux et des instruments de chirurgie ». La conception de l'acte sexuel comme une « torture » et une « opération chirurgicale », explique Georges Blin, est une « clef de l'érotique baudelairienne » : au couple d'amants « se substitue naturellement pour Baudelaire celui du " bourreau " et de la " victime ". » L'inégalité fonde « la structure sadique » d'un rapport que Baudelaire décrit « du dehors et à froid » (*Le Sadisme de Baudelaire*, p. 15-17). Tout ce f[t] 3 est évidemment primordial pour la thèse de Georges Blin, qui suggère de le rapprocher notamment des strophes 3 à 6 de *Femmes damnées - Delphine et Hippolyte* (*Les Fleurs du mal*) et du passage de *Mon cœur mis à nu* (f[t] 46) où Baudelaire prévoit « un chapitre sur l'indestructible, éternelle, universelle et ingénieuse férocité humaine » (*ibid.*, p. 17-18 et 20). Max Milner voit ici « un besoin de frapper la vie, à sa source, d'une sorte de tare originelle, de marquer sa transmission d'un stigmate répugnant ou sanglant, qui introduisent la discordance et la distance là où les hommes croient voir l'unité avec la nature et la réconciliation avec la vie ». Il rappelle le sarcasme baudelairien à l'endroit de la grossesse, « maladie d'araignée » dans *La Fanfarlo* (« Baudelaire et l'Éros noir », p. 124).

3. *Métamorphoses*, I, 85-86 : *Os homini sublime dedit coelumque tueri/Jussit et erectos ad sidera tollere vultus* (Il a donné à l'homme un visage au-dessus des autres et veut qu'il contemple le ciel, en levant les yeux vers les astres) (C.B.).

4. La nature « reçoit plus volontiers qu'elle ne donne » alors que « la grâce croit qu'il est plus heureux de donner que de recevoir » (*Imitation de Jésus-Christ*, livre III, chap. LIV, verset 10) (C.B.).

5. « Idée juive, abominable », pour Pierre Louÿs ; « sentiment chrétien », « de porter la culpabilité », pour Jouve. La liaison de la volupté et du mal n'a rien d'étrange en effet. La « certitude » est plus inattendue. Baudelaire désigne toujours avec insistance ce *mal* qui fut, pour lui, comme le rappelle Yves Bonnefoy, « un sursaut d'absolu ».

4

1. Théophile Silvestre (1823-1876), critique d'art, avait été en rivalité avec Baudelaire auprès de Delacroix, en 1858 (C.B.). Est-ce l'origine d'une moquerie qui reste ici très laconique ?

2. On ignore l'anecdote concernant Charles Barbara (1822-1886), qui fut un ami de Baudelaire.

3. Paul Chenavard (1807-1895), peintre d'origine lyonnaise, est une des références familières et négatives de Baudelaire. Il défend et applique une thèse « chimérique », celle d'un art qui veut « enseigner l'histoire, la morale et la philosophie » (*L'Art philosophique*, où Baudelaire dénonce cette chimère). Baudelaire a quelques formules cruelles pour stigmatiser l'ambition d'un peintre qui prétendait décorer le Panthéon pour en faire le Temple de l'Histoire de l'Humanité. Les *Notes sur l'Art philosophique* le traitent de « caricature de la Sagesse antique dessinée par la Fantaisie moderne ».

4. Baudelaire avait, par sa mère, trois cousins Levaillant, Jean, Charles et Jean-Jacques, tous trois militaires, qu'il a peut-être rencontrés en Belgique. Il a mieux connu l'un des trois, Jean-Jacques, anticonformiste amer, qui ne fut que chef de bataillon, alors que les deux autres étaient généraux (voir la notice de Claude Pichois au répertoire de la *Correspondance*, « Bibliothèque de la Pleiade », t. II, p. 1016-1017).

5. Préface pour *Fusées* ? ou pour *Les Fleurs du mal* ? ou pour *Les Paradis artificiels* ? (C.B.)

6. Dans *Le Poème du hachisch* (1858), Baudelaire distingue le rêve naturel, où subsiste « la tonalité particulière de l'individu » et le rêve surnaturel, « absurde, imprévu », sans rapport avec le caractère de l'individu (C.B.). L'influence capitale de Swedenborg sur Baudelaire a été observée par Jean Pommier dans *La Mystique de Baudelaire* (en 1932), puis étudiée par Georges Blin dans son *Baudelaire* de 1939.

7. C'est le cinquième des extraits d'Emerson transcrits par Baudelaire. Voir le texte anglais, p. 129 et la traduction p. 624.

8. « Franchise absolue » : cf. les formules du *Salon de 1845* : « être radical et absolu », « ne jamais faire de concessions », et la profession de l'*Exposition universelle* de 1855 : « je suis revenu chercher asile dans l'impeccable naïveté. »

5

1. Cf. Emerson, *The Conduct of Life* : « A person seldom falls sick but the bystanders are animated with a faint hope that he will die » (lorsque quelqu'un tombe malade, il y a toujours des passants pour avoir le secret espoir qu'il va mourir) et La Rochefoucauld : « Dans l'adversité de nos meilleurs amis, nous trouvons toujours quelque chose qui ne nous déplaît pas » (*Réflexions ou sentences et Maximes morales,* éd. Jean Lafond, Gallimard, « Folio », 1976, p. 134, « maxime supprimée » n° 18) (C.B.). Georges Blin rapproche cet altruisme inversé, où il reconnaît une structure sadique, de la conception baudelairienne du rire, morsure, signe du mal (*Le Sadisme de Baudelaire* p. 35-36).

2. Dans le *Salon de 1846* (« De la couleur »), Baudelaire fait une charge contre « les dessinateurs exclusifs », qui cherchent les « ondulations les plus secrètes » de la ligne et « n'ont pas le temps de voir l'air et la lumière ». Y a-t-il contradiction ? Non, dit Henri Lemaitre, dans son édition des *Curiosités esthétiques* : Baudelaire se réserve d'osciller entre le spiritualisme de l'arabesque et le surnaturalisme de la couleur. On peut penser aussi qu'il a évolué, que son goût pour l'art de Constantin Guys témoigne qu'il s'est rapproché du dessin et qu'il écarte désormais toute exclusive. D'ailleurs, dans l'*Exposition universelle* de 1855, il écrit, à propos du plus puissant coloriste, Delacroix : « La nature nous présente une série infinie de lignes courbes, fuyantes, brisées, suivant une loi de génération impeccable, où le parallélisme est toujours indécis et sinueux, où les concavités et les convexités se correspondent et se poursuivent. » L'arabesque est bien l'âme du dessin et mérite bien d'être distinguée, comme le fait Jean-Pierre Richard — et Baudelaire lui-même à propos de Thomas De Quincey — de la sensuelle sinuosité, car elle a ce « pouvoir d'abstraire et de trancher » (*Poésie et profondeur*, p. 146) que Baudelaire lui confère ici grâce au mot « spiritualiste » (et non simplement « spirituel », appliqué par exemple à l'allégorie dans *Les Paradis artificiels*). Or la faculté d'abstraction porte un nom chez Baudelaire : l'imagination, et Hugo Friedrich fait observer le lien du grotesque et de l'arabesque, conjoints déjà chez Novalis, Poe et Gautier, avec la faculté qui fait naître le mouvement abstrait (*Structures de la poésie moderne*, p. 71). L'arabesque est liée enfin à l'esthétique du poème en prose et à la modernité dont l'idéal baudelairien est précisément « une complication de la courbe », « une sinuosité du présent », selon

Georges Blin, pour qui *Le Thyrse* des *Petits poèmes en prose*, est « le témoignage » d'une « glorification (...) des erreurs de l'arabesque » (cours de 1968-1969, *Annuaire du Collège de France*).

6

1. La pensée joue au syllogisme. Une autre conclusion serait que « la bêtise est souvent l'ornement de la beauté » (*Choix de maximes consolantes sur l'amour*, 1846).

2. Baudelaire l'exclut dans le projet de livre sur la Belgique. Sur le contraste du bouffon et du sérieux, cf. les f[os] 18 et 22.

3. Pensée éminemment platonicienne. Marc Eigeldinger observe la « tendance à l'abstraction » de Baudelaire et rappelle la conception, exposée dans le *Phédon* et le *Banquet*, des « transports de l'âme vers la beauté » qu'est l'enthousiasme, comme « une tension vers le ciel des idées, (...) un effort concerté de l'esprit impatient de contempler les essences de la pure intelligibilité » (*Le Platonisme de Baudelaire*, p. 110-111).

4. « Si la femme grasse est parfois un charmant caprice, la femme maigre est un puits de voluptés ténébreuses ! » (*Choix de maximes consolantes sur l'amour*, 1846) (C.B.).

7

1. Baudelaire use du mot « épithète » avec son ancien genre masculin. La métonymie abstrait-concret est abondamment pratiquée dans *Les Fleurs du mal*. Elle appartient à « l'inépuisable fonds de l'*universelle analogie* » dont parle Baudelaire à propos de Victor Hugo.

2. « La nuit est une complice naturelle constamment à l'ordre de tous les vices, et cette complaisance séduisante fait qu'en sorte nous valons tous moins la nuit que le jour » (Joseph de Maistre, *Les Soirées de Saint-Pétersbourg*, 7e Entretien). Baudelaire travaillait la nuit, inversant le jour et la nuit (C.B.).

3. Les Parsis sont des zoroastriens et Zoroastre, le premier adorateur du feu (C.B.).

8

1. « La prière est la dynamique confiée à l'homme » (Maistre, *Les Soirées de Saint-Pétersbourg*) (C.B.). Baudelaire est sensible aussi, observe Daniel Vouga (*Baudelaire et Joseph de Maistre*, p. 157-158), à « l'efficacité » de la prière selon Maistre, mais lui

donne « un accent plus moral » : elle devient une règle de vie. Voir le f[r] 93 *(Hygiène. Conduite. Méthode)*.

2. Toute la parenthèse est un ajout. *Autel de la volonté* figure parmi les projets de romans de Baudelaire (C.B.).

3. On peut penser à l'effet, sur Baudelaire, de la musique de Wagner (C.B.) Cf. *Mon cœur mis à nu*, f[r] 70.

4. *Confessions*, livres I, VI et IX (C.B.). Baudelaire, avec *Mon cœur mis à nu*, veut rivaliser avec Jean-Jacques. Timidité de Jean-Jacques : dandysme de Baudelaire, dont Sartre fait une « défense de sa timidité ».

5. Baudelaire résorbe dans l'indifférence l'éternel dilemme. Ce « ou » si fragile, cette interrogation qui n'a même pas l'air de pencher du côté de « perdre », ce « *jeu* » et son charme, ne donnent pas raison à ceux qui figent la pensée de Baudelaire dans le dualisme.

9

1. Idée romantique, pascalienne, et surtout cliché baudelairien du génie, « *insulte pour* la foule » *(Hégésippe Moreau)* de « l'homme supérieur », qui a « toute la société (...) en guerre contre lui » *(L'Œuvre et la vie d'Eugène Delacroix)* (C.B.). Cf. *Mon cœur mis à nu*, f[rs] 14 et 73.

2. Dans *Le Poème du hachisch*, le sommeil est « ce voyage aventureux de tous les soirs », qui comporte « quelque chose de positivement miraculeux » (C.B.).

10

1. « Le mépris, dit un proverbe (...), perce jusqu'à la carapace de la tortue ; mais il y a des crânes humains qui se sentiraient insultés, en se voyant comparés, dans le rapport de l'imperméabilité, même avec la carapace d'une tortue géante des îles Gallipago » (Poe, *Marginalia ;* rapprochement de Louis Seylaz, *Edgar Poe et les premiers symbolistes français*, Lausanne, 1923, cité par Jacques Crépet).

2. Émile de Girardin (1806-1881), qui dirigeait *La Presse*, adhérait à ce progressisme qui suscitait l'aversion de Baudelaire. On lit, dans le *Salon de 1859 :* « C'était (...) dans ces jours néfastes où le public épouvanté l'entendit parler latin. *Pecudesque locutae.* » (citation des *Géorgiques*, I, 478) (C.B.). Et, dans le canevas des *Lettres d'un atrabilaire*, la même citation, ainsi que « Girardin et la Vérité », « Les auteurs favoris de Girardin », « Le latin et le

grec de Girardin ». associé également, avec Duruy et Villemain, à la bêtise du *Siècle*, le journal libéral. Dans la lettre anonyme au *Figaro*, le 14 avril 1864, Baudelaire s'en prendra encore à cet « inventeur (...) de la souscription à un sou par tête pour l'abolition de la guerre ». Voir p. 595 la note 23.1 de *Mon cœur mis à nu*.

3. Robert-Houdin avait en 1856 effectué une mission en Algérie pour combattre l'influence des sorciers (C.B.). Le nom de Robert-Houdin et la même réflexion reviennent dans un commentaire, consigné sur le programme d'un prestidigitateur, en Belgique, en novembre 1864 (voir parmi les coupures de presse et autres documents, de *La Belgique déshabillée*, f[r] 201, p. 371).

11

1. Cf. « ces beaux navires balancés par les eaux de la rade dans un désœuvrement nostalgique, et qui ont l'air de traduire notre pensée : Quand partons-nous pour le bonheur ? » (*Le Poème du hachisch*, 1858.) Cf. aussi *Le Port*, dans les *Petits poèmes en prose* et, dans *Les Fleurs du mal*, *L'Invitation au voyage* : « Vois sur ces canaux/Dormir ces vaisseaux (...). » Le navire, c'est l'oxymoron accompli, la solution de l'antithèse. C'est, en même temps, écrit Walter Benjamin, « la nonchalance et la préparation au plus extrême déploiement d'énergie » (*Charles Baudelaire*, p. 137).

2. *La Chute de la Maison Usher*, d'Edgar Poe.

12

1. Baudelaire aurait pu aller à la ligne.

2. La procrastination, travers de Baudelaire, que sa mère reprochait au collégien et qu'il s'est souvent reproché à lui-même.

3. « Hélas ! il me manque peut-être les coups de fouet qu'on distribue aux enfants et aux esclaves » (lettre à sa mère, 21 juin 1861) (C.B.)

4. Probablement (si la date de 1856 est toujours valable), des exemplaires des *Histoires extraordinaires* de Poe, traduites par Baudelaire, et publiées par Michel Lévy en mars 1856 (C.B.)

5. D'après W. T. Bandy, il s'agit d'un Américain, William W. Mann, qui avait prêté à Baudelaire des numéros du *Southern Literary Messenger* pour ses études sur Poe (C.B. et P.).

6. Le manuscrit n'est pas clair. W. T. Bandy propose de lire le nom de Nathaniel Parker Willis (1806-1867), critique américain, éditeur et défenseur de Poe. Son nom est consigné par Baudelaire dans le service de presse des *Fleurs du mal* (P).

7. La tante et belle-mère d'Edgar Poe, à qui Baudelaire a donc peut-être écrit. (Le Fonds Doucet conserve un document où figure, de sa main, l'adresse de Maria Clemm) (C.B.).

8. Jules-Isaac Mirès (1809-1871), propriétaire du *Pays* et du *Constitutionnel* (C.B.) ; Mad[ame] Dumay, sa voisine (P.).

9. Cf. « *Le beau est toujours bizarre* » (*Exposition universelle* de 1855) et « le beau est toujours étonnant » *(Salon de 1859)* (C.B.).

**13**

1. Barbey, Ernest Prarond, et même Baudelaire avaient reproché à Banville son matérialisme. Le poème XII des *Stalactites*, dédié à Baudelaire, commence précisément par ce vers : « Ô poète, il le faut, adorons la Matière » (C.B.).

2. Dans son étude de 1861 sur Banville, Baudelaire écrit : « J'ai dit, je ne sais plus où : la poésie de Banville représente les belles heures de la vie, c'est-à-dire les heures où l'on se sent heureux de penser et de vivre. » Si « je ne sais plus où » désigne cette note de *Fusées*, celle-ci ne peut qu'être antérieure à 1861 (C.B.).

3. Caractéristique de ces fragments : le conseil à soi-même s'exprime comme un conseil à autrui et tend au mode gnomique.

4. « Un sourire et une larme dans le visage d'un colosse, c'est une originalité presque divine » (*Victor Hugo*, 1861) (C.B.)

**14**

1. Brierre de Boismont, psychiatre, ami de Nerval et de Vigny, auteur d'un essai sur le suicide publié en 1856 (C.B.). Alphonse Rabbe, dont le nom apparaît un peu plus loin (f[ts] 18 et 20) est, lui aussi, l'auteur d'un essai sur le suicide (*Philosophie du désespoir. Du suicide*, dans *Album d'un pessimiste*).

2. Voici le passage en question, extrait d'une lettre de suicidé publiée par Brierre de Boismont : « Vivre avec un être qui n'a pour vous que de l'aversion ; qui cherche toutes les occasions de vous nuire ou de vous contrarier ; qui, sur le motif le plus frivole fait des querelles dont rougirait une femme du peuple ; qui s'attache à vous comme une furie et ne vous suppose jamais que de mauvaises intentions ou des actions coupables (...) ? Telle est ma position ; je m'en serais déjà affranchi, s'il n'avait fallu prendre un de ces partis violents qui sont la dernière ressource contre un mal sans remède. Ce parti c'était de me séparer pour toujours de mon implacable ennemie. » Si Baudelaire a eu l'attention attirée sur ces lignes (publiées en 1856), c'est qu'elles reflètent l'état d'esprit où il se

trouvait lui-même en partageant sa vie avec Jeanne, au point de décrire à sa mère, le 27 mars 1852, une situation étrangement semblable : « VIVRE AVEC UN ÊTRE qui ne vous sait aucun gré de vos efforts, qui les contrarie par une maladresse ou une méchanceté permanente, qui ne vous considère que comme son domestique et sa propriété (...) ? Est-ce possible ? (...) Voilà quatre mois que j'y pense (...) il faut partir. *Mais* partir *à* TOUT JAMAIS » (C.B.).

3. Le portrait de Sérène est dans le *De tranquillitate animi* de Sénèque : celui de Stagire dans les *Exhortations à Stagire* de saint Jean Chrysostome. Ces divers points sont abordés dans l'essai de Brierre de Boismont (C.B.).

4. *Acedia, tædium vitæ* synonymes de spleen (P.).

15

1. Le drogué « devient l'expression vivante et outrée du proverbe qui dit que la passion rapporte tout à elle » (*Le Poème du hachisch*, 1858) (C.B.).

16

1. L'apposition en repentir : « du Beau, — de mon Beau », loin d'être restrictive, et exprimant une équivalence entre le Beau-objectif et le Beau-subjectif, écarte l'esthétique platonicienne où le beau serait inaccessible et serein. Pour Baudelaire, il est inaccessible, mais ombré, associé au malheur et à l'abîme. Voir Marc Eigeldinger, *Le Platonisme de Baudelaire*, p. 23-24, qui cite *Le* Confiteor *de l'artiste :* « L'étude du beau est un duel où l'artiste crie de frayeur avant d'être vaincu » et rappelle la conception énoncée dans le *Salon de 1846* et reprise dans *Le Peintre de la vie moderne*, donnant à la beauté « un élément éternel, invariable (...) et un élément relatif, circonstanciel. »

2. La beauté selon Baudelaire est, commente Sartre, avant tout « suggestion ». Elle ôte à l'objet sa consistance : « Il s'agit, au fond, ajoute Sartre, d'une ruse pour donner une âme aux choses. »

3. La modernité baudelairienne s'oppose à la tension utopique vers le bonheur qui caractérise l'idéologie du progrès.

4. Notez l'anacoluthe, au début de cette dernière phrase : « Appuyé (...) on conçoit (...) ». Baudelaire, parti de l'exemple féminin, s'est attardé sur le masculin, ponctué par deux références : « le type idéal du Dandy » et *Satan*, « le plus parfait type de Beauté virile ». Des deux côtés (le « visage de femme » et la « belle tête

d'homme ») le même destin esthétique en contraste : volupté et tristesse, ou puissance et mélancolie, qu'il serait plus étonnant de retrouver chez Satan s'il n'était fait référence au Satan de Milton : « Celui-ci [Satan], au-dessus du reste par sa taille et sa contenance, superbement dominateur, s'élevait comme une tour. Sa forme n'avait pas encore perdu toute sa splendeur originelle ; il ne paraissait rien moins qu'un archange tombé, un excès de gloire obscurcie : comme lorsque le soleil, nouvellement levé, tondu de ses rayons, regarde à travers l'air horizontal et brumeux : ou tel que cet astre derrière la lune, dans une sombre éclipse, répand un crépuscule funeste sur la moitié des peuples, et par la frayeur des révolutions tourmente les rois ; ainsi obscurci, brillait encore au-dessus de tous ses compagnons l'archange. Mais son visage est labouré des profondes cicatrices de la foudre, et l'inquiétude est assise sur sa joue fanée ; sous les sourcils d'un courage indompté et d'un orgueil patient, veille la vengeance. Cruel était son œil ; toutefois, il s'en échappait des signes de remords et de compassion » (Milton, *Le Paradis perdu*, trad. Chateaubriand, livre I, extrait cité par C.B.).

17

1. Concept proche de l'état auquel la morale du hachisch réduit le drogué, « le poussant à s'admirer sans cesse lui-même et le précipitant jour à jour vers le gouffre lumineux où il admire sa face de Narcisse » *(Le Poème du hachisch)* (C.B.).

2. Concerne plutôt le dandysme que *Les Paradis artificiels*.

3. Alliant ces deux qualités, Baudelaire songe peut-être à Thomas De Quincey (C.B.), ou négativement à Victor Hugo, à qui manque au moins la seconde, ou plus largement à l'artiste romantique au sens du romantisme allemand. Max Milner observe la complémentarité de ces deux qualités : la première, le surnaturalisme, postule « un surplus d'être », une saisie des choses « dans leur plus grande particularité et dans la multiplicité de leurs rapports avec le tout » ; la seconde, l'ironie, permet à l'auteur de ne pas s'absorber dans le monde qu'il vient d'appeler à l'existence. (*Baudelaire, enfer ou ciel, qu'importe!* p. 176-177). Le paragraphe qui suit suppose en effet une chronologie qui fait de l'ironie (la « tournure d'esprit satanique ») le moment second, celui du retrait, de la distance. Il permet aussi de saisir toute la portée du mot « surnaturalisme ». Max Milner encore, dans une étude plus récente (« Baudelaire et le surnaturalisme »), observant la première

apparition du terme dans le *Salon de 1846*, le fait remonter au *Salon de 1831* de Heinrich Heine, et analyse l'ambiguïté du mot : l'infini des analogies romantiques est « l'image en creux d'un infini inaccessible à l'homme » (art. cit., p. 48).

4. À l'idée reçue qui veut que le poète soit inspiré par la puissance extérieure, divine, et que la raison le délivre par son initiative, et à ce qu'il semblait dire dans *Les Paradis artificiels* à propos de « ces états de santé poétique, si rares qu'on pourrait les considérer comme des grâces extérieures à l'homme et comme des visitations », Baudelaire substitue la thèse d'un volontarisme poétique nietzschéen, et récupère la puissance extérieure au second temps, que Jacques Crépet et Georges Blin rapprochent de l'aventure de *L'Apprenti Sorcier*.

5. Cf. « magie suggestive » dans *L'Art philosophique* ou « formules évocatoires de sorcier » dans l'*Exposition universelle* de 1855. Mais il s'agit ici de langue et d'écriture, à rapprocher de cette profession de foi de l'étude sur *Théophile Gautier* (1859) : « Manier savamment une langue, c'est pratiquer une espèce de sorcellerie évocatoire », dont Marcel Ruff s'est souvenu en faisant de ces mots, « sorcellerie évocatoire », le titre du chapitre qu'il consacre au verbe poétique des *Fleurs du mal* dans son *Baudelaire* de 1955. Mais le mot « sorcellerie » garde son sens fort et demeure dans le registre occultiste dont Armand Hoog a montré l'importance pour Baudelaire *(Littérature en Silésie)* et que Georges Blin a étudié dans *Le Sadisme de Baudelaire* (« Recours de Baudelaire à la sorcellerie », p. 75-100) et Marc Eigeldinger dans *Poésie et métamorphoses* (Neuchâtel, À la Baconnière, 1973 : « Baudelaire et l'alchimie verbale », p. 221-238).

6. Jacques Crépet et Georges Blin suggèrent une distribution des « airs charmants » selon les deux versants du sado-masochisme baudelairien. On notera avec Georges Blin (*Le Sadisme de Baudelaire*, p. 40), « l'air froid » et son rappel au f[t] 22 dans le « dandysme de femme froide ».

7. « Le spectacle, si ordinaire qu'il soit, qu'on a sous les yeux » : c'est, sommairement, l'esthétique des *Petits poèmes en prose*, que Robert Kopp résume en deux mots : « l'infini dans l'indéfini ».

8. Ce paragraphe est l'esquisse de *Perte d'auréole*, dans les *Petits poèmes en prose* (C.B.). Walter Benjamin note judicieusement la variante (ici, « le poète » a le temps de ramasser « son auréole ») et fait de la mythomanie du poète la conséquence de cette perte (*Charles Baudelaire*, p. 206-207 et 221).

9. Cf. le début du f[r] 17.

10. L'axe même de *Fusées* et de *Mon cœur mis à nu* (C.B.)? Pourquoi en anglais, avec cette préfixation symétrique? Est-ce une référence à Emerson? Ou Baudelaire masque-t-il, comme semble le dire Pierre Emmanuel (*Baudelaire*, p. 97), sous un « faux air anglais », son habituel fond égotiste?

11. Cf. le f[r] 3.

12. Cf. le f[r] 8.

13. « Si un poète montrait la prétention d'avoir quelques bourgeois dans son écurie, il y aurait bien des personnes qui s'en scandaliseraient » (projet de *Lettre à Jules Janin*, 1865)(C. B.).

14. Concerne le projet de préface aux *Fleurs du mal*. « L'intention de scandaliser, écrivent Jacques Crépet et Georges Blin, réside dans la protestation même qu'on ne scandalisera point. » Mais Baudelaire ajoute une précision nécessaire quelques lignes plus bas : « J'ai peu de ces choses. »

15. On observera la progression péjorative, dans ce bref catalogue de formules hypocoristiques, toutes empruntées au monde animal, du chat, animal aimé, à l'âne, symbole de bêtise, en passant par le singe qu'on retrouvera dans *La Belgique déshabillée*. (« *Une capitale de Singes* » était parmi les titres prévus du livre sur la Belgique, voir f[r] 3.)

16. Dans *Le Diable amoureux* de Jacques Cazotte, l'héroïne est métamorphosée en chameau (C.B.).

17. Esquisse du *Galant tireur*, dans les *Petits poèmes en prose* (C.B.).

18. Cf. la lettre à sa mère du 23 [décembre 1865] : « Je voudrais mettre la race humaine tout entière contre moi » (C.B.). De telles affirmations sont proches du projet même de *Mon cœur mis à nu*, livre de rancunes. C'est le fond du narcissisme baudelairien : « éprouver du dégoût, de l'horreur à l'égard de Baudelaire c'est encore s'occuper de lui », écrit Sartre.

19. Cf. le f[r] 10.

20. Cf., encore, le f[r] 10.

18

1. Lloyd James Austin (*L'Univers poétique de Baudelaire*, p. 186) rappelle le double sens, moral et physique, de « sensibilité ».

2. Roger Kempf (*Dandies* (...), p. 165-168) relève « le sophisme » de ce goût précoce qui ne se rapporte pas à la femme

naturelle. « abominable » (*Mon cœur mis à nu*, f[r] 5), mais à la femme parée, métamorphosée. Baudelaire a lui-même réfléchi plus d'une fois à ce « goût précoce du *monde* féminin, *mundi muliebris* », qu'il attribue, dans *Les Paradis artificiels*, aux « génies supérieurs ». Une lettre à Malassis, du [23 avril 1860], commente ce passage des *Paradis* par le biais d'une critique que l'éditeur avait faite à la lecture des épreuves : « qu'est-ce que l'enfant aime si passionnément dans sa mère, dans sa bonne, dans sa sœur aînée ? Est-ce simplement l'être qui le nourrit, le peigne, le lave et le berce ? C'est aussi la caresse et la volupté sensuelle. Pour l'enfant, cette caresse s'exprime à l'insu de la femme, par toutes les grâces de la femme. Il aime donc sa mère, sa sœur, sa nourrice, pour le chatouillement agréable du satin et de la fourrure, pour le parfum de la gorge et des cheveux, pour le cliquetis des bijoux, pour le jeu des rubans, etc., pour tout ce *mundus muliebris* commençant à la chemise et s'exprimant même par le mobilier où la femme met l'empreinte de *son sexe*. » Baudelaire glose plus loin ce *mundus* en un florilège lexical : « *atmosphère, odeur, sein, genoux, chevelure, vêtements, balneum unguentatum* ». Le paragraphe, plus concentré, de *Fusées*, énonce d'abord comme une confusion (« je confondais ») le rapport femme-animal, puis, par l'odorat, détache la mère de cette animalité-féminité et lui réserve « l'élégance ». Charles Mauron (*Le Dernier Baudelaire*, p. 119-120) voit ici une autre dimension, implicite : l'esprit religieux, comme dans *Correspondances*, *Le Fou et la Vénus* et *La Vie antérieure*. Mais la religion n'est-ce pas ici, cette religion substituée, le dandysme ?

3. Mystification ? Cf. Edgar Poe, qui trompe la postérité sur sa naissance et sa jeunesse (C.B.). Ce paragraphe sans verbe, provocateur, pose en tout cas la question de l'hérédité de Baudelaire, qui intriguait ses premiers biographes (voir l'éd. Eugène Crépet des *Œuvres posthumes*, 1887, p. XCIV).

4. Baudelaire, « incorrigible catholique » comme il se qualifie lui-même, « hédoniste de la dévotion », comme l'appellent Jacques Crépet et Georges Blin, attaque volontiers le protestantisme, qui a « quelque chose de dur, de cruel, de stérilisant » (*Salon de 1859*) (C.B.).

5. Le style bouffon comme révélateur d'un propos sérieux est au cœur du projet de livre sur la Belgique. Cf. *Fusées*, f[r] 22 (et, sur le contraste de la bouffonnerie et de la charité, le f[r] 6).

6. C'est ce plaisir que Baudelaire, à Bruxelles, poussera au paroxysme, prenant « une jouissance particulière à blesser » (lettre

à Ancelle, 13 octobre 1864). Hugo Friedrich note que la formule « exprimer sa souffrance par le rire » ou « terrible logique de l'absurde » relève d'une morale de l'oxymoron (*Structures de la poésie moderne*, p. 53-54).

7. Si Baudelaire a créé un genre de la *fusée-suggestion*, en voici l'idéal : l'esquisse brève, allusive, avec assez d'harmonie et d'hermétisme pour que, comme la beauté définie au f[t] 16, elle « laiss[e] carrière à la conjecture ».

8. « J'affirme que toute pensée sublime est accompagnée d'une secousse nerveuse, plus ou moins forte, qui retentit jusque dans le cervelet » (*Le Peintre de la vie moderne*, 1859, publié en 1863) (C.B.).

9. On n'est pas surpris de trouver ici, exemplaire de cette « note éternelle », Edgar Poe, l'intercesseur, l'un des deux auteurs dont Baudelaire indique ici-même (f[t] 88) qu'ils lui « ont appris à raisonner ». Quant à l'auteur des *Mémoires d'outre-tombe*, auquel Baudelaire semble avoir commencé à s'intéresser de près en 1859, c'est, à ses yeux, le père du « dandysme littéraire ». En 1860, dans *Un mangeur d'opium*, il évoque cet « accent, non pas surnaturel, mais presque étranger à l'humanité, moitié terrestre et moitié extra-terrestre, que nous trouvons quelquefois dans les *Mémoires d'outre-tombe*, quand, la colère ou l'orgueil blessé se taisant, le mépris du grand René pour les choses de la terre devient tout à fait désintéressé », où l'on touche du doigt ce qui relie la « note éternelle » et le dandysme. En suivant les variations du projet d'un livre sur le dandysme sur la crête des différents titres que Baudelaire a envisagés, on observe que Chateaubriand est toujours resté « au centre de son système du dandysme », comme le montre Jean-Claude Berchet, dans son étude sur « Baudelaire lecteur de Chateaubriand » (p. 33). Le troisième auteur cité, Alphonse Rabbe, n'a pas encore, malgré la prophétie de Baudelaire et malgré l'accord entre Baudelaire et Hugo sur la qualité de cet écrivain unique, abordé la gloire. Né en 1786, défiguré à vingt-huit ans par une maladie vénérienne, Alphonse Rabbe a aidé la mort à le rejoindre dans la nuit de la Saint-Sylvestre 1829. Ses œuvres posthumes réunies en 1835 sous le titre *Album d'un pessimiste* contiennent une défense du suicide (« Traité du désespoir — Du suicide ») qui n'a pu que le gagner à l'affection de Baudelaire, ainsi que des textes qui sont déjà, à leur manière, des poèmes en prose. On trouverait dans son œuvre bien des thèmes baudelairiens. Sa *Méditation sur la mort de Napoléon* (1821 ; publiée en 1831), accordant à « l'invincible

fatalité qui préside aux destins du monde » une importance maistrienne, fait écho à la « note éternelle », ce *grain* d'une voix d'outre-tombe, que lui accorde Baudelaire.

19

1. En 1846, déjà, dans son premier *Salon*, Baudelaire faisait du républicain « un ennemi des roses et des parfums, un fanatique des ustensiles ; (...) un ennemi de Watteau, un ennemi de Raphaël, un ennemi acharné du luxe, des beaux-arts et des belles-lettres, iconoclaste juré, bourreau de Vénus et d'Apollon (C.B.) ».

20

1. Les feuillets placés dans la rubrique *Hygiène. Conduite. Méthode. Morale* se rapprochent de ce fragment de *Fusées*.

2. Baudelaire a changé d'avis par rapport au *Salon de 1846*, où le poncif était lié aux « idées vulgaires et banales » et suscitait « l'horreur » des « grands artistes » (C.B.). Tout un courant critique, dès le XIXe siècle, et qui a peut-être encore ses adhérents aujourd'hui, dénonce en Baudelaire « le poète aride de la banalité » (Émile Faguet, dans *La Revue*, 1er septembre 1910). Cf. *Fusées*, f[t] 1 et note 1.11 et *Notes précieuses*, f[t] 90 et note 90.3.

3. Le genre de la *fusée-suggestion* est une manière de *concetto*.

4. Voir le f[t] 18 et la note 18.9.

5. C'est le titre d'un roman de Clément et Edmond Burat-Gurgy, publié en 1831 et narrant l'histoire de la prostitution d'une fille par sa mère (C.B.).

6. Hildebrand était le nom d'abbé de Cluny du futur Grégoire VII, dont Henri IV, en janvier 1077, à Canossa, attendit trois jours, en pénitent, l'absolution. Baudelaire suppose un rapport inversé entre Pie IX et Napoléon III, le prince Napoléon ayant adressé le 18 août 1849 à Edgar Ney, dernier fils du maréchal, en mission au Vatican, une lettre pour qu'il obtienne du pape l'amnistie et des réformes libérales en échange de son soutien pour le rétablissement du pouvoir temporel. D'où le « césarisme ».

21

1. C'est l'une des nombreuses invectives de Baudelaire contre l'idéologie du progrès, qu'il oppose au dandysme et à la modernité. Cf. *Mon cœur mis à nu*, f[ts] 15, 58 et 84.

2. Le 9 [janvier 1851], Baudelaire écrit à sa mère : « Je vais avoir trente ans dans trois mois juste. Ceci me suscite beaucoup de

réflexions qu'il est facile de deviner. » Peut-on compter l'étrange spéculation de ce f[t] 21 parmi ces « réflexions » ? 1851, l'année du coup d'État, est une date bien prématurée pour ces *Fusées*. Faut-il entendre ce « On dit que » dans le sens « disons que, supposons que » ?

3. Dans le projet d'immortalité que Baudelaire a commencé à nourrir très tôt — sa correspondance en témoigne —, le travail constitue l'élément nécessaire, fixateur, mais qui fait souvent défaut, comme l'auteur des *Marginalia* l'avait observé, à l'homme de génie.

4. On trouverait ici, parmi ces *Fusées et Suggestions*, des applications directes de cette méthode, si ce n'est que, précisément, l'effet n'a pas eu lieu, le roman étant resté à l'état de quelques « très belles phrases ». Voir, par exemple, le paragraphe du f[t] 22, commençant par « Ému au contact de ces voluptés » et tout rempli de « belles phrases ». Baudelaire a fait au long de sa vie quantité de projets de romans, qui en sont restés pour nous au titre ou à un très bref canevas. Il a poussé un peu plus loin, jusqu'à l'argument, trois ou quatre projets dramatiques.

22

1. À propos des marines de Victor Hugo, Baudelaire écrit : « Les navires qui en raient la surface ou qui en traversent les bouillonnements auront, plus que tous ceux de tout autre peintre, cette physionomie de lutteurs passionnés, ce caractère de volonté et d'animalité qui se dégage si mystérieusement d'un appareil géométrique et mécanique de bois, de fer, de cordes et de toile ; animal monstrueux créé par l'homme, auquel le vent et le flot ajoutent la beauté d'une démarche » (*Victor Hugo*, 1861) (C.B.) Georges Poulet commente le génie mathématique, associé à un génie géométrique, de Baudelaire, le temps devenant « un enrichissement de l'espace ». (*La Poésie éclatée*, p. 48.)

2. Ainsi, la mer « semble contenir en elle (...) les humeurs, les agonies et les extases de toutes les âmes qui ont vécu, qui vivent et qui vivront » (*Déjà !* dans les *Petits poèmes en prose*).

3. « J'ai trouvé une fois dans un article de M. Barbey d'Aurevilly une exclamation de tristesse philosophique qui résume tout ce que je voudrais dire à ce sujet [la supériorité des primitifs] : " Peuples civilisés qui jetez sans cesse la pierre aux sauvages, bientôt vous ne mériterez même plus d'être idolâtres ! " » (*Notes nouvelles sur Edgar Poe*, 1857) (C.B.). Le passage de Barbey n'a, hélas, pas été

retrouvé. Claude Pichois croit qu'il peut s'agir d'un article sur *Les Femmes d'Amérique* de Bellegarigue (article publié dans *Le Pays* le 26 janvier 1855) où Barbey oppose les Américains et les Barbares.

4. Le stoïcisme est un des noms de la morale des dandys, ce « club de suicidés » (Sartre). Baudelaire a vécu une grande partie de sa vie habité par des tentatives suicidaires. « Songe donc que depuis tant, tant d'années, je vis sans cesse au bord du suicide », écrit-il à sa mère le [20 avril 1860]. Il a aussi lu Rabbe qui fait place aux stoïciens dans son *Traité du désespoir*, sous-titré *Du suicide*.

5. Voir le f° 18 et la note 18.5.

6. Baudelaire évoque, dans ses *Notes nouvelles sur Edgar Poe* (1857), « les purs Désirs, les gracieuses Mélancolies et les nobles Désespoirs qui habitent les régions surnaturelles de la poésie » (C.B.).

7. L'homme qui regarde en arrière et ne voit que « désabusement et amertume, c'est, commente Georges Poulet, « le poète de l'irréparable », qui porte sa mémoire comme un fardeau. Ces « années profondes », nous les retrouvons, poursuit le critique, bien des fois, et dans « des mondes affectifs très différents », et « dans tous les cas (...) où le poète mesure cette amplitude, il en résulte chez lui un agrandissement caractéristique de la conscience de soi » (*La Poésie éclatée*, p. 17). (*Dans les années profondes* est le titre choisi par Jouve pour son dernier récit recueilli dans *La Scène capitale*, Mercure de France, 1961.)

8. Georges Blin parle d' « hédonisme mélancolique » à propos de ce fragment ou début de récit, où « la jouissance (...) est savourée à travers une singulière complaisance à la mortification, sur un fond moelleux de remords, et dans une atmosphère d'apaisement désespéré » (*Le Sadisme de Baudelaire*, p. 44).

9. Prométhée représente le Progrès humain, l'homme contre les dieux.

10. Anachronisme, peut-être : Hugo n'est plus à Jersey mais à Guernesey depuis 1855 (C.B.). Baudelaire à Bruxelles, rapporte Camille Lemonnier, marchait penché, lui aussi, comme s'il se mirait dans ses souliers vernis (voir ci-dessus p. 548).

11. Cette suite de trois épigrammes en prose (dont la dernière adopte la mesure de deux alexandrins) est l'écho de l'allergie de Baudelaire au personnage et à l'œuvre de Victor Hugo. Pourtant, leurs rapports sont complexes : Pascal Pia leur a consacré un chapitre de son livre (p. 135-141) et Léon Cellier tout un ouvrage :

*Baudelaire et Hugo*. Le côté de Baudelaire, qui nous intéresse, est occupé par des jugements en dents de scie. Comparant Hugo à Delacroix, dans le *Salon de 1846*, Baudelaire donnait au peintre la palme de l'authenticité romantique pour écrire plus tard une étude admirative sur Victor Hugo, destinée à un volume de l'*Anthologie* d'Eugène Crépet, publié en 1862. Baudelaire admire *La Légende des siècles* et déteste *Les Misérables*. Il recopie pieusement la « protestation » d'Hugo à l'amnistie de 1859 et se hérisse, à Bruxelles, contre l'idéologie des proscrits. Mais ces retournements ne sont rien en regard du double jeu où il se complaît, exprimant volontiers son admiration dans ses lettres à Hugo et ne cachant pas en privé, en particulier dans les lettres à sa mère ou à Ancelle, combien Victor Hugo, et surtout son entourage, la « coterie Hugo », lui sont insupportables. Dans un seul cas, le jugement public a rencontré le jugement privé, lorsque Baudelaire, scandalisé par le battage fait autour de Victor Hugo à l'occasion du tricentenaire de Shakespeare, fit paraître dans le *Figaro* une lettre anonyme, le 14 avril 1864, qui ne ménageait pas l'auteur « en qui Dieu, par un esprit de mystification impénétrable, a amalgamé la sottise avec le génie ». La confrontation des deux poètes est une scie de la critique littéraire. Proust, dans sa lettre sur Baudelaire à Rivière (juin 1921), et Valéry, dans « Situation de Baudelaire » (février 1924), en font une *captatio* donnant accès à de longs développements. Voici ce qu'en dit Walter Benjamin dans ses fragments sur Baudelaire : « L'inspiration de Hugo : les mots s'offrent à lui à l'instar des images comme une masse houleuse. Inspiration de Baudelaire : les mots semblent, grâce à un procédé étudié, appliqué à l'endroit où ils surgissent, comme évoqués par magie » (*Baudelaire*, p. 241).

12. Sainte-Beuve, dans *Le Constitutionnel* du 28 juillet 1862, se moque du « provincial » M. de Pontmartin (C.B.), auteur d'un compte rendu des *Histoires extraordinaires* de Poe (*L'Assemblée nationale*, 12 avril 1856) qui n'avait pas plu à Baudelaire (P.).

13. La « hiérarchie raisonnable » est, selon Joseph de Maistre, plus indispensable que le dogme au maintien de la foi (C.B.).

14. Ce début est l'exclamation d'un personnage du *Melmoth the Wanderer* de Maturin (C.B.), roman que Baudelaire aurait peut-être songé à traduire au début de 1865 (voir *La Belgique déshabillée*, note 307.1, et la chronologie, p. 510).

15. Ces « lois inexorables » sont les lois maistriennes de la Providence et de la réversibilité.

16. Baudelaire reprochera à la Belgique d'être « livrée à l'infâme *Siècle* » (*La Belgique déshabillée*, f[r] 153), le journal libéral qu'il attaquait déjà dans le *Salon de 1859*, citant avec un jeu de mots un vers du *Misanthrope* : « Le mauvais goût du siècle en cela me fait peur » (C. B.).

17. La longueur est une dimension très relative lorsqu'il s'agit d'écrire, mais on peut se demander si la forme de la *fusée-suggestion* tient encore, malgré l'excuse finale du « hors-d'œuvre », au bout de ce qui est le plus long fragment de ce recueil, *Mon cœur mis à nu* y compris. Jacques Crépet et Georges Blin proposent de l'identifier avec un poème en prose intitulé *La Fin du monde*, dont Baudelaire parle à Arsène Houssaye dans une lettre des environs du 20 décembre 1861. Le développement prend pourtant une tournure nettement idéologique, ou politico-poétique, où intervient le monde spirituel familier de Baudelaire, placé sous l'influence de Maistre qui, précisément, comme le rappelle Daniel Vouga (*Baudelaire et Joseph de Maistre*, p. 93), considère « l'esprit prophétique » comme « naturel à l'homme ». Le « hors-d'œuvre » de Baudelaire semble ainsi répondre au vœu du comte d' « indiquer quelques traits des plans futurs qui paraissent décrétés », depuis le chaos de la Révolution (*Lettres et opuscules*, II). Aujourd'hui que les perspectives se sont rapprochées, ne songeons même pas au futurisme en trompe-l'œil du « désordre bouffon des républiques du Sud-Amérique », qui s'applique très exactement au XIXe siècle, mais aux « rêveries sanguinaires, sacrilèges, ou anti-naturelles des utopistes », aux effets du recul de la religion, à l'héritage des révolutions, aux « états communautaires », aux « gouvernants (...) forcés (...) de recourir à des moyens qui feraient frissonner notre humanité actuelle », à l'athéisme devenu superstition de secte. Dans une conférence faite en mai 1939, en français, aux Décades de Pontigny, Walter Benjamin rendait raison aux prophéties de Baudelaire, en ces termes : « Nous ne sommes déjà pas si mal placés pour convenir de la justesse de ces phrases. Il y a bien des chances qu'elles gagneront en sinistre. Peut-être la condition de la clairvoyance dont elles font preuve était-elle beaucoup moins un don quelconque d'observateur que l'irrémédiable détresse du solitaire au sein des foules. Est-il trop audacieux de prétendre que ce sont ces mêmes foules qui, de nos jours, sont pétries par les mains des dictateurs ? Quant à la faculté d'entrevoir dans ces foules asservies des noyaux de résistance — noyaux que formèrent les masses révolutionnaires de quarante-huit et les communards —,

elle n'était pas dévolue à Baudelaire. Le désespoir fut la rançon de cette sensibilité qui, la première abordant la grande ville, la première en fut saisie d'un frisson que nous, en face de menaces multiples, par trop précises, ne savons même plus sentir » (cité par Jean Lacoste, préface à Walter Benjamin, *Charles Baudelaire*, p. 14). Le désastre accompagne toute pensée de Baudelaire tournée vers l'avenir. Il ne voit que la mort devant lui, et se réfugie donc, volontiers, dans le passé : « Au train dont nous marchons vers les ténèbres, il y a lieu d'espérer qu'en l'an 1900 nous serons plongés dans le noir absolu » (compte rendu des *Martyrs ridicules* de Léon Cladel, 1861).

86

1. D'après Benjamin Fondane, « l'expérience du gouffre » est celle-là même de Baudelaire (c'est le titre de son livre : *Baudelaire et l'expérience du gouffre*, écrit en 1944 ; Seghers, 1947). Pour Jean-Pierre Richard, « l'imagination baudelairienne » n'a cessé de démontrer « l'infinie *fécondité* du gouffre » (*Poésie et profondeur*, p. 104). Pierre Emmanuel insiste sur « l'entité fascinatrice indivisible de l'acte de choir » et consacre un chapitre de son livre à « la mystique du gouffre » (*Baudelaire*, p. 42 et p. 61-87.). L'incommunicable, ce triomphe, cette vérification suprême de la pensée de Baudelaire, est à l'image du gouffre (*Mon cœur mis à nu*, f[t] 54) et le poète, dans ce fragment composite (*Fusées. Hygiène. Projets*) métaphorise ou métonymise à l'infini la « sensation du gouffre » en un gouffre de sensations. Le seul mot *gouffre* apparaît dix-huit fois dans *Les Fleurs du mal*, où un poème s'intitule *Le Gouffre*, composé, d'après Claude Pichois, juste après le « singulier avertissement » du 23 janvier 1862 (ce même ft. 86 de *Fusées*). Sartre résume en une formule l'importance du sujet : « Baudelaire, l'homme qui se sent un gouffre. »

2. Cf. « la peur de ne plus pouvoir penser » d'une lettre à Malassis ([20 mars 1861]) et « on craint ici de devenir bête » au f[t] 5 de *La Belgique déshabillée*. Brunetière s'était précipité sur ce signe autographe de la faiblesse psychologique et intellectuelle de Baudelaire (*Revue des Deux Mondes*, 1er juin 1887). S'il est légitime de voir ici, avec Henri de Régnier (*Proses datées*, Mercure de France, 1925, p. 159), un « sinistre et douloureux présage » pour celui que la médecine et le journalisme académique qualifieront d'hystérique (Alcide Dusolier parle d'un « Boileau hystérique » dans *Le Nain jaune*, le 27 avril 1864), n'oublions pas

d'observer aussi la métaphore de l'*aile*, qui inverse dans les termes, et déplace, la portée métaphorique du cliché romantique (hugolien et lamartinien) de « l'aile du vent ».

88

1. Georges Poulet note l'inflexion de pesanteur du temps baudelairien (*La Poésie éclatée*, p. 25).

2. « J.-P. Sartre a réduit à l'excès l'influence de ces deux auteurs sur Baudelaire », déclarent Jacques Crépet et Georges Blin : celle de Poe (« un des plus beaux génies qui aient existé », écrivait Baudelaire à Alfred Guichon, le 26 mai 1860), mais surtout celle, jugée « de façade » alors qu'elle est constamment présente parmi ces *Écrits intimes* (auxquels, l'essai de Sartre est à l'origine une introduction), de Joseph de Maistre, « ce soldat animé de l'Esprit Saint » (*De l'essence du rire* 1855), ce « grand génie de notre temps », ce « voyant » (lettre à Toussenel, le 21 janvier 1856, reproduite ci-dessus, p. 526-527).

## MON CŒUR MIS À NU

1

1. « Vaporisation » et « centralisation » s'opposent. Max Milner parle de « dilemme » (*Baudelaire, enfer ou ciel, qu'importe!* p. 170). Voir en effet la pensée d'Emerson, récopiée par Baudelaire (ci-dessus, p. 129). La « centralisation » est positive, féconde, active. La « vaporisation » — nous dirions dispersion — détériore le *Moi*, comme, dans le poème liminaire des *Fleurs du mal (Au lecteur)*, « le riche métal de notre volonté/Est tout vaporisé par ce savant chimiste » qu'est le diable.

2. Cf. *Fusées*, f° 21, où Baudelaire donne sa recette pour écrire « un roman » : « commencer un sujet n'importe où ».

3

1. « Remarquez bien que je ne renonce pas au plaisir de changer d'idée ou de me contredire », écrit Baudelaire à Flaubert, le 26 juin 1860 (C.B.), et parmi les fragments du carnet d'Asselineau (voir p. 134) : « Apprendre c'est se contredire. »

2. Cf. la sixième strophe de *L'Héautontimorouménos* (*Les Fleurs du mal*) : « Je suis la plaie et le couteau!/Je suis le soufflet et la joue!/Je suis les membres et la roue,/Et la victime et le bourreau »

ou, dans *La Belgique déshabillée* (f[t] [8], p. 317) : « Non seulement, je serais heureux d'être victime, mais je ne haïrais pas d'être bourreau » (C. B.), ou encore, dans une lettre à Mme Aupick (11 septembre 1856), à propos de la rupture avec Jeanne : « Je me suis amusé à martyriser, et j'ai été martyrisé à mon tour. » Ce sens alternatif du mal est maistrien. Baudelaire l'a appliqué à une théorie de l'amour exposée au ft 3 de *Fusées.* Il le définit, dans la préface aux *Nouvelles histoires extraordinaires* de Poe comme une « Perversité naturelle » de l'homme, qui « est sans cesse et à la fois homicide et suicide, assassin et bourreau ».

4

1. Émile de Girardin, le directeur de *La Presse.* Voir *Fusées,* f[t] 10 et la note 10.2.

2. Citation de Girardin extraite d'un article du 7 novembre 1863 intitulé « La Paix du monde » (C.B.).

3. Coupure de presse (le paragraphe signé Girardin et la note) de *La Presse*, 8 octobre 1863 (P.). C'est, avec le f[t] 62, les seuls cas, dans *Mon cœur mis à nu*, de ce qui deviendra systématique dans *La Belgique déshabillée :* découper dans la presse de quoi alimenter le sujet, et constituer un dossier de pièces à conviction.

4. *L'Almageste*, traité d'astronomie mathématique où Ptolémée expose le système géocentrique du monde (rotation du soleil autour de la terre). Il en est question dans les *Marginalia* de Poe (fragment LXVI, Sansot, 1913).

5. Baudelaire veut probablement citer le mot de son ami Jules Viard dans *Les Petites Joies de la vie : « Et habet mea mentula mentem »* (et ma mentule a de l'esprit), calqué sur le « *Et habet tua mentula mentem* » du *Quart Livre* de Rabelais (prologue, dit par Jupiter à Priapus) (C.B.).

5

1. Il y aurait d'autres expressions de la misogynie de Baudelaire, qui a souvent l'avantage de la plus totale franchise. À Mme Sabatier, le 31 août 1857, il avoue qu'il a « d'*odieux* préjugés à l'endroit des femmes » (c'est lui qui souligne « odieux ») et lui déclare, — il est vrai, dans le froid de la désillusion : « Vous avez l'âme belle, mais en somme, c'est une âme féminine. » À Mme Meurice, son amie, le 24 mai 1865, il écrit à propos d'elle-même : « Elle est femme : donc, elle ne comprendra pas le sens de mon embrassade », affirmant aussi que les femmes ont besoin de « galanteries » et de

« fadaises ». Ailleurs, dans une lettre à Carjat (6 octobre 1863), il s'étonne, à propos de Mme Manet, qu'on lui dit « belle, très bonne, et très franche artiste » : « Tant de trésors en une seule personne femelle, n'est-ce pas monstrueux ? » Voyez aussi, ce qu'il dit des jeunes filles au f[t] 60 et ce qu'il écrit à Judith Gautier (note 60.1). Mais il y a tout ce qui, dans son œuvre, est adoration de la femme. Lisons, dans *Le Peintre de la vie moderne :* La femme « n'est pas seulement pour l'artiste (...) la femelle de l'homme. C'est plutôt une divinité, un astre, qui préside à toutes les conceptions du cerveau mâle : c'est un miroitement de toutes les grâces de la nature condensées dans un seul être ». Entre divinité et animalité, la femme baudelairienne oscille. Et dans l'interstice d'une lettre, entre féminité et féminéité (au f[t] 2 de *Fusées,* à propos de l'Église), il s'ouvre un abîme.

2. Baudelaire, après le procès perdu des *Fleurs du mal,* semble avoir espéré la Légion d'honneur. Il en parle à sa mère, d'abord peut-être à mots couverts, puis, le 22 août 1858 : « Voilà donc le 15 août passé sans que la décoration soit venue. » Et comme le renard devant les raisins, il ajoute : « Du reste, pour parler avec une absolue franchise, les nominations récentes sont pour moi d'une nature si déplaisante que je suis enchanté de n'avoir pas été jeté dans une fournée, et surtout dans celle-là », début d'un dépit qui se renouvelle peut-être l'année suivante, en tout cas en 1860 (« Il a encore été question de cette ridicule croix d'honneur. J'espère bien que la préface des *Fleurs* rendra la chose à jamais impossible. (...) Qu'on décore tous les Français, *excepté moi* », lettre à sa mère du 11 octobre) et qui devient, dans ce livre de rancunes que doit être *Mon cœur mis à nu,* l'esquisse d'une éthique de la décoration refusée.

3. « Plus je deviens malheureux, plus mon orgueil augmente », concluait Baudelaire après l'amer développement qui vient d'être cité, du 11 octobre 1860, sur la Légion d'honneur.

4. Ce « calcul » est une version banalisée du pari pascalien. On en trouvera d'autres interprétations, dans Joseph de Maistre, par exemple, ou dans Montaigne (*Essais* II, 12), cité par Jacques Crépet et Georges Blin : « Nous sommes incapables d'avoir fait le monde : il y a donc quelque nature plus excellente qui y a mis la main. »

5. L'essence satanique du miroir est suggérée dans un passage de *L'Irrémédiable* (*Les Fleurs du mal*). Le dandy et Satan sont les deux types de beauté virile que reconnaît Baudelaire (voir *Fusées,* f[t] 16). Jean-José Marchand, dans son exégèse ligne à ligne de *Mon*

*cœur mis à nu*, traduit « vivre et dormir devant un miroir » par « s'ennuyer », avec ironie peut-être, et nous reporte au f[r] 22 : « Un Dandy ne fait rien. » Pourtant l'ennui est l'état très sérieux, quotidien, du dandy, c'est le revers du sublime.

6

1. Benjamin Constant avait étudié « la prostitution sacrée » dans *De la religion considérée dans sa source, ses formes et ses développements* (5 vol., 1824-1831), où l'on peut lire, après un développement sur « les filles des familles les plus distinguées » du royaume de Judah, enlevées par les prêtresses et consacrées à la volupté, et sur la prostitution des Babyloniennes, l'explication suivante, qui rencontre la théorie maistrienne du sacrifice qu'a adoptée Baudelaire : « L'homme dès sa première enfance a cru ne faire jamais assez pour honorer ses dieux. La nature l'invitait au plaisir, il a sacrifié le plaisir pour leur plaire ; la nature lui prescrivait la pudeur, il leur a offert la pudeur en holocauste » (C.B.).

2. Le mysticisme des pythagoriciens et des néoplatoniciens est effectivement entre deux âges de la civilisation (C.B.).

3. Idée maistrienne, fondée sur la complémentarité des contraires, comme la victime et le bourreau.

4. Idée maistrienne, encore, que Jacques Crépet et Georges Blin traduisent prudemment : « Sans doute faut-il comprendre que l'irréligion révolutionnaire a servi les desseins de Dieu en versant du sang non coupable. » On trouve une exégèse possible de cette phrase par Baudelaire lui-même dans le fragment détaché : « Toute révolution a pour corollaire le massacre des innocents » (voir p. 132, f[r] [4]).

5. Joseph de Maistre ne renie pas non plus la superstition, « *ouvrage avancé* de la religion » (*Les Soirées de Saint-Pétersbourg*, 6e entretien) (C. B.). Daniel Vouga (*Baudelaire et Joseph de Maistre* p. 155) voit dans tout ce passage (« Mysticité (...) vérités ») un résumé hâtif de la pensée maistrienne.

7

1. « Toutes les révolutions se valent et ne servent qu'à montrer l'opiniâtre légèreté de l'humanité », écrit Baudelaire dans les notes sur *L'Esprit et le style de M. Villemain* (C. B.). Quant au mot « déménagement », métaphore de la révolution, il revient dans *Une mort héroïque*, dans les *Petits poèmes en prose*, où Baudelaire

ironise sur « ces individus d'humeur atrabilaire qui veulent déposer les princes et opérer, sans la consulter, le déménagement d'une société ».

8

1. Fin août 1860, se moquant des idées saugrenues de Poulet-Malassis à propos de l'évolution des races, Baudelaire lui écrit : « Je crois que c'est en vous un vieux reste des philosophies de 1848. » Avait-il lui-même cédé à la tentation utopiste ? Eugène Crépet avait recueilli quelques témoignages, qui ont peut-être forcé la note, sur le comportement de Baudelaire aux barricades de 1848. Le portrait par Le Vavasseur de Baudelaire en révolutionnaire surexcité et sérieux, est-il d'un témoin assez intelligent pour saisir les arrière-pensées de Baudelaire ? La parole rapportée par Jules Buisson : « Il faut aller fusiller le général Aupick » (voir Claude Pichois, *Baudelaire, Études et témoignages*, p. 40-41), est-elle bouffonne ou sérieuse ? Quoi qu'il en soit Baudelaire, qui a collaboré au journal *Le Salut public* en 1848, s'était engagé avec les républicains pour le renversement de la monarchie de Juillet, contre ces Orléans qu'il poursuit encore à la fin de sa vie, en Belgique. Il est important aussi d'apprendre ici qu'il comptait s'en expliquer, accomplir cette réflexion sur soi qui manque si cruellement d'ordinaire à ceux qui changent d'optique politique, donc qu'il entendait être fidèle, au moins sur cette question, au sens du titre de *Mon cœur mis à nu*. Dans *Assommons les pauvres*, un poème en prose qu'il pourrait avoir écrit en Belgique en 1865, il accomplit la même rétrospection vers son euphorie révolutionnaire d' « il y a seize ou dix-sept ans » et évoque les livres qu'il lisait à ce moment, « où il est traité de l'art de rendre les peuples heureux », « élucubrations [d'] entrepreneurs de bonheur public », qui l'avaient plongé « dans un état d'esprit avoisinant le vertige et la stupidité ».

2. Le 15 mai 1848, les républicains manifestent pour la Pologne, écrasée par la Russie, envahissent l'Assemblée et menacent le gouvernement provisoire (C.B. et P.).

3. Depuis le début de cette esquisse de réflexion rétrospective, Baudelaire a écrit trois fois (dont une fois, la première, en le soulignant) l'adjectif « naturel », pour qualifier des termes synonymes : « le plaisir (...) de la démolition », « le goût de la destruction », l' « amour (...) du crime ». « Voilà l'homme naturel ! », dit Maistre (cité par Jacques Crépet et Georges Blin) dans l'*Éclaircissement sur les sacrifices*, désignant les massacres révolu-

tionnaires : « le sang innocent couvrant les échafauds qui couvraient la France : des hommes frisant et poudrant des têtes sanglantes ». Dans la pensée de Baudelaire, comme la vengeance, « l'esprit de destruction », dont il signalait déjà « l'utilité » à propos de Pierre Dupont, est encore un élément de continuité. Comme le mal quand il s'abat sur lui, Baudelaire conçoit la destruction comme motrice et génératrice. Le sadisme est très apparent dans des fragments tels que ceux-là, et Georges Blin rappelle cette parole attribuée à Baudelaire : «L'insurrection était légitime comme l'assassinat » (*Le Sadisme de Baudelaire*, p. 64).

4. « LE 2 DÉCEMBRE m'a *physiquement dépolitiqué* », écrit Baudelaire à Ancelle le 5 mars 1852, trois mois après le coup d'État, au moment où s'établissaient la normalisation, la loi impériale et la providentialité.

5. Le mot le plus important, c'est le dernier : providentialité. S'informant de la préface de Napoléon III à l'*Histoire de César*, le 15 mars 1865, auprès de Sainte-Beuve, Baudelaire lui demande : « Est-ce assez *prédestination ?* » Sensible à des éléments peu apparents, Baudelaire n'est pas aveugle devant la personnalité de Napoléon III (voir le f[t] 44), mais il prend en compte, dans l'histoire, le caractère providentiel de ces sortes d'apparitions politiques, (Daniel Vouga fait un rapprochement avec « le *divin* Marat » du tableau de David décrit dans *Le Musée classique du Bazar Bonne-Nouvelle*), alors que, comme il l'écrit à Poulet-Malassis le 20 mars 1852, « personne » — sous-entendu : d'autre que lui, sans doute parmi la gent littéraire parisienne — « ne consent à se mettre au point de vue *providentiel* ». S'il se demande plus loin (au f[t] 13) ce qu'est la liberté et si elle peut « s'accorder avec la loi providentielle », c'est bien qu'il conçoit l'Empereur, qui gouverne, comme un homme lui-même gouverné par une puissance supérieure : « J'admire, écrit-il à Nadar le 16 mai 1859, avec quelle docilité il obéit à la fatalité », et il ajoute : « mais cette fatalité le sauve » (cf. le f[t] 84, où le mot « fatalité » est synonyme de providentialité). Jacques Crépet et Georges Blin, à qui j'emprunte les citations que je viens de faire, n'ont aucune peine à montrer l'identité de vues de Baudelaire sur la Providence incarnée, avec Emerson (« Il y a toujours un homme qui représente plus qu'un autre, à un moment donné, la volonté de la Providence », *Les Lois de la vie*) ou avec Maistre (« Lorsque la Providence a décrété la formation plus rapide d'une constitution politique, il paraît un homme revêtu d'une puissance indéfinissable (...) », *Considérations sur la France*). La

Providence est évidemment une notion capitale, omniprésente, dans l'œuvre de Maistre : *Le Gouvernement temporel de la Providence* est le sous-titre de ses *Soirées de Saint-Pétersbourg*. Le thème des « desseins de la Providence » apparaît aussi dans les écrits d'Alphonse Rabbe, notamment dans sa *Méditation sur la mort de Napoléon Ier*.

9

1. L'utilité, celle de l'art en particulier, met en contradiction le Baudelaire du début des années 1850 et celui de ces fragments. Dans son article de 1851 sur Pierre Dupont, le chansonnier socialiste, il se réjouit que l'art soit « désormais inséparable de la morale et de l'utilité » ; dans son étude de 1852 sur *L'École païenne*, il déplore que l'artiste formaliste néglige « l'utile, le vrai, le bon » (C.B.). Sartre relève la même contradiction en citant, à côté de ce fragment, la raison invoquée en 1845, pour la tentative de suicide : « Je me tue parce que je suis inutile aux autres — *et dangereux à moi-même.* » Il convient d'observer aussi la distinction entre utilité et travail : l'utilité est d'ordre idéologique ; le travail est éthique, c'est une règle de vie, une forme d'hygiène (voir *Fusées*, fts 12, 13, 20, 21, 88, *Mon cœur mis à nu*, ft 18, ainsi que les fts 87, 89, 90, 92, 93 de *Hygiène. Conduite. Méthode. Morale* et *Notes précieuses*, et la note 87.1, p. 620).

2. C'est la révolution « *joujou* » dont parle Charles Asselineau, avec ses clubs où l'on pratique le calembour, ses corporations chantantes, ses bannières et ses tambours, et tous les signes d'un spontanéisme embryonnaire qui explosera cent vingt ans plus tard, dans les mêmes lieux, contre le même « ordre bourgeois » (C. B.).

3. Robespierre, héroïque et tragique, dandy de la révolution comme il en est de la réaction, accomplit en lui, vite et bien, ce retournement du bourreau en victime où Baudelaire voit l'exercice de la justice de Dieu. Son sort anticipe sur l'époque, qu'envisage Baudelaire dans *Fusées*, ft 22, où l'humanité « arrachera leur dernier morceau à ceux qui croiront avoir hérité légitimement des révolutions ». Baudelaire, indiquent Jacques Crépet et Georges Blin, a possédé un portrait de Robespierre et aurait fait son éloge en 1848 ou en 1849 pour provoquer les notables de Châteauroux. Il a décrit dans *Les Paradis artificiels* « son style de glace ardente, recuit et congelé comme l'abstraction » et ne songeait certes pas à lui en écrivant, dans les notes sur Laclos : « La Révolution a été faite par des voluptueux. » Plus tard, braqué sans doute contre tout

ce qui pouvait avoir porté dans ses flancs la « coterie Hugo » et les clans progressistes, il semble saisir l'occasion de l'article sur *Les Misérables*, pour le traiter de « fou ». Il citera de lui deux fois (ici même, f[r] 57, et dans *La Belgique déshabillée*, f[r] 197), une maxime : « Ceux qui ne croient pas à l'immortalité de leur être se rendent justice », la tournant contre les libéraux.

10

1. En sacrifiant des vies humaines, en coupant la tête à ceux qui ne peuvent déjà plus lui nuire, la révolution accomplit un rite qui la dépasse, et fait preuve de superstition, sinon d'une certaine religiosité. On a vu que Baudelaire conciliait superstition et vérité (*Mon cœur mis à nu*, f[r] 6). L'idée maistrienne qu'on retrouve ici est celle, encore, du sacrifice expiatoire.

11

1. Est-ce que cela fait, politiquement, de Baudelaire, un anarchiste, ou un indifférent ? La fin du même feuillet corrige le début : « *dépolitiqué* » par le coup d'État (voir la note 8.4), il se rallie sans « convictions », mais avec le sens, qu'il ne veut guère partager, de la providentialité.

2. Cf. l' « amour naturel du crime » au f[r] 8.

12

1. Charles Du Bos, dans son introduction à *Mon cœur mis à nu* (1930), explique que le sentiment de solitude, résulte chez Baudelaire de l'*unicité* (le fait de se sentir unique, différent des autres, qui a effectivement obsédé Baudelaire, comme le montrent plusieurs lettres à sa mère). Sartre, quant à lui, fait remonter ce sentiment de solitude au remariage de la mère du poète, moment à partir duquel il « pense son isolement comme une destinée » (C.B.). Pascal Pia, au double événement de 1827-1828 : mort du père, second mariage de la mère.

2. Baudelaire écrit à sa mère, le 4 novembre 1856, que sa rupture avec Jeanne, après l'avoir « abattu », lui « a donné postérieurement un goût immodéré pour la vie (...), une soif diabolique de jouissance, de gloire et de puissance » (C.B.). Ce goût de la vie et du plaisir, c'est, dit Sartre, un goût « de la vie décantée, tenue à distance, recréée par la liberté du plaisir spiritualisé par le mal », le contraire de l'acte sexuel rejeté au f[r] 70.

13

1. Jacques Crépet et Georges Blin rapprochent cette idée de la théorie pascalienne du divertissement et l'interrogation existentielle qui suit des questions du même ordre dans Diderot, Rabbe, Emerson, Joubert et... Voltaire. On peut penser aussi, avec Georges Blin, au spiritisme (*Le Sadisme de Baudelaire*, « Recours de Baudelaire à la sorcellerie », p. 78-79).

2. Cf. le second paragraphe du f[r] 84.

14

1. Cf. ici le f[r] 73 et *Fusées*, f[r] 9 (et la note 9.1).

2. Dans le canevas des *Lettres d'un atrabilaire*, Baudelaire cite Molière et Béranger parmi les « auteurs favoris du *Siècle* » (le journal libéral), ce qui peut expliquer l'acrimonie vis-à-vis de l'auteur du *Tartuffe* (voir le f[r] 67), dont il appréciait modérément le « comique solide et lourd » (*Le Vieux Saltimbanque*, dans les *Petits poèmes en prose*). Quant à Béranger, il lui reproche d'avoir « insulté les calotins » (*Quelques caricaturistes français*, 1857). À propos de Garibaldi, il envoie, fin août 1860, à Malassis, trois perles de journalistes illustrant « la stupidité parisienne » ralliée au général italien : « Garibaldi est plus qu'un officier très brave et très habile, c'est une *Religion* ! » (Paul Meurice). « C'est Garibaldi qui est orthodoxe et c'est le pape qui est hérétique ! » (Louis Jourdan). « En voilà un qui est bougrement fort et qui va vous balayer tout ça proprement. Avant deux mois, je fais le pari qu'il sera à *Vienne* ! » (Mathieu). On voit (pour Molière et Garibaldi du moins) par quel mécanisme ce sont les défenseurs d'une cause, ou d'un auteur, plutôt que la cause ou l'auteur eux-mêmes, qui produisent l'allergie baudelairienne.

15

1. Sur le progrès, cf. les f[ts] 58 et 84 et *Fusées*, f[r] 21. L'adjectif « paresseux » reviendra à propos des « abolisseurs de la peine de mort » (*Mon cœur mis à nu*, f[r] 23) ; les Belges seront traités aussi de paresseux (*La Belgique déshabillée*, f[ts] 107 et 108). Sartre retourne le jugement de Baudelaire sur les progressistes, imputant à une sorte de paresse son athéisme devant la religion du progrès.

2. Implicite encore, l'idée que le vrai progrès est une reconquête de l'état qui précède le péché originel.

3. « En commun, en bandes » : en bloc, dira Baudelaire dans les

notes sur la Belgique, qui stigmatisent les « innombrables sociétés » et l' « esprit d'association » des Belges (*La Belgique déshabillée*, f$^{\text{ts}}$ 27, 98, 99, 100, 101). *La Solitude*, parmi les *Petits poèmes en prose*, dénonce « le besoin de partager [les] jouissances ». On trouvera chez un « an-archiste » comme Valéry des réactions analogues : « Je me refuse au groupe, à tous les groupements qui ne sont par eux-mêmes que la contradiction de l'intellectuel. Je ne signe pas de manifeste (...) l'intellectuel est toujours un solitaire » (entretien accordé à un journal en 1939 et cité par François Valéry dans l'édition posthume d'un carnet de notes : *Principes d'an-archie pure et appliquée*, Gallimard, 1984, p. 188).

16

1. Hormis le chapitre intitulé *Le Dandy* du *Peintre de la vie moderne*, la réponse à cette question est disséminée dans l'œuvre de Baudelaire. Une lettre à Mme Aupick du 20 janvier 1858 associe le dandysme à un principe de dissimulation : « cacher presque tout ce que je pense », ce qui annonce l'interprétation de Sartre expliquant l'exhibitionnisme du Dandy par la peur d'être vu. Mais on trouve ici même, parmi tous ces fragments, plusieurs autres éléments de définition : l' « insensibilité vengeresse » paraît inscrite sur le visage du dandy (*Fusées*, f$^{\text{t}}$ 16) : sa froideur peut appartenir à une femme (*Fusées* f$^{\text{t}}$ 22), mais « la femme est le contraire du Dandy » (*Mon cœur mis à nu*, f$^{\text{t}}$ 5) : incarné par Baudelaire, il cultive, comme Brummel, « le plaisir aristocratique de déplaire » (*Fusées*, f$^{\text{t}}$ 18), comme Maistre, le pessimisme prophétique (*Fusées*, f$^{\text{t}}$ 22) : il est l'ombre vivante de Maistre, Poe, Chateaubriand, car le dandysme remonte le cours des âges et se constitue en filiation : il doit « aspirer à être sublime sans interruption » et « vivre et dormir devant un miroir » (*Mon cœur mis à nu*, f$^{\text{t}}$ 5) : il « s'amuse tout seul » (f$^{\text{t}}$ 15), ou « ne fait rien » et méprise le peuple (f$^{\text{t}}$ 22) ; c'est l'homme de Loisir et d'Éducation générale » (f$^{\text{t}}$ 33 ; cf. f$^{\text{t}}$ 59) : pratiquant l'art de se contredire et la dérision de l'amour, il cultive aussi le goût du lieu commun, et celui de la singularité. Il reçoit au f$^{\text{t}}$ 42 cette définition : « être (...) *un Saint* pour soi-même », reprise au f$^{\text{t}}$ 51, et qui déborde peut-être des formes agnostiques du dandysme, pour atteindre ce que Pierre Emmanuel appelle « le dandysme transmué », où la prière « calcine l'ambition du dandy » (*Baudelaire*, p. 98). Les critiques sont allés, à leur tour, à la découverte des sens multiples du dandysme baudelairien : « prise de conscience (...) de l'unicité » pour Charles Du Bos ; « club de

suicidés », collège de déclassés, fondé sur « un idéal de stérilité absolue » pour Sartre ; « préfiguration de l'état poétique » pour Michel Butor ; « expression de cette religion restée sainte et divine dans l'absence de Dieu » pour Marcel Ruff. Éthique, philosophie, religion plutôt, spiritualiste et stoïcienne, le dandysme a été étudié par Émilien Carassus (*Le mythe du dandy*, Armand Colin, 1971), par Roger Kempf (*Dandies, Baudelaire et C*[ie]) et par Michel Lemaire, *Le Dandysme de Baudelaire à Mallarmé* (Klincksieck, 1978).

17

1. Baudelaire, au théâtre, observe le lustre, cette structure centrale, lumineuse, dont la chute est toujours vaguement appréhendée et qui s'allume lorsque s'éteignent les feux de la scène. Jacques Crépet et Georges Blin citent la lettre à sa mère du 3 juin 1863 où il exprime une « telle horreur du théâtre, qu'[il] aime mieux commander des pièces que de les faire ». Pourtant, dans la même lettre, il fait état de son espoir de devenir directeur d'un théâtre (voir la note 77.1). Il confesse d'ailleurs ici même (f[ts] 71 et 73) sa vocation de comédien, cultivée dès l'enfance. Il a, en outre, mené plus ou moins loin — jamais à leur terme — le projet de quatre drames ; il a connu des directeurs de théâtre, fréquenté telle actrice (Marie Daubrun, qu'il recommande abondamment) ; il a demandé des loges de faveur pour y retrouver Mme Sabatier. Il a su, aussi, avec combien de prescience scénique et d'anticonformisme, que *Est-il bon? est-il méchant?* était « le seul ouvrage très dramatique de Diderot » (lettre à Hippolyte Hostein, 8 novembre 1854). Tout cela ne l'empêche pas, mettant son cœur à nu, de rêver une autre forme, hyperbolique, de théâtre, d'éloquence, ni de prendre conscience de son incapacité à traiter un sujet de drame, comme il l'écrit à sa mère le 1er juillet 1853, puis, encore, le 28 février 1860.

18

1. « Il faut décidément beaucoup travailler (...), me priver de tous plaisirs, excepté de travail (me priver n'est pas difficile pour moi, puisque le plaisir, depuis longtemps déjà m'ennuie) » (à sa mère, 4 mai 1865) (C.B.).

19

1. Cette analyse dualiste, distribuant sur deux versants opposés ce qui est, essentiellement, uni, confondu (« simultanées ») est

considéré comme un fondement de la pensée de Baudelaire. Armand Hoog propose une vision des deux postulations comme formant une spirale qui « se déroule vertigineusement vers le bas comme vers le haut » (*Littérature en Silésie*, p. 233) et Sartre insiste sur la direction centrifuge des deux postulations, qui ne parviennent pas à être « indépendantes » l'une de l'autre, et qui poursuivent toutes deux « la destruction de l'humain puisque l'une vise l'ange et l'autre l'animal ». L'originalité de Baudelaire est moins dans le dualisme (Jacques Crépet et Georges Blin le retrouvent dans Platon, Montaigne, Pascal), que dans sa rigueur maistrienne (les deux éditeurs signalent que l'expression « oppositions simultanées » apparaît dans l'*Éclaircissement sur les sacrifices*, dans un passage où Maistre se fonde sur une *Pensée* de Pascal : « La duplicité de l'homme est si visible » (éd. Brunschvicg, n° 417), et qu'on rencontre la formule « *désir* de s'élever en grade » dans le 9ᵉ Entretien des *Soirées de Saint-Pétersbourg*) et dans l'extraordinaire faculté d'application, de répercussion qu'a cette pensée dualiste, qui est aussi une négation du dualisme, dans l'œuvre et les jugements de Baudelaire, où l'on entrevoit souvent sa silhouette bicéphale : « Viens-tu du ciel profond ou sors-tu de l'abîme, / Ô Beauté ? » (*Les Fleurs du mal, Hymne à la Beauté*). En même temps — et l'on revient à l'énigmatique « simultanées » — ce dualisme a sa limite, et cette limite c'est le dilemme. Jean Prévost l'a très justement observé (*Baudelaire*, p. 90), jamais n'éclate chez Baudelaire de conflit, comportant l'irrésistible opposition de deux termes.

## 21

1. Cette réfutation logique ne rencontre plus la pensée de Joseph de Maistre, qui tente de justifier la torture dans ses *Lettres à un gentilhomme russe sur l'Inquisition espagnole* (C.B.).

2. Le 22 juillet 1856 déjà, Baudelaire faisait part à sa mère du projet d'écrire « un roman pour légitimer et expliquer la *sainteté* de la peine de mort ». Le paragraphe central de ce fᵗ 21 peut paraître en contradiction avec les deux autres, qui l'encadrent : ne peut-on, aussi bien faire de la torture « le résultat d'une idée mystique » ? On dira que c'est l'esprit de contradiction qui conduit Baudelaire vers une défense spiritualiste de la peine la plus corporelle : il est pour la peine de mort parce qu'il est contre ses abolisseurs et qu'il amalgame volontiers, dans tout ce qu'on appellerait aujourd'hui l'idéologie de gauche, cet assortiment de nouvelles croyances,

rationalisme, progrès, abolition de la peine de mort, ... Georges Blin observe dans le *Baudelaire* de 1939, p. 215, que son parti pris, religieux entre autres, est « exclusivement combatif ». Le 5 décembre 1837, demandant à sa mère de lui envoyer, dans son collège, *Le Dernier Jour d'un condamné* de Victor Hugo, roman qui est un plaidoyer contre la peine de mort, il permet, innocemment, au réseau idéologique de se tisser dans son esprit, avant de le refuser plus tard en bloc. Pourtant, la défense de la peine de mort n'est pas seulement réactive : à l'idée maistrienne de sacrifice et de compensation, Baudelaire ajoute une religion de la culpabilité, un dandysme du condamné, qui transfigure le droit de la société à tuer le coupable en droit du coupable à mourir, par une décision extérieure à lui mais dont il participe intimement. Jacques Crépet, et à sa suite Georges Blin (*Le Sadisme de Baudelaire*, p. 68), citent deux fragments faisant écho à la lettre du 22 juillet 1856 et qui auraient leur place dans *Mon cœur mis à nu :* « L'envers de Claude Gueux. Théorie du sacrifice. Légitimation de la peine de mort. Le sacrifice n'est complet que par le *sponte sua* de la victime » et « Un condamné à mort qui, raté par le bourreau, délivré par le peuple, retournerait au bourreau. Nouvelle justification de la peine de Mort. »

22

1. Baudelaire définit, dans ses notes sur la Belgique, le droit de vote comme la recherche de « la vérité dans le nombre », qu'il qualifie de « ridicule » (C.B. ; voir f[t] 204). Une lettre à Ancelle du 5 mars 1852 montre que les idées démocratiques avaient déjà à ce moment déserté son esprit : « Vous ne m'avez pas vu au vote ; c'est un parti pris chez moi. » Et il ajoute : « Si j'avais voté, je n'aurais pu voter que pour moi », où l'on retrouve le narcissisme inhérent au mépris pour ce qu'il aurait à partager avec les autres hommes.

2. Voir p. 527 la lettre à Toussenel du 21 janvier 1856 : « Qu'est-ce qu'une *société* qui n'est pas aristocratique ! »

3. Baudelaire trouvera en Belgique un exemple de monarchie démocratique (parlementaire, comme on dit aujourd'hui).

4. Sartre résout ce triangle en un couple où s'opposent destruction et création. Cf. le f[t] 47, où revient la même pensée, que l'on trouve chez Joubert : « Rien n'est beau, après les armes, que l'étude ou la piété. » « Je hais l'armée, la force armée », écrivait Baudelaire dans son *Salon de 1846*. Peut-être a-t-il changé d'avis à la mort du général Aupick, second mari d'une femme dont le premier avait été

prêtre et qui réunit donc autour d'elle les « trois êtres respectables » mentionnés ici. Baudelaire avait aussi, dans l'un de ses amis, le comte capitaine Paul de Molènes, un poète et soldat, à qui, le 12 mai 1860, il recommande « un poète qui veut être lancier », Albert Glatigny. En Belgique, les soldats échapperont à la grossièreté générale : « L'épée anoblit et civilise » (*La Belgique déshabillée*, f[r] 244). Peut-être peut-on rappeler aussi, pour dégager le caractère fondamental de l'aphorisme baudelairien, qu'on y retrouve deux des trois fonctions, le prêtre et le guerrier, sur lesquelles Dumézil propose de fonder l'identité indo-européenne.

23

1. Baudelaire vise, entre autres, George Sand et Émile de Girardin (voir *Fusées*, f[r] 10). L'idée que les « abolisseurs » le sont par intérêt, reviendra à propos des abolisseurs belges (*La Belgique déshabillée*, f[ts] 187 et 270). De même, de George Sand, il dira et redira qu'elle a « de bonnes raisons », intéressées aussi, « pour vouloir supprimer l'Enfer » (f[ts] 26 et 28).

2. *Paresseux*, cf. le f[r] 15, sur le progrès, « doctrine de paresseux », et *La Belgique déshabillée*, f[ts] 107-108 et note 108.1.

24

1. Pauline, princesse de Metternich, née Sándor de Szlavnicza, à Vienne, en 1836. Elle avait épousé en 1856 le prince Richard de Metternich (1829-1895), devenu ambassadeur à Paris. Elle était intervenue auprès de l'Empereur pour que *Tannhäuser* fût joué à Paris. Nadar, qui avait rencontré la princesse, lui avait fait parvenir l'étude de Baudelaire, *Richard Wagner et Tannhäuser*, publiée en 1861. Nadar reçut la plaquette, en retour, avec un mot de remerciement. Sur l'insistance de Baudelaire, il dut avouer que les pages n'en avaient pas été coupées (C.B.).

25

1. Ces deux projets, de même que ceux qui suivent, n'ont pas été réalisés. Baudelaire souhaitait se laver de l'opprobre de la condamnation de 1857 en racontant l'histoire du recueil, et le procès. Le « malentendu » est qu'un livre moral a été jugé immoral, un livre catholique, impie. On voit apparaître le titre *Histoire des Fleurs du mal* dans une liste d'ouvrages écrits et à écrire envoyée le 3 février 1865 à Julien Lemer, dont Baudelaire voulait faire son agent éditorial. Le 9 mars suivant, une autre trace, probablement du

même projet. dans une lettre à sa mère : *Les Fleurs du mal jugées par l'auteur lui-même ;* le 30 mars. à Sainte-Beuve, il parle d'une *Biographie des Fleurs du mal ;* pour Catulle Mendès, le 3 septembre 1865. il mentionne : « une étude critique que j'ai faite moi-même sur *Les Fleurs du mal* ».

2. Athanase-Louis Clément de Ris (1820-1882), avait vilipendé dans ses *Critiques d'art et de littérature* (1862) le « genre de littérature (...) qui se complaît dans la description des charniers et des égouts. ou qui prend pour thème des sujets lascifs jusqu'à l'obscénité », visant l'auteur des *Fleurs du mal* (C.B.).

3. Jules-Antoine Castagnary (1830-1888), critique d'art puis homme politique, auteur d'une conception. citée avec mépris au f[t] 37, de l'art comme « agent civilisateur ».

4. Baudelaire fut souvent exaspéré par les interventions de directeurs de revues dans la rédaction des textes qu'il leur donnait. C'est le motif de ses difficultés en 1859-1860 avec le directeur de la *Revue contemporaine*, Alphonse de Calonne, cité ici en quatrième position et à qui il écrit, par exemple, le [28 avril 1860] : « Cher Monsieur, Je suis désolé de vous faire observer pour la dixième fois qu'*on ne retouche pas* MES *vers.* Veuillez les supprimer. » Ferdinand François dirigea la *Revue indépendante.* François Buloz, la *Revue des Deux Mondes*, où Baudelaire, qui y avait publié des poèmes des futures *Fleurs du mal* le 1er juin 1855, ne put prolonger sa collaboration au-delà de cette année. Henry Rouy et Arsène Houssaye étaient respectivement administrateur et rédacteur en chef de *La Presse.* Le premier avait fait des remontrances à Baudelaire, qui lui avait fourni un texte déjà partiellement publié : le second avait demandé des retouches à des poèmes en prose. Gervais Charpentier qui dirigeait la *Revue nationale*, s'était permis de corriger *Les Tentations* et *La Belle Dorothée*, deux poèmes en prose. Auguste Chevalier, du *Pays*, avait écarté *Le Peintre de la vie moderne*, en 1862 (C.B. et P.). Cette liste de directeurs de journaux ou rédacteurs en chef est reprise, avec un nom en moins (Charpentier) et cinq en plus, au f[t] 50. En ce qui concerne Houssaye, mêlé aux « canailles » du f[t] 50, Baudelaire semble avoir changé d'avis, puisqu'il en a fait le dédicataire des *Petits poèmes en prose.*

26

1. La misogynie de Baudelaire renchérit sur son allergie au socialisme humanitaire. On rappelle volontiers (Léon Cellier a consacré un article à la question dans la *Revue d'histoire littéraire*

*de la France*, avril-juin 1967) que Baudelaire, adoptant le double jeu qu'il appliquait à ses rapports avec Hugo, avait adressé à George Sand, le 14 août 1855, une lettre de recommandation pour Marie Daubrun, à une époque où il avait peut-être de l'estime pour la romancière. George Sand avait répondu, le 16 août 1855, un mot que Baudelaire a annoté au bas du feuillet, épinglant « la faute de français : *de suite* pour *tout de suite* » (faute qu'il est arrivé à Baudelaire de ne pas éviter), et ajoutant, à propos de la devise de George Sand, marquée sur la cire par le cachet : *Vitam impendere vero :* « Voir dans l'*Essai sur le principe générateur des révolutions* ce que de Maistre pense des écrivains qui adoptent cette devise. » Il avait aussi ajouté : « Mme Sand m'a trompé et n'a pas tenu sa promesse. » (Marie Daubrun souhaitait un rôle dans *Maître Favilla*, de George Sand, qu'on allait créer à l'Odéon le mois suivant.) Dans son plaidoyer, le 20 août 1857, Me Chaix d'Est-Ange citait *Lélia* parmi les ouvrages qu'on aurait pu, aussi bien que *Les Fleurs du mal*, poursuivre pour « outrage à la morale publique » : là s'arrête sans doute l'affinité objective entre Baudelaire et George Sand. On sauvera celle-ci de l'impitoyable verdict de Baudelaire en rappelant qu'il n'avait pu connaître la plus étonnante partie de son œuvre, sa volumineuse correspondance et que George Sand, comme l'observait très justement Paul Bourget saluant en 1885 le tome V de sa *Correspondance* (dans un compte rendu qui sera repris dans *Études et portraits, Portraits d'écrivains et notes d'esthétique*), n'hésitera pas à douter d'elle-même (« Si je m'étais trompée ») et avouera à soixante ans ne pas se rappeler « un traître mot » de ses romans. Il faut ajouter que la charge contre « la femme Sand » est un *topos* au XIX^e siècle : le *Journal* des Goncourt la traite de « vache ruminant le bœuf Apis » et Huysmans, dans *Certains*, de « vieille filatrice d'idéal bêta ».

2. C'est ainsi qu'il l'appelle encore dans une lettre à Ancelle du 21 décembre 1865 où, parlant d'un grand succès romanesque qui l'a hérissé, il écrit : « *C'est une infamie, écrite par un sot.* C'est digne de la femme Sand. »

3. Ce « *style coulant* » qu'il cite, dans la lettre à Ancelle du 18 février 1866, parmi ce qui lui fait horreur et qu'il définit comme un « art qui s'épanche à l'abandon, presque à l'étourderie, sans méthode, mais sans fureurs et sans cascades » dans son article sur l'acteur *Philibert Rouvière*, Baudelaire l'avait déjà reproché aux femmes-écrivains en général, et à George Sand en particulier dans *Edgar Allan Poe, sa vie et ses ouvrages* (1852) : « Les femmes

écrivent, écrivent avec une rapidité débordante ; leur cœur bavarde à la rame : (...) leur style traîne et ondoie comme leurs vêtements. Un très grand et très justement illustre écrivain, George Sand elle-même, n'a pas tout à fait, malgré sa supériorité, échappé à cette loi du tempérament ; elle jette ses chefs-d'œuvre à la poste comme des lettres » (C.B.).

4. George Sand a évoqué sa mère dans *Histoire de ma vie* (C.B.).

5. George Sand, « la femme du peuple » comme l'appelait Maurice de Guérin (d'après une lettre de sa sœur Eugénie à Barbey d'Aurevilly, du 7 juillet 1840), avait préfacé des œuvres d'écrivains ouvriers, les *Poésies* de Charles Poncy en 1846 et *Les Conteurs ouvriers* de Jérôme Gilland en 1849 (C. B.). Faut-il rappeler que Baudelaire avait, de son côté, consacré, en 1851 et en 1861, deux études à Pierre Dupont, l'auteur du *Chant des ouvriers* (1846) ?

6. « Pour ne citer qu'un des articles de foi de l'Église, nous demandons si l'esprit de Dieu est en elle lorsqu'elle nous commande de croire à l'existence du diable et aux peines éternelles de l'enfer », écrivait George Sand, dans sa préface à *Mademoiselle La Quintinie* (1863) (C. B.).

7. *Le Dieu des bonnes gens* est le titre d'une chanson de Béranger (C.B.), que Baudelaire n'a pas l'intention d'épargner (voir le f[t] 14 et la note 14.2), en particulier lorsque Jules Janin a l'idée de le comparer et de le préférer à Heine (voir la chronologie p. 510).

27

1. Dans ses notes sur Laclos, Baudelaire énonce la même théorie du satanisme de George Sand : « George SAND — ordures et jérémiades. — En réalité, le satanisme a gagné. Satan s'est fait ingénu. Le mal se connaissant était moins affreux et plus près de la guérison que le mal s'ignorant. G. Sand inférieure à de Sade. »

[28 bis]

1. Feuillet non classé, auquel je conserve sa place traditionnelle, puisqu'il poursuit la charge contre George Sand.

29

1. Dans une lettre à Malassis du 9 décembre 1856, Baudelaire, qui habite l'Hôtel Voltaire, quai Voltaire, se lamente d'être « cloué dans l'hôtel de ce misérable que MM. Havin et Léon Plée prennent pour un grand poète ». C'est l'esprit voltairien que fuit Baudelaire lorsqu'il quitte la France. C'est lui qu'il retrouve, plus militant, plus

arrogant, en Belgique. Et le sens profond du projet d'un livre sur la Belgique sera de dénoncer cet esprit. Dans un premier temps, Baudelaire avait été beaucoup moins sévère pour Voltaire, dont il fait l'éloge dans *L'École Païenne* en 1852.

2. *Representative Men* (1849).

3. Une épigramme de Piron, *Contre Voltaire*, l'appelle « le prince des badauds » (C.B.).

30

1. Dans *Les Oreilles du comte de Chesterfield et le chapelain Goudman* (1775), Voltaire fait dire à un personnage : « je n'ai jamais pu comprendre comment un être immatériel, immortel, logeait pendant neuf mois inutilement caché dans une membrane puante entre l'urine et des excréments » (C.B.).

2. Même métaphore : « Le mariage est un désinfectant », chez Louis Veuillot (que Baudelaire n'aimait pas : voir le f[t] 52), dans son ouvrage sur *Les Libres Penseurs* (1848), qui vont captiver Baudelaire en Belgique.

31

1. Cf. les f[ts] 50 et 64.

2. Claude Pichois observe l'ignorance où l'on est de ce que Baudelaire aurait pu avoir lu ou su de Hegel.

32

1. Citation de l'*Histoire des animaux* (IX, 62) d'Élien (C.B., d'après Van Bever) : « le préparateur de médecine est parmi ceux qui nourrissent des serpents pour en obtenir des prodiges ».

33

1. La chute de Dieu, déduite d'une définition de la chute comme « unité devenue dualité », n'est évidemment pas très catholique. Reprenant l'analyse de Georges Blin dans son *Baudelaire* de 1939 (p. 133-134), Jacques Crépet et Georges Blin expliquent que ce passage, « vigoureuse boutade » au caractère « absolument frondeur », récuse à la fois le panthéisme (« car Baudelaire rompt, par l'hypothèse d'un saut, l'unité substantielle de l'univers et du créateur »), le dualisme (« car celui-ci, refusant de croire que la matière ait procédé de Dieu, pose la dualité *au départ* ») et le catholicisme (qui « mettant l'accent sur le *ex nihilo* de la *Genèse* (...), transformant le problème en mystère, se contente de démentir

que la création se soit produite par une bissection de l'être créateur : qu'elle ait retiré ou ajouté quoi que ce soit à l'essence de Dieu »). Daniel Vouga (*Baudelaire et Joseph de Maistre,* p. 173) n'a pas tort, pourtant, de relier les deux premières lignes du fragment en faisant de « Qu'est-ce que la chute ? » l'objet qu'attribue ou qu'impute Baudelaire à la théologie, la question qu'elle se pose ou devrait se poser. Mais c'est là que Baudelaire intervient. D'une part, identifiant « dualité » et « chute », il force la logique par l'absurde, simplifiant les termes du débat, comme pour mettre la théologie au pied du mur, devant la contradiction entre l'unité de Dieu et la dualité de sa création. D'autre part, si la création est un sujet théologique, c'est de la trinité que traite la théologie catholique, et non de dualité. Le propos de Baudelaire est de mettre l'homme, en s'appuyant sur la théologie et la vocation qu'il lui impose, dans la pire posture, quitte à entraîner Dieu avec lui. Le péché originel n'est pas encore assez originel. Il faut, pour trouver le premier signe du mal, remonter plus haut encore, à la chute (de l'homme), donc à la création, c'est-à-dire à la « chute de Dieu ».

2. Cf. « l'universalité » pascalienne, celle de l'homme qui préfère « savoir quelque chose de tout que de savoir tout d'une chose » (*Pensées,* éd. Brunschvicg, nº 37) (C.B.).

34

1. Pierre Louÿs, dans son annotation d'un exemplaire des *Œuvres posthumes* (voir préface, note 10), répondait en renvoyant à ce que dit Baudelaire lui-même dans *Fusées,* f[t] 6 : « Nous aimons les femmes à proportion qu'elles nous sont plus étrangères » (C.B.). Une lettre de Baudelaire à Champfleury des environs du 4 mars 1863, dit encore : « Vous savez combien j'aime les filles et combien je hais les femmes philosophantes. »

35

1. Ainsi le rêveur des *Tentations* (*Petits poèmes en prose*) refuse celle de la gloire, car « il [lui] sembla vaguement qu'[il] la reconnaissai[t] pour l'avoir vue trinquant avec quelques drôles de [s]a connaissance ». Voir sur la Légion d'honneur le f[t] 5 et la note 5.2 (lettre à Mme Aupick, 22 août 1858).

36

1. Robert Kopp rapproche « horreur du Domicile » de l'expression « haine du domicile », qui apparaît dans *Les Foules* (son éd.

des *Petits poèmes en prose*, Corti, 1969, p. 226). L'aspect pathologique (« Maladie ») de « l'horreur du Domicile » apparaît aussi dans *Anywhere out of the world*, dont c'est un peu le sujet : « Cette vie est un hôpital où chaque malade est possédé du désir de changer de lit », et le déménagement est une « question » que le poète « discute sans cesse avec [s]on âme ». Baudelaire n'a pas souffert jusqu'au bout de cet « accroissement progressif de la Maladie », du moins si on définit celle-ci par le besoin de déménager. Certes, il eut, à Paris, de nombreux domiciles : Claude Pichois a publié un livre, illustré de photographies de Maurice Rué, sur *Baudelaire à Paris* (Hachette, 1967) et fait dresser, à la fin de la *Correspondance* de la Pléiade, t. II, p. 1087-1088, un répertoire de vingt-trois adresses de Baudelaire. À la fin de sa vie le poète semble s'être guéri de cette « maladie » : de l'été de 1859 au début de 1864, il demeure à l'hôtel de Dieppe, rue d'Amsterdam ; durant le séjour à Bruxelles (1864-1866), il ne quittera pas non plus l'hôtel du Grand Miroir.

37

1. Émile Durandeau et Alfred Darjou avaient tous deux collaboré, comme caricaturistes, au *Boulevard*, où Baudelaire a lui-même publié et où Durandeau avait fait imprimer, le 1er décembre 1861, une lithographie satirique intitulée : *Les Nuits de M. Baudelaire* (voir la reproduction dans l'*Album Baudelaire* de Claude Pichois, p. 164). On suppose que la charge contre les Japonais pourrait dater du bombardement de Simonoseki en 1864 (C.B. et P.). Le mot singes reviendra pour parler des Belges (voir *La Belgique déshabillée*, fᵗ 73).

2. Probablement Gustave Mathieu, qui dirigeait une petite revue confidentielle, *Jean Raisin, revue joyeuse et vinicole*, où avait été publié le 15 novembre 1854 *Le Vin des chiffonniers* (*Les Fleurs du mal*, CV) (C.B.)

3. Voir le fᵗ 25, où Castagnary est cité parmi les « imbéciles » dont Baudelaire prévoit de tracer le portrait.

38

1. Une lettre du 30 août 1851 à Mme Aupick fait état d'un « abominable tour » qu'a joué le médecin de Balzac, Nacquart, à Baudelaire, auprès de Mme de Balzac, dont il a « besoin » : « Quelle mouche a piqué ce méchant homme que je n'ai pas vu depuis plus de vingt ans, et que je n'ai connu que par les prédictions

qu'il avait faites de ma mort, et la menace des tortures auxquelles il voulait me soumettre ? » Quant au fils, Raymond Nacquart, il avait été parmi les juges qui, en 1857, condamnèrent *Les Fleurs du mal* (C.B.).

39

1. Baudelaire avait stigmatisé le genre militaire en peinture, dans le *Salon de 1846*, à propos d'Horace Vernet, de son « art improvisé au roulement du tambour », de ses « toiles badigeonnées au galop », de sa « peinture fabriquée à coups de pistolet » (C.B.).

40

1. Henri Bertin, avocat, directeur d'un périodique, *Le Droit* (C.B.).

42

1. Cf., au f° 19, les « deux postulations simultanées ».

2. Repris tel quel au f° 51 (voir aussi le f° [45 ter] et *La Belgique déshabillée*, f° 338. Maurice Barrès avait remarqué cette formule, où il voyait le « but suprême du haut dilettantisme » (*Un homme libre*, Perrin, 1889, p. 120), tandis qu'Henri de Régnier y retrouvait l'attitude « d'un moraliste esthéticien » (*Entretiens politiques et littéraires*, VI, 25 février 1893). La formule est, en effet, captivante et on y reconnaît souvent la morale même — la religion — du dandy. Pourtant, le sens du « pour soi-même », restriction additive ou addition restrictive, prête à la controverse : Charles Du Bos y voit « un reflet de la grâce » (éd. des *Écrits intimes*, 1930) ; Marcel Raymond, l'incompatibilité du dandysme et du catholicisme (éd. des *Œuvres complètes*, 1967, p. VIII).

43

1. Baudelaire reproche à l'art philosophique de « légitimer sa raison d'existence » en postulant « une absurdité » : « l'intelligence du peuple relativement aux beaux-arts » (*L'Art philosophique*) (C.B.).

2. Il est question d'un Muller, de Liège, dans une lettre à Sainte-Beuve du 15 mars 1865. Il s'agit probablement de Clément Muller, journaliste, et, ici, de sa femme, mentionnée dans le livre sur la Belgique et dont l'histoire aurait témoigné « de la haine ou de l'hilarité que cause la Beauté ». (Voir *La Belgique déshabillée*, f° 120). Deux coupures de presse (f°s 170 et 218) du livre sur la

Belgique ont été collées au verso de laissez-passer de la Chambre des représentants, au nom de M. Muller.

44

1. Cf. la fin du f^r^ 8 sur la providentialité de Napoléon III.

45

1. Phrase probablement reprise d'un ouvrage où, en tout cas, on la retrouve telle quelle : les *Lettres sur les animaux* de Georges Leroy, datant de 1768, rééditées par Poulet-Malassis en 1862, et dont Baudelaire fait l'éloge dans une lettre à sa mère du 13 décembre 1862 (C.B.).
2. Cf. *Fusées*, f^t^ 1.

[45^bis^]

1. Ce feuillet et le suivant n'ont pas été classés. Je leur donne les numéros 45^bis^ et 45^ter^, entre crochets, de manière à les laisser à leur place traditionnelle, ici.
2. Cf. le f^t^ 33, où Baudelaire esquisse une théorie apparemment très hérétique, de la création comme « chute de Dieu ». Faire de Dieu l'être le plus prostitué est parfaitement orthodoxe, dit Jean-José Marchand (*Sur* Mon cœur mis à nu *de Baudelaire*, p. 161) : le Christ a pris sur lui tous les péchés ; par le Christ, Dieu se prostitue à l'homme. Au contraire, Pierre Emmanuel trouve ici, entre autres passages, de quoi fonder l'idée d'une « *contre-religion* » baudelairienne, mêlant la femme aux effluves chrétiens (*Baudelaire*, p. 64). Le commentaire de Charles Du Bos paraît plus approprié, indiquant que Baudelaire, qui a défini l'amour et l'art par la prostitution, éprouve un véritable « besoin de généraliser au maximum le concept de *prostitution* » (éd. des *Écrits intimes*, 1930, p. 80).

[45^ter^]

1. Bien qu'il soit tentant de placer la prière au centre de cette autobiographie éclatée, comme elle est au cœur des *Confessions* de saint Augustin, il n'est pas sûr que ce fragment doive être rattaché à *Mon cœur mis à nu*. Le feuillet ne porte pas d'autre titre que « PRIÈRE » et on pourrait l'imaginer dans la série des f^ts^ 87-90 et 93 (*Hygiène. Conduite. Méthode. Morale* et *Notes précieuses*). Il s'agit de l'une de ces prières dont Baudelaire composait lui-même, pour lui-même, le texte, comme il l'indique à sa mère, la remerciant, à la

fin du mois de juin 1860, de sa prière à elle : « J'en ai rédigé moi-même de plus rigoureuses : j'ai écrit sur le papier des résolutions plus sévères, et cela ne m'a servi de rien. » La prière est pour Baudelaire un « réservoir de force », définie comme une dynamique électrique ou même magique dans *Fusées* aux f[ts] 8 et 17. Elle atteste chez lui, Charles Mauron a raison de le souligner (*Le Dernier Baudelaire*, p. 15-16), « un attachement secret à la vie », en dépit des tentations suicidaires. Mais elle est aussi « une arme empoisonnée contre lui-même » (Léon Bloy, « Un brelan d'excommuniés » (1888), repris dans *Belluaires et Porchers*). Baudelaire priait, s'adressant à Dieu directement ou passant par des intercesseurs (voir *Hygiène. Conduite. Méthode. Morale*, f[t] 93). Il priait pour lui et pour les autres. Il demandait à ses amis de prier pour lui. Ainsi à Baron père, le 23 août 1854 ; à Le Vavasseur, le 13 octobre 1854 ; à Mme Meurice, le 3 janvier 1865 : « Je fais des prières pour que vous soyez heureuse (car je prie pour tous ceux que j'aime) et je vous supplie de ne pas m'oublier dans les vôtres. » (Voir la note [93[bis]].1 d'*Hygiène. Conduite. Méthode. Morale*).

2. Mariette, « la servante au grand cœur ». Voir *Hygiène. Conduite. Méthode. Morale*, f[t] 93.

3. Voir les f[ts] 42 et 51, et, dans *La Belgique déshabillée*, le f[t] 338.

46

1. Source dans l'*Éclaircissement sur les sacrifices* et *Les Soirées de Saint-Pétersbourg* (7e Entretien) de Joseph de Maistre (C.B.). Georges Blin rapproche cette « indestructible (...) férocité » de la conception baudelairienne de l'amour exposée au f[t] 3 de *Fusées* (*Le Sadisme de Baudelaire*, p. 20).

2. Georges Blin relève la « réaction au sang », « signe de sadisme qui ne trompe pas » (*Le Sadisme de Baudelaire*, p. 23).

3. Robert-François Damiens (1715-1757) fut torturé et écartelé pour avoir frappé Louis XV avec un couteau le 5 janvier 1757.

47

1. Cf. le f[t] 22.

2. « C'est le Diable qui lui a persuadé de se fier à *son bon cœur* et à *son bon sens* » lisait-on au f[t] 27, à propos de George Sand, qui à elle seule cumule deux sujets de défiance. Le bon sens, c'est aussi bien Casimir Delavigne, Ponsard, les rationalistes ou le notaire Ancelle, à qui Baudelaire écrit le 18 février 1866 : « À propos du

*sentiment*, du *cœur*, et autres saloperies féminines, souvenez-vous du mot profond de Leconte de Lisle : *Tous les Élégiaques sont des canailles.* » Quant à l'inspiration, il est faux de croire qu'elle « suffit et remplace le reste », disait déjà Baudelaire dans son premier *Salon*, en 1845 (C.B.). On a vu, dans *Fusées* (f[t] 17), qu'elle venait par la volonté, mais qu'elle se maintenait par une force extérieure.

48

1. « Une femme est incapable de comprendre même deux lignes du catéchisme » (lettre à Champfleury, 6 mars 1863) (C.B.).

2. Cf. *La Destruction* (*Les Fleurs du mal*, CIX), où le démon prend « la forme de la plus séduisante des femmes » (C.B.).

49

1. Baudelaire attribue à Delacroix l'idée que la femme ne peut connaître la mélancolie parce qu'il lui manque « *une certaine chose* essentielle »(*L'Œuvre et la vie d'Eugène Delacroix*, 1863) (C.B.). On comprend que, ne pouvant séparer l'âme du corps, la femme soit « *naturelle* » (f[t] 5) et ne puisse converser avec Dieu (f[t] 48).

2. Dans le chapitre consacré à *La Femme* dans *Le Peintre de la vie moderne*, Baudelaire se propose de « venger l'art de la toilette des ineptes calomnies dont l'accablent certains amants très équivoques de la nature » (C.B.).

50

1. Baudelaire a des raisons d'en vouloir à chacune de ces corporations : aux ministres qui ne lui accordent pas toujours les subventions qu'il se décide, à partir de 1860, à solliciter, malgré sa « grande répugnance » (lettre adressée probablement à Jules de Saux le 30 décembre 1861), ou à qui il fait demander une audience (lettre à Jules de Saux du 19 mars 1862) ; aux professeurs, qu'il raille volontiers, notamment au moment où les arts et lettres rejoignent le ministère de l'Instruction publique ; aux juges, qui l'ont condamné en 1857 ; quant aux prêtres, ils sont souvent coupables de ne pas comprendre la religion et il en est un, au moins, qu'il déteste, l'abbé Cardine, de Sainte-Catherine de Honfleur, qui « n'a même pas compris » que *Les Fleurs du mal* « partai[en]t d'une idée catholique » (lettre à sa mère, 1[er] avril 1861) (C.B.).

2. Ernest Renan avait d'abord eu les faveurs de Baudelaire, qui écrit le 18 février 1860 à Armand Fraisse qu'à Paris, à part

Villemain, d'Aurevilly et Renan, « personne n'a la sagesse, la clairvoyance critique », et compare Renan à Leconte de Lisle pour son « ardente (...) curiosité des religions » et son « esprit d'amour universel » (*Leconte de Lisle*, 1861). Baudelaire s'était ensuite promis de réfuter la *Vie de Jésus* (1863) : l'esprit voltairien avait atteint « le philosophe », comme il l'appelait en 1861 (C.B. et P.). Voir le f[r] 82.

3. Ernest Feydeau (1821-1873), père de l'auteur de vaudevilles, s'est illustré dans une littérature romanesque qui déplaisait à Baudelaire, lequel lui avait pourtant écrit le 14 juin 1858 une lettre de félicitation pour *Fanny*, qui venait de paraître, non sans donner le 11 décembre, à sa mère un jugement tout différent : « *Fanny, immense succès*, livre répugnant, archi-répugnant ». Baudelaire était plus embarrassé qu'irrité par Ernest Feydeau. Il confie le 4 mars 1860 à Mme Sabatier : « Savez-vous bien, je parle sincèrement qu'il [Feydeau] m'embarrasse plus que V. Hugo lui-même, et que je serais moins troublé pour dire à Hugo : *Vous êtes bête*, que pour dire à Feydeau : *Vous n'êtes pas toujours sublime ?* »

4. Octave Feuillet avait été au collège Louis-le-Grand le condisciple de Baudelaire, qui l'appelle « mon ami Octave Feuillet » dans la lettre du 25 décembre 1861 à Mme Aupick, où il lui expose ses chances de succès à l'Académie, dont Feuillet était membre.

5. Aurélien Scholl (1833-1902), journaliste, directeur du *Nain Jaune*, fondé en 1863, où Baudelaire avait pensé publier *Le Peintre de la vie moderne*.

6. On retrouve ici les noms mentionnés au f[r] 25, moins Charpentier et avec en outre : Émile de Girardin (voir *Fusées*, 10 et note 10.2) ; Edmond Texier, auteur d'un *Voyage pittoresque en Hollande et en Belgique*, (voir *La Belgique déshabillée*, note 29.4) qui fut directeur de L'*Illustration*, où il avait été question de publier *Le Peintre de la vie moderne ;* Félix Solar, journaliste et financier, qui collabore notamment à *La Presse ;* Julien Turgan et Paul Dalloz, directeurs du *Moniteur universel*, où Baudelaire a publié *Les Aventures d'Arthur Gordon Pym*, en 1857. Un feuillet (51) du *Carnet* de Baudelaire mentionne encore ces trois derniers parmi les « vilaines canailles ».

7. Cf. les f[rs] 31 et 64. Dans *Mon cœur mis à nu*, « livre de rancunes », Baudelaire voulait se venger des humiliations qu'il avait subies.

51

1. Voir les f[ts] 42 et [45[ter]] et, dans *La Belgique déshabillée*, le f[t] 338.

52

1. Baudelaire connaissait depuis 1843 ou 1844 Félix Nadar, qui fut l'un de ses amis les plus fidèles et, comme l'observe Robert Kopp, « le seul que le poète tutoie dans ses lettres » (*Qui était Baudelaire?* p. 34). Baudelaire admirait et enviait en lui un tempérament exceptionnel et le talent universel d'une sorte de bricoleur de génie, écrivain, photographe, dessinateur, aéronaute. Nadar a écrit un *Charles Baudelaire intime* (paru en 1911) et laissé des caricatures et des photographies de Baudelaire. En Belgique, aux fêtes de l'Indépendance en septembre 1864, il proposa à Baudelaire de monter dans son ballon (voir *La Belgique déshabillée*, note 46.1).

2. « J'ai passé deux soirées avec l'Infâme Veuillot », écrit Baudelaire le [9 juillet 1860] à celui qui les a peut-être présentés l'un à l'autre, Barbey d'Aurevilly. « Il m'a désarmé par sa sottise. Je renonce à me venger de lui. Il est toujours utilitaire comme un démocrate. » On a vu pourtant que Baudelaire lui a peut-être emprunté l'idée que le mariage est un « désinfectant » (f[t] 30) et Claude Pichois, qui rappelle leur accord sur Hugo, le protestantisme, etc., rapproche l'opinion émise par Baudelaire sur *Tartuffe* (f[t] 67) des idées de Veuillot dans *Molière et Bourdaloue* (Claude Pichois, *Baudelaire, Études et témoignages*, p. 163-186).

53

1. L'esclavage a beaucoup préoccupé l'opinion publique dans les années de maturité de Baudelaire, entre 1845 et 1865 (C.B.).

2. Cf. le f[t] 50, où les « juges » sont au chapitre « De la cuistrerie ».

3. Baudelaire déplore « les lenteurs barbares et le sans-gêne de l'administration » dans la lettre du 26 août 1863 au ministre de l'Instruction publique, Victor Duruy, au moment où il veut obtenir « une subvention pour une excursion » en Belgique.

54

1. Baudelaire emploie pour désigner « le plaisir » de l'amour, le même mot, « malentendu », par lequel il explique le verdict de son

procès (voir le f[t] 25). Mal (s')entendre ou bien (s')entendre ont le même principe négatif : signe, encore, de la réversibilité. Cf. plus loin le f[t] 76 et *La Belgique déshabillée*, f[t] 117.

2. « La pensée est incommunicable, même entre gens qui s'aiment », conclut l'amant dans *Les Yeux des pauvres* (*Petits poèmes en prose*) (C.B.). « L'incommunicabilité », c'est l'échec du besoin d'être deux, le dandysme forcé ou retrouvé (voir, Jean Pierre Richard, *Poésie et profondeur*, p. 121).

55

1. « Pour dire la vérité, j'ai depuis près de deux mois une question au bout de la plume, que je n'ai pas encore osé formuler : *Verrai-je la mer de ma chambre ?* », écrit Baudelaire à Mme Aupick, le 26 février 1858, au moment où il veut aller s'installer chez elle à Honfleur. Le thème de la mer apparaît souvent dans son œuvre : voir *L'Homme et la mer*, dans *Les Fleurs du mal ; Le* Confiteor *de l'artiste, Déjà !* et *Le Port* dans les *Petits poèmes en prose* (C.B.). Voir aussi, dans *Fusées*, les f[ts] 11 et 22, relatifs à la contemplation des navires.

56

1. Idée très partagée au XIXe siècle et développée ou illustrée par Benjamin Constant, Edgar Quinet, puis Leconte de Lisle et Renan (C.B.).

2. Les Alexandrins, redécouverts au milieu du XIXe siècle, ont tenté des synthèses de religions (Philon) (C.B.).

3. Capé est le nom d'un relieur connu, dont Baudelaire était le client. Que fait-il ici ? (C.B.). Peter S. Hambly propose de reconnaître, déformé, le nom d'Étienne Cabet, auteur d'une théorie « communiste » (« Baudelaire et l'utopie », *Bulletin baudelairien*, 31 août 1970, p. 5-6). Mais le nom, indique Claude Pichois, est parfaitement lisible sur le manuscrit, qui porte incontestablement « Capé ».

4. « Faut-il comprendre (...) que l'homme possède en lui (...) l'étoffe de tous les cultes (...) ou (...) que l'anthropologie nous renseigne sur Dieu dans la mesure où l'homme est un abrégé du Créateur ? », se demandent Jacques Crépet et Georges Blin. Daniel Vouga (*Baudelaire et Joseph de Maistre*, p. 167) interprète ce fragment comme un reflet de la pensée de Maistre, qui concevait lui aussi une religion universelle : l'homme est un « mémento divin » parce qu'il participe de l'éternité divine et parce qu'il doit reconnaître en lui la puissance de la Providence.

57

1. Hippolyte Babou rapporte dans ses *Sensations d'un juré* (1875) un discours en Sorbonne de Saint-Marc Girardin, concluant une envolée du plus bel effet par ces mots : « Soyons médiocres !!! » (P.). Libéral, antiromantique, membre de l'Académie française, Saint-Marc Girardin fut sollicité à ce dernier titre, en 1861-1862, par Baudelaire, qui ne put obtenir de le voir. C'est lui qui, dans la lettre adressée au *Figaro* le 14 août 1864 à propos de l'*Anniversaire de Shakespeare*, reparaît sous les traits d'un « hideux courtisan de la jeunesse médiocre. »

2. Ce mot de Robespierre revient dans *La Belgique déshabillée*, f[t] 197. Voir la note 9.3.

58

1. Sur le progrès, voir les f[ts] 15 et 84 et *Fusées*, f[t] 21. Baudelaire reprend et récuse une idée reçue du progrès, « ce fanal perfide », qu'il avait décrite dans l'*Exposition universelle* de 1855 : « Demandez à tout bon Français qui lit tous les jours *son* journal dans son estaminet, ce qu'il entend par progrès, il répondra que c'est la vapeur, l'électricité et l'éclairage au gaz, miracles inconnus aux Romains, et que ces découvertes témoignent pleinement de notre supériorité sur les anciens », déplorant la confusion générale de « l'ordre matériel » et de « l'ordre spirituel ». Les sarcasmes contre « monseigneur Progrès » et « très puissante dame Industrie », sur lesquels s'achève l'étude sur *Théophile Gautier* (1859), vont dans le même sens, ainsi que la dénonciation dans les *Notes nouvelles sur Edgar Poe* de la « grande hérésie de la décrépitude », qui introduit une notion théologique. À partir de là, Baudelaire, dans ce texte « anti-manichéen par excellence » de *Mon cœur mis à nu* (Jouve, *Tombeau de Baudelaire*, p. 21), « déplac[e] le progrès vers le salut » (*ibid.*, p. 12) et considère, implicitement, une autre sorte de progrès : celui du christianisme sur le paganisme. La référence au péché originel, la « chose capitale » du *Voyage* (*Les Fleurs du mal*), dont « la négation (...) ne fut pas pour peu de chose dans l'aveuglement général de cette époque » (*Le Peintre de la vie moderne, Éloge du maquillage*), est, bien sûr, une idée maistrienne : « il n'y a rien de si attesté, rien de si universellement cru sous une forme ou sous une autre, rien enfin de si intrinsèquement plausible que la théorie du péché originel » (*Les Soirées de Saint-Pétersbourg*, 2e Entretien). Et l'on voit Baudelaire déplorer « la

grande hérésie moderne », la « suppression » de cette idée, dans la lettre à Toussenel du 21 janvier 1856 (voir p. 528), terminer l'article sur *Les Misérables* en affirmant « l'immémoriale réalité » du péché originel, dont « tant de progrès » ne peuvent chasser les traces (C.B.), et attribuer « l'aveuglement général » du XVIII^e siècle à « la négation du péché originel » dans le chap. XI (*Éloge du maquillage*) du *Peintre de la Vie moderne*, où l'on peut lire aussi : « Le crime, dont l'animal humain a puisé le goût dans le ventre de sa mère, est originellement naturel. » Et si la nature est rejetée, comme d'instinct, par Baudelaire, c'est qu'elle participe tout entière du péché originel, dont l'artiste, quant à lui, possède une conscience supérieure, qui le distingue. Car si le péché est le mal, le nier est une sorte d'enchère sur le mal (« Le mal se connaissant était moins affreux et plus près de la guérison que le mal s'ignorant », lit-on dans les notes sur les *Liaisons dangereuses*, à titre de comparaison entre Laclos et George Sand). T. S. Eliot a très justement observé dans son introduction à l'édition anglaise des *Journaux intimes* (1930, p. 24-25) que le mot « diminution », auquel Baudelaire a recours ici, fait partie de ces termes vagues (« not quite clear »), mais intégrés dans une pensée dont la direction s'impose au sens, qui sont caractéristiques de l'aphorisme baudelairien. Baudelaire lui-même a été sensible au mot puisqu'il utilise ses réserves sonores et ses facultés antithétiques en définissant le progrès comme « la diminution progressive de l'âme et la domination de la matière » au chap. II du *Salon de 1859* (version de 1859 dans la *Revue française*; *Œuvres complètes*, éd. Pichois, t. II, p. 616 et 1388).

2. Baudelaire défend les peuples primitifs en citant Barbey d'Aurevilly, dans *Fusées*, f^t 22.

3. Cf. *Fusées*, f^t 22 : « Le monde va finir. »

4. Théocratie et communisme s'opposent, et Baudelaire prendrait parti pour la première, indiquent Jacques Crépet et Georges Blin. Mais « communisme », au milieu du XIX^e siècle, n'a pas le sens actuel et l'on voit au f^t 61 que Baudelaire ne récuse pas ce communisme-là, qui désigne, d'après Peter S. Hambly, la théorie d'Étienne Cabet (voir la note 56.3) où théocratie et communisme s'accordent parfaitement (voir le f^t 61).

60

1. Dans ses notes sur Laclos, à propos de Cécile Volanges, la jeune héroïne des *Liaisons dangereuses*, Baudelaire observe le « type parfait de la détestable jeune fille, niaise et sensuelle », situé

« tout près de l'ordure originelle ». À Judith Gautier, la fille de Théophile, le 9 avril 1864, il écrit pour la remercier de l'article qu'elle a consacré à sa traduction d'*Eureka* de Poe : « Vous m'avez prouvé ce que j'aurais volontiers jugé impossible, c'est qu'une jeune fille peut trouver dans les livres des amusements sérieux, tout à fait différents de ceux, si bêtes et si vulgaires, qui remplissent la vie de toutes les femmes » et « vous m'avez contraint à douter moi-même des vilaines opinions que je me suis forgées à l'égard des femmes en général. » (C. B.)

61

1. Voir les notes 56.3 et 58.4.

62

1. Cf. *La Belgique déshabillée*, f[r] 106.
2. Coupure de journal non identifiée, reproduisant un extrait de l'*Histoire des deux Restaurations jusqu'à l'avènement de Louis-Philippe (de janvier 1813 à octobre 1830)*, d'Achille de Vaulabelle, tome III, p. 481 ; publié en 7 tomes de 1844 à 1854, réédité en 1855-1856. Joséphine de Lavalette, âgée de douze ans, avait commis le crime abominable d'accompagner sa mère à la Conciergerie et de donner la main à son père au moment où il s'évadait, déguisé en femme. Elle devait devenir Mme de Forget, le grand amour de Delacroix (C.B.), qui selon Jean Prévost (*Baudelaire*, p. 46) aurait raconté à Baudelaire l'aventure de Joséphine sans révéler sa passion pour elle (cela reste hypothétique).

63

1. Ce texte maistrien (la notion de continuité et de solidarité historiques) a peut-être trouvé sa source dans l'*Histoire de mon temps* (1864) du vicomte de Beaumont-Vassy (C.B.).

64

1. Baudelaire exceptera de sa haine pour les Belges le beau-père de Félicien Rops, Théodore Polet de Faveaux, « grand citateur » (voir *La Belgique déshabillée*, note 352-361.7).
2. Citation non retrouvée. On attendrait le conditionnel (« mettrais »). Baudelaire avait souligné la sentimentalité de la faute d'orthographe dans le *Choix des maximes consolantes sur l'amour* ; dans l'introduction aux *Histoires extraordinaires* de Poe, il avait stigmatisé ceux qui réclament l'abolition de l'orthographe et dans

ses *Notes nouvelles sur Edgar Poe*, il s'était moqué des États-Unis où il y a, « comme ici, mais plus encore qu'ici, des littérateurs qui ne savent pas l'orthographe » (C.B.).

3. Voir les f[ts] 31 et 50.

4. Émile Daurand Forgues (1813-1883) avait publié le 12 octobre 1846, dans *Le Commerce*, une adaptation revenant à un plagiat du *Double Assassinat de la rue Morgue* (C. B.).

5. Cf. *Fusées*, f[t] 1 (« L'amour, c'est le goût de la prostitution ») et *Mon cœur mis à nu*, f[t] 12 (« sentiment de *solitude* »).

66

1. « Faiseur de courriers » : auteur d'échos, de chroniques rapides, dans la presse.

2. Dans le projet de *Lettre à Jules Janin* (1865), Baudelaire compare la mort de Heine, passée inaperçue, au deuil national qui avait suivi celle de Béranger (C.B.) ; voir aussi, dans les notes sur la Belgique (chap. 17) et les coupures de presse de journaux belges (f[ts] 178, 179, 180, 183, 184, 185, 186) l'attention très particulière qu'il accorde aux enterrements civils, revendication anticléricale.

67

1. Cf. Joubert, *Pensées :* « La comédie doit s'abstenir de peindre ce qui est odieux. — Molière s'est joué, dans *Tartuffe*, de la forme des affections religieuses, et c'est là, sans doute, un grand mal » (C.B.). Le nom de Molière est déjà, avec Béranger et Garibaldi, parmi les « Religions modernes ridicules », ici même, au f[t] 14. Voir aussi la note 52.2.

68

1. « Très jeunes, mes yeux remplis d'images peintes ou gravées n'[ont] jamais pu se rassasier, et (...) les mondes pourraient finir (...) avant que je devienne iconoclaste », écrit Baudelaire dans le *Salon de 1859*. François Baudelaire, père de Charles, était peintre et l'on voit son fils découvrir ses tableaux chez des marchands, juger de leur très relative qualité mais parler à sa mère de les racheter. Une image sera toujours sacrée et l'hérédité est forte : une large part de l'œuvre de Baudelaire est consacrée à l'art. Des poèmes décrivent des tableaux, comme *Le Tasse en prison (Les Épaves*, XVI), d'après Delacroix, à qui il voue une admiration jalouse. En Belgique, il cherche à revoir Théophile Thoré, comme lui critique d'art. Il collectionne les gravures et en reçoit de Poulet-

Malassis, qui, de son côté, collectionne les autographes. Ses liens particuliers avec Guys, Meryon, Rops, le but même de son voyage en Belgique, attestent cette « passion », ce « culte » qu'il aurait voulu « glorifier » dans *Mon cœur mis à nu.*

2. Poe, Nerval sont des nomades, comme Baudelaire, avec sa maladie du déménagement (voir le f[t] 36). C'est métaphoriquement que, pour désigner « la sensation multipliée », Baudelaire parle ici de « Bohémianisme ». Mais on retrouve le sens propre du mot si le « Bohémianisme » s'exprime « par la musique », et particulièrement par la musique tzigane. D'où le nom de Liszt, qui a publié en 1859 *Des Bohémiens et de leur musique en Hongrie* dont il avait offert un exemplaire dédicacé chaleureusement à Baudelaire. Les deux hommes s'étaient probablement rencontrés à l'occasion de la publication de la brochure sur *Wagner* en avril 1861. Voir la note de Claude Pichois dans la *Correspondance,* « Bibliothèque de la Pléiade », t. II, p. 728.

3. « Animal adorateur » : cf. le f[t] 45 et la note 45.1.

69

1. Clément de Ris est mentionné déjà au f[t] 25 (voir la note 25.2). Paul Pérignon (1800-1855) est le fils de Pierre Pérignon (l'avocat chez qui Caroline Dufaÿs, orpheline, future mère de Baudelaire, avait été recueillie et où elle a rencontré François Baudelaire, son premier mari) et de Mme Pierre Pérignon, la marraine de Baudelaire. Il fut magistrat, député, ami du général Aupick et membre du conseil de famille qui infligea à Baudelaire un conseil judiciaire (voir la chronologie, p. 475).

70

1. Cf. les « deux postulations » du f[t] 19, qui, s'il s'agit encore d'elles, ne sont plus « simultanées ». C'est peut-être à cette pensée que Valéry fait allusion dans ses *Cahiers,* la rapprochant d'un fragment de Vinci : « Deux hommes qui s'ignorent à des temps et en des lieux bien séparés, sans contact littéraire ou autre — arrivent à la même *idée.* Ainsi dans le *Cœur mis à nu* de Baudelaire, je trouve sur l'amour une pensée très particulière qui est aussi — à des dixièmes près — écrite dans un manuscrit de Léonard que B[audelaire] ne *pouvait* pas connaître » (*Cahiers,* tome I, p. 796). On peut lire en effet dans *Les Carnets de Léonard de Vinci,* traduits par Louise Servicen, préfacés par Paul Valéry, Gallimard, 1942, tome I, p. 34 : « La passion intellectuelle met en fuite la sensualité. »

2. « Mais il existe, écrit Sartre, des plaisirs à distance : voir,

palper, respirer la chair de la femme », compatibles avec le dandysme jaloux de son unité.

3. Cf. *Fusées,* f[t] 8 : « La Musique creuse le ciel. »

4. Cf. *Fusées,* f[t] 1.

5. Cf. les f[ts] 42, [45[ter]] et 51.

71

1. Cf. les f[ts] 22 et 47 énumérant les seuls « êtres respectables » : le prêtre, le guerrier et le poète, par rapport auxquels le « comédien » semble ici faire diversion. Il est intéressant qu'il s'agisse d'une vocation d' « enfant ». Jean Prévost la rapproche du « mimétisme de Baudelaire », cette « flexibilité », ce goût de l'identification qu'il a pu exercer grâce aux paradis artificiels (*Baudelaire,* p. 89-90). On pense aussi à Fancioulle, l' « admirable bouffon » d'*Une mort héroïque* (*Petits poèmes en prose*).

72

1. Note pascalienne, empruntée à De Quincey, dit Georges Blin (*Baudelaire,* p. 61). « L'horreur de la vie se mêlait déjà, dès ma première jeunesse, avec la douceur céleste de la vie » (*Un mangeur d'opium,* traduit de Thomas De Quincey). Comme les « deux postulations simultanées » du f[t] 19, ces deux réactions contradictoires à la vie ne doivent pas êtres envisagées « indépendamment l'une de l'autre », explique Sartre, qui en profite pour rattacher « l'horreur de la vie » au « conservatisme étriqué de Joseph de Maistre ».

2. Sur le mot « paresseux », voir la note 15.1.

73

1. Cf. le f[t] 14 et *Fusées,* f[t] 9 et la note 9.1.

2. Cf. l'idée négative du théâtre exprimée au f[t] 17, compatible pourtant avec cette vocation puérile, s'il y a quelque rapport entre les feux du lustre et la gloire du comédien.

3. Ernest Legouvé avait publié en 1863 une plaquette intitulée : *La Croix d'honneur et les comédiens,* où il développait la « théorie » selon laquelle il faut récompenser les gens de théâtre aussi bien que les autres, rétablir leur dignité en les décorant. Il recommandait en particulier Samson, auteur de comédies, administrateur du Théâtre-Français, professeur au Conservatoire... Il avait été soutenu par Castagnary, Sauvestre et le clan libéral. Le 4 août 1864, Samson était décoré, mais comme professeur (C.B.) (voir, sur Baudelaire et la Légion d'honneur, le f[t] 5 et la note 5.2).

74

1. Baudelaire exprime, dans une lettre à Pellerin du 24 février 1859, son « mépris pour tous les gens de commerce et d'argent ».

2. Cf. le f[t] [93[bis]] d'*Hygiène. Morale. Conduite,* ci-dessus, p. 128.

76

1. Cf. le f[t] 54 (et la note 54.1) et la *Pensée* de Pascal : « Personne ne parle de nous en notre présence comme il en parle en notre absence. L'union qui est entre les hommes n'est fondée que sur cette mutuelle tromperie » (*Pensées,* éd. Brunschvicg, n° 100 ; citée par C.B., suivant Maurice Chapelan, « Baudelaire et Pascal », *Revue de France,* 1er novembre 1933).

2. C'est le lecteur de *Fanny* (d'Ernest Feydeau) qui parle, peut-être même aussi celui des *Misérables,* « le déshonneur de Hugo » (lettre à Ancelle du 12 février 1865). Cf. le f[t] 80, où Baudelaire donne à la lecture des journaux le même pouvoir de susciter les « jouissances amères » de ce dégoût qui emportera sa vie à Bruxelles. Cf. aussi le « goût diaboliquement passionné de la bêtise » confirmé dans les notes pour la préface des *Fleurs du mal.*

77

1. Cf. les f[ts] 9 (« Être un homme utile »), 22 (« ce qu'on appelle des *professions* »). En fait, Baudelaire a espéré obtenir l'administration d'un théâtre officiel, peut-être l'Odéon. Il fait part de ce projet à sa mère le 3 juin 1863 : « J'ai une telle horreur du théâtre, que j'aime mieux commander des pièces que les faire. Il y a à Paris un théâtre, *le seul où on ne puisse pas faire faillite,* et où l'on peut faire en quatre ans un bénéfice de 400 000 francs. Je veux ce théâtre. Si M. Fould, dans le train-train politique, revient au ministère d'État, comme c'est probable, j'aurai ce théâtre, grâce à mes amis, grâce à Pelletier, à Sainte-Beuve et à Mérimée. »

78

1. Jacques Crépet et Georges Blin citent Baudelaire : « Mon Dieu ! Seigneur, mon Dieu, faites que le diable me tienne sa parole ! » prière du héros-narrateur du *Joueur généreux* (*Petits poèmes en prose*), qui a perdu son âme au jeu. Et Montaigne (*Essais,* I, 56) : « L'avaricieux le prie [Dieu] pour la conservation vaine et superflue de ses trésors ; l'ambitieux, pour ses victoires et conduite de sa passion ; le voleur l'emploie à son aide pour franchir

le hasard et les difficultés qui s'opposent à l'exécution de ses méchantes entreprises, ou le remercie de l'aisance qu'il a trouvée à dégosiller un passant. » Voir également l'anecdote de la fille de joie offusquée par les nudités du Louvre, au f[r] 83, qui illustre aussi bien les incohérences du sens moral dès qu'il est partagé.

79

1. Cf. *Une Charogne* :

> Alors, ô ma beauté ! dites à la vermine
> Qui vous mangera de baisers,
> Que j'ai gardé la forme et l'essence divine
> De mes amours décomposés !

ou tel passage, adapté de De Quincey, dans *Un mangeur d'opium :* « Dans le spirituel non plus que dans le matériel, rien ne se perd. » Baudelaire suppose un monde de la mémoire, qu'habitent les idées et les formes : « Le palimpseste de la mémoire est indestructible », ajoute-t-il, toujours d'après De Quincey. Mais on dirait que, dans cette profession de foi néoplatonicienne, qui n'est pas sans rappeler la théorie parnassienne, il fait l'économie du divin, contrairement à Joubert, qui dans ses *Pensées,* écrivait : « Où vont nos idées ? Elles vont dans la mémoire de Dieu » (C.B.). L'idéalisme baudelairien n'est d'ailleurs pas, en tout point, un pur platonisme : comme le rappelle Marc Eigeldinger (*Le Platonisme de Baudelaire,* p. 112-113), pour Platon, « l'Idée et la Forme sont identiques », pour Baudelaire, « l'idée et la forme sont deux êtres en un » et « la forme implique une division, un morcellement partiel de l'idée. »

2. Baudelaire raconte, dans *Le Peintre de la vie moderne,* que Constantin Guys, lorsqu'il retrouvait une œuvre de son jeune âge, la déchirait ou la brûlait. Il ne signait pas ses œuvres et c'est pour suivre sa volonté que le nom de Guys n'est pas mentionné dans l'étude que Baudelaire lui a consacrée, même et surtout dans le titre. Quant à Émile Douay, il s'agit d'un musicien, né en 1802, avec lequel Baudelaire fut en relation, en particulier lorsqu'il eut le projet d'écrire un livret d'opéra (C.B.).

80

1. La passion maniaque des journaux, nourriture quotidienne de ce dégoût, s'est surtout manifestée entre 1864 et 1866, en Belgique, comme l'atteste l'abondant dossier de presse réuni par Baudelaire (publié ici p. 321-454). Auparavant, la lecture du *Siècle,* journal voltairien, alimentait son dégoût du siècle, précisément. Ce contact

avec la bêtise, comme « la conversation des imbéciles et la lecture des mauvais livres » (f[t] 76), a l'effet d'un vaccin. Cet effet est menacé lorsque la dose est trop forte et Baudelaire, en Belgique, craint de devenir bête (*La Belgique déshabillée,* f[ts]5 et 22).

81

1. Cf. *Fusées,* f[t] 17 : « Le chapelet est un médium, un véhicule. »

2. La mystique a pu devenir, pour Baudelaire, un moyen de distinction dans le siècle. À propos de la peine de mort, au f[t] 21, ne dit-il pas qu'elle « est le résultat d'une idée mystique, totalement incomprise aujourd'hui » ? Jacques Crépet et Georges Blin rappellent qu'en 1857, l'année même des *Fleurs du mal,* un publiciste avait annoncé, à paraître, un ouvrage de Baudelaire : *Conversation de M. Baudelaire avec les anges.*

82

1. Baudelaire se serait peut-être servi du chapitre IV : « De l'obsession comme premier degré de la possession » au tome IV de la *Mystique* de Görres (C.B.).

2. Allusion à un passage de la *Vie de Jésus* (C. B.). Cf. le f[t] 50, où Renan figure parmi « les jolis grands hommes du jour ! »

3. L'imprimerie, en diffusant les livres, abandonne un principe élitiste. Baudelaire avait cité, dans son introduction aux *Nouvelles Histoires extraordinaires,* l'opinion de Poe, pour qui « la multiplication des livres » s'opposait à la connaissance exacte (C.B.).

4. Entre le commentaire de Walter Benjamin, qui voit ici « les premiers bourgeons » du culte fasciste de la blague et esquisse un rapprochement avec *Bagatelles pour un massacre* (*Charles Baudelaire,* trad. Lacoste, p. 27), et celui de Claude Pichois pour qui « tout antisémitisme est à écarter » (p. 1511, note 5, de l'éd. de la Pléiade), on y perd son latin. L'enjeu est de taille puisqu'il s'agit de savoir si Baudelaire participait d'un antisémitisme au point que son savoir prophétique l'ait fait envisager à près d'un siècle de distance « l'extermination de la Race Juive », et de savoir de quel antisémitisme il s'agit. Il n'y a en tout cas, dans son œuvre, pas d'autre trace d'antisémitisme. Jacques Crépet et Georges Blin rappellent qu'on a songé à lui attribuer un article publié en 1844 contre Rachel, et une lettre à Sainte-Beuve du 30 mars 1865 ironise sur la « race qui a crucifié Notre-Seigneur », à propos de Michel Lévy, qui aurait « pu, très naturellement, faire l'économie d'un exemplaire » des

*Histoires grotesques et sérieuses* au détriment de Sainte-Beuve. Mais c'est peu de chose et on peut même penser que l'ironie à propos de Lévy, précisément, s'était répandue au point que le doux Asselineau, écrivant à Malassis, recourt à peu près à la même formule parodique : « Michel, en vrai sacrificateur de N.S.J.C. ». Quant à l'interprétation des deux phrases de ce f[t] 82, elle dépend d'un mot dont l'importance l'emporte sur les autres : « *Rédemption* ». La religion de Baudelaire ignore la Rédemption. Daniel Vouga insiste justement sur cet aspect de la théologie baudelairienne, qui le rapproche encore de Joseph de Maistre, et trouve là de quoi nier le catholicisme de Baudelaire (*Baudelaire et Joseph de Maistre*, p. 152 *sqq.*). Sartre insiste de son côté sur le fait que « Baudelaire paraît avoir ignoré le Christ » et n'envisage que le Dieu terrible de l'Ancien Testament (*Baudelaire*, p. 72). Mais ignorer la Rédemption ne revient pas exactement à la nier. Il resterait à prouver que Baudelaire fût si attaché au mal qu'il en voulût aux Juifs de témoigner de la Rédemption. C'est pourquoi le commentaire le plus approprié me paraît être celui de Pierre Emmanuel, réservant deux lectures à ce fragment, comme s'il était virtuellement une antiphrase sans pouvoir vraiment l'être : « Prise pour une boutade antisémite, c'est en fait, jusque dans son atroce humour, l'ellipse de la vision traditionnelle du Mystère d'Israël dans l'économie du salut. Elle se lirait aussi bien sous la plume d'un Léon Bloy, pour lequel l'histoire des Juifs, cette longue attente d'une Venue, était une digue barrant toute l'histoire humaine, l'élevant ainsi pour en faire le seuil du Messie. Pour qui entend l'antiphrase de Baudelaire, l'*impossible* et toujours possible extermination des Juifs, débordement " de l'animalité générale ", pourrait être conçue comme une conspiration satanique en vue de hâter un événement absolu, de nature ambivalente, où les uns verraient la fin du christianisme et le triomphe de l'homme sans Dieu, les autres la fin des temps et le Jugement dernier de l'histoire. Lisible en deux sens, la double phrase de Baudelaire ne semble souffrir d'interprétation que la chrétienne : sa force ne laisse donc pas d'étonner chez un auteur dont le savoir théologique est, en apparence, inexistant ou aberrant. La seconde partie pourrait en être une note de lecture : comment, dans ce cas, en aurait découlé la si profonde intuition du début ? Ou les deux images, du témoignage permanent d'Israël et de la conspiration permanente contre lui, sont-elles nées ensemble, dans leur rapport complexe, de la cruelle déviation du génie ? » (Pierre Emmanuel, *Baudelaire*, p. 133).

83

1. Cf. au f[t] 78, la prière du voleur : « Seigneur, faites que ma prochaine opération réussisse » (voir aussi la note 78.1).

2. Le comte de Nieuwerkerke, qui fut directeur général des Musées, puis surintendant des Beaux-Arts, de 1849 à 1870, avait fait recouvrir la virilité des statues. On ne sait pas quand exactement il prit cette mesure. Jacques Crépet et Georges Blin ont retrouvé aux archives des Musées nationaux une lettre de juin 1851 qui lui proposait « l'inoffensive addition » de « cette désirable feuille ». Cédons au plaisir baudelairien, chargé de « jouissances amères », de reproduire aussi un passage de l'autre lettre citée dans l'éd. Crépet-Blin, adressée au ministre en mai 1865 par un conseiller à la cour impériale de Paris : « Je puis citer en particulier ce colossal Hercule qui figure à l'entrée des quinconces [aux Tuileries]. Depuis que l'accès du jardin en a été rapproché, c'est là que passent tous les promeneurs qui, par ce soleil brûlant, se hâtent de rechercher l'ombre. Des sourires et des chuchotements dont j'ai été tout récemment témoin m'ont déterminé à vous signaler cet état de choses. Il y a là un de ces intérêts d'honnêteté publique dont le gouvernement de l'Empereur s'est toujours très vivement préoccupé. » Baudelaire retrouve, dans cette pudibonderie victorienne, quelque chose du « malentendu » présidant au procès de 1857.

84

1. Sur le progrès, cf. les f[ts] 15 et 58 et *Fusées*, f[t] 21.

2. Cf. le f[t] 13 : « Qu'est-ce que la liberté ? Peut-elle s'accorder avec la loi providentielle ? » et la lettre à Nadar du 16 mai 1859, citée dans la note 8.5, où Baudelaire parle de la « fatalité » à laquelle « obéit » Napoléon III : cette « fatalité » est donc bien synonyme de providentialité. Pour « l'identité » de « deux idées contradictoires », voir le f[t] 19, sur les « deux postulations simultanées », contradictoires elles aussi.

3. D'après André Rolland de Renéville (« Sciences maudites et poètes maudits », *Les Cahiers d'Hermès*, n° 1, 1947, p. 176-179), cité par Jacques Crépet et Georges Blin, cette opération d'identification, par l'histoire, de la liberté et de la nécessité, dérive des théories d'un penseur polonais, Hoené Wronski (1778-1853), dont Baudelaire demande à Ancelle, maire de Neuilly, le 24 septembre 1853, de se procurer les œuvres, en les empruntant à sa veuve, le philosophe venant de mourir à Neuilly. (C.B. et éd. Pichois-Ziegler

de la *Correspondance*, t. I, p. 837). Daniel Vouga rapporte quant à lui l'idée de cette identité, contraire au pessimisme baudelairien, à la pensée de Maistre dont la thèse, dans *Les Soirées de Saint-Pétersbourg*, est précisément d' « établir à la fois le libre exercice de la volonté de Dieu, et l'exercice (...) de notre liberté (...), qui peut aller jusqu'à presque contraindre Dieu à intervenir » (*Baudelaire et Joseph de Maistre*, p. 170).

85

1. Il s'agit sans doute d'un poème intitulé *Roland*, de Napoléon Peyrat, dit Napol le Pyrénéen, réédité par la *Revue anecdotique* en 1862 et dans le tome IV de l'anthologie des *Poètes français* d'Eugène Crépet, à laquelle Baudelaire avait collaboré (C.B.).

2. Ce sonnet est de Théophile de Viau (*Second Livre des Délices satyriques*, 1620). Poulet-Malassis, qui l'avait publié ou allait le publier (en 1861) dans le *Parnasse satyrique*, a corrigé au crayon le manuscrit de Baudelaire, substituant Théophile à Racan pour apparaître après coup mieux au fait de la question. En post-scriptum d'une lettre du 2 janvier 1866 à Sainte-Beuve, Baudelaire recopie le sonnet et pose à son correspondant la devinette sur l'attribution : « De qui est ce sonnet extrait d'un *Parnasse satyrique*, réimprimé en Belgique ? Saint-Victor a parié pour Théophile de Viau, Malassis pour Racan (!!!), et moi, pour Maynard. Nous avons peut-être tort tous les trois. » Racan, l'auteur des *Bergeries*, auquel Malassis a dû penser à cause de Philis, était bien sûr, comme le montrent les points d'exclamation de Baudelaire, la moins bonne réponse. Baudelaire avait, quant à lui, aimant ce sonnet, suivi son admiration pour Maynard. Sainte-Beuve répondit le 5 janvier qu'il ignorait l'auteur de ce « beau sonnet de l'*Ombre* » (C.B.).

## HYGIÈNE. CONDUITE. MÉTHODE. MORALE

87

1. Cette série de feuillets, ajoutée dans les premières éditions aux fragments de *Mon cœur mis à nu*, rendue à *Fusées* par Jacques Crépet en 1938, détachée en appendice sous le titre *Hygiène* dans l'édition Pichois, constitue, un ensemble particulier, douteusement uniforme et qui n'est pas dépourvu de rapports thématiques, et même organiques, avec les autres ensembles, en particulier avec *Fusées* (voir la préface, p. 12-14). Il est délicat, et sans doute

illusoire d'essayer de dater ces feuillets, peut-être très éparpillés dans le temps. Jacques Crépet et Georges Blin y reconnaissent les signes de la crise religieuse de 1860-1862. Mais il faut admettre alors qu'elle aurait des séquelles dans la période belge puisqu'un titre *Hygiène* apparaît sur un feuillet de *La Belgique* (f[t] 338). Cette disparate justifie que dans le cas de feuillets hybrides (les f[ts] 86 et 88, appartenant par leurs rubriques à *Fusées* et à cette série), j'ai préféré les rattacher à *Fusées* (p. 85). Quelques thèmes, néanmoins, déterminent ici une certaine unité : principalement le travail et la prière, réunis dans un point de vue qui consiste à s'adresser à soi-même, le premier recoupant de nombreux fragments de *Fusées* (f[ts] 12, 17, 20, 21) et devenant ici un véritable leitmotiv illustrant cet état d'esprit qu'il faudrait qualifier d'hygiénal et dont Sartre juge les résolutions « d'une navrante puérilité ». Georges Blin a montré (*Le Sadisme de Baudelaire*, p. 92-93) la relation de ces fragments avec l'ascèse cérémonielle de la magie. La conception baudelairienne de la prière a quelque chose du rite de la sorcellerie (*ibid.*, p. 87) et le travail, cette « technique de salut » (Armand Hoog, *Littérature en Silésie*, p. 271, cité par Georges Blin), défini comme « force progressive et accumulative » au f[t] 17 de *Fusées*, comparé au « sel qui conserve les âmes momies » au f[t] 21, tient lui aussi de l'alchimie (Georges Blin, *op. cit.*, p. 95-97).

2. Le projet d'aller s'installer à Honfleur, près de sa mère, est très présent dans les lettres que Baudelaire adresse à celle-ci, surtout après 1859, au moment où il se sent menacé et voit dans cette retraite un moyen de retrouver le calme de l'esprit, la santé, le travail régulier. Mais ne pas pouvoir se rendre à Honfleur, alors qu'il en a envie, fait partie de ses inhibitions, de la même manière qu'il ne pourra quitter Bruxelles au moment où il ne souhaite que cette délivrance.

3. L'obsession du travail a de nombreux échos dans la correspondance de Baudelaire. Ainsi : « Le grand et l'unique objet de ma vie maintenant est de faire du travail, la chose la plus dure et la plus ennuyeuse du monde, la chose agréable par habitude » (lettre du 25 novembre 1863 à sa mère).

91

1. Narcisse Ancelle, le conseil judiciaire de Baudelaire, depuis le 21 septembre 1844, notaire, maire de Neuilly.

2. Baudelaire, le 1er avril 1861, explique à sa mère : « Ce qui m'a surtout sauvé du suicide (...), c'est (...) qu' (...) *il fallait*

*d'abord aller à Honfleur*, où sont classés tous mes documents, intelligibles pour moi seul. »

92

1. Le fragment est donc antérieur à la rupture avec Jeanne (fin 1861) (C.B.).

2. À sa mère, janvier 1861 : « Qui sait si cette année ne contiendra pas quelques plaisirs ? » (C.B.). Ce « tout est réparable », qui semble une impertinence de celui que Georges Poulet appelle le poète de l'irréparable, montre l'autre face, celle de l'espérance, vers laquelle Baudelaire tend vainement (voir Georges Poulet, *La Poésie éclatée*, notamment p. 17 et 32).

3. La peur, dont l'objet varie, est une obsession de Baudelaire, dont on trouve d'innombrables traces dans sa correspondance (C.B.).

4. Savoir rêver : voir la théorie de l'inspiration volontaire esquissée dans *Fusées*, f[r] 17.

5. Les deux idées, sur les prières-sentinelles et sur les rêves prémonitoires, sont d'inspiration maistrienne (C.B.).

6. *Mon cœur mis à nu* veut rivaliser avec les *Confessions* de Rousseau, les faire pâlir (Voir la chronologie, p. 493 et 498).

7. Fais ce que tu as à faire.

8. Recette contre le rhume à base de lichen bouilli. Baudelaire a peut-être communiqué à Théodore de Banville une autre version de cette recette, reproduite en fac-similé dans un article de Banville sur Baudelaire, publié dans la *Galerie contemporaine, littéraire, artistique*, 1re série, n[o] 105 (C.B.).

93

1. Mariette : voir *Mon cœur mis à nu*, f[r] [45 [ter]].

2. L'intercession est un concept maistrien, attaché à l'idée de réversibilité des mérites et des peines : les prières d'un pécheur peuvent se gonfler, s'alimenter à celles de ses amis. Sartre expose à ce sujet l'idée que ce monde intermédiaire d' « intercesseurs » est composé de « la communauté laïque des artistes », devenue comme « une Église » (C.B.). Quant à Poe, qui « a beaucoup souffert pour nous » (écrit Baudelaire dans son étude de 1852), sa vocation d'intercesseur s'impose au-dessus des autres. Gautier comparait sa relation à Baudelaire à celle de Virgile à Dante (*Histoire du romantisme*, suivie (...) d'une *Étude sur la poésie française (1830-*

*1868)*, Charpentier, s.d., p. 347-348). Il est certain qu'il y a de la piété dans l'attachement de Baudelaire à l'écrivain américain, une fidélité qui tient de la superstition (selon Peter Michael Wetherill, *Charles Baudelaire et la poésie d'Edgar Poe*, Nizet, 1962), et dont Asselineau disait déjà : « Ce fut une véritable possession. »

3. Cf. les lettres des 1^er^ janvier 1861, 25 décembre 1861, 3 février 1865, où la même idée revient : que sa mère vive assez longtemps pour le voir installé dans la sérénité et dans la gloire.

[93^bis^]

1. Numéro de classement [93^bis^] suppléé. Ce feuillet ne fait pas partie du recueil constitué par Poulet-Malassis (C.B.). Max Milner propose dans son *Baudelaire, enfer ou ciel, qu'importe !* (p. 201-202) une analyse qui contredit la datation de Jacques Crépet et Georges Blin rattachant l'ensemble des fragments d'*Hygiène (...)* à la crise religieuse de 1860-1862. Il rapproche ces lignes d'une lettre à Mme Meurice du 3 janvier 1865 (citée dans la note [45^ter^]. 1 de *Mon cœur mis à nu*) et observe « la liaison de la prière avec la charité et l'humilité », qu'on ne trouve dans aucun des autres fragments de la série.

2. En parlant de suicide à sa mère le 11 octobre 1860, Baudelaire écrit : « Ce sont deux idées de charité qui me retiennent, toi et Jeanne. »

3. La santé de Jeanne Duval s'est détériorée brutalement en avril 1859 (voir la chronologie, p. 488).

4. Baudelaire s'est alarmé pour la santé de sa mère à de nombreuses reprises, en particulier au début de 1865, lorsqu'il apprend d'elle que, pour n'avoir pas consulté de médecin, elle s'est trouvée gravement atteinte d'on ne sait quel mal (voir la chronologie, p. 508). Quant à la solitude dont Mme Aupick a dû souvent se plaindre pour faire venir son fils à elle, Baudelaire en parle dans plusieurs lettres aussi.

5. Dans la lettre du [10] août 1862, Baudelaire, qui se dit « dans une crise », parle à sa mère de « travailler sans cesse, même *sans espoir de salaire* » (C.B.).

6. Citation de saint Paul, *Première Épître aux Corinthiens*, XIII, 1 (C.B.).

7. Citation des *Mémoires d'outre-tombe*, livre XLIII, chap. 9, sur la mort de Charles X (C. B.).

[93ter]

1. Numéro de classement [93ter] suppléé. Ces extraits, recopiés par Baudelaire dans *The Conduct of Life* d'Emerson (publié à Boston en 1860), ont été publiés pour la première fois par Claude Pichois dans les *Études baudelairiennes,* II, repris et traduits dans son édition de la Pléiade, avec des références à l'ouvrage d'Emerson et quelques indications que je reprends ici entre crochets. J'en donne la traduction en suivant l'ordre des paragraphes (la citation de Campbell (1777-1844), reparaissant ici, se trouvait déjà au fᵗ 4 de *Fusées*) :

Les grands hommes... n'ont pas été vantards et bouffons, mais ils ont compris *la terreur de la vie,* et ils ont eu la force de l'affronter.

« Le destin n'est rien d'autre que les actes accomplis dans un état antérieur d'existence » [pensée hindoue].

« Ce que nous souhaitons dans la jeunesse vient à nous en abondance dans notre vieillesse » [Goethe], trop souvent affligés par la réalisation de notre souhait ; et nous vient ainsi le solennel avis que, dès lors que nous sommes sûrs d'avoir ce que nous souhaitons, nous devons veiller à demander seulement des choses élevées.

La seule prudence dans la vie est la concentration ; le seul mal est la dissipation.

Le poète Campbell disait qu' « un homme accoutumé au travail était capable d'achever ce qu'il avait résolu, et que, pour lui, c'était la nécessité, et non l'inspiration, qui était l'aiguillon de la muse ».

Dans nos affaires courantes, une décision doit être prise, — la meilleure, si vous pouvez ; mais n'importe laquelle est meilleure que l'absence de décision.

Le second substitut du tempérament, c'est la discipline, la force de l'habitude et la routine.

« Plus nombreux sont ceux qui sont bons par application que ceux qui le sont par nature », disait Démocrite.

Mirabeau disait : « Pourquoi nous sentirions-nous des hommes, sinon pour réussir dans tout, partout. Vous ne devez jamais dire de quoi que soit : cela est indigne de moi, ni penser que quoi que ce soit puisse être au-dessus de votre pouvoir. Rien n'est impossible à l'homme qui est capable de vouloir. *Est-ce nécessaire ? Cela sera.* C'est la seule *Loi du succès.* »

Nous acquérons la force que nous avons conquise.

*Le héros est celui-là qui est immuablement concentré* [traduit ainsi par Baudelaire dans *L'Œuvre et la vie d'Eugène Delacroix*].

La principale différence entre les gens semble être que certains acceptent des engagements sur lesquels vous pouvez compter, tandis que d'autres, non. Celui qui n'a pas une loi au fond de lui, il n'y a rien qui l'attache.

Si vous voulez être puissant, faites comme si vous étiez puissant [citation de Horne Tooke, philologue anglais, 1736-1812].

Cherches-tu de grandes choses ? ne les cherche pas [interprété de Jérémie, XLV, 5].

2. Autre feuillet, auquel je conserve le n° [93^ter^]. La première citation, ainsi que les sixième, septième, neuvième et dernière font double emploi avec le feuillet précédent. Voici la traduction des autres :

— (...)
— Son cœur était le trône de sa volonté.
— La vie est la recherche du pouvoir.
— Il n'y a pas de recherche honnête qui ne soit récompensée.
— Nous devons considérer que la recherche du succès est un trait de notre personnalité.
— (...)
— (...)
— L'argent est un autre sang.
— (...)
— Votre conception de la vie et vos projets la concernant sont bons et recommandables ; — mais vous y tiendrez-vous ?

## NOTES PRÉCIEUSES

### 90

1. Ces *Notes précieuses* ne se distinguent que par l'intitulé de la série *Hygiène. Conduite. Méthode. Morale*, le point de vue étant toujours celui qui consiste à s'adresser à soi-même.

2. « Il faut entendre par la naïveté du génie la science du métier combinée avec le *gnôti séauton* » (*Salon de 1846*).

3. Cf. les passages sur le poncif dans *Fusées* (f[t] 20). Baudelaire, dans son compte rendu de *Madame Bovary* (1857), définit le lieu commun comme « le rendez-vous public de l'éloquence ». Dans le *Salon de 1859*, il se demande s'il existe « quelque chose de plus charmant, de plus fertile et d'une nature plus positivement *excitante* que le lieu commun ». On rencontre le même point de vue

dans les *Pensées* de Joubert : « Les lieux communs ont un intérêt éternel. C'est l'étoffe uniforme que, toujours et partout, l'esprit humain a besoin de mettre en œuvre, quand il veut plaire. Les circonstances y jettent leur variété. Il n'y a pas de musique plus agréable que les variations des airs connus. » (C.B.) Baudelaire n'a pas manqué d'être l'objet d'une critique voyant en lui « le poète aride de la banalité », qui « ne traite que le lieu commun frippé jusqu'à la corde » (Émile Faguet dans *La Revue*, 1er septembre 1910, cité pour ce rapprochement par Robert Kopp dans son article de *Berenice*, p. 15). « On rencontre chez Baudelaire », écrira plus tard, avec plus de sympathie, Walter Benjamin, « une foule de stéréotypes, comme chez les poètes baroques » (*Charles Baudelaire*, trad. Lacoste, p. 238).

## [PENSÉES ET APHORISMES]

### [1]

1. Écrit par Baudelaire dans l'album de Philoxène Boyer. Publié pour la première fois par Catulle Mendès (*Revue des lettres et des arts*, 1er décembre 1867 (P.). Cf. la lettre à Flaubert du 26 juin 1860 : « Remarquez bien que je ne renonce pas au plaisir de changer d'idée ou de me contredire. »

### [2]

1. Écrit par Baudelaire dans l'album de Nadar, sous la devise *Vitam impendere vero* (faire dépendre sa vie de la vérité) suivie de la signature de Louis Blanc. Publié par Jacques Crépet dans le tome II des *Œuvres posthumes* (Conard-Lambert, 1952). La devise vient de Juvénal (*Satire* IV, v. 91). Rousseau dit l'avoir choisie dans une note de la *Lettre à M. d'Alembert sur les spectacles.* Maistre la réfute dans l'*Essai sur le principe générateur des révolutions*, en disant que seul « un menteur » peut la faire sienne (P.). Sur George Sand, voir *Mon cœur mis à nu*, fts 26, 27, 28 et la note 26.1.

### [3]

1. Écrit par Baudelaire dans l'album d'Édouard Gardet. Publié par Claude Pichois dans les *Œuvres complètes* de la Pléiade en 1975. Pensée qui est moins dans la note de *Fusées* et de *Mon cœur mis à nu.* Elle est d'ailleurs signée et rédigée comme un billet, avec une seconde personne du vocatif qui n'est pas réflexive. Le

rapprochement s'impose, en revanche, avec le chapitre XI (*Éloge du maquillage*) du *Peintre de la vie moderne*.

[4]

1. Écrit par Nadar en haut d'un portrait-caricature de Baudelaire. Reproduit dans *Qui était Baudelaire ?*, textes de Robert Kopp et Georges Poulet, p. 35 et dans l'*Album Baudelaire* de Claude Pichois, p. 129, n° 185. Attesté par Adrien Marx qui écrit dans *L'Événement* du 14 juin 1866 : « En matière politique, Baudelaire avait pour devise : *Le pape et le bourreau*, et niait le résultat des révolutions *qui avaient eu*, disait-il, *pour corollaire le massacre des innocents* » (P.).

[5]

1. Cf. *Mon cœur mis à nu*, f[t] 74. Les fragments [5] à [15] proviennent tous du carnet de Charles Asselineau, écrits de sa main et placés sous le titre : *Aphorismes de Ch. Baudelaire*. Claude Pichois les a publiés en 1970 dans *Quaderni francesi* (Naples, Istituto universitario orientale, t. I).

[6]

1. Allusion à des faits ignorés, probablement en rapport avec le procès de 1867.

[7]

1. Cf. *Fusées*, f[t] 22 (quatrième paragraphe).

[11]

1. Frank-Carré, magistrat (P.).

[12]

1. Edmond About, le critique d'art et auteur du *Nez d'un notaire* (1862).

[13]

1. Cf. *Fusées*, f[t] 1 (début).

[14]

1. Le romancier Jules de La Madelène, mort en 1859, frère d'Henry de la Madelène (P.).

[15]

1. Asselineau écrit Bodler (Baudelaire), pour rire. La pensée de Custine n'a pas été retrouvée.

## LA BELGIQUE DÉSHABILLÉE

*Les chiffres en italique, centrés (par exemple 61, 62, p. 638), correspondent aux coupures de presse et autres documents.*

### 1. DÉBUT

2

1. Danton, refusant de fuir, aurait dit qu'il était impossible d'emporter sa patrie à la semelle de ses souliers (C.P.).

2. Cf. la lettre à Ancelle, 13 octobre 1864 : « moi qui croyais que la France était un pays absolument barbare, me voici contraint de reconnaître qu'il y a un pays plus barbare que la France ! » (C.P.)

3. En décembre 1864, Baudelaire demande à Poulet-Malassis les *Pensées et lettres* de Joubert, pour retrouver cette citation, mais en fait, d'après Claude Pichois, elle est de Georges Farcy, jeune héros de la révolution de Juillet : « Je rends grâce à Dieu (...) de ce qu'il m'a fait Français. »

4. Voir la lettre du 14 juillet 1864 à Ancelle : « En somme, je saurai faire un livre amusant, tout en m'ennuyant beaucoup » (C.P.). En général, la critique n'accorde guère de crédit à cette déclaration d'intention, dont Ivanna Bugliani relève le caractère flaubertien (son article dans *Baudelaire, poetà e critico*, p. 85) et que Giovanna Angeli a été une des rares à prendre dans toute sa force, analysant la dérision et le grotesque baudelairiens. Auparavant seul Asselineau, l'ami fidèle, avait écrit en septembre 1867, peu de temps donc après la mort de Baudelaire, à Poulet-Malassis : « Je regrette que le livre sur la Belgique n'ait pas été fini. Les notes sont vraiment amusantes et je crois que, en appliquant l'intention [—] de faire un livre gai, entremêlé de dialogues, [—] Baudelaire nous eût donné un assez joli pendant aux [—] ». Hélas les éditeurs de la lettre, Jean Richer et Marcel Ruff, n'ont pu lire à quoi le livre de Baudelaire eût fait pendant : aux *Dialogues des morts* de Lucien ? aux *Lettres persanes* de Montesquieu ? aux *Voyages de*

*Gulliver?* On a vu dans *Mon cœur mis à nu* quel prix esthétique Baudelaire accordait au contraste du sérieux et du bouffon, le premier apparaissant sous le second et grâce à lui. Pour le frontispice des *Fleurs du mal*, qui deviendra le frontispice des *Épaves*, il recommandera à son ami namurois, le graveur Félicien Rops, « l'art badin et profond », le « sérieux masqué de frivolité » dont il le sent capable.

5. Voir la lettre à Édouard Dentu du 18 février 1866 : « Il est temps de dire la vérité sur la *Belgique*, comme sur l'*Amérique*, autre Eldorado de la canaille française » (C.P.).

6. L'impression d'avoir été dupé, Baudelaire prétend la partager avec les Français. Il écrit, le 5 mars 1866, dans la dernière lettre à sa mère avant l'accident de Namur, qu'il considère qu'il a été « dupe de la Belgique ».

7. Vers cités au f[t] 20.

4

1. La Carpe et le Lapin, dont la Belgique est le produit.

2. Allusion à une chanson en vogue vers 1862-1864, mettant à la rime un mari perdu du nom de *Lambert :* « Hé ! vous n'auriez pas vu Lambert / À la gar' du chemin de fer ? / (...) / S'est-il noyé dans la mer ? / S'est-il perdu dans l' désert ? » (Alfred Delvau, *Les Lions du jour*, 1867) (C.P.). « Tel est mon Lambert » signifie : telle est ma jalousie, ma quête, mon obsession.

3. *Les Cabotins :* on a représenté le 4 mars 1865 un vaudeville portant ce titre, de Victor Koning, A. Emmanuel et Jules Réval (C.P.). Mais on peut comprendre sans référence à une œuvre : écrivant sur la Belgique, je serai tel qu'un cabotin devant amuser son public avec des plaisanteries ennuyeuses (P.).

4. Image des difficultés doubles qui attendent Baudelaire (C.P.).

5. Baudelaire l'a écrit et publié dans *Les Épaves.* Amina Boschetti, danseuse, s'est produite à Bruxelles en septembre 1864 (P.).

6. Elisa Guerri (voir la note 2.3 de *Fusées*).

5

1. Dans la lettre à Dentu citée à la note 2.5 : « Il est temps de dire la vérité sur la *Belgique* », Baudelaire ajoutait : « et de reprendre la défense de l'idéal vraiment français ».

2. On se souviendra de Flaubert craignant, en écrivant son roman, d'être submergé par l'idiotisme de Bouvard et Pécuchet, et

du fragment célèbre de *Fusées* (voir p. 85) : « aujourd'hui 23 janvier 1862, (...) j'ai senti passer sur moi le *vent de l'aile de l'imbécillité.* »

3. Agent courant, ou marchant devant le convoi à l'arrivée du train, pour prévenir les accidents (d'après Claude Pichois) ; marchant devant les trains traversant la ville à 5 km à l'heure, muni d'un signal rouge et d'une cloche (d'après Marcel Ruff).

6

1. Voir la préface, p. 35.

7

1. Il s'agit d'un ouvrage : *Napoléon, l'empereur et son gouvernement. Études parisiennes par un non-diplomate*, traduit de l'allemand (Dresde, 1864) (C.P.). Baudelaire, le 13 octobre 1864, dans une lettre par ailleurs très abondante sur le sujet qui l'occupe, la Belgique, parle à Ancelle d'un livre récent, écrit par un Allemand, « un curieux livre sur l'Empire, un livre digne d'être lu, et, précise-t-il, non pas une sottise d'exilé ».

9

1. Références non retrouvées d'un article de journal qui reproduit un extrait d'un article d'Octave Sachot publié dans la livraison de septembre 1865 de la *Revue britannique* (nouvelle série, 5ᵉ année, nº 9), article rendant compte de l'*État de la situation du royaume (période décennale de 1851 à 1860)*, 1864. La *Revue britannique*, publiée par des éditeurs associés dont l'Office de publicité est la maison Lacroix-Verboeckhoven, mensuel fondé en 1825, était d'abord une revue parisienne, s'adressant aux Français et non aux Belges, et traduisant ou adaptant des articles anglais (voir, Claude Bellanger, Jacques Godechot, etc., *Histoire générale de la presse française*, t. II *(1815-1871)*, P.U.F., 1969, p. 79).

11

1. Fenimore Cooper, qui a plaidé la cause des Indiens ? (C.P.)

12

1. Louis-Joseph Defré, député libéral depuis 1858, signait du pseudonyme Joseph Boniface (voir fʳ 350) de nombreux opuscules pamphlétaires contre « le parti épiscopal ». Son rôle a été étudié par Achille Erba dans *L'Esprit laïque en Belgique sous le gouverne-*

*ment libéral doctrinaire (1857-1870)*, p. 121-284. Voir les f[ts] 187 et 350.

2. Baudelaire veut se procurer ou s'est procuré un guide de la Belgique. Le livre qu'il prépare serait un anti-guide.

15

1. « Vous m'avez traité Dieu sait comment, et comme je ne suis pas aussi gros que l'homme de Cyrano, il ne vous a pas fallu un jour tout entier pour me battre, mais une minute » (lettre à Poulet-Malassis, 1er novembre 1859) (C.P.). Allusion à la lettre *Contre un gros homme* de Cyrano de Bergerac (P.).

17

1. Sous la mention « *Spleen de Paris* » figurent les intitulés de deux en tout cas, et probablement trois *Poèmes en prose* ; en effet, les deux derniers sont repris dans une liste de titres des *Petits poèmes en prose* (C.P.).

2. Cf. *L'Esprit conforme* et *La Civilisation Belge*, dans les *Amœnitates Belgicœ*.

3. L'anecdote est racontée en détail dans la lettre à Mme Meurice du 3 février 1865 (voir p. 532), reprise ici au f[t] 329 et mise en vers dans *L'Amateur des beaux-arts en Belgique* des *Amœnitates Belgicœ*. Il s'agit du baron Jules Van Praet (1807-1887), ministre de la Maison du roi et qui eut sur ce dernier une influence considérable. Carlo Bronne, son biographe, le présente comme « une sorte d'Éminence grise » de Léopold Ier, appelé auprès de lui dès 1831. C'est Van Praet qui fit nommer le vicomte de Conway à l'intendance de la liste civile (voir la coupure 175-176). Il a laissé de volumineux *Essais sur l'histoire politique des derniers siècles*. Il fut aussi un collectionneur averti. Introduit probablement par Arthur Stevens, conseiller artistique de Van Praet, Baudelaire put voir, 13, rue Ducale, près du palais royal, les collections du ministre, où figuraient quatre Delacroix, un Corot, un Géricault, le portrait de *Bartolini* d'Ingres, *Les Trois Dames de Gand* attribué à David, et *L'Angélus* de Millet qu'il fit l'erreur d'échanger. Voir Carlo Bronne, *Jules Van Praet, ministre de la Maison du roi Léopold Ier*, Bruxelles, Office de publicité, « Collection Nationale », 1943, en particulier le chap. XI : « Le cabinet d'un amateur », p. 57-63.

18

1. Citation qui revient dans l'*argument* (p. 303), où elle est attribuée à un « compagnon de Dumouriez », mentionné et biffé au f[r] 19 ; la brochure dont il est question entre parenthèses serait de lui.

19

1. Extrait copié par Baudelaire de *La Fortune publique assurée*, par P. Gadolle, brochure de 23 pages, Paris, impr. de Guffroy, [1794], p. 3 (C.P.).

20

1. Vers joints par Voltaire à une lettre à Formont, datée de « Bruxelles, 1er avril [1740] » (C.P.). Baudelaire les avait retrouvés dans l'*Histoire de la ville de Bruxelles* d'Alexandre Henne et Aphonse Wauters (Bruxelles, 3 vol., 1843-1845), qu'il avait lue en Belgique dans un but documentaire (P.).

2. BRUXELLES

22

1. Baudelaire connaissait Le Cap : le bateau qui le reconduisait en France, venant de l'île Maurice et de la Réunion, y fit escale du 4 au 8 décembre 1841. Voir la note 352-361.2.

2. Bruxelles, dans les années 1860, était plus bilingue qu'aujourd'hui. Le patois brabançon y était encore parlé majoritairement. Il n'en reste plus que quelques traces lexicales (ce qu'on appelle le marollien, du nom d'un quartier populaire de Bruxelles, les Marolles, dont il sera question au f[r] 80).

3. Les *espions* sont des « miroirs qui, placés à l'extérieur latéralement aux fenêtres, permettaient aux habitants de voir sans être vus qui sonnait à leur porte », écrit Charles Morice, qui les compare aux *judas* français (*L'Esprit belge*, Bruxelles, 1899, p. 52, cité par John Bartier, « Bruxelles vue par les étrangers », p. 420). Baudelaire a toujours connu la phobie d'être espionné. Il raconte à sa mère en avril 1853 qu'il s'est réfugié « *dans un petit hôtel borgne et introuvable* » parce que chez lui il se sentait « cerné et espionné ». Plus tard l'indiscrétion du notaire Ancelle, s'attachant à faire la connaissance des amis de Baudelaire, l'exaspérera au point d'éviter tout contact avec celui qui tenait les cordons de la bourse.

Pourtant, concernant cette manie belge de l'espionnage, plusieurs auteurs d'époque semblent d'accord : Gautier, Hugo, Nerval (cités par Claude Pichois, *L'Image de la Belgique dans les lettres françaises de 1830 à 1870*, p. 32-33).

23

1. Les fleurs, non plus, n'ont « *aucun parfum* » (lettre à Ancelle, 13 octobre 1864).

2. Expression venue d'une des *Histoires grotesques et sérieuses* d'Edgar Poe, *Philosophie de l'ameublement*, que Baudelaire avait traduite et qu'il avait publiée dans le *Magasin des familles* en octobre 1852 ; l'expression « d'un mouton qui rêve » est en français dans le texte de Poe.

3. Louis Dubois (1830-1880), peintre belge, influencé par Courbet, ami de Rops, vivant à Beez près de Namur (C.P.). Voir son mot au f[t] 104.

24

1. Parlant à sa mère de ses névralgies et de ses rhumatismes, le 26 février 1866, Baudelaire ajoute : « Quoi d'étonnant dans un climat si humide, et dont les habitants aiment tant l'humidité que, même quand il pleut à seaux, ils lavent leurs maisons, non seulement à l'intérieur, mais aussi à l'extérieur ? » Il semble que le lavage des trottoirs en Belgique frappe systématiquement les étrangers. John Bartier cite, dans son étude sur « Bruxelles vue par les étrangers », un ouvrage anonyme, *Les Impressions d'un étranger nouvellement arrivé à Bruxelles* (Bruxelles, 1929, p. 16-17) : « J'ai vu de ces nettoyages pendant une *pluie à verse.* J'ai vu quelquefois vider des seaux d'eau si sale qu'elle ne pouvait que salir plus. » Voir aussi la note 123.1.

25

1. À Mme Paul Meurice, le 3 février 1865 : « Il n'y a pas d'insectes dans les bois de ce pays-ci, pas plus que d'oiseaux ; les bêtes fuient les Belges. » Voir aussi le f[t] 292.

27

1. L'expression est dans *Le Moyen de parvenir* de Béroalde de Verville, chap. XXXIX (C.P.). Voir la fin du f[t] 247 et les débordements de cet ordre à l'occasion de la mort du roi.

29

1. Thème apparaissant à deux ou trois reprises ici. Cf. *Les Belges et la lune* dans les *Amœnitates Belgicæ*. On se souviendra que Baudelaire est l'auteur d'une étude : *De l'essence du rire* alléguant la conformité du rire et du mal. On pensera aussi au rire adressé sans motif apparent à Asselineau qui l'attend, à la gare du Nord, à la fin du mois de juin 1866 (voir p. 544). Rire de l'aphasique, du paralytique, du satanique : « Reconnaissez Satan à son rire vainqueur, / Énorme et laid comme le monde », avait-il écrit dans *L'Imprévu* (*Les Épaves*). Et le 13 décembre 1862, à sa mère : « On t'a dit que j'étais gai — Jamais (...) ou bien je le suis de manière à faire peur. »

2. L'absence de vie à Bruxelles, les « avenues désertes » et les rues « mal éclairées » frapperont aussi Huysmans (« Carnet d'un voyageur à Bruxelles »).

3. Notez le « vous ». Les derniers mots de l'argument sont : « Petits conseils aux Français condamnés à vivre en Belgique (...) » (voir p. 312).

4. « Bruxelles n'a qu'un pauvre ruisseau qu'elle intitule la *Senne,* triste contrefaçon » (Edmond Texier, *Voyage pittoresque en Hollande et en Belgique,* 1857) (C.P.). Il coulait, en effet, à Bruxelles une petite rivière, la Senne, aujourd'hui souterraine et où Baudelaire verra jusque dans la phonétique du mot, et comme en beaucoup d'autres lieux, la contrefaçon de Paris. Comparée à Anvers aussi, Bruxelles est une ville sans eau. L'eau, fleuve ou mer, est liée à la notion de capitale et Anvers sera, pour Baudelaire, la vraie capitale. Quand la maladie commence à le menacer, le médecin lui ayant conseillé de nager, Baudelaire écrira à sa mère (le 10 février 1866) : « Mais dans ce sacré Bruxelles, il n'y a pas de fleuve. On a inventé (...) des piscines ou bassins artificiels, où l'eau est un peu attiédie par une mécanique voisine. (...) Je ne veux pas me baigner dans un lac artificiel souillé par tous ces saligauds. »

35

1. Les vers de Pétrus Borel seront cités au f[t] 309.

36

1. Ivanna Bugliani (son article, p. 79-81) montre, à partir de ces deux fragments (les f[ts] 35 et 36) comment Baudelaire construit sa destruction, rassemble une série de valeurs négatives sur la

physionomie belge, enlevant les stigmates du dandysme, prenant le contre-pied de son idéal humain, de Poe au Samuel Cramer de *La Fanfarlo*, en passant par Delacroix. Elle relève l'association de la *ligne droite* et de la *ligne arabesque*, dans la structure formelle du f[r] 36, bel exemple en effet, avec l'anaphore en quatre (« Pas de lèvres ») et la clausule en trois, de la rhétorique sauvage de ces embryons de pamphlet.

37

1. Cité au f[r] 307.

39

1. Il s'agit de Mallarmé, dont Baudelaire a dû connaître, par un tiers, le poème en prose intitulé *Le Phénomène futur* (qui ne fut publié qu'en 1875) (C.P.).

2. Cf. *Fusées*, f[r] 22, ci-dessus p. 82.

42

1. Baudelaire a consacré deux études au chansonnier Pierre Dupont, en 1851 et en 1861 (*Œuvres complètes*, éd. Pichois, tome II, p. 26-36 et 169-175).

## 3. BRUXELLES. MŒURS

43

1. Baudelaire expose à sa mère, dans des lettres de juillet-août 1864, deux ou trois mois donc après son arrivée, son dégoût de la nourriture en Belgique : « Quand même je me porterais bien, écrit-il le 31 juillet, je ne me mettrais à table qu'avec dégoût, tant cette cuisine est fade et monotone. » Le 8 août encore : « je ne mange pas, et *pour cause.* » Et le 14 : « *Le pain* est mauvais. La viande n'est pas mauvaise par elle-même. Elle devient mauvaise par la manière dont elle est cuite. » Mme Aupick n'est pas la seule informée. Baudelaire écrit à Ancelle, le 13 octobre : « Quant à la cuisine, vous verrez, j'y ai consacré quelques-unes des pages de mon petit livre ! » On trouvera encore dans la lettre du 3 février de l'année suivante à Mme Paul Meurice quelques considérations sur le sujet (voir p. 530-531).

2. Désaccord d'un siècle à l'autre : Colette goûtera le « savoureux pain belge en tartines beurrées » (*Le Fanal bleu*, dans les *Œuvres complètes*, Flammarion, t. XI, p. 180).

3. Octave Mirbeau parle, à propos d'un dîner d'enterrement en

Belgique, de ces bourgognes et de ces bordeaux comme il n'en fermente que chez nous, mais comme on n'en élève qu en Belgique » (*La 628-E8*, p. 72). Le penchant belge pour le vin français est effectivement empreint du fétichisme de l'étiquette, de l'âge et du bouchon.

46

1. Félix Nadar était venu en Belgique, aux fêtes de l'Indépendance, en 1864, et avait fait une ascension en ballon ; il avait été question que Baudelaire prît place dans la nacelle. Quant à « l'omelette Nadar », on ne sait pas exactement de quoi il s'agit. Albert Kies, cité par Jacques Crépet et Claude Pichois, a retrouvé dans le *Courrier de Bruxelles* (8 janvier 1865) un écho sur l'arrivée à Bruxelles d'un acrobate, Blondin, qui avait traversé le Niagara sur une corde, en cuisant une omelette au milieu du trajet. Le journal conclut en assurant que « l'omelette Blondin » ne coûterait pas aussi cher que « l'omelette Nadar ».

49

1. Chez Horton, taverne anglaise du Prince of Wales, 8, villa Hermosa, Montagne de la Cour. C'est là que Joseph Stevens avait donné son gilet à Baudelaire (voir *Les Bons Chiens* dans les *Petits poèmes en prose*), là que se réunissaient les proscrits français (voir Camille Lemonnier, *La Vie Belge*, ci-dessus p. 546 (C.P.).

2. Cf. le f[t] 104.

50

1. Le faro est une bière bruxelloise faite de malt, d'orge et de froment. Dans une lettre du 31 juillet [1864] à sa mère, Baudelaire attribue la diarrhée dont il souffre « au climat et à l'usage du *faro* » ; quinze jours plus tôt, le 14 juillet, il écrivait à Ancelle : « ce peuple est trop bête pour se battre pour des idées. S'il s'agissait du renchérissement de la bière, ce serait différent. » Notons le mot de Proudhon (cité en note 195.3) stigmatisant la « farocratie » en Belgique. Cf. aussi *L'Opinion de M. Hetzel sur le faro* dans les *Amœnitates Belgicæ.*

4. MŒURS. LES FEMMES ET L'AMOUR

51

1. « Le Dieu Éros lui-même, s'il voulait glacer immédiatement tous ses feux, n'aurait qu'à contempler le visage d'une Belge » (à

Mme Paul Meurice, 3 février 1865 ; voir toute la lettre, p. 529).

2. Cf. *Venus Belga* dans les *Amœnitates Belgicæ.* Gustave Charlier (*Passages,* p. 179-180) rapprochait la description du physique des Flamandes par Baudelaire d'un extrait du livre de la baronne de Montaran, *La Clef des champs, Excursions dans les États vénitiens, le Tyrol, la Belgique, la Hollande, etc.* 1853, p. 200 : « Elles [les Bruxelloises] sont en général, d'une stature forte et musculaire ; leurs longs bras penchent nonchalamment sur des hanches developpées ; leur taille est dépourvue de souplesse ; leurs pieds sont plats et larges ; leur démarche lente et sans grâce. »

3. Voir les f[ts] 27 et 58.

4. Voir les f[ts] 55 et 350.

52

1. Cf. *Venus Belga* dans les *Amœnitates Belgicæ.*

53

1. Cf. *Venus Belga* et *La Propreté des demoiselles belges* dans les *Amœnitates Belgicæ.*

55

1. « Je n'aurai retiré de mon voyage (...) que (...) et enfin l'habitude d'une chasteté continue et complète (riez, si vous voulez, de ce sale détail), *laquelle n'a d'ailleurs aucun mérite,* attendu que l'aspect de la femelle belge repousse toute idée de plaisir » (lettre à Ancelle, 13 octobre 1864).

2. Cf. *La Pipe,* dans *Les Fleurs du mal :* « On voit, à contempler ma mine/D'Abyssinienne ou de Cafrine » (C.P.).

57

1. Cf. le f[t] 103. L'anecdote est racontée dans la lettre à Mme Meurice du 3 février 1865 (lire ci-dessus p. 531). Albert Kies (« Une lettre inédite (...) », p. 122, note 31) observe l'influence de l'anglais et de l'allemand dans la transcription par Baudelaire du « juron national » *godverdomme,* sur l'orthographe duquel il explique à Mme Meurice sa légitime hésitation (voir aussi la note 150.1).

59

1. Baudelaire a effectivement découpé dans *L'Indépendance belge* du dimanche 27 novembre 1864 un article relatant une

séance houleuse au parlement à propos de la question d'Anvers (coupure 215-216).

2. Victor Duruy est ministre de l'Instruction publique en France depuis juin 1863 ; il est favorable à l'instruction obligatoire, soit, pour Baudelaire, la décadence. Voir le chap. 14 sur l'enseignement, et en particulier le f[t] 134.

5. MŒURS

60

1. Victor Joly (1811-1870), directeur du *Sancho,* (voir les coupures f[ts] 66, 72, 163, 178, 212), que Camille Lemonnier présente comme « un cynique qui se doublait d'un estomac et d'un talent, (...) une espèce de gorille énorme à petite voix de castrat, (...) doué d'une âme de lièvre ». Il fit éloge de Baudelaire dans le *Sancho,* en mai 1864. Son nom figure dans la liste du service de presse des *Histoires grotesques et sérieuses.* À cette occasion, Baudelaire rappelle son adresse à Bruxelles : 27, rue Longue-Vie, dans une lettre à Noël Parfait du 26 mars 1865. C'est le seul nom de journaliste belge que Baudelaire indique à cette occasion, avec celui de Gustave Frédérix. Les deux noms apparaissent déjà pour la même raison, dans la lettre du 22 mars à Michel Lévy. Et le nom de Joly revient, avec ceux de Rops, Dubois et Neyt, dans une liste de noms pour la distribution de ses livres, établie par Baudelaire (C.P.). Joly fit dans le *Sancho* à propos du procès de Malassis en mai 1865 (voir chronologie, p. 511) un « délicieux petit article » dont Baudelaire recommande la lecture à Malassis (lettre du 6 juin 1865). Voir ci-dessous, f[ts] 282 et 317.

*61*

1. Références non retrouvées. Au verso, l'impression en grosses lettres : L[E] THÉÂT[RE] peut faire penser que l'article provient d'une revue de théâtre, sauf s'il s'agit d'une publicité.

*62*

1. La date inscrite par Baudelaire est approximative. L'article est découpé dans le numéro du 30 avril 1865 de *L'Espiègle, journal satirique, politique, artistique et littéraire,* hebdomadaire, 2, rue du Théâtre et 44, boulevard d'Anvers, Bruxelles. Rédacteur en chef : Odilon Delimal. En épigraphe, sur chaque numéro, le « *Fay ce que vouldras* » de Rabelais. Dans la suite de ce compte rendu d'une

représentation au théâtre de la Monnaie, le chroniqueur résume le livret (La « vie aventureuse » de Cervantès et principalement son idylle avec l'esclave d'un ancien Caïd d'Alger). Deux faits peuvent faire penser que Baudelaire n'était pas toujours négativement sensible à l'humour de ce journal satirique : Félicien Rops y avait exercé son talent de caricaturiste à partir de 1856, du temps où le journal s'appelait *L'Uylenspiegel* (devenu *L'Espiègle*, en mars 1864) ; d'autre part, *L'Espiègle* s'était plusieurs fois moqué de Victor Hugo, avait éreinté *Les Chansons des rues et des bois* (qui laissèrent Baudelaire silencieux !) et publiera en 1866 une parodie : *Les Travailleurs dans la mer*, par Victor Gogo. Mais, globalement, ce journal anarchiste, anticlérical, très opposé à Napoléon III (« la peste des pestes »), qui dénonça le premier l'expédition belge au Mexique et que dirigeait un disciple de Proudhon, Odilon Delimal, ne pouvait plaire à Baudelaire (voir John Bartier, *Odilon Delimal (...)*, p. 31-124). Des trois journaux satiriques belges, *L'Espiègle*, le *Sancho* et *Le Grelot* (auxquels, en 1867, se joindra *Le Chérubin*, fondé par des bonapartistes pour répliquer à *L'Espiègle*), c'est, si l'on en croit le nombre de coupures conservées, *L'Espiègle* qui retient le plus l'attention de Baudelaire.

2. Pierre-Étienne Piestre, dit Eugène Cormon, librettiste, auteur de revues, de vaudevilles, d'adaptations pour le théâtre, notamment un *Philippe II* imité de Schiller en 1846, un *Robinson Crusoé* en 1868, et de nombreuses pièces écrites en collaboration.

3. Edouard Lassen, compositeur danois naturalisé belge.

*63*

1. Il s'agit exactement du numéro du 2-3 novembre 1865 (2e page) de *La Gazette belge*, 43, rue des Comédiens, Bruxelles, quotidien, fondé en 1865. Directeur : Adolphe Renaut ; rédacteur en chef : Charles Flor O'Squarr (Charles Flor, dit Flor O'Squarr, 1830-1890, qui publiera, comme Baudelaire aurait voulu le faire, des lettres de Belgique dans le *Figaro*). L'incident raconté semble avoir fait un certain bruit. D'après Jacques Crépet et Claude Pichois, *L'Indépendance belge* des 18 novembre et 23 décembre 1865 révèle que les officiers en question ont été traduits devant un tribunal militaire, et que trois d'entre eux ont été condamnés à dix jours de prison.

*64*

1. L'article découpé figure bien dans le numéro du 5 novembre 1865 de *La Gazette belge* (1re page) ; la fin, que Baudelaire n'a pas

découpée, fait la liaison avec la coupure suivante (65) : « Ce sont là des nouvelles extrêmement graves. Si le *Moniteur* savait quelque chose de plus précis, il rassurerait bien des familles en disant la vérité. Nous ne demandons rien à l'*Écho du Parlement*. Il est entendu qu'il n'a pas d'informations. »

2. À propos de l'expédition belge au Mexique, voir Albert Duchesne, *Au service de Maximilien et de Charlotte : l'expédition des volontaires belges au Mexique (1864-1867)*, Bruxelles, Musée royal de l'Armée et de l'Histoire militaire, 2 tomes, 1967-1968. Duchesne consacre de nombreuses pages à la campagne de presse dirigée en Belgique contre l'envoi d'un corps expéditionnaire au Mexique destiné à protéger l'impératrice Charlotte, fille de Léopold Ier.

3. Le baron Alfred Van der Smissen (1823-1895), lieutenant-colonel commandant la légion belge du Mexique. Il a laissé des *Souvenirs du Mexique* et s'est suicidé à Bruxelles en 1895.

4. La bataille de la Loma, le 16 juillet 1865, fut la revanche de la légion après la défaite de Tacambaro le 11 avril. Van der Smissen, commandant le contingent belge, et le général mexicain Mendez se disputèrent le mérite de cette victoire.

5. Il y eut, d'après Duchesne, à la bataille de Tacambaro, sept officiers tués et cinquante-trois voltigeurs hors de combat dont vingt-cinq tués. Au total des pertes des deux camps, quelque trois cents tués et blessés (Duchesne, *op. cit.*, p. 372 *sqq.*).

*65*

1. L'article figure dans le numéro du 5 novembre 1865 de *La Gazette belge* (1re page), après la coupure précédente : voir la note 64.1

2. Le docteur Léon Wuillot (1838-1912) participa à la bataille de la Loma ; chevalier de l'ordre de la Guadeloupe ; démissionnaire en septembre 1866.

3. Le général Mendez : commandant des forces mexicaines alliées de la légion.

4. La convention (12 mars 1864), puis traité de Miramar (10 avril, à la ratification par le nouvel empereur, Maximilien), signée par Napoléon III et Maximilien, fixe les formes de l'occupation, de la collaboration, et les délais d'évacuation des troupes étrangères au Mexique.

5. Franz, comte de Thun de Hohenstein, général autrichien, commandant le contingent autrichien au Mexique.

6. Bazaine, commandant les troupes françaises.
7. Le général français comte de Potier s'était vanté d'avoir vengé à Huanique la défaite de Tacambaro.

*66*

1. Extrait de *Sancho, Journal du dimanche, Revue des hommes et des choses*, 27, rue Longue-Vie. Le rédacteur en chef était Victor Joly, que Baudelaire a bien connu (voir la note 60.1). La coupure est faite dans un article intitulé « Devoirs du ministère restauré », publié effectivement dans le numéro du 21 août 1864 (2e page). Le succès du ministère libéral, le 11 août, lui rend « une majorité respectable » (le 23 mai 1864, il n'avait plus qu'une voix de majorité, voir note 160-161.1), contre le parti ultramontain, qui veut « modeler la société politique et civile au XIXe siècle sur le patron de la société théocratique du XIIe » et « ramener la société civile actuelle vers les ténèbres, les misères et les oppressions du moyen âge ». Les développements idéologiques de ce journal satirique prennent une tournure propre à attiser la fureur de Baudelaire.

Voici, en entier, le paragraphe où Baudelaire a découpé dix lignes : « Mais, de ce que le pays a repoussé de toutes ses forces ceux qui rêvaient la reconstruction d'une société sur le modèle de celle du XVIIe siècle, alors que, sous le gouvernement abrutissant d'Albert et Isabelle, la Belgique n'était qu'une vaste capucinière, livrée à la misère, à l'oisiveté et aux plus abrutissantes superstitions, s'ensuit-il que le programme du ministère doive consister désormais dans une hostilité systématique, permanente, injuste et dangereuse contre les catholiques, c'est-à-dire cette grande majorité de citoyens qui entoure de ses respects et ses croyances religieuses, et cette Constitution qui sauvegarde les droits de tous [*suit le texte découpé par Baudelaire*]. Si quelques hommes, dans le cabinet actuel, tentaient de pousser les choses jusque-là, nous pensons qu'il en est d'autres qui ne les suivraient pas sur ce terrain dangereux. Ce n'est ni de M. Vandenpeereboom, ni de M. Rogier, ni de quelques autres que viendrait le signal qui mettrait une partie du pays hors la loi, hors le droit et hors la justice. Avec la disparition de la fièvre électorale, qui explique et justifie peut-être bien des choses, seront tombées sans doute aussi toutes ces haines qui, il y a quelques jours, formulaient de si étranges programmes. La sagesse du cabinet actuel va consister désormais à savoir résister aux passions exclusives de quelques-uns des membres de la majorité qui mettraient demain le pays à deux doigts de la perte, si l'on suivait leurs conseils. Il faut en finir avec l'intolérance rationaliste, comme avec l'intolérance cléricale ; tout citoyen, quelles que soient ses croyances religieuses ou philosophiques, a droit, s'il accepte et respecte la Constitution belge, à la justice et à l'impartialité du pouvoir, et ce serait une faute grosse de périls que de penser que l'on peut gouverner un pays au nom des doctrines rationalistes dont l'État ferait son *credo* politique ; agir ainsi, serait donner raison à cette école rétrograde du *Monde* et du *Bien public*, qui rêve de reconstituer la société, en remplaçant la Constitution belge par le catéchisme de Malines ou par les décrétales des papes. »

2. François Laurent (1810-1887), professeur à l'université de Gand.

*67*

1. Extrait de *La Gazette belge* du 23 septembre 1865 (3e page, dans la chronique « Faits divers »).

*68*

1. Extrait de l'*Écho de Bruxelles*, 17, rue des Sables, Bruxelles, quotidien fondé en 1842 et qui a le même éditeur que *L'Indépendance belge*. La date inscrite par Baudelaire est fausse, à un jour près : l'article est découpé dans le numéro du 4 août 1864 (3e page).

*72*

1. Extrait du *Sancho*, 14 mai 1865. Le premier article est probablement de Victor Joly, comme l'indique la note de Baudelaire relevant les « accusations très légitimes contre l'esprit de singerie belge » et dont il reprend le propos au fr 148. Le conseil communal de Bruxelles avait refusé qu'une inscription en flamand figurât sur le monument, élevé dans les jardins du Petit Sablon, à la mémoire des comtes d'Egmont et de Hornes, victimes de la répression espagnole, sous Philippe II, martyrs nationaux. Le 9 mai, un député catholique, De Laet, avait interpellé le ministre de l'Intérieur au sujet de ce refus, se fondant sur le fait que l'État avait largement contribué à l'érection du monument et soutenant que « Bruxelles, en sa qualité de capitale, est tenue de faire usage, en cette circonstance, des deux langues usitées en Belgique » (Louis Hymans, *Histoire parlementaire de la Belgique de 1831 à 1880*, Bruxelles, Bruylant-Christophe, tome IV (*1860-1870*), 1880).

Comme l'indique l'article de Joly, De Laet fut relayé par d'autres députés conservateurs, en particulier Jean-Baptiste Coomans, dont on retrouvera le nom, député depuis 1848, l'un des principaux chefs du parti ultramontain, et directeur d'un journal important, *La Paix* (voir les coupures des f$^{ts}$ 149, 172, 210 et 228) et par Barthélemy Dumortier, député ultramontain de Tournai, homme de science, présent déjà sur la scène politique en 1830.

6. MŒURS

73

1. « Quant à la conversation, ce grand, cet unique plaisir d'un être spirituel, vous pourriez parcourir la Belgique en tous sens sans trouver une âme qui parle » (à Ancelle, 13 octobre 1864).

2. Cf. *Le Mot du Cuvier*, dans les *Amœnitates Belgicæ. Mollusques*, à cause de la paresse (cf les f$^{ts}$ 107 et 108 ; *Mon cœur mis à nu*, f$^{t}$ 15 et *Les Foules*, dans les *Petits poèmes en prose*, où « le paresseux » est « interné comme un mollusque »). Quant au mot *singe*, magnifique anagramme de *signe*, qu'on trouvait dans l'énumération des titres au f$^{t}$ 3 et qui renvoie le Belge en deçà du stade du miroir, il désigne la propension à l'imitation et à la contrefaçon (voir la note 73.3). Roger Kempf l'interprète comme plus synthétique encore, signifiant à la fois uniformité, agrégation, contrefaçon (« Un sinistre amphibie », p. 19-20). On lit certes, dans les *Maximes et pensées* de Chamfort, n° 474 : « Le caractère naturel du Français est composé des qualités du singe et du chien couchant », mais l'intention de Baudelaire est de réduire le Belge à l'animalité : à propos de « l'impression *personnelle* » d'un Belge, Chorner, sur Manet, Baudelaire fait cette réserve sur l'adjectif qu'il vient d'utiliser : « autant du moins qu'un Belge puisse être considéré comme *une personne* » (lettre à Manet, 11 mai 1865).

3. Le mot *contrefaçon* qui revient plus loin, dans le même sommaire, eût sans doute été le mot le plus important du pamphlet ; on le retrouvera à propos du républicanisme belge, « contrefaçon du Jacobinisme » (f$^{t}$ 203, sommaire du chap. 19) ; à propos de « l'impiété belge », « contrefaçon de l'impiété française » (f$^{t}$ 187) ; un ajout de l'*argument* par rapport au sommaire (f$^{t}$ 51) du chap. 4 désigne les prostituées belges comme des « contrefaçons de biches françaises » (f$^{t}$ 353). Voir le f$^{t}$ 32 et la préface p. 36. Au XIX$^{e}$ siècle, la contrefaçon belge a un sens bien particulier : c'est la réédition en Belgique de publications françaises, sans respect de ce qu'on

appelle aujourd'hui le copyright (voir Herman Dopp, *La Contrefaçon des livres français en Belgique (1815-1852)*, Université de Louvain, 1932 ; Gustave Charlier, « Un épisode de l'histoire du romantisme en Belgique : la querelle de la contrefaçon », *Bulletin de l'Académie royale de langue et littérature françaises* [*de Belgique*], tome XXXV, 1957 ; et John Bartier, « Au temps de Léopold I^er^ : Bruxelles, centre littéraire international », p. 32-36). Le thème de l'imitation, de la réplique, s'est rapidement affirmé pour devenir un cliché du voyageur en Belgique. Claude Pichois cite, entre autres, Roger de Beauvoir et Théophile Thoré (*L'Image de la Belgique dans les lettres françaises de 1830 à 1870*, p. 35 et 38). Gustave Charlier citait déjà, en 1947, la baronne de Montaran, écrivant à propos du Belge que « son opinion, comme ses idées, comme son langage, comme ses écrits, ne sont que la contrefaçon de ce qui se passe chez ses voisins » (*La Clef des champs (...)*, 1853, p. 209 ; Charlier, *Passages*, p. 180). Le thème apparaît même en manière d'autocritique dans la presse ou la littérature belges. Charlier cite un article du *Courrier de Bruxelles*, du 1^er^ mai 1864 (contemporain, donc, de l'installation de Baudelaire à Bruxelles), à propos de la capitale belge : « Ce n'est plus la vieille ville flamande (...). C'est une cité hybride, cherchant à se former, empruntant à Londres ses squares, à Paris ses cocottes et son bagout, cherchant partout des modèles à reproduire, et n'offrant à l'examen que des reproductions en petit, plus ou moins réussies » (Charlier, *op. cit.*, p. 181). Cette définition des Belges était si bien devenue un lieu commun qu'ils apparaissent comme des « Français contrefaits » dans le *Dictionnaire des idées reçues* de Flaubert.

4. Eugène de Valbezen fut consul général de France à Anvers de 1857 à 1862. On ne sait de quelle « histoire » (« mésaventures » dans l'*argument*) il s'agit (voir également f^t^ 84) (C. P.).

76

1. Cf. *La Civilisation belge*, dans les *Amœnitates Belgicæ*.

77

1. Voir la coupure de presse du f^t^ 63

79

1. D'après Malassis (lettre à Champfleury, 24 août 1860), Baudelaire a porté « des bagues en fer par-dessus des gants améthyste » (C.P.).

80

1. « Chacun dit ici : “ *Je monterai avec Nadar* ” (ces gens-là suppriment le “ Monsieur ”, la familiarité étant le fait des brutes et des provinciaux) » (lettre à Nadar, 30 août 1864).

2. Quartier populaire de Bruxelles, où l'on parle le marollien, dialecte hybride. Camille Lemonnier le décrit, à l'époque, comme « une Cour des Miracles où fourmillaient les mendigots, les musiciens nomades, les truands riches en plaies et tous les aveugles de la Parabole » (C.P).

85

1. Cf. le f^t^ 29 et *Les Belges et la lune* dans les *Amœnitates Belgicæ.* Voir aussi la note 29.1.

86

1. Voir la note 23.2.

87

1. Cf. *Une Béotie belge* dans les *Amœnitates Belgicæ.* Poperinghe est une petite localité de la Flandre occidentale, près d'Ypres.

7. MŒURS. BRUXELLES

90-90^bis^

1. « J'ai passé ici pour *agent de police (c'est bien fait !)* (grâce à ce bel article que j'ai écrit sur le banquet shakespearien), — pour *pédéraste* (c'est moi-même qui ai répandu ce bruit ; et *on m'a cru !*), ensuite j'ai passé pour un *correcteur d'épreuves,* envoyé de Paris pour corriger des épreuves d'*ouvrages infâmes. Exaspéré d'être toujours cru,* j'ai répandu le bruit que j'avais *tué* mon père, et que *je l'avais mangé ;* que, d'ailleurs, si on m'avait permis de me sauver de France, c'était à cause des services que je rendais à la police française, ET ON M'A CRU ! *Je nage dans le déshonneur comme un poisson dans l'eau* » (lettre à Mme Meurice, le 3 janvier 1865). La première calomnie, en effet, semble être liée aux amis d'Hugo. Le 10 juin 1864, Baudelaire écrivait à Ancelle, à qui il en avait déjà parlé le 27 mai : « Le bruit répandu contre moi par la bande de V.H. est une infamie dont je me vengerai. *Il paraît* que j'appartiens *à la police française.* Et il y a des gens ici pour le croire ! » Cf. *À une heure du matin* (*Petits poèmes en prose*), où le

narrateur, « récapitul[ant] la journée », s'accuse du « délit de fanfaronnade » : « m'être vanté (pourquoi ?) de plusieurs vilaines actions que je n'ai jamais commises, et avoir lâchement nié quelques autres méfaits que j'ai accomplis avec joie ».

91

1. Voir *Fusées*, f[r] 5.

93

1. Arthur Stevens, marchand de tableaux, frère d'Alfred Stevens, peintre des élégances parisiennes et de Joseph Stevens, peintre des chiens. Belge ayant subi l'attrait de Paris, Arthur Stevens devint notamment l'ami de Millet et fit connaître en France les œuvres de ses frères, et d'Henri Leys que Baudelaire ne dédaigne pas (f[r] 259). À son sujet, Baudelaire écrit à Nadar le 30 août 1864 : « [il] passe en France pour le Roi des Belges, et en Belgique pour l'Empereur des Français, et naturellement, se vante de faire exécuter sa volonté dans ces deux pays ». Arthur Stevens, « qui croit que toutes les femmes se sont jetées à sa tête » (lettre à Mme Meurice du 18 février 1865), représente, individuellement et sur un autre plan, le complexe que Baudelaire observe dans le désir que la Belgique attribue à la France de vouloir l'annexer. Stevens a habité l'hôtel du Grand Miroir ; il s'y trouve en tout cas en décembre 1866, après la mort de Baudelaire (d'après une lettre de Malassis à Asselineau du 12 décembre). C'est Arthur Stevens qui fera, avec Baudelaire et Mme Aupick, le voyage à Paris fin juin 1866. Pourtant, Baudelaire, qui connaissait les Stevens avant d'arriver à Bruxelles, ne semble pas, à certains moments, les estimer beaucoup. On imagine que c'est avec malice qu'il parle du « *grand Alfred* », l'un des frères, à Lejosne le 28 septembre 1865 (voir le f[r] [5], p. 315) et qu'il raconte à Malassis, le 1er octobre, qu' « Arthur pense qu'*on a bien raison de surveiller les étrangers* » ; quant au troisième, Joseph, voir le f[r] 262 et la note 262.2.

95

1. Voir l'extrait cité en note 90-90[bis].1 de la lettre du 3 janvier 1865 à Mme Meurice.

## 8. BRUXELLES. MŒURS

96

1. Voir le f[r] 333.

97

1. Ce « Belge » est sans doute « l'homme de Tournai » que l'on retrouvera dans *L'Esprit conforme* des *Amœnitates Belgicæ* et d'une des *Bouffonneries* des *Épaves (À M. Eugène Fromentin, à propos d'un importun qui se disait son ami)* (C.P.).

99

1. Charles-Nicolas Van der Noot (1735-1827), président du pouvoir exécutif belge après la libération du joug autrichien (1790) ; autoritaire et impopulaire (C.P.).
2. Voir les fts 229 et 357.

9. BRUXELLES. MŒURS

102

1. Voir le ft 106.

103

1. Voir la note 22.3, p. 632.
2. Voir les fts 42 et 57.

104

1. On ne les a pas retrouvées.
2. Allusion à un poème de Pierre Dupont, *Les Bœufs* (*Chants et chansons*, 1851-1854 ; voir note 42.1).
3. Voir le ft 49.
4. Voir le ft 23 et la note 23.3.

105

1. On a aussi attribué ce mot à Joseph de Maistre et au prince de Ligne (C.P.).
2. Baudelaire songe probablement surtout à Sasonoff, correspondant de journaux russes à Paris (C.P.).

106

1. Voir le ft 51.
2. Voir la lettre à Mme Aupick du 8 août 1864, citée ci-dessous à la note 234.1.
3. Cf. *Mon cœur mis à nu*, ft 62.
4. Deux fontaines à proximité de la Grand'Place de Bruxelles, *Le Cracheur* et le *Mannekenpis ;* ce dernier, le monument le plus visité

de Bruxelles aujourd'hui, le « poupon obscène » comme l'appelait Huysmans (« La Grand'Place de Bruxelles »), est l'œuvre de Duquesnoy père, sculptée en 1619 ; une inscription, qui fait allusion au combat de l'eau et du feu, célèbre la résistance du petit homme aux bombardements de Villeroi en 1695.

### 10. BRUXELLES. MŒURS

#### 108

1. Cf. « la paresseuse Belgique », dans *Les Bons Chiens* (*Petits poèmes en prose*), dans une acception moins malveillante. Ce mot de *paresseux* oscille entre un sens accusateur (les progressistes, ou les Belges, confondus sous l'angle de la paresse, au f[t] 15 de *Mon cœur mis à nu*, ou Voltaire, qui a la paresse d'affronter le mystère, au f[t] 30) et un sens réflexif, auto-accusateur, un sens qu'on pourrait dire hygiénique (voir ci-dessous, f[t] 282).

#### 109

1. L'accident s'est produit le 10 novembre 1865. Les recherches ont abouti le 25. *L'Indépendance belge* (14-16, 19 et 22 novembre) s'indigne de la lenteur. Une souscription avait été ouverte, la Maison du roi avait paré aux besoins des orphelins (C.P.).

2. « Qui est-ce d'entre vous qui, voyant son âne ou son bœuf tombé dans un puits, ne l'en retire pas aussitôt, le jour même du sabbat ? » (*Évangile selon saint Luc*, XIV, 5) (C.P.).

#### 110

1. Baudelaire, durant son séjour en Belgique, se plaint amèrement des services postaux belges : à Simon-Raçon le 18 juin 1864, à Mme Aupick le 8 août, à Ancelle le 2 septembre, auprès de qui il dénonce « *une loi postale absurde* » qui le gêne en particulier pour la réception des lettres chargées (« Ici la poste ne dépose pas les lettres chargées dans les hôtels garnis », écrit-il à Ancelle le 18 novembre 1864), surtout quand elles contiennent des épreuves que lui expédie Michel Lévy. À partir de la fin du mois d'avril 1865, il recommande à ses correspondants de ne pas indiquer « Hôtel du Grand Miroir » sur l'enveloppe, mais simplement « 28, rue de la Montagne », parce que la mention d'un hôtel contraint le destinataire à se déplacer au bureau avec des papiers d'identité. Il en avertit sa mère le 4 mai. Auprès d'Ancelle, il insiste d'une telle

manière (les 18 avril, 2 et 28 juin, 1er juillet et 9 août) que l'on peut croire que le bon notaire omettait de suivre cet avis.

111

1. Selon Jacques Crépet et Claude Pichois, la pudeur du télégraphe, refusant une dépêche où figurent les mots : *Je vous embrasse* (ft 338) fait pendant à la pudeur de *L'Espiègle* (voir le ft 152), protestant contre la promiscuité des filles et des femmes.

2. À gauche, les recettes espérées ; à droite les dettes : Gervais Charpentier est le directeur de la *Revue nationale*, où Baudelaire voulait publier des poèmes en prose ; Hippolyte Cartier de Villemessant dirige le *Figaro ;* Baudelaire lui a proposé de publier une série de *Lettres belges ;* l'hôtel est celui du Grand Miroir, où habite Baudelaire ; Jousset est le propriétaire de l'hôtel de Dieppe, rue d'Amsterdam à Paris, où le poète habitait avant d'arriver à Bruxelles ; Jeanne : Jeanne Duval (C.P.).

11. MŒURS. BRUXELLES

112

1. Jefferson Davis, président des États confédérés pendant la guerre de Sécession ; capturé le 10 mai 1865 (élément de datation possible de ce feuillet) (C.P.).

2. Voir les fts 89 et 90bis.

115

1. « Quelle hâte de présumer le bas motif ! En Angleterre certains patriotes, pendant des années, se sont évertués à créer un mouvement d'opinion pour battre en brèche la loi des céréales et aboutir au libre-échange. “ Bon ! dit l'homme de la rue. Cobden en a tiré un bon salaire ! ” Kossuth a traversé l'Océan pour voir s'il pourrait gagner le nouveau monde à la cause de la liberté en Europe. “ Oui-da, dit New York, il a fait là une jolie affaire, suffisante pour le mettre à l'aise sa vie entière ! ” » Emerson, *The Conduct of Life*, chap. « Worship » (C.P.).

2. Est-ce à propos de l'entrée de Liszt chez les Lazaristes en mai 1865, certains lui ayant attribué de mauvaises raisons ? (C.P.)

117

1. Cf. *Mon cœur mis à nu*, ft 54.

2. Voir le ft 331.

118

1. Voir les f^ts 336 et 337.

119

1. Jacques Crépet et Claude Pichois proposent deux explications : 1. L'État belge avait acheté une esquisse de Delacroix pour le plafond de la galerie d'Apollon au Louvre (*La Petite Revue*, 21 octobre 1865) ; Alfred Stevens, lié à Baudelaire, avait été mêlé à cette acquisition. 2. Au cours de son voyage en Belgique, en 1850, Delacroix, pour obtenir le droit de dessiner dans les églises, avait été, note-t-il dans son *Journal*, « la providence des bedeaux » (C.P.).

120

1. Robert Kopp (éd. des *Petits poèmes en prose*, 1969, p. 214-215) observe que l'expression « tyrannie de la face humaine », vient de De Quincey, traduite en ces termes par Baudelaire dans *Les Paradis artificiels* et reprise dans un poème en prose (*À une heure du matin*) ; *face* et *race* reviennent très fréquemment sous la plume de l' « atrabilaire » et, dans une lettre à sa mère du 10 août 1862, Baudelaire parle de son instinctive « horreur de la face humaine ».

2. Voir *Mon cœur mis à nu*, f^t 43, où Mme Muller figure déjà comme exemple de beauté incomprise et la note 43.2, où est citée une lettre à Sainte-Beuve où Baudelaire parle de M. Muller. On retrouve le nom de Muller au verso des f^ts 170 et 218 parmi les coupures de presse.

## 12. MŒURS

121

1. Huysmans opposera la propreté hollandaise à la « propreté belge, qui n'est qu'un mythe » (« En Hollande », *Musée des Deux Mondes*, 15 février 1877 ; repris dans *Huysmans*, *Cahier de l'Herne*, n° 47, 1985, p. 354).

122

1. De grands travaux d'assainissement de la rivière coulant à Bruxelles furent entrepris durant le séjour de Baudelaire, en 1865, et se poursuivirent jusqu'en 1868. Cf. *Une eau salutaire* et *La Nymphe de la Senne* dans les *Amœnitates Belgicæ*.

123

1. « En Flandre l'on ne se lave la figure qu'une fois par semaine, mais en revanche les planchers sont échaudés et grattés à vif deux fois par jour » (Gautier, *La Toison d'or*; cité par Claude Pichois, *L'Image de la Belgique dans les lettres françaises de 1830 à 1870*, p. 33). Victor Hugo relève le même contraste de la propreté du trottoir et de la saleté du corps : « Quant à la propreté flamande, voici ce que c'est : toute la journée, toutes les habitantes, servantes et maîtresses, duègnes et jeunes filles, sont occupées à nettoyer les habitations. Or, à force de lessiver, de savonner, de fourbir, de brosser, de peigner, d'éponger, de tripoliser, de curer et de récurer, il arrive que toute la crasse des choses lavées passe aux choses vivantes, d'où il suit que la Belgique est le pays du monde où les maisons sont les plus propres et les femmes les plus sales » (lettre à sa femme, 18 août 1837, publiée dans *France et Belgique* en 1892) (C.P.). Cf. aussi le f[t] 24 et *La propreté des demoiselles belges* dans les *Amœnitates Belgicæ.*

124

1. Voir le f[t] 211.

13. DIVERTISSEMENTS BELGES

125

1. La Johannisberger Kapelle, qui s'était produite en 1864, durant l'été, au théâtre du Boulevard à Bruxelles (C.P.).

126

1. *L'Office de publicité*, journal de la rue Montagne de la Cour. Voir le f[t] 158, et la copie d'une coupure de presse du journal au f[t] 159.

128

1. Cf. *Au concert à Bruxelles* dans les *Amœnitates Belgicæ.*

129

1. *La Louve* est le nom d'une maison de la Grand'Place de Bruxelles, la seule restée debout après les bombardements de Villeroi en 1695. Voir le f[t] 280-281, parmi les coupures de presse et autres documents.

2. Jeu de mots sur les pots-pourris musicaux, en vogue à l'époque d'Offenbach (C.P.).

3. Cf. *Au concert à Bruxelles* dans les *Amœnitates Belgicæ.*

4. *La Reine Crinoline ou le Royaume des femmes*, pièce d'Hippolyte Cogniard, jouée à Paris en octobre 1862, reprise en avril 1865, ce que Baudelaire avait peut-être appris par *L'Indépendance belge* (C.P.).

5. Allusion à son état de solitude (voir la lettre à Ancelle du 21 décembre 1865) (C.P.).

131

1. Entendu peut-être au cours d'un enterrement en musique de libre penseur (C.P.).

132

1. Voir les f[ts] 302-303 et 333.

14. ENSEIGNEMENT

133

1. Voir la lettre à Ancelle du 13 novembre 1864 : « J'ai tâché d'utiliser ce dernier mois en entrant plus avant dans certaines questions (par exemple, *l'instruction publique*), et j'ai fait les découvertes les plus drôles. Napoléon Ier, Louis Philippe, et surtout le sieur Duruy (*qui veut faire de la France une Belgique*) règnent encore ici. » Pourtant le chapitre sur l'enseignement apparaît particulièrement maigre : sauf feuillets égarés, il n'y en a que deux. On en trouve peut-être l'explication dans une autre lettre à Ancelle, écrite cinq jours plus tard, le 18 novembre : « Vous me parlez de *l'instruction publique belge.* J'ai fait des efforts pour comprendre cette organisation, et je n'ai pas pu y réussir. Tout ce que j'ai clairement compris, c'est que les études littéraires étaient détestables, et que les jeunes gens recevaient en général une meilleure instruction scientifique. Pas de latin. Pas de philosophie. Beaucoup de sciences physiques. C'est ce que j'appelle *la sottise moderne, l'école Duruy.* »

2. Joseph Hannon (1822-1870) succéda à l'historien Jean-Jacques Altmeyer (1804-1877) comme recteur (président) de l'Université libre de Bruxelles en 1864. Altmeyer, ami de Proudhon, spécialiste de la Renaissance, avait été doyen de la faculté de philosophie et lettres de 1849 à 1856 et le redevint après son

rectorat (1864-1866), de même qu'Hannon, recteur de 1864 à 1865, doyen de la faculté des sciences de 1865 à 1867. Les deux noms figurant côte à côte, on peut se demander si Baudelaire ne fait pas allusion aux discours prononcés lors de la passation des pouvoirs, à la rentrée académique de 1864.

134

1. Pourquoi La Bruyère ? Un paragraphe de *La Solitude* (*Petits poèmes en prose*) cite un passage des *Caractères :* « Ce grand malheur de ne pouvoir être seul !... ». Or une note accompagnant la quatrième version de ce poème indique, à La Bruyère : « Auteur français, très méprisé en Belgique » (C.P.). Est-ce pour son goût de la solitude, inadéquat au penchant belge pour les sociétés ?

### 15. LA LANGUE FRANÇAISE EN BELGIQUE

135

1. Les observations linguistiques de Baudelaire à Bruxelles n'ont jusqu'ici guère retenu l'attention. J'ai consulté deux linguistes, Jacques Pohl et Jean-Pierre Chambon, que je remercie d'avoir bien voulu guider et corriger mes propres interprétations. La sagacité de Baudelaire s'exerce principalement sur les belgicismes lexicaux. On les trouve clairsemés, avec quelques répétitions, entre les feuillets 136 et 150, et rassemblés dans trois feuillets : le sommaire et les f^ts 147 et 150, tous deux intitulés « Locutions belges », le premier de la main de Baudelaire, le second constitué d'une coupure de journal. Les auteurs de *Bons usages* qui font aujourd'hui autorité sont des Belges, et avant même que la Belgique existât comme nation, des manuels avaient été publiés sur le modèle que donne Baudelaire au f^t 147 : « Ne dites pas... mais dites... ». Ainsi celui de [Poyart], intitulé *Flandricismes, wallonismes et expressions impropres dans la langue française, ouvrage dans lequel on indique les fautes que commettent fréquemment les Belges en parlant l'idiome français ou en l'écrivant* (...), Bruxelles, Rampelbergh, 2^e éd. 1811 (la 1^re éd. est de 1806), où l'on trouve la plupart des incorrections relevées par Baudelaire ou apparaissant dans la coupure du f^t 150 : *une fois ; venir avec ; savoir* pour « pouvoir » ; *sur* pour « dans » ; *se rappeler de ; parler quelqu'un ; goûter* pour « être agréable, plaire » ; *savez-vous* à la fin d'une phrase ; *sûr* pour « sûrement », et même *calvacade* pour *cavalcade.* Si l'on consulte le *Nouveau dictionnaire des difficultés du français moderne* de Joseph Hanse

(1983), on les retrouvera pratiquement toutes, ce qui veut dire qu'elles ne sont pas mortes, et même qu'elles ont gagné du terrain, débordant de la Belgique, le grammairien pouvant citer un *Viens-tu avec ?* de Maurice Genevoix, et ne trouvant plus nécessaire d'indiquer que *se rappeler de* est un belgicisme tant il est devenu d'un français courant. Le volumineux ouvrage de référence sur le sujet, celui d'Hugo Baetens Beardsmore, *Le Français régional de Bruxelles,* ne signale d'ailleurs de la liste de Baudelaire que les classiques *goûter* aux sens d' « avoir le goût de », « avoir un bon goût » et « plaire au goût » (p. 419), et *savoir* pour « pouvoir » (p. 421). La langue évolue : des incorrections telles que *acceptation* ou *se rappeler de* ne sont plus, si elles l'étaient, exclusivement belges ; des néologismes d'hier comme *majorer* et *majoration* se sont largement répandus. Mais déjà, en observant la collecte de Baudelaire, la question se pose de savoir ce qui est proprement, exclusivement belge. Baudelaire a pu percevoir certains faits comme des belgicismes parce qu'à Paris il n'est pas en contact avec ceux qui les utilisent ; *se rappeler de* en est un exemple, un fait de variation non pas diatopique mais, à l'époque de Baudelaire, diastratique. Le mot *belgicisme* existe depuis 1811 (attesté dans la 2e éd. du livre de Poyart, cité ci-dessus) et la conscience d'une particularité de la langue française de Belgique, inséparable d'un désir de la normaliser, est bien antérieure à Baudelaire et lui survit largement. John Bartier, dans son article sur « Bruxelles vue par les étrangers » (p. 418), cite l'explication pittoresque de Jean Fayard dans son livre sur *Bruxelles* (Émile-Paul, 1928, p. 70) : « Le vocabulaire des Belges qui parlent français est imprévu. Il semble que ce langage, pour former sa terminologie, ait pris un dictionnaire français dont les pages auraient été déchirées, puis recollées avec un léger décalage de deux ou trois lignes. Ainsi tous les mots sont employés dans une acception un peu différente de leur sens français. » D'autres voyageurs cités par Bartier parlent de « patois », de « jargon dur et bizarre, composé informe de français, d'allemand et de hollandais » (art. cit., p. 417). Jacques Pohl propose de distribuer les « locutions » recueillies par Baudelaire en trois catégories : 1. les belgicismes proprement dits, expressions étrangères à l'usage français, en l'occurrence principalement des flandricismes tels que *sur ma chambre* ou *une fois* dans le sens de « donc », « un peu » (Hanse les définit tous deux, aussi, comme des flandricismes) ; et des usages dont l'origine germanique est moins établie tels que *venir avec* ou *goûter* dans le sens de « plaire au goût », « avoir le goût de », « aimer », qui est un des belgicismes les plus authentiques, sans qu'on puisse assurer qu'il se soit formé sur le modèle du flamand (*smaken*) ; notons qu'on ne trouve pratiquement pas de wallonisme dans la collecte de Baudelaire, qui ne s'est guère éloigné de Bruxelles ; 2. des expressions qui sont soit plus fréquentes en Belgique qu'en France (c'est le cas de *savez-vous* en fin de phrase ou de *poser un acte* : voir la note 148.1), soit répandues dans une zone septentrionale, qui comprend la Belgique mais qui en déborde (c'est le cas de *venir avec* ; de *savoir* pour « pouvoir », qu'on entend aussi en Lorraine et en Picardie) ; 3. des expressions qui n'ont rien de proprement belge, lapsus, paronymies, métathèses, confusions diverses qui peuvent, a priori, germer dans n'importe quelle zone linguistique (*calvacade ; acceptation ; potographie ; divagation* et *hydrophobie* pour « rage » ; *autriche ; pourreriez ; hopitalmie* pour « ophtalmie ») ; bien sûr pour cette catégorie, la plus intéressante, il resterait à expliquer, étant donné leur particularité remarquable, pourquoi c'est à Bruxelles que Baudelaire, qui ne les a pas inventées, les a entendues. Bruxelles, plus provinciale à cette époque — Baudelaire le montre assez —, était alors plus bilingue qu'aujourd'hui. D'où, peut-être, certains types de déformations. Il faudrait étudier attentivement chaque fait, tel que la contagion opérée par *hôpital* pour donner *hopitalmie*, selon le mécanisme de formation d'un « mot-valise » ; ou la transformation que l'on trouve dans deux cas, *hopitalmie* et *potographie*, de la labiale sourde spirante (*f*) en labiale occlusive (*p*), peut-être à la faveur d'une confusion orthographique (*p-ph-f*) et du caractère savant de mots comme *ophtalmie*, ou même *photographie*, qui n'est pas à l'époque un mot très ancien. Baudelaire ne mentionne pas deux faits de langue marquants, le patois brabançon d'une part, encore très vivant à Bruxelles dans les années 1860, l'accent bruxellois d'autre part, « d'un comique étrangement sinistre » dira Octave Mirbeau (*La 628-E8*, p. 68) et qui inflige en tout cas à la langue française une scansion qui lui est étrangère, et contribue à lui donner ce caractère hybride que Baudelaire ne manque pas d'observer à d'autres points de vue. Il ne semble pas non plus avoir été attentif, au point de les relever, aux fautes de syntaxe, ayant une fois pour toutes décidé que les Belges ne savaient pas construire une phrase (voir la note 135.2). On le voit pourtant souligner trois fois sur la coupure de presse du f[r] 217 un *en* qui n'a pas d'antécédent logique, ou plutôt qui a un antécédent illogique : « Je demande le rappel à l'ordre, parce que

M. Dumortier en abuse » (M. Dumortier abusant de l'interruption de la parole des autres orateurs et non du rappel à l'ordre, évidemment). En revanche, son attention pour le lexique belge ou bruxellois semble avoir été très réelle et Hippolyte Babou a pu revenir d'une visite qu'il avait faite au poète à Bruxelles en révélant que celui-ci préparait un « dictionnaire franco-belge » (voir la coupure de presse du f[t] 150 et la note 150.1).

2. « Les ministres, les députés, les hommes chargés des affaires les plus graves, ne savent ni le sens des mots, ni l'orthographe, ni la construction logique d'une phrase française ou latine » (lettre à Ancelle, 13 novembre 1864). Cf. aussi *Les Panégyriques du roi* dans les *Amœnitates Belgicæ*.

136

1. *Essetançonner* pour *estançonner*, par insertion, typiquement bruxelloise, d'un *e* de soutien (svarabhaktique), scindant un groupe de deux consonnes (voir Hugo Baetens Beardsmore, *Le Français régional de Bruxelles*, p. 74-75, qui donne d'autres exemples).

2. Pierre-Théodore Verhaegen (1796-1862), fondateur en 1834 de l'Université libre de Bruxelles, député libéral, dont le testament léguait à la ville de Bruxelles une somme considérable destinée à l'enseignement supérieur. (Voir John Bartier, *Laïcité et franc-maçonnerie :* « L'Université de Bruxelles au temps de Théodore Verhaegen », p. 13-71 et « Théodore Verhaegen, la franc-maçonnerie et les sociétés politiques », p. 75-159).

137

1. Des œuvres de Kaulbach illustrant *Werther*, exposées en octobre 1864 (C.P.). Voir le f[t] 266 et la note 266.5.

138

1. Probablement Ernest Reyer, musicien que Baudelaire avait dû rencontrer chez Mme Sabatier (C.P.).

139

1. Voir la note 270.1.

2. Rue du centre de Bruxelles, où il n'y a plus de trace de ce « perroquet ».

140

1. Baudelaire observe l'inconséquence du tutoiement et d'un vocatif qui voudrait normalement la deuxième personne de poli-

tesse (« Madame », « Monsieur »), très courant dans les parlers populaires. Hugo Baetens Beardsmore (*Le Français régional de Bruxelles*, p. 219-220) note à Bruxelles « la tendance à neutraliser l'accord du verbe en le mettant à la troisième personne, le plus souvent à la troisième personne du singulier, quel que soit le sujet ». C'est sans doute cette perception uniforme de la personne que Baudelaire relève ici, en adoptant une graphie qui ne correspond pas à une prononciation différente, comme si le locuteur incriminé ne concevait pas l'usage des première et seconde personnes et parlait de lui-même, à la manière d'un petit enfant, à la troisième personne. L'intention de Baudelaire est nette, en tout cas, puisqu'il surcharge le *s* de *je te fais* par un *t*.

141

1. Il est question de *L'Office de publicité* aux f[ts] 126 et 158.
2. Arthur Stevens ; voir le f[t] 93 et la note 93.1.
3. « Pour le rafraîchissement de son âme ». Exemple de latin douteux qui, si on le met en rapport avec la ligne suivante, devrait se trouver dans l'*Histoire de la ville de Bruxelles* de Wauters, mais ne s'y trouve pas (C.P.).
4. Louis David, peintre de la Révolution et de l'Empire, s'était exilé, sous la Restauration, à Bruxelles, où il est mort en 1825 et où il fut enterré. Baudelaire, qui avait critiqué l'école académique, dont David était considéré comme le fondateur, dans son premier *Salon*, en 1845, avait aussitôt rectifié le tir en faisant dans son compte rendu de l'exposition consacrée à David et à Ingres au *Musée classique du Bazar Bonne-Nouvelle*, publié dans *Le Corsaire-Satan* le 21 janvier 1846, un vif éloge des deux peintres, décrivant en particulier, dans une page admirable, le *Marat* dans sa baignoire dont le musée d'Art ancien de Bruxelles conserve la version considérée comme la plus authentique.
5. Jean-Baptiste Cavaignac (1762-1829), le conventionnel, enterré à Bruxelles (C.P.).

143

1. Proudhon, qui avait dans un article invité en plaisantant Napoléon III à annexer la Belgique en septembre 1862, avait dû quitter le royaume. « Il semble que Baudelaire voulait ici donner à entendre que, lors des manifestations qui se produisirent sous ses fenêtres, Proudhon (...) n'avait plus trouvé d'amis », commentent Jacques Crépet et Claude Pichois. Voir les notes 155.4 et 195.3.

144

1. L'une des deux filles d'Altmeyer (voir la note 133.2), Caroline, que le révolutionnaire français Gustave Flourens a demandée en mariage le 15 mai 1865 (précision due à M. Jean Stengers).

2. Allusion à la rencontre de Mme de Staël avec Fichte, à qui le futur auteur de *De l'Allemagne* aurait demandé de lui résumer en un quart d'heure sa pensée, l'aurait interrompu et plaisanté en comparant son système à une aventure du baron Münchhausen. Les deux lignes se rapportent l'une à l'autre : Mlle Altmeyer a « collé » Proudhon, comme Mme de Staël a collé Fichte (C.P.).

3. Mauvais latin : « les cochons (*sues*) ne l'ont pas reconnu », pour « les siens (*sui*) ne l'ont pas reconnu » (P.). Allusion au début de l'*Évangile selon saint Jean* (I, 11).

145-146

1. Maladies *confidentielles :* la même expression apparaît dans la légende d'une gravure de Rops (C.P.). Elle ne semble plus attestée aujourd'hui. De même que beaucoup d'incorrections ou de particularités, elle est formée comme une figure, en l'occurrence une variante de la métonymie (« confidence », pour « secret »), à rapprocher des euphémismes d'usage : « maladie honteuse », « coup de pied de Vénus », « être poivré ».

2. Antiphrase !

147

1. Peut-être Baudelaire a-t-il trouvé *Les Omnibus du langage, fautes contre la langue signalées par l'Académie et les grammairiens* (Bruxelles, 1861) (C.P.), ou *Les Belgicismes ou les vices de langage et de prononciation les plus courants en Belgique, corrigés d'après l'Académie et les meilleurs écrivains*, de J. Benoit (Anvers, 1857), ou les *Omnibus du langage*, de Lévy (Bruxelles, 1843, 23e éd.).

148

1. Voir la coupure de presse du fr 149. « Personne ne conteste la validité des expressions *poser une question*, *un problème* (à côté de *faire problème*), *cela posé*, *poser sa candidature*. On a dénoncé comme un belgicisme *poser un acte*, qui n'est pas plus anormal que *poser sa candidature*. André Goosse (...) a montré que l'expression

s'emploie en France, du moins dans les milieux catholiques, et il a cité d'excellents écrivains. En Belgique, le tour est plus répandu (comme l'est au Canada *poser un geste*), à côté de *faire un acte, accomplir un acte,* courants en France. Il est bon de savoir que l'expression peut être suspecte dans sa généralisation » (Joseph Hanse, *Nouveau dictionnaire des difficultés du français moderne,* Gembloux, Duculot, 1983, p. 739). *Poser un acte* est considéré comme un latinisme (*ponere actum*) venu par le langage des théologiens.

2. Allusion à l'article découpé dans le *Sancho* du 14 mai 1865 (f[t] 72). Sur Victor Joly, voir la note 60.1.

*149*

1. Extrait de *La Paix,* hebdomadaire paraissant le dimanche, 20 rue Allard à Bruxelles, fondé en 1862 par Jean-Baptiste Coomans (voir la note 72.1). Baudelaire n'a pas indiqué le nom du journal, et la date qu'il donne est celle de la lettre publiée par le journal, non la date de la livraison. Les lignes découpées figurent dans le numéro du dimanche 31 juillet 1864, 3e année, n[o] 101 (2e page), dans une chronique intitulée « Correspondance de *La Paix* », où l'on trouve le texte de trois lettres signées « A », toutes trois de Gand ; c'est la troisième qui est du 8 juillet : un Gantois y explique que depuis neuf ans il est candidat à un poste dans la magistrature, qu'il n'obtient pas car il ne fait pas de politique, va à la messe et n'a aucune sympathie pour le « parti doctrinaire » (libéral) ; il raconte son entrevue avec un homme « influent » qui lui a demandé à quel parti il appartenait. « À vrai dire à aucun », répondait-il, ajoutant : « J'ai cru mieux employer mon temps à l'étude du droit (...) et j'ai toujours cru qu'un magistrat ne pouvait être un homme de parti. » « Il n'est pas possible », lui avait répondu l'homme influent, « que vous n'ayez pas d'opinion politique à votre âge ». Suivent alors les lignes découpées par Baudelaire. Les quatre coupures de *La Paix* (f[ts] 149, 172, 210 et 228) viennent du même numéro du dimanche 31 juillet 1864, qui offre en supplément, un « Manifeste de l'opposition. Appel au pays », signé par des députés conservateurs dont on retrouvera les noms : Coomans, De Baets, Dechamps, comte de Liedekerke, De Naeyer, comte de Theux, Dumortier, Jacobs, Nothomb, Royer de Behr, Tack, Thonissen. Ce manifeste s'érige contre le pouvoir libéral qui, n'ayant qu'une voix de majorité, vient de voter une nouvelle répartition parlementaire.

*150*

1. La coupure, selon Jacques Crépet et Claude Pichois, provient peut-être du *Sancho,* que dirigeait Victor Joly. C'est du moins ce qu'on pourrait déduire de la fin du f[r] 148. D'après un article d'Hippolyte Babou, publié dans le *Figaro* le 16 juillet 1865 et intitulé « Ma Belgique », l'auteur, ayant rendu visite, à Bruxelles, à Baudelaire, avait « avant de quitter la chambre du poète *ralenti* », jeté un œil indiscret sur la table et découvert « un grand album » où s'étalaient des « Notes pour un dictionnaire franco-belge » : Babou, de mémoire, donne sur deux colonnes, quelques exemples, que reproduit l'éd. Crépet-Pichois, et que voici, en abrégé (je cite d'abord le mot belge, en italiques ; la traduction française suit entre parenthèses) : *bourgmestre* (maire) ; *échevin* (conseiller municipal) ; *lieue* (lieue, plus d'un kilomètre) ; *impasse* (bout de manche plié en deux) ; *quartier* (appartement) ; *place* (pièce) ; *place à manger* (salle à manger) ; *diligente* (fiacre) ; *section* (commission, au sens juridique) ; *Got Fredom* ou *God Vredom,* le juron national (Dieu me damne) ; *Chambre des Représentants* (Conseil municipal et général) ; *vin* (liqueur de dessert) ; *Belge* (Welche) ; *Belgique,* adjectif dont les Belges ont fait un substantif. Voir p. 453 la coupure de *L'Étoile belge* du 13 août 1865.

16. JOURNALISTES ET LITTÉRATEURS

151

1. Sur Béranger, voir *Mon cœur mis à nu,* f[r] 14 et la note 14.2. Baudelaire vise peut-être le chansonnier belge Félix Bovie (C.P.). On notera que le chapitre sur la littérature et le journalisme belges est plutôt consacré au journalisme qu'à la littérature. Baudelaire est sensible à l'imitation, à ce qu'il appelle ailleurs, à propos, de l'anticléricalisme, du républicanisme ou du sel gaulois, la « contrefaçon ». Bloy parlera des « banlieusards de la littérature française » (2 février 1910, *Journal,* t. III, p. 136).

152

1. Voir le f[r] 111.

2. Keym : un éditeur et marchand d'estampes poursuivi pour avoir exposé des images satiriques représentant des prêtres lascifs. Il avait été condamné puis acquitté (C.P.).

153

1. Voir la référence au *Siècle* dans *Fusées*, f^r 22 (et note 22.16).

*154*

1. Baudelaire n'a inscrit ni le nom du journal ni la date. Il s'agit d'un extrait de *La Gazette belge* du 5 novembre 1865 (n° 128, 1^re page), dont on a déjà rencontré deux coupures (f^ts 64 et 65). Le numéro du 2-3 novembre annonçait la création d'un nouveau journal, *Le Catholique*, doté du patronage spirituel de Louis Veuillot, qui adressait au directeur, Paul de Gerlache, une lettre publiée dans le premier numéro. Coomans, député de droite, dirigeait *La Paix*, dont on trouve ici quatre coupures (f^ts 149, 172, 210 et 228).

*155*

1. Extrait du numéro du 21 janvier 1865 (2^e page) — et non, comme l'indique Baudelaire, du 20, jour des funérailles de Proudhon — de *L'Indépendance belge*, quotidien libéral, devenu l'organe, modéré, de l'opposition française en exil, 1 Montagne du Parc, à Bruxelles, fondé le 1^er juillet 1843 (remplaçant *L'Indépendant*, fondé en février 1831), et qui parut jusqu'en 1940. Léon Bérardi en était devenu le directeur en 1856 et le sera jusqu'en 1898. Avant d'arriver en Belgique, Baudelaire avait eu le projet de collaborer à *L'Indépendance belge* (voir la notice, p. 57) et durant son séjour à Bruxelles ce fut sans doute le journal qu'il lut le plus, malgré l'orientation politique de « la stupide *Indépendance* » (lettre à Troubat, 14 février 1866). C'est là que le 12 février 1865 il lit un article de Jules Janin opposant Béranger à Heine, qu'il fera le projet de réfuter. Là qu'à son corps défendant, semble-t-il, paraît le 21 juin 1865 un poème en prose de lui, *Les Bons Chiens*, seule collaboration de Baudelaire à la presse belge. Là encore qu'il lit, en février 1866, un écho relatif à l'opération chirurgicale que vient de subir Sainte-Beuve (lettre à Troubat du 14 février). Le 5 septembre 1867, un article de *L'Indépendance belge*, signé Jean de Paris [Pierre Véron], annoncera la mort de Baudelaire.

2. Mérimée, commentant une lettre de Catilina, s'étonne qu'on puisse « retrouver dans une âme si farouche quelques sentiments humains » (*Études sur l'histoire romaine*, 1844) (C.P.).

3. *La Propriété c'est le vol*, vaudeville satirique de Clairville et Cordier, joué en 1848 (C.P.).

4. Le correspondant français de *L'Indépendance* fait allusion à un article de Proudhon sur l'unité italienne, où était proposé le rattachement de la Belgique à la France (voir note 143.1) (C.P.).

5. Proudhon, mourant, avait dit à sa femme : « C'est à toi que je demande l'absolution » (C.P.).

*156*

1. Extrait de *L'Espiègle* (voir la note 62.1) numéro du 19 février 1865 (3e page). Baudelaire écrit à Ancelle, le 18 décembre 1864, à propos de Lacroix, l'associé de Verboeckhoven, tous deux éditeurs des *Misérables* et que Baudelaire était venu solliciter à Bruxelles et avait vainement invités à ses conférences : « Il m'est tombé entre les mains un document qui me permettrait de me venger cruellement de cet imbécile. J'aurai peut-être la férocité de m'en servir. »

2. À propos d'Albert Lacroix (1834-1903), voir Pascal Pia, « L'Édition belge au temps de Baudelaire », p. 82 ; Achille Erba, *L'Esprit laïque en Belgique* (...), p. 573-605 ; John Bartier, « Au temps de Léopold Ier : Bruxelles, centre littéraire international », p. 38-40) et Bernard Leuilliot, *Victor Hugo publie* Les Misérables (...). Lacroix, qui était l'éditeur de l'opposition libérale française, ne craignait pas de provoquer, hors des frontières, le pouvoir impérial. On le voit, à travers cet écho, dépourvu de scrupule financier. Son « coup » des *Misérables* l'avait considérablement enrichi. Il avait pris contact avec Hugo dès 1856, rompit avec lui en 1869, à propos de la publication de *L'Homme qui rit*, et mourut ruiné. Mais il eut le temps, dès les années soixante, de garnir copieusement son catalogue de « publications rationalistes » dont *Le Libre Examen*, que Baudelaire connaît bien, publie la liste en pages ou demi-pages publicitaires (ainsi dans les livraisons du 20 juin, des 10 et 20 septembre, du 20 octobre et du 1er décembre 1864). On y trouve Diderot, Renan, Michelet, Proudhon, Quinet, Herder, George Sand, Eugène Sue, mais aussi Emerson et La Boétie, plus ou moins consentants. La firme Lacroix et Verboeckhoven était commanditée par le banquier Oppenheim. Lacroix, qui avait des ambitions politiques (voir fts 205 et 237), fut conseiller communal de Bruxelles de 1860 à 1869. Baudelaire déteste en lui l'éditeur qui l'a éconduit (et qui fera, en 1869, imprimer *Les Chants de Maldoror* sans les diffuser !) mais aussi le libéral, à qui le 18 janvier 1857 Victor Hugo écrivait : « Vous avez la généreuse ambition d'être un des porte-flambeaux du progrès. (...) Prenez

donc rang, Monsieur, en tête de la phalange des esprits en marche. Je vous tends la main » (cité par Bernard Leuilliot).

157

1. Le grand-duc Nicolas-Alexandrovitch, fils aîné du tsar Alexandre II, mort le 12 avril 1865 (C.P. et P.)

2. Copie par Baudelaire d'un extrait de *L'Espiègle*, 12e année, n° 8, 30 avril 1865, p. 1, dans la chronique « La Semaine politique ». Voici les deux paragraphes suivants : « Si, en principe, il ne faut jamais se réjouir de la mort de quelqu'un, avouons cependant qu'il n'y a pas de quoi se désespérer de celle du grand duc. Ce prince disait un jour en parlant de la Pologne : " Mon père est trop débonnaire envers les habitants de cette *province ;* ces gens-là demandent à être menés plus rondement. " Voilà un raisonnement qui promettait. Aussi a-t-il bien fait de mourir le prince qui l'a tenu. À l'occasion de ce décès, Napoléon III, sa cour et les officiers de sa garde prendront le deuil pendant huit jours. Les tyrans flattent les tyrans. Nous portons le deuil, nous, de celui qui a émancipé les esclaves, aimé le peuple et la liberté. Nous avons nommé : Abraham Lincoln ! » C'est le 14 avril 1865 en effet que Lincoln fut assassiné.

158

1. Aucune coupure correspondant à ce numéro de *L'Espiègle*, dans le dossier de presse de Baudelaire, tel qu'il nous est parvenu.

2. Quelques-unes de ces inscriptions avaient été reproduites dans *La Petite Revue* le 5 août 1865. Jacques Crépet et Claude Pichois se demandent si ce n'est pas Baudelaire ou Malassis qui les avaient communiquées (C.P.).

159

1. La parenthèse « (le Dieu des Belges ?) » est une intervention de Baudelaire, qui a recopié l'article.

2. Le poète suisse de langue allemande Salomon Gessner (1730-1788), auteur des *Idylles.*

160-161

1. Copie au crayon, par Baudelaire, d'un extrait de *L'Espiègle*, que je n'ai pu retrouver. Le 23 mai 1864, le ministère n'a plus qu'une voix de majorité. Sur Defré, voir les fts 12 et 195.

2. « Je veux que le fondement m'escape » est une expression qui

vient de Rabelais, où on la rencontre plusieurs fois (notamment *Gargantua*, chap. IV : « L'occasion et manière, comment Gargamelle enfanta fut telle, et, si ne le croyez, le fondement vous escappe ! »). Le « petit H » (la lettre H est soulignée de quatre traits) et le mot « fondement » forment-ils une allusion indélicate qui justifierait la mise en cause par Baudelaire et la présence de ce texte sous la rubrique « Mœurs » ?

162

1. Un premier temps pour flatter le destinataire ; un second pour se rendre la pareille. C'est du moins l'expérience que Baudelaire semble avoir des lettres de Victor Hugo, comme celle du 30 août 1857, au lendemain de la condamnation des *Fleurs du mal* (voir la chronologie, p. 484-485). Sur Victor Joly, voir la note 60.1.

*163*

1. Je n'ai pu retrouver ce numéro du *Sancho*.

2. Corot, Delacroix et Diaz avaient envoyé des tableaux pour l'exposition de la place du Trône à Bruxelles (voir le f[r] 266). Le Delacroix appartenait à la collection Prosper Crabbe, le riche agent de change chez qui Baudelaire avait fait une conférence privée (voir p. 535). Le tableau de Courbet, inspiré des *Femmes damnées* des *Fleurs du mal*, s'intitule *Le Réveil* ou *Les Deux Amies ;* il avait été écarté du Salon de Paris en 1864 (C.P.).

164

1. Programme du Théâtre du Cirque, copié par Baudelaire, qui a souligné divers passages et encadré le point-virgule après « chaleureux ».

## 17. IMPIÉTÉ BELGE

165

1. Baudelaire identifie Belgique et anticléricalisme. « Je suis revenu dans le pays de la *libre pensée*, le 15 juillet, où j'ai retrouvé mon ennui, mes indigestions, mes fièvres et mes névralgies », écrit-il à Lejosne le 28 septembre 1865 après son rapide voyage en France en juillet. Voir la préface p. 39. D'autres que lui furent sensibles à cette réaction belge, militante et mimétique, contre l'Église : « D'après les idées belges, tout homme qui dépose un excrément contre le mur de l'Église est nécessairement un héros, un

tonneau d'Heidelberg de toutes les vertus, un martyr même, mais surtout et avant tout, c'est une âme religieuse de la plus sublime élévation » (Léon Bloy, « Le cent-unième chacal », *Le Chat noir*, 29 mars 1884, repris dans *Propos d'un entrepreneur de démolitions ; Œuvres* de Bloy, t. II, p. 127).

2. Il s'agit du mélodrame de Pixérécourt et Ducange, *Le Jésuite*, créé à Paris en 1830, et représenté à Bruxelles, au Théâtre lyrique, en août 1864. Baudelaire découpe dans *L'Entracte* du 18 août un écho de la représentation du 6 août (voir la coupure de presse du f[r] 171). Il avait, auparavant, le 31 juillet, découpé dans *La Paix* un article sur la figure du jésuite comme tête de Turc de l'anticléricalisme belge (voir la coupure 172), et écrit à Ancelle, le 14 juillet : « Tout m'a nui, surtout ma sympathie visible pour les Jésuites (...). Ici les Jésuites ont tout fait, et tout le monde est ingrat pour eux. » Voir ce qui concerne le style jésuite aux f[ts] 276 et 295, ainsi qu'aux chap. 25 et 29 de l'*argument*.

3. La presse belge, en janvier 1865, raconte l'histoire de deux habitants de Louvain qui avaient communié en état d'ivresse, après un pari (C.P.).

*167*

1. Extrait de *L'Espiègle*, dimanche 1er janvier 1865, 2e année, n[o] 1 (p. 3), dans la chronique « Nouvelles à la main ». Série de sept échos satiriques courts qui plaisantent sur le dilemme posé par Pie IX dans le *Syllabus :* « La Révolution ou la Papauté, le Moyen Âge ou le Progrès ? tel est votre alternatif. Nous l'acceptons saint Père, et nous vous savons gré de l'avoir posé. » La première coupure est le troisième écho : la seconde le début du sixième, dont voici la fin : « Permettez, avant que je termine, de vous annoncer une brochure, presque un livre, les *Barbares et les insensés.* On m'assure que ce sera violent. Allons, tant mieux, car M. de Conway est toujours intendant de la liste civile ! »

2. Voir le f[r] 191.

3. Le cirque Loisset, comme l'annonçait le numéro précédent, venait de s'installer à Bruxelles.

4. L' « aimable vieillard », Pie IX, a régné de 1846 à 1878. L'encyclique *Quanta cura*, 8 décembre 1864, condamne, entre autres, la liberté de la presse (voir le f[r] 350).

*168*

1. Extrait du *Grelot*, *Charivari belge*, bi-hebdomadaire paraissant le dimanche et le jeudi, 48 rue de Laeken, Bruxelles ; offrant

une lithographie à chaque livraison, d'où la mention : « 104 lithographies par an. » Je n'ai pu retrouver ce numéro du *Grelot.*

2. *L'Ancienne Carpe*, estaminet bruxellois, 80 rue Fossé-aux-Loups (C.P.).

*169*

1. Extrait du numéro du 5 février 1865 de *L'Espiègle* (3e page), dans la chronique « Nouvelles à la main ».

*170*

1. Extrait de *L'Espiègle* du 19 février 1865, 12e année, no 8 (à partir du no 7 de la 2e année, *L'Espiègle* change le *2* en un *12* pour indiquer l'année), dans le « Feuilleton de l'Espiègle », en bas de page (publié en deux épisodes dans les nos 8 et 9, 19 et 26 février), intitulé « Le secret de la Confession ». Voici la suite du paragraphe interrompu : « le faubourg Saint-Antoine fut *pacifié*, les généraux furent décorés, Affre fut proclamé martyr, Sibour fut préconisé à sa place, et la réaction continua à agrandir le trou de taupe d'où est sorti l'Empire. » Baudelaire, on s'en souvient, avait participé aux émeutes de juin 1848, où Mgr Affre trouva la mort.

2. Clément Muller, l'un des principaux rédacteurs du *Journal de Liège*, à la femme de qui fait allusion le ft 43 de *Mon cœur mis à nu* (voir la note 43.2) et le ft 120 de *La Belgique déshabillée.* Une autre coupure de presse, celle du ft 218, est également collée sur un laissez-passer de la Chambre des représentants, au nom de Muller. Baudelaire semble avoir entretenu de bonnes relations avec ce journaliste liégeois, grâce à Sainte-Beuve sans doute, qui l'avait connu au cours de son séjour à Liège en 1848-1849. Le 15 mars 1865 Baudelaire écrit à Sainte-Beuve : « Quelquefois, le matin, je cause de vous avec M. Muller, de Liège, à côté de qui je déjeune. »

*171*

1. Je n'ai pu retrouver aucun numéro de *L'Entracte.*
2. Voir la note 165.2.

*172*

1. Extrait de *La Paix*, 31 juillet 1864 (1re page). L'article se termine par ce paragraphe : « En pareille matière, le gouvernement ne peut rien, à moins qu'il ne dicte les arrêts de justice, ce qui serait un remède pire que le mal. À prendre au sérieux l'argument des doctrinaires, la justice serait faible, lâche et vénale au point de se

conformer aux inspirations politiques d'un ministère. Nous ne le croirons jamais. » Suit alors la coupure du f[t] 210.

2. Pir Jan Klaes : personnage de marionnette, bossu au nez rouge, datant du XVIIe siècle, inventé par le montreur de marionnettes Jan Klaassen (C.P.).

3. De Ryckère avait déshérité sa sœur au profit d'un industriel qu'il ne connaissait pas. Il s'en était suivi un procès (C.P.).

4. Victor Tesch (1812-1892), industriel, député libéral, puis ministre de la Justice de 1857 à 1865 ; il fait partie de l'aile droite du parti libéral et combat le progressisme de Jules Bara. Il sera, plus tard, chargé par Léopold II de missions à Vienne pour le règlement des intérêts de l'impératrice Charlotte.

*173-174*

1. Je n'ai pu retrouver ce numéro du *Grelot.*

*175-176*

1. Extrait du n° 33, 10 décembre 1864 du *Libre Examen Journal rationaliste*, paraissant le 1er, le 10 et le 20 de chaque mois, 159 rue de Cologne, Schaerbeek. (1re page). *Le Libre Examen*, qui parut de 1864 à 1866, était l'organe de la société La Libre Pensée, dont Baudelaire a conservé les statuts (f[t] 179) et plusieurs documents (f[ts] 180, 181, 182, 190, 192). La rédaction du *Libre Examen* était assurée par Henri Bergé et Paul Ithier (ci-dessous, notes 179.2 et 3) et par Eugène Van Bemmel. Voir Erba, *L'Esprit laïque en Belgique* (...), p. 19-21. Baudelaire connut d'assez près cette société de La Libre Pensée. C'est à l'hôtel du Grand Miroir, en effet, où il habitait, qu'elle tint son assemblée générale le 28 novembre 1864 (voir la coupure 182 et les f[ts] 187 et 194). Quelques jours avant, le 15 novembre, il avait assisté à un enterrement organisé par elle et avait envoyé le faire-part à Ancelle après l'avoir recopié (voir la coupure 192, la note 192.1 et le f[t] 304). La première société belge que Baudelaire put connaître, le Cercle artistique et littéraire, qui organisa ses conférences, accueillait des libres penseurs, parmi lesquels Emile Leclercq, auteur d'un article nécrologique publié précisément dans *Le Libre Examen* le 10 septembre 1867 (voir p. 537), où il déclare y avoir côtoyé Baudelaire « pendant tout un hiver, presque chaque soir ». Fin de l'article du *Libre Examen :* « Nous regrettons aussi — et sincèrement — que la lettre écrite par M. de Conway — lequel n'est point un ministre responsable — mette en complet oubli les fictions

constitutionnelles où les partis extrêmes trouvaient aujourd'hui une transaction au moins provisoire. » L'affaire fit grand bruit. Un « *meeting libéral* » se réunit le 13 décembre au local de La Louve, Grand'Place, et vota une protestation contre cette « attaque directe au principe de la liberté religieuse », épinglant en particulier le mot « insensés » utilisé dans la lettre du vicomte de Conway pour qualifier les mécréants en général, et plus particulièrement l'association Les Solidaires (voir note 179.1). La Libre Pensée protesta également et il s'ensuivit une polémique reflétée abondamment dans la presse. Les libéraux virent dans cette initiative royale la confirmation que la période libérale du règne s'était achevée. Voir l'étude de Jean Stengers, « Léopold I^er^ et le catholicisme en Belgique (...) » (dans *L'Église et l'État à l'époque contemporaine, Mélanges dédiés à la mémoire de Mgr Aloïs Simon*, Bruxelles, Publications des facultés universitaires Saint-Louis, 1975, p. 471-482), qui montre que l'idéal politique de Léopold I^er^ correspondait assez bien au *conservative party* anglais, que le roi considérait les libéraux comme des esprits diviseurs et partisans et traitait ses ministres, dans une lettre à Conway précisément, de « comité révolutionnaire ».

2. Léopold I^er^ était de religion protestante et n'a jamais abdiqué sa foi. Il était, ou avait été, lié à la franc-maçonnerie. Roi d'un pays catholique, il fit vers l'Église quelques gestes significatifs.

*177*

1. Extrait du n° 14, du 1^er^ juin 1864, du *Libre Examen* (2^e^ page).

2. Mélanie Van Biervliet fut l'auteur, dans la seconde moitié du XIX^e^ siècle, d'une profusion d'ouvrages bien-pensants, allant de ses *Souvenirs du pensionnat* (1857) aux *Filles d'Ève, leurs défauts et leurs qualités* (1893), publiés pour la plupart chez Casterman à Tournai. L'orientation cléricale et autoritaire qu'elle donnait à l'institution catholique qu'elle dirigeait, en l'accompagnant de publications pédagogiques, fit naître une querelle entre la presse ultramontaine et les feuilles libérales. Tandis que *L'Étoile belge* et le journal français *Le Monde* louent le « parfum de douce piété » qu'exhalent ses ouvrages, *Le Libre Examen* dénonce l'emprise de « cette demoiselle » (le n° 24, du 10 septembre, revient sur la question) et recommande plutôt à ses lecteurs, ou lectrices, le Cours d'éducation pour demoiselles institué par la ville de Bruxelles et dirigé par Mme Gatti de Gamond.

*178*

1. Je n'ai pu retrouver ce numéro du *Sancho.*

2. Les libres penseurs revendiquent l'administration des cimetières par l'autorité laïque. Les catholiques veulent conserver le principe de répartition des cimetières par culte. D'où un conflit avec des incidents multiples, en Belgique, dans ces années-là.

*179*

1. Un document publié par Wouters, *op. cit.*, p. 159, daté du 22 avril 1863, donne la liste à cette date des cinq sociétés d'agitation anticléricale : Les Affranchis, Les Solidaires, Les Libres Penseurs, Le Peuple, L'Association de la Libre Pensée. La Libre Pensée est, comme Les Solidaires ou Les Affranchis, une association pour la défense des enterrements civils. Elle fut créée, en décembre 1862, à la mort de Théodore Verhaegen, fondateur de l'Université libre de Bruxelles dont Les Solidaires et les francs-maçons avaient suivi les obsèques. C'est La Libre Pensée qui organisa aussi l'enterrement d'Armellini (note 194.1). Voir Erba, *op. cit*, p. 19.

2. Paul Ithier, publiciste anticlérical ; auteur notamment dans la *Revue trimestrielle* d'une « Étude sur le catholicisme révolutionnaire » reproduite dans le supplément du 1^er^ août 1864 du *Libre Examen.* Son nom reparaît aux f^te^ 182, 186, 192. Voir aussi la note 175-176.1.

3. Henri Bergé, président de l'association de La Libre Pensée, chroniqueur régulier du *Libre Examen ;* il sera professeur à l'Université libre de Bruxelles, et député en 1870. Son nom reparaît aux f^ts^ 182, 186, 192. Voir aussi la note 175-176.1.

*183*

1. Extrait du *Libre Examen*, n° du 10 juin 1864, 1^re^ année, n° 15 (2^e^ page et 2^e^ colonne).

2. Voir la coupure 185 (du 5 juin 1864).

3. Voir la note 259.1.

*184*

1. Le cadavre de Patrocle est le sujet d'une peinture d'Antoine Wiertz (voir notes 256.3 et 270.1), lui-même libre penseur et enterré « sans le concours du clergé » (coupure 267-268).

2. Extrait de *La Tribune du peuple*, organe du premier groupement socialiste, réclamant « la souveraineté populaire exclusive » (voir Erba, *op. cit.*, p. 22-23), paraissant deux fois par mois, fondé en 1861, 13 rue des Alexiens, Bruxelles (il deviendra hebdomadaire à partir du n° 1 de la 4e année, le 7 janvier 1866 et s'appellera, à partir du 28 janvier 1866, *La Tribune du Peuple. Journal de la société Le Peuple. Organe de l'Association internationale des travailleurs*), numéro du 10 novembre 1865, 3e année, n° 21 (4e page). La coupure contient l'article complet. Le numéro donne aussi des nouvelles des États-Unis et du Mexique, et de « cette malheureuse France, où la vérité ne pénètre que furtivement et n'est connue que de ceux qui ont le rare bonheur de mettre la main sur une feuille étrangère » ; on peut y lire aussi un compte rendu de la séance d'ouverture du Congrès de Berne (1re session de l'Association internationale pour le progrès des sciences sociales) et un poème, « La lutte, Chant des Mexicains » de Prosper Voglet. Deux numéros des mois précédents, ceux du 7 septembre et du 8 octobre, impriment une publicité pour *Pauvre France*, le pamphlet d'Auguste Rogeard (voir la note 223.1).

3. Prosper Voglet avait publié une « pièce en vers à propos de l'affaire De Buck » (voir la note 193.1) : *Les Jésuites, lamentations et imprécations*, dont *La Tribune du peuple* assurait la publicité.

*185*

1. Baudelaire n'a pas indiqué le nom du journal. Extrait du *Journal de Bruxelles*, quotidien catholique, fondé en 1841 et qui paraîtra jusqu'en 1909 ; 13 rue des Boiteux, Bruxelles ; dimanche 5 juin 1864, 44e année, n° 157 (1re page). L'article se prolonge p. 2 : « Et voilà les scandales inouïs dont nos cimetières chrétiens sont le théâtre, sans qu'aucune protestation s'élève dans la presse libérale contre ces ignobles manifestations. »

*186*

1. Extrait du n° 14, du 1er juin 1864, du *Libre Examen* (cf. le fo 177) (1re et 2e pages). L'article sur « Les Jésuites » commence à la p. 1 par des allusions à l'affaire De Buck (voir la note 193.1). Voici le début du paragraphe dont la suite figure dans la coupure de Baudelaire : « Nous avons signalé fréquemment les dangers de la lèpre des couvents, ces mystérieux asiles de la fainéantise et de la débauche, où des célibataires libidineux et parasites consomment dans une honteuse oisiveté le produit du travail des autres citoyens.

Nous avons démontré déjà comment l'accaparement et l'immobilisation des capitaux entre les mains des corporations religieuses doivent fatalement engen- » (suite p. 369).

186 bis

1. Voir f^ts 199, 285 et 295, et la note 199.2.

## 18. PRÊTROPHOBIE. IRRÉLIGION

187

1. Voir la coupure 189 et la note 189.1.
2. Voir le f^t 193.
3. Voir la coupure 182.
4. Raconté dans *La Petite Revue* du 27 février 1864 : scène de bal public ; quelqu'un invite une femme à danser ; elle refuse à cause de l'indisposition de sa sœur ; le danseur s'exclame : « Ah ! zut alors si ta sœur est malade ! » Un chansonnier avait joué sur la réplique en substituant le célèbre « Nadar » à « ta sœur » (C.P.) (Voir le chapitre 18 de l'*argument.*)
5. Cf. la lettre à Sainte-Beuve du 30 mars 1865 : « Un de nos grands amusements [à Malassis et à Baudelaire], c'est quand il s'applique à faire l'athée, et quand je m'ingénie à faire le jésuite. » Mais Baudelaire bouffon est sérieux, et il a beau dire à Sainte-Beuve : « Vous savez que je peux devenir dévot par contradiction (*surtout ici*), de même que pour me rendre impie, il suffirait de me mettre en contact avec un curé *souillon* (souillon de corps et d'âme) », le « *surtout ici* » en dit long, ainsi que le passage de la lettre à Mme Meurice (voir p. 531) où il explique qu'en Belgique elle deviendrait « pieuse (...) par amour-propre, — par besoin de non-conformité ».
6. Defré (déjà apparu au f^t 12), député et bourgmestre, avait fait déterrer un enfant non baptisé pour le faire inhumer en terre bénite, ce qui avait soulevé l'indignation des députés ultramontains (C.P.). Voir ci-dessous la note 195.3.
7. Courier est mort assassiné en 1825.
8. Baudelaire les poursuivait en France déjà. Voir *Mon cœur mis à nu*, f^t 23. Ils sont bien représentés en Belgique. L'un d'eux, Jean-Joseph Thonissen (député catholique, professeur à l'université de Louvain, dont le nom apparaît aux coupures 222 et 341 ; voir aussi la note 149.1) a publié en 1864 *Quelques réflexions sur la prétendue nécessité de la peine de mort.* À Liège une association est

fondée en février 1865 pour réclamer l'abolition. Un projet de loi est déposé la même année. Mais en février 1866, l'abolition est repoussée. Voir plus loin le f[r] 196-196[bis] (C.P.) Durant les années qui précèdent, l'abolition bénéficie d'une incessante campagne de presse. Baudelaire a pu lire, dans *Le Libre Examen* (par exemple, le 10 septembre 1864), des articles à ce sujet. Il n'a pu manquer, non plus, d'établir le lien habituel sur ce terrain entre la Belgique et les proscrits français. Bernard Leuilliot relate dans son livre sur Hugo et Lacroix (p. 131-132) qu'à l'occasion d'un procès, en janvier 1862, dont le verdict comportait deux condamnations à mort, Hugo avait dû protester contre une diatribe en vers, présentée sous son nom, contre la peine de mort.

9. C'est un argument familier de Baudelaire. Cf. *Mon cœur mis à nu*, f[r] 23, et à propos de George Sand, intéressée, elle aussi, à supprimer l'enfer, f[ts] 26 et 28.

10. À la fin du mois de janvier 1866, l'*argument* du livre sur la Belgique avait été soumis à Charles Nisard qui, si l'on reconstitue bien le propos d'une lettre d'Ancelle à Baudelaire d'après la réponse de Baudelaire, avait fait observer que Baudelaire ne relevait pas l'influence des républicains français en exil en Belgique sur l'anticléricalisme belge. Or, bien sûr, c'est là le propos même de Baudelaire : montrer que la Belgique est une contrefaçon de la France. Aussi répond-il le 30 janvier 1866 à Ancelle : « Si M. Nisard avait lu plus attentivement mon programme, il aurait vu une ligne qui répondait à sa pensée [et que Baudelaire, qui n'a pas de double de son *argument*, restitue avec une variante] : que *l'Impiété belge est une contrefaçon, résultat de l'enseignement des réfugiés français.* »

11. Voir le f[r] 18 et, dans l'*argument*, le chap. 18.

12. *Un enterrement en pays wallon*, lithographie satirique de Félicien Rops, parodiant l'*Enterrement à Ornans* de Courbet.

13. Voir la coupure du f[r] 201 et la note 201.1.

188

1. C'est l'idée de la *Vie de Jésus* de Renan, que Baudelaire aurait voulu réfuter. (Voir *Mon cœur mis à nu*, note 50.2.)

2. Baudelaire pense, au contraire, que « la nature ne peut conseiller que le crime » (*Le Peintre de la vie moderne*) ou que « la femme est *naturelle*, c'est-à-dire abominable » (*Mon cœur mis à nu*, f[r] 5).

3. Cf. *Mon cœur mis à nu*, f[r] 15 : « La croyance au progrès (...) doctrine de *Belges.* »

4. En dépit du progrès, personne n'a encore retrouvé la pierre memphite, avec laquelle on soignait les plaies et l'épilepsie dans l'Antiquité (C.P.).

*189*

1. Baudelaire n'a pas indiqué ici le nom du journal, mais il le fait figurer dans l'*argument* (p. 302). Il ne s'agit pas d'un journal belge mais de *L'Opinion nationale, journal du soir* (5, rue du Coq-Héron, à Paris ; quotidien ; rédacteur en chef : Adolphe Guéroult ; administrateur : A. Larrieu), n[o] 204, 26 juillet 1864 (2e page). L'auteur de l'écho rapporté, Charles Sauvestre, anticlérical militant, avait dirigé *La Revue moderne*, organe phalanstérien, et assurait une chronique dans *L'Opinion nationale.*

191

1. Copie de la main de Baudelaire. Je n'ai pu retrouver ce numéro du *Grelot.*

192

1. Copie de la main de Baudelaire. Sur l'original, envoyé à Ancelle en novembre 1864, Baudelaire a souligné « *l'émancipation des consciences par* » ; « *l'organisation des enterrements civils* » ; « *l'abbé* » ; « *ancien desservant* » et « *mort en libre-penseur* », précisant par ailleurs à son correspondant : « J'ai assisté à l'enterrement de ce misérable. » (Voir la note 175-176.1 et l'éd. Pichois-Ziegler de la *Correspondance*, t. II, p. 883.) Sur Ithier et Bergé, voir les notes 179.2 et 3.

193

1. Allusion à l'affaire De Buck (la *Revue britannique*, septembre 1864), qui, dénoncée par *L'Espiègle*, avait fait grand bruit en Belgique : un certain De Buck, qui haïssait les jésuites et les accusait d'avoir détourné l'héritage de son oncle, était soupçonné de leur avoir adressé des menaces de mort ; défendu avec passion par une femme qu'il avait connue vingt ans auparavant, il fut acquitté. Veuillot réagissant à cette affaire avait écrit notamment : « la Belgique libérale et révolutionnaire est vraiment hideuse » (C.P.).

194

1. Carlo Armellini, l'un des triumvirs de la république romaine en 1848, mort en exil en Belgique en 1863, dont l'enterrement fut organisé par La Libre Pensée. Cf. la lettre du 3 septembre 1865, où Baudelaire répond à Catulle Mendès qui lui a parlé d'un projet de séance de lectures poétiques : « Le grand danger de votre entreprise, c'est de devenir une foire, une exhibition d'impuissances et de vanités, et de médiocrités. *Cinq ou six poètes par soirée !* grand Dieu ! Dans les siècles *féconds* il y en a dix, *peut-être.* Cela me fait penser à une queue d'articles d'un journal belge, à propos de l'enterrement (*civil*) d'Armellini : — Description minutieuse du catafalque. — Et puis : " ..... Derrière suivait l'INNOMBRABLE MULTITUDE DES LIBRES PENSEURS. " »

195

1. Voir le f[t] 196-196[bis].
2. Sur le protestantisme, cf. *Fusées*, f[t] 18 et note 18.4.
3. Sur Proudhon et la Belgique, voir John Bartier, *Libéralisme et socialisme au XIXe siècle*, (« Proudhon et ses amis belges », p. 21-24, et « Proudhon et la Belgique », p. 117-175). Defré, ancien fouriériste, n'avait pas compris le raisonnement de Proudhon qui, « argumentant contre les champions de l'unité italienne (...) affirm[ait] qu'à vouloir la justifier par le principe des nationalités, on fournit du même coup un argument à Napoléon III pour revendiquer la Belgique et la rive gauche du Rhin » (John Bartier, *op. cit.*, p. 122). Defré, et d'autres en Belgique, comprirent littéralement une proposition intégrée dans un raisonnement par l'absurde (voir note 143.1). Defré publia deux répliques à Proudhon, en 1862. Proudhon, à son tour, ne l'épargna guère dans *De la fédération et l'unité en Italie* (Dentu, 1862) : « avocat non plaidant malgré son diplôme, vanité ambitieuse, mais d'une portée d'esprit au-dessous du médiocre, politique d'estaminet, pour cela d'autant plus cher à la *farocratie* bruxelloise ». Le 14 juillet 1864, Baudelaire écrivait à Ancelle : « Le souvenir de l'aventure Proudhon est encore vivant ici, et j'en parlerai. J'ai rencontré *dans le monde* (!) le député qui a le plus contribué à cette dégoûtante émeute. » Et quinze jours après, le 31 juillet, à sa mère, indiquant que la publication dans le *Figaro* de ses *Lettres belges* pourrait lui causer des ennuis, il précise : « un homme bien autrement célèbre que moi, M. Proudhon, a été chassé d'ici *à coups de pierres*, pour s'être permis quelques plaisanteries très innocentes dans un jour-

nal. » La connivence n'en est pas moins objective entre la Belgique progressiste et le théoricien du fédéralisme. (Proudhon n'avait-il pas songé à se faire naturaliser belge ? Voir ses *Lettres au citoyen Rolland, 1858-1862,* éd. Jacques Bompard, Grasset, 1946, p. 107 ; citées par John Bartier, « Bruxelles vue par les étrangers », p. 417). Baudelaire l'avait d'ailleurs observé à d'autres traits, plus extérieurs, la grossièreté par exemple (voir notamment ici le chap. 5 et, à propos de Proudhon, une lettre à Ancelle du 12 février 1865 où il rapporte que même le républicain Thoré avait été choqué de « l'affectation rustique de Proudhon, affectation de grossièreté »). Le 20 janvier 1865 il découpe dans *L'Indépendance belge* l'article relatif à la mort de Proudhon (voir la coupure 155). Dans l'esprit de Baudelaire, Proudhon et la Belgique étaient si naturellement associés qu'il y joint Hugo pour déplorer, dans une lettre du 12 février 1865 à Ancelle, qu'un Belge, possédant un exemplaire des *Misérables* couvert de notes de Proudhon au crayon, ait jugé bon de les effacer (« un monument perdu » : « la logique corrigeant l'absence de logique »). Baudelaire ne pouvait qu'être rebelle aux théories de celui qu'il appelait, ironiquement, dans une lettre à Sainte-Beuve du 14 juin 1858, le « stoïcien », dans un sens qui n'a qu'un lointain rapport avec la morale du dandysme : la lettre du 2 janvier 1866 au même Sainte-Beuve, reproche d'ailleurs à ce « *bon bougre* » de Proudhon de n'avoir jamais été, « même sur le papier, *un Dandy* » (cf. l'histoire d'un dîner où Proudhon avait voulu payer sa part, racontée par Baudelaire à Malassis aux environs du 1er mars 1865). Toutes ces réticences devant la rusticité de Proudhon n'empêchent pas Baudelaire de manifester de l'intérêt pour ses idées. Ainsi demande-t-il, le 13 novembre 1865, par Champfleury, à Troubat, les récents articles de Sainte-Beuve sur Proudhon. Et, dans une lettre à Ancelle du 8 février 1865, il va jusqu'à déclarer que Proudhon, « en matière d'économie », est « singulièrement respectable » et en tout cas n'est pas « fou », non sans esquisser une réfutation de l'homme qui venait de prédire la faillite du système capitaliste et la banqueroute générale : « Je ne vois qu'une seule manière de mettre à néant les utopies, les idées, les paradoxes et les prophéties de Proudhon (...), c'est de prouver (...) *que les peuples s'enrichissent en s'endettant.* »

196-196[bis]

1. Hugo, en 1865, a publié deux lettres plaidant pour l'abolition de la peine de mort. Courbet était probablement partisan de la

même abolition (C.P.). Sur les relations de Courbet et de Baudelaire, qui n'a consacré au peintre qu'un paragraphe, au chap. II de l'*Exposition universelle* de 1855, après être intervenu pour lui en 1849, voir l'édition Pichois des *Œuvres complètes*, t. II, p. 1373-1374.

2. Mot de Robespierre (discours du 11 germinal, an II) cité déjà par Baudelaire en 1862 dans son article sur *Les Misérables* (C.P.). On trouve une autre citation de Robespierre au f[r] 197. À propos de Robespierre et Baudelaire, voir la note 9.3 de *Mon cœur mis à nu.*

3. Cf. *Mon cœur mis à nu*, f[ts] 23, 26, 28.

4. Partie non bénite du cimetière.

5. Orthographe phonétique, à la manière bruxelloise.

6. *Le Libre Examen* : voir les coupures 175-176, 177, 183, 186.

7. Cf. *Mon cœur mis à nu*, f[t] 15.

197

1. Voir la note 187.4.

2. Baudelaire a déjà cité cette sentence de Robespierre dans *Mon cœur mis à nu*, f[t] 57.

3. Voir les coupures 179-181.

4. Eugène Pelletan (1813-1884), journaliste progressiste, libre penseur, collaborateur de *La Presse* et père de Camille Pelletan (C.P.).

5. Voir les coupures 183 à 186.

198

1. Scandale rapporté dans *L'Indépendance belge* du 27 novembre 1865 (C.P.).

199

1. « Pour tout dire, il faut avouer que le clergé est très lourd et très grossier. Hélas ! il est flamand » (à Ancelle, 14 juillet 1864).

2. *La Revue nouvelle* du 1er janvier 1864, publiant un article sur Rops intitulé « Gavarni en Belgique », y relatait l'histoire d'un prêtre qui, passant devant la vitrine de Cadart, avait pu y voir *Un enterrement en pays wallon* de Rops, où la figure du prêtre n'a rien d'avenant. Cadart était marchand d'estampes et éditeur à Paris. L'article de Baudelaire consacré aux *Peintres et Aquafortistes* en 1862 avait pu passer pour un appui à Cadart (C.P.).

3. Voir les f[ts] 186 bis, 285 et 295. Victor Hugo (*France et Belgique*, dans une lettre du 24 août 1837) écrivait déjà : « Ils ont

en Flandre la sotte habitude de fermer toutes les églises à midi. Passé midi, on ne prie plus. Le bon Dieu peut s'occuper d'autre chose » (C.P.).

200

1. Cf. le f[r] 74.

*201*

1. Alfred de Caston, prestidigitateur français. Un écho de Victor Joly probablement (voir la note 60.1), dans le *Sancho*, en mai 1864, rend compte en même temps des conférences de Baudelaire et des exhibitions du prestidigitateur, qui s'était produit, lui aussi, au Cercle artistique et littéraire. D'où, peut-être, l'acrimonie de Baudelaire (C.P.).

2. Nadar qui, lors de l'ascension du *Géant* à Bruxelles en septembre 1864 (voir note 46.1), avait failli faire attendre le roi, s'est plu à souligner la courtoisie du souverain dans le récit de son ascension publié dans *L'Indépendance belge*, le 29 septembre (C.P.).

3. Voir *Fusées*, f[r] 10 et la note 10.3.

4. Alfred de Caston est en effet l'auteur, entre autres ouvrages, de *Les Tricheurs au jeu* (1863) et *Les Marchands de miracles, histoire de la superstition humaine* (1864), publiés tous deux chez Dentu.

202

1. Le second Congrès catholique, qui se tient en août-septembre 1864 (voir la note 295.2). Des six noms énumérés, les quatre premiers sont d'orateurs du congrès ; les deux autres de probables participants. Baudelaire écrit à ce propos à Ancelle, le 2 septembre : « Le Congrès de Malines a commencé. Cela nous regarde. M. Dupanloup y a produit un grand effet avec son discours sur l'*instruction publique*. M. Dupanloup n'a aucune peine à passer pour un aigle dans un pays tel que celui-ci. » Et, au même, le 13 octobre : « C'est moi qui vous ai envoyé quelques livraisons du compte rendu du congrès de Malines. Vous avez vu que le discours de Dupanloup manquait. Il a paru dans une livraison qui m'a échappé (...). Votre fameux père Félix ne m'a pas intéressé. C'est un Cicéron. Le discours du père Hermann m'a paru très remarquable. » (Il s'agit d'un israélite converti, supérieur du couvent des Carmes à Londres.) Le vicomte de Kerchove avait prononcé le

premier jour un discours intransigeant. Louis Janmot (1814-1892), peintre lyonnais, fervent catholique, dont le nom reparaît au f[t] 266 et auquel Baudelaire a consacré plusieurs pages dans les *Salons de 1845* et *1846* et dans *L'Art philosophique*, Petrus van Schendel (1806-1870), peintre bruxellois, catholique lui aussi, auquel Champfleury a consacré un conte, étaient là au titre d'artistes catholiques (C.P.).

### 19. POLITIQUE

203

1. « Napoléon Ier, Louis-Philippe, et surtout le sieur Duruy (...) règnent encore ici » (à Ancelle, 13 novembre 1864).

204

1. Souvenir du *Joueur d'échecs de Maelzel* dans les *Histoires grotesques et sérieuses* de Poe (C.P.).

205

1. Albert Lacroix, l'éditeur. Voir le f[t] 237 et la coupure 156 et les notes 156.1 et 2.

2. Cf. le f[t] 193.

206

1. Cf. le f[t] 208. Jean-François Vleminckx était député libéral, inspecteur du service de santé de l'armée, président de l'Académie royale de médecine (C.P.).

2. Signifie que « tous » disent « J'ai dit ! »

3. Adolphe Dechamps (1807-1875), député catholique de Charleroi, ministre des Travaux publics (1843-1845), puis des Affaires Étrangères (1845-1847). Il publia chez Dentu en 1865 une brochure : *La Convention de Gastein, la France et l'Allemagne, situation de la Belgique*, où il exprime sa crainte d'un désir d'annexion de la Belgique par la France ; le 3 octobre 1865, Julien Lemer demande à Baudelaire quelques exemplaires de cette brochure (voir la note dans l'éd. Pichois-Ziegler de la *Correspondance*, tome II, p. 934).

4. Voir le f[t] 2.

207

1. Référence à *L'Indépendance belge* du 8 décembre 1864, qui publie le texte du projet de loi, qui vient d'être établi (C.P.).

*209*

1. Extrait de *L'Écho de Bruxelles* non pas du 5 août comme le note Baudelaire, mais du 4 août 1864 (2e page), dans la chronique « Intérieur-Revue des journaux ».

2. Voir la note 215-216.1.

3. Jan Van Ryswyck (1818-1869), conseiller communal anversois, héros de cette correspondance d'Anvers, poète et journaliste de la cause flamande, accusera un député conservateur anversois, Jan De Laet, d'avoir reçu des pots-de-vin à l'occasion de la démolition des anciennes fortifications d'Anvers et de la vente des terrains qui s'en était suivie ; condamné pour calomnie en novembre 1866, incarcéré pour refus de payer l'amende, libéré après cotisation de ses amis politiques, il fut blanchi peu avant sa mort lorsqu'on sut qu'une société avait effectivement versé une somme d'argent à De Laet. Bien sûr, il n'est pas encore question ici de cette affaire, qui sera célèbre et passionnelle, mais la personnalité intransigeante et matamoresque du député flamand apparaît déjà.

*210*

1. Extrait de *La Paix*, 31 juillet 1864 (1re page). Fait suite à la coupure 172, l'une et l'autre formant la totalité de l'article. Sur Coomans, voir la note 72.1.

211

1. Celui du ft 213 ?

*212*

1. Extrait du *Sancho* du 21 août 1864 (2e page). Voici la suite et la fin de l'article : « Cette manière d'entendre la liberté électorale ressemble trop à la méthode inaugurée par S. M. Napoléon III, qui a trouvé dans les institutions de 89 le droit que possède tout Français de crier Vive l'Empereur ! et de voter pour les candidats portant l'estampille du préfet. Nous, Belges, qui parlons si haut et si souvent de liberté, de respect du droit, il faut avouer que nous avons une étrange façon de la pratiquer à l'endroit de nos adversaires politiques. Prenons garde qu'un jour on ne nous dise : " De quoi vous plaignez-vous ? Je ne fais qu'imiter vos traditions politiques ". Un des principaux abus de nos habitudes électorales est de laisser stationner, autour du bureau, des espèces de surveillants chargés de constater si certains électeurs déposent les bulletins qu'ils viennent

de leur remettre, et qu'ils doivent tenir en main jusqu'au moment de les glisser dans la caisse des bulletins, qu'on persiste à appeler une *urne.* Catholiques et libéraux sont coupables de la même pression, de la même oppression sur les consciences, comme ils sont coupables des mêmes fraudes, des mêmes escroqueries électorales. Il y aurait, selon nous, un moyen très simple de remédier à ces abus qui entravent ou annulent l'indépendance de l'électeur ; ce serait de faire écrire dans les bureaux, disposés à cet effet en compartiments séparés, le bulletin de l'électeur sur du papier marqué au chiffre du bureau, et que l'on remettrait à l'électeur à l'appel de son nom. De cette façon, les moutons de l'Association libérale et les moutons de l'épiscopat échapperaient à la pression que les partis exercent sur eux, et notre gouvernement représentatif ne serait plus un mensonge, une déplorable comédie, jouée, tantôt au profit de la droite, tantôt au profit de la gauche. »

2. En janvier 1864, on avait dénoncé à la Chambre des irrégularités électorales, — colportages d'écrits anonymes, interventions d'agents de police, etc. Un projet de loi sera déposé le 17 novembre 1865.

213

1. Copie par Baudelaire d'un extrait du *Journal de Liège*, vendredi 28 juillet 1865, p. 3, sous le titre « Chambre des représentants, séance du 27 juillet », où l'on débat du projet de loi sur les fraudes électorales. Le point traité est celui de l'indemnité à verser éventuellement aux électeurs qui ont à se déplacer : Tesch, ministre de la Justice, s'y oppose. Voici le texte imprimé dans le journal : « M. TESCH. (...) Je suis plus hostile à l'indemnité, parce que je la regarde comme contraire à notre régime constitutionnel. On a dit que l'électeur est un mandataire et un fonctionnaire, mais il n'exerce ni mandat, ni fonction ; son droit est un droit de souveraineté qu'il exerce dans la plénitude de sa liberté. M. JACOBS. Comme nous. M. TESCH. Non, vous êtes nommés par les électeurs dans la plénitude de leur liberté. Vous êtes tellement des mandataires que vous avez une responsabilité, vous êtes rééligible tous les quatre ans, tandis que l'électeur agit à sa guise. Il n'a pas de responsabilité. M. DE MÉRODE. Il a une responsabilité morale. M. TESCH. Il n'a à rendre de compte à personne. Il n'est pas un caractère du mandat ou de la fonction qui soit applicable. L'électeur exerce un droit de souveraineté ; il imprime au gouvernement de l'État, de la province, de la commune, la direction qui lui

convient. C'est un droit qu'il exerce et non une fonction qu'il remplit. M. COOMANS. C'est la féodalité des électeurs. M. TESCH. Ce sont là des mots ; vous en faites souvent. M. DE BORCHGRAVE. Je n'ai pas entendu ; mais, si j'avais entendu, je répondrais, va ! (Hilarité). »

### *214*

1. Extrait de *L'Espiègle*, numéro du 31 janvier 1865.
2. Épisode du 23 mai 1864 (voir la note 160-161.1).

### *215-216*

1. Coupure de *L'Indépendance belge* du 27 novembre 1864. La Question d'Anvers était très débattue en Belgique, au moment du séjour de Baudelaire : elle concerne les travaux très coûteux d'extension de la ville, par rupture de son ancienne enceinte. Le 26 août 1864, la Chambre avait ouvert un crédit pour l'achèvement des travaux. Le député catholique Jan De Laet, qui intervient ici, sera compromis dans une affaire de pots-de-vin relative à ces travaux (voir la note 209.3). Les deux autres principaux intervenants sont Charles Rogier (1800-1885), ministre des Affaires étrangères, libéral, et Jean-Baptiste d'Hane Steenhuyse, député conservateur, déjà présent dans la coupure 209.

### *217*

1. Extrait de *L'Étoile belge*, quotidien, 13, rue des Sables, Bruxelles, numéro du 3 juin 1864 (2e et 3e pages, dans la chronique « Chambre des représentants », compte rendu de la séance du 2 juin : passage faisant suite à la coupure du ft 218 et se terminant par un vote sur le rappel à l'ordre de Dumortier, acquis par 53 oui, 49 non et 2 abstentions, celles de Dumortier et du Président, belle illustration de la courte majorité dont dispose le cabinet. Les principaux intervenants du débat sont Barthélémy Dumortier (1797-1878), tournaisien, député catholique, Jules Bara (1835-1900) qui sera ministre de la Justice à partir du 12 novembre 1865, autre Tournaisien mais libéral ; Albert-Joseph Goblet, comte d'Alviella (1790-1873), général de l'armée belge, de Tournai lui aussi ; Eudore Pirmez (1830-1890), député libéral, qui sera ministre de l'Intérieur en 1868 ; Louis Hymans (1829-1884), député libéral. *L'Étoile belge*, quotidien libéral, fondé en 1850, fut à ses débuts l'organe de la maison d'Orléans, qui en resta actionnaire jusqu'en 1871. Le journal parut jusqu'en 1940. Le 25 février 1865, Baudelaire demande à Ancelle s'il a bien reçu une coupure de

*L'Étoile belge* comportant une « *Correspondance sur Wiseman*, signée A. Z. », c'est-à-dire Louis Blanc. *L'Étoile* sera le premier journal belge à annoncer la mort de Baudelaire, le 3 septembre 1867, dans un article empreint de sympathie.

*218*

1. Même origine que la coupure 217. Dans l'ordre du journal, il faudrait placer la coupure 218 avant la 217. Il s'agit toujours du compte rendu de la séance du 2 juin de la Chambre des représentants, sous la présidence Vandenpeereboom. Après quelques interventions liminaires, Louis Hymans met en cause « l'étrange discours qui a clos la séance d'hier » et qui « répondait mal au discours de M. Bara ». « L'honorable député de Tournai », poursuit Hymans en désignant Bara, « avait dit à la droite : votre programme n'est pas sincère ou il est l'indice d'une perturbation complète de la politique du parti clérical ». Vient alors la coupure 218, donnant la suite de l'intervention d'Hymans et le débat qui suit. Entre les coupures 218 et 217, l'assemblée a droit à un long discours d'Hymans, que Baudelaire n'a pas retenu : « M. Soenens n'est pas ici un représentant ordinaire ; il représente plus que tout autre le parti théocratique et clérical que nous combattons depuis 25 ans. Je croyais que M. Soenens allait protester contre la métamorphose qu'a subie son parti. Il n'en a rien fait. Il n'a pas protesté. Lui, le représentant de l'épiscopat, approuve ce programme. Dès lors, ce programme est jugé. Vous vous prétendez les amis de la liberté de la presse, et vous êtes du parti qui excommunie ceux qui lisent les journaux libéraux. Vous vous prétendez les amis de la liberté d'enseignement, et vous êtes du parti qui excommunie les parents des jeunes gens qui fréquentent l'université libre. La liberté ! Parlez-en à ceux qui ont étouffé dans le sang la révolution des Pays-Bas au seizième siècle ! Parlez-en aux habitants de Rome ! ou plutôt, non, ne parlez pas de liberté, car vous ne pouvez en parler que pour rendre hommage au parti libéral qui vous fait peur. » Suivent deux paragraphes après lesquels intervient la question des cimetières débattue à la coupure 217. Les autres intervenants sont des députés catholiques : Barthélemy-Théodore de Theux, comte de Meylandt (1794-1874), Isidore van Overloop (1814-1878), Gustave-Jean Soenens (1829-1899), Jean-Baptiste Coomans (voir la note 72.1) ; et un député libéral, Julien Allard (1803-1882).

2. Voir la coupure du f° 170 et la note 170.2.

*219*

1. Extrait du *Journal de Liège, feuille politique, commerciale et littéraire,* place Saint Lambert, Liège ; propriétaire : J. Desoer parut sous ce titre de 1832 à 1940 (Baudelaire connut l'un de ses rédacteurs, Clément Muller : voir la note 170.2), numéro du 24 juillet 1865, dans la chronique « Chambre des représentants », séance du 22 juillet. Baudelaire, découpant l'extrait en quatre morceaux, en a brouillé l'ordre en les collant sur les feuillets de support. Il plaçait ainsi l'intervention du ministre Tesch avant celle de Dumortier alors qu'elle doit venir après. J'ai rétabli le bon ordre. En outre, si l'on veut suivre le fil du compte rendu, il faut lire la coupure 220 avant la 219, la suite étant à la 222. Les principaux intervenants sont Barthélemy de Theux (voir la note 218.1) ; le ministre de la Justice, Victor Tesch (voir la note 172.4) ; Pierre Tack (1818-1910), député catholique de Courtrai, qui sera brièvement ministre des Finances du cabinet conservateur en 1870 ; Barthélemy Dumortier et Jean-Baptiste Coomans (voir la note 72.1).

*220*

1. Autre coupure du numéro du 24 juillet 1865 du *Journal de Liège,* elle donne une phase, antérieure à la coupure 219, du débat parlementaire du 22 juillet. Les principaux noms : en dehors de De Theux, Tack, Dumortier, Tesch, Coomans, dont il a déjà été question (voir les notes 72.1, 172.4, 218.1, 219.1), notons Henri de Brouckère, député libéral de 1833 à 1870, plusieurs fois ministre et président du Conseil de 1852 à 1855.

*221*

1. Extrait du numéro du 1er août 1865 des *Marionnettes du jour, revue politique, économique et littéraire,* bimensuel satirique, anticlérical, entièrement écrit par L. Seghers, qui signe Ménippe. En février 1865, deux numéros sont presque totalement consacrés à Proudhon.

2. Auguste Orts (1814-1880), député libéral bruxellois, disciple du fondateur de l'Université libre de Bruxelles, Théodore Verhaegen. Il est l'auteur d'un *Traité de l'incapacité civile des congrégations religieuses non autorisées* (1867).

*222*

1. Extrait du *Journal de Liège* du 24 juillet 1865. Suite de la coupure 219.

*223*

1. Article signé « Angelo », extrait du numéro du 5 novembre 1865 de *La Rive gauche, Journal littéraire et philosophique paraissant le dimanche*, hebdomadaire d'opposition à l'Empire dont le n° 1 parut le 20 novembre 1864 (rue Neuve Guillemin, 15, près Saint-Sulpice à Paris). Le Journal émigra en Belgique à partir du n° 17, du 14 mai 1865, et parut jusqu'au 5 août 1866. Charles Longuet en est le rédacteur en chef. Il signe dans le premier numéro un programme ambitieux : « D'où venons-nous ? Où allons-nous ? », prônant « la suppression de l'armée », « la séparation de l'Église et de l'État », par « élimination de tout ce qui pouvait faire d'un culte l'appendice obligé d'un gouvernement », l'élection des juges par les citoyens, la décentralisation, « l'instruction du peuple ». Il se réfère à Proudhon, dans l'esprit de 1789, et non de 1848. Les collaborateurs annoncés sont, entre autres, Paul Meurice, Edgar Quinet, Louis-Xavier de Ricard, Sully-Prudhomme, Robert Luzarche, Auguste Rogeard. L'appel à la jeunesse européenne que contient le premier numéro commence par ces mots : « Partout la réaction triomphe. L'Italie se réconcilie avec le moyen-âge. L'Espagne imite les forfaits du 2 décembre. Jeunesse, souffriras-tu que l'œuvre de tes pères soit ruinée ? » et s'en prend aux « sbires napoléoniens » et aux « idées surannées » du *Journal des Débats* et de la *Revue des Deux Mondes.* C'est là que fait carrière Auguste Rogeard (1820-1896), futur auteur d'une *Pauvre France* qui pourrait bien avoir dissuadé Baudelaire d'intituler *Pauvre Belgique* son pamphlet contre les Belges (voir ci-dessus, p. 61). Il publie, dès le n° 2, du 27 novembre 1864, *Les Mots de César*, commençant une « série (...) tirée d'une étude sur le siècle de Caton d'Utique », et qui, à travers le cadre romain, vise Napoléon III ; il poursuivra sa chronique le 22 janvier 1865, dans un numéro à l'éloge de Proudhon, qui vient de mourir ; il commence le 26 février une série nouvellement intitulée *Les Propos de Labienus*, sous-titrée *La Critique historique sous Auguste*, dont d'autres extraits paraîtront dans la même revue et qui, publiés en volume cette année-là, deviendront un libelle très remarqué contre l'Empire. Deux lettres de Mérimée feront allusion à ce pamphlet « qui n'est que bête, et qu'on a saisi probablement pour lui procurer quelques lecteurs » (lettre à Victor Cousin, 20 mars 1865), ou qui est « plus bête que méchant (...) assez grossier et injurieux » (à Mme de Boigne, 28 mars 1865). L'empereur, dit Mérimée, aurait

été « abattu » par certaines « critiques violentes », dont l'ouvrage de Rogeard (Mérimée, *Correspondance générale*, édition établie par Maurice Parturier, Toulouse, Privat, tome XII, 1958, p. 389 et 400). En Belgique, *La Tribune du peuple* (où Baudelaire découpera un article (f[t] 184) en novembre 1865), parle dans son numéro du 31 mars 1865 du « sanglant stigmate qu'un vigoureux écrivain français vient d'imprimer au front de l'Empire » et du « coup de massue qu'a donné à l'auteur de la vie de César [Napoléon III] l'apparition de la brochure intitulée : *Les Propos de Labiénus* ». Pour avoir insulté l'empereur dans un article intitulé *La Dynastie de La Palisse*, Longuet, le directeur de *La Rive gauche*, fut condamné à huit mois de prison, émigra, et emporta son journal avec lui. En Belgique, les chroniques de Rogeard vont alors un train d'enfer. Son anti-bonapartisme lui fera publier une « pacifiste » *Fête de Waterloo*, le 11 juin, qui prédit « encore une guerre à soutenir », une vraie, « la grande guerre des peuples contre les rois (...) de tous les opprimés contre tous les oppresseurs ». De nouveaux *Mots de César* (le 25 juin) en comptes rendus de *Congrès ouvriers* (le 6 août), il offre à ses lecteurs, le 2 et le 9 juillet, *La Comète* et *Plus heureux qu'un roi*, deux morceaux en vers, extraits de son livre à paraître, *Pauvre France*, dont la publicité occupe de larges espaces des numéros du 27 août et du 3 septembre. Le numéro du 5 novembre, où Baudelaire a découpé le présent article sur le Congrès de Liège, montre encore, dans le coin inférieur droit de la dernière page, une publicité pour *Pauvre France* (ici, p. 408). Entre-temps, Rogeard, le 13 septembre, a été expulsé du royaume. Sur le Congrès de Liège, voir la note 223.3 et le f[t] 238. Sur Rogeard, voir Pierre Angrand, *Victor Hugo raconté par les papiers d'État*, Gallimard, 1961, p. 246-256, qui montre les réticences d'Hugo lui-même à l'égard de Rogeard et de son groupe « où il y a beaucoup de pointus » (lettre à Adèle, 29 mars 1865) ; voir aussi Maxime Vuillaume, *Mes cahiers rouges* (extraits des *Cahiers de la quinzaine*), tome IX, « Quelques lettres d'exil d'Auguste Rogeard (1872-1877) », p. 19-36.

2. « L'Association de la Démocratie militante dite *Le Peuple*, quoique divisée en sections, n'est elle-même qu'une section ou une émanation de la *Société des Affranchis* ou des *Solidaires* », lit-on dans un rapport du commissaire de police de Bruxelles au Procureur général du roi, daté du 22 avril 1863 (Wouters, *op. cit.*, p. 159). *Le Peuple* s'intitule effectivement « section de propagande de la *Société des Solidaires* » (*ibid.*, p. 158) ; les membres les plus

actifs forment en son sein une « section d'Agitation intellectuelle » (*ibid., loc. cit.*), qui, notamment, convoque des meetings. Pierre Splingard, Désiré Brismée, Émile Moyson, Georges Janson, dont on peut lire ici les interventions, en sont membres, ainsi qu'un certain Pellering, qui peut être Jean, Pierre ou Joseph, la famille étant, semble-t-il, dévouée aux présidences, secrétariats et autres offices de ladite société (d'après Wouters, *op. cit., passim* d'après l'index).

3. Un congrès international d'étudiants progressistes s'est tenu à Liège les 29, 30, 31 octobre et 1er novembre 1865. Victor Hugo avait été sollicité pour le présider. Il déclina l'offre, dans une lettre aux organisateurs, le 23 octobre : « Je suis avec vous du fond du cœur. » Des étudiants parisiens, dont les noms apparaissent ici plus ou moins déformés (Gustave Tridon, Germain Casse (futur collaborateur de *La Marseillaise* de Rochefort et du *Rappel*, organe du clan Hugo), Sibrac, Paul Lafargue (1842-1911, futur gendre de Marx), Eugène Protot, Édouard Losson, Aristide Rey) y étaient venus, certains portant le crêpe noir en signe de deuil du drapeau tricolore. Dans la foulée, le 3 novembre, un meeting républicain avait été organisé à Bruxelles, où les mêmes étudiants parisiens se rendirent. C'est de ce meeting que *La Rive gauche* publie le 5 novembre un compte rendu. (Voir Léon-É. Halkin, *Le Premier Congrès international des étudiants à Liège en 1865*, et John Bartier, « Étudiants et mouvement révolutionnaire au temps de la première Internationale : les congrès de Liège, Bruxelles et Gand », *Mélanges offerts à Guillaume Jacquemyns*, Bruxelles, Éditions de l'Institut de Sociologie [de l']Université libre de Bruxelles, 1968, p. 35-60.)

4. Brismée, porte-drapeau de l'Internationale, imprimeur du journal officiel (C.P.).

5. Les étudiants français dont les interventions brillent ici seront l'objet d'une sanction universitaire (*L'Indépendance belge*, 13 décembre 1865) (C.P.).

6. Pierre Splingard (1839-1883), avocat bruxellois acquis à la cause du peuple ; parmi les fondateurs de *La Liberté* en 1865 et collaborateur du *Libre Examen*.

7. César de Paepe (1841-1890), médecin socialiste, disciple de Proudhon ; membre de la société de libres penseurs Les Solidaires.

8. Frédéric Bastiat (1801-1850), économiste français, théoricien du libre-échange, hostile au socialisme ; ses *Œuvres complètes* ont été publiées en six volumes en 1854-1855 ; Gustave de Molinari (1819-1911), économiste belge ; de tendance radicale, il avait, de Paris, regagné la Belgique après le 2 Décembre ; Lacroix et

Verboeckhoven ont publié son *Cours d'économie politique* (2e éd., 1863).

9. Émile Moyson (1838-1868), poète, orateur et agitateur socialiste flamand, mort phtisique à trente ans.

10. Victor Arnould (1838-1893), avocat et homme politique né hollandais, naturalisé belge ; il fera, en 1867, partie de la deuxième équipe, mutuelliste, fédéraliste et positiviste, de *La Liberté*, organe comparable au *Libre Examen*.

## 20. POLITIQUE

### 224

1. Thème bien incrusté dès le XIXe siècle. Jean Stengers (« La Belgique de 1830 (...) », p. 7) cite Michelet : « Il n'y a jamais eu de Belgique, et il n'y en aura jamais » *(Histoire de la Révolution française*, livre VIII, chap. 6). La promesse de Bismarck, selon laquelle « la Belgique, à la longue ne pourra pas être un État viable », ne s'est pourtant pas réalisée (lettre à Goltz du 8 août 1866 : citée par Jean Stengers, p. 9 de son article). Baudelaire, au même moment, se garde de tracer la moindre perspective et parle plutôt de « peuple belge ». Le socialiste Jules Destrée, adressant en 1912 une lettre ouverte au roi sur ce thème, reprendra les termes mêmes de Baudelaire : « Sire, il n'y a pas de Belges. J'entends par là que la Belgique est un État politique assez artificiellement composé, mais qu'elle n'est pas une nationalité », croyant découvrir une « grande et horrifiante vérité ». Il reprenait aussi, sans les connaître non plus, les termes de Léopold Ier dans une lettre à Van Praet (19 novembre 1859) : « La Belgique n'a pas de nationalité » (cité par Jean Stengers, art. cit., p. 9).

2. Joseph II (voir le ft 229). Mais Léopold Ier fut, aussi, si l'on en croit Alexandre Dumas, « le roi le plus philosophe qui eût jamais existé, sans en excepter Frédéric » (*Excursions sur les bords du Rhin* (1841), cité par Claude Pichois, *L'Image de la Belgique dans les lettres françaises de 1830 à 1870*, p. 19).

3. Repris dans l'*Épitaphe pour Léopold Ier* des *Amœnitates Belgicæ*.

### 226

1. Baudelaire, qui revient de Paris, où il a eu à propos du livre sur la Belgique un entretien décevant avec la maison Garnier, écrit à Julien Lemer, le 9 août 1865 : « La répugnance de M. Garnier

m'a fait rire et m'a fait penser à ce qu'Alphonse Karr appelle la *Tyrannie des faibles.* La Belgique est inviolable. Je le sais. Mais je m'en moque. »

*228*

1. Extrait de *La Paix*, numéro du 31 juillet 1864 (1re page). L'article concerne la loi relative aux nouvelles fortifications d'Anvers (voir la note 215-216.1). Voici le dernier paragraphe de l'article : « Nous avons montré, par des chiffres officiels, que les dernières déclarations de M. Chazal au Sénat n'étaient pas conformes à la réalité des choses. Aucune feuille ministérielle n'a osé toucher ce point délicat. Faisons remarquer à ce propos que l'*Indépendance* s'est abstenue de répondre à l'invitation que nous lui avons adressée de justifier ses allégations de l'autre jour concernant le déficit de 5 1/2 millions avoué par M. Chazal pour les travaux et l'embastillement d'Anvers. Selon l'*Indépendance,* " il y a quatre ans que la législature sait à quoi s'en tenir sur ces 5 1/2 millions. " Nous prétendons, nous, que le premier mot lui en a été dit cet hiver, que par conséquent la feuille ministérielle s'est trompée ou a voulu tromper ses lecteurs. Nous engageons de nouveau l'*Indépendance* à nous citer une page officielle à l'appui de son affirmation, ou bien à reconnaître que sa complaisance envers le cabinet doctrinaire lui a dicté une grave erreur. »

229

1. En 1789, le Brabant s'était libéré du joug autrichien ; en 1792, Dumouriez occupait Bruxelles, qui, de 1792 à 1814, fut le chef-lieu d'un nouveau département français, la Dyle (C.P.).

231

1. Dechamps (voir la note 206.3) voulait abaisser le cens électoral ; les libéraux voulaient le maintenir. L'abaissement du cens eût apporté le vote des campagnes, conservatrices (C.P.).

232

1. Slogan pour recruter des soldats pour l'expédition du Mexique ? (C.P.) L'intervention belge au Mexique (l'empereur Maximilien avait épousé la princesse Charlotte, fille de Léopold Ier) était vigoureusement contestée en Belgique, où la presse dénonçait l'expédition comme une catastrophe nationale. « On m'a dit que *L'Indépendance* [*belge*] avait été interdite en France, à cause des

mauvaises nouvelles qu'elle donnait sur le Mexique », écrit Baudelaire à Ancelle le 18 janvier [1866]. Il avait d'ailleurs découpé dans la presse belge des articles relatifs à cette expédition dans *La Gazette belge* du 5 novembre 1865 (voir les coupures 64 et 65).

*233*

1. La coupure ne porte pas de références. Josse Sacré était à la fois imprimeur et libraire d'occasion ; il dirigeait aussi des ventes publiques ; ses deux fils étaient également libraires (voir Pascal Pia, « L'Édition belge au temps de Baudelaire », p. 83).

234

1. La majorité libérale trop courte finit par tomber, en juillet 1864 (cf. notes 160-161.1 et 66.1). Elle revint raffermie, avec à sa tête Charles Rogier. « Vous savez probablement, écrit Baudelaire à Ancelle le 14 juillet, dans quelle situation extraordinaire se trouvent la Chambre et le ministère. J'espérais des coups de fusil et des barricades. Mais ce peuple est trop bête pour se battre pour des idées. S'il s'agissait du renchérissement de la bière, ce serait différent. » Et le 8 août, à sa mère : « Depuis le 11 juillet, il y a ici une grande agitation. La chambre est dissoute, et l'on prépare les élections. C'est un spectacle hideux. Les ouvriers de Paris sont des princes à côté des princes de ce pays (...). J'espérais quelques coups de fusil dans la rue. Mais c'était là une idée de Français. Ce peuple ne se battrait, je crois, que si le prix du faro ou des pommes de terre augmentait » (C.P.).

235

1. Cf. le f[r] 237 et *Mon cœur mis à nu*, f[ts] 39-40-41.

237

1. Probablement Eugène Bochart, cordonnier, qui fut conseiller communal de Bruxelles et écrivit des guides de la ville.

2. Albert Lacroix, l'éditeur associé à Verboeckhoven (voir la chronologie, p. 500-501, 504, 510 et la note 156.2), candidat à la députation. Le 8 août 1864, Baudelaire écrit à sa mère : « Malgré mon dégoût, j'ai assisté à plusieurs réunions électorales. J'ai eu la joie de voir crouler la candidature de M. Lacroix, dans un club où il a été insulté, *à la flamande*, c'est tout dire, pendant trois heures. J'ai eu la bassesse de mêler mes huées à celles de ses adversaires. C'est donc enviable d'être député, c'est donc bien glorieux, puisque l'on consent à avaler de telles couleuvres ! »

238

1. Voir la note 223.3.

239

1. Probablement celui porté par le citoyen Sibrac à la réunion liégeoise dont rend compte la coupure 223 (voir p. 398-399) (C.P.).

## 21. L'ANNEXION

240

1. Octave Mirbeau racontera dans *La 628-E8* (p. 97) l'histoire désopilante d'un industriel belge qui, à la fin d'une tirade contre les anarchistes français, déclarait : « Ah ! Je sais bien ce que vous rêvez... je vois bien ce que vous attendez... la Belgique aux Français, hein ? » De l'autre côté, le fantasme de reconquérir la Belgique a pu exister en France. Balzac ne parle-t-il pas naturellement dans *Un début dans la vie* (1844) d'un « jeune diplomate qui rendra quelque jour la Belgique à la France » ? Jean Stengers observe qu'« aux yeux de la plupart des Français au milieu du XIXe siècle, la Belgique apparaît comme une terre sans nationalité propre, un prolongement naturel de la France, qui ne doit son indépendance qu'au fait que les puissances se sont opposées à ce qu'elle revienne dans le giron français » (« La Belgique de 1830 (...) », p. 7). John Bartier indique de son côté que, « pendant tout le Second Empire, l'opinion européenne a cru que la France finirait par envahir la Belgique » (*Odilon Delimal* (...), p. 202). On touche là au paradoxe politique de la dénonciation de Baudelaire : dénoncer un complexe francophobe, une hantise de l'annexion, chez les Belges, et ne voir dans la Belgique qu'une nation fictive, un « arlequin diplomatique ».

2. On retrouve l'expression au fr 317 et dans *L'Inviolabilité de la Belgique* des *Amœnitates Belgicæ*. Ancelle, à qui Baudelaire avait envoyé le 22 janvier 1866 l'*argument* du livre sur la Belgique, et peut-être Dentu, l'éditeur pressenti, semblent s'être offusqués de cette formule imagée. Le 30, Baudelaire répondait à la réprimande du notaire : « Souvenez-vous que *La Belgique déshabillée* est un croquis très grave, très sévère, de *suggestion sévère,* sous une apparence bouffonne, à l'excès, quelquefois. Ainsi tombent vos reproches à propos du *bâton merdeux,* et d'autres expressions

purement confidentielles. Je suis convaincu que l'éditeur auquel vous montrerez cet abrégé de l'ouvrage ne s'y méprendra pas. » Roger Kempf a eu la curiosité de s'interroger sur cette métaphore du bâton, qui « inspire des coups » et, sous forme de balai ou de brosse, « s'approprie la saleté », — tout l'opposé du thyrse (« Un sinistre amphibie », p. 25-26).

3. Voir le f[t] 226.

### 22. L'ARMÉE

#### 244

1. 40 000 hommes.

#### 245

1. À Castelfidardo, le 18 septembre 1860, les troupes pontificales commandées par Lamoricière comptaient 400 volontaires franco-belges. Elles furent héroïquement vaincues et leur chef trouva la mort (C.P.).

### 23. LE ROI LÉOPOLD Ier

#### 247

1. Léopold de Saxe-Cobourg, né en 1790, est devenu roi des Belges en 1831. Il est mort durant le séjour de Baudelaire en Belgique, le 10 décembre 1865. Le 21 décembre, Baudelaire écrit à Ancelle : « Me voilà obligé d'ajouter un chapitre sur le *vieux Roi.* » Deux jours plus tard, à sa mère, le 23, il parle de « la mort de cette vieille bête de roi » comme ayant jeté une brutale actualité sur son sujet. Le lendemain de la mort du roi, *L'Indépendance belge* publie, dans un tirage spécial, bordé de noir, un long article sur le roi défunt par Nestor Considérant, que Baudelaire joint à son dossier de presse avec un commentaire réprobateur (coupure 348). Plus tard, après l'avènement du nouveau roi, il achète le même jour, la veille de Noël, trois journaux : *La Publicité belge, L'Économie* et *L'Étoile belge,* où il découpe des articles concernant la mort de Léopold Ier et l'avènement de Léopold II ; il fut visiblement très attentif aux bruits qui ont circulé concernant l'absence de résignation du vieux roi devant la mort (f[ts] 344, 345, 346 et 347).

2. Cf. *Les Panégyriques du roi* dans les *Amœnitates Belgicæ.* Et Octave Mirbeau qui écrit dans *La 628-E8* (p. 62) : « Après des révolutions, dans le genre des nôtres, bien entendu, ils [les Belges]

ont été chercher, pour l'installer dans cette capitale nulle, une dynastie de principicules allemands, mâtinés de quoi ? : de d'Orléans. »

3. Allusion à Louis-Philippe, que l'on retrouve dans *La Mort de Léopold Ier* des *Amœnitates Belgicæ.*

4. Voir le f[t] 248.

5. Voir l'article parmi les coupures de presse, au f[t] 348.

6. Voir le f[t] 249. Le 26 décembre 1865, Baudelaire écrit à Ancelle : « Maintenant que la grande comédie du Deuil belge est finie, les articles amers sur le Léopold Ier commencent. C'était véritablement *une triste canaille.* Croyez-moi. J'ai lu les journaux français. En général, ils sont *ineptes ;* excepté un article de *La Patrie,* signé Casimir Delamarre, les journaux français n'entendent rien à la question belge. Voir, dans le *Figaro,* un article sur Léopold — bon article signé Yvan Woestyne — ce qui signifie *Van de Woestyne* —, officier d'artillerie belge que j'ai connu à Paris. Les officiers belges le traitent de gredin, cela va sans dire. » L'avarice est, entre tous les défauts, rédhibitoire pour Baudelaire, parce que c'est le signe de l'anti-dandysme, comme la peur de mourir (voir la note 247.11). Voir Roger Kempf, *Dandies,* p. 78-79, qui rappelle le dégoût de Chateaubriand pour l'argent et le soin que met Baudelaire à laver Delacroix du soupçon d'avarice.

7. Voir le f[t] 250 et la coupure 344 évoquant un personnage « tout officiel des pieds à la tête », ayant « l'orgueil du rang » et « du sang ».

8. Léopold Ier eut deux fils, Léopold, qui régna de 1865 à 1909, et Philippe, comte de Flandre, dont le fils Albert régnera de 1909 à 1934. Il les voyait peu, après la mort de sa femme, et leur imposait une éducation sévère.

9. Léopold Ier avait épousé Louise-Marie d'Orléans, fille aînée de Louis-Philippe, en 1832. Baudelaire écrit à Ancelle, le 12 février 1865 : « Savez-vous que les fils du roi Léopold reçoivent, avec l'assentiment de leur papa, une rente de l'empereur Napoléon III, comme indemnité de leur part perdue dans l'héritage (saisi) de la maison des d'Orléans ? — Âmes ignobles ! Dynasties condamnées ! — Notre Empereur est peut-être un grand coquin, mais il aime mieux la gloire que l'argent ; à cause de cela, il est intéressant. — Du reste, je vérifierai le fait avant de le publier. — Cela n'est pas facile. » Sur la rente de 66 000 francs par an que Léopold Ier et son successeur ont touchée de la France durant quinze ans, de 1857 à 1872, en compensation de la confiscation des biens des Orléans,

voir Marcel Rousselet, *Les Souverains devant la justice, de Louis XVI à Napoléon III*, Albin Michel, 1946, p. 300 ; A. De Ridder et F. Lorent, « Une succession royale : Léopold II et le prince de Chimay », *Revue Générale* (Bruxelles), 15 octobre et 15 novembre 1927, p. 400-422 et 542-561 ; et Jean Stengers, « Léopold II et le patrimoine dynastique », *Bulletin de la Classe des lettres et des Sciences morales et politiques de l'Académie royale de Belgique*, 5^e^ série, tome LVIII, 1972, 2-4, p. 92.

10. Y a-t-il un rapport avec le fait que l'empereur Maximilien, qui avait épousé la fille du roi des Belges, délaissait sa femme pour celle d'un jardinier ? (C.P.)

11. Voir les f^ts^ 253, 254, 255 et les coupures du 24 décembre (f^ts^ 344 et 346) montrant qu'effectivement le bruit avait couru que le roi mourant n'était pas résigné. Cf. *La Mort de Léopold I^er^*, dans les *Amœnitates Belgicæ*. « J'ai de très sérieuses raisons pour plaindre celui qui n'aime pas la Mort », écrit Baudelaire dans le projet de lettre à Jules Janin (1865). Refuser la mort c'est, pour Baudelaire, l'opposé du stoïcisme, le contraire de l'attitude du dandy. La conscience de la mort est aussi un principe vital et Marc Eigeldinger, dans l'étude intitulée « Baudelaire et la conscience de la mort », rappelle la nécessaire corrélation, à propos de Paul de Molènes, de « l'amour excessif de la vie » et du « goût divin de la mort ».

12. Raconté dans *L'Économie* du 24 décembre ; découpé par Baudelaire (f^t^ 346).

13. Frédéric-Guillaume Becker (1819-1885), pasteur à Bruxelles à partir de 1844, chapelain de Léopold I^er^ à partir de juillet 1853, s'était installé au palais dès le 8 décembre 1865, selon le vœu du roi malade. Il l'assista dans ses derniers moments et présida le service religieux aux funérailles, le 16 décembre. Il accompagna le char mortuaire jusqu'au moment où la dépouille du roi passa le seuil de l'église catholique de Laeken.

14. « Tout ce deuil national s'est exprimé par une boissonnerie épouvantable. Jamais les rues n'ont été tant inondées d'urine et de vomissements. Un soir j'ai voulu sortir, et tout de suite je suis tombé par terre » (lettre à Ancelle, 21 décembre 1865). Les excès de boisson en Belgique ne sont pas réservés aux enterrements. Huysmans parlera de Bruxelles, « Chanaan des priapées et des saouleries » (« L'Exposition du cercle artistique de Bruxelles », *Musée des Deux Mondes*, 1^er^ août 1876), et le législateur prendra bientôt des dispositions sévères réglementant le débit de l'alcool.

15. *La Belle Hélène*, d'Henri Meilhac et Ludovic Halévy, musique de Jacques Offenbach, opéra-bouffe créé en 1864. « Le nouveau Roi a fait son entrée triomphale sur un air des *Bouffes-Parisiens*, "C'est le Roi barbu qui s'avance." C'est la faute d'un naïf Allemand dirigeant l'orchestre militaire. Ce peuple est si profondément bête que personne n'a trouvé cela bouffon », écrit Baudelaire à Ancelle le 21 décembre 1865 (voir f[t] 345).

248

1. Cf. *La Mort de Léopold Ier* dans les *Amœnitates Belgicæ*.

2. Épisode contesté par Léopold Ier (voir Carlo Bronne, *Léopold Ier et son temps*, Bruxelles, Goemaere, 1942, p. 19-20).

249

1. Pourquoi « Courbet » ? Parce que le roi passait pour « un amant de la simple nature » (f[t] 247) ?

252

1. Il ne s'agit pas du fouriériste français Victor Considerant comme on l'a cru mais du journaliste belge Nestor Considérant (1824-1877). Professeur à l'École militaire, rédacteur à *L'Indépendance belge*, il est l'auteur du long éditorial sur Léopold Ier du 11 décembre 1865, conservé par Baudelaire (f[t] 348) et où figurent effectivement les mots que cite approximativement Baudelaire, « obéissant aux nécessités de la politique ». Voir p. 423.

2. Baudelaire n'est même pas mentionné dans le *Dictionnaire universel des contemporains* de Vapereau, dont la première édition est de 1858 ; la notice sur Léopold Ier y est très élogieuse (C.P.). Voir le f[t] 258.

256

1. Alphonse Vandenpeereboom (1812-1884).

2. C'est la même graphie (*ll* pour *y*) qu'utilise Ernest Delahaye, recopiant un « Coppée » où Verlaine se moque de l'accent ardennais de Rimbaud : « *Nom* de *nom !* J'ai rien voilliagé (...). »

3. Wiertz avait peint *Les Grecs et les Troyens se disputant le cadavre de Patrocle*. Voir la note 270.1 et les annotations de Baudelaire sur la coupure 184.

4. Léopold Ier est enterré à Laeken.

257

1. Entre le 10 et le 17 décembre, c'est-à-dire entre la mort de Léopold Ier et l'avènement de Léopold II, on a tiré, à Bruxelles, un coup de canon toutes les cinq minutes. Voir la coupure 348, p. 450.

2. Le prince Léopold avait épousé en premières noces en 1816 la princesse Charlotte, fille du prince de Galles, héritière du trône. Il s'était fait naturaliser anglais et recevait une dotation annuelle à laquelle, devenu roi des Belges, il renonça (C.P.).

3. Mme Frédéric Meyer fut la maîtresse de Léopold Ier dont elle eut deux fils ; le roi lui avait fait donner un mari de complaisance (C.P. et P.).

258

1. Charles Neyt, photographe belge, qui reparaîtra au f[t] 299 et, s'il s'agit de lui (« un photographe de mes amis »), au f[t] 288. Voir la note 288-289.6.

2. Sur Vapereau, voir la note 252.2 ; sur Considérant, la note 252.1.

24. BEAUX-ARTS

259

1. Henri Leys (1815-1869), peintre anversois dont Baudelaire avait vu des œuvres à l'Exposition universelle de 1855 et qu'il avait rencontré à Anvers (C.P.). Sur Rops, voir la note 302-303.10. Baudelaire n'est pas le seul à faire pour Rops cette opération qui le détache, l'excepte de la Belgique. C'est ainsi que Poulet-Malassis écrit le 17 mai 1864 à Bracquemond : « Vous avez vu Rops et vous avez été charmé de lui. Il en vaut la peine ou plutôt le plaisir. La Belgique vaudrait cher si on l'achetait sur pareil échantillon ; mais la vérité est que Rops est né par hasard en Belgique contre toute espèce de prévision et de possibilité » (lettre publiée par Jean-Paul Bouillon, *Bulletin du bibliophile*, 1976, p. 382). En vérité, Rops avait des ascendants dans la Flandre des peintres. L'hérédité tempère le « hasard » dont parle Malassis.

2. La composition c'est, pour Baudelaire, « le *disegno* (...), la soumission de tout le travail du peintre, dès le niveau de la perception, dès le moment du choix parmi les propositions et les possibles du monde, à une structure d'esprit » (Yves Bonnefoy, *Le Nuage rouge*, p. 23).

3. Ne peindre que ce que l'on voit : c'est une formule de Charles

Asselineau, qui l'utilise à propos de Charles Barbara (*Athenæum français*, 1856) (C.P.) (Sur Barbara, voir *Fusées*, f[t] 4.)

4. Contre la spécialité, voir *Mon cœur mis à nu*, f[t] 33.

5. Prosper Crabbe : voir la chronologie, p. 504 et 513 et le catalogue de sa collection, p. 533. Sur le baron Van Praet, ministre de la Maison du roi, voir la note 17.3 et le mot de lui rapporté au f[t] 329. Cf. *L'Amateur des beaux-arts en Belgique* dans les *Amœnitates Belgicæ*.

6. Sur Wiertz, voir le f[t] 270 et la note 270.1.

260

1. Baudelaire rejette ici Rubens, après lui avoir accordé une place dans *Les Phares* des *Fleurs du mal*, et explique à Mme Meurice (lettre du 3 février 1865, ci-dessus p. 532) que la Belgique lui a rendu le « service de [l]'avoir désillusionné à l'endroit de Rubens », même si l'opinion du libre penseur Defré, écartant Rubens pour son catholicisme (voir les f[ts] 187 et 195), ramène le poète du côté du peintre flamand. Entre les f[ts] 272-273 et 274-275, mentionnant les Rubens du musée de Bruxelles, le jugement semble se déplacer avec les tableaux. À Anvers encore (f[t] 295), il ne semble pas convaincu par les « fameux Rubens ». Baudelaire n'est ni le seul ni le premier à émettre des réserves sur le peintre dont Diderot se demandait : « Comment un si grand maître s'en tint-il toujours aux formes grossières de son pays ? » et que Stendhal « méprisait » (selon Mérimée, introduction à la *Correspondance inédite* de Stendhal). Yves Bonnefoy, dans une longue et belle étude intitulée « Baudelaire contre Rubens » (*Le Nuage rouge*, p. 9-80) explique cette apparente versatilité comme un « débat de l'angoisse et de la confiance » (*ibid.*, p. 78). Marcel Ruff observe qu'il s'agit moins d'une inconséquence de Baudelaire, d'une « déviation » ou d'un « renversement », de son premier jugement que d'un « renforcement de ses traits fondamentaux et permanents », lui faisant accéder à un jugement plus sévère (*L'Esprit du mal et l'esthétique baudelairienne*, p. 363-364).

261

1. « Mais ici, (...) il faut être *grossier, pour être compris* » ( à Ancelle, 13 octobre 1864).

262

1. Eugène Verboeckhoven, le père de l'éditeur, avait fait des portraits des Vernet.

2. Baudelaire énumère des noms d'artistes belges : Jean-François Portaels, Guillaume Van der Hecht, Louis Dubois, Félicien Rops, Marie Collart, Joseph et Alfred Stevens, Florent Willems, Antoine Wiertz, Henri Leys, Nicaise de Keyser, Louis Gallait, dont il avait pu voir des œuvres à Bruxelles dans les collections Crabbe et Van Praet, à l'Exposition de la place du Trône (f[r] 266), ou dans la collection Goethals à Anvers (f[r] 324). On trouvera dans l'édition Crépet-Pichois (p. 298-300), et dans l'édition Pichois (p. 1503-1504) des renseignements sur chacun de ces peintres; Baudelaire avait particulièrement connu la jeune Marie Collart et sa famille. Sur Rops, voir la note 302-303.10; sur Dubois, la note 23.3; Joseph Stevens est le frère d'Alfred et d'Arthur (voir la note 93.1) : c'est à lui, pour le remercier du don d'un gilet, qu'est dédié « le seul morceau de littérature de M. Baudelaire qui ait été publié dans un journal belge durant le séjour qu'il a fait à Bruxelles » (Poulet-Malassis, *La Petite Revue*, 27 octobre 1866, repris dans *Le Grand Journal* le 4 novembre) et publié, dit Baudelaire à Ancelle, contre son gré : *Les Bons Chiens*, un poème en prose, dans *L'Indépendance belge* le 21 juin 1865.

265

1. Baudelaire pense peut-être au peintre anversois Henri Leys (voir la note 259.1 et le f[r] 295) qui, durant le séjour de Baudelaire en Belgique, se consacrait à de grandioses décorations picturales pour l'hôtel de ville d'Anvers, qui l'occupèrent de 1863 à 1869.

266

1. Le Cercle artistique et littéraire avait organisé une exposition à Bruxelles, place du Trône, en octobre 1864 (C.P.).

2. Sur Chenavard, voir *Fusées*, f[r] 4 et la note 4.3, et *L'Art philosophique.*

3. Edvard von Steinle, directeur de l'Académie des beaux-arts de Francfort (C.P.).

4. Sur Janmot, voir le f[r] 202 et la note 202.1.

5. Wilhelm von Kaulbach, dont Baudelaire a dit quelques mots dans *L'Art philosophique*, a déjà été mentionné (f[r] 137) à propos des illustrations de *Werther* qu'il exposait précisément ici (C.P.).

6. Il s'agit vraisemblablement d'un carton de l'Allemand Théodore Dietz, représentant le général Blücher passant le Rhin en 1814 (C.P.).

7. Un carton de Chenavard, envoyé à l'exposition, représentait

Molière lisant *Tartuffe* alors que passent Louis XIV et sa cour (C.P.).

*267-268*

1. Baudelaire n'a pas indiqué les références du journal. Il s'agit d'un extrait du quotidien français *Le Temps*, rédacteur en chef : Auguste Nefftzer; administrateur : Adrien Hébrard; 7, rue du Coq-Héron, Paris, n° 1511, 21 juin 1865 (3e page). L'écho porte comme titre *Nécrologie*. Michel Berend, originaire de Hanovre, israélite ayant rejoint La Libre Pensée, journaliste polémiste, est le correspondant à Bruxelles de *La Gazette de Cologne* et du *Temps*; il publia *La Quarantaine* en 1865, chez Lacroix et Verboeckhoven, avant de mourir du choléra l'année suivante. Sur Wiertz, voir les f[ts] 269, 270 et la note 270.1.

269

1. Sur Wiertz, voir la note 270.1 ; sur Hugo, voir *Fusées*, f[t] 22 et la note 22.11. Le jugement de Baudelaire sur Gustave Doré ressemble à celui qu'il porte sur Victor Hugo : un travers accompagne son génie et gâche celui-ci. Une lettre à Nadar du 16 mai 1859 déplore « l'enfantillage qui se fait voir si souvent à travers son génie ». Effectivement, Doré a illustré des contes pour enfants.

2. Bignon : il s'agit probablement, selon Claude Pichois, d'un acteur vanté par Baudelaire dans son *Richard Wagner et Tannhäuser*.

270

1. Baudelaire n'est ni le premier, ni le dernier à dénier toute grâce à celui que Huysmans appellera « le toqué belge » (dans son « Salon de 1879 », repris dans *L'Art moderne* (VIII), 1883). Né le 22 février 1806 à Dinant, Antoine Wiertz, dont l'ambition est de renouer avec la grande tradition de la peinture flamande et dont le modèle est Rubens, mourra pendant le séjour du poète à Bruxelles, le 18 juin 1865 (voir la coupure 267-268, collée sur un faire-part). Auteur d'un portrait de Blanqui (aujourd'hui dans les collections du Petit Palais), Wiertz, libre penseur militant, est un bel exemple de ce que Baudelaire déteste chez les Belges : une connivence, mêlée d'outrecuidance, avec l'idéologie des proscrits français. Jacques Crépet et Claude Pichois citent un savoureux article de *La Petite Revue* du 24 juin 1865 où on lit : « Il [Wiertz] faisait de la grande

peinture en pensée et de la grande pensée en peinture, dans un pays où ces choses-là troublent les esprits. »

2. L'allusion à la fin des *Contemplations* vise plus particulièrement *Ce que dit la bouche d'ombre* d'après Jacques Crépet, *Les Mages* d'après Léon Cellier (*Baudelaire et Hugo*, p. 235).

3. Voir ici le f[t] 187 et *Mon cœur mis à nu*, f[t] 23.

4. Une peinture de Wiertz, de 1855, porte cette légende : *La puissance humaine n'a pas de limites.*

5. Résumé de l'impression de Baudelaire devant la peinture de Wiertz ?

6. Wiertz avait couvert son atelier d'inscriptions et de textes paraphilosophiques, réunis dans ses *Œuvres littéraires* sous la rubrique « placards » (voir les notes 270.8 et 270.9).

7. Paulin Gagne (1808-1876), l'auteur de la *Monopanglotte*, proposant un langage universel ; comparable, par ses fumisteries prétentieuses, à Wiertz.

8. Parmi les textes composés par Wiertz pour être affichés dans son atelier, l'un s'intitule *Bruxelles capitale et Paris province* et se termine par ces mots : « Allons, Bruxelles ! lève-toi ; deviens la capitale du monde et que Paris, pour toi, ne soit qu'une ville de province » (Wiertz, *Œuvres littéraires*, Paris, Librairie internationale, 1870, p. 329-334).

9. Wiertz est l'auteur notamment d'un *Salon de 1842*, d'un *Éloge de Rubens* (1840), d'un mémoire sur l'*École flamande de peinture* (1863), d'articles divers et d'un essai : *La critique en matière de peinture est-elle possible ?* (1851). Ses *Œuvres littéraires* ont été réunies en un volume (publié à Bruxelles en 1869, puis à Paris, en 1870).

10. « Il ne sait pas dessiner » : c'était le reproche fait à Delacroix par la critique académique.

11. L'atelier du peintre (devenu un musée Wiertz), 2, rue Vautier, existe toujours.

12. Après la mention de trompe-l'œil, où excellait Wiertz, ce qui suppose une certaine aptitude et une conformité à l'esprit baroque, Baudelaire énumère trois de ses œuvres : *Le Soufflet d'une dame belge, Napoléon en enfer* et *Le Lion de Waterloo* (C.P.).

## 272-273

1. La plupart des tableaux mentionnés par Baudelaire sur les feuillets 272 à 275 ont été repérés par Jacques Crépet et Claude Pichois d'après le *Catalogue descriptif et historique du Musée*

*Royal de Belgique (Bruxelles)* d'Édouard Fétis (1864). On trouvera dans leur édition, p. 305-308, les résultats de cette difficile recherche d'identification, reprise dans l'édition Pichois de la Pléiade, p. 1507-1509. Rappelons simplement l'oscillation du jugement sur Rubens (voir le f[r] 260 et la note 260.1), entre le f[r] 272-273 (la « curieuse esquisse (...), très blanche » est probablement *Le Martyre de sainte Ursule et de ses compagnes;* l'autre, « superbe », *Vénus dans la forge de Vulcain*, effectivement une des œuvres les plus belles du maître anversois), et le f[r] 274-275, où revient la déception que l'on retrouvera à Anvers (f[r] 295).

274-275

1. Yves Bonnefoy note la reprise de l'adjectif « *curieux* » (f[rs] 272-273 et 274-275), qui révèle l'incertitude de Baudelaire devant Rubens (*Le Nuage rouge*, p. 19).

2. Les « grands Rubens du fond » : la *Pietà avec saint François*, la *Montée au Calvaire*, l'*Intercession de la Vierge et de saint François*, l'*Adoration des Mages*, l'*Assomption* et le *Couronnement de la Vierge*.

3. Voir la note 93.1.

## 25. ARCHITECTURE — ÉGLISES. CULTE

276

1. Baudelaire n'a pas de nom pour ce « style du XVIIe siècle », que nous appelons baroque. « Style jésuite », dit-il, ou « style Rubens », car l'atelier de Rubens a collaboré activement à la prépondérance des jésuites, illustrant leurs publications chez Plantin-Moretus, décorant leurs églises. Sur l'intérêt de Baudelaire pour ce style, qu'il est seul dans son siècle à admirer, voir, pour l'architecture et la sculpture surtout, Wolfgang Drost, « Baudelaire et le baroque belge » et l'étude d'Yves Bonnefoy, « Baudelaire contre Rubens ».

2. Baudelaire, faisant du rococo une « floraison » tardive du gothique (sautant du XIVe au XVIIIe siècle), a l'intuition d'un rapprochement qui deviendra constant à la fin du XIXe siècle, en particulier à l'époque de l'Art nouveau.

3. Luc Faid'herbe et Jacques Francquart, les principaux artistes du baroque belge auquel Baudelaire s'intéresse. Faid'herbe est l'auteur des deux autels latéraux de Saints-Pierre-et-Paul à Malines, que Baudelaire a visité, et de nombreuses sculptures de la cathédrale Saint-Rombaut.

4. Voir le f° 282.

5. « Sculpture non sculpturale » : cette formule que Baudelaire glose immédiatement (« non monumentale », « joujou »...) et plus loin encore (« ornemaniste »), signifie (d'après Drost, art. cit., p. 46-47) que Baudelaire observe que les éléments fondamentaux de la chaire, son architecture même, sont camouflés sous des ornements minéraux et végétaux. D'où l'exception qu'il fait pour la chaire de Saints-Pierre-et-Paul de Malines (f° 295), où la structure apparaît.

6. Cf. le f° 198.

277

1. Nombreux sont les toits flamands dominés par un pot, en particulier à Bruxelles.

2. Allusion à la statue équestre de Charles de Lorraine, sur le toit de la maison des Brasseurs, Grand'Place, à Bruxelles.

3. Par exemple, celui de l'église dite des « Riches Claires », à Bruxelles ; mais les clochers bulbeux sont très répandus en Belgique (C.P.).

4. Cabinets : armoires à portes et tiroirs multiples, dessinés un peu comme des façades de maisons, et dont les beaux exemples datent de l'époque baroque (P.).

279

1. En août 1695, le maréchal duc de Villeroi bombarde Bruxelles : il ne reste que l'Hôtel de Ville et la maison appelée « La Louve » (voir le f° 129) de ce qui, reconstruit, allait devenir la Grand'Place telle qu'on peut la voir aujourd'hui.

2. Le pignon de la maison des Bateliers (1597) représente en effet la poupe d'un navire décorée de cariatides.

3. Cette parenthèse signifie sans doute : consulter Louis Dubois, peintre ami de Rops et de Malassis (voir note 23.3), et l'*Histoire de la ville de Bruxelles* de Henne et Wauters (voir le f° 280-281 et la note 20.1) (C.P.).

*280-281*

1. Notes sur la Grand-Place de Bruxelles, prises d'une main inconnue, et tirées des deux ouvrages mentionnés au bas du f° 281, de Schayes (4 vol., 1849-1850) et de Henne et Wauters (3 vol., 1843-1845).

2. Maison Billen : l'ancienne maison des ducs de Brabant avait

été découpée en plusieurs maisons ; l'une d'elles porte le nom de celui qui l'habitait en 1865 (Albert Kies, cité par C.P.).

3. La Grand-Place fut reconstruite après les bombardements de 1695 par l'architecte Guillaume de Bruyne (1649-1719). L'auteur de *Zigzags* (1845), ami de Baudelaire, Théophile Gautier, avait traduit l'effet que fait la Grand'Place de Bruxelles sur le voyageur comme une impression d'entrer « dans une autre époque ».

282

1. *Le Magasin pittoresque* de février 1865 (tome XXXIII, p. 43-44) avait consacré un article à Coeberger (1560-1634).

2. Le roman de Victor Hugo, *Notre-Dame de Paris*, avait créé une mode gothique.

3. Drost (art. cit., p. 59) signale pourtant que Victor Joly avait rendu hommage aux jésuites en 1845 dans *Des jésuites et de quelques engouements littéraires à propos du Juif errant.*

283

1. Cf. le f$^{t}$ 298.

284

1. À Louvain, en 1369, un jeune employé de sacristie avait vendu à un juif des hosties consacrées, qui furent percées à coups de poignards dans la synagogue ; mais le sang en jaillit et une juive touchée par la grâce, les apporta à l'évêque de Cologne en lui demandant le baptême. Le juif fut massacré, ses complices brûlés, les hosties vénérées et l'histoire, racontée sur les vitraux de Sainte-Gudule à Bruxelles (C.P.).

285

1. Gautier avait admiré aussi les vitraux de Sainte-Gudule, « les plus beaux peut-être qu'il y ait au monde » (dans un article de *La Presse*, 31 mai 1837 ; cité par H. Van der Tuin, « Les voyages de Théophile Gautier (...) », p. 497).

2. Voir les f$^{ts}$ 186$^{bis}$, 199 et 285.

3 .. où on lit qu'il convient de donner une obole au sacristain.

286

1. Allan Kardec, auteur (français) du *Livre des médiums* et de *L'Imitation de l'Évangile selon le spiritisme* (1864) (C.P.).

287

1. Baudelaire a noté, sur une coupure de presse (175-176), le nom et l'adresse d'un libraire bruxellois, Claassen, qui vend *Le Libre Examen.*

288-289

1. Ces quatre feuillets successifs, 288 à 291, ont la même rubrique : ÉGLISES. BRUXELLES. Les deux premiers se font suite nécessairement puisque le mot « confessi-onnaux » est coupé et réparti entre le bas et le haut des deux feuillets. (La rubrique est d'ailleurs reprise sur le second feuillet.) Poulet-Malassis avait numéroté les quatre feuillets dans un ordre tel que cette succession était impossible. Eugène Crépet a fait permuter les chiffres 289 et 291 (Jacques Crépet a indiqué au crayon sur le manuscrit : « Écriture de mon père ») :

| | | | | |
|---|---|---|---|---|
| 288 | [291] | 290 | [289] | selon la numérotation de Poulet-Malassis ; |
| | 289 | | 291 | avec la correction d'Eugène Crépet. |

2. Résumé de la définition que Baudelaire va donner du style jésuite au f[t] 295 : « salmigondis, jeu d'échecs ».

3. Les églises baroques belges rappellent à Baudelaire le collège de Lyon où il fut élève de 1832 à 1836 (voir les f[ts] 299-301). On a vu que Baudelaire a gardé aussi la mémoire olfactive de la ville à l'odeur de charbon (voir note 22.1).

4. Le tombeau de Jean-Baptiste Rousseau, mort à Bruxelles en 1741, est dans l'église Notre-Dame des Victoires, au Sablon, où se trouve aussi un buste en marbre blanc (Albert Kies, cité par C.P.).

5. Baudelaire fait allusion aux différentes chaires qu'il a pu voir : à Malines, celle de Saint-Rombaut en particulier, de Van der Voort, et qui représente plusieurs scènes très théâtrales (Ève, séduite, donnant la pomme à Adam ; un crucifix, un arbre du paradis avec oiseaux, fruits, le tout surmonté d'un nuage en baldaquin d'où dépasse le feuillage) ; ou à Bruxelles, la chaire de Notre-Dame-du-Sablon, avec les symboles des évangélistes ; il vit des falaises et des rochers dans la chaire de Notre-Dame-de-la-Chapelle, à Bruxelles (voir Léopold Godenne, *Malines (...)*, p. 100, Drost, « Baudelaire et le baroque belge », p. 45, et Paul Fierens, *Chaires et confessionnaux baroques*, Bruxelles, Éditions du Cercle d'art, 1943).

6. Comme photographes, Baudelaire a connu, à Paris, Nadar et Étienne Carjat, en Belgique, Charles Neyt. Il est possible qu'il s'agisse de ce Neyt, qui a laissé deux photographies de Baudelaire (voir la note 258.1 et Claude Pichois, *Album Baudelaire*, p. 249 et 252) et en avait peut-être fait d'autres (d'après la lettre du 26 mars 1868 de Malassis à Asselineau, publiée par Jean Richer et Marcel Ruff). Maurice Kunel raconte un banquet offert par Neyt à quelques amis, dont Baudelaire, et évoque la dernière entrevue du photographe et du poète (*Baudelaire en Belgique*, p. 77-81 et p. 93-97).

290

1. Allusion à *La Vérité des miracles opérés par l'intercession de Mr Pâris* (1737) de Carré de Montgeron, illustré de gravures d'après Restout (Drost, « Baudelaire et le baroque belge », p. 45). Voir les deux lettres à Malassis, du 28 mars 1857 et du 13 décembre 1862, où intervient le diacre Pâris (P.).

2. L'église Saint-Jean-Baptiste-du-Béguinage (1657-1676) est en fait d'un architecte inconnu, et non de Coeberger, comme Baudelaire l'indique au f[t] 282 et comme il l'avait lu dans l'article (cité à la note 282.1) du *Magasin pittoresque.* Elle est construite en pierre blanche ; d'où l' « impression de blancheur ».

291

1. Une vierge espagnole du XVIIe siècle.

2. Allusion aux trois *Notre-Dame des Tristesses* de Thomas De Quincey (*Un mangeur d'opium*, chap. VIII) (P.).

3. Baudelaire compare le tombeau du chevalier d'Howyne par Verbruggen (1671) à celui de la mère de Charles Le Brun par Tuby et Collignon à Saint-Nicolas du Chardonnet, à Paris (C.P.).

26. LE PAYSAGE

292

1. À Ancelle, le 13 octobre 1864 : « Jugez ce que j'endure dans un pays où les arbres sont noirs et *où les fleurs n'ont aucun parfum !* ».

2. Voir le f[t] 25 et la note 25.1.

294

1. L'Allée verte était une promenade bordée d'arbres, à Bruxelles, le long du canal qui va de Bruxelles à Willebroeck.

27. PROMENADE À MALINES

28. PROMENADE À ANVERS

29. PROMENADE À NAMUR

295

1. En juillet 1864, Baudelaire prévoyait déjà des excursions dans les villes de la province belge. Il écrit à sa mère, le 31 : « Toutes mes notes sur Bruxelles sont prises (...) ; il faudra courir dans les provinces. Quinze jours me suffiront. Liège, Gand, Namur, Anvers, Malines, *Bruges surtout*, me seront un délassement. » Il ajoute Tournai et Audenarde dans une lettre à Arondel du 26 août. Nous reviendrons (note 305.1) sur le groupement, dans ces chapitres en « promenade », des villes de la province belge suivant deux séries de trois que les sommaires font apparaître : Malines-Anvers-Namur et Liège-Gand-Bruges, mais ce qui lie en tout cas les trois premières, c'est le style jésuite, qui devient un aimant, attirant Baudelaire dans ces villes et les rapprochant les unes des autres, par une solidarité esthétique et affective favorisée d'un air de solitude, d'enfance et de mort.

2. Baudelaire a visité Malines en août 1864. Le Congrès catholique, dont il parle au f[t] 202 et dans ses lettres à Ancelle, s'est ouvert le 29. Était-il à Malines à cette occasion dans les derniers jours du mois d'août ? Le 22 [août] (« lundi 22 sept. 64 », avait écrit Baudelaire, que les éditeurs de la *Correspondance* rectifient en 22 août pour que le chiffre concorde avec « lundi »), il écrit à sa mère : « J'ai visité Malines. C'est une singulière petite ville, très dévote, très pittoresque, pleine d'églises, de silence, de gazon, avec une musique perpétuelle de carillons. » Le 2 septembre, il confie à Ancelle : « Je connais Malines, et si Malines n'était pas en Belgique, et peuplée de Flamands, j'aimerais y vivre et surtout y mourir. Combien de carillons, combien de clochers, combien d'herbes dans les rues, et combien de béguines ! » Il fit à Malines l'acquisition « de vieilles faïences de Delft » ; en fait, comme il l'avoue le 13 octobre suivant au même Ancelle, il n'a fait que « donne[r] des arrhes » et, faute d'argent, se trouve « obligé d'abandonner » cette « très belle chose » ; il s'agit, indique l'éd. Pichois-Ziegler de la *Correspondance* (t. II, p. 877) d'après Jacques Crépet, d'une paire de vases en forme d'eventail, desquels Mme Aupick, après la mort de Baudelaire, déclarait ne pas vouloir se séparer.

3. Il y a quatre béguinages à Malines (l'« ancien », le « nouveau », le « grand » et l'« ancien petit ») ; il s'agit probablement du Grand Béguinage, rue des Nonnes, dont l'église commencée en 1629, est de l'époque qui intéresse Baudelaire (Léopold Godenne, *Malines jadis et aujourd'hui*, p. 403-404).

4. Voir p. 315 le f[r] [6], qui n'appartient pas au manuscrit de Chantilly.

5. Baudelaire a déjà plusieurs fois dénoncé le penchant belge pour les sociétés. Voir les f[ts] 27, 98, 99, 100, 101.

6. On a vu l'intérêt de Baudelaire pour « la question anversoise », touchant à la construction des nouvelles enceintes de la ville (il découpe un article sur ce sujet dans *La Paix* le 31 juillet 1864 ; voir la coupure 228). Détestant Bruxelles, ville de province, il s'est d'autant mieux rallié au « grand air solennel de vieille capitale » de la ville portuaire, qu'il a probablement visitée en août 1864. Le 2 septembre en effet, dans la même lettre déjà citée où il lui parle de Malines, il écrit à Ancelle : « Bruxelles se fait passer, bien à tort, pour une capitale. La vraie capitale serait Anvers, si une *capitale* pouvait être un *simple centre de commerce.* » Et le 4 mai 1865, à Sainte-Beuve : « Anvers, où il y a des choses magnifiques, surtout des échantillons de ce monstrueux style jésuitique qui me plaît si fort, et que je ne connaissais guère que par la chapelle du Collège de Lyon, qui est faite avec des marbres de diverses couleurs ; (...) cette ville a un grand air solennel de vieille capitale, augmenté par un grand fleuve. »

7. L'archevêque de Malines, primat de Belgique, est, de 1831 à 1867, le cardinal Sterckx. « Je tâcherai de voir l'archevêque de Malines », écrit Baudelaire à Ancelle le 14 juillet 1864. L'idée de Baudelaire est de mieux comprendre l'opposition entre cléricaux et anticléricaux en Belgique. Il ajoute dans la lettre à Ancelle : « J'ai entendu la cloche des libres penseurs ; je veux entendre l'autre cloche. »

8. Les « fameux Rubens » : s'agit-il des célèbres tableaux de la cathédrale, *L'Érection de la Croix* (1610-1611) et *La Descente de Croix* (1611-1614) ou des peintures du musée que Baudelaire, d'après la lettre du 4 mai 1865 à Sainte-Beuve, a visité : « Anvers a un musée d'une nature très spéciale, plein de choses inattendues, même pour ceux qui savent remettre l'école flamande à sa vraie place. » Parmi les « choses inattendues », Baudelaire a peut-être admiré l'étrange *Vierge à l'enfant aux anges* de Fouquet, parmi les Metzys, les Van Dyck et les Bouts.

9. Voir la note 259.1.

10. Baudelaire a fait plusieurs voyages à Namur, durant son séjour en Belgique, rendant visite à Félicien Rops, qui vivait soit rue Neuve à Namur, soit à Thozée, dans la campagne, où la famille de sa femme avait une propriété. Dans une lettre à Michel Lévy du 1er juin 1864, soit huit jours après son installation à Bruxelles, Baudelaire indique déjà qu'il est « allé voir M. Rops à Namur ». Dans une autre du 18 décembre, à Ancelle, qu'il est « allé demeurer quelque temps chez M. Rops ». La dernière visite, qui eut lieu au printemps 1865, avait été remise plusieurs fois. « Il faut que j'aille dimanche à *Namur* » (à Ancelle le 18 avril 1865) ; « Je retourne dimanche à Namur voir Rops » (au même le 30 janvier 1866). Voir les notes 302-303.3 et 352-361.7.

11. Les trois premiers noms font allusion au siège de Namur par Louis XIV en 1692 (travaux de Vauban ; *Ode sur la prise de Namur* de Boileau ; *Siège de Namur*, du peintre flamand Antoine-François Van der Meulen, au Louvre). Les cinq autres noms évoquent Namur d'une façon beaucoup moins claire ; peut-être sont-ils là pour justifier les vertus de l'énumération, pour former derrière Namur une traîne royale, pour gonfler l'effet d'ancien régime et la présence française dans la ville qui conserve « le chef-d'œuvre des Jésuites ».

12. Voir la note 302-303.3.

13. Voir la note 302-303.9.

296-297

1. Saint-Rombaut, église gothique, dotée d'une très belle tour commencée en 1449 et restée inachevée ; collégiale puis cathédrale ; nefs et transepts des XIIIe et XIVe siècles ; voûte de la nef achevée en 1487 ; Baudelaire a pu y voir un *Christ en croix* de Van Dyck et de nombreux tombeaux et sculptures baroques, notamment de Faid'-herbe (voir Godenne, *Malines (...)*, p. 63-131).

2. Il s'agit de l'église Saint-François-Xavier, construite entre 1670 et 1677 par le jésuite anversois Antoine Losson ; devenue Saints-Pierre-et-Paul en 1777 à la suite de la suppression de l'ordre des jésuites en 1773. « J'y ai trouvé [à Malines] une église de Jésuites merveilleuse, que personne ne visite », écrit Baudelaire à Ancelle, le 2 septembre 1864.

3. L'intérieur de l'église est orné de dix grandes toiles représentant l'histoire de saint François-Xavier. Baudelaire semble mal informé sur les auteurs de ces œuvres de la fin du XVIIe siècle. *Le*

*Triomphe de Jésus crucifié* par H. Herregouts; *Saint François délivrant un possédé* par L. Blendeffe ; *Saint François baptisant un roi païen et Saint François ressuscitant une morte* par P. Eyckens le jeune ; *La Sainte Vierge apparaissant à saint François* par Boeyermans; *Saint François prêchant l'Évangile au peuple* et *Saint François expliquant sa religion aux prêtres païens en présence d'un souverain indien* par J.-M. Coxcie ; *Saint François à la Cour d'un roi indien, persuadant les philosophes païens* par Luc Franchoys le jeune ; *Saint François et ses compagnons auprès du pape Paul III* et *Saint François faisant abattre les idoles* par J.-E. Quellin (Godenne, *Malines (...)*, p. 253-254).

4. Godenne indique en effet qu' « une sculpture représentant saint François-Xavier porté sur des nuages » apparaissait sur la façade de l'église, achevée en 1709, et que la corniche comportait des statues d'Indiens rappelant les tableaux de Franchoys et de Coxcie. Les républicains les firent disparaître à la fin du XIXe siècle, prenant les statues d'Indiens pour des statues de saints. Deux autres statues d'Indiens soutiennent la table du maître-autel (Godenne, *op. cit.*, p. 251-252 et 255).

5. Confessionnaux de Nicolas Van der Veken (1637-1709), « qui se tiennent sans interruption », effectivement, comme à Saint-Loup à Namur ; chacun d'eux est flanqué de deux anges magnifiquement sculptés et portant différents symboles (Godenne, *op. cit.*, p. 253 ; Drost, art. cit., p. 48 ; Camille Poupeye, *Nicolas Van der Veken, sculpteur malinois du XVIIe siècle*, Malines, 1911).

6. Chaire d'Henri Verbruggen, avec tribune ornée de quatre médaillons au profil des saints énumérés par Baudelaire et figurant les quatre parties du monde (Godenne, *op. cit.*, p. 254). Baudelaire précise au chapitre 27 de l'*argument* que la chaire symbolise ainsi la promesse de la domination du monde par les jésuites.

7. La Halle aux draps, sur la Grand'Place de Malines, commencée en 1320 ; toiture pyramidale du XVIe siècle (Godenne, *op. cit.*, p. 285-287).

298

1. La Dyle, qui rappelle le « ruisseau si clair et si vert » d'*Une eau salutaire* dans les *Amœnitates Belgicæ*.

299-301

1. Voir la note 258.1.

2. Il s'agit de l'église Saint-Charles-Borromée, construite entre

1614 et 1621 par un architecte de la Compagnie de Jésus, Pierre Huyssens.

3. « Boudoir » (le mot apparaît déjà aux f[ts] 288-289 et 295) ; plus loin « communiante » : c'est le *mundus muliebris* qui revient, à propos du baroque jésuitique et autorise Pierre Emmanuel (*Baudelaire*, p. 28) à voir dans cette église le sanctuaire de la « contre-religion » baudelairienne, sorte d'hérésie par la femme. La « féminéité » constitutive de l'Église (*Fusées*, f[t] 2) offre avec l'art baroque une traduction architecturale.

4. Baudelaire a déjà mentionné Le Cap (ville portuaire, comme Anvers) au f[t] 22, à propos de l'odeur des villes. Il y était passé au cours de son voyage aux îles, en 1841.

5. Les « chapelles latérales en marbres de couleur » sont à Saint-Charles-Borromée (que Baudelaire appelle « Église des Jésuites ») et non à Saint-Paul (Drost, art. cit., p. 40).

6. Voir la note 288-289.3.

7. C'est en fait un puits situé face à Notre-Dame, décoré d'un feuillage en fer forgé par Quentin Metzys, qui, selon la légende, était forgeron et s'est converti à la peinture par amour. Le musée d'Anvers conserve de lui plusieurs tableaux.

8. Baudelaire aurait-il vu des peintures de James Tissot à Anvers ? C'est peu probable. Quel sens aurait un rapprochement avec Quentin Metzys ? En revanche, un rapprochement avec Henri Leys, à qui Tissot avait rendu visite à Anvers en 1859, peut être envisagé d'autant que la dette de Tissot à l'égard de Leys paraît évidente (*Catalogue de l'Exposition James Tissot*, Petit Palais, 1985, p. 83 et 129).

9. Voir la note 352-361.6.

302-303

1. Les *Lettres familières écrites d'Italie à quelques amis en 1739-1740*, de Charles De Brosses, avaient été publiées par Poulet-Malassis en 1858, avec une étude et des notes d'Hippolyte Babou. Baudelaire avait exprimé à Malassis, dans une lettre du 19 février 1858, de nettes réserves sur le voyageur : « Je feuillette ce *De Brosses*. La folichonnerie de ce magistrat me déplaît souverainement. Je suis cependant étonné de voir qu'il a souvent l'esprit pittoresque. Mais, en somme, c'est très inférieur aux livres de Gautier sur l'Espagne, l'Italie et Constantinople. » Et deux jours plus tard (le 21 février), à la fin d'une lettre au même Malassis : « Ce De Brosses a un genre d'esprit bien hideux. » On peut croire

que six ou sept ans plus tard, il se souvient toutefois de l'intérêt du président De Brosses pour l'architecture baroque.

2. Saint-Aubin, cathédrale depuis que Philippe II, en 1559, créa l'évêché de Namur. Reconstruite entre 1751 et 1767 sur les plans de l'italien Gaetano Matteo Pisoni, sous la surveillance de Jean-Baptiste Chermanne. Comme le fait observer Wolfgang Drost (art. cit., p. 43), l'église n'a jamais appartenu à l'ordre des jésuites. Baudelaire la rattache au « style jésuitique » en vertu de « la convexité » de la façade.

3. C'est dans le chœur et les collatéraux de la cathédrale Saint-Aubin que se trouvent les peintures du jésuite dinantais Jacques Nicolaï (1605-1678), disciple de Rubens : *Présentation de la vierge au Temple, Baptême du Christ, Visitation, Vocation de l'apôtre saint Mathieu, Guérison de l'aveugle-né, Adoration des bergers, Adoration des mages, Massacre des Innocents.* Baudelaire, semble-t-il, à propos des gravures portant la signature de Rubens, confond Jacques Nicolaï avec Nicolas Nicolaï (1667-1729). (Drost, art. cit., p. 52 *sqq.* et F. Courtoy, « Le Frère Nicolaï, peintre dinantois », *Namurcum, Chronique de la Société archéologique de Namur,* t. III, 1929, p. 27-31.)

4. L'église Saint-Ignace, construite entre 1621 et 1645 sur les plans de Pierre Huyssens, comme Saint-Charles-Borromée à Anvers, est devenue l'église paroissiale Saint-Loup en 1773, au moment de la suppression de l'ordre. Les bâtiments des jésuites attenant à l'église se transformèrent en collège et abritent aujourd'hui l'athénée (lycée) de Namur. Voir F. Courtoy, « Saint-Loup », *Annales de la Société archéologique de Namur,* tome XLII, 1936, p. 1-32 et 257-285, où sont publiées des photographies de l'église et notamment des confessionnaux. En s'émerveillant devant Saint-Loup (« cette église des Jésuites dont je ne me lasserai jamais », écrit-il à Ancelle le 30 janvier 1866), Baudelaire, sans le savoir et en le sachant, prend le contre-pied des guides de l'époque, en particulier l'*Itinéraire de la Belgique* par A. J. du Pays (Hachette, 1865), cité par Jacques Crépet et Claude Pichois, et qui relève à l'extérieur « la façade (...) lourde et déplaisante », à l'intérieur « la couleur sombre de la pierre », les « renflements multipliés dans les colonnes, les pilastres, les archivoltes », les « tables en porphyre », les « pilastres doriques en marbre noir », bref tout ce qui fait, pour le guide, « la décadence de l'art au XVII^e^ siècle » et, pour Baudelaire, le charme suffocant de ce « terrible et délicieux catafalque ». Hugo, passant à Namur en 1840, n'y avait vu que

« quatre ou cinq méchantes églises de style rococo » (*Le Rhin*, 1re partie, 1842).

5. La voûte de l'église est recouverte d'ornements en trompe-l'œil gris-noir.

6. Confessionnaux du XVIIe siècle, chef-d'œuvre d'un artisan inconnu, qui, comme à Saints-Pierre-et-Paul à Malines, sont continus sur les deux côtés de l'église. L'adjectif « baroque » n'est certes pas fortuit, mais il vient ici pour qualifier un style, non pour le désigner, et garde le sens français de « bizarre » que Baudelaire lui donne lorsqu'il parle des Belges (race « baroque » dans un poème des *Amœnitates Belgicæ* : *Les Belges et la lune*). Le sens qui désigne la période de l'histoire de l'art apparaît en allemand dans la seconde moitié du siècle avec les travaux de Burckhardt et de Wölfflin dont l'essai, *Renaissance et baroque*, est publié en 1888. L'usage baudelairien est au seuil, à la promesse de l'acception nouvelle.

7. « Terrible et délicieux » : est-ce dans l'extase de cet oxymoron que choit Baudelaire en mars 1866, comme les saintes de la sculpture baroque ? Yves Bonnefoy, qui commente cette lexicologie de l'antithèse empreinte de vertige (« coquet et terrible », « sinistre et galante », « noir et rose »), s'interroge sur « ce lieu (...) de rendez-vous avec soi » : « A-t-on le droit (...) de trouver un sens à cette chute à Namur ? » (*Le Nuage rouge*, p. 48). C'est toute la question, donnant carrière à la psychanalyse, de la relation de l'âme et du corps.

8. Sur Victor Joly, voir le ft 282 et la note 60.1.

9. Il existait à Namur une « Société des Pinsonniers », très ancienne déjà. La « barbarie » consiste à crever les yeux des pinsons, sous le prétexte qu'ils chantent mieux aveugles. Cette pratique révolte Baudelaire, en même temps qu'un signe supplémentaire du penchant belge pour l'association l'exaspère. Malgré cela, Namur est comme une enclave de salut dans la Belgique damnée et l'on est presque étonné de lire les quatre mots sur lesquels s'achèvent les notes du chapitre namurois : « Gaieté, drôlerie, goguenardise, bienveillance. »

10. Baudelaire et Félicien Rops (1833-1898) se sont probablement rencontrés à Bruxelles, grâce à Poulet-Malassis, pour lequel Rops gravait des frontispices (voir la note 259.1) et fit en particulier celui des *Épaves*. C'est à Malassis en tout cas que Baudelaire, vers le 22 avril 1865, adresse un sonnet pour s'excuser de ne pas accompagner un ami à Namur, où le nom de Rops va

rimer avec la pyramide de Chéops. Ce « n'est pas un grand prix de Rome », dit Baudelaire dans le poème, c'est, dira-t-il à Manet le 11 mai, « *le seul véritable artiste* (dans le sens où j'entends, moi, et moi tout seul peut-être, le mot *artiste*), que j'aie trouvé en Belgique ». La lettre à Manet peut passer pour une lettre de recommandation. Il n'empêche que Baudelaire fut sensible, malgré ses « airs violemment provinciaux », à la modernité du graveur, qui illustrera, en 1884 (publication en 1886), *Les Diaboliques* de Barbey d'Aurevilly, et auquel Huysmans consacrera, dans *Certains* (1889), une étude qui en fera un « Primitif à rebours » — ce qui jette un regard rétrospectif éclairant sur les affinités entre le poète des *Fleurs du mal* et l'auteur des *Sataniques.* Pourtant Rops appartenait à ce que Baudelaire détestait : la tradition anticléricale. Il avait fait des études de droit à l'université libre de Bruxelles, anticléricale et franc-maçonne, et c'est le premier sens de ses irrévérences et de sa causticité sulfureuse. Toujours est-il que les deux hommes se lièrent. Annoncé dans le sommaire du chapitre (f[t] 295), le portrait du beau-père de Rops ne se trouvera que dans l'*argument* (voir note 352-361.7).

304

1. Le Hongrois Karl-Maria Benkert, dit Kertbeny. Voir le f[t] 324 parmi les coupures de presse et autres documents, où Baudelaire relève le français cosmopolite très approximatif de Kertbeny. Claude Pichois a donné le texte de deux autres lettres de l'expatrié germano-hongrois dans un article de la *Revue de littérature comparée,* janvier-mars 1951 (C.P.).

2. Couty de la Pommerais : célèbre empoisonneur, exécuté en 1864. La presse belge relatait longuement son procès en 1864 (C.P.).

3. M. de Noé, pair de France, dont *La Petite Revue* du 25 mars 1865 révélait qu'il était le père du caricaturiste Cham (C.P.). C'est peut-être l'analogie graphique qui francise le nom de l'auteur américain.

4. Voir la note 259.1.

5. L'enterrement de solidaire que contemplait Baudelaire est peut-être celui auquel il assista le 15 novembre 1864 (voir la coupure 192 et la note 192.1). Quant à l'enseigne d'un estaminet, « À la vue du Cimetière », qui a effectivement existé sur la route de Bruxelles à Uccle, près de la Barrière de Saint-Gilles, elle rappelle à Baudelaire la réaction de dégoût de Charles Monselet devant le

vers 34 d'*Un voyage à Cythère :* « Ses intestins pesants lui coulaient sur les cuisses » selon une anecdote montrant Baudelaire et Monselet dînant ensemble, rapportée par le *Figaro* (le 10 août 1862 et le 11 mars 1866) et placée en note dans l'édition des *Épaves* pour expliquer le poème *Un cabaret folâtre sur la route de Bruxelles à Uccle :*

*Vous qui raffolez des squelettes*
*Et des emblèmes détestés,*
*Pour épicer les voluptés,*
*(Fût-ce de simples omelettes !)*

*Vieux Pharaon, ô Monselet !*
*Devant cette enseigne imprévue,*
*J'ai rêvé de vous :* À la vue
Du Cimetière, Estaminet !

Voir l'éd. Pichois des *Œuvres complètes,* tome I, p. 1165-1166.

30. PROMENADE À LIÈGE

31. PROMENADE À GAND

32. PROMENADE À BRUGES

305

1. On peut se demander ce que signifie, selon les sommaires groupés des derniers chapitres (f^ts 295 et 305), la distribution en deux triptyques des six villes de la province belge (distribution à laquelle Baudelaire semble renoncer dans l'*argument,* où sont prévus six chapitres indépendants. D'abord, ensemble : *Malines-Anvers-Namur* (que l'on retrouve dans un ordre géographiquement plus logique : Anvers, Malines, Namur, au verso d'un feuillet des *Amœnitates Belgicæ ;* voir p. 728). Puis, ensemble encore : *Liège-Gand-Bruges.* Un circuit diagonal avec, dans chaque série, une ville wallonne, deux villes flamandes, la Flandre encadrant la Wallonie. Le premier triptyque est sans aucun doute le préféré, avec Malines, où Baudelaire aimerait « vivre et surtout (...) mourir » si elle « n'était pas en Belgique » (lettre du 2 septembre 1864 à Ancelle), Anvers, « la vraie capitale » (même lettre), et Namur et son église Saint-Loup. Ce premier triptyque est sous le signe du baroque, du « style jésuitique ». Baudelaire, qui refuse à la Belgique l'unité

politique, lui reconnaît une unité esthétique, mais qui est nécessairement aussi une unité historique, puisqu'elle remonte aux anciens Pays-Bas et à l'action des jésuites. Quant aux trois autres villes, on a pu douter que Baudelaire y fût allé : « pour Liège et pour Gand, aucun passage [de la correspondance] n'apporte la preuve qu'il y soit allé », écrivent Jacques Crépet et Claude Pichois. Quant à Bruges, Baudelaire écrit à Ancelle le 13 octobre 1864 qu'il va « recommencer une excursion » dans cette ville. Il avait, le 31 juillet, fait part à sa mère de son projet de s'y rendre, et le 29 décembre, il parlera à Ancelle d'aller « passer quatre ou cinq jours à Bruges ». Si maigres soient les notes des chapitres 30, 31 et 32, elles suffisent, me semble-t-il, sauf mystification, à montrer que Baudelaire s'est rendu dans ces trois villes.

2. « Ville fantôme » : cf. *Bruges-la-Morte* de Georges Rodenbach (1892).

3. La *Vierge à l'enfant* (vers 1504) de Michel-Ange est dans l'église Notre-Dame, à Bruges.

## 33. ÉPILOGUE

### 306

1. Jacques Crépet et Claude Pichois ont considéré que le classement des feuillets par Poulet-Malassis était particulièrement contestable pour les chapitres 21 et 33. D'après le titre et les sommaires, le chapitre 21 concerne le complexe d'annexion des Belges; le chapitre 33, l'épilogue. Or, on retrouve des feuillets relatifs à l'annexion dans le chapitre 33. Mais on peut penser que Baudelaire souhaitait aborder la question de l'annexion, à nouveau, dans l'épilogue où l'on trouve un feuillet, le 314, portant les rubriques « *Politique.* Épilogue. Invasion », un feuillet 316 avec « BRUXELLES. POLITIQUE. Invasion. Annexion », un autre, le 313, portant « BRUXELLES. *Destinée de la Belgique.* Peut-être dans l'*Épilogue* » et traitant de l'éventualité de l'annexion ou du démembrement de la Belgique. En somme, les multiples recoupements, superpositions, cumuls de rubriques montrent que Poulet-Malassis a rejeté dans l'épilogue des feuillets qu'il ne savait où placer étant donné leur caractère hybride ou incertain.

2. Noter les variantes du f[t] 314 : « sous le régime continué de Louis-Philippe » et du chapitre 33 de l'*argument* : « si elle était restée sous la main de la Bourgeoisie » (C.P.). Exprimée aux f[ts] 224 et 230 et, on vient de le voir, au f[t] 314, c'est une idée reçue, ou

communiquée, par Baudelaire, dans le petit monde de ses amis français à Bruxelles. Poulet-Malassis, écrivant à Bracquemond le 17 mai 1864, lui explique : « Vous ne pouvez pas avoir idée de la grossièreté et de l'idiotisme de ce pays de censitaires réussis. Supposez que la France n'ait pas fait la révolution de 1848, et que tout le monde ait vieilli *avec le roâ Louis-Philippe* et vous aurez une idée de l'hébétude belge » (lettre publiée par Jean-Paul Bouillon, *Bulletin du bibliophile*, 1976, p. 382).

3. Cf. les f[ts] 73 et 74 et *Le Mot de Cuvier* dans les *Amœnitates Belgicæ.*

4. Cf. le f[t] 240.

5. Pathétique jeu de mots, à rebours (depuis « adopter ») sur *enfer-enfant.*

6. Cf. le f[t] 83.

7. Cf. les f[ts] 97 et 117.

8. Voir le f[t] 307 pour la « citation de Maturin », et la note 18.1 pour le « compagnon de Dumouriez ».

307

1. Extrait de *Melmoth ou l'Homme errant*, de Maturin, que Baudelaire avait peut-être songé à traduire. Voir la chronologie, p. 510.

308

1. Mis en vers dans *Le Rêve belge* des *Amœnitates Belgicæ.*

309

1. Citation du *Prologue* de *Madame Putifar* de Pétrus Borel. On lisait au f[t] 35 : « Citer les vers de Pétrus Borel. » Les voici, exactement cités (C. P.) :

*Pour le tiers cavalier, c'est un homme de pierre,*
*Semblant le Commandeur, horrible et ténébreux.*
*Un hyperboréen ; un gnome sans paupière,*
*Sans prunelle et sans front, qui résonne le creux*
*Comme un tombeau vidé lorsqu'une arme le frappe.*

312

1. Baudelaire s'était référé déjà au père Athanasius Kircher (1601-1680), jésuite, mathématicien et philosophe allemand, pour expliquer en note un passage de *Metzengerstein*, dans les *Histoires*

*extraordinaires* de Poe, en le rapprochant de « l'opinion attribuée au père Kircher, que les animaux sont des Esprits enfermés » (C.P. et P.)

2. Voir les f[ts] 3 et 73 et le passage de la lettre du 21 janvier 1856 à Alphonse Toussenel, relatif aux « bêtes malfaisantes » comme incarnation des « *mauvaises pensées* de l'homme » (voir ci-dessus p. 528).

314

1. Cf. le f[t] 87 et *Une Béotie belge* dans les *Amœnitates Belgicæ.*

317

1. Voir la note 60.1.
2. Voir le f[t] 240 et la note 240.2.

319

1. Emprunt à un vers de Regnard : « Que feriez-vous, Monsieur, du nez d'un marguillier ? » (*Les Ménechmes,* acte III, scène 10 dans l'éd. de 1706), que Stendhal avait mis en épigraphe au second chapitre de *Racine et Shakespeare* (C.P.).

*320*

1. Extrait de *La Gazette belge* du 23 septembre 1865, ce qui était déjà le cas de la coupure 67. Pour suivre l'ordre du journal, il faudrait inverser les deux coupures de ce f[t] 320 : la première, citant *L'Escaut* figure en effet à la 3e colonne de la 1re page ; la seconde, concernant Dechamps, figure dans la 2e colonne.
2. Marguerite-Joséphine Montagney, dite Mlle Artot, cantatrice belge (1835-1907), engagée à l'Opéra de Paris en 1858 sur la recommandation de Meyerbeer ; elle fit une carrière internationale de mezzo-soprano.
3. Mot de Napoléon Ier.
4. Voir la note 206.3.

321

1. Le *Kladderadatsch* (« patatras »), feuille satirique allemande, qui, dans la livraison du 12 mars 1865, avait raillé Napoléon III, en publiant notamment des caricatures. Le passage que Baudelaire veut chercher est celui-ci : « L'empereur commande ici en maître comme le démontre le fait que le *Kladderadatsch* a été saisi à Bruxelles » (C.P.).

2. Alfred Verwée (1838-1905), peintre belge de paysages et d'animaux, ami de Courbet. Voir le catalogue de la collection Crabbe, p. 534.

3. Allusion à *Bruxelles capitale et Paris province*, de Wiertz, œuvre que Baudelaire a citée au f[t] 270.

4. C'est le mot des vers de Pétrus Borel cités au f[t] 309 (voir la note 309.1).

322

1. Baudelaire, à Bruxelles, écrit à plusieurs de ses correspondants qu'il est devenu absolument solitaire. Voir la chronologie, p. 515.

323

1. Voir le f[t] 327 et la note 327.1.
2. Voir les f[ts] 17 et 329.
3. Voir les f[ts] 96 et 333 et la note 333.1.
4. Voir les f[ts] 302-303 et 333 et la note 302-303.9.
5. Voir le f[t] 335.
6. Voir le f[t] 339 et la note 339.1.
7. Voir le f[t] 324 et la note 324 v°.1.

324 r°

1. Énumération de sujets à traiter dans le livre sur la Belgique. En dehors des deux noms d'artistes (Delacroix et Rops), les quatre autres noms de personne (le duc d'Arenberg, Van Praet, ministre de la Maison du roi, le baron Goethals et Coûteaux) sont ceux de collectionneurs auxquels Baudelaire aurait voulu rendre ou a rendu visite. En ce qui concerne la collection Coûteaux, Claude Pichois (son éd., p. 1520) indique qu'elle fut dispersée les 20 et 21 mars 1865. Si Baudelaire l'a visitée, c'est donc avant cette date. Sur la collection Crabbe, voir p. 533.

*324 v°*

1. L'auteur des quelques lignes adressées à Baudelaire, qui ne sont pas dans un moins bon français que le mot de remerciement que Wagner avait adressé à Baudelaire le 15 avril 1861, est un exilé germano-hongrois, Karl-Maria Benkert (1824-1882), dit Kertbeny (voir note 304.1). D'après une lettre de la fin de 1865 ou du début de 1866, adressée à une pianiste (Mme Charles Hugo ?), Baudelaire lui aurait peut-être emprunté des partitions de musique bohé-

mienne (voir la *Correspondance*, éd. Pichois-Ziegler, t. II, p. 368, note 2, et 559 note 5). Le sarcasme de Baudelaire à propos de l'apatride qui prétend connaître cinquante-deux langues (Baudelaire déplorait auprès de Mme Paul Meurice, le 18 février 1865, qu'on recrute des traducteurs « *à l'économie* » qui, « obligés, par état, de savoir deux langues, n'en savent même pas une ») ne s'adresse qu'indirectement à la Belgique, comme terre d'asile d'une part, par analogie d'autre part avec cet « arlequin » linguistique.

325

1. Sur la poste, voir la note 110.1.
2. « Je suis repris par les migraines, grâce aux quatre heures passées à l'entrepôt, dans le vent et dans la pluie (...). Oh ! la visite à l'entrepôt, *quel chapitre !* » (à Poulet-Malassis, 6 janvier 1866).
3. Sans doute Hochsteyn, le directeur des Postes belges (P.).
4. Baudelaire avait engagé au Mont-de-Piété, en décembre 1863, une montre en or, à laquelle il semble tenir beaucoup d'après les demandes qu'il adresse à Ancelle pour que celui-ci aille la récupérer. Voir la chronologie, p. 501.

326

1. Baudelaire se plaint de cet empêchement dans plusieurs lettres. « La flânerie est impossible à Bruxelles » (à sa mère, le 10 février 1866).

327

1. On trouve dans les *Mémoires* de l'abbé Morellet le récit d'une visite à un prêtre marié et à sa femme-prêtresse (C.P.).

329

1. Voir la note 17.3.

331

1. Cf. *Les Belges et la lune* dans les *Amœnitates Belgicæ.*

333

1. Une « société de joyeux » avait été fondée à Bruxelles en 1847 ; Félicien Rops en fit partie. Mais s'agit-il de celle-là, dont, semble-t-il, le but n'était pas de faire des poissons d'avril ? (C.P.) Voir f[t] 96 et, sur la « Société pour crever les yeux des pinsons », la note 302-303.9.

337

1. Il est vrai que le gouvernement libéral belge, malgré la convergence idéologique avec les proscrits français, avait, dans un premier temps, expulsé la plupart d'entre eux, et que ceux-ci s'étaient réfugiés en Angleterre (C.P.).

338

1. Je laisse ici cette partie de feuillet placée sous la rubrique *Hygiène* et qui s'ajoute à la série publiée aux p. 125-130.

2. Baudelaire comptait probablement adresser une requête au Sénat concernant le problème de la réception de ses épreuves, et interroge Poulet-Malassis sur le sujet.

3. Voir la note 111.1.

339

1. Cette liste de quatre sujets de « hors-d'œuvre » laisse croire que Baudelaire avait l'intention de divertir le lecteur de propos moins directement liés à son sujet, mais qu'il aurait pu traiter dans le même style bouffon, sous forme d'intermèdes. Nadar était venu en Belgique aux fêtes de l'Indépendance, en septembre 1864, et il avait été question que Baudelaire grimpât dans la nacelle du *Géant* (voir les notes 46.1 et 80.1) ; Jules Janin venait, en avril 1865, d'être candidat à l'Académie, qui lui avait préféré Prévost-Paradol, d'où sa « déconfiture » ; Napoléon III avait signé la préface d'une *Histoire de Jules César* (3 tomes, 1865-1866) et Baudelaire écrit à sa mère et à Michel Lévy le 9 mars 1865 qu'il en a composé une réfutation ; quant à l'affaire Lincoln, c'est bien sûr de l'assassinat du président Lincoln qu'il s'agit, le soir du 14 avril 1865, dans un théâtre de Washington, par John Wilkes Booth, qui voulait venger ses compatriotes sudistes.

2. Idée maistrienne de la Providence qui se sert du méchant (*Les Soirées de Saint-Pétersbourg*, 1er Entretien) (C.P.).

3. Cf. le ft 2.

4. *L'Indépendance belge* avait reproduit le 17 mai 1865 la lettre que Booth avait adressée à sa mère le jour même de l'assassinat. D'autre part, un ouvrage intitulé *Confession de John Wilkes Booth* avait été publié à Paris, reproduisant la confession faite par Booth le 25 avril, veille de sa mort (C.P.).

5. Booth mourut après s'être défendu contre la force armée qui l'avait rejoint (C.P.).

6. Après l'attentat, Booth, qui s'était fracturé le pied, avait utilisé les services d'un médecin, le Dr Mudd, qui avait ensuite été arrêté et poursuivi comme complice (C.P.).

7. Le docteur Augustin-Nicolas Gendrin (1796-1890) est l'auteur du *Mémoire médico-légal* concernant la mort du duc de Bourbon, que l'on avait trouvé pendu dans son château de Saint-Leu en 1830 ; il avait conclu à l'assassinat, et non au suicide, malgré les pressions dont il était l'objet (C.P. et P.).

340

1. Anecdote tirée d'un journal satirique belge ? (C.P.) Allusion probable à la maladie vénérienne de Napoléon III, le bichlorure de mercure intervenant dans le traitement de la syphilis.

2. Voir les f^ts 224 et 232.

*341*

1. Les trois extraits de *La Gazette belge* qui se font suite dans la numérotation de Malassis, 341, 342 et 343, devraient logiquement figurer en ordre inverse. Ils sont tous trois relatifs à deux séances de la Chambre. Celui du f^t 341 figure en 2^e page et rend compte de la séance du 29 novembre 1865, dans une chronique extrêmement longue du numéro du 30 novembre. Sur Bara et De Laet, voir les notes 217.1 et 209.3.

*342*

1. Extrait de *La Gazette belge*, 29 novembre 1865 ; compte rendu de la séance du 28 de la Chambre des représentants (2^e page).

2. Les frères Davenport, prestidigitateurs américains qui se faisaient passer pour des médiums (C.P.).

*343*

1. Extrait de *La Gazette belge*, 29 novembre 1865, même compte rendu de la même séance (2^e page).

*344*

1. Je n'ai pu retrouver ce numéro de *La Publicité belge*, hebdomadaire fondé en 1865.

*345*

1. *Idem.*

*346*

1. Extrait de *L'Économie, Journal politique, littéraire, commercial et agricole de l'arrondissement de Tournai. Office général de publicité du Tournaisis,* fondé en 1848, 15, rue des Puits de l'Eau, Tournai, tri-hebdomadaire (paraît le dimanche, le mercredi et le vendredi), numéro du dimanche 24 décembre 1865, 18e année, n° 2543 (1re page).

2. Voir note 247.13.

*347*

1. Extrait de *L'Étoile belge,* dimanche 24 décembre 1865 (même jour que pour la coupure 346) (bas de la première page, réservé au début du « Feuilleton »).

2. Dhormois, auteur (français) de comédies et de fantaisies, notamment d'*Une visite chez Soulouque, souvenir d'un voyage dans l'île d'Haïti* (1864). Voir *Correspondance,* éd. Pichois-Ziegler, tome II, p. 696.

3. Voir la note 167.3.

4. Joseph Havin, directeur politique du *Siècle.* Voir *Mon cœur mis à nu,* note 29.1.

5. Pierre Kersten (1789-1865), journaliste et auteur d'ouvrages scolaires. Fondateur en 1835 du *Journal historique et littéraire* revue mensuelle publiée à Liège, il y collabora jusqu'à sa mort.

*348*

1. *L'Indépendance belge,* le 11 décembre 1865, lendemain de la mort du roi. Le long article qui intéresse Baudelaire couvre toute la première page du journal et une partie de la p. 2. Il n'est pas signé. Tiré en plaquette chez Lebègne, il est bien, d'après la *Bibliographie nationale* [*de Belgique*], *1830-1880* (t. II, p. 302), de Nestor Considérant, comme l'indique Baudelaire (voir la note 252.1).

2. Une conférence relative à la Belgique s'était ouverte à Londres le 4 novembre 1830, avec des représentants de l'Autriche, de la France, de la Grande-Bretagne, de la Prusse et de la Russie. Elle trouva sa fin après de multiples péripéties en 1839 et la Belgique dut, à ce moment, accepter les XXIV articles moins favorables pour elle (perte de Maestricht, du Limbourg à l'est de la Meuse et de la moitié du Luxembourg ; modification de la dette au profit de la Hollande) que les XVIII articles qu'elle avait initialement proposés.

349

1. Ces « bouffonneries » ont pris place dans *Les Épaves;* une allusion est faite à l'une d'elles : *Sur les débuts d'Amina Boschetti* au f[r] 4.

350

1. Voir les f[ts] 304 et 324 r°-v°.
2. Saint-Hubert, petite ville de la province du Luxembourg, en Belgique.
3. Voir les f[ts] 51 et 55.
4. Le document était, très probablement, un article du 24 juin 1865 de *La Petite Revue*, racontant la pittoresque controverse concernant l'érection d'une statue d'Ambiorix à Tongres, dans la province du Limbourg, la question étant de savoir si on pouvait ou non placer la statue sur un dolmen, comme piédestal. Le ministre de l'Intérieur, Vandenpeereboom, avait interrogé à ce sujet la classe des lettres de l'Académie royale de Belgique, et avait obtenu une réponse négative invoquant l' « anachronisme », et le « sacrilège » consistant à montrer « Ambiorix foulant aux pieds un objet qu'il a dû respecter ». La même livraison de *La Petite Revue* porte la nécrologie de l'acteur Philibert Rouvière, avec lequel Baudelaire avait été lié et auquel il avait consacré un article — indice supplémentaire de probabilité (C.P.).
5. Louis-Joseph Defré, dont il est déjà question aux f[ts] 12, 187 et 195, avait publié plusieurs brochures sous le pseudonyme de Joseph Boniface : *Élections de 1863. Les Enfarineurs* (1863) ; *Élections de 1864. Débâcle de la politique catholique* (1864) ; *Élections de 1866. Évêques et bourses* (1866).
6. On ne sait qui est ce « Kaekebeck », ni ce qu'est l' « affiche diffamatoire » ; on ne connaît pas de journal du nom de *L'Organe des statues équestres*, mais le « mot » est clair et Baudelaire en eût fait un exemple choisi du « *sel gaulois* des Belges » (voir le f[t] 106) ; quant au *Programme officiel des fêtes*, il doit s'agir des fêtes de l'Indépendance, en 1864 (C.P.).
7. Proudhon n'a pas publié de *Lettres sur l'Amérique ;* il a, sans doute, donné dans des lettres son sentiment sur l'Amérique (C.P.). Voir le f[t] 195.
8. Sur Veuillot, voir *Mon cœur mis à nu*, f[t] 52. Le programme de Veuillot : peut-être s'agit-il ici de la lettre-manifeste adressée par Louis Veuillot au directeur du journal *Le Catholique*, Paul de

Gerlache, qui l'a insérée dans le numéro du 28 octobre 1865 (voir la coupure 154).

9. Pie IX, qui avait condamné le socialisme dans l'encyclique *Noscitis et Nobiscum*, en 1849, publia, en 1864, une encyclique, *Quanta cura*, condamnant le naturalisme, et accompagnée d'un *Syllabus*, recueil en quatre-vingts propositions, des principales erreurs condamnées par l'Église (le progrès y figure).

## ARGUMENT DU LIVRE SUR LA BELGIQUE

### 352-361

1. Cet *argument* reprend assez fidèlement les sommaires qui figurent en tête des trente-six chapitres. Les quelques notes qui suivent sont des éclaircissements concernant des passages qui ne figurent pas dans ces sommaires. Pour le reste, il faut se reporter aux sommaires et aux notes correspondantes.

2. Reprenant le sommaire du f[t] 22, qui lui-même reprend les notes du f[t] 23, l'*argument* joint Lyon (où Baudelaire a été collégien de 1832 à 1836) à la série de ces villes odorantes. Le passage est ici plus développé, poétiquement, et Baudelaire retrouve deux « des odeurs combinées du goudron, du musc et de l'huile de coco » qui l'enivraient dans *Un hémisphère dans une chevelure.*

3. Un romancier : probablement Émile Leclercq (1827-1907), que Baudelaire avait rencontré au Cercle artistique et littéraire (d'après Gustave Charlier, *Passages*, p. 162-163 et 174). Voir p. 537 l'article nécrologique d'Émile Leclercq dans *Le Libre Examen* du 10 septembre 1867.

4. Champfleury, contemporain (1821-1889) et ami de Baudelaire, auteur de contes, de romans, de pantomimes et critique d'art, n'est pas impliqué nécessairement dans le jugement sur ses imitateurs au quatrième degré. La position en symétrie avec Béranger n'a cependant rien de très favorable. Il semble que Champfleury ait rencontré Baudelaire en 1843. Son premier livre à succès, *Chien-Caillou, fantaisies d'hiver*, fut publié en 1847, l'année où il insère *Les Chats* dans son feuilleton *Le Chat Trott* du *Corsaire-Satan.* Avec Baudelaire, il fonde en 1848 l'éphémère *Salut public*, socialiste et humanitaire ; en 1852, ils font ensemble le projet d'une autre revue, *Le Hibou philosophe.* Baudelaire apparaît ensuite, comme « le poète des chats » dans son roman à clefs, *Les Aventures de Mademoiselle Mariette*, publié en 1853 ; c'est précisément une lettre de Baudelaire à Champfleury, du [15

mars 1853], qui donne la clef des personnages. Wagnérien de la première heure, il publia en 1860 une brochure sur *Richard Wagner* (celle de Baudelaire est de 1861). Il fit partie des fidèles qui entourèrent Baudelaire dans les derniers mois de sa vie.

5. Refrain du *Chant des Carabiniers belges* de Batardy et Ermel (1860) (C.P.).

6. Le Rydeck : salle de danse d'Anvers, dont parle Nerval dans *Lorely* (1852). C'est le titre d'une planche de Félicien Rops (Albert Kies ; C.P.).

7. Le beau-père de Félicien Rops (voir la note 302-303.10), Théodore Polet de Faveaux, vice-président du tribunal de Namur, est l'auteur d'un livre sur la chasse : *Suarsuksiorpok ou le Chasseur à la Bécasse*, publié sous le pseudonyme de Sylvain et illustré de six hors-texte et vingt-six vignettes de Rops (Bruxelles, Parent, 1862). Les lettres que Baudelaire écrit à Rops au début de 1866 sont accompagnées de quelques mots pour son beau-père, à qui il adresse ses « respects bien affectueux » le 1$^{er}$ janvier. Voir la note 64.1 de *Mon cœur mis à nu*. Polet de Faveaux, dont Maurice Piron a fait reproduire une photographie (« Baudelaire et le pays wallon », *La Vie wallonne*, t. XXII, n° 242, 2$^{e}$ trim. 1948, p. 99), est mort à soixante-cinq ans, le 17 avril 1866, un mois après l'accident de Baudelaire à Namur et alors que le poète était hospitalisé à Bruxelles.

## [FEUILLETS DÉTACHÉS]

### [1]

1. Cette série de feuillets ne fait pas partie du manuscrit de Chantilly. Ils ont échappé au classement de Poulet-Malassis. Il faut donc croire qu'ils avaient fait sécession avant de tomber dans ses mains et qu'Asselineau, par exemple, les avait ôtés du volume. Claude Pichois, dans l'édition de la Pléiade, les répartit entre les chapitres, suivant la rubrique indiquée et le sujet abordé. Je les numérote ici entre crochets, comme je l'ai fait pour les feuillets de *Mon cœur mis à nu* qui ont, également, échappé au foliotage de Malassis. Je les donne suivant l'ordre où l'éditeur de la Pléiade les fait apparaître (sauf pour le f$^{t}$ [7], qu'il a distribué entre les chapitres 33 et 25, et pour la coupure du f$^{t}$ [9], que je place à la suite des autres coupures de presse) et en reprenant le texte qu'il a établi. Les f$^{ts}$ [1], [2], [3], [5], [6], [7] ont été publiés pour la première fois dans l'édition du Club du meilleur livre, en 1955. Le

*Impression Bussière Camedan Imprimeries*
*à Saint-Amand (Cher),*
*le 22 avril 1996.*
*Dépôt légal : avril 1996.*
*1er dépôt légal dans la collection : avril 1986.*
*Numéro d'imprimeur : 1/926.*
ISBN 2-07-037727-X./Imprimé en France.

77256